辉煌的历程

HUI HUANG DE LI CHENG

——响水县大事记（1966～2016）

中共响水县委党史工作办公室
响水县地方志编纂委员会办公室 编

图书在版编目(CIP)数据

辉煌的历程:响水县大事记:1966~2016/中共响水县委党史工作办公室主编.
——北京:中国文史出版社,2016.9
ISBN 978-7-5034-8168-0

Ⅰ.①辉… Ⅱ.①中… Ⅲ.①响水县-地方史-大事记-1966~2016 Ⅳ.①K295.34

中国版本图书馆 CIP 数据核字(2016)第 221786 号

书名:辉煌的历程——响水县大事记(1966~2016)

编　　纂:中共响水县委党史工作办公室
　　　　　响水县地方志编纂委员会办公室
责任编辑:殷　旭
出　　版:中国文史出版社
发　　行:中国文史出版社　发行部
地　　址:北京市西城区太平桥大街 23 号(邮编:100811)
经　　销:全国新华书店
印　　刷:南京四彩印刷有限公司
开　　本:16　889×1194
印　　张:28.25
字　　数:670 千字
印　　数:0001-1200 册
版　　次:2016 年 9 月第 1 版第 1 次印刷
书　　号:ISBN 978-7-5034-8168-0
定　　价:180.00 元

中共响水县委书记　崔爱国

岁月更替，春华秋实。在响水建县50周年之际，由县委党史工作办公室、县地方志编纂委员会办公室编著的《辉煌的历程——响水县大事记（1966~2016）》付梓出版。这是我县史志编著工作取得的又一项重要成果，对于完善我县县情资料、理清我县发展脉络、建设全面小康新响水，具有积极意义。

《辉煌的历程——响水县大事记（1966~2016）》比较客观、详实地记录了响水50年发展的光辉历程。从"苏北兰考"到即将全面建成小康社会，从一片盐碱地到建成新兴的工业城市、开放的沿海城市，从发展基础全市最差到工业经济总量跻身全市前列，生动而具体地诠释了响水历届县委、县政府坚持马克思主义、毛泽东思想、邓小平理论、"三个代表"重要思想、科学发展观及习近平系列重要讲话精神，团结带领全县人民奋力拼搏、艰苦创业、持续奋斗取得的辉煌成就。

回顾历史是为了开创更美好的未来。响水的发展已站在新的起点上，我们要高举中国特色社会主义伟大旗帜，深入学习贯彻习近平总书记系列重要讲话，特别是视察江苏重要讲话精神，牢固树立和全面践行五大发展理念，不忘初心、继续前进，全面推进经济建设、政治建设、文化建设、社会建设、生态文明建设和党的建设，确保如期建成全面小康新响水，奋力开创响水经济社会发展新局面。

"以史为鉴，可以知兴替"。希望全县广大干群认真阅读《辉煌的历程——响水县大事记（1966~2016）》，并把他作为一本进行改革开放教育、形势政策教育和热爱家乡教育的生动教材，更好地以史鉴今、以史资政、以史育人。

2016年8月

《辉煌的历程——响水县大事记（1966~2016）》编委会

《辉煌的历程——响水县大事记（1966~2016）》编辑部

编辑部地址：响水县城双园路446号
邮　　编：224600
电　　话：0515-86882416　0515-69802330
传　　真：0515-87066555
电子信箱：xsdsb7066555@163.com

1985年5月19日，中央顾问委员会委员江渭清（前排中）在响水视察，并为响水县委题写“后来居上”四字匾额

1988年5月20日，省长顾秀莲（女，前排右二）在响水视察重点乡镇企业

1993年4月25日，全国人大常委会副委员长、著名学者费孝通在响水视察沿海开发工作

1994年5月17日，省委常委、组织部部长许仲林（前排右二）在响水视察陈家港港口

1998年1月5日，省委常委、常务副省长季允石（前排右）在响水乡村访贫问苦

2000年12月27日，省委书记回良玉（前排左）在响水慰问遭受“8·30”特大水灾的农民

2000年9月16日，江苏省委原书记韩培信（前排中）在响水慰问“8·30”受水灾群众

国家副主席，时任江苏省委书记、省人大常委会主任李源潮（前排右二）2003年5月24日在市委书记张九汉陪同下考察响水工业集中区

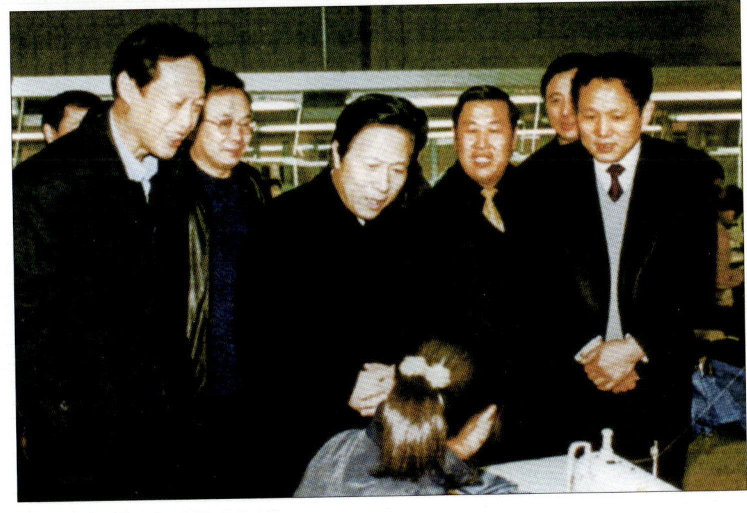

2005年1月26日，省委副书记、省长梁保华（前排左二）在响水视察慰问

2007年8月6日，副省长黄莉新（女，前排左二）在响水调研指导农业农村和扶贫开发工作

2008年7月26日，南京军区原司令员朱文泉上将（前排右二）、济南军区副司令员张鹤田（前排右一）中将在响水视察国华陈家港电厂

2015年2月11日，省委书记罗志军（前排右二）在响水调研指导工作

2011年10月9日，省委副书记、省长李学勇（前排左二）在响水调研经济社会发展工作

2011年10月17日，省委副书记、组织部部长石泰峰（前排左二）在响水调研指导经济社会发展和基层党建工作

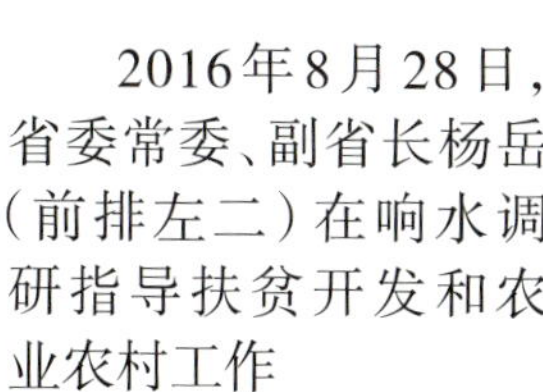

2016年8月28日，省委常委、副省长杨岳（前排左二）在响水调研指导扶贫开发和农业农村工作

盐城费氏食品有限公司

盐城融凡纺织制衣有限公司

江苏省响水生态化工园区

2011年4月，江苏德龙镍业有限公司正式投产经营。项目总投资100亿元

上海泰日针织有限公司

2011年8月30日，国华港电第一台66万千瓦超超临界机组168小时满负荷试运成功，2012年2月2日，机组正式并入国家华东电网

“风范号”正对35#风机进行整体吊装

2007年2月，裕廊化工成功上市，成为响水县首家上市企业，第一家纳税过亿元企业

亚邦药业

灌河中轴

轮胎模具

龙达轴承——出口世界

金兰色纺纱

悦达海洋食品

海滨盐田

风机整体安装出海运输

盐业生产

整装待发

嘉得利船舶装备

长城 6 号——灌河斩涛

國務院獎狀
獎給農業社會主義建設先進單位
江蘇省清海縣康莊人民公社康莊大隊
總理 周恩来
一九五八年十二月 日

浅水藕基地

牛蒡基地

南河镇万亩现代农业示范园

全国杜仲第一村——亭泉村中药材种植基地

潘庄赤穗梨

灌河四鳃鲈鱼

奶牛规模养殖

特种养殖

桂花鸭养殖基地

响水湖城市公园

响水县人民医院

响水中学新校区

响水县文化馆

响水县图书馆

响水县广电大厦

响水县体育馆

响水县职业中学

社区文化

幸福童年

老有所乐

非遗戏剧

群众文艺

歌唱和谐

陈家港码头

2000年，省政府批准开放陈家港为二类口岸；2014年，陈家港实现一类口岸临时开放

沿海高速

灌江口大桥2015年7月8日正式开通

灌河大桥

中山河闸

县城街道

灌河潮雕塑

广场一瞥

县城新景

滨江路步行街

旧时城区

大桥雄姿

港口新貌

鉅輪啟航

開山日出

雲梯歸海

古雲梯關

编辑说明

一、本书以马克思主义、毛泽东思想、邓小平理论、“三个代表”重要思想、科学发展观和习近平总书记系列重要讲话精神为指导，以中共十一届三中全会以来的路线、方针、政策为依据，坚持辩证唯物主义和历史唯物主义，以存史、资政、育人为目的，对响水建县50年来发生的大事、要事进行客观记述。

二、本书采用编年体形式，按时间顺序排列。记述时间起于1966年3月，止于2016年7月。

三、本书对事件记述力求做到年、月、日准确，“同日”用“△”表示，难以确定时间的则按照“上旬”“中旬”“下旬”“是月”“是年”等方式处理。

四、本书资料主要来源于《响水县志》《响水年鉴》《响水党史大事记》《今日响水报》、县档案馆馆藏资料和本县出版的各类专业志。

五、本书所涉及响水县国民经济和社会发展全局性数据，以统计局提供的统计资料为准，统计局未作统计的，以各部门提供的数据为准；有关计量单位（如“公斤”与“千克”，“公里”与“千米”等）本书作相应处理，其中少部分为尊重有关文献、资料的历史原貌和使用习惯，未作改动。

目　录

1966 年 …… (1)
1967 年 …… (4)
1968 年 …… (6)
1969 年 …… (8)
1970 年 …… (10)
1971 年 …… (12)
1972 年 …… (14)
1973 年 …… (15)
1974 年 …… (16)
1975 年 …… (17)
1976 年 …… (19)
1977 年 …… (21)
1978 年 …… (23)
1979 年 …… (25)
1980 年 …… (27)
1981 年 …… (29)
1982 年 …… (32)
1983 年 …… (35)
1984 年 …… (38)
1985 年 …… (41)
1986 年 …… (45)
1987 年 …… (49)
1988 年 …… (53)
1989 年 …… (58)
1990 年 …… (61)

1991 年……………………………………………………………………………（67）
1992 年……………………………………………………………………………（72）
1993 年……………………………………………………………………………（78）
1994 年……………………………………………………………………………（85）
1995 年……………………………………………………………………………（93）
1996 年 ……………………………………………………………………………（105）
1997 年 ……………………………………………………………………………（115）
1998 年 ……………………………………………………………………………（130）
1999 年 ……………………………………………………………………………（150）
2000 年 ……………………………………………………………………………（163）
2001 年 ……………………………………………………………………………（172）
2002 年 ……………………………………………………………………………（182）
2003 年 ……………………………………………………………………………（193）
2004 年 ……………………………………………………………………………（206）
2005 年 ……………………………………………………………………………（218）
2006 年 ……………………………………………………………………………（230）
2007 年 ……………………………………………………………………………（243）
2008 年 ……………………………………………………………………………（256）
2009 年 ……………………………………………………………………………（275）
2010 年 ……………………………………………………………………………（297）
2011 年 ……………………………………………………………………………（315）
2012 年 ……………………………………………………………………………（333）
2013 年 ……………………………………………………………………………（355）
2014 年 ……………………………………………………………………………（374）
2015 年 ……………………………………………………………………………（403）
2016 年 ……………………………………………………………………………（431）
后　记 ……………………………………………………………………………（450）

1966 年

3 月 19 日 江苏省人民委员会苏民字〔1966〕96 号文通知:1966 年 3 月 9 日,国务院第 161 次全体会议通过决定,设立响水县。以滨海县中山河北的行政区域为响水县的行政区域。响水县人民委员会驻响水镇,属盐城专员公署管辖。

3 月 24 日 盐城地委指定黄泽之等 24 人(其中候补委员 2 人)组成中共响水县委员会。黄泽之、余和沛、陆玉山、许和庭、王银根、刘金林、仲杰、顾立仁 8 人为县委常委;黄泽之任县委书记,余和沛、陆玉山、许和庭任县委副书记。同时建立响水县人民委员会。余和沛任县长,王银根、魏福宝(女)任副县长。

3 月 28 日 县委、县人委召开会议,讨论两委的人员编制情况,确定:县委部门 45 人,其中正副书记 5 人,办公室 9 人,组织部 6 人,宣传部 5 人,政治部 15 人(包括青、妇、贫、经营管理),监察委员会 5 人;党群军和工作组 66 人,其中党校 8 人,农干校 5 人,工委 3 人,人武部 22 人,会计辅导站 5 人,节育办公室 3 人,县委工作队 20 人;县人委部门 75 人,其中正副县长 6 人,办公室 12 人,农办 10 人,财办 10 人,文卫办 6 人,工交办 5 人,计委 7 人,公安局 7 人,法院 5 人,检察院 3 人,民政科 4 人;人委各事业单位 168 人。

4 月 1 日 中共响水县委员会、响水县人民委员会在滨海县人委会堂正式宣布成立。县委下设:办公室、组织部、宣传部、政治部、监察委员会、党校。县人委下设:办公室、计划委员会、政法办公室、农水办公室、文卫办公室、财贸办公室、工交办公室、民政科、公安局、物资局、供销社、粮食局、邮电局、人民银行及法院、检察院。群众团体有:总工会、贫下中农协会、团县委、县妇联。县委、县人委管辖的公社镇有:响水、陈港两个镇和响水、周集、张集、黄圩、运河、六套、康庄、双港、南河、渔业 10 个公社。

4 月 10 日 中共响水县委响发〔1966〕01 号文件通知,省委制发的县委铜质印章即日启用。

4 月 11 日 县委办公室统计:全县有 12 个公社镇,189 个大队,1361 个生产队。

4 月 17 ~ 22 日 县委在运河工委召开第一次公社书记会议。县委副书记、县长余和沛到会讲话。县委副书记陆玉山部署农村工作。县各部委办负责人出席会议。

4 月 22 日 盐城地委批复:黄泽之、余和沛、陆玉山、许和庭、王银根、刘金林、仲杰、顾立仁、李驹(未到职)、魏福宝(女)、项文兵、孙继浪、沈震才、张以顺、张明、胡海清、吴月银、许学金、潘秀成、唐于友、马永兴、周万瑶为县委委员。嵇克文、温志礼为县委候补委员。

4 月 24 日 盐城地委、行署研究,报省委批准,原周集公社划为周集、小尖两个公社,原六套公社划为六套、七套两个公社。

5月1日 国务院制发的"响水县人民委员会"印章即日启用。

5月1～14日 为夺取农业丰收,县委组织全民"大讨论、大总结、大评比、大表扬"活动。

5月13日 地委批准,成立响水县委监察委员会。刘金林任监委书记,戴新明任监委副书记。

5月14日 省人委〔1966〕170号文件批复,同意将响水公社改为响南公社。

5月18日 地委研究,报省委批准:魏福宝任县委常委,仲杰任县人委副县长兼县委宣传部部长。

5月23～26日 县委召开各公社镇书记和县委各部委、人委各委办负责人会议。会议传达地委"四夏"工作会议精神。县委负责人余和沛、陆玉山、许和庭到会讲话,要求各级党委在"四夏"工作中加强政治思想工作,确保"四夏"工作顺利进行。

5月28日 县人委决定,成立响水县市场管理委员会。

是月 第一次职工代表大会召开,选举产生县工会领导班子。张清正兼任主席。

6月1日 省人委和省军区批准,成立响水县人民武装部。

6月4日 县委决定,成立县级机关党委会。

6月10日 县委决定创办《响水工作》内刊。《响水工作》本着总结、介绍、交流各级党组织如何突出政治,做好工作,促进思想"革命化"等方面的经验。

6月上旬 县委成立"文化大革命"办公室。县委向全县党员干部传达中央"五一六通知"精神,组织批判邓拓、吴晗、廖沫沙所谓"三家村"。

7月9日 县人委决定,成立响水县建筑管理站。

7月上旬 县委向响水县中学、运河中学派驻"文化大革命"工作组。

7月22～27日 县委召开三级干部大会,中心议题是开展农业增产运动,夺取农业丰收。

8月8～14日 滨海县社教总团和响水县联合召开响水地区学习毛主席著作积极分子代表会议。600多人出席会议。响水县公社镇各大队党支部书记列席会议。

8月10日 县委决定,对全县专职人武干部进行政治集训,时间40天。通过政治理论学习,联系实际,促进干部思想"革命化",推动全县民兵工作"三落实"(组织、政治、军事)。

8月上旬 响水县中学、运河中学成立"红卫兵"组织。大部分机关、企事业单位和农村也成立各种"造反派"组织。

8月13日 地委批准,成立响水县委"文化大革命"领导小组,由张世礼、许和庭、仲杰、刘金林、王善吾5人组成。张世礼(军代表)任组长,许和庭任副组长。

8月15日 滨海、阜宁、涟水、灌南、响水领导小组制订1967年响水张黄六(张集、黄圩、六套)地区单产达纲要,总产翻一番的计划要点和1967年张黄六地区政治工作计划。

9月8日 县委召开响水县"红卫兵"检阅大会。

9月上旬 全县城乡掀起破"四旧"(旧思想、旧文化、旧风俗、旧习惯)运动。"红卫兵"上街破"四旧",横扫"牛鬼蛇神"。

9月12日 县委常委研究决定,成立县人委党组。余和沛任党组书记,王银根任副书记。

9 月 23 日 盐城军分区党委〔1966〕177 号文件批复:黄泽之、辛公贤、沈达山、刘荫凤 4 人组成县人民武装部党委会。黄泽之任书记,辛公贤任副书记。

是月 “文化大革命”运动在全县展开,各种“群众组织”相继产生。

秋 王应勇任响水县委副书记。

10 月 1 日 县委召开庆祝中华人民共和国成立 17 周年大会。县委副书记余和沛到会讲话。这是响水县建县后的第一个国庆庆祝大会。

10 月 5 日 县直机关民兵团成立。盐城军分区任命仲杰为民兵团团长,余和沛为政委,张以顺、张清正为副团长,项文兵为副政委,王善吾为政治处主任,杨诚为参谋长。

10 月 16 日 响水县中学等“红卫兵”代表 443 人赴京,接受毛主席检阅。随后,全县“红卫兵”纷纷外出“串联”。

10 月中旬 运河公社被省人委确定为 13 个样板公社之一。

11 月 2 日 县委、县人委决定:成立响水县水利工程总队部,下设政治处和秘书、工务、财务器材供应、卫生 4 个科。王银根任总队长,王应勇任政治委员,韩镗、王雨亭、田增桂、刘飞洪任副总队长。

11 月 10 日 县委决定:余和沛任县委“文化大革命”小组组长,免张世礼“文化大革命”小组组长职务。

11 月上旬 响水县中学、运河中学首先开始批判所谓“资产阶级反动路线”,批斗县委派驻学校的“文化大革命”工作组成员。

△ 县委成立“接待站”,接待全国各地在响“大串联”的“红卫兵”。

11 月 12 日 县委转发县人武部《关于实现民兵工作“三落实”的规划意见》。意见要求各公社镇党委、县委各部委、人委党组按照人武部的规划,具体制订部门民兵工作“三落实”计划,并迅即行动。

12 月上、中旬 全县城乡各系统、各行业纷纷成立“红卫兵战斗队”等群众“造反派”组织,搞“踢开党委闹革命”,批判所谓“走资派”,冲击党政机关。不少单位领导,因所谓转移、窝藏“黑材料”,有的被罢官,有的被开除党籍。

冬 民便河闸开工。

1967 年

1 月 1 日 县级机关“红卫军”组织成立。

1 月 13 日 地委决定,撤销地委派驻滨海县社教工作团。滨海、响水、阜宁搞社教的地方,有关社教运动中未了事宜和有关“文化大革命”中的问题,由各自县委根据中央指示精神进行处理。

1 月 19 日 县委常委决定调整“文化大革命”领导小组成员。王应勇、刘金林、顾立仁为县委“文化大革命”小组副组长,许学金、张清正、刘毅、陈其雄为“文化大革命”小组成员。

1 月 25 日 县委与响水县中学“革命造反派”、南京高校在响水“串联队”代表达成“八项协议”。此协议的签订引发有关学校两派矛盾的尖锐化。2 月 21 日,县委宣布“八项协议”无效。谁是真正的“革命造反派”,由广大“革命群众”在运动实践中审定。此后,响水地区逐步形成“大批判联络站”“革命造反联合总部”两大派组织。

1 月 27 日 县委宣布,与“响水县小教造反派联合司令部”达成的“十二项协议”无效。并于 3 月 7 日发出通告,解散“响水县小教造反派联合司令部”,并责成其“头目”检讨。

1 月下旬 在上海“一月风暴”夺权影响下,县委、县人委被县直机关“造反派”夺权。

2 月 5 日 县委、县人委发布通告,“响水县红色劳动者造反司令部”(原合同工司令部)立即停止活动,解散组织,回到各条战线参加“文化大革命”运动。

2 月 14 日 县委宣布:经“响水县中学红卫兵总部”和县有关部门的“红卫兵”组织讨论决定,成立“响水县监督生产委员会”和“响水县生产委员会”机构。

3 月 9 日 县人委决定:原陈港镇渔业大队划归渔业公社管辖,原康庄公社大沟大队划为红星、大沟、平建 3 个大队,原南河公社新南、小集两大队划为红旗、东风、新南和小集 4 个大队。

3 月 14 日 县人武部根据江苏省军管会电报通知精神,决定成立响水县人武部生产办公室,统一指挥全县“革命和生产”。人武部部长沈达山任办公室主任。

3 月中旬 县境驻军及县人武部奉命组建“支左办公室”。

4 月 5 日 县级机关召开所谓声讨“党内最大的走资派”罪行大会。县生产办公室主任沈达山到会讲话。

5 月 7 日 响水县城新竣工的人民桥,20 时许突然倒塌,无人员伤亡。

5 月上旬 县公、检、法军事管制委员会成立。

5 月 17～21 日 县生产办公室召开全县政治工作会议。会议贯彻盐城军分区政治工作会议精神，总结交流“抓革命、促生产”工作中活学活用毛主席著作的经验，宣传贯彻中共中央给厂矿企业、农村人民公社的两封信，夺取“革命、生产双胜利”。

5 月中旬 开始铺设小佃公路（小尖经张集、黄圩至涟水县的佃湖），县境内长 18.45 千米。

6 月 19～23 日 县生产办公室在康庄公社召开夏季工作会议。沈达山作《高举毛泽东思想伟大红旗，深入开展以抗旱抢种，抗旱保苗为中心的群众运动，夺取秋熟作物更大丰收》报告。

6 月 27 日 响水电厂投产运行。供县直、响水镇、响南公社等机关照明和县粮油加工厂、棉织厂、水塔等动力用电。原响水镇 40 千瓦柴油发电机组停发。

7 月 13～18 日 县生产办公室召开争取秋季全面大丰收誓师大会。沈达山作总结报告。

7 月 25 日 县生产办公室下发《关于纪念中国人民解放军建军 40 周年 开展拥军优属活动的通知》。

9 月 13～17 日 县生产办公室召开秋季生产扩大会议。会议贯彻执行中共中央、国务院、中央军委、中共中央文革小组关于抓紧搞好秋收秋种的通知。

10 月 18～21 日 县生产办公室召开农村政治工作会议。会议分析当前“革命和生产”新形势，总结交流经验，部署今后工作任务。

11 月 3 日 刘金林任县人武部生产办公室副主任。

是年 全县农村开展批判“三自一包”（自留地、自由市场、自负盈亏，包产到户）“四大自由”（大鸣、大放、大字报、大辩论），推行大寨式管理。

1968 年

3 月中旬 响水地区两大派“红卫兵”群众组织(“大批判”联络站和“革命造反”联合总部)实行“大联合”。

3 月 24～27 日 县生产办公室召开“抓革命、促生产”工作会议。王银根到会讲话。会议贯彻省军管会生产委员会的会议精神;传达国务院副总理李先念的指示,迅速掀起春季农业生产高潮。

4 月 1 日 中国人民解放军六十军党委批准成立“响水县革命委员会”。辛公贤任主任,梁庭元、沈达山、许和庭、王银根任副主任,顾立仁、周素青、王金达、赵学科、梅国福、龚亚任常委。并在县城召开庆祝大会。驻军首长和盐城专区革委会副主任陆逵到会讲话。东台、大丰、阜宁县的支左办公室、盐城军分区、专区革委会发来贺电。

4 月 3～6 日 县革委会首次召开全委会议,学习毛主席的最新指示,中央两报一刊社论《革命委员会好》,部署当前革委会工作。

4 月 4 日 “江苏省响水县革命委员会”印章启用,原县委、县人委印章封存。

是月 县直各单位相继成立革命委员会。

5 月 全县各公社镇先后成立革命委员会。

6 月 13 日 县革委会研究决定,撤销县人武部生产办公室,成立县革委会办事组、政工组、组织组、农林组、水利组、工交组、财贸组、计划组、教卫组和民政组 10 个办事机构。

7 月上旬 周集、响南等公社清查所谓“新华党”,大搞逼、供、信,致部分干群被整。

8 月上旬 铺设涟水至头罾的 07117 公路,县境内长 60.3 千米。此公路是沟通涟水、响水两县的主要干线,也是沿海边防的战备公路,可直达黄海前哨。

8 月 15～22 日 县革委会在六套公社召开“抓革命、促生产”大会。会议贯彻省革会首次活学活用毛泽东思想经验交流会议精神,贯彻专区革委会生产指挥组召开的秋播和水利规划会议精神,部署全县“抓革命、促生产”工作。

是月 县成立“工代会”“贫代会”和“红代会”。

9 月 3 日 县革委会第三次全委会议召开。会议学习毛主席最新指示,分析形势,讨论当前“斗争”任务。

10 月底 响水县“五七”干校在原县综合试验站(运河)建立。县直机关一批干部在“五七”干校劳动。

11 月 5 日 县革委会决定,原县革委会办事机构 10 个组合并为 4 个组:办事组、政工组、生产指挥组、保卫组。

11 月 20～26 日 县革委会召开全县各级革委会党员代表大会,978 名代表出席。会议传达学习《中国共产党第八届扩大的十二次中央委员会公报》和《中国共产党章程（草案）》。大会要求，必须把活学活用毛泽东思想的群众运动放在一切工作首位，继续大办、办好各种类型的毛泽东思想学习班。

12 月 17～22 日 县革委会召开首届活学活用毛泽东思想积极分子代表大会，1000 多名代表出席。县革委会副主任梁庭元作报告。专区革委会、驻盐城部队支左办公室负责人作重要指示。黄海农场、灌东盐场负责人及代表出席会议。

12 月 19 日 响水县革命委员会政法组成立。

12 月下旬 县"文攻武卫"指挥部成立。

1969 年

1 月 5～11 日　县革委会召开全委会议，学习《用毛泽东思想统帅一切》两报一刊元旦社论，对照检查 1968 年工作，总结经验、找差距、议措施，部署 1969 年工作任务。

1 月 23 日　县组织“农业学大寨”参观团 45 人在大寨参观。

3 月上旬　县革委会召开军、烈属，残、复、转、退军人积极分子代表大会。

3 月 13～19 日　县革委会召开“农业学大寨”政治工作会议，2000 多人参加。县革委会副主任沈达山到会讲话。

3 月 23 日　县知识青年“上山下乡”办公室成立。

4 月 1 日　县革委会召开成立一周年座谈会。全体委员出席会议。

4 月 10 日　县革委会召开庆祝中共九大胜利闭幕大会。县革委会副主任梁庭元到会讲话。

△　响水县麻纺织厂建成。

4 月 12～15 日　县革委会召开工人代表、贫下中农代表、“红卫兵”代表大会，成立县“工代会”“贫代会”“红代会”组织机构。

4 月 24 日　响水县第一座电灌站在小尖公社伏西大队建成，配变容量 50 千伏安，10 千瓦电动机、8 寸水泵各两台。

5 月 9 日　15 时左右，县境普遭狂风、暴雨、冰雹袭击。阵风 8 级以上，短时降雨40～70 毫米，雹粒最大重约半斤以上。南河、六套、七套、康庄 4 公社的 19 个大队、100 个生产队雹灾严重。

5 月 21～6 月 2 日　县革委会召开常委（扩大）会议。会议以毛泽东思想为最高标准，对照常委言行，开展谈心活动，开展批评与自我批评，加强领导班子团结。专区革委会副主任万玉华参加会议。

5 月 22～28 日　县召开党员代表大会，传达中共九大精神。会后全县开展“三忠于”（忠于毛主席、忠于毛主席的革命路线、忠于毛泽东思想）活动，开会、办事、说话等都要引用毛主席语录，“早请示、晚汇报”“忠字化”活动盛极一时。

6 月 6 日　县革委会决定撤局建站，在县直机关建立 10 大站：毛泽东思想宣传站、工业手工业管理站、粮油棉管理站、生产资料服务站、人民生活服务站、人民卫生服务站、交通运输服务站、农副产品服务站、农业生产服务站、农机水利服务站。

7 月 4 日　县革委会全委会通过《关于开展“四好”运动的决定》。“四好”：政治思想好、三八作风好、完成任务好、生活管理好。

7 月 21 日　响水县供电局成立。

8 月 5 日 县革委会召开纪念毛主席“炮打司令部”大字报发表两周年大会。县革委会副主任许和庭到会讲话。

8 月 10～30 日 县革委会举办县直机关第一期毛泽东思想学习班,158 人参加。为全面落实中央“七二三”布告,加强革命纪律性。

8 月 19～28 日 县革委会召开“农业新跃进”工作会议,讨论研究 1970 年“农业新跃进”计划和当前工作。

9 月 14～10 月 10 日 县革委会召开第九次全委(扩大)会议。会议学习中共九大文献、党中央“七二三”布告和“八二八”命令,学习周总理在国庆招待会上的讲话和国庆社论。通过学习讨论,揭露和批判革委会内部的“资产阶级派性”和“无政府主义”,增强团结,促进领导班子思想“革命化”。

9 月 21～30 日 《山西日报》《光明日报》《新华日报》《新盐阜报》先后刊登新华社报道《自力更生创奇迹,盐碱荒滩变良田——记江苏省响水县张黄六地区的巨变》。中央人民广播电台、江苏人民广播电台分别播出这篇文章。

9 月 25 日 县革委会召开万人大会。县革委会主任辛公贤到会作国际形势和准备打仗报告。

秋 县直机关及企事业单位清理阶级队伍,部分干部职工被批斗、关押、审查。

10 月 1 日 县革委会召开庆祝中华人民共和国成立 20 周年大会。晚上驻城机关和响水镇举办灯会。

10 月 21～25 日 县召开下乡知识青年活学活用毛泽东思想积极分子代表大会。

11 月中旬 第一批 160 名机关干部、工人下放农村劳动。县革委会召开欢送大会。

是月 盐城地区革委会核心领导小组批准,建立中共康庄公社党委会。康庄公社党委是全地区“文化大革命”以来恢复的三家基层党委之一。

12 月 1 日 县革委会在东方红小学广场召开“狠抓经济领域阶级斗争”誓师大会。县革委会副主任梁庭元到会讲话,并宣布“经济领域阶级斗争”在全县面上推开。此运动一直到 1975 年结束。

是年 在“斗、批、改”中,实行贫下中农管理学校。

1970 年

1 月 15 日 江苏省响水县民兵独立团建团大会在县人民影剧院召开。县人武部部长沈达山兼任团长,县人武部政委辛公贤兼任政委,县革委会副主任王银根、县人武部副部长孙公泰兼任副团长,县革委会副主任许和庭、县人武部副政委王克明兼任副政委,县人武部作训科科长李治兴兼任参谋长,县人武部政工科科长刘荫凤兼任政治处主任。19 日至 29 日,独立团排以上干部在县"五七"干校接受军事教育和"三防"训练。

2 月 9 ~ 19 日 县革委会召开夺取革命生产新胜利誓师大会,2600 多人参加会议。会议贯彻省全委(扩大)会议和地区召开的第二届"积代会"精神;回顾总结 1969 年工作情况,讨论研究 1970 年工作任务。县革委会负责人作关于开展"一打三反"(打击反革命破坏活动,反对贪污盗窃、反对投机倒把、反对铺张浪费)运动的宣传动员。

2 月 20 日 经地区革委会常委研究,报省革会批准,余和沛、陆玉山、魏福宝、赵学科任响水县革委会副主任。

3 月 全县除响水镇、七套公社、南河公社外,其他公社镇相继恢复党委会。

4 月 16 日 无锡市决定支援响水县发展工业,带人带设备在响水建棉织厂、机械修理厂、医疗器械厂、五金套筒厂、制线厂、仪表电器厂。

5 月 10 日 新建响水县砖瓦厂。

5 月 13 日 张海楼任响水县革委会主任,辛公贤调盐城军分区另行分配。

5 月 15 ~ 18 日 县革委会召开计划生育工作会议。会议学习毛主席关于计划生育方面的指示。县革委会副主任魏福宝作关于当前形势和 1970 年计划生育工作任务的报告。江苏生产建设兵团七团、八团,灌东盐场代表应邀参加会议。

5 月 15 ~ 21 日 县革委会召开"整党建党"工作会议。会议学习毛主席《全世界人民团结起来,打败美国侵略者及其一切走狗》的庄严声明和毛主席关于党的建设的一系列指示;学习北京"六厂二校"的"整党建党"工作经验;提出响水县开展"整党建党"工作意见。

6 月 3 日和 12 日 响南、运河、双港、小尖、陈港、七套、南河、渔业和康庄等公社镇遭受暴雨、冰雹和龙卷风袭击。遭灾农作物 8 万多亩,房屋倒塌、受损 3108 间,刮倒、刮断树木 8000 多株,人员受伤 14 人、死亡 2 人。

7 月中旬 县革委会召开"教育革命"工作会议。各公社镇分管文教负责人、中学革委会主任、公社镇文卫干事参加会议。会议学习毛主席关于"教育革命"的指示,传达省革会 41 号文件和地区革委会形势教育工作会议精神;分析响水县"教育革命"形势,总结过去工作,讨论落实今后全县"教育革命"具体意见。

7 月 22 日 县革委会发文,号召全县人民向一等功臣武永俊烈士学习。武永俊是原响水县陈港草港大队人,解放军北京军区某部副连长。1970 年 3 月 1 日,在抢救部队战备器材中英勇牺牲。

8 月 27 日 中山河桥重建工程竣工通车。

9 月 21 日 响水县化肥厂筹建小组成立。原县委书记黄泽之任组长,刘金林任副组长。

10 月 5～10 日 县革委会召开民兵工作会议。会议传达学习省军区会议精神,总结交流响水县民兵工作经验,讨论落实措施。张海楼作大会动员和总结部署。

10 月 15 日 康庄公社原新建大队划为新建、新兴 2 个大队。

11 月上旬 县组织民工 8000 人开挖大寨渠。大寨渠南起运河乡正茂村,北至响南乡洪圩村四排河,全长 24 千米,流域面积 45 平方千米。

12 月 12 日 南河公社王商、沙荡、草港、大湾、六港、四港 6 个大队划归陈港镇管辖。

12 月 14～18 日 县革委会召开"农业学大寨"四级干部大会,2000 多人参加会议。会议学习毛主席的有关指示和中共九届二中全会公报;北方地区和全省农业会议精神,以及几个县革委会副主任关于当前形势和全县进一步开展"农业学大寨"的报告;讨论修改关于进一步开展"农业学大寨"运动的决议,并制订今后"农业学大寨"的计划。

12 月 25～31 日 中共响水县第一次代表大会召开,出席大会正式代表 548 人。张海楼代表县党的核心领导小组作《在毛主席无产阶级革命路线指引下,继续革命,乘胜前进》报告。会议选举张海楼等 39 名委员(其中候补委员 4 名)组成中共响水县委第一届委员会,同时撤销响水县革委会党的核心领导小组。县首届一次全委会议选举并报省委审批:张海楼任响水县委书记,许和庭、魏福宝任县委副书记。张海楼、许和庭、魏福宝、沈达山、王银根、陆玉山、赵学科为县委常委。

12 月下旬 全县组织 500 多人工作队,进驻全县 258 个单位,开展"一打三反"运动。

是年 在农村开展所谓割"资本主义尾巴"(在集体劳动之外,个人搞副业,做买卖等)运动。

1971 年

2 月 5 日 县革委会机构调整:办事机构仍设办事组、政工组、生产指挥组、公检法军管会(政法组更名为公检法军事管制委员会);撤销 10 大站,建立人事局、文教卫生局、农业局、工业局、交通局、财政局、商业局、粮食局、物资局、农机水电局、电信局(属县人武部)等 11 个局。

2 月 8 ~ 10 日 响水县召开活学活用毛泽东思想积极分子,首届四好单位、五好个人代表大会。会议选举产生出席省"积代会"代表和地区"三代会"(工代会、农代会、红代会)代表。

2 月 17 日 孙公泰、宋作全增补为县革委会常委。

3 月 5 ~ 9 日 县委召开(扩大)会议。会议传达全国计划工作和全国公安工作会议精神,省委和地区革委会贯彻执行这两个会议精神的意见,落实全县 1971 年发展国民经济的主要指标和部署当前工作任务。

3 月 11 ~ 14 日 县革委会召开卫生工作会议。会议贯彻中央、省、地卫生工作会议精神,总结推广南河公社计划生育和提倡晚婚试点工作经验,研究落实响水县卫生工作任务。

4 月 1 日 盐城地区革委会党的核心领导小组批准,恢复建立中共响水镇委员会。委员会由杨春华等 6 人组成。

4 月 15 日 县革委会决定,成立县市场管理委员会。

是月 各公社镇相继成立党委会。

5 月 9 日 县委作出"关于加强自身革命化建设的措施":1. 认真读书,弄懂弄通马列主义、毛泽东思想。2. 开展积极地思想斗争。3. 认真实行民主集中制。4. 坚持"三不脱离",密切联系群众。5. 改进工作方法,大兴"革命化"作风。

5 月上旬 全县开展"批陈整风"(陈指陈伯达)运动,批判陈伯达"反党罪行"。

5 月 26 ~ 6 月 3 日 县委举办第一期"批陈整风"学习班,学习中央有关文件,分组讨论和揭发批判。县委委员、候补委员,各公社书记和各组局主要负责人参加。

6 月 9 ~ 20 日 连续下雨 12 天,雨量达 750 毫米。已收割的麦子在场上霉烂,未收割的麦子在地里发芽。全县夏粮减产 500 多万千克。

7 月 1 日 在黄圩建红旗翻水站。

8 月 12 ~ 18 日 县委在六套公社皂角大队召开首届四次全委(扩大)会议,500 多人参加会议。地委常委丁德山到会讲话。会议以"农业学大寨"为重要内容,并开展"革命大批判"和"忆苦思甜"活动。

9月9日 县委召开响水县深挖"五一六"运动誓师大会。会后348名干部职工受到审查和隔离审查,有的被批斗,有的被搞逼、供、信,致伤致残,蒙受不白之冤。深挖"五一六"运动一直持续到1973年。1974年5月,县委对所有受审查的同志平反昭雪。

9月中旬 南京军区在陈港小蟒牛进行海、陆、空三军联合军事演习。

10月16~18日 县委举办党员干部学习班,学习贯彻中央关于"林彪反党叛国罪行"文件和省、地委会议精神,揭发批判"林彪反党叛国罪行"。学习班分两片:一片在响水中学,一片在县"五七"干校,668人参加。

是月 中央关于"林彪反党叛国"文件在广大党员、干部、工人、农民中传达后,全县掀起揭发批判"林彪反党叛国罪行"活动。机关、书店、商店、电影放映等部门对林彪挂象、标语、书籍语录等全面清理。对清理出来的物件有的封存,有的销毁。

11月底 响水县组织1200多人宣传队,进驻60个单位,继续开展"一打三反"运动。

12月上旬 全县动员1.1万人开挖红旗渠。红旗渠南起黄圩杨码头,北至响南五河大队,全长26.5千米。

是年 县委抽调部分党员干部在农村兼任大队支部书记。

1972 年

1 月 27 日 南河公社党委第二届委员会成立,由孙继浪等 15 人组成。孙继浪任党委书记。

2 月 2 ~ 10 日 县委召开工作会议。会议学习社论和中央 4 号文件,狠批林彪反党集团的《“五七一”工程纪要》,传达学习省委工作会议精神,继续开展“一打三反”和清查“五一六”运动,搞好“斗、批、改”。

3 月 22 日 县委召开夺取粮棉跨《纲要》,棉花超历史、副业大发展四级干部誓师大会。

4 月 1 日 中国人民银行响水县支行营业部成立。原中国人民银行响水县支行并入县财政局。

4 月 12 日 县委批复,同意建立响南、黄圩、张集、渔业、康庄、周集等人民公社第二届委员会。

4 月 20 日 康庄公社新组建新庄、大新 2 个大队。

5 月 2 ~ 4 日 县委召开全县计划工作会议。县委副书记余和沛部署全县国民经济计划任务。

5 月 20 日 响水至南京客运班车开通,全程 300 千米。

7 月 6 ~ 12 日 县委召开首届八次全委(扩大)会议。会议交流学习马列和毛主席著作的体会,总结 1972 年上半年工作和部署下半年工作任务。

8 月 18 ~ 19 日 县委常委学习中发〔1972〕28 号文件,联系实际,明确两点:1. 坚决刹住私招乱顾歪风。2. 坚决刹住超支挪用公款现象。县革委会“三组一会”负责人列席参加。

是月 县直机关开始“批林整风”。

9 月 11 日 县委同意,中共七套公社第二届委员会成立。胡海清任党委书记。

10 月 16 日 盐城地委批复,陆玉山任中共响水县委副书记。

11 月 20 日 ~ 12 月 12 日 县委在县“五七”干校举办两期农村经济政策学习班。县、社直部分单位负责人,各公社副书记、副主任,各大队书记、副书记、大队会计 762 人参加学习。

11 月 30 日 响水县革委会邮政局成立。

12 月 22 日 响水县体育运动委员会成立。陆玉山兼任体委主任。

是年 全县开展“农业学大寨”运动。学大寨工作队分期、分批进驻各公社镇。

1973 年

1 月 16～26 日 县委召开首届十次全委(扩大)会议。会议传达省委(扩大)会议精神,总结 1972 年工作,部署 1973 年工作任务,并表彰一批先进单位。615 人参加会议。

3 月 4～7 日 共青团响水县第一次代表大会召开,选举产生共青团响水县第一届委员会。王安才任书记,于海波、费桂芹任副书记。

5 月 13～15 日 县委(扩大)会议召开。会议传达学习全国计划会议要点和地委计划会议精神,研究部署"四夏"工作。

6 月 11 日 恢复中国人民银行响水县支行。

7 月 7～10 日 县委召开全县三级干部会议。会议贯彻省委三届四次全委(扩大)会议精神,讨论夺取秋熟和 1974 年夏熟丰收的意见,并奖励部分社队。

8 月 17～20 日 响水县总工会第二次代表大会召开,选举产生响水县总工会第二届委员会委员 30 名、常委 9 名,主席曲乃风。

8 月 29 日～9 月 1 日 响水县第一次妇女代表大会召开,讨论通过妇女工作报告,明确妇女工作任务。选举产生响水县妇女联合会第一届执委会委员 41 名,常委 9 名,主任束理敏。

9 月 12～15 日 响水县知识青年"上山下乡"工作会议召开。会议学习中央文件,检查响水县近 5 年"上山下乡"工作,研究解决知青工作中的问题和具体措施。

9 月 26 日～10 月 2 日 县委召开常委(扩大)会议。会议帮助常委"整风",在认真学习中共十大文件,深入"批林"的基础上,向县委常委提出 445 条意见。会后,县委常委用两天时间开展思想交锋,进行批评与自我批评,并讨论整改等问题。60 多人参加会议。

11 月 1 日 中共响水县县级机关第一次代表大会召开,选举产生中共响水县县级机关第一届委员会和正、副书记。并作出《关于加强机关革命化建设的决议》。

11 月 6 日 撤销县革委会政法组,恢复响水县公安局、响水县人民法院。

11 月 10 日 响水县知识青年"上山下乡"领导小组成立,下设办公室。

11 月 11 日 邮政、电信两局合并,恢复响水县邮电局。

11 月 13 日 响水县对外贸易公司成立。

12 月 3 日 王益众任响水县革委会副主任。

12 月上旬 县城铺设响灌路,油渣路面长 2.1 千米。

12 月 11～26 日 县委举办第一批农村基层干部"批林整风"学习班。大队正副书记、部分支委、生产队长 308 人参加学习。

1974 年

1 月 9～15 日 县委召开首届第 13 次全委(扩大)会议。会议贯彻中共十大精神,深入开展"批林整风"运动,总结交流 1973 年农业生产大干快上的经验,部署 1974 年工作任务。

2 月 8～13 日 响水县第二次贫农下中农代表大会召开,代表 517 人。会议"以批林整风为纲",深入进行思想和路线方面教育,交流"农业学大寨"群众运动的经验,讨论贫下中农协会的工作任务,选举产生响水县第二届贫下中农协会委员会。

2 月上旬 全县开展"批林批孔"运动。

3 月 9 日 响水县计划生育领导小组成立,下设办公室。

3 月 12 日 中共响水县公安局委员会成立。

4 月 5 日 响水县人武部作出民兵工作意见:继续贯彻中共十大精神,深入开展"批林批孔"运动,认真看书学习,抓紧思想和政治路线方面的教育,从政治思想上、组织上、军事上加强民兵建设,进一步搞好民兵工作"三落实"和落实各项战备措施。

5 月 6 日 省革会下发〔1974〕26 号文件,关于灌云与响水两县界址问题的通知,决定将灌河东岸原属灌云县燕尾镇渔业大队的第四生产队划归响水县领导。1978 年 5 月 22 日,省革会〔1978〕38 号文件批复,重申按照苏革发〔1974〕26 号文件精神,确定灌云与响水两县界址。

5 月 28 日 响水电信大楼竣工,面积 820 平方米。

6 月 17 日 响水县遭受持续 3 小时 8～10 级大风袭击,部分地区伴有暴雨和冰雹。康庄、双港、南河、六套、七套公社受灾严重。全县房屋损毁 13748 间,其中倒塌和严重损毁 882 间;粮食损失 10.5 万公斤,霉变粮食 5 万公斤;损失麦草 23 万担;农作物受灾面积 4 万亩;树木刮倒、刮断近 10 万株;人员受伤 11 人,死亡 2 人。18 日,县委组织部分干部在受灾社队进行慰问和调查,分析灾情,研究措施。县拨出救灾经费万元,毛竹 1000 支、木材 13 立方米,帮助受灾社队解决实际困难。

7 月 4～8 日 县委召开三级干部会议,560 多人参加会议。会议学习省委〔1974〕58 号文件,总结上半年"抓革命、促生产"情况,表彰和奖励 136 个"农业学大寨"先进单位。

是月 经盐城地委研究,报省委批准,免去余和沛、王益众县革委会副主任职务。

8 月 25～27 日 县委在七套公社召开"批林批孔"现场会议。各社镇党委书记,县革委会各组局院行校和群团负责人 70 多人参加会议。会议听取七套公社党委关于加强贫下中农理论队伍建设情况介绍,参观七套亭泉、红旗两个大队批判现场,讨论制定今后理论学习和理论队伍建设的规划和措施。

11 月 1 日 响水至双港、南河、新荡、陈港自办邮路开通。

是年 陈港至盐城客运班车开通,全程 138 千米。

1975年

2月24日~3月2日 县委召开三级干部会议。会议总结近几年领导"农业学大寨"运动的经验教训,提出实现今后"农业新跃进"的初步意见。900多人参加会议。

3月3日 海军上海基地在响水县铺设的盐场停办,移交响水县并签订协议书。3月20日,响水县成立地方国营响水盐场。

3月4日 根据上级指示,驻响部队撤出地方支左。免去军代表张海楼县委书记、县革委会主任职务。同时免去其他军代表在地方职务,调回部队工作。

3月18日 县人民法院党组成立。

3月22日 响水县农业科学研究所成立。

3月24~28日 响水县"工业学大庆"经验交流会议召开。会议学习中央4号、5号、9号文件,总结交流开展"工业学大庆"群众运动的经验,表彰"工业学大庆"先进单位107个和先进个人279人。

3月25日 赵学科任中共响水县委副书记。许仁(未到职)、王应勇任县委常委、县革委会副主任。

3月26日 县委召开县级机关干部职工大会,为在清查"五一六"中被错误审查的同志平反。并宣布县委关于清查"五一六"中被错误审查人员落实政策工作的七点意见。

4月1日 响水县革委会下放人员办公室成立。

4月24日 高储书任中共响水县委书记、革委会主任。

5月28日 响水县盐业公司、响水县水泥厂成立。

6月5日 中共响水县委"农业学大寨"办公室成立。

是月 响水至灌南客运班车开通,全程31千米。

7月26~30日 县委召开三级干部会议。会议传达学习中央9号、12号、13号、17号文件。县委书记高储书作《关于学理论、抓路线、鼓干劲、战当前,为实现农业大干快上而努力奋斗》报告。

8月15日 免去陆玉山县委副书记职务,调阜宁县工作。

10月6日 县委召开"机关革命化"会议。会议传达中央20号文件和邓小平在全国"农业学大寨"会议上的讲话精神。高储书到会讲话。县级机关干部党员出席会议。

10月21日 响水县革命委员会工商行政管理局成立。

10月22日 撤销县革委会办事组、政工组,成立县委办公室、县革委会办公室、县委组织部、县委宣传部、县革委会计划委员会。县革委会生产指挥组改为县革委会生产指挥部。

10月28日~11月2日 县委召开贯彻全国“农业学大寨”会议精神会议。魏福宝传达全国“农业学大寨”会议精神。与会人员参观双港公社万亩片现场,认真讨论研究学大寨、抓当前和如何把响水建成大寨县的问题。

12月10~16日 县委召开“农业学大寨”工作队集训会议。高储书和许和庭到会讲话。800多人出席会议。

1976年

1月5日 响水至盐城电报电传电路开通。

1月8日 周恩来总理逝世。1月14日,县委组织县级机关全体干部职工在人民影剧院举行沉痛悼念周恩来总理活动。

1月11~18日 县委召开大会。县直机关、各社镇及直属机关负责人和社队企业代表、上山下乡知识青年代表、先进人物代表、“农业学大寨”工作队员2700多人出席会议。县委负责人传达上级有关会议精神,讨论制定1977年社镇、队企业发展规划。会议表彰先进单位20个和先进个人20名。

2月12~16日 县委召开建设“大寨县”誓师大会。县革委会常委、委员,各社镇、大队、生产队主要负责人,“农业学大寨”工作队队长和部分知青代表等2700多人参加会议。会议学习中央〔1975〕23号、26号和〔1976〕1号、3号文件,讨论落实四年建成“大寨县”的规划和大干1976年的任务,表彰1975年“农业学大寨”先进单位324个和先进个人39名。

3月3日 县委召开县直机关干部职工所谓批判“右倾翻案风”大会。县委负责人及宣传、文教、响中、手工业局等单位负责人作“批判”发言。

3月中旬 灌云县组织大批人员在响水县团港地区开挖对虾池,强占响水土地,引起两县纠纷。

4月8日 县委召开县各部委办局负责人会议,紧急传达贯彻中央9号、10号文件。接着召开电话会议对各社镇进行传达。并在县实小广场召开县直机关干部、职工和响南、响水镇广大群众参加的万人大会传达两个文件。会后,进行游行。

是月 响水县革命委员会供电局成立。

5月7日 县委在人民影剧院召开纪念毛泽东主席“五七”指示发表10周年大会,工、农、商、学、兵及“五七”干校知青代表发言。

是月 社会上传抄所谓“总理遗言”。5月7日晚,响水街道上发现10多处张贴“我们热爱周总理”“我们怀念周总理”的油印标语。由于江青反革命集团不让悼念周总理,县委负责人听取有关方面汇报后,立即召开县级机关负责人会议,部署各单位排队摸底,要把这些标语作为所谓“反革命事件”追查。

6月18日 响水县张集公社东风大队社员发现台湾空飘一袋反动传单。传单重22.5千克,由县公安局送交盐城地区公安局。

7月1日 县委召开县直机关全体党员大会,纪念中国共产党成立55周年。

7月6日 全国人大常委会委员长朱德逝世。全县人民举行悼念活动。

△ 县委决定:将运河公社运河大队的南张、北张、龚庄和王庄大队以及运西大队的林庄、胡庄等大队和生产队划出,组建“五七”大队。

7月16日 县级机关、驻军部队代表,在黄响河举行游泳大会,纪念毛主席畅游长江10周年。县委副书记魏福宝到会讲话。驻军部队还进行武装泅渡和实弹射击表演。

7月28日 凌晨2点50分,响水发生2~3级地震,持续2分半钟。

8月1日 县委召开欢送大会,欢送101名县级机关干部下乡当农民、到工厂当工人。其中当农民86名,当工人15名。县委副书记魏福宝在张集公社东风大队当农民。

9月1~4日 县委召开“工业学大庆”会议。会议总结交流“工业学大庆”的基本经验,明确今后的任务,表彰先进集体66个和先进个人177名。

9月9日 毛泽东主席逝世。9月18日上午,县委召开追悼大会,沉痛悼念毛泽东主席。下午,县城1700多名干部群众佩戴黑纱和白花在东方红小学广场集中收听中央人民广播电台转播的“伟大领袖毛泽东主席追悼大会”实况,各单位敬献花圈,全县人民沉浸在悲痛之中。

9月23日 13时42分,康庄、七套公社境内发生1.4级地震。

9月25日 中共天津市委、市革委会给中共响水县委、县革委会发来感谢信,感谢响水县委、县革委会代表响水人民关心唐山地震发去慰问电、寄去慰问信,派出医疗队以及送去的大批救灾物资。

10月6日 县级机关干部第二批113人下乡当农民,分别在小尖、周集、响南三个公社。

10月20日 县委在东方红小学广场,召开县级机关、响水镇、响南公社和响水驻军万人大会。庆祝华国锋担任中共中央主席、中央军委主席,热烈庆祝粉碎“四人帮”反党篡权阴谋的伟大胜利。大会结束举行环城游行。

11月13~16日 县委召开全委(扩大)会议。会议传达学习中央关于深入揭批“四人帮”的有关文件,研究部署响水县揭批“四人帮”反革命罪行的运动。地委组织部部长唐均伯到会讲话。

11月中旬 县委组织全县干群揭批王洪文、张春桥、江青、姚文元“四人帮”反革命集团罪行活动。

12月16~20日 县两委扩大会议召开,传达中央23号、24号文件和中央领导讲话,揭发批判“四人帮”罪行。地委副书记杨明到会讲话。

1977 年

1月8日 县召开机关干部职工大会,悼念周恩来总理逝世一周年。

1月11~19日 县委召开四级干部会议。会议传达贯彻落实第二次全国"农业学大寨"会议精神,学习华国锋、陈永贵的讲话,揭批"四人帮"罪行,总结1976年工作,讨论部署1977年工作任务。2700人参加会议。

3月6日 县委召开全县党员干部大会,传达中央〔1977〕6号文件及华国锋、叶剑英和纪登奎的讲话精神。

3月15日 双港供销社发生火灾,烧毁仓库6间,损失商品价值4.5万元。

4月8日 响水县纺织厂筹建领导小组成立。

4月15日 县委在人民影剧院召开大会,庆祝《毛泽东选集》第五卷发行。

4月20~24日 盐城地区青少年田径运动会在响水举行。

5月9日 县委在县体育场召开批判"四人帮"罪行大会。县委负责人到会讲话。县级机关及响水镇、响南公社干部职工3000人参加会议。

5月10日 徐亚辉任中共响水县委书记、县革委会主任;项文兵、范乃吉、沈龙宇任县委常委、县革委会副主任。高储书、王应勇等免职。

5月20日 响水县委组织欢送出席省"工业学大庆"会议的33名代表。

5月25日 南京军区、江苏省军区负责人在响水县小尖、陈港等地视察地形。县委书记徐亚辉等陪同。

5月28日 县委举办的清查"四人帮"及其"流毒"和"影响"的学习班结束,有牵连的人和事回单位参加"三大讲"。此学习班是从1976年底开始举办的。

5月31日 周序来任县革委会顾问。

6月8日 撤销响水县革命委员会生产指挥部,成立县革委会工交办公室、农水办公室和财贸办公室。

7月1日 响水县爱国卫生运动委员会成立,下设办公室。

7月上旬 500吨级外贸码头在灌河响水口段建成。

7月13日 省委工作组11人在响水指导工作。

7月27日 中共响水县委"农业学大寨"委员会成立,张以顺任书记。

8月1~3日 县委召开首届第17次全委(扩大)会议。会议传达贯彻中共十届三中全会和省三届十次全委(扩大)会议精神,学习华国锋主席和叶剑英、邓小平副主席在三中全会上的讲话,以及三中全会的公报、决议和《党章》(修改草案)等文件。

△ 县革委会工交、农水、财贸三系统党组建立。

8 月 16 日 县欢送知识青年下乡插队大会在县体育场召开。县革委会副主任项文兵到会讲话。

8 月 18 日 响水县革命委员会社队企业管理局成立，与手工业管理局合署办公，两块牌子，一套班子。

8 月 22 日 县委庆祝中共十一次全国代表大会召开。徐亚辉到会讲话。工、农、商、学、兵代表发言。会后，举行游行庆祝活动。

9 月 11 日 县委召开县级机关干部职工大会，听取省群众团体组织的巡回批判"四人帮"小分队揭发批判"四人帮"及其在江苏的代理人杨广立、华林森等人的罪行，并对全县人民进行实况广播。

9 月中旬 8 号强台风过境后，县境许多地方长出野蘑菇（俗称蕈子）。康庄公社等地 23079 名群众采食，有中毒症状 2711 人，住院治疗 491 人，死亡 15 人。盐城、南京、南通、无锡等地相继派出医疗队在响水抢救中毒人员。上海中山医院和北京中国科学院亦派专家在响水会诊，抢救病人。

9 月 18 日 县革委会副主任王银根和棉织厂先进工人陈秀英在北京瞻仰毛主席遗容。

10 月 1 日 县委组织全县人民庆祝中华人民共和国成立 28 周年，并在响水县城举行提灯晚会。县级机关、响水镇和响南公社的干部群众参加活动。东方红大街两旁观众达数万人。

12 月 9 日 县制线厂发生火灾，10 间厂房全部烧光，损失约 15 万元。

12 月 30 日 恢复中共响水县委党校。县委书记徐亚辉兼任党校校长。

△ 响水县革命委员会科学技术委员会成立。

1978 年

1 月 16 日 省水利厅厅长熊梯云一行 9 人在响水检查水利工作。

1 月 17 日 崔文龙、孙法能任中共响水县委副书记、县革委会副主任。黄家明、周芒任响水县委常委、县革委会副主任。

2 月 20 日 王学泉任中共响水县委常委。

2 月 27 日 县委副书记许和庭调南京工学院盐城分院工作。

△ 县委农业机械化领导小组成立,由黄家明等 11 人组成,下设办公室。黄家明任组长。

3 月 7～11 日 县委召开"农业学大寨"先进单位、先进个人代表大会。会议学习第五届全国人民代表大会重要文件,传达省委农村工作会议精神,总结 1977 年"农业学大寨"运动的经验,树立典型、表彰先进,落实 1978 年高速发展生产的规划和措施。县、社、队三级干部和"农业学大寨"先进单位及先进个人 1200 多人参加会议。

3 月 17 日 响水县畜禽水产领导小组成立,由王银根等 9 人组成,下设办公室。王银根任组长。

3 月中旬至 6 月中旬 县境连续干旱 106 天。县委、县革委会组织全县干群奋力抗旱,将旱灾造成的经济损失降到最低限度。

4 月上旬 全县 23 人被摘掉"右派分子"帽子。

5 月 3 日 县革委会确定响水县中学、运河中学、响水镇东方红小学、南河公社新南小学、张集公社张集小学、六套公社皂角小学、康庄公社大有小学为县办重点中、小学。

6 月 10 日 响水县沿海滩涂开发利用指挥部成立。

6 月 18 日 中国人民银行响水县支行发生一起重大抢劫案件,营业部办公桌上装有 8200 多元的钱箱被两名犯罪分子抢走。

6 月 19 日 中共响水县委纪律检查委员会,响水县人民检察院,供销合作社(从商业局划出)和盐务管理局成立。县农机水利局划为农机、水利两个局。

6 月 26 日 15 时左右,灌河发现大鱼群,由黄海沿灌河向上游至响水以西的古龙王庙旧址后,随落潮返回黄海。鱼群长达 2 千米,露出水面的鱼脊比水牛还大。沿河诸船停航,两岸数万人目睹大鱼过境壮观。

7 月 24～27 日 县委召开三级干部会议。会议贯彻省委农村工作方针和地委农村工作会议精神;总结交流 1978 年上半年工作经验,表扬先进,找出差距,部署 1978 年下半年工作。

8 月 9 日 响水县保密委员会成立。

9月15日 中国人民建设银行盐城地区支行响水县办事处成立。

10月1日 撤销县革委会外贸办公室,成立响水县革委会对外贸易管理局,与外贸公司合署办公。

10月22日 响水县地震办公室成立。

11月10日 全国共青团十大会议代表顾为东在人民影剧院传达共青团十大会议精神。各公社镇设分会场。

11月11日 省革会决定,对响水、滨海、阜宁三县的农村社队企业继续免征2年工商所得税,扶持社队企业发展。1980年后又延长3年。

11月中旬 全县动员3000人参加引江济黄工程。

是月 县委成立围海建滩指挥部,组织陈港、南河、双港、康庄、小尖社镇1万多民工,开挖盐滩工程。

12月8~12日 响水县科学大会召开。会议学习全国科学大会文件,听取地区科委主任苗雨田专题报告,讨论和研究加快响水县科学技术现代化步伐的具体措施,表彰和奖励优秀科技成果14项、先进集体45个和先进个人130名。

12月17~24日 县委召开教育工作会议。会议宗旨是:学习毛主席的教育思想和党中央关于教育工作的指示,贯彻落实全国、全省教育工作会议精神,深入批判林彪、"四人帮"反革命路线,研究解决教育工作中存在问题,切实加强党对教育事业的领导,充分调动各方面的积极因素,努力提高教育质量,为改变响水教育面貌,实现"四化"(工业、农业、国防和科学技术现代化)培养更多的人才。会议表彰南河公社新南等5所小学为先进单位,授予王士昉等10人"模范教师"称号。

1979 年

1 月 3 日 县委政法领导小组成立,由 5 人组成。周芒任组长。

1 月 15 ~17 日 县委召开全委(扩大)会议。会议贯彻学习中央工作会议和中央领导同志在中共十一届三中全会上的讲话精神。通过学习讨论与会人员一致表示,坚决拥护党中央作出的:从现在起,把全党工作的重点转移到社会主义现代化建设上来的重大决策;坚决拥护党中央对解决历史遗留下来的一批重大问题的决定;坚决拥护党中央关于加快发展农业生产的决定。

2 月 19 日 张如波、胡庭秀、吴介余任响水县革委会副主任。

2 月 21 日~3 月 2 日 县委召开四级干部会议。会议学习中共十一届三中全会公报,讨论全县工作重点转移和有关政策界限,总结 1978 年经验教训,落实 1979 年工作任务、指标和措施,并进行评比和表彰先进。2500 人参加会议。

3 月 14 日 县革委会对工业体制进行调整,将手工业管理局所属 14 个工厂中的仪表电器、机械、医疗器械、二农机划归工业局,汽车修理厂划归交通局,其余厂仍归手工业局。

4 月 5 日 刘金林、邱洪超任中共响水县委常委。

4 月 16 日 县委召开全县党员大会。会议设 13 个分会场,1 万多名党员听取传达中央〔1979〕6、22、23、24、28 号文件和邓小平副主席在理论务虚会议上的讲话。

4 月 17 日 响水县劳动鉴定委员会成立。

4 月 20 日 中共响水县委对台工作领导小组成立,由 8 人组成,下设办公室。魏福宝兼任组长。

4 月 25 日 根据国务院文件精神,将全县 12 个基层农具厂划归所在地人民公社领导管辖。

5 月 15 日 县委召开纪律检查工作会议。这是自“文化大革命”以来第一次党的纪律检查工作会议。

5 月 16 日 南河、康庄、陈港、双港、七套社镇 39 个大队、250 个生产队遭受冰雹袭击,受灾严重。

5 月 22 日 物资系统公司机构设置和隶属关系调整:撤销生产资料公司,成立农业生产资料公司,隶属县供销社;成立木材、建材公司,隶属物资局;撤销煤建石油公司,成立燃料公司和石油公司,燃料公司隶属物资局,石油公司隶属商业局。

5 月 29 日 广州部队某部慰问团在对越南自卫反击战中立二等功的顾炳荣烈士家乡响水县双港公社新村大队,慰问烈士亲属并转赠中央慰问团、广州部队、广西壮族自治区赠送的立功奖章、纪念章及其他慰问品。

6月1日 团县委在县体育场举行庆祝“六一”国际儿童节大会,3000多名儿童参加。会后举行歌舞活动和游行。

6月18日 县革委会副主任张如波,县民政局及部队的同志在参加对越南自卫反击战英勇献身的徐文国烈士家中慰问。徐文国烈士牺牲后被部队追记二等功。

6月27日 张如波任中共响水县委副书记。

6月30日 县委召开县级机关全体党员大会,庆祝中国共产党成立58周年。县委负责人传达中央44号文件。

7月3日 响水县基本建设局成立。

△ 孙继浪任响水县革命委员会副主任。

7月9日 省委组织部副部长孙富中在响水检查工作。

7月10日 响水县物价委员会成立。

7月15日 12时至16日10时,全县遭受暴雨和大风袭击,平均降雨140多毫米,最大降雨达182毫米,大风9级以上,给全县农业生产和人民生命财产造成较大损失。

7月22日 省委副书记周泽在响水县双港、运河、黄圩、张集等公社察看灾情。

7月27日 南潮河闸提闸放水,停泊在下游的5条船被冲翻,淹死6人。

8月12日 七套公社民生大队的7、8、9、10四个生产队,组建成八套大队,划归南河公社管辖;康庄公社新建大队划为半沙大队和新建大队。

8月23日 响水县编制委员会成立,由孙法能等11人组成。孙法能兼任主任。

8月24日 县百货公司62只手表被盗,价值1万多元。28日破案。9月6日召开宣判大会。

9月19~22日 县委召开三级干部会议。县直各部委办局负责人,各社镇党委书记和各大队书记400多人参加会议。会议贯彻省、地秋播和农田基本建设会议精神,发动群众搞好秋播,争取1980年夏熟新的突破。地委书记杨明到会讲话。

10月11日 中共响水县委统一战线工作部成立。

10月13日 全国体育运动会江苏代表队第四分团在响水,著名击剑运动员栾菊杰等作精彩表演。

10月16日 南河公社海安大队第9生产队划归陈港镇农科队管辖,陈港镇四港大队第8生产队划归南河公社头甲大队管辖。

10月25日 县妇联召开县级机关妇女大会,给全国“三八”红旗手辛尚祥、叶庆芬等颁奖。

10月底 全县62名“右派”摘帽改正、安置及善后处理工作基本结束。

11月3日 省水利厅厅长熊梯云在响水视察工作。

12月15日 响水县绿化指挥部成立,由11人组成。崔文龙任指挥。

1980年

1月1日 陈港镇供销社营业楼开张营业,人群拥挤,踩死两名儿童,重伤4人,轻伤8人。

1月23~25日 县革委会和驻响部队联合召开“双拥”(拥军优属、拥政爱民)先进代表大会。参加会议代表488名,其中地方代表381人,部队代表107人。83221部队34师副政委杨道根、连云港水警区司令部参谋长曾继昌、盐城军分区副司令员刘贵岭和副政委李晓岑、盐城地委副书记郭玉珍和地区民政局负责人出席大会。83224部队102团政委郭永平致开幕词。县委副书记魏福宝宣读“双拥”公约。县委书记徐亚军致闭幕词。

2月1日 中共响水县委人民武装委员会成立,武委会由徐亚辉、陈国庆等9人组成。徐亚辉任主任。办公地点设在县人武部。

△ 农村人民公社经营管理领导小组成立,由魏福宝等14人组成。魏福宝任组长。

2月上旬 中国人民银行响水县支行划为人民银行和农业银行两个支行。

2月23~28日 县委召开三级干部会议。会议讨论落实1980年工作任务和措施,掀起社会主义竞赛热潮;表彰1979年农业先进单位和个人。会议期间,先进单位和个人代表向滨海、阜宁两县发出倡议书,决心把响水农业搞上去,为八十年代增添光彩。

4月 撤销县公安局党委,建立公安局党组。

5月7~9日 共青团响水县委召开第二次代表大会,参加会议代表696人。会议选举产生共青团响水县第二届委员会。

是月 响水县革委会计划委员会系统党组建立。

7月1日 县委召开县直机关党员大会,庆祝中国共产党成立59周年。

8月1日 县委、县革委会搬至双园路新址办公。

8月9~11日 响水县第二次妇女代表大会召开,参加会议代表385人。

8月15日 上午8时,灌南县五队公社三队大队轮渡载人到响水县双港赶集,被激浪击沉,淹死11人,救起34人。

8月17日 县革委会工交办公室改为响水县革命委员会经济委员会。

8月27日 响水县委副书记、县革委会副主任魏福宝免职,调建湖县工作。

△ 中共响水县委老干部局成立。

9月11~14日 县委召开三级干部会议。会议贯彻地委在滨海县召开的北三县县委书记会议精神,动员全县广大干部进一步解放思想,发挥优势,奋战三年,为加速改变响水面貌而奋斗。地区行署副专员周乃成和地委蹲点工作组的同志参加会议。

10月30日 响水县选举委员会成立。孙法能任选举委员会主任。

11月　撤销县公安局党组，成立县公安局党委。

11月17~21日　县委召开常委（扩大）会议。会议传达省委（扩大）会议精神，学习中央66号、75号文件和国务院269号文件，以及中央领导同志在全国五届人大三次会议上的讲话精神。会议总结全县在中共十一届三中全会以来贯彻执行党的方针、政策情况和检查执行《准则》的情况，并讨论生产责任制、计划生育等项工作。县各部委办局负责人，各社镇党委书记130多人参加会议。

12月　响水县民族宗教事务科成立。

12月30日　县革委会全委（扩大）会议召开。会议研究确定1981年3月召开响水县首届人民代表大会。县革委会全体委员、县各部委办局主要负责人、各社镇党委书记、黄海农场和灌东盐场负责人参加会议。

1981 年

1 月 8 日 县委召开计划生育先进集体、先进个人代表大会。县委副书记顾殿元作《认真总结经验,统一思想认识,为把我县计划生育工作提高到一个新水平而努力》报告。

1 月 21 日 南京军区春节慰问团在响水慰问驻军。

1 月 22 日 县委办公室与县革委会办公室分开办公。

是月 全县动员 2.35 万人投入灭荒改碱改土工程。

2 月 16 日 地区行署同意,将七套公社蒲舍大队划为蒲舍、程庄两个大队。

2 月 19 ~ 24 日 县委(扩大)会议召开。会议主要议题是如何自觉地同党中央保持一致性,政治上实现安定团结,以及贯彻经济上实行进一步调整等问题,并根据响水县实际,突出重点,集中主要力量,抓好农业问题。县委常委、委员、侯补委员,各社镇党委书记、县部委办局主要负责人,以及县直重点厂、公司党委(支部)负责人等 100 多人参加会议。

3 月 20 日 县委召开计划生育工作会议。县委副书记张如波作《认真总结八〇年计划生育工作上的经验教训,努力把我县计划生育工作提高到一个新的水平》报告。

3 月 29 日 省政府〔1981〕23 号批复,新设海安集人民公社。将陈港镇的草港、王商、新民、四港、六港、大湾、沙荡等 7 个大队和南河公社的齐心、义新、曙光、下辛、海安、中和、长兴、辛六、三港、小集、立礼等 11 个大队划归海安集公社管辖。海安集人民公社,辖 18 个大队、141 个生产队,8015 户、人口 35559 人,耕地 57425 亩。公社机关驻海安集街。

4 月 1 日 响水县人民政府印章启用。原响水县革命委员会印章封存。

4 月 2 日 恢复响水县科学技术协会,隶属县科学技术委员会内。

4 月 5 ~ 11 日 响水县首届政协会议召开,67 名政协委员出席会议。会议听取县委书记徐亚辉的报告;选举县首届政协主席、副主席、秘书长和常务委员;讨论政府工作报告,总结过去工作,清除"左"的思想,搞好经济调整,加速改变响水面貌,促进"四化"建设。刘金林当选响水县政协主席,刘仰时、张福川、武鸿一、许则渠当选副主席,刘仰时兼政协秘书长,王立奎等 14 人为首届政协常务委员。

4 月 6 ~ 11 日 响水县首届人民代表大会召开,247 名人大代表出席会议。孙法能代表县革委会作《政府工作报告》。大会讨论并确定响水县今后三年的经济建设规划;听取并批准 1980 年财政决算和 1981 年财政预算的报告;审议县人民法院和县人民检察院的工作报告。大会选举张如波为县人民代表大会常务委员会主任,吴介余、顾立仁、王玉英为县人大常委会副主任,周桂玉等 13 人为县人大常委会委员。孙法能当选县人民政府县长,项文兵、范乃吉、顾殿元、邓汝庭、黄家明、孙继浪、陈颖年当选副县长,黄秀芝、吴月银分别当选县人民法院院长和县人民检察院检察长。

4月27日 响水县人民政府副业办公室成立。

5月2日 县委根据中央宣传部规定,结合响水县实际,提出干部理论学习意见:主要以《陈云同志文稿选编》《中国社会主义经济问题研究》和中央书记处摘编的《学习马克思关于再生产的理论》三本书为基本学习材料。

5月3日 响水县农业区划、土地普查领导小组成立,下设两个办公室。范乃吉兼任组长。

5月上旬 响水县人大常委会办公室成立。

5月13日 响水县革命斗争史(县志)编纂委员会成立,下设办公室。张如波兼任主任。

5月31日 县委在小尖公社召开各社镇党委书记会议。徐亚辉到会讲话,要求按照中央75号文件精神,进一步搞好生产责任制,以及贯彻地委书记杨明关于生产责任制问题的指示精神。

6月16日 县委召开政法工作会议。会议贯彻落实省委政法工作会议精神,整顿社会治安,打击各种刑事犯罪活动,保证"四化"建设胜利进行。

6月20日 县第三次人口普查领导小组成立,下设办公室。张如波任领导小组组长。

6月29日 县政府召开庆功授奖大会,对建县以来被国家、省授予荣誉称号的11名劳动模范、先进工作者,以及县政府批准的1980年度108名各条战线先进工作者颁发荣誉证书和奖状。

7月2日 县委印发《关于清理临时工的几点意见》文件,在全县范围内开展清理临时工工作。

7月21日 盐城地区行政公署盐署复〔1981〕30号文件批复,同意更改响水县43个大队名称。

7月23日 县区划办公室成立。

7月23~26日 响水县首次宗教工作会议召开。

7月25日 县委提出关于巩固和完善1981年生产责任制和讨论1982年生产责任制的意见,意见中确定生产责任制的五种形式:一是专业承包、联产计酬。二是联产到组。三是统一领导、联产到劳。四是承包到户。五是包干到户。要求不管采取哪种形式都要通过群众讨论,并要妥善解决好各种矛盾。

8月上旬 中共响水县委政法委员会成立。张如波兼任书记。

8月14~22日 县委召开全委(扩大)会议。县委委员、候补委员,各社镇党委书记,县各部委办局主要负责人,县委驻队工作组组长参加会议。会议主要传达中共十一届六中全会报告,学习《关于建国以来党的若干历史问题的决议》和胡耀邦的讲话精神,进一步明确建立农业生产责任制的指导思想,因地制宜地落实1982年农业生产责任制,切实抓好秋熟超产和秋播准备工作。县长孙法能作《坚持因地制宜、切实加强领导,进一步搞好农业生产责任制》报告。

8月20日 王立奎任中共响水县委常委。

9 月 1 ~6 日 县委常委召开民主生活会,联系实际开展批评和自我批评,重点检查领导存在软弱涣散的状况,以此增强团结,振奋精神,搞好工作。地委副书记郭玉珍和地委组织部部长唐均伯参加民主生活会。

9 月 4 日 受 14 号台风影响,灌河水位超历史最高水平,达真高 4.08 米。

9 月 21 ~23 日 县委举办四套班子和部委办负责人学习班,贯彻中央 30 号文件精神,提高认识,联系实际开展批评和自我批评,努力改变响水县各级领导在思想政治工作中的涣散软弱状态,开创新局面。

10 月 7 日 县海堤防护造林技术研究小组和废黄河滩农田经济林网试验领导小组成立,陈颖年、范乃吉分别任组长。

10 月 12 日 《人民日报》第四版刊载《响水县委联系实际开展批评与自我批评,纠正私招乱雇临时工的不正之风》的报道(响水县已把私招乱雇的临时工 718 人动员回农业生产第一线)。

10 月 25 日 盐城地区举办重点中学篮球赛揭晓,响水中学男队获冠军,女队获亚军。

11 月 3 日 响水县检察院党组成立。吴月银任党组书记。

11 月 8 ~13 日 县首届人大常委会第三次会议召开。县人大常委会副主任、委员 12 人出席会议。县法院院长、检察院检察长,县部委办局科行社的负责人列席会议。县长孙法能作《政府工作报告》。会议学习中央 16 号和 30 号文件、《关于建国以来党的若干历史问题的决议》以及县级以上地方各级人民代表大会及其常务委员会工作中一些问题的解答文件。会议通过两项决定:1. 批准县人民法院建立经济审判庭,县人民检察院增设控告、申诉检察科。2. 依法任命两院提请任命的一批干部。

11 月 26 日 县委举办四套班子,县部委办主要负责人、社镇党委书记及部分中青年干部等 72 人参加的《关于建国以来党的若干历史问题的决议》学习班,历时 15 天。徐亚辉作辅导发言,对毛泽东同志的历史地位和毛泽东思想作正确评价,正确对待建国 32 年来的经验教训,努力搞好社会主义物质文明和精神文明建设。

12 月 14 日 县委召开各社镇党委书记会议。参会人员在响南公社河口大队、小尖公社四丰大队等现场参观,并对学好《关于建国以来党的若干历史问题的决议》、完善稳定生产责任制等问题进行讨论,提出贯彻生产责任制中出现问题的处理意见。

12 月 28 ~29 日 县召开第一次党史征集资料、编史修志工作会议。崔文龙到会讲话。

1982 年

1 月 4 日　原响水地名领导小组更名为响水县地名委员会。孙继浪兼任主任。

1 月 9 日　中共响水县委党史资料征集领导小组成立,由崔文龙等 11 人组成。崔文龙任组长,顾立仁、孙继浪、邱洪超任副组长。领导小组下设办公室,张以顺兼任办公室主任,周英奎、皋学就兼任办公室副主任。

1 月 10 日　中共中央政治局常委、国务院总理赵紫阳在连云港视察后途经响水县,在周集公社农户家作短暂考察访问,了解生产责任制和群众生活等情况。这是建县以来国家领导人首次在响水县考察。

2 月 9 日　响水县绿化委员会成立,下设办公室。

2 月 11 ~ 13 日　县委常委召开民主生活会,主要从思想、工作、作风和生活等方面敞开思想,开展批评与自我批评。地区副专员沈亚参加民主生活会。

2 月 22 日　县委召开打击经济领域犯罪活动动员大会。县委副书记崔文龙作《坚决打击经济领域里的犯罪活动,为争取党风有决定性的好转而努力》动员讲话。讲明开展这一斗争的重要意义、方法及共产党员在这一斗争中应持的态度。

是月　响水至新浦客运班车开通。

3 月 3 日　响水县沿海滩涂开发委员会成立,隶属县政府领导。委员会下设生产、政秘两个组。

3 月 22 日　顾殿元任中共响水县委副书记兼县委组织部部长,免去响水县副县长职务。

3 月 25 日　县委决定由孙法能等 5 人组成响水县经济案件领导小组。孙法能任组长,孙继浪任副组长。领导小组下设办公室,刘生富兼任办公室主任。

3 月 26 日　崔文龙任中共响水县委书记。县委原书记徐亚辉免职调地委另行分配工作。

4 月 1 日　根据省委〔1982〕5 号文件精神,县委决定将中共响水县委对台工作领导小组改为中共响水县委对台工作小组。

4 月 6 ~ 10 日　全县农村人民公社经济管理工作会议召开。会议学习中央 1 号文件。县委负责人作关于完善生产责任制,加强农村财务管理的讲话。

4 月 12 ~ 17 日　政协响水县首届委员会第二次全体会议召开。会议总结 1981 年工作,讨论研究 1982 年工作;补选刘仰时为政协主席,并增选一名常委。

4 月 13 ~ 16 日　县首届二次人民代表大会召开。大会补选崔文龙为人大常委会主任,邱洪超、武鸿一为副主任;增选周立金为人大常委会委员;增选程贤耕、彭庭佑、王万金为县政府副县长。

4 月 16～17 日 县首届人大常委会第五次会议召开。会议讨论如何摆正各方面关系,依法行使职权及联系选民工作,加强自身建设等问题;讨论通过县政府《关于严格处理乱涨价和变相涨价的试行规定》。

5 月 1 日 县委召开 1981 年度先进支部和优秀党员表彰大会,表彰先进支部 32 个,优秀党员 78 名。

5 月 6 日 接盐城地委组字〔1982〕073 号批复,张玉宽任中共响水县委常委、宣传部部长。

5 月 6～8 日 县首届人大常委会第六次会议召开。常委会委员 15 人出席会议。县人民法院院长、人民检察院检察长和本县的省人大代表列席会议。会议学习宪法修改草案,通过县人大常委会《关于依法开展工作的报告》,原则通过县人民政府《关于保护野生动物资源的布告》和《关于进一步加强殡葬改革工作的布告》,审议通过部分干部的任免事项。

5 月 13～19 日 县委召开老干部座谈会,畅谈建国前响水革命斗争的历史和老区的革命精神。响水县建县第一任县委书记甘柏、第一任县长王伯谦等 30 多位外籍和本地的老干部出席座谈会。

5 月 19～21 日 响水县总工会第三次代表大会召开,选举产生县总工会第三届委员会常委、主席、副主席。

5 月 22 日 省政府、南京军区联合调查组在陈港镇召开响水县政府、黄海农场、83049 部队、37627 部队等负责人座谈会。会议听取部队与地方的报告,弄清地方与黄海农场,黄海农场与渔业公社土地使用权属的矛盾。会后发座谈纪要。

6 月 3～7 日 中共响水县委第二次代表大会召开,出席大会代表 298 人。崔文龙作《振奋精神,艰苦奋斗,把物质文明和精神文明的建设推向前进》工作报告。刘生富作纪律检查工作报告。会议选举产生中国共产党响水县第二届委员会委员 35 名,候补委员 5 名。6～7 日,中共响水县委召开二届一次会议,崔文龙当选县委书记,孙法能、顾殿元当选副书记。常务委员会由崔文龙、孙法能、顾殿元、项文兵、范乃吉、王立奎、于海波、张玉宽、周桂玉等 9 人组成。顾殿元兼任县纪律检查委员会书记。

6 月 19 日 响水县档案局成立。

7 月 7 日 县委决定对人民武装委员会成员进行调整:孙法能任武委会主任,王立奎、周立金、张玉宽任副主任。办公室设在县人武部。

7 月 13 日 县委、县政府研究决定,成立县计划生育领导小组。项文兵任组长,周桂玉、吴介余、邓汝庭、张栋、赵梅昌、端木传华任副组长。

7 月 15 日 中共江苏省军区委员会命令:崔文龙兼任江苏省响水县人民武装部第一政委。

△ 于海波任中共响水县委组织部部长。

是月 响水至扬州客运班车开通。

8 月 1 日 为带领全县党员、干部、群众搞好社会主义物质文明和精神文明建设,加快治穷致富步伐,改变响水面貌,经县委二届二次全委会讨论,作出《关于搞好县委自身建设,加强和改善党的领导的决定》。

8 月 20 日 响水县第三次人口普查公布:至 7 月 1 日零时,全县总人口 448776 人,其中男 227456 人、女 221320 人;总户数 104723 户。

9 月 3 日 县委召开人民武装委员会第二次全体会议。会议传达徐向前在军委武委会上的讲话,听取王立奎关于全县人民武装工作的汇报,讨论部署今后人民武装工作任务和贯彻落实措施。

10 月 4 ~ 8 日 县委召开公社书记会议,传达学习中共十二大文件和省委负责人讲话,统一对十二大伟大历史意义的认识,增强全县经济提前翻两番的信心,以及加深对两个文明一起抓一起上的重要性的理解。会议还安排和部署当前工作。

11 月 17 日 根据盐委组〔1982〕159 号文件精神,经县委研究决定,原县计划生育办公室改为计划生育委员会,为县政府主管计划生育工作的职能部门,列为局级单位。

11 月 18 日 县委研究决定,成立响水县人民政府党组,由 9 人组成。孙法能任党组书记,项文兵、范乃吉任党组副书记。

12 月 2 ~ 5 日 共青团响水县第三次代表大会召开,选举产生共青团响水县三届委员会委员及书记、副书记。

12 月 15 日 县委研究决定,成立县社会治安综合治理领导小组,由 21 人组成。孙继浪任组长,张以顺、钱勇任副组长。领导小组下设办公室。

12 月 30 日 县政府研究决定,成立商业、供销体制改革领导小组,由 13 人组成。孙继浪任组长,张以顺、沈仰安、沈汉卿任副组长。领导小组下设办公室。

12 月下旬 全县 1733 个生产队建立家庭联产承包责任制,占生产队总数 88.9%。

1983 年

1 月 5 日 县政协和县委统战部联合举办元旦茶话会。科技、文教卫生、台胞台属、少数民族、宗教和爱国人士等各界代表近 50 人参加座谈。县委、县人大、县政府领导人到会和各界人士一起畅谈大好形势共庆新年。

1 月 13 日 县委召开常委(扩大)会议。会议学习中共中央〔1983〕1 号文件,讨论落实农业生产责任制和放宽农业政策等问题。

1 月 15 日 县委召开常委(扩大)会议,讨论制定开创响水县计划生育工作新局面的初步规划。

1 月 31 日 县政府颁发《放宽政策,鼓励农民致富的规定》,其内容:1. 加快灭荒改碱步伐。2. 积极开发沿海滩涂。3. 农民在完成国家集体的粮油棉和农副产品上交任务的前提下,可以将剩余农副产品(棉花除外)进入市场出售或自行加工贸易。4. 发动社员植树造林。5. 鼓励社员发展畜牧业。6. 积极发展副业生产。7. 充分利用水面。8. 积极发展集体商业,适当发展个体商业。9. 社队企业一律实行联产承包经营责任制。10. 生产队现有队房、仓库、牛屋可以改造为文化娱乐、学习场所或租给社员搞副业。11. 允许社员购置动力、畜力运输工具,允许剩余劳动力专门从事运输工作,但要服从领导,向集体上交积累。12. 鼓励有一定技术专长的人员和五匠,向社员传授技术,可以举办技术培训班,可以收徒传艺。允许有文化和技术专长的个人联合开办医疗所、学校、托儿所等文化事业。13. 大力发展专业户、重点户。14. 大力发展联产经营。15. 各行各业都要适应农村形势的需要,大胆搞好改革,做好支农工作。

2 月 6 日 江苏省响水县广播电视大学管理站成立。程贤耕兼任站长,顾正喜、田琮璜兼任副站长。

2 月 21 ~26 日 响水县召开三级干部和农业先进集体、先进个人代表会议。公社镇党委书记、各大队支部书记、农业先进集体和先进个人代表、县部委办局负责人 600 多人参加会议。县政府对 20 个农业生产先进集体、72 个先进农户,18 个支农先进单位和 37 名先进工作者给予表彰。

2 月 26 日 为进一步学习、宣传、推广“两户”(个体户和联户)经验,大力发展“两户”企业,以两户带动千家万户,使全县人民尽快富起来,县委、县政府决定:1. 广泛宣传,尽快在全县掀起一个学“两户”赶“两户”热潮。2. 积极推广“两户”经验。现有的“两户”在形成和发展过程中,已积累了一定的经验,这对于推动更多的“两户”发展有一定的指导作用。3. 大力扶持“两户”,为“两户”发展大开绿灯。4. 全县广大党员、团员和干部都要带头致富,做发展“两户”的带头人。

3月1日　撤销盐城地区行政公署,改设盐城市,实行市管县新体制。响水县隶属盐城市。

3月26日　县委召开县级机关机构改革动员大会。县委书记崔文龙到会从充分认识机构改革重大意义,明确改革的方针、内容和要求及如何搞好改革和加快改革工作的步伐等方面讲话。

3月31日　原籍灌南县堆沟公社黄步道,从台湾经泰国返响探亲。县委统战部、对台办负责人会见黄步道,并陪同在小尖工艺厂参观。这是响水县建县以来接待的第一位台胞。

4月1日　响水至无锡对开客运班车。

4月9日　县委对县级机关副股级以上干部400多人进行学习中共十二大文件闭卷考试,检查学习效果。

5月2日　中顾委委员、邮电部顾问王子纲在省邮电局副局长顾兴德陪同下,视察响水邮电工作。

5月9日　响水县政协党组成立。党组由刘仰时、张福川、周英奎组成,刘仰时任党组书记。是日,宣布成立响水县人大常委会党组。崔文龙兼任党组书记,邱洪超任副书记。

5月21日　全县大部分公社遭暴风雨袭击,并伴有冰雹。441个生产队的12.6万亩农作物受灾。

5月23日　县委、县政府决定,将全县人民公社、大队、生产队改为乡镇、村、组建制。

5月26日　江苏省烟草公司响水经理部成立。

5月28日　南河乡党委书记、六届全国人大代表王达宣赴北京出席全国人民代表大会。

6月1~4日　盐城市1983年基层中小学乙组篮球运动会在响水举行。响水中学男队获冠军。

6月8~11日　县委常委进一步学习中央4号、5号文件和中纪委2号文件,围绕中共十一届三中全会以来的路线、方针、政策的贯彻执行情况和实行民主集中制及有否以权谋私等方面作认真检查对照,并开展批评与自我批评,对存在的问题拟订整改措施。

7月13日　县委决定成立响水县农村体制改革办公室。徐宝顶任主任,杨志标、唐明俊任副主任。

7月18~21日　全县遭暴风雨袭击,县城降雨276毫米,小尖降雨400毫米。农作物普遍受灾。县日杂公司、百货公司仓库进水。全县组织8万多人排涝救灾。

7月23日　盐城军分区党委通知,响水县人民武装部党委由崔文龙、周立金、陈正德、侍述孔、刘日进、杜恒先组成,崔文龙任第一书记,周立金、陈正德任副书记。

8月15日　盐城市委通知,周立金任中共响水县委常委,免去王立奎中共响水县委常委职务。

8月18日　省人民政府批准,将双港、小尖、运河、六套4个乡划出部分村设立响水县老舍乡,下辖15个村。乡政府机关设在老舍小街。

9月5日　全县开展严厉打击刑事犯罪分子斗争,集中批捕135名刑事犯罪分子。

9 月 16 日 省政府批准,响水县渔业公社改为港南乡。

9 月 20～23 日 中顾委委员江一真等 7 人在响水视察。县委书记崔文龙陪同,并汇报有关工作。

9 月 24 日 盐城市中级人民法院在响水县中学操场召开公判大会,对流氓团伙、强奸犯王某某等 10 人和另 2 名罪犯宣判死刑,执行枪决。

9 月 26 日 响水县经济协作办公室成立。

9 月 28 日 响水县"五讲四美三热爱"领导小组成立,下设办公室。

9 月下旬 全县 1986 个组全部实行家庭联产承包责任制。

9 月 30 日 县委转发省委《关于减轻农民负担的十项规定》。

10 月 2 日 新华社江苏分社社长尤潜在响水检查新闻工作。

10 月 20 日 县委、县政府为继续贯彻落实中纪委的《公开信》,根据中央、国务院、省、市有关精神,结合响水实际,作出《关于纠正党员、干部在建房中的不正之风的意见》。

10 月 28 日 县委副书记顾殿元在严厉打击经济领域犯罪活动工作会议上讲话。讲三个问题:1. 响水县经济领域斗争的基本情况。2. 响水县经济领域斗争中存在的主要问题及其原因。3. 关于今后深入开展经济领域斗争工作意见。

11 月 7 日 响水县对虾养殖场成立。

11 月 14 日 县人民政府决定:由项文兵、程贤耕等 13 人组成响水县职工教育委员会,项文兵任主任委员,程贤耕、邓汝庭任副主任委员,下设办公室。

11 月 22 日 南河供销社营业楼失火,损失 10 多万元。

11 月 28 日～12 月 3 日 县委召开二届三次全委(扩大)会议。县委委员、候补委员,各乡镇党委书记、经管会主任,县各部委办全体负责人、各局主要负责人及驻城县团级离休干部 150 多人出席会议。会议分两个阶段,前三天解决清除"精神污染"问题,后三天主要解决经济工作问题。会议期间,省委书记韩培信到会看望与会人员。

11 月 29 日 省委书记韩培信一行 10 人在响水视察工作,会见县委全体委员。

12 月 7 日 响水县税务局成立。

12 月 11 日 省长顾秀莲在响水县陈港镇视察。县领导陪同。

12 月 15 日 县委召开党外人士座谈会,贯彻落实中共十二届二中全会和省委扩大会议精神。县人大常委会副主任武鸿一、副县长邓汝庭、政协副主席许则渠、文教局副局长唐凤英等 24 人出席会议。

12 月底 全县落实统战政策工作基本结束,落实各项政策问题 327 人,515 件。其中平反恢复名誉的 194 人,改判和宣布无罪的 12 人,恢复工作的 34 人,改变工作性质的 3 人,恢复城镇定量户口的 57 人,安排工作的 3 人,落实房产政策的 5 户,清退"文化大革命"时查抄财物的 27 户,并帮助部分台侨属解决经济困难。

是年 响水县地名委员会出版《江苏省响水县地名录》。

△ 县城幸福路兴建小商品市场、计 176 间 1071 平方米商品门市。

1984 年

1 月 15 日　县政协和县委统战部联合召开迎春茶话会。县委、县人大、县政府、县政协主要负责人，驻响水省、市、县政协常委、委员，台属、侨属，少数民族和宗教等各方面代表 140 多人出席茶话会。畅谈 1983 年各条战线取得的成绩和歌颂党的民族统一战线的政策。

1 月 20 ~ 23 日　县委、县政府召开“两户一体”表彰大会。会议传达中央 1 号文件和万里同志在全国农村工作会议上的讲话，表彰两个先进单位和 223 名农户。

1 月 24 日　接盐城市委通知，在县级机关机构改革中，中共响水县委领导班子的人事安排：县委常委，崔文龙、程贤耕、顾殿元、张玉宽、项文兵、周桂玉、周立金、李玉乾。崔文龙任县委书记，程贤耕、顾殿元、张玉宽任县委副书记。响水县人民政府人事安排：提名程贤耕任响水县人民政府县长，项文兵、彭庭佑、雷国安、唐凤英任副县长，陈颖年任县政府顾问。响水县人大常委会人事安排：提名邱洪超任响水县人大常委会主任，吴介余、邓汝庭任副主任。响水县政协人事安排：提名顾殿元任政协主席，王玉英、武鸿一、许则渠任副主席。

1 月 25 日　县委、县政府召开 1983 年度先进工作者表彰大会。表彰先进工作者 250 名。其中记功 31 人，记大功 9 人。

1 月 27 日　首届人大常委会第 17 次会议召开。会议讨论通过县人民政府代理县长、副县长等 20 名干部任免事项。

2 月 16 日　首届人大常委会第 18 次会议召开。会议讨论通过《响水县人大常委会关于县乡两级人民代表大会进行换届选举的决议》和《响水县第二次人民代表大会代表选举工作方案》，原则通过《响水县人民政府关于普及初等教育的规定》，决定邱洪超为县人大常委会代理主任。

3 月 1 日　县委副书记张玉宽兼任响水县委政法委员会书记。

3 月 5 日　县委表彰 1983 年度县级机关先进党支部 44 个，优秀党员 110 名。

3 月 7 日　响水县委成立核查“文化大革命”中“三种人”（造反起家、帮派思想严重、打砸抢分子）领导小组，下设办公室。张玉宽任组长，邱洪超、李玉乾任副组长。

3 月 20 日　县委公布县委常委《关于加强集体领导，改进工作方法的规定》，规定要求：1. 认真学习马列主义理论。2. 坚定不移地同党中央在思想上、政治上保持一致。3. 坚持民主集中制原则，实行集体领导下的分工负责制。4. 坚持实事求是从实际出发的思想路线，密切联系群众，加强调查研究。5. 树立总揽经济全局的观点。6. 大力精减会议。7. 建立正常的民主生活会制度，发扬批评与自我批评的好作风。8. 加强常委一班人的团结,同心协力搞好工作。9. 严格要求自己,不谋特权和私利。

4 月 1 日 盐城市副市长、灌河大桥指挥部总指挥孙世安在响水主持灌河大桥开工典礼。省交通厅、灌南县负责人参加。县长程贤耕致辞。参加典礼的有数千人。

4 月 7 日 省人民政府批准,小尖乡改为小尖镇。原乡境不变。

△ 上海海运学院专家、学者在响水县陈港考察。县委书记崔文龙陪同。

4 月 28 日 在县第三个全民文明礼貌活动月中涌现了一批先进集体和先进个人,为表彰先进、学习先进推动社会主义精神文明建设深入开展。县委、县政府决定对 12 个红旗单位、45 个先进集体和 241 名先进个人,予以表彰。

5 月 5 日 华东水利学院院长严恺等在响水考察灌河。

5 月 12 ~ 14 日 响水县第三次妇女代表大会召开,选举产生响水县妇女联合会第三届妇女执委会委员 35 名,常委 9 名。

5 月 17 ~ 23 日 政协响水县第二届委员会第一次全体会议召开,97 名政协委员出席会议。会议选举产生政协常委 21 人,顾殿元为县政协主席,王玉英、许则渠、武鸿一为副主席,刘生富为秘书长。

5 月 18 ~ 23 日 响水县二届一次人民代表大会召开,284 名人大代表出席会议。会议听取和审议县人民政府工作报告、财政预算报告,听取和审议县人大常委会、县法院、县检察院工作报告,讨论决定 1984 年工作任务。选举产生响水县第二届人民代表大会常务委员会及“一府两院”领导人。邱洪超为县人大常委会主任,吴介余、邓汝庭为副主任;程贤耕为县长,项文兵、彭庭佑、雷国安、唐凤英、王清为副县长;李文弼为法院院长,赵梅昌为检察院检察长。

5 月 25 日 广东省南海县信访科一行 10 人在响水学习信访工作经验。

5 月 28 日 全县遭受大风、暴雨和冰雹袭击,农田受灾面积 45. 42 万亩,损毁房屋 33739 间。

6 月 4 日 上午 8 时 15 至 25 分,灌河河面出现“虎头潮”,浪高 4. 84 米,流速约 30 千米/小时,响水轮船码头至一帆河闸 1 千米的水域上,击沉船只 14 条,无人员伤亡。这是建国以来响水灌河水面发生的第一次怪浪。

6 月 14 日 省社会科学院院长薛家骥等在响水考察陈家港。

△ 立体电影《欢欢笑笑》在响水首次上映。

6 月 28 日 无锡市委副书记吴建国等在响水察看陈家港港口和滩涂。

7 月 1 日 响水县烈士陵园在响南乡三村村破土动工,占地面积 22 亩。县四套班子负责人参加奠基仪式。崔文龙为奠基石挖第一锹土。国防部部长张爱萍为烈士塔题字。

7 月 7 ~ 9 日 响水县个体劳动者第一次代表大会召开,出席会议的代表 137 人。

7 月 26 日 纪国良任中共响水县委副书记。

8 月 8 日 南京军区在响水县周集乡平湖村进行大规模的军事演习。崔文龙、程贤耕前往参观。

8 月 9 日 副省长陈克天在响水检查工作。

8 月 21 日 响水县经济研究小组成立。

8 月 28 日 县委、县政府下发《对外开放的十条政策规定》。

8月29日 县党代表大会召开。与会代表156人,选举产生徐亚辉(市参选)、崔文龙等38人为市党代会代表。

9月5日 县邮政局增设城东邮电所。

9月15日 县委、县政府召开表彰"文明单位"会议。县五交化公司、第一招待所、实验小学、振兴商场、陈港粮管所、陈港农具厂、六套医院、双港邮电所、县自行车中轴厂为县第一批被命名的"文明单位"。

9月20日 全县农村进行土地发证工作。

9月29日 响水县庆祝建国35周年大会召开。副县长项文兵主持会议。县长程贤耕到会讲话。晚上在人民影剧院举行国庆文艺晚会。

△ 中纪委副秘书长陈宗烈在响水视察工作。

10月5~9日 县委、县政府召开乡镇党委书记、乡镇长、经管会主任,县部委办局负责人会议。会议学习中共中央《关于经济体制改革的决定》;听取崔文龙关于参观学习广东四市三县改革开放经验报告,张玉宽关于常委学习《决定》的体会和纪国良关于1985年工作要点和冬季工作意见。市长秦兆祯到会讲话。

12月3日 县委召开部委办局和公司、工厂负责人会议。会议以进一步搞好机关改革、简政放权等为主要内容。物资局、水利农机局、广播站等5个单位在会上交流实行岗位责任制情况。

是月 基本建设局和环境保护办公室合并成立响水县城乡建设环境保护局。

1985 年

1 月 20 日　县人民法院公开审判毒杀国家一级保护动物丹顶鹤一案。省环保局、市电视台等单位派人参加。首犯张某某被判处有期徒刑 1 年，蔡某某、赵某某、单某某被判拘役 3 个月，王建华罚款 500 元；并奖励报案有功人员。

2 月 16 日　县委、县政府召开乡镇党委书记、县部委办局负责人会议，宣布新任响水县四套班子负责人。王清任县委书记；免去崔文龙县委书记职务，改任县人大常委会主任；项文兵任县政协主席；陈加宝任县委副书记；朱洪春任县委常委、县纪律检查委员会书记；陈正德任常委；免去张玉宽、纪国良县委副书记职务，调市另行分配。

3 月 4 日　副省长陈克天带领专家、学者、教授一行 80 多人在响水县考察调研，对响水、陈港进行港口建设可行性论证。

3 月 6～8 日　响水县二届人大常委会第五次会议召开。17 名委员出席会议。县政府、法院、检察院、司法局、工商局、政府办主要负责人列席会议。会议听取县长程贤耕作关于 1984 年经济建设情况和 1985 年工作任务的报告；县工商局陈朝贤关于全县贯彻执行《经济合同法》和市场管理情况的汇报；法院李文弼关于经济审判工作的汇报；检察院赵梅昌关于打击严重经济犯罪活动的情况汇报；司法局王甲华关于向全县人民普及法律常识五年规划的汇报。会议补选陈宝界为市一届人大代表，批准邱洪超辞去县二届人大常委会主任职务的请求，决定 1985 年 4 月召开响水县第二届人民代表大会第二次全体会议。

3 月 8 日　县二届人大常委会第六次会议决定，免去王清、项文兵副县长职务。

3 月 23 日　县委召开表彰 1984 年度全县先进党支部、优秀党员会议，表彰 52 个先进党支部和 125 名优秀党员。

4 月 5 日　烈士陵园举行迁碑扫墓仪式。近千人参加仪式。

4 月 16 日　省委书记韩培信经燕尾港到响水陈港，视察响水县部分企业。市委书记金基鹏陪同。

4 月 21～25 日　响水县政协第二届委员会第二次会议召开，119 名政协委员出席会议。在响水县的市政协委员和县政协文史资料研究委员会、民族宗教、对台侨务、工商财贸工作组成员和县部委办局主要负责人列席会议。政协副主席王玉英作工作报告。会议增选项文兵为县政协二届委员会主席，孔祥锦、夏会芹为常委；增选县政协委员 27 名。会议期间，收到委员提案 113 份计 151 条。

4 月 21 日　国家计委重点建设局局长在陈港考察。

4 月 22～25 日　响水县二届第二次人民代表大会召开，261 名人大代表出席会议。会议听取和讨论《政府工作报告》《1984 年国民经济社会发展计划执行结果和 1985 年计划的报告》《1984年财政决算和1985年财政预算草案的报告》及《人大常委会工作报告》《人民法院工作报告》《人民检察院工作报告》。大会补选崔文龙为县人大常委会主任,沈汉清、周效顶为县人大常委会委员。会议期间,代表提出议案44条,建议和批评意见130条。

4月25日 响水县老龄问题委员会成立。邱洪超任名誉主任,刘仰时任主任。

5月9日 省滩涂局局长彭展在响水察看对虾场配套工程。

5月10日 孔德厚任响水县委副书记。

△ 根据市委通知精神,经县委研究决定,设立县委组织员办公室,人员由组织部代管。

5月19日 中顾委委员江渭清在响水视察,并为响水县委题写"后来居上"四字匾额。

5月19~22日 常熟市委、市政府领导人在响水商谈经济技术协作具体事宜。

6月7日 县委报告:根据中央〔1984〕18号文件精神和市委的指示,在市委组织部的具体指导下,响水县部委办局的领导班子调整工作已经结束。这次调整工作从3月15日开始至5月底结束。具体做法是:第一步人才开发,第二步组织考察,第三步分批调整。全县57个单位,除12个单位班子没有变动外,其他45个单位按先急后缓,先易后难的原则,分三批进行调整。第四步是巩固提高。

6月8日 县委研究作出关于如何发挥调研员作用的决定:1. 教育干部对调研员这一职务有一个正确的认识;2. 要根据调研员同志的身体和工作能力,同现有领导班子成员一样,参加力所能及的分工;3. 调研员原享受的政治、生活待遇不变;4. 对调研员要和现有领导班子成员一样加强管理。

6月10日 县委决定,成立中共响水县委整党办公室。陈加宝任整党办主任,李玉乾、朱洪春、戴昉、张杞任整党办副主任。

△ 县委决定,调整县人民武装委员会领导成员。程贤耕为县武委会主任,雷国安、林志锋、陈正德为副主任。

6月14日 县委决定,调整县编制委员会成员。程贤耕任县编制委员会主任,陈加宝、李玉乾任副主任。

6月20日 县委决定,响水县人民政府党组由程贤耕、雷安国、彭庭佑、龚亦群4人组成。程贤耕任书记,雷安国任副书记。

△ 县委决定,响水县人民法院党组由李文弼、徐信元、王其荣、高明会4人组成。李文弼任书记,徐信元任副书记。

6月23日 县委决定,响水县人大党组由崔文龙、吴介余、沈汉卿、杨如九、周效顶、马虎、陈众宝7人组成。崔文龙任书记,吴介余任副书记。

△ 县委决定,政协响水县委员会党组由项文兵、王玉英、季涛3人组成。项文兵任书记。

6月28~29日 响水县二届人大常委会第九次会议召开。会议通过《关于办理代表的建议、批评和意见的暂行办法》;决定人大常委会增设法制、财政经济、科教文卫和城乡建设4个委员会,作为人大常委会办事机构;通过有关人事任免。

7月2日 中央人民广播电台新闻联播节目播出响水县业余作者创作、县淮剧团演出的淮海戏《花大姑说媒》,获全国农村业余创作小戏一等奖的新闻。

7月15日 县委召开县级机关全体党员大会。县委书记王清到会作机关整党动员部署报告。

7月22~28日 县委召开教育工作会议。县部委办局负责人,各乡镇党委书记及文教助理出席会议。会议就如何贯彻中央教育体制改革决定,落实分级办学、分级管理等进行学习讨论。会议期间,参观农副业和教育工作的典型单位;听取上海交大梁捷舒教授、南京农大黄丕生主任、上海复旦大学周浩教授的学术报告。

是月 县委、县政府给战斗在老山前线的响水籍战士一封信,向战斗在老山前线的响水籍指战员表示最崇高的敬意和最亲切的问候,并向指战员们汇报家乡工农业发展形势。表示要对指战员的亲属予以很好的照顾和妥善安置,希望他们在前线勇敢杀敌,为国再立新功。

8月5日 县委、县政府向省委、省政府报告,请求省委、省政府把响水县列为淮北中低产地区综合开发区域试验县。

8月14日 县委发出关于县级机关设口负责整党工作的通知。通知明确县级机关指导、协助和督促检查各单位的整党工作,决定将县级机关分为政法、宣传、党群、农水、财贸、计经委6个口子。

8月18日 县委决定撤销各乡镇人民公社经济管理委员会。

8月22日 响水县驻常熟市经济技术协作办事处成立。

8月26~29日 响水县第三次党代表大会召开。301名代表出席会议,占全县18392名党员总数的1.63%,其中干部182名,专业技术人员60名,先进人物56名,解放军武警3名。会议听取和审议县委工作报告和县纪委工作报告,讨论在"七五"期间提前实现"翻两番"的目标和措施。大会选举中共响水县第三届委员会和县纪律检查委员会委员。选举县委委员23名,候补委员4名;王清、程贤耕、陈加宝、孔德厚、杨钢、于海波、雷国安、陈正德、朱洪春为县委常委;王清为县委书记,程贤耕、陈加宝、孔德厚为县委副书记。选举县纪委委员13名,常委5名;朱洪春为县纪委书记,皋学就、王益民为县纪委副书记。

8月26日 县委决定在整党第二专题学习中,贯彻边整边改的原则,彻底清理和纠正"四股"不正之风:1. 干部调动使用不正之风;2. 党员干部建房分房中的不正之风;3. 滥发奖金实物的不正之风;4. 吃喝浪费,拖欠公款的不正之风。要求各单位实行领导带头,层层包干,保证在9月15日前基本清理结束。

9月10日 县委、县政府召开庆祝第一个教师节大会。

△ 县委批转县委组织部、县人事局关于改革干部人事制度的意见,其内容:1. 缩小县管干部范围,进一步下放干部管理权限;2. 加强领导班子建设,力求精干合理和最佳组合;3. 严格机构设置和干部调配的审批手续;4. 促进人才合理流动,建立领导干部的交流制度;5. 改干部的委任制为聘用任期制,严格按照规定招聘干部;6. 建立党政机关岗位责任制;7. 严格执行干部离退休制度;8. 加强干部档案管理工作。

9月12日 响水县第二届人民代表大会常务委员会决定:接受周桂玉辞去响水县第二届人大常委会委员的请求,任命周桂玉为县人民政府副县长。

9月13日 县委决定调整县核查"文化大革命"中"三种人"领导小组。陈加宝任组长,朱洪春、杨钢任副组长。下设办公室,杨钢兼任办公室主任,赵梅昌、张长海任办公室副主任。此项工作延续至1986年底,排出“文革”中有问题的107人,上报市立案对象9人,均受到党纪政纪处分,其中2人被开除党籍。

△ 县委决定调整县整党办公室领导成员。陈加宝任整党办主任。朱洪春、于海波、杨钢、戴昉、罗时楼任整党办副主任。

9月20日 县委放宽农村经济政策,颁发〔1985〕47号文件,其主要内容:1. 取消农产品统派购制度;2. 鼓励开发利用自然资源;3. 积极扶持乡镇工业企业,鼓励村、组、户集资办企业;4. 大力促进粮食转化;5. 加强小城镇建设,鼓励农民兴办第三产业;6. 鼓励社会集资兴办能源交通;7. 积极发展各种新型的合作经济组织,扶持专业户和贫困户;8. 加强社会服务,支持农村发展商品生产;9. 严格控制农民的社会负担。

9月20~24日 县委、县政府召开三级干部会议。讨论通过响水县“七五”农村经济发展规划:1990年农业产值1.8亿元,平均年递增率6.9%,粮食总产5.1亿斤,棉花总产14万担,油料总产1860万斤,多种经营12.4万元,农村工业产值1亿元,农村人均纯收入600元以上,农村人口出生率控制在13‰以内。

9月25日 响水县科协第一次代表大会召开。

9月26日 响水县离退休干部振兴响水研究会成立。县委副书记陈加宝、政协原主席刘仰时、人大常委会原主任邱洪超到会讲话。市老干局局长李汝恩代表盐城市委组织部、市老干局向大会祝贺。

10月11日 南京军区司令员向守志在响水看望驻响部队。县委、县政府领导人陪同。

10月28日 根据市编委批复,明确中共响水县委党史办公室、响水县中学、响水县经济研究小组、响水县经济体制改革办公室为局级单位;县信访办公室、县物价委员会办公室、县爱卫会办公室、县绿化委员会办公室、县职工教育办公室、县广播电视管理站、县档案馆、县经济协作办公室、县建港指挥部港口开发办公室、县教师进修学校、县人民医院、县农业区划办公室、县民族宗教事务所、县计量管理所、卫生职工中等专业学校为半局级单位。

11月28日 市委研究决定,响水县委书记王清兼任响水县人大常委会主任;免去崔文龙响水县人大常委会主任职务,调建湖县工作。

12月17日 省委、省政府负责人周泽、金逊在响水检查工作。

△ 县委召开县级机关党员大会。县委副书记陈加宝作搞好整党期间党员个人对照检查的动员讲话。

△ 县委决定调整党史资料征集研究委员会成员。陈加宝任主任委员,项文兵、雷国安任副主任委员。下设办公室,王述美兼办公室主任,杨学美、徐鹤鸣任办公室副主任。

12月24日 响水县二届人大常委会第11次会议召开。会议听取和审议县审计局局长吉春生作《关于审计工作的情况和今后工作意见》,县文化局局长钱钦琦作《关于当前文化工作情况和今后工作意见》,县教育局副局长吕培炯作《关于中等职业教育情况和今后工作意见》及财政方面的有关情况汇报。

是年 陈港兴建1000吨级浮动码头。

△ 县委、县政府决定划出16570亩滩涂,建造对虾养殖池1210个。

△ 县城主要商业大街——东方红大街全线铺设沥清路面。东连204国道,西接响灌公路,全长625米,宽9米。

1986 年

1 月 3 日　县委召开县四套班子负责人会议，传达苏北四市（徐州、连云港、淮阴、盐城）计划生育座谈会精神，讨论制定全县 1986 年计划生育工作规划。

1 月 6 日　县委整党办公室印发《关于农村整党工作意见》，部署全县农村整党工作。

1 月 10～22 日　县委组织理想讲演团在全县巡回讲演。讲演团用本地先进典型，对广大干群进行理想纪律教育，听众 17000 多人次。

1 月上旬　响水县建港指挥部与国家交通部水运规划设计院签订《响水县港口总体规划协议书》。

1 月 24～31 日　县委举办乡镇和部委办局负责人培训班，学习胡耀邦、田纪云和王兆国重要讲话及 1986 年中央一号文件。

1 月 25 日　县二届人大常委会第 12 次会议召开，讨论通过响水县人民政府《关于计划生育工作的若干规定》。

2 月 4 日　县四套班子负责人及县各部委办局干部 100 多人在县烈士陵园参加义务植树活动。

2 月 5 日　县委印发关于 1986 年村组干部编制和补贴标准。

2 月 13～20 日　国家交通部组织水运规划设计院、华东电力规划设计院、河海大学的工程师、教授在陈港勘察灌河开发利用和苏北电厂选址情况。

2 月 15 日　县委召开县直机关党员大会，传达学习邓小平在中央政治局常委会上的重要讲话，部署县级机关整党检查验收工作。

2 月 22 日　响水县沿海滩涂管理处和滩涂开发总公司成立，一套班子，两块牌子。

2 月 24～25 日　县委召开乡镇负责人岗位责任制兑现大会。会议总结 1985 年经验教训，讨论落实 1986 年岗位责任制各项指标；并表彰先进单位。

2 月 25 日　县委印发关于县委常委学习、会办、民主生活会等八项制度。

2 月 28 日　县政府颁发《关于计划生育问题的若干规定》。

3 月 7 日　县委召开各乡镇党委书记、乡镇长及县各部委办局负责人会议，对县委、县政府领导班子进行信任度投票。

3 月 10 日　县委建立县直机关定点包干扶贫制度。

3 月 17 日　县委召开农村整党工作会议，明确整党的意义和方法步骤，并提出具体要求。

3 月 18～19 日　县委、县政府召开全县计划生育工作会议。会议贯彻落实中发〔1984〕7 号、苏发〔1985〕37 号文件及全国计划生育“双优”会议精神，总结全县 1985 年计划生育工作经验教训,表彰先进,部署 1986 年工作任务和要求。

3 月 27 ~31 日 县政协二届四次全委会议召开。会议听取并审议政协常委工作报告,传达学习全国、省、市政协会议精神,列席县人大二届三次会议,并参与全县大政方针的协商讨论。

3 月 28 ~31 日 响水县人民代表大会二届三次会议召开。会议听取和审议政府工作报告,审议响水县国民经济和社会发展第七个五年计划草案,审议 1985 年国民经济和社会发展执行情况和 1986 年计划草案,听取和审议财政预决算、人大常委会工作、法院工作、检察院工作的报告和有关选举事项,增选吴晓为响水县人民政府副县长。

3 月 31 日 ~4 月 2 日 卫生部副部长陈敏章一行 14 人在响水考察农村卫生工作。

4 月 1 日 县委、县政府召开响水县建县 20 周年庆祝大会。市委副书记沙金茂和常熟市代表到会讲话。并举办图片展览和文艺晚会等庆祝活动。曾在响水担任过领导职务的部分老干部及兄弟县代表应邀出席。中顾委委员江渭清、著名书法家武中奇、陈大羽等题字祝贺。

4 月 2 日 县委召开整党总结大会。县委书记王清作报告。县委副书记陈加宝宣布参加整党的 64 个局级单位中的 57 个单位整党结束。

4 月 7 日 县委、县政府对 1985 年度在"创先争优"活动中成绩突出的先进党支部、优秀党员进行表彰。受表彰的先进党支部 53 个、优秀党员 168 人。

4 月上旬 响水县人民政府和南京市秦淮区人民政府,本着"互利互惠、共同富裕"的原则,经过双方协商,决定建立友好县区。搞联营,互设窗口,为对方优先提供所需物资,以调剂余缺,开展技术协作交流等。

4 月 14 ~15 日 县委召开乡镇党委书记及县部委办局负责人会议,部署乡镇机关、乡直单位和县企事业单位开展整党准备工作。县委书记王清到会讲话。

4 月 15 日 免去孔德厚县委副书记职务,调市委组织部工作。

4 月 28 日 县政府印发《关于城镇建设实行综合开发的暂行规定》。

4 月 29 日 县委发文,要求纠正、清理在集资招工中的不正之风。

4 月 30 日 县委经济案件办公室成立。

5 月 1 日 县总工会召开庆祝"五一"国际劳动节 100 周年大会。

5 月 2 日 雷国安任中共响水县委副书记。

5 月 4 ~6 日 共青团响水县第四次代表大会召开。会议听取共青团第三届委员会工作报告,选举产生共青团第四届委员会。

5 月 7 日 响水县服装厂和常熟市服装一厂联营开业典礼举行,这是响水县第一个和外地联营企业。县委、县政府领导参加典礼。

5 月 8 ~10 日 县委召开政法工作会议,传达中央、省政法工作会议精神。县委副书记陈加宝到会讲话并要求打好第三战役,实现社会治安稳定好转。县纪委书记朱洪春作报告。7 个单位发言。

5 月 13 日 省委、省政府抽派 23 名省直机关干部扶贫工作队在响水蹲点一年。

5 月 19 日 响水县经济技术协作办公室成立。

5 月 19 ~28 日 省政协经济考察组在响水考察,他们翻阅大量历史资料,走访调查,分别召开灌河口开发座谈会和响水县经济开发研讨会。市政协副主席徐亚辉陪同。

5 月 20 日 省下派干部王允沐任中共响水县委副书记。

△ 响水县人民政府聘请江苏农学院办公室主任袁仁进为响水县名誉县长。

5 月 21～22 日 全县教育工作会议召开。会议贯彻落实《决定》精神，总结交流教育体制改革经验，明确分级办学、分级管理，把教育体制改革引向纵深。副县长唐凤英到会讲话。

5 月 24 日 县委印发《关于加强党的建设的决定》。

5 月 25 日 省政协在响水经济考察组倡导并主持召开由盐城市、连云港市、灌南县、灌云县、响水县负责人参加的座谈会，共商开发灌河大计。

5 月 26 日 响水县人民政府和江苏农学院成立教学、科研联合体领导小组。

△ 县政府印发《响水县关于加强农村土地管理的若干规定》。

5 月 26～27 日 县委召开响水县经济发展研讨会。省、市政协经济考察组倪清堂、徐以达、陈寅生、蒋城、倪惊涛、蒋逸成、徐亚辉对如何加快响水县经济发展作重要讲话。海安、赣榆、宿迁、滨海、阜宁、灌南等县领导应邀参加研讨会。

6 月 11 日 县人民武装部改为地方建制举行交接仪式。盐城军分区参谋长戴立富和响水县委书记王清分别在交接书上签字。

6 月 12 日 县委召开振响富民、建功立业动员大会。县委书记王清要求全县广大干部、群众，认清历史赋予的责任，振奋精神、锐意进取，为实现“七五”计划振响富民建功立业。

6 月 13～14 日 省委常委、省科委主任吴锡军，市长秦兆祯在响水考察滩涂开发和对虾养殖情况，参观港南乡红星村冷冻厂、县水泥厂、模具厂和灌河大桥工地，听取江苏农学院和响水县教学、科研、生产“联合体”工作汇报。

7 月 1 日 县级机关党员干部大会召开，纪念中国共产党诞生 65 周年。县委副书记陈加宝到会讲话。

7 月 15 日 响水县第一期农村青年实用技术培训班开学。194 名农村青年分别学习家禽、水产、植保三门实用技术。县四套班子负责人、江苏农学院、省淡水水产研究所负责人参加开学典礼。

7 月 21 日 江苏农学院、省淡水水产研究所、响水县人民政府三方签订联合开发“苏北盐碱地渔、牧、农结合围垦改土生态模式研究”项目协议书。

7 月 27～28 日 省人大常委会副主任李执中在响水检查指导工作，参观对虾厂、水泥厂、酒精厂和灌河大桥工地，听取县委、县政府工作汇报，对响水工作提出指导意见。

8 月 9 日 县人大常委会召开全县司法机关全体人员会议。县人大常委会副主任张以顺宣读《响水县人大常委会关于监督司法机关的暂行办法》。它标志着县人大常委会行使对司法机关监督职权方面，迈出新的一步。

8 月 13 日 响水县驻南京办事处成立。

8 月 19～24 日 县委举办中青年干部培训班。培训班学习《领导科学》，总结与交流做好领导工作的经验。县委领导王清、程贤耕、陈加宝到培训班讲课。157 名干部参加培训。

10月15日　县委印发《关于村级整党的安排意见的通知》。并于20日召开农村整党工作会议,全县村级整党工作由点到面展开。参加整党的农村支部214个,占全县支部总数的68.1%。

10月24日　朱洪春任响水县委副书记。

11月15~19日　中共响水县三届三次全委(扩大)会议召开,传达省七届四次全委(扩大)会议精神。于海波代表县委提出《全县"七五"精神文明建设规划措施》。雷国安作关于1987年经济工作发言。

11月24日　省委副书记沈达人在响水检查工作,视察小蟒牛、滩涂、县纺织厂、农机厂、服装厂、电容器厂、钩编厂和中轴厂,对响水经济工作提出意见。

12月3日　幸福北路农贸市场交付使用,占地2000平方米。

12月13日　县委批转县乡两级人代会换届选举工作方案。

12月14日　县普法领导小组在县实验小学组织全县副局长以上干部法律常识考试。

12月22~24日　全县农村工作会议召开。会议传达学习中央农村工作会议和省、市农村工作会议精神,交流全县1986年农村改革经验和1987年农村工作打算。

1987 年

1 月 12 日 县委召开乡镇党委书记和县级机关党员大会,传达 1986 年 12 月 30 日邓小平关于当前学生闹事问题的讲话要点,以及胡耀邦在江苏党员负责人会议上的讲话,统一思想认识,珍惜和维护安定团结的大好局面。

2 月 10 ~ 14 日 县委、县政府召开三级干部会议,传达中央〔1987〕4 号、5 号、6 号文件。县委、县政府、县人大常委会负责人在会上发言。会议表彰 1986 年度全县农村先进集体和先进个人。

2 月上旬 年逾古稀的县中医院离休医生杨康龄,将收藏几十年的青莲岗石刀、商代铜锛、汉代铜镜和封泥等 23 种珍贵文物,以及秦朝至清朝之间的几十种古钱币,全部捐献给县文物管理部门。

2 月 11 日 县政府印发响水县《1987 年经济和社会发展三十八项目标》。

2 月 14 日 县委、县政府表彰 1986 年度机关岗位责任制考核中成绩显著的 31 个单位、308 名个人及 53 个先进党支部、168 名优秀党员。

2 月 27 日 县外贸公司和中国国际贸易促进会南京市支会签订协议,建立长期业务合作关系。

3 月 2 日 缪正华任中共响水县委副书记,周月杰任县委常委、县纪律检查委员会书记;免去朱洪春兼任的县纪委书记职务。

3 月 6 日 港商杨胜一行 9 人在响水考察沿海滩涂。

3 月 25 日 县委书记王清为中共十三大代表候选人。

3 月 27 ~ 28 日 县委召开全县统战工作会议。县政协主席项文兵、县委统战部副部长王家俊传达省委统战工作会议精神。县委书记王清到会讲话。

3 月 30 日 县副局(乡)级以上干部轮训班第一期开学,主要学习商品经济理论和"五法一例"及组织工作、统战工作理论。轮训班分四期,每期 18 天。

4 月 3 ~ 5 日 国家农牧渔业部调查组在响水,专题调查响水县农村成人职业技术教育问题。

4 月 12 ~ 16 日 中国人民政治协商会议响水县第三届委员会第一次会议召开,128 名政协委员出席会议。会议选举产生政协响水县委员会委员、主席和副主席。项文兵为县政协主席,王玉英、武鸿一、周坤为副主席。

4 月 13 ~ 16 日 响水县三届人大第一次会议召开,249 名人大代表出席会议。会议听取和审议县政府工作、法院工作、检察院工作、人大常委工作及财政预决算的报告;通过关于"奋战三年,力争实现平原绿化县"议案的决议。大会选举缪正华为县人大常委会主任，彭庭佑、邓汝庭、戴昉为副主任；雷国安为县长，杨钢、唐凤英、周桂玉、王万金、吴晓为副县长；岳效飞为县法院院长，赵梅昌为县检察院检察长。并增设县人大代表资格审查委员会。

4月16日 副省长凌启鸿在响水视察工作。

4月21日 国务院水电部高级工程师刘作民等在响水考察，选址论证陈港电厂。

4月22日 县政府印发《关于加强沿海滩涂资源管理的通知》。

4月22~23日 盐城市交通局邀请国家交通部水运规划设计院，省交通厅、省建行、省航运公司，市计经委、市建行等单位专家，在响水召开《响水县陈港、响水作业区初步设计》审查会议。

4月27日 撤销响水县经济案件办公室，具体工作任务分别由司法部门和纪检部门承担。

5月3日 县委追认七套乡梅湾村党支部原书记汪正田为模范共产党员，并作出"关于向模范共产党员汪正田同志学习的决定"。6日，《盐阜大众报》头版以《生命的最后轨迹》为题报道汪正田的事迹，并发表"学习汪正田，宗旨永不忘"的社论，号召全市广大党员向汪正田同志学习。

5月7日 经省卫生厅在响水检查，响水县血丝虫阳性率为0.478%。

5月9~13日 响水县微波站经省、市验收合格，交付使用。该站系省广播电视微波干线东线（NEC）第十一中继站，使用设备是日本80年代的最新产品，线路发生故障可自动转换，无需检修。

5月24日 小尖镇伏西村建立全县第一个村级经济合作社。

5月29日 县人大常委会举行颁发干部任命书仪式。县人大常委会主任缪正华向被任命的县政府各委办局主要负责人，县法院、检察院的中层干部和人大常委会各委、办负责人共49人颁发任命书。人大常委会副主任彭庭佑、邓汝庭、戴昉，副县长杨钢等参加颁发仪式。

6月1日 小尖镇裕顺商场举行开业典礼。南京、东台、灌南、滨海等地11个兄弟单位祝贺。糖业烟酒、百货等15个单位参加开业典礼。

6月3日 省计经委副主任王壬南等9名干部下派驻响水，受到县四套班子负责人欢迎。县委书记王清介绍响水经济社会发展情况。王壬南任中共响水县委副书记。

6月17日 县委书记王清在省党代会上当选为中共十三大代表。

△ 县委从县级机关抽调一批中青年干部到乡镇任职。县委副书记朱洪春作送行讲话。

6月18日 史书《当代中国江苏分册》编辑组在响水，实地采访"张黄六"（张集、黄圩、六套）地区。"张黄六"的巨大变化将载入这套史书。

6月25日 县委印发《关于发展户办、联户办企业若干问题的暂行办法》。

6月28日 县委三届四次全委（扩大）会议召开。会议学习中央16号文件，传达省党代会精神，分析1987年上半年政治经济形势，明确下半年工作任务和措施。

7月11日 值"世界50亿人口日"，响水县开展发一个通知、开一次广播会、出一期画刊、开展一次知识征答活动和举办一次优生优育讲座等"十个一"宣传活动，纪念"世界

50 亿人口日”。

7 月 15～18 日 江苏农学院和苏州大学考察团一行 60 多人在响水考察。

7 月 18 日 响水县人民政府同苏州大学签订协议,建立横向联系。

7 月 22～27 日 响水县总工会第四次代表大会召开。选举产生响水县总工会第四届委员会。

7 月 25 日 乡镇办盐场由县盐业公司统管。

7 月 30 日 县委副书记朱洪春兼任县委组织部部长,免去杨钢县委组织部部长职务。

△ 响水县物价局建立,撤销物价委员会及其办公室。

8 月 1 日 县妇联组织全县妇女开展拥军优属活动,为军烈属责任田治虫、追肥 630 亩,为驻地解放军战士洗衣服、棉被 490 多件(条)。全县组织妇女服务队 168 个。

8 月 8 日 县编委对全县 16 个乡镇实行定编,核定编制 525 人,比 1981 年增加 62.5%。

8 月 10 日 17 时许,七套乡陡降冰针。该现象一般出现在高原地带,平原地区罕见。

8 月 22 日 麻纺厂厂长负责制出台。厂长与县财政局、纺工公司在承包合同上签字。这是响水县第一家推行厂长(经理)负责制企业。

8 月 26 日 响水至陈港的响陈沿河公路在双港乡举行开工典礼。

9 月 1 日 省纺工厅、市科委等 14 名纺织专家参加县棉织厂的钩编装饰产品鉴定会,产品通过省级鉴定。

9 月 2 日 省农林厅厅长俞敬忠一行 6 人在响水视察种植水稻、棉花和养羊等现场。

△ 响水县乡镇综合改革试点在响南乡进行。县委副书记缪正华、副县长王万金负责试点工作。

9 月 9 日 陈港 1000 吨级客货两用码头交付使用。

9 月 10 日 响水县双港乡少先队总队辅导员方云和被团省委、省教委、省少工委授于“江苏省优秀少先队辅导员”。

9 月 14 日 县委决定成立县级机关中心业余党校。

9 月 15 日 响水县幸福院举行老人入院典礼。首批 14 位孤寡老人搬进新居。市民政局、市福利院负责人到响水祝贺。

9 月 25 日 响水举行灌河大桥通车庆祝典礼。盐城市副市长、灌河大桥总指挥孙世安主持。大桥副总工程师黄志敏介绍大桥施工情况。盐城市、淮阴市、灌南县、响水县领导出席并讲话。中顾委委员惠浴宇,省委书记韩培信,省交通厅厅长丁志刚,国家交通部代表,连云港市、西安电力设计院、上海同济大学、南京工学院等有关单位负责人及专家、教授参加通车典礼。省政府发来贺电,惠浴宇、韩培信为大桥通车剪彩。灌河大桥是沟通烟台至上海 204 国道的交通重点工程。这座大桥是江苏省目前跨径最大,基础最深的公路桥,全长 636 米,宽 15 米,二级路面标准。大桥的建成,加强江苏与山东,盐城与淮阴、连云港的经济联系,对巩固国防实现“加快发展苏北”战略决策,具有重要意义。

9 月 29 日 省计经委、省农林厅、省供销社在响水联合召开淮北地区 2 市 9 县棉花生产会议。省农林厅厅长俞敬忠、省供销社主任申光华和淮阴市、盐城市政府负责人出席会议。

9月30日　县委、县政府向46名在响水工作满30年的客籍知识分子颁发荣誉证书。县四套班子负责人和客籍知识分子合影留念。

10月1日　省电力工业局批准,在陈港建设110千伏输变电工程,总投资420万元。

10月3日　国家农牧渔业部检查组在响水检查人工牧草工作。

10月8~9日　县人大常委召开三届四次会议,听取和审议县政府关于1987年农业经济改革情况、议案办理情况、财政预算调整情况及城镇总体规划等。

10月12日　县电容器厂与北京718厂举行联营大会,成立北京718厂响水联营厂。

10月14日　响水县纺织厂900多名职工直接选举厂长,原厂长洪登荣当选。市长秦兆祯到会祝贺。这是盐城市第一家由本厂职工直接选举厂长的企业。

10月22日　县委书记王清赴京参加中共十三届全国代表大会。

10月31日　县政府决定,将每年农历九月初九定为全县"老人节"。县级机关、响水镇、响南乡近千名老人和有关单位领导为欢庆全县第一个"老人节"集会。

11月4日　省政府追认在滨海县抢救落水儿童献身的响水县康庄乡条冲村村民刘开庭为革命烈士。

11月5日　县政协常委孔祥锦,应省基督教"三自"爱国会的邀请,赴香港考察访问。

11月17日　县政府召开果品商品生产基地论证会。邀请省农学院陈云志等5位教授,市科委蒋国光工程师、市林业站姜道工程师等8名专家,实地考察和论证响水县黄河故道地区建立3万亩果品生产基地,专家们一致认为这个规划是切实可行的。

11月24日　副县长唐凤英代表县政府出席国家在无锡召开的五省市血丝虫防治工作会议,并在会上作《排除万难服海盐,群策群力送瘟神》经验介绍。

11月27日　县委召开乡镇党委书记和部委办局负责人会议,传达贯彻中共十三大会议和省委扩大会议精神。

12月3~4日　省政协、省计经委、省科委、省建委在响水召开灌河口开发利用座谈会。河海大学、南京大学及南京大学水科院等校的教授、专家,省有关部门和淮阴、盐城、连云港市及响水、灌南、灌云县负责人参加会议。大家对灌河开发利用作具体分析与讨论,一致认为灌河是苏北未来的黄金海岸,抓紧开发灌河口是振兴苏北经济的一项战略措施。

12月4~5日　国务院社会经济研究中心顾问马宾在响水考察灌河。考察后,写信给水利部部长钱正瑛转呈代总理李鹏,对灌河口开发利用提出重要建议。

12月21~25日　中共响水县委三届五次全委(扩大)会议召开。会议以中共十三大精神为动力,把响水县的改革和经济推向新的发展阶段。王清和雷国安作报告。响南乡党委等8个单位作典型发言。

12月30~31日　国家级象棋大师徐天红和省象棋冠军言穆江在县工人文化宫举行象棋表演比赛。

1988 年

1 月 2 日 共青团响水县委获全国少工委等单位颁发的“园丁组织奖”。县实验小学、小尖镇中心小学等 12 所小学的 18 个少先小队,在 1986 至 1987 年《中国儿童报》举办的全国各族儿童“勤巧小队”友谊赛中,获全国“勤巧小队”一等奖 5 个,二等奖 12 个,获奖数列全省前列。

1 月 8 日 在市二届人大一次会议上,响水县雷国安、孙同华、张万西、姚开标、殷作秀 5 人当选为省七届人大代表;县教师进修学校孔祥锦当选为市二届人大常委会委员。

1 月 15 日 市委年终岗位责任制考核组在响水县召开考核会议,对县委、县政府领导 1987 年的工作进行评议。

1 月 20 日 县人民商场开业。副县长周桂玉剪彩。开业当天,接待顾客 4 万多人次,营业额 11.7 万元。

2 月 6 日 响水商场开业。

2 月 10 ~ 11 日 县委农工部召开农村经济管理工作经验交流会。副县长王万金到会讲话。

2 月 18 日 15 时,七套乡民生村张玉明驾驶货车往康庄替舅母祝寿,途经条冲村与淮北村交界处发生翻车事故,车上乘载 34 人,死亡 8 人。

3 月 8 日 响水县监察局、响水县土地管理局成立。

3 月 12 日 省政府在宁召开命名表彰“明星企业”“乡镇企业家”大会。响水县自行车配件厂厂长陈学友,被命名为 1987 年度“乡镇企业家”。

3 月 15 日 陈港镇精粉盐厂建成正式投产,填补盐城市精粉盐生产的空白。

3 月 18 日 国务院批准江苏省扩大沿海经济开发区范围,响水县为对外开放县之一。

3 月 19 日 常熟市市级机关党委书记唐东亮一行 7 人在响水考察县级机关党建工作。县级机关党委负责人与唐东亮一行交流如何围绕经济建设、改革现行党务工作体制开展机关党的工作,加强县级机关党的思想、组织、作风建设等情况。

3 月 31 日 ~ 4 月 1 日 交通部副部长黄镇东、交通部基建局局长黄家权一行 8 人在响水视察陈家港、响水港,对灌河开发和治理拦门沙提出积极性建议。县委书记王清、县长雷国安陪同。

4 月 2 日 响水县代表队在市首届农民运动会上,获男子乒乓球团体冠军、田径团体总分第一及射击 5 个单项第一。

4 月 4 日 县政府召开 1987 年度机关岗位责任制执行情况总结表彰大会。表彰先进集体 25 个，先进个人 453 人（其中晋级 8 人，记大功 12 人，记功 46 人）。

4 月 11 日　省委、省政府批准响水、无锡、宝应、灌云、丰县等 5 县为新增综合改革试点县。试点县可根据自身经济发展需要，对现行经济管理体系进行改革、调整和完善，在执行现行政策和上级有关文件规定时允许突破。对县、乡机构可以按照十三大关于政治体制改革精神调整设置。试点县在计划、物价、管理、基建、技改、引进外资、金融信贷、税收减免、外贸出口、征地、“农转非”的审批方面享有省辖市权限。物资、能源计划由省戴帽下达，切块到县，由县平衡调度。

4 月 12 ~ 15 日　政协响水县第三届委员会第二次会议召开。政协委员 118 人出席会议。驻县城市政协委员，各乡镇组织委员和本会所属委、组的部分成员列席会议。会议听取并审议政协副主席王玉英代表政协常委会所作工作报告和秘书长李文弼所作提案办理情况的报告。会议增补政协三届委员会委员 3 人。

4 月 13 ~ 15 日　县三届人大三次会议召开。227 名代表出席大会。会议听取和审议《县人民政府工作报告》《关于 1987 年财政决算和 1988 年财政预算草案的报告》《县人大常委会工作报告》《县人民法院工作报告》《县人民检察院工作报告》，并分别通过上述五个报告的决议。市委书记金基鹏就解放思想、加快和深化改革、加强党的建设、改善党的领导等问题作重要讲话。县委、县政府、县政协领导出席会议。

4 月 20 日　国家计委综合运输研究所所长刘丽如、上海经济区规划办公室交通组组长周华等一行在响水考察灌河及陈家港港口，对如何综合开发灌河、开挖通榆运河提出指导性意见。县长雷国安陪同。

4 月 20 ~ 30 日　全县 16 个乡镇召开人代会。

4 月 25 ~ 27 日　国际基督教盲人协会眼科专家克雷斯蒂夫妇在响水考察防盲工作，与县医院眼科医生座谈讨论眼科疾病防治；成功为响水县 4 名白内障患者施行手术；并向县医院赠送医疗设备。

4 月 29 ~ 30 日　响水县举办首届职工田径运动会。10 个代表队 97 名运动员经过两天角逐，纺工队获团体冠军；教育队和工业队分别获第二名和第三名；交通局队和卫生局队获大会精神文明奖。

5 月 4 日　县委成立知识分子工作领导小组，下设办公室。朱洪春任组长，杨钢、王万金任副组长。

△　县委决定下放干部管理权限，发出《关于进一步加强和完善干部管理工作的补充规定》。规定决定县纪委和未建立党委、党组的局级、副局级单位的行政股级以下干部由本单位进行管理，但政秘科（股）长（含副）、纪检干部分别由所在单位和组织部、县纪委共同管理，县医院、卫校、教师进修学校副职由主管局管理。规定同时决定实行选聘制单位的负责人，不参加选聘竞争或在竞争中落聘的，原职务自行消失，一般不得按原职级平行安置。

5 月 9 日　中国人民建设银行响水县支行经营承包正式签约，这是盐城市第一家实行两权分离的县级金融企业。

5 月 11 日　副省长凌启鸿率省计经委、农林厅、水利厅、水产局等部门负责人及工程技术人员在响水考察黄淮海开发项目。副市长徐其耀陪同。

5 月 17～20 日 响水县 50 个乡镇直单位公开招聘“当家人”,实行干部公开招聘制。

5 月 19 日 国家计委委托中国国际工程咨询公司副董事长、总经理石启荣,副总经理徐礼章会同有关部门考察通榆河工程响水段。副市长徐其耀陪同。

5 月 20 日 省长顾秀莲一行 5 人在市委书记金基鹏陪同下在响水视察县纺织厂、农机厂、服装厂、电容器厂、钩编厂、响水港区和响水镇自行车中轴厂,听取县委、县政府工作汇报和河海大学郑副教授关于灌河意向开发的专题汇报。考察期间,会见参加会议的乡镇党委书记、乡镇长,县部委办局负责人。

5 月 23 日 县委、县政府举行欢送省级机关在响水帮助工作干部座谈会。县委书记王清代表全县人民对省下派干部表示衷心的感谢,并请省下派干部回去后,继续关心和帮助响水经济建设。

△ 响水经济体制改革办公室改为响水县经济体制改革委员会。负责全县综合改革工作。

5 月 25 日 响水县人民政府外事办公室和响水县人民政府对外经济办公室成立。

5 月 26～29 日 省体改委副主任王庆汉在响水考察指导工作。

5 月 27 日 响水县三届人大常委会第 11 次会议召开。会议听取和审议县人民政府关于发展外向型经济情况和今后工作意见的汇报,讨论通过关于认真贯彻执行《土地管理法》的决议(草案)。

6 月 8 日 省军区副政委缪国亮在响水检查人武工作。

6 月 10 日 县长雷国安和苏州大学关于代培外经、外贸人才问题达成协议。

6 月 15～16 日 省经济研究中心副总干事蔡秋明一行 6 人在响水考察,对如何搞好对外开放和发展外向型经济提出建设性意见。

6 月 16 日 省财政厅厅长姜其温、盐城市副市长陈必亭在响水考察,并座谈财政体制改革等有关问题。

6 月 18 日 中共中央书记处书记芮杏文在响水参观灌河大桥,并和县四套班子负责人合影。省委办公厅主任梁保华随同。

6 月 20 日 县委发文,各乡镇、县各部委办局要认真组织学习和坚决贯彻执行中共中央《关于党和国家机关必须保持廉洁的通知》。

6 月 21 日 中共响水县委政策研究室成立。

6 月 24 日 海军福建基地副司令员高元法返乡探亲。县长雷国安、县委副书记朱红春陪同。

6 月 25 日 省委下派响水科技副县长张牧到职。

7 月 11 日 省委书记韩培信去徐州考察途经响水,听取县长雷国安关于响水县综合改革、灌河开发等方面情况汇报,并作重要指示。

7 月 22 日 县滩涂开发总公司 16 个流量的翻水站竣工,并验收合格。

8 月 9～12 日 响水县第四次党代表大会召开。292 名代表出席会议。王清作《进一步深化改革,进一步繁荣经济,为振兴响水而努力奋斗》工作报告。周月杰作纪委工作报告。大会选举产生县第四届委员会委员 25 名,候补委员 4 名,纪委委员 13 名;通过《中共响水县委关于加强自身建设的决定》。县委四届第一次全委会议选举王清、雷国安、陶培荣、朱洪春、杨钢、周月杰、于海波、曹士新、丁茂林为县委常委；王清为县委书记，雷国安、陶培荣、朱洪春为副书记。县纪委全委会选举周月杰为县纪委书记，皋学就、殷作崇为副书记。

9月31日 副省长张绪武一行在响水视察县纺织厂、酒精厂、陈港港区和沿海滩涂。县委书记王清、副书记陶培荣、副县长杨钢等陪同。

9月2日 中科院南京地理研究所副所长马毅杰一行6人在响水考察。

9月3日 盐城市15位赴泰国学习考察的市、县负责人在响水集中，从连云港乘飞机去北京。响水县副县长王万金参加考察。

9月16日 省政府对外开放小组副组长顾定祥等一行11人在响水考察陈港码头和小蟒牛地形。县长雷国安陪同。

9月21～22日 农业部南京农业机械化研究所总工程师顾乾安等一行5人在响水考察黄淮海开发工作。

9月23日 响水化工厂年产2500吨醋酸和2500吨乙酸乙醋工程初步设计审查会议召开。省化工厅、苏州溶剂厂、化工部化工矿山设计室、盐城市化工公司派员参加。

9月24日 响水县红十字会成立。唐凤英兼任会长。

9月28～29日 振兴盐城北京咨询委员会副主任徐平、秘书长耿飞、副秘书长于飞在响水视察县电容器厂、中轴厂、纺织厂、陈港码头和对虾场。

10月7日 县人大常委会第13次会议召开。县人大常委会主任、副主任和委员18人出席会议。县政府、县法院、县检察院和县部委办局负责人及部分省、市、县人大代表列席会议。会议听取和审议教育局局长韩昭云关于贯彻执行《义务教育法》情况汇报，财政局局长袁仲明关于1988年财政预算部分重要情况汇报，政府办公室主任龚亦群关于县三届人大三次会议代表建议、批评和意见办理情况汇报；通过《关于批准1988年财政预算部分变更的决定》和有关人事任免。

10月10日 县委、县政府作出关于党政机关和干部廉洁的规定：1. 严禁利用职权谋取私利。2. 严禁党政机关工作人员经商办企业。3. 严禁党政机关和工作人员用公款大吃大喝。4. 严禁党政机关工作人员用公款送礼和收受礼品。5. 党政机关不得巧立名目乱收费。6. 党政机关工作人员要杜绝用公款旅游。7. 加强机关车辆管理，严禁公车私用。8. 严格压缩社会集团购买力。

10月11日 根据中央、省、市有关文件精神，县整顿清理行政性公司领导小组成立。雷国安任组长。朱洪春、周月杰任副组长。

10月13日 南京大学教授、中国地理协会理事包浩生率生化系5位学者在响水考察论证黄淮海开发规划项目。

10月18日 国营灌河饭店股份制经营正式出台，这是响水县全民企业中第一家实行股份制企业。副县长周桂玉到会祝贺。

10月19日 县老龄委员会在东方剧场举行电影招待会，庆祝首届敬老日。县委副书记朱洪春要求全社会要敬老、爱老和养老。

10月20～23日 响水县第四次妇女代表大会召开，选举产生县第四届妇女联合委员会。

10月26日　省体改委副主任柏苏宁等21名省级机关干部组成扶贫工作组在响水县任职、帮扶工作一年。柏苏宁任响水县委副书记。

10月27日　省水规院沈院长一行11人在响水考察通榆河工程在响水的走向和响水船闸闸址。

10月31日　省政协主席钱仲韩一行4人在响水视察工作,市政协副主席彭淦泉陪同。

11月1日　响水商业大厦开张营业。

11月4日　省农林厅、农科院、南农大等单位12名专家组成的评审组,对响水县与苏农联合进行的"中低产田水稻高产节本配套栽培技术研究和推广成果"进行鉴定,一致认为,这一成果达到国内同类研究先进水平,在淮北地区以至黄淮海相似地区有重要推广价值。

△　中国人民银行响水县支行成立。

11月14日　响水县委四届二次全委(扩大)会议召开。县委委员、候补委员,乡镇党委书记、乡长,县部委办局负责人500多人出席会议。会议传达贯彻赵紫阳在中央全委会上讲话,韩培信在省委工作会议上讲话和市委书记金基鹏讲话精神。

11月24~26日　江苏农学院副院长龚荐率领苏农和农业部南京农机化研究所28名专家在响水考察规划黄淮海盐土改良开发项目。确定老舍乡旗杆村为万亩改良实验区。县长雷国安陪同。

12月8日　县三届人大常委会第14次会议召开。会议听取和审议有关部门关于响水县综合体制改革情况汇报,《水法》执行情况汇报及响水县志编写情况汇报;通过响水县人大常委会关于编修《响水县志》的决议等事项。

12月27日　县委、县政府批准县供销合作联社领导体制和机构改革的实施方案,撤销理监事会,建立社务管理委员会,实行主任负责制,转变党委职能,改革现有机构。

12月29日　免去雷国安中共响水县委副书记、县政府县长职务,调省农行工作。

△　县三届人大常委会第15次会议召开。会议根据《地方组织法》的规定和县委提名,陶培荣任县政府副县长、代理县长;根据代理县长陶培荣提名,吴学兵任县政府副县长。会议讨论其他任免事项。

1989 年

1 月 6 日 响水县广播电视管理站升格为响水县广播电视局。

1 月 13 日 撤销县滩涂开发总公司,建立县海珍品养殖总公司。

1 月 14 日 16 时,县城自动电话开通。

1 月 15～21 日 美籍华人、美国金华公司总裁姚大伟和县纺织厂关于棉纱、资金协作等签订协议。

1 月 18 日 县委、县政府授予邵佃林、孟祥生、吕文忠"1988 年农民企业家"称号;授予姚开标"1988 年出售公粮大王"称号;授予卓为标等 9 人"庭院经济标兵"称号。

1 月 19 日 老舍乡原乡长马某某在响水参加会议结束,雇三轮车回乡政府途中,和小尖村村民赵文友因他人车费发生争执,将赵置车后拖行 10 多华里,致赵腿部伤残。4 月 6 日,盐城市中级人民法院在响水召开公判大会,判处马某某无期徒刑,剥夺政治权利终生。

2 月 19～22 日 省委召开农村工作会议。响水县被省委、省政府授予"粮棉生产先进县"。

2 月 23 日 响水县张集乡程圩村党支部书记姚开标作为江苏省售粮大王代表,参加全国售粮表彰大会,被授予"全国售粮模范",受到国务院副总理田纪云接见。9 月 28 日,姚开标作为"全国劳动模范",在北京全国劳模大会上,受到江泽民、杨尚昆、邓小平等党和国家领导人接见。

3 月 10 日 响水县撤销县、乡盐场,成立响水县三圩盐场、头罾盐场。

3 月 27 日 代县长陶培荣等在北京举办振兴盐城北京咨询委员会响水联谊会。在京期间,拜访在响水工作过的张爱萍、周一萍、江一真、甘柏等老前辈。

4 月 3 日 国家农业部、水利部、财政部及省、市有关部门负责人一行 8 人,在响水考察黄淮海开发项目实施情况。

4 月 11～15 日 县三届人大四次会议补选陶培荣为县人民政府县长,李树春、刘建民为县人民政府副县长。

4 月 20 日 县委组织部制定全县组工干部考核办法(试行)。

4 月 26 日 县委办公室和县政府办公室转发中共中央办公厅、国务院办公厅《关于学习〈人民日报〉四月二十六日社论的通知》。通知要求,全县各级党委要组织广大党员、干部和群众认真学习社论精神,积极行动起来,同一切制造动乱、反对四项基本原则的言论和行动作坚决斗争,自觉维护安定团结、改革开放和"四化"建设大局。

4 月 29 日 国家、省有关部门领导和专家 40 多人在响水考察通榆河工程准备情况。

副市长徐其耀陪同。

5月3~7日 省工商银行国际营业部副总经理初苏华等在响水考察认证响水县第一个中外合资企业——响水古德针织有限公司,同意贷款46.7万美元。

5月17~19日 省农业区划办公室在响水召开豫皖苏鲁黄河故道综合开发研究会议。徐州、淮阴、盐城三市及所属16个市、县区划办负责人参加会议。与会人员参观运河乡伏兴村果树栽培现场。

5月23日 响水新汽车站主体竣工,举行竣工典礼。

6月1日 响水县老年大学开学,开设卫生保健和书画两个班。这是盐城市第一所县级老年大学。

6月12日 县委召开县级机关党员干部大会。县委书记王清在讲话中要求各单位迅速认真地组织好中央指示的传达和学习,统一广大干部、党员和群众的思想认识;充分发挥党组织的战斗堡垒作用和共产党员的先锋模范作用,组织和团结广大群众为平息动乱、稳定大局作出贡献;抓好廉政建设,肃贪倡廉,清除腐败,重振党和政府在人民心目中的威望;迅速采取有效措施,切实搞好社会治安;同心同德,齐心协力,搞好当前生产和供应工作;切实加强领导,积极做好工作,稳定社会局势。

6月12日 县委召开县级机关党员干部大会。县委书记王清到会讲话。

6月20~22日 响水县代表队在盐城市首届中小学排球比赛中获男女冠军。

6月29日 南河乡王集、河堆、合兴等10个村遭受15分钟的冰雹袭击;六套乡新条、湾港、引河3个村遭受龙卷风和冰雹袭击。

7月10日 省计经委、省电力局及有关部门负责人一行7人在响水县陈港镇小蟒牛村考察苏北核电站选址事宜。

7月13~15日 县委召开全县组织工作会议,传达学习中央领导在十三届四中全会上的讲话,中共中央〔1988〕13号文件和省、市委有关民主评议党员会议精神,总结交流民主评议党员试点情况,部署民评工作扩大试点和在面上推开的方法步骤。县委组织部部长曹士新、县委副书记杨钢、县委书记王清先后讲话。

7月20日 响水中学初三(4)班学生孙其在全国青少年"化学智力竞赛"中获一等奖。

8月14~15日 国家交通部水运规划设计院、省计经委、省交通厅及有关部门负责人一行8人在响水视察灌河口开发情况。市计经委主任沙国华陪同。

8月15日 副省长凌启鸿、省农林厅副厅长刘坚、省农机局副局长朱云等在响水考察老舍乡万亩盐碱土改良试验区。

8月16~18日 省政府在响水召开江苏省农业科技进步经验交流会。副省长凌启鸿、吴锡军到会讲话。县长陶培荣作《依靠科技优势,振兴响水农村经济》专题发言。省科委、教委、农林厅、民政厅等单位负责人及各市分管农业科技的副市长等180多人出席会议。

8月18日 县委宣传部摄制完成反映响水县历史、地理、资源、特产及工农业各条战线成就的电视片《江苏响水》。

8月23~24日 响水港千吨级码头工程顺利通过省、市、县联合验收。

8月27日 响水县撤销县信访办公室,成立响水县信访局。

8月30日 县委、县政府举行惩治腐败,推进廉政建设新闻发布会。新华日报社、省人民广播电台等新闻单位应邀参加会议。县委副书记、县长陶培荣在讲话中指出:这次大会是响水县贯彻党中央、国务院及省、市委关于惩治腐败,推进廉政建设重大决策而采取的重大步骤;是落实两院《通告》精神,激励政法干警,鼓舞群众斗志,把反腐败斗争引向深入的一次总动员,也是惩治顽抗者、挽救失足者、敦促一切违法犯罪人员弃暗投明、自首坦白的一次政策兑现会。会上,县纪委、检察院、法院公布一批经济案件。

9月4~5日 响水县轴承座厂生产的外球面轴承通过省级鉴定,投入批量生产。

9月19~20日 市委书记曹兴福在响水视察,并在县四套班子成员会上讲话。

9月21日 著名电影演员刘晓庆随天津广播艺术团在响水演出。

9月30日 县委、县政府举行文艺晚会,庆祝建国40周年,并在县城16个点燃放焰火,数万人观看。

10月1日 县委、县政府在县城主街道组织"民间舞蹈大会串"活动。

10月5~6日 以希尔为团长,伯格、瞿尔德、唐仁安为团员的世界银行视察团在响水视察利用世行贷款情况。

10月6日 响水县保险史上保额最大、保费最高的企业财产保险单在黄海农场签订。承保企业财产5500万元,收取保险费3.2万元。

10月12日 港南乡率先实施六年制义务教育。

10月17日 响水县档案局成立,与县档案馆(一套班子、两块牌子)合署办公,副科级建制。

10月18~20日 省综合体制改革试点县会议在响水召开。省体改委副主任钱伯华主持会议。县长陶培荣介绍响水县综合体改情况。苏州、无锡、南通等7市及常熟、海安、宝应等8县(市)的体改委主任参加会议。

10月23日 县委、县政府召开劳模报告会。全国劳模——响水县张集乡程圩村党支部书记姚开标,介绍全国劳模大会和参加国庆观礼时盛况,汇报江泽民、杨尚昆、邓小平等党和国家领导人接见全国劳模时的感受和体会。

10月24日 县委副书记李树春受县委、县政府委托,在北京国防科工委召开振兴盐城经济咨询委员会响水联谊会全体人员座谈会。江一真、周一萍、甘柏、耿飞、徐平等老前辈参加座谈会,为振兴响水经济出谋划策。

11月23日 国家专家考察组在响水论证评估通榆河工程,并查看运河套闸和灌河。

11月24日 县总工会、体委、棋协邀请省象棋队徐天红、黄微、言穆江、李国勋等大师在响水献艺。

12月5日 县委宣传部等6单位联合发出《关于在县直机关干部中开展"革命歌曲大家唱"活动的通知》。

12月16日 省人事局局长夏骥带领省人大代表一行10人在响水视察部分县属企业。

12月24日 黄圩乡纪圩村发生食物中毒事件,11人中毒,3人死亡。原因是一农户在家请客,食用被1605农药污染的蔬菜引起。

1990 年

1 月 16 日　省人大常委会主任韩培信等在响水视察。

1 月 19 日　国际红十字会委托中国红十字会,省、市红十字会通过南京军区购置 500 套部队更新棉衣,县红十字会募捐 2000 件寒衣,在张集乡程圩村召开“赠寒衣,送温暖”大会。省红十字会秘书长徐祥、市红十字会常务会长张行可、县委书记王清等到会为受灾户、贫困户发放寒衣。

△ 县委办公室、县政府办公室转发县委农工部《关于坚持“定项限额”控制农民负担的意见》。意见强调,响水县 1990 年农民负担“定项限额”必须坚持五项基本原则:1. “定项限额”预算必须提交乡镇人代会审定;2. 兼顾国家、集体、个人三者利益;3. 农民负担水平必须与当地生产力发展水平相适应,负担增长幅度必须与农民收入幅度相适应;4. 从实际出发,量力而行,量入而出,取之有度,用之得当;5. 多渠道多层次即三级统筹,三业分担和人、劳、田三结合,达到合理负担。

2 月 6 日　县委、县政府发出《关于坚决制止“吃喝风”抬头和蔓延的通知》,要求全县广大党员干部,特别是各级领导干部要认真执行党中央和国务院关于严禁公款宴请的规定,发扬艰苦奋斗的优良传统,带头执行廉政纪律,带头过紧日子,狠刹违反《规定》、公款宴请的不正之风。

2 月 10 日　响水县城乡居民储蓄余额达 10299 万元,首次突破亿元大关。

2 月 12 日　县委、县政府批转县委宣传部、县妇联、县司法局《关于在全县广泛开展创建评比“三户一村”活动的意见》。“三户一村”指“遵纪守法光荣户”“五好家庭”“双文明户”和“文明村”。

2 月 18 日　市委副书记黄淑萍带领市直有关部门负责人在响水县老舍乡走访慰问,捐赠市纪委等 8 个部门干部、职工捐献的 12000 件寒衣。

2 月 24 日　响水县被市委、市政府授予“1989 年度实施信访工作目标管理先进县”,六套乡被授予“1989 年度实施信访工作目标管理先进乡镇”。

△　县委宣传部发出《关于在全县范围内深入开展学习雷锋活动的通知》,要求进一步提高对学雷锋重大意义的认识;深刻领会雷锋精神实质,明确学雷锋主要内容;要抓好雷锋事迹和雷锋精神的舆论宣传工作;要有重点、分层次开展学雷锋活动;要加强领导,注重学雷锋活动的实效。

2 月 27 日 ~3 月 4 日　政协响水县四届一次会议召开。大会学习中共十三届五中全会和中央领导人讲话精神,听取并审议政协响水县三届常务委员会工作报告。全体委员列席县四届人大一次会议,听取并讨论县政府工作报告。大会选举张玉宽为县政协主席,周坤、邓汝霆、华传宝为县政协副主席。

2 月 28 日 ~3 月 4 日 县四届人大一次会议召开。会议选举杨钢为县四届人大常务委员会主任,彭廷佑、戴昉、武鸿一、徐宝顶为县四届人大常务委员会副主任;陶培荣为县人民政府县长,李树春、周桂玉、吴晓、吴学兵、刘建民、周福迪为县人民政府副县长;岳效飞为县人民法院院长;赵梅昌为县人民检察院检察长。

3 月 1 日 市纪委、妇联、计经委、体改委、多管局、计生委、物价局、中行、卫生局、劳动局等单位 30 多名干部在响水挂钩乡镇帮助工作。

3 月 6 日 响水港 3000 吨级码头二期工程举行开工典礼。

3 月 8 日 县委办公室机要室升格为副科级建制。

3 月 12 日 响水县第一张义务兵养老保险和义务兵父母人身平安保险合同在县人武部签订。全县 1990 年应征的现役军人办理养老金和人身平安保险。

3 月 17 日 根据《中共中央关于加强党同人民群众联系的决定》《关于组织党政机关干部下基层的通知》精神,县委召开全县党政机关干部下基层动员大会。县委书记王清到会讲话,要求机关全体党政干部积极响应党中央的号召,继承和发扬中国共产党密切联系群众的优良传统和作风,走出高楼深院,到基层去,到工厂去,到农村去,到街道去,到困难的地区去。会议部署响水县党政机关干部下基层任务。

3 月 18 日 原籍响水县的前中顾委委员、中央政法委员会副书记陈伟达在杭州病逝,享年 74 岁。4 月 7 日,县政协主席张玉宽、县委办副主任韩凤来在北京参加陈伟达的骨灰安放仪式。

3 月 22 日 县四届人大常务委员会第一次会议讨论通过,任命张牧为县人民政府副县长;通过《关于开展依法治县的决议》。

3 月 27 日 县委、县政府召开全县科技工作会议。会议传达学习江泽民在国家科技奖励大会上的讲话和省、市、县有关文件精神,贯彻落实“科技兴县”的战略决策;总结表彰 1989 年科技工作先进集体和先进个人;全面部署 1990 年科技工作任务。

3 月 29 日 为缅怀革命先烈的丰功伟绩,继承和发扬响水老区的光荣革命传统,促进全县两个文明建设,县委、县政府要求各部门、单位在清明节期间开展纪念活动。1. 对广大群众,特别是青少年进行革命传统教育;2. 积极开展各种悼念活动;3. 认真做好抚恤优待工作;4. 加强领导,把革命传统教育摆上重要议事日程,制定可行计划,精心组织实施。

3 月 30 日 县政府办、工商局、消费者协会、计量局联合举办查处假冒伪劣商品展览,展品 80 多种。

是月 县委举办三期乡科级领导干部学习中共十三届六中全会文件学习班。450 多人参训,参训率达 95%。

4 月 4 日 响水县成立响水中学搬迁领导小组。县委书记王清任组长,常务副县长李树春任副组长。领导小组下设办公室,副县长刘建民任办公室主任。

4 月 14 日 县政府接受台胞刘九功捐赠的 1 万元人民币,用于其家乡康庄新荡村接通照明电。

4 月 24 日 县委决定:在全县职工中开展学先进、赶先进、争做先进活动。决定号召各单位、各部门把学习铁人(王进喜)、学习雷锋与学习本县、本系统、本单位的先进人物结合起来,在全县范围树立学习先进、尊重先进、争当先进的良好社会风气。同时,在全县职工中广泛开展"一帮一""一对红"活动,增强主人翁意识,争当合格主人。

4 月 28 日 响水县党建工作制度正式出台实施,标志着县委把党建工作列入重要议事日程。

4 月 29 日 中共响水县纪律检查委员会举行挂牌仪式。

5 月 4 ~ 6 日 共青团响水县第五次代表大会在响水召开,247 名代表出席会议。大会贯彻落实《中共中央关于加强和改善党对工会、共青团、妇联工作的领导》的通知精神,总结四届团县委工作,确定今后三年团县委工作任务,进一步动员和带领全县团员青年振奋精神,艰苦奋斗,在治理整顿、深化改革中建功立业,充分发挥党的助手和后备军作用。大会听取吴仕伦作《坚定政治方向,坚持艰苦奋斗,在治理整顿、深化改革中建功立业》工作报告;选举产生共青团响水县第五届委员会委员 27 名,候补委员 4 名,常委 7 名。

5 月 10 日 市委、市政府授予响水县"科技兴市工作先进单位"称号。

5 月 12 ~ 13 日 省委农工部、省农林厅、财政厅、江苏农学院等单位在响水检查科技扶贫工作,并参观科技兴农现场。

5 月 15 ~ 16 日 县长陶培荣、副县长周福迪参加盐城市委、市政府在深圳召开的"三胞联谊会",落实外贸产品意向销售。

5 月 18 日 县委、县政府印发《关于开展创建文明城镇活动的通知》。活动以做文明市民、创文明单位、建文明城镇为主题,着眼于提高干部、职工和群众的思想业务素质,扎扎实实地抓好职业道德和社会公德建设,弘扬奉献精神和文明新风,努力创造优良服务、优良秩序和优美环境,使城镇精神文明建设上新台阶。

5 月 20 ~ 23 日 中央新闻记录片电影制片厂摄制组在响水拍摄"粮王"姚开标、灌河风光、老舍万亩实验区、小尖粮管所养猪场、县纺织厂等镜头。

5 月 23 日 县四届人大常委会第二次会议通过《关于响水县实施九年制义务教育规划的决议》。

6 月 12 日 县委、县政府召开严厉打击各种刑事犯罪分子动员大会。

6 月 15 日 副县长吴晓在苏联莫斯科参加中国在苏联举办的经济贸易展览会。展览会 6 月 22 日开幕,7 月 1 日结束。

6 月 21 日 电视剧《盐场风云》在老舍乡开拍。该片由辽宁电影制片厂和江苏省盐业公司联合拍摄。

6 月 22 日 县委、县政府作出《在全县开展向姚开标同志学习的决定》。姚开标是张集乡程圩村党支部书记,自 1982 年主持村党支部工作以来,团结带领党支部"一班人"和广大党员、群众认真贯彻党的路线、方针、政策,积极推进农村改革,使全村粮食产量由 1982 年的 29.3 万公斤增至 1989 年的 64.6 万公斤,农民人均收入由 1982 年的 61 元增至 1989 年的 628 元,从而结束程圩村长期以来"用钱靠救济、吃粮靠返销"的历史,并逐步走向富裕。姚开标身体力行,率先垂范,主动承包开垦全村最差的 125 亩盐碱荒地,自筹资金,依靠科技,艰苦创业,把一片昔日"晴天白茫茫,雨天水汪汪"的荒碱地改造成稳产高产粮田,发挥一个共产党员在发展农村商品经济中的先锋模范作用。1982 ~ 1989 年累计向国家交售粮食39万公斤,无偿捐资和垫资7000多元兴办集体事业,经常帮助贫困户排忧解难等。决定强调,姚开标是农村先进生产力的代表,是农村两个文明建设的模范,是带领群众发展经济、治穷致富的带头人。在全县开展向姚开标学习活动,加快响水县两个文明建设进程。

7月1~7日　香港新达企业主巫新元和县轴承座厂达成投资78万港币协议,兴办响水县第二个合资企业。

7月2日　响水县医院血库落成。血库设备居盐城市一流水平。

7月13日　县委、县政府表彰1989年度岗位责任制先进集体72个、先进个人614名、文明单位159个和文明村24个。

7月22日　陶培荣任中共响水县委书记。

7月25日　陈家港110千伏输变电工程一次启动成功。

7月26日　县四届人大三次会议决定,李树春任县政府代县长。

7月27日　县委常委召开民主生活会。主要议题是:如何围绕经济建设这个中心,强化领导,进一步加强廉政建设,以促进全县经济再上新台阶。

7月31日　响水县中学初三学生王东锴、吴开涛、徐海洋被中国科技大学少年班录取。

8月1日　县委、县政府印发《关于推行"两田制"完善土地承包经营制度的意见》。意见指出:推行"两田制"必须坚持以家庭承包经营为基础,因地制宜,分类指导,相信和依靠群众,促进农村生产力发展的原则;凡未推行"两田制"的地方,除人均占有耕地很少的村组外,其他村组1990年都要推行"两田制"。

8月10日　县委召开四届六次全委(扩大)会议。县委书记陶培荣作《唤起民众五十万,奋战"八五"闹翻番》报告。明确响水县"八五"期间经济发展的战略方针:坚持改革开放,搞好治理整顿,依靠科技进步,加强外引内联,巩固提高农业,加快港口开发,促进商品流通,挖掘资源潜力,振兴响水经济。到"八五"期末,实现工农业总产值达9.6亿元,力争闯过10亿元大关;财政收入达5000万元;农村人均收入达1000元;外贸收购额达8000万元,实现五年翻两番。

8月20日　县委、县政府批转县委宣传部《关于在全县广泛开展"奋战'八五'闹翻番大讨论"的意见》。意见要求全县各级党组织,要围绕四个专题组织学习讨论:1. 响水"八五"要不要、能不能、敢不敢、怎样闹翻番;2. 结合本地部门实际,认真制定"八五"翻番规划;3. 响水"八五"要翻番,各级领导、机关各部门怎么办;4. 如何充分调动广大群众大干社会主义的积极性,推动响水经济的全面发展。通过讨论,进一步引导全县人民认清形势,解放思想,更新观念,明确目标,增强奋战"八五",确保翻番信心,切实担负起实现"八五"翻番的历史重任。

8月21~22日　省交通厅厅长丁子纲在响水视察疏港公路兴建、308公路改建情况。

8月31日~9月2日　响水县遭受15号强台风和大雨袭击。全县60万亩农作物受灾,倒塌房屋1046户、2386间,砸死1人、伤4人,直接经济损失4303.2万元。

9月6日　响水县水利建设总指挥部成立。陶培荣任政委,李树春任总指挥,曹士新任副政委,王万金、吴学兵任副总指挥。指挥部下设农田水利、滩涂开发、公路交通三个分指挥部。

9 月 10～11 日 县委召开三级干部大会，贯彻落实省、市委关于加强计划生育工作的决定。

9 月 17 日 响水县成立海外侨胞、港澳同胞、台湾同胞暨友好人士联谊会组织委员会。

9 月 17 日～10 月 8 日 县人大常委会副主任戴昉、副县长刘建民、政协副主席周坤及县体委主任江启顺在北京观摩亚运会。

9 月 24 日 响水县残疾人联合会第一次代表大会召开。省民政厅副厅长陈尚明、市民政局局长李兴功出席大会。

9 月 26 日 县纪委发出《关于组织党员干部认真学习中纪委八项规定的意见的通知》。通知要求各级党组织和每个共产党员都要以严肃认真的态度，原原本本地学习《规定》。通过学习讨论，明确党纪要求，自觉以党的纪律约束规范自己的行为。

9 月 29 日～10 月 2 日 日本名古屋市 IBD 株式会社社长、国际美术馆馆长、日中友好协会会员山本荣次，应响水县政府的邀请、日本国滋贺县宁山市委托在响水观光考察，草签宁山市同响水县结成友好县市意向书。

10 月 17～20 日 荷兰水利专家科隆在响水考察暗水排灌工程。响水县列入省政府暗水排灌试点县。

10 月 22 日 港商杨胜在响水洽谈成立饲养日本草虾合资企业，并签订意向书。

10 月 31 日 县统计局公布第四次全国人口普查结果：至 7 月 1 日零时，全县总人口 530423 人，其中男性 270651 人、女性 259772 人，与 1982 年相比增加人口 81647 人，增长率 18.9‰。人口密度为每平方公里 389 人，全县总户数 135010 户。

11 月 5 日 县委、县政府印发《关于在全县开展社会主义教育的意见》。意见指出：开展社会主义教育活动，要以马克思主义的立场、观点、方法，引导广大干部正确观察、分析国际、国内形势，正确理解和认识社会主义的若干基本问题，统一思想、提高觉悟，进一步坚定社会主义和共产主义信念，坚持社会主义方向，调动社会主义积极性，为建设有中国特色的社会主义，促进响水县经济工作全面登上新台阶而努力奋斗。意见强调：有目的、有组织、有针对性地开展这一活动，把深入开展社会主义教育当作当前思想政治工作和精神文明建设的一项重要任务来抓，各级党委必须切实加强领导，及时表彰先进、督促后进，不断把社会主义教育引向深入。

△ 响水县地方产品在县工人文化宫展出。全县 13 个乡镇近 200 种产品参展。

11 月 8～10 日 县政府举办首届“三胞”暨友好人士联谊会。90 位嘉宾出席联谊会，签订意向投资项目 8 个，外贸出口计划 3000 多万元。

11 月 12 日 小尖镇营业所张某某，南河乡营业所周某某携 6.5 万元公款外逃。

11 月 22 日 中顾委委员项南在响水视察县纺织厂、响水港码头和灌河大桥。原副省长陈克天等陪同。

11 月 24～27 日 县委书记陶培荣、代县长李树春在上海召开盐城咨询委员会响水组恳谈会，与上海县、上海市静安区建立长期经济技术协作关系。

12 月 19 日 代县长李树春和常熟市委副书记金元康在响水签订第二个五年经济技

术协作协议书。

12 月 24 日　响南乡党委书记陈庆家被市委授予“优秀乡镇党委书记”称号，姚开标、程文富、高玉婵、李福堂、王超、谢以杰等 7 人被表彰为“优秀村党支部书记”，63 人被授予“优秀共产党员”称号。

△　县委、县政府印发《关于今年农村党员冬训工作意见》。意见要求着重抓好“四个专题”教育：1. 深入进行社会主义教育；2. 深化农村改革和经济工作上台阶教育；3. 加强农村基层党组织建设和密切党群关系教育；4. 加强农村社会主义精神文明建设和思想政治工作教育。重点抓好四个环节，领导带头宣讲，宣传先进典型，多种形式配合，制定奋斗目标。

12 月 27 日　响水县成立农村改革领导小组。县委副书记王万金任组长。

12 月 29 日　县委、县政府举行响水中学搬迁第一期工程奠基仪式。省教委和市教育局负责人应邀参加。黄海农场赞助 5 万元。

12 月 30 日　县政府代县长李树春、县政协副主席王玉英、县政府办主任龚亦群、县统计局副局长吴再中等 7 人被国务院第四次全国人口普查领导小组授予“先进个人”称号。

1991年

1月10日 于海波任中共响水县委副书记。张正华任中共响水县委常委、宣传部部长。

1月21日 县政府在南京召开响水县经济和社会发展情况汇报会。省人大常委会副主任、原副省长李执中,原副省长汪冰石、陈克天,响水籍老干部及部分在响水工作过的省下派干部,省有关厅局的领导,驻宁新闻单位330多人出席。

1月24日 响水县通榆河工程处和响水县滩涂开发管理局成立。

1月26日 县委、县政府印发《关于1991年农村工作若干问题的意见》。意见指出:农业是国民经济的基础,农业和农村经济在响水县尤为重要,各级党委和政府必须树立强烈的责任感和紧迫感,通过扎实工作,确保1991年农业和农村经济稳定增长。为完成年度目标,必须从四个方面着手:正确分析农村形势;明确1991年农村经济发展思路;努力提高农业综合发展势头,进一步深化农村改革;稳定和完善农村政策。

1月28日 县委、县政府召开表彰大会,表彰奖励1990年度各项工作作出贡献的先进集体和个人。其中获综合奖1个乡,获单项奖7个乡,获实物总量第一9个村,为农服务先进单位16个,优秀村党支部书记14名,优秀共产党员180名,先进纪检组织2个,优秀纪检干部8名,"双增双节"竞赛先进单位11个,为民办实事先进单位10个,先进个人32名,创建文明城镇"十佳"单位和"十佳"个人,岗位责任制考核先进单位24个,记大功3人、记功47人,先进工作者252名。

2月9日 县委召开四届七次全体会议。县委委员18名,候补委员2名出席会议。县纪委委员、各乡镇党委书记列席会议。会议认真学习中共中央十三届七中全会和省委八届三次全委(扩大)会议精神;听取李树春代表县委、县政府对"八五"计划的说明,审议并通过《响水县经济和社会发展第八个五年计划》。全会认为,今后五年是响水县由温饱向小康迈进的关键性时期。全会强调,实现"八五"计划,事关重大,各级党组织要大力加强自身建设,维护党的团结,特别是领导班子的团结,充分发挥党的领导核心作用和广大党员的先锋模范作用。要坚持两个文明一起抓,积极推进社会主义民主与法制建设,切实加强思想政治工作。要搞好党风廉政建设,发扬艰苦奋斗、勤俭建国的优良传统,改进作风,狠抓落实,进一步密切党与人民群众的联系,充分调动人民群众的积极性和创造性,保证"八五"计划顺利实施。

2月22日 合资企业常响针织有限公司举行投产开业典礼。香港常志投资有限公司总经理高耀天,江苏省工商银行国际业务部总经理初苏华,副市长冯永荣,县委书记陶培荣,代县长李树春出席典礼。

3 月 8 日　县委、县政府决定从 1991 年起，在全县开展夺杯竞赛活动。设 8 个单项杯和 1 个综合杯，即以粮棉油生产为内容的“丰收杯”，以多种经营生产为内容的“致富杯”，以农田水利建设为内容的“大禹杯”，以工业生产为内容的“振兴杯”，以精神文明建设为内容的“新风杯”，以财政收入为内容的“聚财杯”，以向国家提供粮、棉、油、茧为内容的“贡献杯”，以集体积累为内容的“积累杯”和综合竞赛“优胜杯”。

3 月 9 日　县委、县政府召开欢送党政机关干部下基层会议。80 位党政机关干部在 40 个贫困村、10 个样板村和 20 个工厂、企业挂职蹲点。

△　县四届人大常委会第八次会议任命李福祺为县人民政府副县长。

3 月 12 日　县委制定党风廉政建设工作责任制，年内主要抓好五件实事：1. 善始善终抓好清理干部违法违纪建私房，纠正分房、装修房等方面的不正之风；2. 坚决纠正行业不正之风，治理“三乱”，重点纠正经济管理部门、监督执法部门、公用事业单位中的不正之风；3. “外治蝗虫、内挖蛀虫”，认真解剖亏损企业，挖出严重亏损企业中的蛀虫；4. 抓好清理收回宕欠公款工作；5. 坚决刹住用公款大吃大喝、请客送礼、铺张浪费的不正之风。为实现上述目标，责任层层分解，落实到级，并制定六条措施。

3 月 24 ~ 27 日　县政协四届二次会议召开。135 名委员参加会议。各位委员围绕县“八五”计划的实施和 1991 年经济、社会发展的各项任务，积极进言献策。会议收到委员提案 76 件；增选张长海为县政协副主席；补选潘学荣、陈如柏为县政协第四届委员会常委。县委书记陶培荣强调：1. 继续坚持和完善共产党领导的政治协商、民主监督制度；2. 努力加强人民政协的自身建设；3. 切实加强和改善党对政协工作的领导。

3 月 25 ~ 27 日　县四届人大二次会议召开。会议选举李树春为县人民政府县长。

4 月 5 日　响水县首届风筝节在黄圩乡举行。县四套班子负责人出席开幕式。

4 月 25 ~ 27 日　中共响水县委四届五次代表大会召开。291 名代表出席大会。县委书记陶培荣作《全党动员，万众一心，为振响富民而奋斗》工作报告，总结县委第四届委员会三年来工作取得的成绩和经验，立足县情，确定今后三年经济建设的发展目标和措施，努力建设一个经济结构合理、基础设施配套、科教发展迅速、生活脱贫致富、环境优美的社会主义新响水。会议选举产生中共响水县第五届委员会和中共响水县纪律检查委员会；选举陶培荣为县委书记，李树春、王万金、于海波为县委副书记，周月杰为县纪委书记；县五届委员会委员 29 名（候补委员 4 名），县纪委委员 13 名。

4 月 27 日　县委五届一次全委会讨论通过《中共响水县第五届委员会关于加强自身革命化建设》的决定。主要内容：加强政治学习，不断提高马列主义水平；坚持民主集中制，努力形成整体优势；健全党内民主生活制度，增强县委“一班人”的团结；切实转变作风，改进工作方法；保持清正廉洁，树好党的形象。全会通过《中共响水县委 1991 ~ 1993 年党建工作规划》，并印发全县。

5 月 6 日　国家计委、交通部等单位组织 24 名水利专家和以澳大利亚约翰逊为代表的 7 名外国水利专家在响水考察灌河，制定长江三角洲水陆空运输网开发规划。

5 月 7 日　县委、县政府发出通知，要求各级党委、政府在“七一”前后，开展“忆党史、讲传统、学先进、争贡献，加快建设富庶文明的社会主义新响水”为主题的系列活动，纪念中国共产党建党 70 周年。

5 月 12 日 县委书记陶培荣、县长李树春率部分乡镇企业负责人和县直有关单位负责人在北京举办响水经济和社会事业发展情况汇报会。国家有关部门负责人和驻京新闻单位记者 132 人出席。

5 月 20 日 合资企业响水龙达轴承座有限公司举行开业典礼。该公司由香港新达企业集团和响水县轴承座厂合资兴办。市委副书记黄淑萍到会祝贺。

5 月 23 日 经省、市政府批准,撤销康庄乡,成立大有镇。

5 月 24 日 响水县人口普查工作获江苏省第四次人口普查"金杯奖"。

6 月 3 日 应县委、县政府邀请,上海《文汇报》《解放日报》记者一行 11 人在响水参观灌河、陈港镇、开山岛。

6 月 6 日 陈港镇沿海发现 4 只国家二级保护动物斑猫。

6 月 8~9 日 日本专家岩井孝道和木内英一行在响水考察通榆河开发相关情况。省重点工程指挥部负责人戴澄东陪同。

6 月 13 日 以林业部工程师印水为首的国家、省、市检查组在响水检查 1990 年度绿化工作。

6 月 28 日 县委召开建党 70 周年纪念大会,表彰一批在改革开放和发展经济中经受考验、建功立业的优秀共产党员。

6 月 28~29 日 市政府在响水召开第二次政府法制工作会议。

7 月 1 日 县委组织部印制《党员手册》,党员人手一册。

7 月 3 日 县老年大学举行首届毕业生结业典礼,为 85 名离退休老干部颁发结业证书。

7 月 4 日 陈港镇四匡村发现台湾当局散发的空飘传单。

7 月 6 日 南京特级教师斯霞应邀在响水县实验小学讲课。

7 月 9 日 响水县人民银行综合营业楼落成,举行开业典礼。盐城市人民银行副行长颜法明,县四套班子负责人出席开业典礼。

7 月 14 日 加拿大 REALTIES 国际有限公司、加拿大高科技工业公司总裁蔡大伟在响水考察陈家港、小蟒牛滩涂。

△ 县广播电台遭受雷击,卫星地面站高频头被击坏,微波收发信机功率放大器模块被烧掉 5 块,损失 200 多万元。

7 月 15 日 县委、县政府组织数十吨副食品和蔬菜,运往遭受特大洪涝灾害的常熟、东台、大丰三市。

7 月 17 日 副省长季允石在响水视察中山河沿线和头罾闸水情。市长徐其耀陪同。

是月 发动全体党员缴纳特别党费 26500 多元;组织干部职工和全县共产党员向为抗洪救灾光荣献身的李德宏学习活动;县委组织部、宣传部等有关单位举办纪念建党 70 周年活动,以"忆传统,作贡献,做新时期合格共产党员"为主题,开展为党员佩戴党徽,党建成果汇展(制版面 59 块,参观 8000 多人次),组织机关干部进行"革命歌曲"歌咏比赛,坚持党员先锋铭等,激发党员干部的光荣感、使命感和责任感。

8 月 1 日 响水县砖瓦厂工人孙静获司法部"全国人民调解知识有奖竞赛"一等奖。

8 月 5 日 市政府在响水召开黄淮农业综合开发验收现场会议。

8月16日 县委召开全县组织工作会议,传达、贯彻全市县(市、区)委组织部部长会议精神,总结回顾上半年工作,研究落实下半年组工任务。县委常委、组织部部长朱定华对下半年工作提出四条意见:要把党的建设作为最根本的建设来抓;进一步抓好思想作风建设为重点的各级领导班子建设;要切实抓好以企业党组织建设为重点的基层党组织建设;要加强组织部门自身建设。县委副书记于海波到会讲话。

8月31日 县委、县政府召开计划生育誓师大会,各乡镇、村设分会场。全县约10万人收听广播。

是月 响水县农田遭受鼠害,27万亩旱田秋熟农作物受到不同程度的损失。

9月1日 响水县农业区划办公室,被全国农业区划委员会和国家农业部表彰为"全国农业区划工作先进单位"。

9月2日 响水县七套乡、大有镇和县供销合作总社被盐城市政府授予"抗洪救灾先进集体"。

9月11~14日 省农村能源办公室副主任王崇圣等14人在响水验收全国节柴改灶试点县工作。验收组认为,响水县节柴改灶工作符合国家标准。

9月12日 县委书记陶培荣、中轴厂厂长孙同华在美国考察。

9月15日 由省监察厅副厅长陈章浩、省纺工厅副厅长于骏文、省棉麻公司副经理庄文彪等组成的省棉花工作组在响水检查棉花收购工作。16日,检查组在响水召开三市、五县棉花管理协调会。连云港、淮阴、盐城市政府秘书长,灌云、沭阳、灌南、滨海、响水县政府分管棉花收购的副县长出席。

9月25~26日 盐城市港口分析会在响水召开。

9月27日 响水县中学新校园落成、"308"公路一期工程竣工,分别举行典礼。国家、省、市教育、交通部门负责人参加。

10月7日 县委、县政府召开抗洪救灾表彰大会。对6月份以来,在抗洪救灾中坚决执行上级指示,具有高度的党性原则和组织纪律性;从本地灾情出发,实施正确的决策和指挥,带领广大干群积极有效地进行抗洪救灾斗争;识大体、顾大局、无私奉献、勇于牺牲、团结抗灾,发扬集体主义和共产主义风尚;身先士卒,不畏艰险、冲锋在前,表现出压倒一切,一往无前的英雄气概;立足本职,克服困难,勇挑重担,积极生产自救,展现新时代主人翁精神的21个先进集体和85名先进个人予以表彰。

10月11日 县委、县政府印发《中共响水县委关于在全县农村开展社会主义思想教育的意见》。意见明确这次社教的基本任务是:用社会主义思想占领农村阵地;全面正确贯彻落实党在农村的各项方针政策;加强以村党支部为核心的农村基层组织配套建设,提高党员素质,充分发挥党支部的领导核心作用和共产党员的先锋模范作用,增强党的战斗力、凝聚力和号召力。全县抽调县乡机关1300名干部组成社教工作队。11月27~28日,县委举办农村社教工作培训班。29日,社教工作队在全县16个乡镇,深入村组开展社教工作,掀起响水县社会主义思想教育热潮。社教中发展团员2800多人,推荐党的发展对象475名。

10月25日 响水县首届赛羊会在南河乡举行。全县500多只山羊入选比赛。

10月28日 最高检察院处长闵敏琴等在响水调查指导响水县检察院控申检察

工作。

11 月 5 日　以希尔为首的世界银行视察团在响水视察利用世行贷款开发滩涂项目、兔、羊项目的执行情况。

11 月 16 日　公安部授予解放战争时期参加革命工作的响水县公安局离休干部周芒、龚文治、周士峰、李阳光、郑长友、张铭二级金盾荣誉证章和证书。

11 月 27 日　县四届人大常委会第 13 次会议任命张洪程为县人民政府副县长，免去张牧县人民政府科技副县长职务。同日，通过县人民代表大会对行政、审判、检察机关实施监督的暂行办法，共 6 章 26 条。

11 月 29 日 ~ 12 月 1 日　省农业资源开发局局长王清为组长的黄淮海开发验收组在响水验收黄淮海一期工程开发项目。

12 月 5 日　市委书记徐国建，市长徐其耀，市委副书记黄淑萍、徐汉炎等在响水检查工作，对农村社教工作作出指示。

12 月 9 日　响水县农行召开储蓄超亿元庆祝大会。县长李树春到会祝贺。

12 月 9 ~ 11 日　省政协委员、省农工民主党副主任委员、省人民医院眼科副主任医师卞春率省医疗卫生单位专家在响水进行医疗咨询服务，受到响水干群欢迎。

12 月 31 日　县委办公室和县政府办公室印发《关于学习何春明同志在响水县处级党员领导干部党建工作研讨会上的讲话的通知》。通知指出：何春明的讲话从理论和实践结合的高度，阐述党建研究的重要意义，对于我们强化管党意识，明确党建思路，提高管党层次具有一定的指导作用。通知要求各单位结合党建工作的实际，认真组织学习，努力把响水县党建工作提高到一个新水平。

△　响水县小尖镇 500 门纵横制自动电话交换机顺利割接开通，标志着全县乡镇电话自动交换开始。

1992 年

1 月 10 日 常熟市委书记周德欣、市长江浩一行 13 人在响水洽谈常响横向联合第二阶段合作、互派干部等事宜,并参观县服装厂、农机厂、纺织厂、三圩盐场等企业。

1 月 13 日 副县长刘建民代表县政府与扬州化工中专学校签订协议:1992 年该校定向在响水化工企事业单位招收 30 名学员,学制四年,学生与统配生享受同等待遇。

△ 全县农村社教知识竞赛活动在县工人文化宫举行,响水镇代表队获一等奖;海安集乡和周集乡代表队获二等奖;张集乡代表队获三等奖。

1 月 14 日 县委组织部召开大会,向全县所有在抗日战争时期入党和参加革命工作的健在的农村老党员颁发《荣誉证书》。

1 月 18 ~23 日 县委、县政府召开全县三级干部大会,县委书记陶培荣作《解放思想,务实求真,为实现温饱向小康的历史性跨越而奋斗》工作报告。会议举行 1991 年度岗位责任制考核兑现发奖仪式。

1 月 22 日 县政府与江苏农学院第二期科教联合体签字仪式在南京举行。县政府和江苏农学院主要负责人出席会议。省有关部门负责人及驻宁新闻记者应邀出席。8 月 8 ~9 日,县政府和苏农生产、开发、教学、科研联合体共同承担的"沿海盐碱土改良综合试验示范基地建设项目"第一阶段试验示范工作,通过省验收组验收。

1 月 26 日 副县长周福迪受县委、县政府委托,在海军上海基地招待所召开上海振兴盐城咨询委员会响水分会恳谈会。苏宁、杨巨林、高百川、武力章等 10 多名老干部出席。

1 月 28 日 县政协、县委统战部召开迎春茶话会。县政协主席张玉宽、县委副书记于海波到会讲话。

1 月 29 日 县委书记陶培荣、副书记于海波、常务副县长周桂玉,县委组织部、县老干局负责人慰问在响水的离退休老干部。

△ 市监察局局长李良、市人事局副局长沈佩成一行 3 人,受市长徐其耀委托,专程在响水看望生病住院的县监察局局长王益民。县委、县人大、县政府、县政协负责人陪同。

1 月 31 日 副县长刘建民主持召开响水籍在校回乡过春节的大学生迎春座谈会。县长李树春介绍响水经济和社会发展情况。县委副书记于海波,县委常委、宣传部部长张正华到会讲话。

是月 响水县获江苏省 1991 年度"大禹杯"水利建设先进县称号。

2 月 13 日 县四套班子负责人及县直机关干部 2000 多人在通榆路响南段植树 16000 多棵。

△ 市委、市政府作出《关于授予王益民同志“模范党员干部”称号的决定》。王益民，中共响水县纪委副书记、响水县监察局局长，几十年如一日，忘我工作，无私奉献，秉公执法，廉洁自律，连续 20 多次受到县级以上党政组织表彰奖励。1991 年 1 月，被确诊为肺癌后，仍不忘党的事业和人民的利益，为党风和廉政建设呕心沥血，恪尽职守，赢得组织信任和人民爱戴，他是盐城市党员干部的杰出代表。他的先进事迹，是对广大党员干部进行爱国主义、社会主义、集体主义思想教育和党性教育的生动教材。市委、市政府号召全市共产党、各级干部向王益民学习，以他为榜样，振奋精神，团结拼搏，艰苦奋斗，廉洁勤政，为全市两个文明建设作出新的贡献。

2 月 20～29 日 全县各乡镇先后召开人民代表大会，这是全国地方各级人大换届前的一次会议。

2 月 25 日 响水县召开计划生育工作广播大会。县委副书记、县长李树春作《三步并着两步走，再拼一年登台阶》广播讲话，号召全县干群为一年脱掉计划生育“后进县”帽子而奋斗。

3 月 8 日 响水县被省水利厅确定为水资源开发利用现状分析试点县。省水利厅水政水资源处处长朱永冒在响水召开试点工作座谈会。

3 月 13 日 县委、县政府印发《关于认真传达邓小平同志重要谈话的通知》。通知指出，认真传达学习邓小平重要谈话，对全面贯彻执行党的基本路线，抓住当前有利时机，加快改革开放步伐，推动响水县经济和社会发展，具有重要的指导作用。通知要求：1. 要认真组织好文件的学习；2. 要全面准确地领会谈话的精神实质；3. 各级领导干部要积极带头学习贯彻邓小平谈话精神；4. 要用邓小平重要谈话精神指导和推动响水县当前工作。

3 月 15 日 响水县代表队分别获盐城市第三届农民运动会篮球男子第三名，乒乓球男子团体第三名，自行车载重男子团体第二名，自行车女子载重团体第二名，田径团体总分第五名，橡棋团体第三名。

3 月 17 日 县政府召开粮食价格调整会议。县委常委、常务副县长周桂玉传达国务院、省、市政府粮食价格改革会议精神。

3 月 19 日 副县长周福迪与客商会谈县冷冻厂和荷兰王国骏修文仪器公司合作经营问题，签订为期 15 年的响水骏文仪器有限公司协议书。

3 月 21 日 由国家农业资源开发办公室、财政部、水利部、农业部、林业部等部门专家组成的国家黄淮海开发验收组 10 人在响水检查黄淮海一期工程开发情况。市长徐其耀、副市长周佩陪同。县委书记陶培荣汇报响水县黄淮海开发工程情况。

3 月 24～27 日 县政协四届三次会议召开。县委书记陶培荣在讲话中肯定县政协在实施“八五”计划的第一年取得的成绩，特别是能注意发挥自身优势，积极开展海外联谊活动，在提高信息、引进资金、洽谈贸易、兴办合资企业等方面做好牵线搭桥工作，促进响水县对外开放和横向联系。并就 1992 年工作提要求。

3 月 28 日 省建委、水产局、滩涂局、项目办及盐城市有关部门组成对虾项目验收组在响水验收利用世界银行贷款发展对虾养殖项目执行情况。

4 月 7 日 县委副书记于海波、团县委书记吴仕伦在河南省安阳市出席由中宣部、国家高教委、团中央联合举办的全国大学生社会实践活动先进基地经验交流会。于海波代表县委、县政府作《坚持三个结合,建好实践基地》典型发言。

4月11日 中央统战部副部长张声作、中央统战部二局局长叶小云一行4人在响水检查宗教事务工作。省委统战部部长沙人麟、省宗教事务局局长张秉铎、副市长谷容先陪同。县长李树春汇报响水县宗教事务工作。

4月12日 市委农村工作会议在响水召开。市委副书记周福元、副市长周侃,市农工部、多管局、农业局、供销社、商业局负责人及各县分管农业的副书记参加会议。县委书记陶陪荣致辞。副书记王万金作交流发言。

△ 县委宣传部等单位联合发文,要求全县各单位党组织要有计划地组织干部群众,尤其是共产党员集中收看电视专题片《大地的回声》。这是一部对广大干部群众进行反腐倡廉和思想教育的好教材。

4月19日 美国对华工作委员会成员凯思考和中国爱德基金会庄小姐一行3人在响水考察爱德基金会资助的海安集乡新民村电灌站、双港乡打井工程项目。县政协副主席张长海陪同。

4月25~30日 县委书记陶培荣带领县有关部委办局负责人一行19人在山东省昌邑、桓台、莱芜等县考察学习改革开放经验。

4月27日 县委召开农村社会主义思想教育工作总结表彰大会。县委常委、组织部部长朱定华主持会议。县委副书记王万金作总结。市委常委、宣传部部长祁崇岳到会讲话。会议表彰响南乡、七套乡、老舍乡、张集乡、六套乡、南河乡等50个先进集体和91名优秀工作人员。

5月8日 县委、县政府召开科技兴县大会。副市长耿敖齐到会讲话。县委书记陶培荣、副书记王万金分别致辞。县委副书记、县长李树春作《认清形势,明确任务,进一步开创科技兴县工作新局面》讲话。县四套班子负责人,各乡镇、县各部委办局,县重点企业负责人和先进集体、先进个人代表出席。省、市有关部门领导、专家和教授70多人应邀出席。

5月9日 县政府召开农业信息发布会。副县长张洪程介绍响水县农业生产情况。省农科院、南农大、盐城农科所等12个高等科研院、所的领导、专家通报农业信息。

5月15日 各乡镇成立计划生育办公室,为全民事业单位。

5月21日 县四届人大常委会第16次会议通过,任命张永泉为县人民政府副县长。

5月29日 县委召开五届三次全委(扩大)会议。县委书记陶培荣作《超常规运行,跳跃式发展,以尽可能快的速度推进响水经济登上新台阶》主题报告。会议学习中发〔1992〕2号文件精神,认为邓小平的重要谈话贯穿实事求是的思想路线,科学地总结中国改革开放以来的新鲜经验,是推进改革开放,加快经济发展的强大动力。全会一致同意县委书记陶培荣报告中提出的“提前一年实现‘八五’经济翻番”目标,既体现时代精神,又体现响水县经济的客观要求,有着现实的基础和条件,对于统一全县广大干群思想,加快响水县经济发展步伐,必将产生重大的推动作用。

5~7月 县境持续干旱,从5月11日至7月8日,累计降雨量35.9毫米,比大旱的1978年同期少96.8毫米,日照时数530.6小时,蒸发量410毫米,10公分土壤湿度5%左右,灌河水含盐量4‰。省、市领导韩培信、俞兴德、徐国健、徐其耀等先后在响水视察灾情并指挥抗灾工作。

6 月 7～9 日 省政协秘书长吴熔率扶贫调查组 7 人在响水指导工作。县长李树春汇报扶贫情况。县委书记陶培荣,政协主席张玉宽、副主席张长海等陪同调查灌河港口、三圩盐场、老舍万亩实验区、县农药厂、响水中学。

6 月 12 日 副县长吴学兵赴日本,对日本的农业生产进行为期 20 天的考察学习。

6 月 19 日 县人武部举办"我为国防作贡献"演讲竞赛活动,纪念毛泽东主席关于民兵工作"三落实"指示发表 30 周年。盐城军分区司令员蒋年华,县委常委、人武部政委丁茂林为获奖单位颁奖。

6 月 20 日 国家人事部、监察部和省政府在响水县召开表彰大会。国家监察部监察司司长郭冠军宣读国家人事部、监察部对王益民的表彰决定,授予响水县监察局局长王益民"全国监察系统模范工作者、全省优秀监察干部"称号。县委副书记、县长李树春介绍王益民先进事迹。

6 月 23 日 市委、市政府授予响水县计生工作突出贡献奖,县纺织厂为红旗单位,港南乡、黄圩乡为先进乡镇。

6 月 24 日 为更好地贯彻邓小平南巡讲话及有关会议精神,激励基层党组织和广大党员在实现第二步战略目标,振兴响水经济中建功立业,按照省、市委组织部的文件要求,县委决定,在全县各基层党组织和全体党员中开展争创红旗党委、红旗支部和争当红旗手竞赛活动。

6 月 26 日 县委宣传部、共青团等六单位联合发出通知,要求"七一"前后,在全县青少年中开展"发扬革命传统,建设新的响水"宣传教育活动。

是月 县委、县政府发出《关于认真组织实施〈响水县"八五"期间"六大"工程计划〉的通知》。六大工程计划是:"双千"农业工程、"五五"利税工程、村极积累工程、"三十"外向工程、"四四"小康工程、三大绿化工程。六大计划是:人才发展计划、技术进步计划、企业管理计划、基础设施计划、人口发展计划、深化改革计划。通知要求,各地、各单位要按照计划,精心组织,认真实施,确保各项计划目标顺利实现。

7 月 3 日 市委书记徐国健率市水利局、农机局负责人在响水视察旱情。

7 月 7 日 县委、县政府召开三级干部紧急抗旱电话会议。县委书记陶培荣介绍全县旱情、抗旱形势和存在问题,要求各单位进一步强化领导,坚决打胜抗旱这一仗。9 日,全县普降大雨,旱情解除。

7 月 16 日 响水县农机总公司挂牌成立。该公司是响水第一家由行政职能局县农机局转为集管理、经营、服务为一体的经济实体。总公司向县政府认标承包,承包期 3 年。

8 月初 县委召开全县党建工作会议,明确党建工作要为经济建设服务的思路。

8 月 1 日 江苏省行政体制改革座谈会在响水召开。省委组织部副部长林玉美,市委副书记徐汉炎,连云港市、盐城市市委组织部负责人,灌云、阜宁、滨海、响水县委主要负责人和有关部门负责人出席。

8 月 4 日 国家水利部治淮委员会主任袁国林、副主任赵武京等在响水视察水利建设情况,省水利重点工作指挥部副指挥戴澄东、市水利局长凌家荣陪同。县委副书记王万金汇报响水水利建设情况。

8月10日 响水县继县农机局转变行政职能之后,县供销合作总社、县物资局、县商业局、县粮食局分别成立县供销、物资、商业、粮食总公司。

9月3~5日 中国共产党优秀党员、全国监察系统模范工作者、省优秀监察干部、响水县纪委副书记、县监察局长王益民因患癌症医治无效,于凌晨病逝,年仅44岁。5日上午9时,省监察厅副厅长陈冒浩、市委副书记黄淑萍和市委宣传部、市监察局、市人事局、市纪委、各县(市、区)监察系统代表及县各单位负责人800多人向王益民遗体告别。

9月6日 县委组织部、县农村老党员福利基金总会印发《关于使用老党员福利基金扶持农村老党员发展生产、脱贫致富工作的意见》。意见指出:为贯彻落实市、县委提出的"学先进、赶江南、三年实现再翻番"的目标任务,使党的组织工作服务于经济建设中心,把老党员福利基金由"输血"功能变为"造血"功能,决定拿出部分老党员福利基金,在张集、运河、六套三个乡进行试点,探索经验,扶持农村老党员发展生产,帮助他们尽快致富。

9月11日 县委、县政府决定撤销55个临时机构。

9月15日 响水县人口普查办公室编印出版第四次人口普查汇总资料,128万字。提供1990年7月1日零点这一时刻的人口状况资料,为控制全县人口增长和制订经济计划提供准确数据。

9月30日~10月8日 中央政法委政策研究室副主任林中梁、省政法委副书记张同海、市政法委副书记乔彬一行6人在响水召开座谈会,调研社会治安及政法委自身建设情况。县人大常委会主任杨钢,县委副书记、政法委书记于海波,滨海、阜宁县政法委负责人参加座谈。

10月5~6日 中央广播电影电视部老年书画家协会副会长、响水籍国画家史宏贵在县文化馆举办个人画展,展出国画、写意画56幅,对响水县文化艺术交流起到积极作用。

10月10日 县人才市场暨首期人才交流集市开业。全县45个单位对需求人才进行交流。县人才市场的建立,促进人才合理流动,提高人才使用效益。

10月16日 燕尾港附近海域发生一起重大海难事件。陈港镇居民、个体船主吴利新用载重量不足6吨的小木船载32人在滩涂捞取贝类海产品。18时40分,返回行至灌河口时,木船翻沉,船上人员全部落水。县、乡两级党委、政府迅速组织力量全力抢救,并得到灌云、灌南两县和当地驻军的大力支持和帮助。至20日,19人获救,2人死亡,11人下落不明。

△ 响南化工厂与台商丁明合资兴办的盐城托尔伯生化工有限公司在响水开业。开业当日,与辽宁、黑龙江、山东、安徽、浙江及本省13家客户签订总金额631.2万元的合同。

10月30日 县委、县政府领导带领交通局、水利局、公路站和双港乡等有关单位负责人,对疏港桥至双港乡以刚河一段响港路路基,进行考察论证,提出三条措施:1. 抓紧实施响港路工程;2. 明确分工、落实任务;3. 加强对响港路工程的领导。响水县成立响港路工程指挥部。县委副书记于海波任指挥。

是月 省淮剧团根据王益民生前事迹创作的大型淮剧《王益民》,在全市各地演出。

该剧从艺术角度再现一个优秀共产党员的光辉人生。

11 月 1 日 县委常委、宣传部部长张正华率县有关部门负责人在深圳参加项目信息发布会,并组织有关项目和贸易洽谈活动。

11 月 9 日 根据中共中央〔1991〕15 号,苏发〔1992〕13 号文件精神,成立响水县工商业联合会,为副科级建制,由县委统战部代管。主要任务是:在党的领导下,开展非公有制经济代表人士的思想政治工作;向私营企业主、个体工商户介绍党的方针、政策;维护非公有制经济代表人士的合法权益,反映他们意见和要求等。

11 月 14 日 响水县港口电厂建设指挥部成立。县委副书记、县长李树春任指挥。

11 月 18 日 响水县利用世界银行贷款开发的对虾养殖、肉免、山羊、饲料加工等项目通过市级验收。总投资 2816.71 万元,其中世界银行贷款 311.31 万元。

11 月 21 日 响水县中学举办建校 40 周年庆祝大会。县长李树春等到会祝贺。

11 月 22 日 美国西北理工学院院长谢佐齐博士在家乡陈家港镇会见亲人。

12 月 1 ~ 10 日 省计生工作检查组对响水县 26 个抽样点(组)进行考核。经检查组考核测算,响水县 1992 年计划生育工作成绩显著,已走出省计划生育重点管理县行列。

12 月 8 ~ 13 日 县总工会组织部分劳动模范、先进人物、优秀工会干部和先进集体代表在缅甸参观访问。县委副书记于海波、县总工会主席薛乐友、县人民医院院长周洪权、县轴承座厂厂长李祥山、县供电局工会主席王清奎、县防疫站站长王述恩、县幼儿园园长沈耀云、县服装厂党支部副书记费桂英参加。

12 月 12 日 响水县供销合作总社、县农行、县物资回收公司和县社驻牡丹江市商务处负责人组成的 4 人代表团,应乌克兰总统驻顿涅茨克勃罗波尔区第一副代表舍夫左夫的邀请,于 1992 年 12 月 12 日自绥芬河海关离境,26 日抵达目的地开展工作。1993 年 1 月 16 日经满州里海关回国。

12 月 13 日 零时,响水县 4000 门 S1240 数字程控电话交换机开通。

12 月 18 日 中国银行响水县支行举行开业典礼。市中行、市各县(区)中行、县委、县人大、县政府、县政协负责人及部分企业负责人 90 多人出席典礼。

12 月 21 日 响水县经济技术开发(集团)总公司成立。该公司为全民企业单位,从事开发、建设、经营、管理等项工作,由县经济技术开发区管理委员会代管。

1993 年

1 月 5 日 县政府印发《关于切实做好农村群众冬春生产安排和春节走访慰问工作的通知》。通知要求各乡镇党委、政府必须采取有效措施帮助困难群众度过难关,下拨的救济款要全部落实到位,专款专用。重点慰问优抚对象、五保户、敬老院、特困户和城镇“三无”孤老残幼,并安排好他们春节期间的生活。

1 月 8 日 为加快响水县改革开放和经济建设步伐,更好地鼓励和吸引外商、外地、本县经济组织和个人在县经济技术开发区投资兴业,县委、县政府印发《响水县鼓励外商投资县经济技术开发区的若干规定》(23 条)《响水县鼓励外地投资县经济技术开发区的若干规定》(18 条)《响水县鼓励县内经济组织和个人投资县经济技术开发区的若干规定》(18 条)等 3 个文件。

1 月 9 日 县政府印发《关于加快乡镇工业企业发展的若干规定》。

1 月 13 日 市委决定:周德祥任中共响水县委委员、常委、组织部部长,朱定华不再担任响水县委组织部部长职务,周桂玉不再担任响水县委常委职务。

1 月 13 ~ 15 日 县委召开五届四次全委(扩大)会议。县委书记陶培荣作《奋战三年再翻番,加快发展奔小康》工作报告。会议充分肯定全县 1992 年度所取得的各项成就,制定响水县到本世纪末实现“三步走”的发展战略,提出“团结拚搏,不甘落后,提速超本,争创一流”的口号,确定在稳定农业基础上,大力发展工业主体经济,实现全县“乡以上工业经济总量超滨海,乡以上工业利税总额超阜宁”的目标。

1 月 16 日 县四届人大常委会第 21 次会议通过,任命朱定华、崔廷成为县人民政府副县长。

1 月 29 日 全国人大副委员长彭冲在响水视察。省人大主任韩培信、市委书记徐国健、市长徐其耀陪同。县委书记陶培荣、县长李树春汇报响水经济社会发展情况。副委员长彭冲书写“明珠开山岛”题词。

1 月 30 日 市委决定:丁茂林任响水县人武部部长,不再担任响水县人武部政委;王加成不再担任响水县人武部部长、党委副书记。

是月 各乡镇召开人代会,选举产生乡镇人大主席团主席,乡镇人民政府乡镇长、副镇长。

2 月 4 日 县四届人大常委会第 22 次会议通过,免去周桂玉、吴学兵县人民政府副县长职务。

2 月 10 日 响水县清产核资领导小组成立。副县长朱定华任组长。

2 月 11 日 县政府第 34 次常务会议讨论通过《响水县 1993 年经济和社会发展三十

项目标》。主要指标为:工农业总产值 14.2 亿元,比 1992 年增长 26.3%;国民生产总值 7.2 亿元,比 1992 年增长 18%;国民收入 6.3 亿元,比 1992 年增长 14.5%;财政收入 3490 万元,比 1992 年增长 6.6%。

2 月 17 ~ 20 日 县政协五届一次会议召开。141 名县政协委员出席会议。会议听取并审议政协县四届常务委员会的工作报告。与会人员列席县五届人大一次会议,听取政府工作报告及其他报告。会议选举张玉宽为县政协五届委员会主席,周坤、邓汝霆、华传宝、张长海、史春耕为副主席。

2 月 18 ~ 20 日 县五届人大第一次会议召开。261 名代表出席会议。大会听取并审议政府工作报告及《关于响水县 1992 年国民经济、社会事业发展计划执行结果和 1993 年计划草案的报告》《响水县人大常委会工作报告》等报告,通过相应决议。选举杨纲为县人大常委会主任,周桂玉、彭庭佑、戴昉、武鸿一、徐宝顶、龚亦群为副主任;李树春为县政府县长,朱定华、吴晓、刘建民、周福迪、李福祺、崔廷成、张洪程(科技)、张永泉(常熟挂职)为副县长;赵梅昌为县人民法院院长;岳效飞为县人民检察院检察长。

2 月 24 日 日本海外经济协作基金会北京办事处代表青睛海一行在响水考察即将开挖的通榆河工程。省水利建设重点工程指挥部副指挥戴澄东、市通榆河工程指挥部副指挥顾邦才等陪同。

2 月 26 日 县委、县政府作出《关于表彰计划生育工作先进集体、先进个人的决定》。决定指出:1992 年经过全县各级党政组织和广大干群团结奋斗,计生工作取得突破性进展,走出省"重点管理县"行列,提前一年实现县委、县政府提出的"卧薪尝胆干三年,冲出低谷上水平"的战略目标。表彰奖励先进单位 122 个和先进个人 107 名。

2 月 27 日 县委、县政府召开全县计划生育工作大会。副县长刘建民总结 1992 年计生工作情况,部署 1993 年计生工作任务。县公安局等 25 个单位被列入县第二批"计生放心单位"。会上,县委书记陶培荣要求全县人民继续努力,扎扎实实地做好计生工作,争取在新的一年里,再创新成绩,再上新水平,为实现"八五"人口与计划生育目标,实现响水县计划生育工作"三年过长江"作出新贡献。

△ 县委、县政府召开 1992 年总结表彰大会。会议表彰 239 个先进集体和 506 名先进个人。

3 月 9 日 响水县档案学会成立。县委、县人大、县政协负责人周德祥、戴昉、张玉宽、华传宝等到会祝贺。大会选举产生响水县档案学会第一届理事会。

3 月 15 日 县政府印发《响水县企业实行股份合作制暂行办法》,共 9 章 37 条。该办法有利于加速转换企业经营机制,明确企业产权关系,增强企业干部和职工主人翁意识和风险意识,规范政府对企业的管理行为,把企业推向市场。

3 月 16 日 省军区副司令员刘博学少将在响水视察人武工作。盐城军分区司令员蒋华年等陪同。县委书记、人武部党委书记陶培荣,县委常委、人武部部长丁茂林汇报响水民兵工作和经济建设情况。

3 月 22 ~ 23 日 省农林厅在响水召开平原绿化县达标现场会。省农林厅副厅长徐希珍主持会议。县委副书记王万金介绍响水绿化造林情况。全省 13 个县(市、区)分管多种经营的副县长(或副书记)及多管局局长出席。

3月24日 县委制定《关于县四套班子成员分工挂钩工作及及考核的意见》。意见对县四套班子成员分工挂钩工作的任务、责任、完成各项指标及考核奖惩办法作规定要求。

3月25日 县委作出《关于机关干部下基层和扶贫工作》的决定。决定明确帮扶贫困村的目标任务:至1995年底,帮扶村人均纯收入800元以上;集体新增积累2万元以上;生产条件有明显改善,旱涝保收农田50%以上;完成上级下达的各项计划生育指标;普及6年制义务教育;办成1~2个年利税2万元以上的经济实体;以党支部为核心的领导班子和农业服务体系基本健全,制度完善,职能发挥较好。

3月27日 县委常委召开民主生活会。对各自分管的工作、工作决策、工作作风等方面存在问题作客观的实事求是的剖析,开展批评和自我批评,增进相互间的沟通和理解。县人大常委会主任杨钢和县政协主席张玉宽列席会议。

是月 中共响水县纪律检查委员会与响水县监察局合署办公(两块牌子、一套班子)。

△ 县工商联合会召开第一届会员代表大会。会议选举潘学荣为县工商联第一届执委会主任委员,吴平为副主任委员。

4月2日 县委转发省委办公厅、省政府办公厅贯彻中央办公厅、国务院办公厅《关于切实减轻农民负担的紧急通知》的通知,要求各地、各部门要把减轻农民负担作为当前一项紧迫的政治任务,切实加强领导,采取得力措施,迅速行动起来,认真贯彻落实。

4月8日 响水县工商银行金融大厦举行开业典礼。市工商银行行长陈宝林,县四套班子部分领导到会祝贺。金融大厦共6层,约2500平方米,1991年12月20日破土动工,基建总投资250万元。

4月24日 县委、县政府和市公安局联合在响水召开庆功大会。市公安局局长陈汉山、县委副书记于海波、县政协主席张玉宽等出席。市公安局为响水县公安局刑警队集体记三等功,并颁发奖金2500元。县委、县政府为县公安局刑警队集体记功,3人记大功,5人记功,27人通令嘉奖。

4月24日~5月2日 县总工会举办第三届职工书画展。全县28个单位54幅作品参展。宏达公司送展作品获国画一等奖,县税务局、响水中学送展作品获书法一等奖。

4月25日 全国人大常委会副委员长、著名学者费孝通在响水视察。市长徐其耀、县委书记陶培荣、县长李树春汇报市、县经济社会发展情况和陈家港港口电厂开发前景。

△ 县委、县政府印发《关于1993年度排头村考核评比的意见》,设综合奖和单项奖。

4月26日 市长徐其耀率市计经委、电力、交通等部门负责人在响水现场会办加速陈家港开发问题。会上宣布成立盐城市陈家港港口电厂建设领导小组。副市长王智新任组长,市计经委副主任沙国华、县长李树春任副组长。

△ 县委制定《中共响水县委抓党风廉政建设工作责任制》,责任制针对响水实际,集中解决和纠正群众反映强烈的突出问题,进一步加强监督检查,做到标本兼治、综合治理。

4月29日 县委宣传部、县总工会、县文化局联合举办全县“振兴杯”厂歌、行业歌大奖赛。县幼儿园、建设局、水泥厂夺得金杯,县民政局、纺织厂等 8 个单位获创作奖。

4 月 30 日 县委作出《关于切实控制和减轻农民负担的决定》。决定明确负担范围,严格控制负担总量,坚决制止乱收费、乱罚款、乱集资和各种摊派;强化监督管理,严格把关扎口;实行乡镇统筹和村提留费多渠道、多办法负担的办法;要加强农业承包合同和农副产品购销合同管理。要把执行《条例》,减轻农民负担作为各级领导和有关部门目标管理责任制的一项重要内容,实行一票否决。为加强领导,县成立减轻农民负担领导小组,县委副书记王万金任组长、崔廷成任副组长。

5 月 5 日 响水县国家安全领导小组成立。县委副书于海波任组长。

5 月 20 日 响水县成立打击走私活动领导小组。副县长朱定华任组长。

6 月 16 ~ 19 日 省苏北沿海电厂选址普查组对论证中的陈家港电厂选址进行综合考察。副市长王智新,市计经委、交通局、供电局及县四套班子负责人陪同。

6 月 17 日 省电力设计院副总工程师吴琪益一行 6 人在陈家港实地考察,勘选电厂厂址。

6 月 18 日 省口岸办、计经委等单位组成工作组在响水论证陈家港作为二类港口对外开放事宜。

6 月 29 日 县政府印发《响水县〈军人抚恤优待条例〉实施细则》,共 5 章 46 条。

6 月 30 日 县委决定取消张集乡彭庄、响南乡三村等 7 个村"计划生育先进村"称号。要求各级党政组织和干部要从中吸取教训,改变作风,真抓实干,严禁弄虚作假,形成讲实话报实数的良好风气,把响水县两个文明建设推向新的高度。

是月 县委表彰 28 个先进基层党组织和 100 名优秀共产党员。

7 月 5 日 县委召开工作会议,传达贯彻市委工作会议精神,正确分析上半年响水县经济形势,统一思想认识,集中研究下半年如何抓住机遇,加快发展问题。县委书记陶培荣作《保持良好的发展势头,保持良好的精神状态,为实现全县三年翻番、首战告捷而努力奋斗》讲话。

7 月 20 日 县政府印发《关于"八一"期间深入开展拥军优属活动的通知》,要求在全县广泛开展双拥宣传教育,积极探索社会主义市场经济条件下的拥军优属新路子,不断提高双拥工作水平。组织共青团、妇联、民兵等社会团体,深入部队营房和优抚对象家中为他们做好事、送温暖,进一步密切政府、军队、人民群众之间的关系。

7 月 22 ~ 23 日 省政府经济研究中心、省政府政策研究室副主任张锋一行 4 人在响水考察陈家港对外招商事宜。

7 月 23 日 《新华日报》刊发江苏省农药检定所第 4 号公告,响水县农药厂 20% 乙氧氟草醚乳油批准登记。

7 月 26 日 县委、县政府颁发《关于严禁用公款吃喝浪费的规定》。规定要求全县各级党政部门、企事业单位在日常接待中,要发扬艰苦朴素的精神,坚持勤俭办事,反对铺张浪费,模范遵守财经纪律和廉政规定。各级领导干部要以身作则,争作表率,做到令行禁止,坚决刹住用公款大吃大喝的歪风。对执行规定不力、情节严重的要严肃查处。

7 月 30 日 县委召开工作会议。县委书记陶培荣作《明确新思路,组织新突破,努力使响水县多种经营有新的发展》报告,强调发展多种经营是实现响水县经济跳跃式发展的必由之路,也是从温饱向小康的历史性跨越的现实之路。要强化措施,大力发展多种经营生产,主要从四方面着手:1. 放手调整,优化结构,走“优质、高产、高效、高创汇”的路子;2. 建设基地,形成规模,走发展区域经济的路子;3. 发展加工,增加设备,走“贸工农一体化,产供销一条龙”的路子;4. 兴办市场,扩大销售,走商品大流通的路子。要求各级领导保证发展多种经营措施落实到位,建立和完善服务体系,充分调动广大农民生产积极性。

8月3日 县委召开党风廉政建设会议。县纪委书记周月杰列举存在以权谋私等10个方面的问题,指出当前惩治腐败,加强党风廉政建设要重点抓好几项工作:1. 坚决制止和纠正超标准占用住房、用公款装修住房的问题,坚决执行四项申报制度;2. 坚决刹住违反规定用公款大吃大喝,铺张浪费,挥霍国家财产的行为;3. 坚决刹住党政机关及其工作人员在公务活动中收受礼金和有价证券等不正之风。要求各级党组织要始终坚持“两手抓,两手都要硬”的方针,坚定不移地抓好党风廉政建设,努力把响水县的党风廉政建设提高到一个新水平。

△ 县政府向响水中学发出贺信,祝贺该校139名考生达省大专以上分数线,是1992年高考录取人数的2.8倍,取得历史性突破。

8月5日 境内普降暴雨,日降雨量达180毫米,是建县以来日降雨量最多的一次。

8月9日 县委召开全县组工干部会议。县委常委、组织部部长周德祥作《抓住重点,真抓实干,不断开创响水县组织工作新局面》的讲话。提出今后一段时间组织工作的任务:1. 要认真学习江泽民总书记“七一”讲话,充分认识加强党的领导,抓好党的建设的重要性、紧迫性,增强责任感;2. 要以培养选拔优秀中青年干部和强化民主集中制原则作为各级领导班子组织建设的重点,把各级领导班子建成经济建设和改革开放的坚强领导核心;3. 要以学习建设有中国特色社会主义理论作为加强各级领导班子思想作风建设的重点,不断提高领导集体的凝聚力和战斗力;4. 要以发挥党组织和党员在经济建设和改革开放中的作用为重点,切实加强基层党组织建设;5. 把增强组工干部党性锻炼作为自身建设的重点,努力造就一支公道正派、无私奉献、业务精通、纪律严明、特别能战斗的组工干部队伍。

8月10日 县政府发出《关于完善“两田制”,进一步稳定土地承包经营制度的通知》。通知要求在稳定土地承包关系的基础上,按照“大稳定、小调整”的原则,进一步完善“两田制”。通过调整,稳定土地承包关系,落实多种经营“4·10”工程规划和布局,加快结构调整,实现劳动力、劳动技能和土地等生产要素的优化组合,进一步提高土地利用率、产出率,促进全县农村经济持续、快速和健康发展。

9月3日 响水县个体私营经济领导小组成立。县委副书记王万金任组长,副县长朱定华任副组长。6日,召开全县个体私营经济工作会议,总结近年来响水县发展个体私营经济的经验教训,部署响水县发展个体私营经济目标任务及措施。截止8月底,全县发展个体工商户831户,新增从业人员1205人,新发展私营企业8户。全县个体工商户6316户,从业人员9309人,私营企业15户,注册资金金额2157万元,个体税收277万元。

9月28日 县委宣传部印发《关于加强响水县反腐败斗争推进党风廉政建设宣传工作的意见》,要求宣传中应把握五个重点:宣传邓小平关于端正党风,加强廉政建设,反对腐败的一系列重要论述;宣传各级党委、政府和党政机关贯彻中央、省、市、县会议精神的决心、举措和取得的阶段性成果;大力宣传勤政廉政、艰苦奋斗、无私奉献、全心全意为人民服务和勇于同腐败现象作斗争的先进典型;有选择地报道一些有影响、有教育意义的大案、要案查处情况;加强对纠正和克服群众反映最强烈、严重影响改革开放的不正之风的宣传。

△ 响水县特殊教育学校举行开学典礼。副县长刘建民出席典礼。学校开设两个班,招收聋哑学生 36 名。

是月 根据中华全国妇女联合会章程第四章地方各级组织中主任改为主席的规定,县妇女联合会主任、副主任改称为县妇女联合会主席、副主席。

10 月 5 ~6 日 县五届人大常委会召开第四次会议。会议传达学习江泽民总书记在中纪委第二次会议上的讲话;听取和审议县政府《关于九年制义务教育规划实施情况的汇报》;审议县政府制订的《响水县县城规划》。会议建议县人民政府及教育部门要进一步解决以下四个问题:增强依法治教观念,宣传、贯彻、落实《义务教育法》;要全面贯彻执行国家教育方针,努力提高教育教学质量;广开财源,多渠道筹措教育经费;抓好当前,努力完成 1993 年实施九年制义务教育的工作目标。会议决定鲍俊敏任县人民政府科技副县长,免去张洪程科技副县长职务。

10 月 7 日 县委印发《关于取消涉及农民负担项目的通知》。通知明确除中央、省明令取消的涉农负担项目外,又取消本县涉农负担项目 34 项,需要改变的 8 项。

10 月 10 日 根据中央和省、市委文件要求,按照脱钩、转变、停办的原则,县委决定对全县党政机关所办企业进行一次集中清理,重点解决政企不分、官商不分问题。清理工作从 10 月 15 日开始至 12 月底结束。

10 月 22 日 市委书记徐国健率市四套班子负责人和各县(市、区)委书记、分管农业的副书记或副县长及各县(市、区)多经办主任在响水考察,先后参观陈港镇冬暖式蔬菜大棚、大有镇康庄村 3000 亩连片桑田、七套乡亭泉村千亩杜仲药材等多种经营项目。

11 月 3 日 全县多种经营检查交流会召开。县委书记陶培荣作《认准目标,寻求突破,加快响水县多种经营千元工程实施步伐》的讲话,要求各级确立主导产业,实施区域布局,依靠龙头带动,发展规模经济思想。1994 年全县多种经营总产值要达 6.2 亿元,多种经营人均收入达 871 元。

11 月 7 日 县委批转县委党史工作委员会《关于社会主义时期党史资料征编首批选题的请求》通知。要求各级党组织从加强社会主义精神文明和加强党的建设高度充分认识搞好社会主义时期党史征编的重要性,明确专人负责,与县党史部门密切配合,使响水县党史征编工作迈上新台阶。

11 月 13 日 县委发出《在全县广大党员干部中开展学习〈邓小平文选〉三卷的通知》。通知要求认真学习原著,深刻领会精神实质,着重把握五个重点:1. 紧紧抓住和深入领会解放思想、实事求是的思想路线;2. 紧紧抓住和深入领会把握时机发展自己,分"三步走"基本实现现代化的战略任务;3. 紧紧抓住和深入领会关于社会主义本质的科学论断和"一个中心、两个基本点"的基本路线;4. 紧紧抓住和深入领会维护国家的独立和主权,发扬民族自尊心、自信心,致力振兴中华的爱国主义精神;5. 紧紧抓住和深入领会

“两手抓、两手都要硬”的方针。要发扬理论联系实际的马克思主义学风，努力提高理论修养和政治水平，把学习《邓小平文选》同响水实际工作紧密结合起来，更好地促进响水县两个文明建设。

11 月 14 日　响水中学通过省重点中学验收。

11 月 25 ~ 26 日　县总工会第五次代表大会召开。县委副书记于海波代表县四套班子向大会祝贺。市总工会主席王抚成致辞。会议听取《团结动员全县职工发挥主力军作用，为实现响水经济再上新台阶而努力奋斗》的工作报告。县四套班子，县各部委办局负责人及重点企业党政领导出席会议。大会选举薛乐友为县总工会五届委员会主席，陈如柏、孙干为副主席；选举产生县总工会第五届委员会。

11 月 29 日　县委组织部印发《关于村党支部书记竞选上岗试点情况的报告的通知》，要求通过村党支部书记竞选上岗，进一步加强全县村支部书记群体建设，提高以党支部为核心的村级组织配套建设水平，为农村两个文明建设提供强有力的组织保证。

12 月 2 日　县纺织厂研制生产的色纺纱新产品在 1993 年中国高新技术新产品博览会上获银奖。

12 月 4 日　县委印发《关于开展 1993 年度民主评议党员工作的通知》，要求 1993 年民评工作要贴紧贴近经济建设中心，结合反腐败斗争和党员冬训工作，坚持从严治党的方针，检查和评议党员在贯彻党的路线过程中，发挥先锋模范作用的情况。通过民评提高党员队伍素质，增强党组织的战斗力，以保证和促进响水县改革开放和经济建设的进行。整个评议工作到月底结束。

12 月 5 ~ 7 日　共青团响水县第六次代表大会召开。会议听取孙佑兵代表五届团县委作《挥青春汗水，绘小康蓝图，为建设富庶文明的新响水而努力奋斗》工作报告。会议选举孙佑兵为县六届团县委书记，陈卫红为团县委副书记。

12 月 10 日　蒋鸿超教授率领“江苏省海港建设项目投资决策咨询方案”项目专家组 13 人在响水县陈家港镇考察。县长李树春作《开发陈家港，建设新响水》汇报。

12 月 30 日　根据省、市纪委和组织部对党政干部廉洁自律工作的要求，县纪委和县委组织部对全县 600 多名副科级以上干部自查自纠、廉洁自律情况实行登记。

1994 年

1 月 8 ~9 日 响水县对外贸易总公司成立大会召开。总公司下辖县纺织服装进出口公司、县轻工五化机进出口公司、县土特产进出口公司、县金海边贸进出口公司、县海蓝贸易公司、县粮油食品进出口公司 6 个分公司。县委常委、宣传部部长张正华,副县长吴晓,县人大常委会副主任戴昉及县有关单位领导到会祝贺。

1 月 12 日 县工商联合会由副科级建制升格为正科级建制,其机构性质、隶属关系、工作职责、编制员额、经费渠道等不变。

1 月 13 日 为进一步完善和规范 1994 年农业承包合同,响水县成立农业承包合同仲裁委员会。县委副书记王万金任主任。

1 月 15 日 县长李树春主持召开县政府五届第六次常务会议。会议通报 1993 年 30 项工作目标执行和 10 件实事办理情况及 1994 年工作目标和办实事打算。县政府办、计经委、乡镇局、财政局、建设局等部门负责人列席会议。

1 月 15 ~16 日 省电力设计院副院长、高级工程师谢尚德一行 3 人在响水县实地考察陈家港电厂厂址,对加快陈家港电厂前期工作提出建设性意见。

1 月 22 日 以响水县灌河水泥厂为主组建的“江苏灌河集团”,成为响水县历史上第一个跨地区、跨行业、跨所有制的大型集团企业,被列为省企业集团。

1 月 20 ~23 日 县委召开五届五次全委(扩大)会议。县委书记陶培荣作《适应新形势,再创新业绩为全县经济持续快速健康发展而奋斗》工作报告。全会肯定 1993 年取得的各项成绩,全面完成各项主要经济指标,实现三年翻番首战告捷。会议强调,1994 年是加快建立社会主义市场经济体制的一年,也是实现三年翻番关键的一年,全县各级党组织、全体共产党员和广大干部齐心协力,奋发图强,开拓进取,扎实工作,为夺取“奋战三年再翻番,加快发展奔小康”的新胜利而奋斗。

1 月 24 日 国家林业部授予响水县“1993 年度全国平原绿化先进单位。”

1 月 26 日 市全国人大代表袁世珠、蔡秀明、姚开标等在响水视察。县委书记陶培荣、县人大常委会主任杨钢、县长李树春,县委副书记王万金、于海波等陪同。

1 月 26 ~27 日 县妇联在响水镇召开四届六次执委(扩大)会议。副县长崔廷成到会讲话。

1 月 29 日 县委召开全县统战工作会议。

1 月 30 日 市委副书记黄淑萍率市政府、市民政局、盐城军分区负责人在响水县陈家港镇慰问边防部队官兵。

2 月 1 日 公安部授予响水县公安局看守所所长贺守斌“全国优秀人民警察”称号。

县委副书记、县政法委书记于海波等为贺守斌披红戴花,并颁发奖金1000元。

△ 副县长崔廷成一行代表县四套班子在扬州农学院慰问。双方制订加强深层次合作方案。

2月3日 县委召开全县反腐败斗争情况通报会,通报响水县近阶段加强党风廉政建设,开展反腐败斗争的工作情况;对忠于职守、勤奋工作、秉公执法、乐于奉献、成绩显著的小尖镇纪委等6个先进集体和王家银等21名优秀个人进行表彰。

2月17日 县政府召开五届第三次全体组成人员(扩大)会议。县长李树春作1993年工作总结,提出1994年工作方案。会议表彰在1993年30项实事中成绩显著的先进个人,讨论通过《响水县1994年经济和社会发展三十项目标》。1994年主要指标:工农业产值确保完成18.5亿元,力争达到20亿元;国内生产总值9.35亿元;社会商品零售总额3.2亿元;财政收入确保完成市下达的任务;农村人均纯收入达900元。

△ 县委、县政府召开1993年度计划生育工作总结暨表彰大会。副县长刘建民作《乘风乘势再鼓劲,迈开大步过长江》报告。会议对计生工作取得较大成绩的63个先进单位和65个先进个人进行表彰。县委书记陶培荣号召全县各级党政组织,要进一步贯彻落实中共中央、国务院"既要抓紧,又要抓好"的方针,进一步强化党政一把手亲自抓、负总责的计生工作领导体制,强化宣传教育,强化基础管理,为实现"八五"人口与计划生育目标作出新的贡献。

2月23日 市委决定,崔廷成任中共响水县委委员、常委、县纪律检查委员会书记;周月杰不再担任中共响水具纪律检查委员会书记职务;林启俊任响水县人武部政委、党委副书记。

2月25日 响水、灌云、灌南三县在响水联合举办"灌河口地区民俗文化联谊会"。

2月28日 县委、县政府对1993年度多种经营工程中涌现出的40个"状元户"和5名先进工作者进行表彰奖励,激励全县广大干群为实现"八五"期末农村人均多种经营纯收入达千元目标而奋斗。

3月1日 响水县从即日起实行国务院和省、市政府规定的新工时制度。即第一周星期六和星期日为休息日,第二周的星期日是休息日,以此循环,不受月份、年份限制。

△ 应中央电视台邀请,县长李树春在经济半小时节目"专家论坛"栏目中与专家评说"民工潮——从无序走向有序",介绍响水县劳务输出产业化开发,有序流动的经验。之后,外地许多部门、单位来信要求输入响水县农民工。截止5月15日,20多家国家、省、市新闻媒体作专题介绍,进一步扩大响水知名度。

3月9日 全县组织工作会议召开。县委书记陶培荣,县委副书记于海波,县委常委、组织部部长周德祥分别讲话。10个基层党组织介绍交流组织工作经验。会议表彰1993年度组织系统调研信息工作的先进集体和个人。

3月10日 响水县缫丝厂被市政府表彰为1993年度乡镇明星企业。县针织内衣厂党支部书记仰善超被市政府表彰为1993年度乡镇企业家。

3月14~17日 县政协五届二次会议召开。会议听取和审议县政协工作报告,通过县政协五届二次会议决议,增选陈庆家为县政协副主席。与会人员列席县五届人大二次会议。

3 月 15 日 县五届人大常委会六次会议决定，从 1994 年开始，在全县各级人大代表中开展“带头发展经济 带头致富奔小康”即“双带头”活动。

3 月 15～17 日 县五届人大二次会议召开。会议选举高兆顶为县人民政府副县长。

3 月 17 日 县委、县政府表彰 1993 年度扶贫工作中成绩显著的 8 个先进单位和 24 名先进个人。

3 月 21 日 县委、县政府表彰在社会治安综合治理中涌现出的 33 个先进集体、38 名先进个人和 8 名见义勇为的英模人物。

3 月 26 日 县委批转县老龄委制定的《关于做好“国际家庭年”工作的意见》，并组织“爱满家庭”有奖征文活动。

3 月 30 日 响水县张集乡农民陆玉春捐款 5000 元用于该乡中心小学维修校舍，被市委宣传部评选为“市十佳文明新事”。

4 月 8 日 县委、县政府印发《关于鼓励和扶持发展多种经营生产的意见》。意见要求：1. 建立奖励机制，鼓励发展多种经营生产；2. 实行优惠政策，扶持发展多种经营；3. 建立奖励资金，保证奖励政策到位。

4 月 9 日 全县宣传思想工作会议召开。县委书记陶培荣在讲话中指出：在发展社会主义市场经济的新形势下，只有加强宣传思想工作，不断提高人们的政治思想素质和文化道德水平，提高社会的文明程度，才能为改革开放和社会主义现代化建设提供可靠的思想基础和精神动力。明确宣传“经济建设和改革开放”仍是 1994 年响水县宣传思想工作的两大主题，强调各级党委都要重视和支持宣传思想工作及宣传文化事业的发展，不断改善宣传工作条件，使宣传更富成效。

4 月 19 日 县委作出《关于加强各级领导班子思想作风建设的决定》，共落实 6 条措施。

4 月 20 日 县委对台工作办公室更名为县委台湾工作办公室。县涉台事务由县委台湾工作办公室归口管理。8 月 22 日，县委台湾工作办公室与县政府侨务办公室合署办公，为正科级建制（两块牌子、一套班子）。

4 月 21 日 县政府五届九次常务会议召开。县长李树春主持会议。会议通过《响水县拍卖土地规定和动员社会力量加快基础设施建设的意见》。

4 月 23 日 全县党风廉政建设工作会议召开。县委书记陶培荣作党风廉政建设工作专题讲话。县直机关副科级以上干部出席。

5 月 8 日 县委召开常委议军会议，专题研究全县人民武装建设中的有关问题：1. 各级党委要充分认识人民武装工作的重要性，县委在集中精神抓好经济建设的同时，要抓好人民武装工作的落实；2. 要加强人武干部队伍建设，通过招聘等多种形式，疏通人武干部进出渠道，解决人武干部队伍年龄老化问题；3. 继续深入开展全民国防教育，县政府要把国防教育列入县年度财政预算，机关、学校、企业、事业单位都应有专题学习内容，特别是中小学校要开设专题讲座；4. 抓好民兵训练经费的筹集，每年训练经费在上年度的 10 月底前筹集到位，仍由县委农工部负责。

5 月 9 日 县委向市委《关于陈家港电厂前期工作情况的报告》中称：10 年来，响水县为发挥地理优势，发展区域经济，坚持不懈地争取陈家港电厂项目，投入大量人力、物力、财力,完成大量具体细致工作,得到上级政府和电力主管部门的高度重视,有关科研设计单位和大专院校的专家为陈家港电厂厂址进行大量的考察、研究、论证和试验,其中有省电力设计院的《灌河口电厂初步可行性研究报告》、华东电力规划设计院的《苏北沿海电厂工程初步可行性研究报告》、交通部水运规划设计院的《响水县陈家港电厂总体规划报告》、河海大学《陈家港电厂运煤港口初步可行性研究报告》及数学、物理模型试验。1994年4月,市成立陈家港港口电厂建设筹备工作领导小组,副市长王智新任组长,沙国华、李树春任副组长,并设立陈家港电厂建设筹备工作办公室,由市供电局和响水县抽调7名人员组成专门班子办公,积极做好陈家港电厂的规划、招商、协调工作。目前,招商引资工作全面展开,响水县先后与台湾安川利水工程有限公司、美国能源系统有限公司签订陈家港电厂引资备忘录和意向书。省委书记陈焕友亲自参加省电力局和英商合作建设陈家港电厂洽谈会。

5月12日 县长李树春主持召开县政府五届十次常务会议。

△ 县政府聘请张永泉、沈启平为经济顾问,向张利威颁发"响水县荣誉公民"证书。

5月17日 省委常委、组织部部长许仲林,市委组织部部长何春明在响水县检查指导工作,先后走访响水中学、县农机厂、服装厂、纺织厂、陈家港港口、小蟒牛电厂厂址等地。县委书记陶陪荣,县长李树春,县委副书记于海波,县委常委、组织部部长周德祥,副县长吴晓陪同。

5月18日 徐、淮、盐、连四市粮食经济研讨会在响水县召开。会议集中讨论在市场经济条件下粮食企业怎样生存、发展,国家的粮食征购,供应机制等理等问题。省粮食厅原厅长王德澄,苏北四市粮食部门领导30多人出席。

△ 县委、县政府印发《关于进一步开展解剖非正常亏损企业工作的意见》,对1994年全县非正常亏损企业解剖工作的指导思想、工作范围、总体目标、步骤方法和组织领导作具体要求及规定。成立县解剖非正常亏损企业工作领导小组。县委副书记于海波任组长,县纪委书记崔廷成任副组长。

5月20日 县委宣传部等单位联合发出《关于在全县农村开展"学知识、进市场、奔小康"主题教育活动的通知》,要求进一步加强农村思想政治工作,适应农村市场经济发展形势,推进全县经济翻番进程。

5月23日 县委常委召开专题民主生活会,学习中纪委5号文件,对照"5条标准"进行自查自纠。县委书记陶培荣关于全县廉政建设谈打算:1. 要结合案件对党员干部进行再教育,并把廉政建设作为干部任用的最基本条件;2. 对有倾向性的问题要下力气抓;3. 完善制度,抓好廉政建设;4. 深化改革,搞好廉政建设。

5月25日 县委组织部、宣传部印发《关于组织全县广大党员、干部认真学习社会主义市场经济理论和现代科学技术知识的意见》,开展社会主义市场经济知识竞赛活动。

5月26日 华东电力管理局副总工程师柴兆宗一行5人在响水考察论证中的陈家港电厂厂址。

5月31日 县五届人大常委会第九次会议通过,任命罗世保为县人民政府副县长;免去张永泉县人民政府副县长职务。

6月2日 响水县推行国家公务员制度和工资制度工作领导小组成立。县委副书记、县长李树春任组长,朱定华、周德祥任副组长。

△ 响水县1994年北京经贸洽谈会在北京举行。中央政治局原委员芮杏文、江苏省委原书记韩培信、全国政协秘书长朱训等有关部门领导,20多位中外客商及中央电视台等新闻单位代表应邀出席。

△ 江苏金兰集团公司经省体改委批准成立。该集团是盐城市纺织行业第一家省级集团,是跨所有制、跨地区、跨国界的经济联合体,形成科研、开发、生产、销售配套一条龙,工贸商多种经营一体化。

6月3日 市委副书记、副市长张伯瑞一行7人在响水考察。县委书记陶培荣、县长李树春陪同。副县长刘建民汇报响水南北挂钩协作和乡镇工业情况。

6月7日 县长李树春主持召开县政府五届第11次常务会议。会议分析全县1~5月份财政收入、工业生产双过半形势,部署6月份工作。

6月10日 县政府召开响水县第五次环境保护工作会议。副县长刘建民到会讲话,并代表县长李树春和27个单位签订环保目标责任状。

6月17日 县委组织部、团县委联合发文,号召全县广大党团员在"七一"期间开展向老党员献爱心活动,缴纳特别党团费。据统计,全县党团员共缴纳特别党团费10万多元。

6月23日 市委副书记黄淑萍视察海安集乡大湾村特种野生狗貉养殖、沙荡村百亩水面罗氏沼虾养殖、立礼村万只罗曼蛋鸡养殖场,对响水多种经营千元工程给予较高评价。

6月30日 县委批转县委组织部《关于加强后进村经济薄弱村党支部建设的意见》,要求各级党委从坚持和贯彻党的基本路线,加强党的建设,加强建设富裕、文明的社会主义新农村的高度认识整顿后进村党支部工作的重要性;要突出工作重点,采取得力措施,切实加强党支部班子建设,把选好党支部书记作为整顿工作的关键来抓。通过整顿,进一步提高党员的政治思想素质和掌握科技知识的能力,解决群众关心的部分热点问题,加强村级班子配套建设,制订发展规划,完善村级各项制度和村规民约等。

7月1日 响水县娜爱斯保健用品厂生产的FWC—2型矿泉浴剂在全国技术与产品博览会上获金奖。

7月3日 台胞张行帮心系故乡,捐资6万元人民币帮助家乡七套乡梅湾村办学。

7月14日 根据工资制度改革后的新情况,县委组织部制定印发《关于共产党员交纳党费的十项制度》。

7月25日 响水县陈港镇农民象棋代表队代表盐城市在省农民"小康杯"象棋比赛中取得第三名。响水县陈港镇被评为"省群众文化先进乡镇",并被列为"中国万里边疆文化长廊"重点乡镇。

△ 县委批转县精神文明建设活动委员会、县委宣传部《关于在县城继续深入开展"创三优"竞赛活动的意见》,活动以"加强精神文明建设,争创文明单位,争创文明市民"为目标,以群众反映最强烈、最迫切需要解决的脏、乱、差问题为重点,在继续抓好创建"优良秩序"竞赛活动的同时,重点开展"优质服务"和"优美环境"的创建工作。整个活动于10月底结束。

7月26日 县委、县政府对全县开展反腐败工作情况进行监督检查。检查重点是1994年上半年反腐败斗争三项工作开展情况，即领导干部廉洁自律规定的落实情况、查办大案要案的情况和纠正行业不正之风及专项治理的情况。

8月2日 县政府五届五次会议召开。县委书记陶培荣到会讲话。县长李树春作工作报告。县人大常委会主任杨钢、县政协副主席周坤应邀出席会议。

8月4日 副县长周福迪在加拿大进行为期14天的盐化工技术考察。

8月8日 副县长朱定华率县政府考察团12人在青海海北州海晏县考察，与海晏县建立友好县，并与海北州签订8项经济合作协议书。

8月9日 市委书记徐国健、副书记黄淑萍在响水县检查指导工作，先后察看大有、六套、运河等地抗旱现场，充分肯定响水县前一阶段抗旱所取得的成绩，要求县委、县政府进一步动员群众，立足抗大旱，长期抗旱准备，切实保证抗旱的水源物资供应。

8月10日 全县81个单位干部职工捐款98706元，捐送机泵32台、柴油1.32吨，帮助农村抗旱。

8月23日 县委决定在全县开展计划生育工作“争先创优”活动，以提高基层计生工作水平。其目标是：1995年底全县达到省规定的计划生育合格县，争达先进县（二档）标准；1994年创合格乡镇4个，1995年达9个；1995年创建先进乡镇9个；1994年创建合格村居120个，1995年创建合格村居230个，先进村居30个。并印发关于先进县、乡镇、村居的基本要求，合格村规范化管理的内容和标准。

8月26日 副市长王智新带领市港口建设领导小组20人在响水了解陈家港电厂前期工作。县长李树春汇报相关情况。

9月3日 响水县水资源管理委员会成立。

9月10日 响水中学教师杨孟娣被国家教委、人事部表彰为“全国教育系统劳动模范”，应邀出席北京庆祝大会。

9月14日 响水县妇幼保健所升格为副科级建制。

9月16日 全市政法干警先进事迹报告会在响水举行。响水县全体政法干警和有关单位的代表参加会议。报告旨在大力弘扬和宣传盐城市政法队伍中的先进模范事迹，进一步鼓舞全体政法干警的斗志和士气。

9月19日 县委书记陶培荣调任盐城市委秘书长。

9月22日 省委书记陈焕友率考察组20人在响水考察灌河和陈家港港口。市委书记徐国健、市长徐其耀等市、县领导陪同。

9月27～28日 县政府召开《响水县志》评审会。会议通过《响水县志》送审稿。省志办原副主任季文通，省志办市县指导处处长张尚全，市志办主任韩建勋，县委、县政府有关领导及各县（市）方志办负责人，响水县志编委及编纂人员出席。

是月 根据苏税人〔1994〕12号《关于做好组建两税务机构工作的通知》精神，撤销响水县税务局，成立响水县国家税务局和响水县地方税务局。两局的建立标志着响水县税务工作两制分流正式形成。

10月7日 县委召开县级机关党员干部大会。会议传达贯彻市第三次党代会精神，进一步整顿机关作风，为全面完成1994年的各项任务，尽快实现兴响富民的目标奠定思想基础和提供组织保证。

10 月 10 日 县委、县政府发出关于认真学习贯彻中共十四届四中全会《决定》的通知,要求全县各级党组织迅速组织全体党员和干部认真学习《决定》,深刻领会其精神实质,在加强党的思想、作风建设的同时,要把加强党的组织建设作为突出环节抓紧抓好,努力把响水县各级党组织建设得更加坚强,更有战斗力。

10 月 10 ~ 16 日 县政府举办第六届科普宣传周活动,普及科学健康知识,提高人民群众以科学促健康的意识和能力,重点宣传疾病防治与健康、心理卫生与健康、饮食卫生、优生优育等内容。

10 月 13 日 县委五届六次全委(扩大)会议召开。李树春作《落实四中全会和市党代会精神,搞好党的建设,推动响水经济再上新台阶》报告。全会分析当前任务,坚定完成年度各项目标任务的信心,理清 1995 年工作思路,提出"九五"期间响水县经济和社会发展的总体构想。全会表示,在新形势下,要切实加强党的建设,坚持用特色理论武装全体党员干部,坚持民主集中制原则,加强基层党组织建设和领导班子建设,加强党风廉政建设,抓好机关作风整顿,充分发挥各级党组织和广大党员在两个文明建设中的领导核心及先锋模范作用。

10 月 17 ~ 20 日 灌河口内外航道整治工程可行性研究咨询会在南京召开。副市长王智新、县长李树春、副县长吴晓、县人大常委会副主任龚亦群及北京、上海、大连、烟台、南京等地水利、港口、航道专家出席。

10 月 23 ~ 27 日 青海省海晏县县委副书记康志智、副县长段福全一行 11 人在响水参观考察纺织厂、农机厂、陈港染料助剂厂、响水中学等单位,并洽谈矿泉水、盐化工等项目。

10 月 25 日 县委农工部经营管理科被国家农业部合作经济经营管理指导司评为"全国合作经济经营管理统计工作先进集体"。

10 月 31 日 河南省唐河县组织部副部长率乡镇党务书记一行 10 人在响水学习响水县村支书竞争上岗经验。

11 月 5 ~ 6 日 省扶贫办副主任项兆伦等在响水县考察张集等 6 个乡扶贫工作,确定将响水县列入省委扶贫县,并制定扶贫攻坚计划。

11 月 6 日 县委向省委、省政府请求对响水县部分贫困乡镇实施重点扶贫。请示报告中称:中共十一届三中全会以来,在各级领导的关心支持下,响水面貌发生较大变化,全县经济和社会事业取得一定发展,人民生活水平明显提高。但由于历史原因,响水至今仍是全省贫困县之一,也是 13 个财政补贴县之一。特别是县内经济发展不平衡性较大,至今还有周集等 6 个乡的人均收入(500 元)处于贫困线以下,相当一部分人的温饱问题尚未解决。报告详细分析这些乡贫困的具体表现,贫困的主要原因及采取的措施。但因响水县经济总量太小,财政十分拮据,难以帮助其尽快脱贫,恳请省委将响水县列入省"九五"扶贫攻坚计划重点扶贫县,对上述 6 个贫困乡镇进行重点扶贫,使 6 个乡镇 20 多万人民尽快脱贫致富。

11 月 10 日 美州金融集团有限公司总经理苏仕平一行 5 人在响水县考察陈家港,签订合作投资建设陈家港电厂意向书。

11月18~20日　市政府和省电力工业局在宁联合召开"灌河口内外航道工程可行性研究"论证会，全国各地138名专家和代表出席。会议通过对灌河口内外航道治理工程的可行性论证。省委常委、副省长季允石到会讲话。

11月21日　县委印发《中共响水县常务委员会议事规则》，共6章43条。规则规定：常委会议事严格遵守党章和《准则》的规定，认真履行县委职责，努力提高办事效率；常委会议事实行民主集中制原则；凡属方针政策性的大事，凡属全局性的问题，凡属重要干部的推荐、任免和奖惩都由常委会集体决定，必要时可提请全委会集体决定；坚持决策的民主化、科学化原则，在充分调查研究、论证的基础上，对重大问题作出决策。

11月22日　县委召开五届七次全体会议。会议号召全县各级党组织，全体共产党员认真学习和贯彻中共十四届四中全会《决定》，全面加强党的建设，增强党组织的凝聚力、号召力和战斗力，努力提高响水县党建工作水平。会议通过《关于认真学习和贯彻党的十四届四中全会〈决定〉的决议》。

11月29日~12月1日　县科协第三次代表大会召开。会议听取单体杭作《开拓创新，团结奋斗，为实现响水经济再上新台阶作贡献》的报告。会议选举单体杭为县科协主席，孟昭华、左文保为县科协副主席。

12月1日　县委召开县级机关作风整顿经验交流会。

12月12~14日　县妇女联合会第五次代表大会召开。会议听取汪洪萍作《全县妇女团结起来，奋发自强，为加快响水的建设发展再立新功》工作报告。会议选举汪洪萍为县妇联五届执委会主席，李萍、高珍为副主席。

12月19日　崔士明任县人民政府副县长，朱定华辞去副县长职务（调市分配）。

△　根据《国家公务员暂行条例》《国家公务员考核暂行规定》要求，响水县成立机关事业单位年度考核委员会。李树春任主任，于海波、周德祥任副主任。日常事务由县组织、人事部门承担。

12月23日　县委、县政府印发《关于搞好今年农村党员冬训工作的意见》，明确1994年冬训的主要内容为三个方面的教育：1. 贯彻落实中共十四届四中全会《决定》和全国农村基层组织建设工作会议精神的教育；2. 进行贯彻落实中央经济工作会议精神，加快农村改革和发展步伐，努力实现小康目标的教育；3. 进行坚持两手抓，做到两手硬，切实抓好社会主义精神文明建设的教育。各乡镇党委在抓好三个专题教育的同时，把冬训同组织学习《邓小平文选》（1~3卷），同开展"双评"（即民主评议党员、"三户"创评）工作，同解决当前农村工作和党员、干部思想上存在的突出问题结合起来，努力使1994年冬训取得实实在在的成效。

12月29日　县委、县政府对在县城"创三优"竞赛活动中取得显著成绩的响水中学等"十佳单位"和王文中等"十佳个人"进行表彰。

1995 年

1 月 1 日　县直行政事业单位人员实施公费医疗保险制度。

1 月 5 ~ 11 日　副县长高兆顶率县粮食系统及有关部门负责人在河南省汝南县考察万头猪场建设情况,与汝南牧工商联合总公司签订在响水县老舍乡合资兴办万头猪场协议书。

1 月 6 日　县五届人大常委会第 14 次会议通过,任命赵菲琳为县人民政府副县长。

1 月 6 ~ 8 日　全县 16 个乡镇先后召开党代会,选举产生各乡镇党的委员会和纪律检查委员会领导人。

1 月 25 日　县委书记、县长李树春,县委副书记崔士明、于海波及县相关部门负责人在县公安局、检察院看望全体干警和检察人员。

△　陈港酱醋厂开发的新产品"醒醋",在 1994 年香港国际保健品博览会上获银奖。

2 月 14 日　县委召开五届八次全委(扩大)会议,认真总结 1994 年度全县工作,部署 1995 年度各项工作任务。会议要求,全县各级党组织要始终坚持"两手抓、两手都要硬"的方针,认真落实中共十四届四中全会《决定》精神,用邓小平特色理论武装广大党员和干部思想;坚持党的民主集中制原则,切实加强党的基层组织建设,大力培养和选拔德才兼备的领导干部特别是优秀年轻干部;坚持从严治党的方针,加强党风廉政建设,深入开展反腐败斗争,不断增强党的凝聚力、号召力和战斗力。

2 月 20 日　县政府制定印发《响水县一九九五年经济社会发展 30 项目标》。主要经济指标:国内生产总值 13.5 亿元,工农业总产值 24 亿元,财政收入 6200 万元,农村人均纯收入 1200 元。

2 月 22 ~ 23 日　全市农村老党员福利基金会工作会议在响水县召开。市委副书记、组织部部长葛绍林到会讲话。会议期间,与会代表参观运河、六套、大有等乡镇农村老党员脱贫致富典型。

2 月 25 日　县委宣传部印发《一九九五年全县宣传思想工作要点》,着重抓好四方面工作:深入开展读书学习活动,用邓小平建设有中国特色社会主义理论武装全县党员干部;正确把握舆论导向,服从服务全党工作大局,围绕县委、县政府中心工作,突出经济宣传,加大改革开放宣传份量;深入开展爱国主义教育,加强和改进基层思想政治工作,继续推进群众性精神文明建设;加强宣传部门自身建设,为全县宣传思想工作再创特色、争当一流提供有力保证。

2 月 27 日　县委、县政府召开全县教育工作会议,总结推广响水县教育战线先进典型经验,部署今后工作。会议肯定全县教育工作者贯彻落实《纲要》和省、市、县《关于加快教育发展和改革的决定》中取得的成绩，表彰1994年度县教育战线先进集体36个和先进个人44名。

2月28日 县委、县政府召开全县对外开放工作会议，动员全县人民解放思想，抓住机遇，迎接挑战，在更广领域、更高层次上扩大对外开放，全面实施外向带动战略。

3月5~7日 政协响水县第五届委员会第三次会议召开。县委书记、县长李树春到会讲话。县政协主席张玉宽主持会议。140多名委员出席会议。县委、县人大、县政府领导崔士明、王万金、于海波、丁茂林、张正华、周德祥、徐宝顶等应邀出席会议。会议通过县政协五届三次会议决议。与会人员列席县五届人大三次会议。

3月6~8日 响水县第五届人民代表大会第三次会议召开。会议总结回顾1994年全县农业、工业、多种经营、教育、计划生育等方面取得的成就，部署1995年工作任务。会议听取《关于响水县1994年国民经济、社会发展执行情况和1995年计划草案》等报告，并作出相应决议。

3月7日 市委、市政府作出《关于1994年度扶贫工作最佳单位、最佳个人和先进单位、先进个人的表彰决定》，响水县财政局被授予最佳单位；县教育局党委副书记沈红被评为最佳个人；县民政局、商业局、交通局及周集乡党委、政府分别被授予先进单位。

3月8日 市委常委、秘书长陶培荣在响水视察陈港外贸紫菜加工厂。县委书记、县长李树春，县委副书记王万金陪同。

3月10日 副县长吴晓、李福祺召开响南乡、小尖镇、运河乡及县有关部门负责人会议，专题会办县境内204国道改造施工方案。

3月11日 省委驻响水扶贫工作队在响水工作。县四套班子领导及有关乡镇负责人参加欢迎会。县委副书记王万金介绍响水基本情况。县委书记李树春表示要珍惜机遇，自力更生，在省委扶贫工作队的支持帮助下，为响水早日脱贫达小康而努力工作。

3月14日 县委副书记、常务副县长崔士明组织县建设局、工商局、公安局、交警大队等部门负责人，察看1995年实事工程项目现场，并召开有关部门负责人会议，落实1995年社会实事工程项目。

3月15~16日 县委召开全县组织工作和农村基层组织建设会议。县委常委、组织部部长周德祥总结1994年度全县组织工作和农村基层建设工作，并部署近期工作。县委书记李树春、副书记于海波分别讲话。

3月17日 全县宣传思想工作会议召开。县委书记、县长李树春到会讲话。县委副书记于海波作工作报告。县委常委、宣传部部长张正华传达全国、省、市宣传部部长会议精神。各乡镇党务书记、宣传委员、关工委主任、县直各单位党务书记、政秘科(股)长参加会议。会议表彰1994年度宣传思想工作先进单位和先进个人。

3月20日 县委、县政府召开扶贫工作会议。会议指出1994年全县各级党委、政府和县相关部门认真贯彻执行党中央、国务院关于进一步加强扶贫开发的指示精神，积极实施包村扶贫工程，加大扶贫力度，加快经济发展，取得新成绩。为进一步推动全县扶贫工作的顺利开展，加快脱贫致富步伐，对1994年度扶贫工作中成绩显著的10个先进单位和21名先进个人予以表彰奖励。

3月21日 为全面实现县委提出的到本世纪末全县人民生活水平达到小康目标，根据省、市委领导关于“三年内响水的特困户要住上小瓦房”的指示精神，县政府把改善全县特困户住房条件作为扶贫工作的重点之一，制定下发《响水县农村特困户建房计划》，明确 1995 年度帮助张集、运河等 6 个乡镇 300 户建房 600 间；1996 年帮助小尖、黄圩等 5 个乡镇 250 户建房 500 间；1997 年帮助老舍、海安集等 6 个乡镇 200 户建房 400 间。建房资金的筹集坚持以自己筹、亲友帮、单位助、集体扶持为主，国家救济为辅的方针。

3 月 24～25 日 中央组织部基层组织建设联系办副主任李天资、处长岳德顺一行在响水调研。省、市委组织部有关人员陪同。县委书记李树春介绍响水基本情况和贯彻落实中共十四届四中全会精神情况。县委组织部部长周德祥介绍响水县狠抓农村基层组织建设、抽派机关干部驻村扶贫情况。

3 月 28 日 响水县扶贫通电工程领导小组成立。副县长吴晓任组长。

3 月 29 日 县委印发《关于在全县开展读书活动的意见》。意见指出：为适应大开放、大发展的新形势，提高广大干部的政治业务素质和工作效率，推动响水县不断加快改革开放和经济建设步伐。要求全县各级党政机关干部、企事业单位的管理人员和专业技术人员，掌握必备的市场经济知识、现代管理知识和岗位专业知识，采取办班授课、自学为主、突出重点、逐步推开。

3 月 31 日 《盐阜大众报》响水记者站成立。市委宣传部和《盐阜大众报》社领导王伯杏、徐素军及县委部分领导出席成立仪式。

4 月 3 日 “盐城市爱国主义教育基地”授牌仪式在县烈士陵园举行。县爱国主义教育有关职能部门领导及部分驻城中、小学教师 300 多人参加揭幕仪式。县委副书记于海波参加仪式并讲话。

4 月 4～5 日 市委书记徐国健，市委常委、秘书长陶培荣在响水检查指导工作。县委书记、县长李树春陪同视察双港、老舍、南河、海安集、港南、陈港、黄圩、响南等乡镇的工业生产情况和县制药厂生产经营情况。

4 月 5 日 响水县第三次工业普查领导小组成立。副县长吴晓任组长。

△ 响水县城市管理委员会成立。县委书记、县长李树春任主任，副县长崔士明、刘建民、李福祺任副主任。10 日，县政府印发《关于加强城市管理的若干规定（试行）》，明确管理区域、范围、管理要求及处罚规定。

4 月 6～8 日 响水县第五届黄圩风筝文化艺术节在黄圩乡举行。市委宣传部副部长刘汉昌，市文化局长钱玉新及县有关领导出席开幕式。艺术节期间，3 万多人参加文艺踩街表演、体育比赛、风筝放飞比赛及商品交易等活动。

4 月 8～10 日 省扶贫领导小组组长、省人大常委会副主任曹鸿鸣，省扶贫办主任、省委农工部副部长张小纲，市委副书记周福元，市委常委、秘书长陶培荣在响水县检查指导扶贫工作。县委书记、县长李树春，省驻响水扶贫工作队长、省水利厅副厅长沈之毅汇报响水县扶贫工作情况及今后加快脱贫步伐的战略思路，并陪同察看张集、老舍、双港等乡镇农户生产生活情况。

4 月 10 日 县委印发《关于在全县党员中开展“学理论、学党章”活动三年规划》。通过理论学习，联系实际解决三个问题：一是党员要树立共产主义理想，坚定走有中国特色社会主义道路的信念，提高坚持党的基本路线的自觉性，模范执行党的各项方针、政策；

二是党员要坚持全心全意为人民服务的宗旨，密切联系群众，廉洁奉公，遵守纪律，自觉抵制个人主义、拜金主义和腐朽生活方式的侵蚀；三是党员要按照党章规定认真履行义务，正确行使权利，在改革开放中建功立业。规划要求各级干部和各行各业的广大党员，通过“双学”进一步增强执行党的基本路线的自觉性，在各自的岗位上发挥先锋模范作用，争做新时期合格的共产党员。至年底，全县先后组织科级干部“双学”培训班4期，印发学习辅导材料1500多份，全县246名村支书集中学习理论和业务。

4月12日 县委宣传部印发《关于一九九五年全县党员教育工作的意见》，意见明确1995年度全县党教工作的任务是：全面贯彻落实《中共中央关于加强党的建设几个重大问题的决定》精神；组织全体党员、干部学习建设有中国特色社会主义理论和党章，把“三基本”教育不断引向深入；继续贯彻全县党员教育工作会议精神，抓好《三年学理论、学党章规划》的教育实施，坚持农村党员冬训、基层党校轮训和支部上党课为主要形式的党员教育基本制度；加强队伍建设，努力提高党员教育专、兼职人员的思想政治素质和业务能力；加强调查研究，认真总结党员教育工作的新鲜经验。

4月13日 县委发出《关于开展向孔繁森同志学习活动的通知》，要求全县各级党组织认真组织党员和干部学习孔繁森的优秀事迹，以实际行动学习孔繁森顾全大局、无私奉献的坚强党性；学习他热爱人民、服务人民的公仆情怀；学习他勤政廉洁、克已奉公的高尚品德；学习他艰苦奋斗、知难而进的拼搏精神；学习他开拓进取、求实务实的优良传统。通过学习进一步振兴精神，艰苦奋斗，扎实工作，全面超额完成响水县三年翻番任务，以优异的成绩向建县30周年献礼。至年底，全县党员干部收看、收听孔繁森事迹报告录像100多场次，组织学习孔繁森座谈会、交流会20多场次，征集学习体会文章700多篇。

4月15日 县委、县政府作出《关于加速后进转化、争创计划生育合格县的决定》。

△ 全县读书学习动员会召开。县委书记、县长李树春作动员报告，县委常委、宣传部部长张正华宣读县委《关于在全县开展读书学习活动的意见》。县四套班子全体负责人，县各部委办局、县各直属单位主要负责人，各乡镇党务书记、宣传委员出席会议。

4月17日 县委、县政府授予朱楼宝“优秀少年”称号。朱楼宝，响水县南河乡头甲村小学五年级学生，1994年7月14日为抢救一名落水儿童，献出年仅12岁的生命。

4月20日 县委宣传部发出通知，要求在全县企事业单位开展“爱我中华、兴我企业、看我贡献”主题教育活动。

4月23日 为贯彻落实中共中央《关于加强农村基层组织建设的通知》精神，切实做好全县52个经济薄弱村（人均收入低于800元）和12个处于瘫痪、半瘫痪状态的后进村党支部的帮扶、整顿工作。县委印发《全县整顿后进村和经济薄弱村党支部工作规划的通知》。同日，县委印发《响水县加强农村基层组织建设三年规划》。

5月1日 全县国家机关、社会团体、企事业单位及个体经济组织的职工统一执行国务院规定的新工时制度，每周星期六和星期日为周休日。企业单位可实行每周工作40小时的标准工时制度。

5月3日 响水县1995年度民兵组织整顿工作开始，至5月17日结束。通过整顿，进一步巩固和健全民兵组织，充分发挥民兵在两个文明建设中的作用。

5月8日 县政协五届十二次常委会议召开。县政协主席张玉宽主持会议。会议传达学习中共中央关于政协工作的意见,讨论并通过《关于在全县政协委员中开展“我为建县三十周年办实事”活动的意见》。县委副书记王万金、副县长高兆顶应邀出席会议。

5 月 9~11 日 江苏灌河口电厂初步可行性审查会在响水召开,全国各地 150 名专家和代表及新闻记者出席会议。会议一致通过陈家港灌河口为 360 万千瓦火力电厂的推荐厂址。6 月 4 日,国家电力部规划设计司司长冉莹一行 3 人在副市长袁世珠、副县长吴晓、周福迪及省、市电力局有关领导的陪同下视察陈家港电厂厂址并给予高度评价。7 月 24 日~8 月 25 日,县委书记、县长李树春,县委常委、宣传部部长张正华先后在北京汇报陈家港电厂前期工作情况,力争陈家港电厂列入国家“九五”计划。在此期间,省计经委和市政府负责人专程在北京向国家计委等有关部门领导汇报陈家港电厂情况;省长郑斯林、副省长季允石、陈必亭在北京向国务院副总理邹家华汇报陈家港电厂情况,争取将其作为“九五”第一个新开工项目。9 月 15 日,省电力局与美国能源发展公司签订总额为 14 亿美元的合资建设陈家港电厂的协议书。12 月 22 日,华东电力管理局、江苏省计经委、江苏省电力局《关于江苏省陈家港电厂一期工程项目建议书》经国家电力部研究同意,以正式文件形式报国家计委立项。

5 月 11~18 日 县委举办第一期示范村党支部书记培训班。33 个村支部书记参加培训,主要学习县委组织部编印的《党的建设学习材料》。

5 月 12 日 县委武委会进行部分人员调整:李树春任主任,崔士明、丁茂林、林启俊任副主任。

5 月 15 日 县政府确定江苏灌河集团公司为县企业教育综合改革试点单位。

△ 县委、县政府印发《严格控制和减少各类庆典活动的通知》。通知要求:严格控制庆典活动的次数和规模;控制领导人参加庆典活动的人数;严格控减财力、物力的开支;加强检查监督,发现问题及时处理。

5 月 18 日 县委、县政府召开“打地霸、反敲诈”专项治理动员大会,在全县范围内全面开展社会治安综合治理,整顿劳务运输市场,改善投资环境,促进经济建设和社会事业的发展。会上宣判和逮捕一批严重危害社会治安的犯罪分子。各乡镇设立分会场。

5 月 20 日 《话说苏北大平原》摄制组在响水拍摄灌河风光、响中校园、陈家港电厂厂址、三圩盐场晚景及县金兰集团、县轴承座厂部分产品等镜头。

5 月 21~22 日 市人大常委会副主任、九三学社主任委员蔡秀明,市政协副主席、市委统战部长洪家壁率市九三学社专家、学者一行 19 人在张集乡开展科技扶贫活动,并向该乡夹冲村捐赠漂白精片 8 箱、喷雾器 2 台、衣服 400 多件、科技书籍 100 多本。

5 月 25 日 县文化局剧目创作室创作的新编历史剧《南归记》,获第九届华东地区“田汉戏剧奖”二等奖。

△ 响水县市场物价领导小组成立。县委副书记、常务副县长崔士明任组长,副县长周福迪、高兆顶任副组长。

5 月 29 日 县委制定《关于控减农民负担工作的意见》,要求全县各级党政负责人学习中央、省、市、县有关控减农民负担的政策、法规,认识控制和减轻农民负担是稳定农业、农村的大事,是关系到农村政权巩固和密切党群、干群关系的政治问题。正确处理改革、发展与稳定的关系,把减轻农民负担作为党的农村工作的一项基本政策不变。

6月4日 省委、省政府扶贫现场办公会议在响水召开。省委副书记许仲林、省人大常委会副主任曹鸿鸣、省委副秘书长董瑾和省计经委、财政厅等16个单位负责人及省新闻单位记者出席。市委书记徐国健、市长徐其耀及市直有关单位负责人参加。会议听取响水、滨海、灌云三县主要负责人的工作汇报。会议决定对响水投资资金3000多万元,其中扶贫资金700多万元。

△ 台湾醒吾商业专科学校校长顾建东为团长的盐城台湾同胞旅游团一行50多人在响水观光旅游。旅游团参观金兰集团、响水中学和县特殊教育学校。顾建东向县特殊教育学校捐赠600美元,并被响水中学聘为名誉校长。

6月6日 县委书记李树春主持召开县委常委议军会议,专题研究全县人民武装建设有关问题。会议决定:县财政每年拨款1万元作为国防教育经费,纳入县财政预算;同意将原农村每人每年上缴民兵训练费0.3元改为0.5元,仍由县委农工部征收;城镇与工厂、企业民兵训练费按每人每年1元上缴(停产半停产企业缓收);凡民兵训练经费被乡镇挪用的,可直接从乡镇财政经费中划拨;继续重视人武干部队伍建设,做好人(专)武干部的进出交流工作。

6月19日 响水县境部分乡镇遭受大风、冰雹袭击,25万亩农田受灾,直接经济损失1.5亿元。

6月23日 副县长刘建明主持召开"希望工程"会办会,对全县因贫困辍学的1886名儿童全部落实帮扶措施,确保辍学儿童重返校园。

6月29日 县委制定并印发《培养选拔优秀年轻干部加强领导班子建设三年规划》。规划明确各级领导班子的目标任务,强调后备干部选拔的渠道是:从1985年以来的大中专毕业生,特别是90年代的大学生中挑选人才;从"五大生"中挑选人才;从劳动模范、先进工作者、"三八"旗手、新长征突击手中挑选人才。建立县500名、乡1000名优秀青年人才库,并从组织上保证党的基本路线的贯彻执行和两个文明建设目标的实施。

6月30日 盐城市委表彰一批先进基层党组织,优秀共产党和优秀党务工作者。响水县双港乡党委、县盐务局党委、金兰集团公司党委、港南乡红星村党支部、缫丝厂党总支、燃料公司党总支、散热器厂党总支被授予先进基层党组织;薛云龙、卜曙等8人被表彰为优秀共产党员,尤应山、王其楼等8人被评为优秀党务工作者。

△ 县委召开庆祝"七一"暨表彰大会。县委书记李树春到会讲话。大会表彰68个先进基层党组织、50名优秀党务工作者和200名优秀共产党员,并为受市委表彰的7个基层党组织、8名优秀党务工作者和8名优秀共产党员颁发证书。县四套班子领导,各乡镇党务书记、组织委员,县直各单位党组织负责人200多人出席。

7月3~8日 各乡镇党委书记、县有关部门负责人在江阴、泰州、靖江、张家港等地考察学习。

7月4日 县委、县政府出台《1995年综合改革实施意见》。意见强调:以加快建立社会主义市场经济体制和经济协调发展为目标,以城乡结合为特点,以经济体制改革为重点,始终坚持三条基本原则:一是坚持以经济建设为中心,紧紧围绕本地经济发展战略,把改革、开放、开发三者紧密结合起来,以改革促进开放、开发,促进经济的协调发展;二是坚持从本地的实际出发,因地制宜确立改革与发展的路子和具体措施,创造出具有本地特色的改革与发展的新鲜经验;三是坚持城乡一体化,整体推进综合配套改革。意见进一步明确综合改革的各项任务。

7 月 10 ~ 13 日 县四套班子领导组团在苏中、苏南考察学习。

7 月 18 日 县政府在全县开展秋熟超产活动,争取全县秋粮总产 18.3 万吨以上,棉花总产 15 万担以上,多种经营增收 5000 万元以上。以实际行动贯彻县委提出的"翻两番、过百亿、达小康"的战略决策。

7 月 14 日 县委召开县四套班子负责人会议,讨论研究"九五"规划。与会人员一致赞成县委提出的"九五"翻两番,过百亿,达小康目标。

7 月 21 ~ 22 日 县委五届九次全体(扩大)会议召开。县委书记、县长李树春作《奋战"九五"翻两番、实现百亿达小康》报告,总结"八五"以来全县经济和社会事业取得的成就和经验,并明确"奋战'九五'翻两番,实现百亿达小康"的目标。县委副书记王万金讲话。会议期间,江苏森达集团等 5 个单位负责人应邀在响水作经验介绍;县内 20 多个单位负责人作表态发言。

7 月 27 日 县政府转发县人事局《关于做好 1995 年毕业生就业工作意见》,要求各地、各部门要主动配合人事部门,做好 1995 年大中专毕业生的接收和安置工作,为培养和造就跨世纪人才队伍,迎接响水县新一轮经济大发展尽职尽力。

7 月 30 日 县政府五届六次全体(扩大)会议召开。副县长刘建民主持会议。副县长吴晓作《认清形势,振奋精神,同心同德,真抓实干,为超额完成今年各项任务和三年翻番目标而努力奋斗》的报告。县政府办主任蔺盛冬通报全县 1995 年上半年工业、农业、社会事业 30 项实事工程完成情况。

8 月 1 日 响水县被市委、市政府表彰为双拥工作先进单位。

8 月 3 日 市委决定:刘建民任中共响水县委常委。

8 月 10 日 响水县禁毒禁猖工作小组成立。崔士明任组长,周福迪任副组长。

8 月 17 日 响水县幸福北路改造开发建设工程指挥部成立。县委常委、副县长刘建民任总指挥,副县长李福祺任副总指挥。

8 月 21 日 县委组织部发出《关于在全县农村党支部中开展"理思路、促发展"竞赛活动的通知》。通知要求参赛对象为全县 248 个村党支部;活动内容为本村"九五"经济发展思路和具体目标措施。此次活动历时两个月,选出 100 个"好路子",10 名优秀村党支部书记。

8 月 27 日 副县长高兆顶率棉花生产考察团 33 人在江西彭泽考察棉花生产。

8 月 30 日 县政府决定撤销县城综合治理办公室,组建响水县城市综合管理监察大队,为全民事业性质,副科级建制,由县建设局主管,县公安局协管。

9 月 5 日 县委召开全县企业家、党外干部和女干部工作会议,研究落实响水县企业家队伍建设工作及培养选拔党外干部、女干部工作和发展女党员工作。

9 月 6 日 县政府印发《关于一九九五年教师节庆祝活动安排的意见》,要求坚持简朴、务实的原则,重点是贯彻落实《中华人民共和国教育法》,在全社会进一步倡导尊师重教的良好风气,为教育办实事,解决实际问题。

9 月 11 日 响水县住房制度改革领导小组办公室更名为"响水县住房制度改革办公

室”,为全民事业性质,相当科级建制,由县政府办代管,同时建立“响水县住房基金管理中心”和“响水县经济适用住房开发中心”,与县房改办合署办公。

△ 根据有关文件精神,县职中为科级建制;县残联为副科级建制;县公安局刑警队升格为刑警大队,对外称“响水县公安刑事警察大队”,为副科级建制,隶属县公安局领导。

9月12日 响水县小康村建设工作领导小组成立。县委副书记王万金任组长,周德祥、高兆顶、彭庭佑、华传宝任副组长。14日,县委召开全县小康村建设工作会议,传达贯彻全省奔小康经验交流会精神,要求切实做好全县小康示范村建设和经济薄弱村转化工作,动员全县人民加快奔小康进程。县委副书记王万金作《自力更生,艰苦奋斗,抓住机遇,大干快上,为全县1999年全面实现小康而努力奋斗》报告。

9月15日 县政府召开全县禁毒禁娼工作会议。县委副书记于海波、副县长周福迪分别讲话。

9月16日 响水县改造中低产田指挥部成立。县委书记李树春任指挥,王万金任政委,高兆顶任常务指挥。19日,县政府根据省委、省政府加大淮北贫困县中低产田改造投入的良好机遇,加速响水县农村基础设施和农村城市化发展进程,印发《关于响水县中低产田改造及农村基础设施规划意见》,要求农村基础建设要以改造中低产田和水利建设为龙头,按照统一规划,连片治理,推磨转圈,四年平衡,五年扫尾的原则,实行水利、交通、村建绿化、供电、邮电、广播、自来水等综合规划,促进农村各项事业协调发展。

9月24日 县委常委、宣传部部长张正华等在南京协调解决兴建陈家港电厂资金问题。经省计经委副主任王小敏协调,内资部分得到落实,于9月26日15时形成正式文件,陈家港电厂前期工作取得实质性进展。

9月25日 县委、县政府印发《关于加快小康村建设的意见》。意见强调,要把小康村建设作为总揽农村工作全局的“第一号”工程来抓。“九五”期间,全县小康村建设规划总的序时进度为:1995年10个村,1996年31个村,1997年51个村,1998年70个村,1999年86个村。要保证小康村建设目标的顺利实现,重点抓好五方面工作:1. 围绕加快农村经济发展为中心,大幅度增加农民收入;2. 抓好小康示范村建设,加快扶贫脱贫致富的步伐;3. 大力发展村级经济,增加集体积累;4. 强化村镇规划建设,努力改善生产生活环境;5. 切实加强精神文明建设,促进两个文明全面发展。

9月26日 全县创建卫生城镇动员大会召开。县委常委、副县长刘建民作动员报告。驻城机关单位负责人,响水镇、响南乡部分村组干部及县城个体户代表350多人出席。

9月29日 县委、县政府召开全县文明单位表彰大会。县委副书记于海波到会讲话。会议表彰191个文明单位(文明村)。

9月30日 县城幸福北路改造开发工程拆迁工作结束,拆迁总面积达7243.57平方米。

10月2日 县委、县政府制定印发《关于〈中国教育改革和发展纲要〉的实施意见》。1. 九年制义务教育:在1994年全县基本普及九年义务教育的基础上,进一步改善办学条件,着力巩固和提高义务教育成果;到1997年,全县有10个乡镇达到普及九年制义务教育较高标准;到 2000 年,全县基本达到这一标准。1995 年创特殊教育先进县。1996 年,县城基本普及学前三年教育,农村普及学前一年教育。2. 高中段教育:1995 年全县高中段入学率 45% 以上;到 2000 年 55% 左右,县城基本普及高中阶段教育。3. 职业教育:1995 年职业技术教育占高中阶段教育的比例为 50%,2000 年达 60%,努力办好现有两所职中。“九五”期间,县职中进入国家重点职业高中行列,并建成高标准的职业中心。4. 成人教育:到 2000 年,全县青壮年非文盲率 97% 以上。

10 月 4 ~ 7 日 县委书记、县长李树春率县四套班子负责人、县直有关单位和各乡镇主要领导一行 44 人,在常熟市对口参观考察。双方洽谈新一轮合作意向。

10 月 6 日 省水利厅副厅长戴玉凯在响水检查水利建设工作。副县长高兆顶陪同,并汇报全县水利建设规划。

10 月 6 ~ 23 日 副县长周福迪率队在青海考察盐化工联产项目。

10 月 9 日 县政府制定印发《响水县村镇规划建设管理暂行办法》,共 5 章 44 条。

10 月 10 日 省农林厅厅长俞敬忠带领徐淮地区农业局长在响水考察站办小农场建设情况。

10 月 15 日 县委召开县级机关党员干部大会,传达江泽民总书记在中共十四届五中全会上的讲话,部署贯彻落实中共十四届五中全会精神。

10 月 16 日 响水县万头良种猪养殖场在老舍乡建成。国家饲料协会会长王维四、河南省汝南牧工商联合总公司经理刘保、省粮食局副局长王智新、省滩涂资源局局长王清等出席开业典礼。县委书记、县长李树春讲话。县委副书记王万金致辞。

△ 为建立健全响水县知识产权管理制度,加强知识产权的管理和统筹协调,根据上级有关文件精神,建立县人民政府知识产权办公会议制度。

10 月 17 日 副县长吴晓代表县政府与法国温斯银行签订建设陈家港电厂合作意向书,法方拟出资 16 亿美元。市长徐其耀出席签字仪式。

△ 县委召开对台工作会议。县委副书记于海波到会讲话。

10 月 19 日 响水县常响协作领导小组成立。

10 月 20 日 县五届人大常委会第 18 次会议通过,免去鲍俊敏县人民政府副县长职务。

10 月 23 日 县委召开乡镇人大换届选举工作会议。县委书记李树春、县人大常委会主任杨钢分别讲话。

10 月 25 日 县委转发县委组织部《关于进一步加强干部宏观管理工作的意见》。意见对干部管理工作提出五点要求:坚持党管干部,牢牢把握干部选拔、任免的正确方向;进一步明确干部管理权限,完善下管一级的干部管理制度;健全干部任免程序和管理制度,使干部管理工作更加制度化、程序化;深化干部人事制度改革,逐步形成富有生机和活力的用人机制;强化组工干部队伍建设,充分发挥组工干部的作用。

10 月 28 ~ 29 日 常熟市委书记江浩带领市委、市人大、市政协领导、20 个镇(区)党委书记及 10 个主管部门负责人 44 人在响水洽谈常响新一轮挂钩协作事宜,签订 42 个协作项目。

10 月 29 日 县委、县政府颁布《关于加强小城镇建设工作的决定》。决定指出:加强村镇建设,要坚持“统一规划,合理布局,因地制宜,综合开发,配套建设”的方针,着力改善农村的居住条件和投资环境,全面提高村镇建设的整体水平。到本世纪末,初步形成以县城为龙头,以小尖、陈港、大有三个建制镇为中心,其他乡镇集镇为网络的初步具有现代化、城市化和城乡一体化的新格局,城镇居民占全县总人口的40%左右;将全县50%以上的小城镇建设成为“布局合理、设施配套、交通方便、功能齐全、环境优美、具有地方特色”的社会主义新型小集镇。“九五”期间,所有建制镇和乡集镇都要完成“四个一”工程,即建好一条样板街,建好一处农贸市场,建好一批新型村(居)民住宅区,新建一块公共绿化地或集镇公园。

11月2日 县委、县政府召开全县城镇建设工作会议,研究部署“九五”村镇建设工作。

△ 县委发出《关于学习贯彻党的十四届五中全会精神的意见》,要求各级党组织在学习中,要做到四个结合:一是把学习五中全会精神与学习特色理论结合起来,全面、准确、深刻地领会五中全会文件的精神实质;二是要把贯彻五中全会精神和科学制定响水县“九五”计划与2010年远景目标结合起来,结合响水县实际,认真讨论、研究和制定响水县“九五”计划和2010年远景目标;三是要把学习贯彻五中全会精神与贯彻省、市、县委有关会议精神结合起来,进一步树立发展是硬道理的思想,在全县形成人人想小康,个个干小康,一心一意奔小康的强烈氛围;四是把学习贯彻五中全会精神与加强党员干部和党风廉政建设结合起来,深入持久地开展反腐败斗争;党员领导干部带头加强党性锻炼,解决世界观、人生观和价值观问题。

11月13日 省总工会原主席康克、盐城地委原副书记祝斌一行6人在响水视察双港、张集、六套、七套等乡的中低产田改造。县委副书记王万金陪同。

11月14日 常熟市非公有制经济代表团一行10人在响水考察,并洽谈部分合作项目。

11月18日 省委常委、常务副省长季允石带领省交通厅、电力局负责人在响水检查扶贫通电工程和204国道改造工程。县委书记、县长李树春和副县长吴晓陪同。

11月20日 县委组织部分干部在常熟市委党校学习培训,提高响水县干部的经济管理水平,增强驾驭市场经济的能力。

11月21日 响水县设分会场收听国务院、省、市政府召开的消灭脊髓灰质炎强化免疫活动电话会议。县委常委、副县长刘建民出席分会场会议并讲话。各乡镇分管负责人和有关单位负责人出席分会场会议。

△ 省政府政策研究室副主任张锋在响水了解中轴厂、自行车配件厂、黄海化工厂等乡镇企业发展情况。副县长赵菲琳陪同。

11月23日 县政协五届14次常委会议召开。县政协主席张玉宽主持会议。县委常委、副县长刘建民到会讲话。会议学习中共十四届五中全会精神,关于响水县实施《教师法》情况向县委、县政府进言献策。

11月27日 副省长姜永荣在响水视察六套、七套、张集等乡的中低产田改造现场。县委书记、县长李树春汇报有关情况。

12月3日 县委、县政府召开全县科学技术大会,总结“八五”、规划“九五”,加快实施“科教兴县”战略。县委书记、县长李树春到会讲话。县委常委、副县长刘建民作工作报告。大会表彰科技兴县集体 12 个,先进个人 37 名。

12 月 4 日 县五届人大常委会第 19 次会议通过,任命吴春明、周启明为县人民政府科技副县长。

12 月 6 日 县政府印发《响水县深化城镇住房制度改革方案》《关于全面推行住房公积金制度的若干规定》《关于出售公有住房的实施方案》《关于公有住房租金改革方案》及《关于住房资金管理实施方案》。

12 月 6 ~ 9 日 全县中小学教育工作会议召开。县委常委、副县长刘建民到会讲话。全县中小学校校长,各乡镇文教助理出席。

12 月 7 日 县政府印发《响水县机关事业单位工作人员养老保险暂行办法》,共 6 章 25 条。

12 月 14 日 县委发出《关于开展向孔繁森式的好干部林正书同志学习活动的通知》。通知指出:林正书是响水县海安集乡立礼村人,出身于一个普通的农民家庭,1972 年入伍,先后任班长、排长、连指导员、营教导员、某部驻镇江干休所政委。在平凡的岗位上,创造一流的业绩,为部队建设奉献自己的一切。由一个农民的儿子,成长为“军中孔繁森”,这是响水人民的光荣和骄傲。县委要求,全县各级党组织、广大党员,特别是领导干部,要象林正书那样,时刻牢记党的宗旨,热爱人民,视党的事业为第一生命,拼搏进取,无私奉献,为党和人民的事业鞠躬尽瘁,死而后已。开展向林正书学习活动,大力宣传林正书事迹,对于促进全县各级领导班子和领导干部加强党性锻练,增强各级干部责任感和使命感,提高贯彻执行党的基本路线的自觉性,认真改进领导方法和工作作风,保持同人民群众的血肉联系,有着重大的现实意义。

△ 响水县设分会场收听全国第六次“扫黄打非”工作电话会。副县长李福祺出席分会场会议并讲话。县委宣传部、县政法委和文化局等单位负责人出席分会场会议。

12 月 15 日 县委召开宗教工作会议,贯彻中央办公厅〔1995〕50 号文件精神,严厉打击邪教组织的违法犯罪活动,保持社会秩序稳定,促进全县两个文明建设。

12 月 17 日 县委举办全县科级干部轮训班,学习《邓小平建设有中国特色社会主义理论学习纲要》《党的十四届五中全会通过的建议》《关于深入开展农村社会主义精神文明建设活动的若干意见》等。培训班共分二期。

12 月 25 日 响水县国家安全领导小组成立。县委副书记于海波任组长。

12 月 26 日 县委、县政府印发《响水县企业家队伍建设三年规划》和《关于培养选拔党外干部女干部工作三年规划》。规划明确至 1997 年底,应配备党外领导干部的政府部门和有关单位,三分之二配备党外干部;县级机关科级女干部的比例在现有基础上提高 3 ~ 5 个百分点,三分之一的机关领导班子中有女干部;乡镇党政领导班子至少有 1 名女干部;企事业单位领导班子中有一定数量的女干部;30% 的村党支部、80% 的村民委员会至少有 1 名女委员;村党支部正副书记、村民委员会正副主任中有一定数量的女同志。至 1997 年底,培养各类企业家 100 名,建设一支 200 人左右的企业家后备队伍。一半以上县属企业班子配备 30 岁左右年轻干部,70% 以上领导干部具备大专以上学历或助理级以上专业技术职称。

12 月 26 ~ 28 日　县委举办全县村党支部书记培训班。

12 月 27 日　县委、县政府印发《关于认真开展 1995 年农村党员冬训工作的意见》。主要内容是:进行宏伟纲领和奋斗目标的教育;把农业放在发展国民经济的首位,深化农村改革,发展农村经济的教育;把社会主义精神文明提高到更加突出地位,切实加强响水县农村精神文明建设的教育。

12 月 31 日　响水县盐化工总厂与青海黎明化工厂、青海大通水泥厂三方在青海大通县举行万吨氯酸钠项目合作协议签字仪式。青海省委、西宁市委和市人大、青海省计委、经贸委、财政厅、省建行等单位主要负责人及大通回族自治县四套班子全体负责人,响水县副县长周福迪、县政协副主席史春耕等出席签字仪式。新华社驻青海记者站、青海省电视台、青海时报社、西宁电视台等新闻单位的记者参加签字仪式。

1996年

1月2日　县政府对1995年度社会事业、农业、工交30项重点工程中,涌现出的11个先进集体和23名先进个人予以表彰奖励。

1月3日　县委宣传部等六部门联合印发《关于今冬明春集中组织开展文化三下乡活动的意见》,主要任务是组织图书、报刊、电影、戏剧和科技下乡,以繁荣和发展农村文化活动,改变农村文化生活较贫乏的状况,满足农民日益增长的精神文化需求,促进农民综合素质的提高。

1月11日　响水县地方税务局党组和县经济技术开发区纪律检查委员会成立。

1月12日　张集乡彭庄村三组发生一起持枪劫持人质案。县公安机关用4小时制服犯罪分子成某某,解救人质。

1月17日　全县各乡镇人大、政府开始换届选举。

1月23日　响水县乡镇企业家协会首届年会召开。

1月24日　市委对响水县党政领导班子进行人事调整。徐恒菊任中共响水县委委员、常委、书记,朱如华任中共响水县委委员、常委、副书记;免去李树春中共响水县委书记、响水县人民政府县长职务(调任市委统战部部长)。

1月29日　副市长张伯瑞在响水调查乡镇工业情况。

1月30日　县委印发《关于加强春节期间党风廉政建设工作的通知》,对全县各级党政机关和干部在春节期间的党风廉政建设提出三点要求:1. 加强与群众的联系,切实解决好困难群众的生活问题;2. 坚决执行党风廉政建设有关规定,过一个清正廉洁,欢乐祥和的春节;3. 领导机关工作人员要严于律己,做好表率。

1月31日　县委常委议军会议召开,专题学习讨论中共中央、国务院、中央军委《关于县(市、区)人武部收归军队建制的通知》,即中发〔1995〕12号文件精神。

2月2日　县五届人大常委会第20次会议通过,决定朱如华任县人民政府副县长、代县长。

2月3日　经市长常务会研究批准,县中医院由集体性质转为全民性质。

2月5~7日　县委五届十次全委(扩大)会议召开。会议总结"八五"工作,讨论确定"九五"国民经济及社会事业发展计划及2010年远景目标;通过《中共响水县第五届委员会第十次全体会议决议》。市委常委、纪委书记计高成到会讲话。

2月7日　县委召开全县组织工作和农村基层组织建设工作会议,贯彻落实全市组织工作会议精神,部署1996年度全县组织工作任务。1. 以加强领导班子思想政治建设为重点,全面提高各级领导干部素质;2. 继续抓紧培养选拔优秀年轻干部,进一步加强各级领导班子建设;3. 适应响水县经济发展要求,切实抓好企业家队伍建设;4. 进一步深化干部队伍制度改革,努力开创适应社会主义市场经济条件的用人环境和选人机制;5. 以农村和国有企业党的工作为重点,切实加强和改进党的基础组织建设。

2 月 9 日 响水县 1995 年扶贫工作汇报会在南京召开。省扶贫工作领导小组组长曹鸿鸣,省扶贫办公室主任张力康,省在响水扶贫的工作队员及其单位的主要领导人出席会议。代县长朱如华汇报 1995 年全县扶贫工作情况和 1996 年扶贫工作思路。

2 月 12 日 县委印发《响水县实施科教兴县战略,加快推进科技进步的若干政策措施》,共分七大类 28 条。

2 月 14 日 响水县召开查禁取缔邪教组织电话会议。

2 月 16 日 县委宣传部印发《一九九六年全县党员教育工作意见》。意见强调:通过教育,使广大党员自觉为实现宏伟纲领而奋斗,把党员"双学"活动作为贯穿全年党教工作主线,继续落实全县"双学"三年规划,着力深化学习,提高实效;以"创先争优"为目标,进一步加强基层党校规范化建设;坚持农村党员冬训、基层党校轮训和支部党课三项基本制度,形成更加健全,更有成效的基层党员教育工作网络;加大对市场经济条件下党教工作的调查研究、理论探讨和舆论宣传力度,努力使全县党教工作取得新进展。

2 月 16 ~ 17 日 省送戏下乡艺术团在响水慰问演出。

2 月 25 日 市委决定:免去丁茂林中共响水县委常委、县人武部部长、党委副书记职务,提名任县人民政府副县长。

2 月 27 ~ 28 日 代县长朱如华率领县有关部门负责人在宿迁、赣榆参观学习乡镇工业。

2 月 29 日 为切实控制和减轻农民负担,根据中央、省有关文件要求,县委决定从 1996 年起,全县实施农民负担监督卡,以加强农民负担规范化、法制化管理,防止农民负担不公、加重农民负担的行为发生。

3 月 4 日 县委办印发《中共响水县委 1996 年工作要点》,总体要求是:全面贯彻党的十四届五中全会和县委五届十次全委(扩大)会议精神,继续坚持"抓住机遇,深化改革,扩大开放,促进发展,保持稳定"的基本方针,围绕实行经济体制和经济增长方式两个根本性转变的要求,积极实施"重农强工,外向带动,科教先行,以港兴县"战略,保持国民经济持续、快速、健康发展,切实抓好党的建设、社会主义精神文明建设和民主法制建设,保持社会稳定,促进社会全面进步,为实现"九五"计划奠定良好基础。经济发展的主要目标是:国内生产总值 17.5 亿元,增长 29.6%;工农业总产值 32 亿元,增长 35%;固定资产投资 3 亿元,增长 93.5%;社会商品零售总额 5.5 亿元,增长 27.9%;外贸出口供货额 3.6 亿元,增长 38.5%;财政收入 7500 万元,增长 33.9%;农村人均纯收入 1900 元,增长 32%。

3 月 4 ~ 7 日 政协县五届四次会议召开。会议听取和审议政协常委会工作报告,并通过相应的决议(草案)。会议号召全体委员和各界人士,在中共响水县委领导下,高举建设有中国特色社会主义的伟大旗帜,统一思想,齐心协力,为香港顺利回归祖国,发展海峡两岸交流与交往,推进祖国统一大业,作出不懈地努力,为实现响水县"八五"计划和 2010 年远景目标作出更大贡献。会议选举陈苏红任政协县五届委员会副主席。全体委员列席县五届人大四次会议。

3 月 5 ~ 7 日 县五届四次人代会召开。会议审议并通过县长朱如华作的《政府工作报告》,批准《响水县国民经济社会发展第九个五年计划和 2010 年远景目标纲要》。会议听取《关于响水县 1995 年国民经济和社会发展计划执行情况及 1996 年财政预算草案的报告》等报告,通过相应的决议。会议指出,今后 15 年是响水县国民经济和社会发展的关键时期,必须全面贯彻中共十四届五中全会的部署,以高度的责任感和紧迫感,动员和组织全县人民在实现第二步战略目标的基础上,不失时机地向第三步战略目标迈进。会议强调,各级政府进一步建立健全民主监督程序和制度,提高依法行政,依法管理的水平和能力,切实转变政府职能,努力改进工作作风,密切联系群众,勤政廉政,真抓实干,迈好"九五"第一步。

3 月 8 日 县妇联召开"三八"国际劳动妇女节纪念大会。会议表彰"巾帼建功"及"双学双比"活动先进个人 115 名。县委书记徐恒菊、副书记于海波分别讲话。

3 月 10 日 县长朱如华带领有关部门负责人在北京召开 1996 年响水经济发展汇报会,并开展招商引资活动。

3 月 14 日 省委副书记许仲林在响水考察扶贫工作。上午考察中轴厂、通榆河工程响水段、制药厂、响港路二期工程、老舍乡万头猪厂、六套乡和七套乡中低产田改造工程。下午,召开座谈会。县委书记徐恒菊汇报全县经济社会发展和扶贫工作情况。

3 月 15 日 县委成立县城开发和基础设施建设工程指挥部。县委书记徐恒菊任指挥。

3 月 17 日 县长朱如华、副县长李福祺带领有关部门负责人在海门考察旧城改造。

3 月 18 日 县委出台《中共响水县委 1996 年党风廉政建设责任制》。

3 月 19 日 81032 部队镇江干休所"军中孔繁森——林正书先进事迹报告团"在响水作报告。林正书生前的领导、战友和妻子分别介绍林正书先进事迹。县委号召在全县范围内再掀学习林正书的热潮,脚踏实地做好本职工作,为两个文明建设多作贡献。

△ 县委召开全县纪检监察工作会议,推动全县党风廉政建设和反腐败斗争的深入开展。

3 月 20 日 县委作出《关于进一步加强扶贫小康工作的决定》。提出进一步加大扶贫力度,确保 1997 年贫困乡镇、村达到脱贫,1999 年全面实现小康目标。

3 月 25 日 县委书记徐恒菊带领省扶贫乡镇党委书记和县有关部门负责人在南京落实扶贫项目,并开展招商引资活动。

3 月 26 日 县政府印发《响水县人民政府加快公路建设的意见》。意见明确"九五"期间,全县公路建设按照"县级骨干公路黑色化,县、乡、村公路网络化"的总体要求和"三横八纵一出口"的规划布局,各乡镇建成干线,勾通主骨架,扩大支线,形成网络,实现村村通公路。

3 月 28 日 市委决定:于海波兼任中共响水县纪委书记;周德祥任中共响水县委副书记,免去响水县委组织部部长职务;崔廷成任中共响水县委组织部部长,免去中共响水县纪委书记职务;免去张正华中共响水县委宣传部部长职务(提名任县政府常务副县长);朱志和任中共响水县委委员、常委、宣传部部长;免去崔士明中共响水县委副书记、常委、委员职务(另行分配);免去王万金中共响水县委副书记、常委、委员职务(另行分配)。

4月4日 县五届人大常委会第22次会议讨论通过,任命张正华为县人民政府副县长;免去崔士明县人民政府副县长职务(另行分配)。

4月5日 省电力局工会主席许援朝一行在响水向张集乡捐赠变压器、电动机等价值130.9万元扶贫物资。

4月16日 为实现计划生育合格县目标,县委重申计生工作四条纪律:1. 一把手负总责,乡镇、村居计生工作出现严重问题,首先追究党委书记责任,实行一票否决权;2. 强化对乡镇、村居干部教育管理,凡搞"放生""放查""权钱交易"的,一经查实,一律作撤职处理,并追究党委、支部主要负责人的领导责任;3. 强化对卫生技术人员的教育管理,凡医务人员做假绝育、节育手术,出具假证明,做非医疗性胎儿性别鉴定,一经查实,一律开除公职;4. 强化对党员、干部、职工教育管理,凡不按计生政策计划外生育的,除按规定罚款外,一律开除公职(农村干部撤销职务、党员开除党籍)。

4月17日 应农业部邀请,副县长赵菲琳带领县农业局、多种经营管理局、七套乡、港南乡等单位负责人在北京参加"中国农业发展国际研讨会暨投资与贸易洽谈会"。

4月18日 县五届人大常委会第23次会议通过,任命姚永兴为县人民政府副县长;免去罗世保县政府副县长职务。

4月19~20日 省农资连锁经营现场会在响水召开。

4月26~27日 县委、县政府举行庆祝建县30周年活动暨经贸洽谈会。全国政协常委韩培信、省环保局原局长侯雨亭、省农业资源开发局局长王清、市委书记林祥国、市长徐其耀及曾在响水工作过的老同志、老领导、海内外客商、宾朋等299人应邀出席。县委书记徐恒菊作报告,韩培信、林祥国分别讲话。26日下午,举行项目、产品信息发布会和经贸洽谈活动。27日,县庆领导小组召开经贸洽谈新闻发布会;县政协召开海外联谊会。

4月29日 县建设局与台湾东裕电器股份有限公司签订开发县城协议书,对县城响灌中路、响灌东路、幸福中路进行房地产开发。东裕公司协议投资500万美元。

4月30日 县政府召开庆"五一"暨首届劳动模范表彰大会。张建玲等59人被授予"响水县劳动模范"荣誉称号,颁发奖金各500元。

5月7日 县巩固"普九"成果现场会召开,大有、老舍等乡镇在会上交流经验。副县长丁茂林到会讲话。

5月8日 县委召开全县宣传思想工作会议。会议传达贯彻全国、全省宣传部部长会议精神,部署"九五"期间和1996年度响水县宣传思想工作的任务。县委书记徐恒菊,县委常委、宣传部部长朱志和讲话。

5月9日 县委发出《关于严肃党纪政纪保证机构改革顺利进行的通知》,要求各级党政组织和党员干部,坚决贯彻机构改革的各项政策和规定,恪尽职守,顾全大局,遵纪守法,廉洁奉公。在机构设置、人员编制配备上,要严格按照上级有关规定执行,不得擅自突破限额或作变通处理。严格组织人事纪律,任何单位和个人不得在机构改革中违反规定,擅自提高机构规格,突击提拔干部、发展党员和评定职称;因机构调整、撤并、精简编制要调整和调动人员,不得拒绝组织安排;严格执行财经纪律,严禁借改革之机,私分、变相发放和转移财物,化公为私;不准巧立名目,滥发钱物,公费旅游,公款吃喝,铺张浪费;加强对机构改革工作的监督检查,对违反党纪政纪的要追究当事人和领导者的责任,视情节轻重给予党政纪处分。

5月15日 市委宣传部和团市委牵头组织的"小康路上写青春"先进人物事迹巡回演讲报告会在响水县举行。县直各单位干部职工1000多人出席。

5月26日 香港祺业国际有限公司彭亦为在响水考察,并与县房屋建设开发公司、制药厂签订合作协议。

5月26~28日 中共响水县第六次代表大会召开。徐恒菊作《加快改革步伐 加强党的自身建设,为全面实现小康目标阔步迈向二十一世纪而奋斗》的工作报告。报告提出今后五年:"以富乡富民为总目标,坚定不移地贯彻党的基本路线,紧紧围绕两个根本性转变,积极实施四大发展战略,动员和带领全县广大干群,加快改革开放,加快经济发展,确保实现'二年脱贫,四年小康,五年翻两番'的奋斗目标,努力把响水县建成经济发达、科技进步、生活小康、环境良好、法制健全、社会文明的新响水"。于海波作县纪委工作报告。大会选举产生新一届县委委员31名(侯补委员4名),常委9名;徐恒菊任县委书记,朱如华、于海波、周德祥任县委副书记。大会选举产生县纪律检查委员会委员13名,于海波任县纪委书记。

5月30日 省计生委主任徐惠仁,市计生委主任钟左文、副主任施秀芹在响水检查计生工作。

△ 省电力局工会主席许援朝代表该局团组织向张集乡儿童赠送价值11160元的书包、练习本等节日礼物。

6月1~2日 省水利厅副厅长徐俊仁带领淮北农村改水工作领导小组17人在响水检查工作。

6月3日 县委公布1995年度计划生育工作滞后的苗寨等30个村,并列入全县1996年度计划生育工作重点管理村;对三月份"双月查"质量考核中积分列全县倒数一、二、三名的黄圩乡、周集乡、响南乡给予黄牌警告。

6月10日 县委召开全县统战工作会议。

6月11日 县委成立多种经营脱贫小康工程指挥部。县委书记徐恒菊任指挥,县委副书记周德祥任常务指挥,下设一室六组。在全县开展资助发展大棚蔬菜生产活动,计划到年底兴建冬暖式大棚5000个。18日,县委、县政府召开多种经营脱贫小康工程动员大会。

6月14日 副省长姜永荣在响水检查工作,视察六套、双港、老舍等乡的夏收和中低产田改造情况。

△ 南化集团向响水县周集乡捐赠5万元人民币和30吨复合肥。

6月16日 县委制定《响水县"九五"期间农村党员、基层干部实用技术培训规划》。计划5年内培训10万人,即平均每年培训2万人。

6月17~19日 中国国际工程咨询公司受国家计经委委托,组成项目专家组,在响水对陈家港电厂一期工程进行项目评估。

6月24日 响水县国防动员委员会成立,下设一组三室。

6月26~29日 全县工业经济上规模、创名牌动员大会召开。会议期间,县政府组织工业、金融、经济管理部门负责人在阜宁、建湖、大丰、城区、郊区、市开发区参观学习。

6月29日 县委召开建党75周年庆祝大会。会议对全县党建工作中取得优异成绩的47个党支部(总支)、24名优秀党务工作者和97名优秀共产党予以表彰。

7月4日 县委颁发《中共响水县委关于加强自身建设的决定》。决定明确:1. 政治上要保持坚定,坚持走建设有中国特色社会主义道路;2. 健全党内民主生活制度,严格执行民主集中制;3. 坚持党的群众观点和群众路线,切实转变工作作风;4. 加强党风廉政建设,树立党员干部的良好形象。

△ 县委发出《关于学习江泽民在纪念建党75周年座谈会上讲话的通知》,要求各级党组织要组织党员认真学习江泽民总书记讲话,深刻认识提高干部队伍素质的重要意义,分析本单位、本部门干部队伍现状,研究落实加快提高干部素质具体措施,为实现"二年脱贫、四年小康、五年翻两番"宏伟目标,提供组织保证。

7月7日 县委、县政府制定《关于加快实施多种经营脱贫小康工程的若干规定》,共6个方面24条。

7月8日 县委、县政府印发《在全县公民中开展法制宣传教育的第三个五年规划》。

7月9日 市郊区区委书记朱红春带领有关乡镇党委书记在响水召开南北挂钩工作会议,落实南北挂钩项目。市委副秘书长江士荣到会讲话。

7月10日 县委印发《响水县贫困村脱贫标准和脱贫规划》,共14条标准。

△ 市四套班子领导在响水检查了解张集、六套、七套、双港、老舍等乡中低产田改造情况。

7月10~11日 县委召开工作会议,贯彻落实中共十四届五中全会和省委扬州会议精神,认真总结上半年工作,部署下半年工作任务。县委副书记、县长朱如华对全县经济工作提要求。几位外地先进模范人物介绍他们的感人事迹。县委书记徐恒菊在讲话中强调:任何时候,任何情况下,都要始终坚持经济建设为中心不动摇;始终坚持"两手抓、两手都要硬"的方针,把党的建设和精神文明建设的着力点放在激发广大干群政治热情、调动保护积极性上来;事业成败的关键,在很大程度上取决于正确的决策能否真正得到落实。

7月13日 响水县检察院反贪污贿赂局成立,为二级局机构。

7月17日 县五届人大常委会第25次会议审议通过《关于在全县公民中开展法制宣传教育的第三个五年规划》和《响水县依法治县的规划》。

7月21日 根据中央军委〔1996〕4号文件和全国、省、市预备役军官军衔评授工作会议精神,成立响水县预备役军官军衔评授工作领导小组。县委书记徐恒菊任组长,张正华、林启俊、苗正荣任副组长。

7月23日 受连日阴雨、沂河行洪、204国道中断及通榆河工程影响,响水县境内307、308线负荷过大,导致周集、张集、运河、黄圩等乡境内部分路段路损严重,造成严重交通堵塞。县长朱如华率县公安、交通、交警、公路等部门负责人现场办公,确定具体解决方案,指挥车辆疏散,保证过往车辆畅通。

7月24日 县政府五届十次全体(扩大)会议召开。县政府办主任蔺盛东通报1996

年全县社会事业、农业、工交等30项重点工程完成情况。

7月25日 市委常委、秘书长、组织部部长陶培荣，市计经委主任王家壁，县委书记徐恒菊、副县长丁茂林和县有关单位负责人在黄圩乡专题会办龙马片农村改水工作，决定10月初在龙马片新开一眼水井，结束黄圩乡农村改水无项目历史。

7月26日 省财政厅副厅长江建平一行7人现场会办响水经济、财政等问题。市财政局局长张炳贤陪同。

7月28~30日 县委书记徐恒菊、县长朱如华带领各乡镇党委书记、经济主管部门负责人，在常熟出席常响经济合作座谈会。

7月31日 县委决定聘请皋学就等15名老同志为"县委督办专员"，围绕县委中心工作抓督查，保证县委每一项决策得到落实。

8月1日 响水县港南乡与日本龙源物产商社共同投资160万元组建的盐城龙响水产品加工有限公司成立。

8月2日 县委、县政府印发《关于在全县党员干部中深入开展向韦臣鸿同志学习活动的意见》。意见强调：1. 加大学习、宣传力度，使韦臣鸿的奉献精神扎根响水大地；2. 精心组织实践活动，把向韦臣鸿学习的成果转化为全县党员干部争相脱贫小康的自觉行动；3. 加强领导，明确责任，把向韦臣鸿学习的活动落实到实处。

8月8日 县委制定《关于进一步提高全县干部队伍素质的意见》。

8月16日 县委印发《响水县社会主义精神文明建设"九五"规划》，规划结合响水县实际，提出"九五"期间全县精神文明建设的奋斗目标，即"二年打基础，四年上台阶，五年创一流"。

8月22日 响水县大有大桥通车。副市长袁世珠参加通车典礼。

8月26~28日 县委、县政府邀请省政协常委、省政协海外联络委员会主任吴镕，省政府研究室主任、省发展战略研究领导小组成员张锋等专家、学者在响水实地考察指导工作，专家们对响水县经济和社会发展，特别是"九五"发展规划研讨，提出意见和建议。

8月30日 由省电力局投资14万元援建的张集乡佑东"希望小学"竣工。省电力局副局长徐松达、市委副书记冯永农为该校揭牌。县委书记徐恒菊、副书记周德祥、副县长吴晓、省驻响水扶贫工作队副队长谢金华及驻张集乡扶贫工作组全体人员，张集乡党委、政府负责人等500多人参加揭牌仪式。省电力局干部职工近两年筹集资金47.2万元，帮助翻建校舍520平方米，为全乡17所无电学校通电，并建立希望书库8个，开展"1+1"助学活动，帮助106名特困户学生重返校园。

9月2日 市委决定：赵菲琳任中共响水县委常委、中共响水县纪委书记，免去于海波兼任中共响水县纪委书记职务。

9月6日 县委党员电化教育工作领导小组成立。于海波任组长，崔廷成任副组长。至年底，各基层党委电教工作站基本达到"两机、一橱、一室"要求，并规定每月5日为党员电教日。

△ 县委印发《加强乡局级领导班子建设六项制度》，即《理论学习制度》《集体领导制度》《民主生活会制度》《联系群众制度》《反腐倡廉工作制度》《个人生活重大事项申报制度》。

△ 县委印发《关于建立健全乡镇党委抓基层党组织建设责任制的意见》。意见规定党委、党委书记和分管党务的副书记及其他党委成员抓基层党组织建设的主要责任。

9月7～10日 县领导徐恒菊、崔廷成、高兆顶、华传宝等率团在山东省平度市参加中国青岛国际农业科技博览会暨江北农业技术市场开业典礼。响水县展出1996年江苏响水农业项目并召开新闻发布会。县有关单位与山东省农业大学等高等院校、科研部门签订合作、合资项目25个。

9月9日 县委印发《中共响水县委督查工作规划》。

9月12日 响水报社成立。

9月15～16日 县委、县政府召开全县工业经济发展、中低产田改造动员大会。县委副书记、县长朱如华作动员报告。县委副书记周德祥、副县长刘建民分别就发展个体私营经济和中低产田改造讲话。

9月17日 县政府印发《关于进一步做好结对资助贫困儿童入学工作的意见》。意见指出:近几年来,省、市希望工程工作机构及县外有关单位和个人对响水县希望工程给予极大支持,投入资金近百万元,建希望小学6所,资助贫困儿童千余名。1995年县乡两级干部职工捐款30多万元,资助贫困学生1800多人,有力配合响水"科教兴县"战略实施,促进"普九"工作开展。由于响水县资助工作起步晚,任务重,在资助规模和制度建设方面还存在许多需要进一步完善的问题,提出四条意见:1. 继续做好1995年结对儿童的资助工作;2. 进一步扩大资助范围;3. 建立健全各项规章制度;4. 切实加强对希望工程的领导。

9月19日 县委宣传部、组织部等6个单位联合发出《关于在全县组织开展多种经营脱贫小康工程知竞赛活动的通知》,强调要不断提高农民队伍的科技文化素质,为多种经营脱贫小康工程提供强有力的智力支持。

9月20～21日 省人大常委会副主任、省扶贫工作领导小组组长曹鸿鸣带领省扶贫办等有关部门负责人在响水会办散热器厂30万套空调两器项目,落实项目资金4750万元。市委书记林祥国、副市长李之渭等领导参加会办。

9月20～22日 省电视台记者在响水采访拍摄"今日张黄六"。9月30日、10月1日,在"大写真"栏目中分上、下两集播出。

9月23日 县政府召开全县财税工作会议。县委常委、常务副县长张正华提出"奋战100天,全面完成全年财税工作任务"的口号。

10月10日 县委、县政府召开全县法制宣传教育工作会议。总结"二五"普法成果,传达省、市法制宣传教育工作会议精神,研究布置全县"三五"普法工作。

10月15日 县委、县政府发出《关于认真组织学习党的十四届六中全会精神的通知》,要求各级党委要认识六中全会意义,组织广大党员干部学习六中全会有关文件,把思想道德和文化建设放在精神文明建设的突出位置,增强学习六中全会精神的实际效果,把精神文明建设的措施落到实处。

△ 县委发出《关于在全县开展发扬自力更生、艰苦奋斗精神教育活动的意见》,主要方法步骤是:一学、二讲、三查、四改,运用标语、报纸、广播、电视等宣传形式,在全县造浓厚教育氛围。

10 月 16 日　89960 部队向陈港镇新河小学捐赠人民币 8 万元。

△　疏港一号公路二期工程竣工。

10 月 22 日　县政府成立科教兴县领导小组。县委副书记、县长朱如华任组长。

△　响水县反贪局成立。

10 月 25 日　县委、县政府召开全县机构改革动员大会。县委副书记、县长朱如华到会讲话。组织部副部长尤应山作《认真做好“三定”工作,确保实现机构改革目标》发言,对做好县、乡两级机关“三定”工作提出指导性意见。大会明确机构改革的重点是:转变职能,理顺关系,精兵简政。并印发《响水县党政机构改革实施意见》。

10 月 29 ~ 31 日　市人大常委会副主任刘万林,带领市人大科教文委员、市卫生局负责人一行 8 人在响水调查农村改水、村卫生室建设和防疫工作。

10 月 30 日 ~ 11 月 4 日　县四套班子领导徐恒菊、朱如华、周德祥、彭廷佑、周福迪率领各乡镇和县有关部门负责人在南京、上海、苏州举办 1996 年江苏响水农副产品信息发布会,并考察三市农副产品批发市场。

11 月 1 日　县委、县政府召开形势报告会。县委副书记于海波作关于国内外形势的报告。

11 月 5 日　县委、县政府召开建立企业解困基金动员大会。县四套班子领导及有关部门现场向企业解困资金捐款,筹集企业解困资金 10 多万元,解决部分职工的生活困难。

△　市人大常委会副主任耿敖齐一行 4 人在响水调查《预算法》贯彻实施情况和当前财政工作情况。

11 月 7 日　响水县通过基本消灭麻风病达标验收。

11 月 14 日　响水县经济发展研究所成立。机构为全民事业性质,副科级建制,隶属政府办领导。

11 月 15 日　县委召开全县党员干部大会。会议传达贯彻中共十四届六中全会精神和省扶贫工作会议精神,动员全县人民自力更生,艰苦奋斗,抓住重点扶贫机遇,加快脱贫奔小康步伐。并在全县范围内开展“响水进入重点扶贫县,我们怎么办”的大讨论活动,通过广泛深入地讨论,统一干部群众思想,增强如期脱贫的紧迫感和责任感。

11 月 17 日　县委举行中共十四届六中全会精神报告会。县委常委、宣传部部长朱志和作学习《决议》专题辅导报告。

11 月 29 日　县委举行科级干部学习中共十四届六中全会《决议》轮训班。全县 450 名科级干部参加轮训。

△　县五届人大常委会第 27 次会议召开。听取和审议批准常务副县长张正华《关于请求调整 1996 年国民经济部分指标的报告》。

12 月 2 日　在全省先进集体和劳动模范表彰大会上,响水县轧花厂、陈港镇蟒牛村获省“先进集体”称号;卜曙、苏正银、杨栋、高铁书、黄步顺获省“劳动模范”称号。

12 月 8 日　县委发出《关于搞好今年农村党员冬训工作的意见》。冬训主要内容:1. 进行六中全会精神教育;2. 进行农业基础地位、深化农村改革和抢抓机遇、加快全县脱贫小康步伐的教育;3. 进行发扬艰苦创业精神和争做精神文明建设带头人教育。

△　全县企业改制工作会议召开。

12 月 9 日　市人大常委会副主任裴日昌率检查组在响水检查《江苏省基本农田保护条例》《江苏省城镇规划建设管理条例》贯彻实施情况。

12 月 10 日　全县土地管理暨农业普查会议召开。

12 月 12 日　县委、县政府召开“三禁一打”专项斗争动员大会。

12 月 17 日　副市长刘鉴康在响水检查乡镇工业扶贫项目落实情况。

12 月 23 日　县委印发《县直机关干部义务劳动制度》，要求机关干部每人每年义务劳动不少于 20 个工日。

12 月 31 日　县委作出表彰先进基层党委（党组）学习中心组的决定，对制度化、规范化建设表现突出的中共陈港镇委员会等 8 个基层党委（党组）学习中心组，授予“先进学习中心组”称号。

1997 年

1 月 2 日 县委召开基层党委(党组)学习中心组工作会议。省、市委宣传部,响水县委宣传、组织、纪检等部门主要负责人及各乡镇党委书记 120 多人出席会议。省委宣传部副部长黄文虎到会讲话。省、市委宣传部先后以文件形式转发响水县做法。

1 月 7 日 县政府通告,在全县范围内开展破除封建迷信专项治理活动。

1 月 10 日 全县信访工作会议召开。县委书记徐恒菊,副书记于海波,县委常委、常务副县长张正华,人大常委会副主任周桂玉,政协副主席史春耕出席。

1 月 13 日 全县重点企业厂长(经理)座谈会召开。县委书记徐恒菊、县长朱如华、县人大常委会主任杨钢等县四套班子主要领导出席。县委常委、副县长刘建民主持会议。

1 月 13 ~ 15 日 盐城市中院副院长张培成带领市社会治安综合治理责任制考核组在响水考核验收。县委常委、副县长刘建民陪同市考核组到有关单位抽查考核。县委副书记周德祥参加考核验收交流会。

1 月 14 日 响水县召开交通工作会议。县委书记徐恒菊,县长朱如华,县委常委、常务副县长张正华,人大常委会副主任徐宝顶,副县长李福琪,政协副主任周坤出席。市交通局局长陶超到会讲话。

1 月 23 日 省委宣传部副部长杨承志率省“文化、科技、卫生三下乡”春节慰问团一行 100 多人在响水县小尖镇、老舍乡开展文艺演出、科技咨询、义诊及捐赠活动。

1 月 24 ~ 26 日 县委六届二次全委(扩大)会议召开。县委书记徐恒菊作《抓住机遇,万众一心,坚决打胜一年脱贫攻坚战》报告。县长朱如华作 1997 年国民经济和社会发展主要指标计划安排说明。县委副书记于海波作关于制定贯彻落实中共十四届六中全会《决议》实施意见和修订全县精神文明建设“九五”规划的说明。会议邀请四名外地创业先进人物作事迹报告,并进行大会典型交流和表态发言。

1 月 25 日 全县计划生育工作会议召开。县委书记徐恒菊、县委副书记周德祥分别讲话。县长朱如华主持会议。县、乡镇、村居三级干部出席。

1 月 27 日 县四套班子领导走访慰问县特困企业及困难职工。

1 月 29 日 小尖镇在市工商局召开扶贫达小康汇报会。副市长李之渭到会讲话。县委常委、副县长刘建民出席汇报会。

1 月 30 日 响水县最大的中外合资企业——中日合资盐城怡和有限责任公司落户陈港镇。该企业由陈港镇与日本东大阪市永和株式会社合资兴办国内颇具规模的目前投资 5000 多万元的鱼粉加工生产线进入安装调试阶段。

2 月 12 日 全县县直机关暨乡镇党政负责人会议召开。县委书记徐恒菊到会讲话。

县长朱如华主持会议。县四套班子领导出席。

△ 县委书记徐恒菊,县长朱如华,县委副书记于海波,副县长吴晓、李福祺等县领导在灌河大桥停车场和春运值班室,看望春运一线的干部职工,并对当前春运工作和新年交通建设提要求。

2月14日 全县工业经济动员大会召开。县委书记徐恒菊、县长朱如华分别讲话。县委常委、副县长刘建民主持会议。副县长吴晓作动员报告。

2月19日 1997年响水县科教兴县暨招商引资恳谈会动员大会召开。县长朱如华作动员报告。县委常委、常务副县长张正华主持会议。县四套班子负责人,各乡镇党委、政府及县各部委办局主要负责人出席会议。

2月20~24日 根据《地方组织法》规定,响水县各乡镇分别召开人代会。

2月26日 全县农村工作会议召开。县委书记徐恒菊、副书记周德祥分别讲话。县委常委、副县长刘建民主持会议。副县长高兆顶传达中央、省、市农村工作会议精神。

2月27日 全县平(迁)坟还田现场会召开。与会人员参观海安集乡平迁坟还田现场。县委副书记周德祥,到会讲话。

2月28日 全县宣传思想工作会议召开。县委书记徐恒菊到会讲话。县委副书记于海波主持会议并传达全国、全省宣传部部长会议和全市宣传工作会议精神。县委常委、宣传部部长朱志和作工作报告。副县长丁茂林宣读1996年农村“新风杯”竞赛活动“单项杯”先进单位表彰决定。

3月3日 县五届人大常委会第29次会议召开。会议听取和审议县人民政府关于1996年国民经济社会发展计划执行情况和1997年计划草案的报告,听取和审议县人民政府关于1996年财政预算执行情况和1997年财政预算草案的报告,讨论通过县五届人大五次会议有关事项,并进行人事任免。

△ 响水县农村改水领导小组成员会议召开。会议总结1996年全县农村改水工作,研究部署1997年农村改水工作。副县长丁茂林到会讲话。

3月5日 响水县实施春季海堤加固工程。全县组织1.7万民工,完成土方近70万方,加固海堤7.1千米。

3月6日 县委常委、常务副县长张正华召集县政府办、交通局、交警大队、响南乡及县汽车站负责人,专题会办启用新车站和加强县城道路运输管理等问题。

3月7日 县四套班子领导带着县级机关单位捐赠的慰问品,慰问奋战海堤工地上的民工。全县近2万民工会战海堤加固工程。

3月10~13日 政协响水县第五届委员会第五次会议召开。县委书记徐恒菊在开幕大会上讲话。县政协主席张玉宽主持开幕式。会议听取并审议通过政协副主席张长海所作的常务委员会工作报告和政协提案工作委员会副主任王正亚所作的提案工作报告。会议期间,8名委员关于优化全县外商投资环境等问题作专题发言。会议补选王述美为县五届政协副主席,通过县政协五届五次会议决议。

3月11~13日 响水县第五届人民代表大会第五次会议召开。会议听取和审议县政府工作报告,1996年国民经济和社会发展计划执行情况和1997年计划草案的报告,1996年财政预算执行情况和1997年财政预算草案的报告,人大常委会工作报告,法院和检察院工作报告。会议通过关于县人民政府工作报告等六个决议和关于确定银杏树为响水县县树的决议。会议增选郑洪权为响水县人民政府副县长。

3 月 13 日 全县多种经营三大主导产业总结表彰暨“家家上项目,户增两千元”活动动员大会召开。县委书记徐恒菊到会讲话。

3 月 14 日 张集乡扶贫工作座谈会召开。副市长谷容先、市政府副秘书长李学义,县委书记徐恒菊及市、县直近 20 个单位负责人出席。

3 月 14～15 日 省人事厅和省农科院组织 17 名专家、学者在响水县开展技术报告。14 日在二招、棉麻公司、农干校举办技术培训活动。15 日在部分乡镇开展技术咨询活动。

3 月 23 日 县委宣传部、县委统战部在响水召开“迎接香港回归倒计时 100 天座谈会”。县委副书记于海波到会讲话。县政协副主席、县委统战部部长王述美主持座谈会。县各民主党派、工商联负责人、三胞联谊会及教育、文化界代表发言。

△ 通榆河工程响水县城段拆迁安置动员大会召开。副县长李福琪到会讲话。县委常委、常务副县长张正华与首批 8 个拆迁单位负责人签订房屋拆迁经费包干协议书。

3 月 24 日 省扶贫工作组发出 5 号文件,登载县委副书记周德祥对进一步完善南北(常熟响水)挂钩扶贫的五点建议。建议被省办公厅《快报》第 46 期摘发。省委书记陈焕友作出指示:“我看这个建议很好,可具体吸收到南北挂钩扶贫计划中去。”

3 月 29 日 全县基层新闻网络建设现场会在南河乡召开。市委宣传部副部长、《盐阜大众报》总编王伯杏,县委常委、宣传部部长朱志和分别讲话。全县 50 多名宣传工作者和基层通讯员参加。

4 月 3 日 县人大常委会召开纪念《代表法》颁布实施五周年座谈会。全国、省、市、县、乡五级部分人大代表及县政府、县委宣传部、县法院、县检察院、广播电视局、公安局、财政局、司法局等部门、单位参加。

4 月 7 日 全县工业暨改暨经济形势分析会议召开。县委书记徐恒菊到会讲话。副县长吴晓总结分析一季度全县工业经济形势,部署二季度工作。

4 月 8 日 省人大常委会副主任、扶贫工作领导小组组长曹鸿鸣,省农工部副部长、扶贫办主任张小刚在响水考察扶贫工作。县委书记徐恒菊汇报响水脱贫攻坚工作和有关情况。

△ 省人大常委会副主任曹鸿鸣、市委书记林祥国等省、市领导及县四套班子领导参加省重点扶贫项目——县散热器厂年产 30 万套空调两器生产线建成投产庆典仪式和江苏汇中集团成立揭牌仪式。省、市、县三级领导曹鸿鸣、林祥国、徐恒菊分别讲话。县长朱如华主持仪式。

4 月 10 日 县委常委、常务副县长张正华召集县计经委、建设局、工商局、计量局、散装办、灌河集团和县社、农业局、物价局、农资公司等单位、部门负责人,专题会办加强水泥市场管理和农资市场管理工作。

4 月 14 日 县委常委、常务副县长张正华主持召开财税领导小组会议,通报财贸部门一季度任务完成情况,明确二季度任务,并研究讨论财税考核办法和会计队伍整顿等问题。

4 月 17 日 响水县在南京召开 1997 年响水(南京)科技洽谈会。省政府副秘书长潘春林、王斌泰,省政协常委、海协会主席吴镕,东南大学副校长钱明权,省政府研究室副主任张锋等70多人应邀参加会议。省政府副秘书长王斌泰讲话。县长朱如华介绍响水县科技和经济发展情况。洽谈会签订正式合同52个,投资总额5000万元。

4月18日 响水县在省水利厅召开扶贫工作汇报会。县委副书记周德祥主持会议。县长朱如华汇报省扶贫工作队在响水县开展扶贫工作情况。省委副秘书长董瑾、省政府研究室副主任张锋、省水利厅副厅长徐俊仁及省驻响水扶贫工作队后方单位负责人参加。

4月19日 江苏省原副省长陈克天、省委组织部副部长孙富中一行在响水考察指导工作。县委书记徐恒菊,县委常委、副县长刘建民及县水利局、扶贫办、张集乡等单位负责人陪同,并汇报响水县扶贫工作、中低产田改造、农村改水等情况。

4月20日 省水利厅厅长翟浩辉,市长徐其耀带领省水利厅14个下属单位和市有关部门负责人在响水现场办公,现场解决扶贫项目资金690万元。

4月21日 县四套班子领导及省、市扶贫工作队领导检查参观12个乡镇试点村"家家上项目,户增两千元"活动典型现场。县委书记徐恒菊到会讲话。

4月22日 副县长吴晓召集县计经委、财政局、国税局、地税局负责人,会办金兰集团企业性质问题。经研究决定,同意金兰集团企业性质由集体所有制改为全民所有制。

4月24日 省电力局局长顾智鹏带领16个处室干部及13个市供电局、发电厂的100多名负责人在响水县张集乡现场办公,落实扶贫项目11个,投入资金73万元。顾智鹏为张集乡"农业科技示范园"揭牌。

4月25日 《盐阜大众报》第九届读者节在响水开幕。市委副书记祁崇岳,副市长谷容先,市科委、科协负责人及响水、滨海两县领导出席开幕式。市委宣传部副部长兼《盐阜大众报》党委书记、总编辑王伯杏在开幕式致辞。市委副书记祁崇岳、滨海县委书记薛维松、响水县委书记徐恒菊分别讲话。1997年读者节主题活动是科技扶贫。报社邀请南京农业大学专家教授在响水、滨海贫困乡镇举办农业科技讲座等。

4月28日 响水县钩编厂申请的塑料大棚防风护膜网罩专利获国家专利及批准专利号为972072470。

4月28~30日 国家土地管理局司长郑振源为组长的国家三期农业综合开发项目验收组在响水检查验收。省、市农业资源开发局及财政部门负责人,市政府副秘书长陈同方,县长朱如华、县委副书记周德祥、副县长高兆顶等参加验收活动。

5月1日 响水县客运中心成立。该中心是响水县最大公路旅客集散中心,集停车、加油、维修、餐饮服务于一体。

5月5日 全县防讯防旱工作会议召开。县委副书记周德祥、副县长高兆顶分别讲话。县领导林启俊、张长海等出席。

5月5~13日 副县长郑洪权率县计经委、外经委等10个单位负责人,在广东、深圳、珠海举办1997年响水招商引资恳谈会。

5月6日 全县"大干60天,实现双过半"动员大会召开。县委书记徐恒菊到会讲话。县四套班子领导,各乡镇、县各机关单位及县各企事业单位负责人出席。

△ 副市长李之渭一行在响水调查再就业工程实施情况。县委常委、常务副县长张正华汇报响水县再就业工程实施情况。

5 月 8～9 日 县委、县政府同省委驻响水扶贫工作队、市扶贫办领导在张集、黄圩、小尖等乡镇，对 7 个乡镇 25 个特困村脱贫方案进行逐一过堂。

5 月 15 日 县委书记徐恒菊主持召开县四套班子全体负责人会议，听取县委副书记于海波汇报恳谈会前准备工作。县委书记徐恒菊、县长朱如华分别提要求。

5 月 16 日 市委副书记祁崇岳在响水县老舍乡看望老舍中心小学四(1)班特困生何伟伟。祁崇岳表示资助何伟伟读书的全部费用。

△ 县四套班主要负责人参加“三校一委”奠基仪式和县广播电视发射中心竣工典礼。县委书记徐恒菊、县长朱如华分别致辞。

5 月 16～17 日 1997 年响水科教兴县暨招商引资恳谈会召开。大会邀请嘉宾 260 人。县委书记徐恒菊致开幕词。县长朱如华主持仪式。国务院发展研究中心顾问马宾，省科协副主席孙彦德，上海理工大学副校长曹伟武，外商代表李奎哲，盐城市委副书记祁崇岳讲话。副县长吴晓发布全县寻求合作项目信息。省教委巡视员袁云亭、省专利局副局长施光亚，盐城工学院院长常柏林及县四套班子主要领导为恳谈会展览大厅剪彩。会议期间，洽谈各类国内项目 194 个，其中意向 118 个，成交 76 个，成交项目总投资 15878 万元(其中响水方 8894 万元，合作方 6984 万元)。难题招标及技术需求完成 57 个；建立科技协作关系 64 家；“四新”技术应用 40 项；内销总 45181 万元；协议利用外资项目 25 项，项目总投资 3177 万美元，其中中方 1320 万美元，外方 1857 万美元；外贸出口供货额 20687 万元；自营出口 165 万美元；落实境外劳务输出 4 人。

5 月 19 日 县政府在县特殊教育学校召开庆祝第七个全国助残日暨自强模范和扶残助残表彰大会。县委常委、常务副县长张正华到会讲话。县领导赵梅昌、史春耕等出席会议并捐款。22 名自强模范和 14 名扶残助残先进个人受到表彰。

5 月 19～20 日 全市沿路工程现场会首站会议在响水召开。副市长周侃及与会代表 60 多人察看现场。

5 月 22 日 1997 年响水科教兴县暨招商引资恳谈会总结表彰大会召开。县委书记徐恒菊、县委副书记于海波分别讲话。

△ 省检察院副检察长吴汝信，市检察院副检察长季中兴一行在响水县检察院调研指导新《刑事诉讼法》执行等工作情况。

5 月 23～26 日 省“普九”(普及九年制义务教育)年检工作领导小组在响水验收“普九”工作。

5 月 24 日 全县计划生育突击周动员大会召开。县委副书记周德祥，县委常委、纪委书记赵菲琳分别讲话。副县长丁茂林主持会议。

△ 响水县组织县直 89 个单位 180 多人和县委农村组督办专员，对全县“家家上项目，户增两千元”活动开展情况全面进行检查考核。每个乡镇抽查 3 个村，全县检查 45 个村，359 个小组，2250 户。

5 月 24～27 日 省政府副秘书长、政策研究室主任余春芳，省老龄委副主任蔡秋明一行在响水挂钩扶贫点运河乡堆根村考察，专题会办脱贫规划。县长朱如华，县委常委、常务副县长张正华参加。

5 月 24 日～6 月 29 日 响水县遭遇历史上罕见的特大旱灾。副县长高兆顶发表电视讲话。县政府召开电话会、紧急碰头会、现场办公会，动员全县广大干群投身抗旱救灾活动，并协调水源、调运物资、组织资金、派工作组驻乡进村。市、县领导多次视察灾情，指导抗灾工作。

5月28日 全县“三夏”工作会议召开。与会人员观看运河、双港、响水等乡镇工作现场。县长朱如华、县委副书记周德祥、副县长高兆顶讲话。副县长吴春明主持会议。

5月29日 水利部外经司司长于永鉴一行在响水视察通榆河工程船闸段征地拆迁和河道工程。

6月3日 市委常委、纪委书记计高成，市委常委、宣传部部长于利中，市水利局副局长周月杰等组成市防讯检查组在响水检查废黄河片防讯工作。县委副书记周德祥陪同。

6月4日 全县环境保护工作会议召开。县长朱如华、副县长吴晓分别讲话。吴晓代表县政府与各乡镇签订环境保护目标责任状。县委常委、常务副县长张正华作贯彻实施《行政处罚法》讲话。

6月5日 县委书记徐恒菊在南京参加中国共产党江苏省代表会议。

△ 市卫生局组织消灭丝虫病达标考核组在响水审查资料和进行1200份单耳双份血片现场镜检后宣布：响水县符合卫生部丝虫病消灭标准，在里下河地区几县中率先达标。

6月7日 县四套班子领导及县委办、政府办、县纪委、响水镇机关100多人在响水镇三村三组帮助农民抢收小麦。

6月10日 盐城米兰集团有限公司成立新闻发布会暨发展战略恳谈会召开。县委书记徐恒菊肯定“米兰”符合农业产业化方向。县领导杨钢、张玉宽、王晓明、崔廷成、吴晓等出席。

6月14日 省农业资源开发局局长王清、副局长张秀才，省公安厅行政处副处长尤文杰，南京海关政工办副主任李怀刚等省三家扶贫单位领导在定点挂钩扶贫的六套乡进行现场会办，落实项目6个和配套资金160多万元。省驻响水扶贫工作队队长、省水利厅副厅长徐永仁，副县长高兆顶，扬州大学农学院及市、县开发局，县水利、财政等部门负责人参加现场办公会议。

6月15日 县委常委在县人武部召开议军会议。县四套班子主要领导出席。县委书记、县人武部党委第一书记徐恒菊到会讲话。县人武部政委林启俊传达上级有关文件和会议精神。县人武部部长刘万东汇报人武部工作情况。

6月15～17日 县四套班子领导在25个贫困村检查“家家上项目，户增两千元”活动情况。

6月17日 县委书记徐恒菊等县四套班子领导及县各部委办局主要负责人收听全市抗旱救灾紧急电话会议。

△ 全县抗旱救灾紧急电话会议召开。县委书记徐恒菊到会讲话。副县长吴晓主持会议。县各部委办局主要负责人，各乡镇党政主要负责人及各村党支部书记、村委会主任出席。

6月17～18日 县委书记徐恒菊主持召开企业督办专员会议，听取全县工业企业调查情况及发展思路。县委副书记王晓明出席。

6 月 18 日 响水县召开“迎七一、庆回归”环境综合治理动员会议。县委副书记于海波到会讲话。县委常委、常务副县长张正华提要求。县委宣传部副部长杜文忠对迎香港回归系列宣传工作作安排。县六大口牵头单位负责人及 204 国道沿线的乡镇负责人参加会议。会前,与会人员对运河、小尖及县城的环境卫生、市容市貌进行检查,并提出整治方案。

6 月 19 日 市委书记林祥国在响水调研指导工作。县委书记徐恒菊汇报全县上半年经济和社会发展情况。县委、县政府主要负责人陪同在响水镇、小尖镇、张集乡、运河乡有关村组调研家家上项目和抗旱救灾等情况,视察县散热器厂 30 万台空调两器项目。

6 月 22 日 全县抗旱救灾工作紧急会议召开。县委书记徐恒菊到会讲话。县长朱如华主持会议。县委副书记周德祥传达市抗旱救灾会议精神。各乡镇党委书记、分管农业负责人、水利站长,县各部委办局负责人出席。

6 月 23 日 市政协副主席陆树臻率团在响水专项检查财政工作情况。县委常委、常务副县长张正华汇报 1997 年前 5 个月全县经济和财政运行情况。

6 月 26 日 县领导徐恒菊、杨钢、张玉宽、周德祥、赵菲琳、朱志和、徐宝顶等带领县直机关干部 300 多人及运河乡干群 800 多人,在大通干渠清淤理障、引水抗旱、疏浚河道 3.2 公里。

△ 县长热线(6882467)开通。

6 月 28 日 响水县召开抗旱救灾紧急会议。县委书记徐恒菊作紧急部署。县长朱如华主持会议。市领导计高成、周侃到会讲话。县四套班子负责人,各乡镇党委书记及县各委办局负责人出席。

△ 苏 307 线小尖至周集段改建工程举行竣工典礼。县四套班子领导为工程通车剪彩。

6 月 29 日 县四套班子主要领导收听全市抗旱救灾电话会议。县委书记徐恒菊到会讲话。

7 月 7 ~9 日 县委书记徐恒菊、副书记于海波、副县长丁茂林在响中视察全国高校招生统一考试工作。

7 月 9 日 响水县青年拳击运动员张耀东在山东淄博举行的全国青年拳击锦标赛中获 67KG 级比赛铜牌。张耀东是盐城市唯一参赛选手,是盐城市在全国同龄组拳击比赛中获得名次最高的运动员。

7 月 10 日 全县秋熟超产、农民增收广播电话会议召开,各乡镇设分会场。县长朱如华作动员报告。县委副书记周德祥主持会议。双港乡乡长刘亚明、张集乡玉东村支书顾林兵发言。县领导徐恒菊、杨钢、张玉宽、高兆顶出席。

7 月 15 日 县委工作会议召开。县委书记徐恒菊作工作报告。县长朱如华作会议总结讲话。会议提出以思想再解放、大解放推动经济发展和脱贫奔小康进程。10 个单位和个人作典型经验介绍,3 个单位作表态发言。

△ 县委武委会暨国防动员委员会(扩大)会议召开。县委书记、县人武部党委第一书记、县国防动员委员会第一主任徐恒菊到会讲话。县长、县武委会主任朱如华到会提要求。县委常委、常务副县长张正华宣读调整县委武委会暨国防动员委员会成员通知。县

人武部部长刘万东作工作报告。

7月15～17日 市卫生局组织食品卫生盐阜行暨公共场所卫生执法检查组在响水开展卫生执法检查。

7月23日 县政府五届12次全体(扩大)会议召开。县长朱如华作工作报告。副县长吴晓主持会议。县领导高兆顶、丁茂林、吴春明、周启明、施民、郑洪权出席。县计经委、农委、体改委、财政局、工商局发言。

△ 市通榆河工程指挥部领导在响水检查验收通榆河响水县城段第一期拆迁安置工作。县城段第一期拆迁为响灌路以南拆迁红线范围内的房屋及一切地面附着物,总拆迁面积3.1万平方米。经验收,响水县基本完成一期拆迁任务。

7月25日 响水县开发区经省人民政府批准为省级外向型农业综合开发区(苏政复〔1997〕96号文件),全称为"江苏省响水外向型农业综合开发区"。

7月30日 市计经委组织江动集团、森达集团、大丰化肥厂先进经验巡回报告团在响水介绍企业管理经验。县长朱如华、副县长吴晓出席报告会。

7月31日 全县企业改制试点工作动员大会召开。县领导徐恒菊、朱如华、王晓明分别讲话。响南乡东方化工厂等28家企业确定为试点单位。

8月1日 县委书记徐恒菊主持召开县四套班子全体人员会议,传达省委、省政府在盐城召开的扶贫工作和南北挂钩工作会议精神,并就如何解放思想、加快发展进行讨论。

△ 县精神文明建设委员会第一次全体会议召开。县委书记、县文明委主任徐恒菊提要求。县长、县文明委副主任朱如华传达江泽民和李鹏在中央文明委第一次全体会议上的讲话精神。县委副书记、县文明委副主任于海波主持会议并传达省文明委召开的"讲文明、树新风"电视电话会议精神。县委常委、宣传部部长、县文明委副主任朱志和提出县城门前四包和全县开展"讲文明、树新风"活动初步方案。副县长、县文明委副主任丁茂林,县政协副主席、县文明委副主任周坤及县精神文明建设委员会的31位委员出席。

8月6日 全县预算外资金管理暨清理检查工作会议召开。县委常委、常务副县长张正华作报告。市财政局副局长王崇标,县委常委、纪委书记赵菲琳到会讲话。

8月7日 全县25个特困村扶贫工作汇报会召开。县委副书记周德祥,县委常委、常务副县长张正华分别提要求。县委常委、组织部部长崔廷成主持会议。25个特困村党支部书记对照省脱贫6项指标汇报脱贫工作情况。县领导朱志和、张长海等出席。

△ 全县"讲文明、树新风"活动动员大会召开。县委副书记于海波,县委常委、常务副县长张正华分别讲话。县委常委、宣传部部长朱志和主持会议。副县长丁茂林宣读县委宣传部、县文明委办公室关于确定全县创建文明村镇、文明行业、文明机关和县城创建文明小区示范点的通知。县工商局等4个单位负责人发言。县四套班子有关领导,各乡镇党务书记、各示范村党支部书记及县直各单位负责人出席。

8月8日 省委常委、常务副省长季允石视察204国道响水沿线建设工程。市委书记林祥国,县委书记徐恒菊等市、县领导陪同。

△ "响水县海洋局"成立暨全县海洋经济工作会议召开。县海洋局与科委实行一套班子两块牌子。省海洋局局长毛祥坤,市科委副主任吴大新及县四套班子领导出席。县长朱如华到会讲话。副县长吴春明主持会议。

8 月 9 日 全县发展个体私营经济动员大会召开。县委书记徐恒菊到会讲话。县委副书记于海波主持会议。县委常委、常务副县长张正华作动员报告。部分单位负责人和个体户代表发言。出席会议的全体个体私营企业主向全县各个体私营企业主发出《倡议书》。

△ 全县计划生育工作会议召开。县委书记徐恒菊、县委副书记周德祥分别讲话。县委副书记于海波主持会议。各乡镇及县相关部门负责人出席。

8 月 10 ~ 12 日 省政府政策研究室组织“智力扶贫”专家小组在响水举办现代企业管理讲座。

8 月 11 日 全县职代会民主评议企业领导干部工作会议召开。县委副书记于海波，县委常委、组织部部长崔廷成分别讲话。县总工会主席杨立国传达省职代会民主评议企业领导干部电话会议精神。县交通局、建设局、物资局党委分别介绍经验。

8 月 11 ~ 12 日 县委书记徐恒菊、县长朱如华带领县四套班子有关领导，各乡镇党委书记及县相关部门负责人在建湖县、射阳县考察学习乡镇企业和农业产业化经验。

8 月 12 ~ 18 日 《盐城市反腐倡廉成果展》在响水展出。县四套班子领导及全县各级干部职工观看展览。成果展共 126 块版面，分五个部分，重点反映领导干部廉洁自律、查处大要案、纠风治乱等三项工作成果。

8 月 13 日 全县乡镇企业工作会议召开。县委书记徐恒菊到会讲话。县长朱如华作报告。县委副书记周德祥主持会议。各乡镇党委书记汇报参观建湖、射阳两县乡镇企业体会和本乡镇乡镇企业工作。乡镇局、农工部、农行、农村信用社负责人发言。

△ 县领导徐恒菊、朱如华、杨钢、张玉宽、苗志荣等在县人民医院慰问看望见义勇为负伤住院的双港乡建华村民兵朱道军。徐恒菊要求全县开展向朱道军学习活动，弘扬正气、维护治安，为响水经济发展创造良好环境。

8 月 14 日 市政法委书记乔彬率市政法系统先进事迹巡回报告团在响水举行首场报告会。县委副书记王晓明要求全县政法系统迅速掀起学先进、赶先进、当先进的热潮，树立良好的政法队伍形象。

8 月 15 日 全县冬棚蔬菜生产流动现场会召开。与会人员参观小尖郭庄、周集朱圩等 7 个现场。县委书记徐恒菊、副书记周德祥分别讲话。县委常委、宣传部部长朱志和主持会议。响水镇、七套乡、张集乡负责人发言。

8 月 16 日 响水县召开紧急防御 11 号台风会议。县委书记徐恒菊、副书记周德祥部署防台抗台工作。各乡镇党委书记，县各部委办局主要负责人出席。

8 月 16 ~ 17 日 省财政厅预算处副处长王正喜，市财政局局长季步江一行在响水调查全县财政状况。县长朱如华汇报全县财政工作情况。县委书记徐恒菊，县委常委、常务副县长张正华参加活动。

8 月 20 日 市人大常委会副主任、市见义勇为基金会会长彭正柱一行在响水人民医院，看望慰问勇擒持刀窃贼负伤住院的朱道军，并代表市见义勇为基金会向朱道军颁发奖金 1000 元。县领导杨钢、王晓明等陪同。

8 月 26 日 响水县在县城设主会场，各乡镇设分会场召开十万干群脱贫誓师广播大会。县委书记徐恒菊作《万众一心，奋力冲刺，坚决打胜今年脱贫攻坚战》报告。县长朱如华主持会议。在响水的县四套班子和省扶贫工作队所有领导出席主会场会议。省、市扶贫工作队员,乡镇及村组干部、部分村民代表出席各分会议会议。张集、黄圩两乡党委书记及小尖镇中舍村党支部书记表态发言。

△ 县委书记徐恒菊主持召开县四套班子会议。县体改委、纪委、农工部负责人分别汇报企业改制试点情况、机关作风整顿情况、农业产业化情况,并展开讨论。

8月28日 全县农村草房改造工作会议召开。县委副书记王晓明到会讲话。县委常委、常务副县长张正华作报告。会上,有关乡镇签订责任状;双港、海安集、南河三个乡领导表态发言。

8月29日 响水县在灌东盐场召开盐资源税征管工作座谈会。县人大常委会主任杨钢,政协主席张玉宽,县委常委、常务副县长张正华和县法院、人行、地税局、盐务局及盐场负责人出席。

△ 响水县召开宣判大会。市中级人民法院依法宣判故意杀人犯袁某死刑,剥夺政治权利终生;县人民法院对陈某、王某等6名罪犯进行依法判决;县公安局对张某等15名犯罪嫌疑人分别给予行政拘留、劳动教养和宣布逮捕的处理决定。县委副书记、政法委书记王晓明,县委常委、常务副县长张正华及市、县政法机关负责人出席。

9月1日 响水县召集工商、税务、国土、建设、公安等部门负责人及工商联和部分私营业主,落实开展为个体私营企业办百件实事、送温暖活动。县委副书记于海波,县委常委、常务副县长张正华,县人大常委会副主任周桂玉,县政协副主席史春耕、王述美等县四套班子领导出席。

△ 响水县召开通榆河工程县城段二期拆迁动员大会。县长朱如华到会讲话。县委常委、常务副县长张正华主持会议。副县长高兆顶作动员报告。

9月2~4日 响水县组织县直44个单位186人和县委农村督办专员检查全县冬棚生产建设情况。县委副书记周德祥听取督办专员和检查组对检查情况的汇报。

9月4日 县委书记徐恒菊参加在射阳县召开的全市农业产业化工作会议,并作交流发言。

9月6日 全县农村信用社改革工作会议召开。县委常委、常务副县长张正华到会讲话。县政府办主任蔺盛冬主持会议。

9月9日 县委书记徐恒菊主持召开县四套班全体人员会议,传达市农业产业化工作会议精神。

△ 响水县召开县四套班子党员领导,各乡镇党委书记、乡镇长,县各部委办局、县各直属单位主要负责人会议,传达中央办公厅有关文件精神。

9月10日 响水县召开庆祝教师节座谈会议。县委书记徐恒菊、县长朱如华分别讲话。副县长丁茂林主持会议。

9月11日 全县农业产业化领导小组会议召开。县长朱如华主持会议。会议通报省、市农业产业化会议精神及贯彻情况,讨论落实下阶段重点工作。

9月12日 响水县组织县四套班子领导收看中共十五大开幕式现场直播,中心组学习讨论江泽民总书记的报告。

9月13日 响水县召开"家家上项目,户增两千元"流动现场会。县四套班领导及各乡镇负责人参观周集乡朱圩村养鸡场、黄圩乡三合村养猪场等现场。县委书记徐恒菊号召全县干群再接再励,争取更好地完成1997年农民增收任务。

9月19日 全县农业产业化动员大会召开。县委书记徐恒菊、县长朱如华分别讲话。县委副书记周德祥主持会议。县四套班子主要领导出席。

9月19~20日 副市长徐昆荣在响水检查指导工作,走访察看县轴承座厂、荣盛针织厂、南河收花站和县城部分商场。县委常委、常务副县长张正华专题汇报金融、流通、“三外”和个体私营经济等方面情况。

9月21日 县长朱如华、县政协副主席史春耕组织县直有关部门在私营企业美云电器有限公司现场办公。

9月23日 县级机关干部大会召开。县委书记徐恒菊关于开展学习中共十五大会议精神强调三点意见。县长朱如华总结机关作风整顿工作。县委副书记于海波主持会议。县委常委、纪委书记赵菲琳宣读《关于清理纠正领导干部违反规定多占住房和购买、建造、装修住房等问题的实施意见》。

9月25日 响水县召开纪念“9·25”公开信(1980年9月25日中共中央发表控制我国人口增长问题致全体共产党员、共青团员的公开信)发表17周年座谈会。县长朱如华到会讲话。县委副书记周德祥关于计生工作提要求。老舍、黄圩、六套等乡镇发言。

9月26~27日 县五届人大常委会第36次会议召开。会议作出决定:响水县第六届人民代表大会第一次会议于1998年1月6日召开。会议听取并审议县人民政府关于《行政处罚法》贯彻执行情况的汇报,关于县五届人大五次会议代表建议、批评和意见办理情况的汇报,关于响水镇、响南乡行政区划调整情况的汇报。会议讨论并通过响水县人民代表大会换届选举工作意见、响水县选民登记核对工作若干问题的处理意见及成立响水县选举委员会的决定,讨论决定响水镇、响南乡代表名额分配方案,进行人事任免。

9月27日 响水县召开学习中共十五大精神暨企业改制座谈会。县委书记徐恒菊、县长朱如华分别讲话。县委副书记王晓明主持会议。老舍乡,县社、农行、制药厂、金兰集团等单位介绍企业改制经验。

9月29日 全县农业产业化工作汇报会召开。县委书记徐恒菊到会讲话。县长朱如华主持会议。六大产业组组长及16个乡镇汇报工作。

9月30日 响水县在海安集乡、七套乡分别举行疏港一号公路全线竣工和苏308线六套至大有段公路改造竣工通车典礼。县四套班子主要负责人及市交通局负责人出席通车典礼。

10月5日 全县换届选举工作会议召开。县委书记徐恒菊到会讲话。县委常委、组织部部长崔廷成传达市选举工作会议精神。县人大常委会副主任彭庭佑、县政协副主席张长海分别部署县人大、县政协换届选举工作。

10月6日 全县工业企业大干四季度动员大会召开。县委书记徐恒菊、县长朱如华分别讲话。县委副书记王晓明主持会议。副县长吴晓作动员报告。

10月8日 县属企业改制工作座谈会召开。县委副书记王晓明到会讲话。副县长吴晓主持会议。盐务局、化轻局、交通局等10个单位汇报企业改制工作情况。

△ 县委副书记于海波作《关于清理纠正领导干部住房问题》电视讲话,并答记

者问。

10月9日　县委副书记王晓明、副县长吴晓带领县体改委、化轻局、粮食局、纺工局、乡镇局、机电局、县社等单位分管企业改制工作负责人在山东诸城、临沂等地参观学习。

10月14日　县委书记徐恒菊主持召开县四套班子会议,传达省委书记陈焕友在省委九届七次全委(扩大)会议上的讲话精神。县长朱如华介绍无锡、宜兴、海门等地在省委(扩大)会议上关于企业改制工作的典型经验。县委副书记王晓明介绍到诸城、新沂、临沂参观企业改制后的体会和感受。与会人员结合学习中共十五大报告和陈焕友讲话精神,讨论进一步解放思想、深化改革,加快响水经济发展。

10月15日　响水县医改领导小组工作会议召开。会议听取县医改办关于1997年以来全县医改情况的报告。县长朱如华到会讲话。副县长丁茂林主持会议。

10月16日　响水县在陈港镇召开乡镇企业改制工作座谈会。各乡镇汇报企业改制情况。县领导徐恒菊、周德祥、王晓明分别讲话。副县长郑洪权主持会议。

10月16～18日　市教委受省教委委托,对响水县进行农村劳动力文化指数抽样调查。调查结果表明,全县农村劳动力平均受教育年限已达小康水平。

10月17日　全县抗旱秋播现场会召开。县领导徐恒菊、朱如华、周德祥、高兆顶出席。与会人员在海安集乡等抗旱抢播现场观摩。

10月19日　响水镇举行振兴经济联谊会暨八项工程庆典活动。市委常委、纪委书记计高成,县委书记徐恒菊等领导分别讲话。会后,市、县领导和客商参加该镇回澜商厦竣工、响水镇第四小学教学楼工程竣工、智华中学教学楼奠基等八项工程庆典剪彩仪式。县领导朱如华、杨钢、张玉宽,省内外200多名客商及县内有关人士出席。

10月21日　全县党史、地方志工作会议召开。县委副书记于海波、副县长丁茂林分别讲话。县委办主任王柳林主持会议。会议表彰党史、地方志工作先进个人。

10月22日　省电力局副局长、省电力公司党委副书记徐松达,省电力局工会主席许援朝一行,带领新电职工艺术团在响水县张集乡慰问奋斗在脱贫攻坚第一线的工作队员、干部群众。副市长周侃,市有关部门和县有关领导陪同。

10月23日　响水县召开征兵工作会议。县长朱如华到会讲话。

10月24～25日　1997年中国盐城科技恳谈会召开。县长朱如华率响水县代表团328人出席会议。会议期间,代表团与有关高等院校科研院所及企业洽谈项目151个,其中建立产学研联合体5个;签订成交国内项目51个,三外项目13个;意向性协议82个。

10月26日　县委书记徐恒菊、副书记于海波带领农工部、水利局等单位负责人视察响水镇等乡镇抗旱抢播工作,并查看冬棚蔬菜生产情况。

10月27日　响水县召开县四套班子会议,学习贯彻市委(扩大)会议和全市企业改革工作会议精神。县委书记徐恒菊到会讲话。

10月28日　响水县开办企业产权交易暨劳动力交流市场。县委书记徐恒菊到场讲话。县委常委、常务副县长张正华主持仪式。副县长吴晓发布交易交流信息。朱如华等县四套班子领导出席开市仪式。县委副书记王晓明公布交易和交流成果。有关部门举行新闻发布会。

△　响水县平建乡挂牌成立。县委书记徐恒菊、县长朱如华为平建乡揭牌,并举行授

印仪式。县委书记徐恒菊致辞。县委副书记于海波主持成立大会。县四套班子领导,各乡镇、县相关部门负责人及平建乡全体干群出席成立大会。

10 月 29～31 日 市人大常委会副主任刘万林一行在响水调查农村改水、村卫生室建设及“三合”(合医、合防、合药)防疫工作。县人大常委会主任杨钢陪同。

10 月 30 日 县委六届三次全体(扩大)会议召开。县委书记徐恒菊代表县委作《思想大解放,观念再更新,努力使十五大精神在我县落到实处》报告。县委副书记、县长朱如华主持会议。县四套班子领导,各乡镇、村居负责人,县直机关副科级以上干部,县重点企业主要负责人,老干部代表等 800 多人出席。会议讨论通过《中国共产党响水县第六届委员会第三次全体会议决议》。

△ 全县中低产田改造突击旬动员大会召开。县委书记徐恒菊到会讲话。县长朱如华作动员讲话。县委副书记周德祥主持会议。

10 月 31 日 全县企业改制广播动员大会召开。主会场设在县东方剧场,各乡镇设分会场。县委书记徐恒菊作动员报告。县长朱如华主持会议。

△ 全县计划生育“双月查”奖惩兑现大会召开。县委书记徐恒菊到会讲话。副县长丁茂林对 11 月份双月查工作作部署。各乡镇向县委、县政府递交 11 月份双月查保证书。县四套班子领导,各乡镇计划生育 5 个责任人,县各有关委办局主要负责人,县直医疗单位和各乡镇卫生院负责人、各行政村计生专干 860 多人出席会议。

△ 省财政厅副厅长江建平一行在响水检查指导财税工作。县有关领导汇报情况,并陪同察看汇中集团、县铜材厂、县鱼粉厂、灌东盐场、陈港电厂厂址。

11 月 1 日 县委书记徐恒菊等县四套班子领导及 1000 多名县直机关干部在运河乡运西村参加中低产田改造,拉开全县中低产田改造突击活动序幕。

11 月 6 日 全县信访工作会议召开。县委书记徐恒菊到会讲话。

△ 县委书记徐恒菊等县四套班子领导出席幸福路居民小区建设开工典礼。

△ 全县抗旱抢管紧急电话会议召开。与会人员收听市委副书记冯永农讲话。县委副书记周德祥到会讲话。

11 月 11 日 省委副书记许仲林,省委农工部副部长兼省扶贫办主任张小刚,市委书记林祥国、副书记冯永农一行在响水检查扶贫工作。县委书记徐恒菊和省驻响水扶贫工作队队长、省水利厅副厅长徐永仁汇报情况。县四套班子主要领导、县扶贫领导小组全体人员及县相关部门主要负责人出席。

11 月 12 日 市委副书记祁崇岳在响水指导精神文明建设工作。县委副书记于海波,县委常委、宣传部部长朱志和分别主持座谈会。部分单位汇报情况。祁崇岳对响水县精神文明建设工作表示肯定。并在县领导徐恒菊、于海波、朱志和陪同下在老舍乡检查指导脱贫工作。

11 月 13 日 全县 25 个特困村脱贫工作汇报会召开。县委农工部、县委办汇报扶贫攻坚情况。县委副书记周德祥到会讲话。

11 月 19 日 响水县企业改制业务培训会议召开。县委书记徐恒菊到会讲话。市体改委副主任姜红谱作业务培训。县委副书记王晓明主持会议。

11 月 21 日 运河乡成人教育中心学校获第二届“中华扫盲奖”。获此殊荣的集体全省有4家,盐城市仅此一家。

11月25日　响水县冬棚蔬菜生产工作会议在响水镇召开。县委副书记周德祥到会讲话。副县长陈明主持会议。与会人员参观双港乡蔬菜生产基地。县领导对冬棚蔬菜生产成绩突出的六套、七套、周集等乡颁发流动红旗。

△　响水县召开欢迎会,欢迎参加第八届全国运动会的响水籍运动员。县委副书记崔廷成为在第八届全运会上获奖的郑言飞、刘健两名运动员颁发奖金。

11月27~28日　盐城市巾帼扶贫工作现场经验交流会在响水召开。市妇联主席曹桂英、副主席单爱珍及各县(市、区)妇联主席、城乡工作部部长出席交流会。市委副秘书长、市扶贫办主任江士荣到会讲话。县委副书记崔廷成到会致辞。与会人员观看响水县实施"巾帼扶贫"工程图片、档案资料,参观响水镇、张集乡、黄圩乡有关现场。

11月29日　204国道响水段改造工程试通车150天后,通过交工验收。

11月30日　中央电视台3名记者在响水拍摄响水县10年来农业综合开发成果,并采访县委书记徐恒菊。县委副书记周德祥、副县长陈明陪同。

12月3日　全县扶贫考核工作会议召开。县委书记徐恒菊到会讲话。县委常委、组织部部长季德荣主持会议。

12月4日　县政府组成人员13次(扩大)会议召开。县长朱如华总结全县国民经济和社会发展情况,部署会后工作任务。县委常委、常务副县长高兆顶主持会议。副县长施明、郑洪权、陈明、沈和、杨海斌、陆静林等出席。

△　响水县交通工程有限公司成立大会召开。县委副书记王晓明到会讲话。

12月5日　响水县举行市、县办水利工程建设开工仪式,通榆河五期河道工程开工。县委书记徐恒菊、副书记周德祥分别讲话。运河、双港、海安集乡发言。

12月7日　全县科级干部学习中共十五大精神轮训班开学。县委书记徐恒菊作辅导报告。县委副书记张正华、崔廷成出席。县委常委、组织部部长季德荣主持。培训分5期,每期3天。

12月11日　江苏汇中集团公司年产30万套空调两器生产线技改项目通过市机械冶金工业局验收。

12月13日　响水县召开服务个体私营经济现场办公会。县委书记徐恒菊、县委副书记张正华分别讲话。

12月16日　全县财税工作督查会议召开。县委、县政府研究决定,从县级机关抽调部分人员组成16个财税工作督查组进驻各乡镇开展督查工作。县委常委、常务副县长高兆顶到会讲话。

12月17日　县领导周德祥、张玉宽、徐宝顶、陈明等在运河乡大通干渠拓浚工地慰问一线民工。

12月19日　县五届人大常委会第39次会议召开。会议作出《关于更改县六届人大一次会议时间的决定》,原定于1998年1月6日召开县六届人大一次会议现决定提前于1998年1月4日召开。会议听取和审议县人民政府《关于1997年国民经济和社会发展计划执行情况及1998年计划草案的报告》《关于1998年财政预算草案的报告》。会议讨论和通过县六届人大一次会议的有关筹备事项。

12 月 20 日　全县深入开展“讲文明、树新风”活动暨 1995 ~ 1996 年度文明单位表彰大会召开。县委书记徐恒菊、县委副书记崔廷成分别讲话。县委常委、常务副县长高兆顶宣读县委、县政府《关于命名表彰 1995 ~ 1996 年度文明单位的决定》。县委常委、宣传部部长朱志和主持会议。

12 月 21 日　全县经济发展研讨会召开，研讨 1998 年全县经济发展新思路。县委书记徐恒菊、县长朱如华分别讲话。县四套班子领导及有关单位负责人出席。

12 月 22 日　全县 169 家企业改制出台大会召开。县委书记徐恒菊、县长朱如华分别讲话。市委副秘书长、市扶贫办主任、企业改制办主任江士荣到会讲话。县委副书记王晓明主持会议。会上，县工商局为部分改制企业发放营业执照；县粮食局、物价局和周集乡、六套乡负责人作典型发言。

12 月 23 日　响水县人民医院 CT 机正式投入运营。县长朱如华、县委副书记崔廷成为县医院 CT 检查中心正式投入运营剪彩。副县长沈和主持剪彩仪式。

12 月 24 日　滨海、阜宁和响水三县个体私营经济发展研讨会在响水召开。县委副书记张正华介绍响水县发展个体私营经济情况。

12 月 26 日　全县预备役军官授衔仪式在县人武部举行。县领导徐恒菊、朱如华、于海波、张玉宽出席授衔仪式。盐城军分区后勤部长周海宁、县人武部部长刘万东先后宣读江苏省军区、盐城军分区对响水 85 名校、尉预备役军官的授衔命令。县委常委、县人武部政委林启俊讲话。县委书记徐恒菊提要求。县长朱如华主持仪式。

△　县委邀请部分科级干部家属召开争当“廉内助”座谈会。县委书记徐恒菊、副书记崔廷成参加座谈会。县委常委、纪委书记赵菲琳主持座谈会。

12 月 30 日　响水县举行全县干部职工迎新年健身长跑活动。县委副书记周德祥为长跑发令。县委副书记崔廷成到会讲话。副县长沈和主持活动仪式。在响水的县四套班子领导，县委各部委、县各委办局、县各直属单位负责人及 2000 多名干部职工和中学生参加长跑。

12 月 31 日　县城长江路建筑工程竣工典礼暨首届元旦商品交易会开幕仪式举行。县领导徐恒菊、朱如华、于海波、张玉宽为活动剪彩。

1998 年

1 月 3 ~6 日 政协响水县第六届委员会第一次会议召开。县委书记徐恒菊到会讲话。张玉宽作工作报告。王述美致开幕词。会议审议并通过县政协第六届委员会常委会工作报告和提案委员会工作报告。大会选举张玉宽为县政协第六届委员会主席,吴晓、史春耕、陈苏红(女)、王述美、李刚为副主席。吴晓致闭幕词。

1 月 4 日 省水利工程建设局副局长陈锡林、市水利局副局长吴金泉一行在响水视察通榆河工程县城段二期拆迁安置现场。县委常委、常务副县长高兆顶陪同。

1 月 4 ~7 日 响水县第六届人民代表大会第一次会议召开。会议听取和审议响水县人民政府工作报告;审查和批准响水县 1997 年国民经济和社会发展计划执行情况和 1998 年计划草案的报告,1997 年财政预算执行情况和 1998 年财政预算草案的报告;听取和审议县人大常委会工作报告,县人民法院工作报告,县人民检察院工作报告;讨论并通过响水县人民代表大会议事规则。会议选举人大常委会主任、副主任、委员;选举朱如华为县长,高兆顶、郑洪权、陈明、沈和、陆静林、沈康生为副县长。会议选举县人民法院院长,县人民检察院检察长。

1 月 5 日 省委常委、常务副省长季允石,副省长金中青,副市长谷容先一行在响水县乡村走访慰问。

△ 南京市红十字会、南京市商业大厦领导在响水县小尖镇开展献爱心、送温暖活动。副省长金中青,副市长谷容先,县长朱如华、副县长沈和等省、市、县领导出席捐赠仪式。

1 月 9 日 响水县召开欢送省委驻响水扶贫工作队座谈会。省委工作队在响水全体队员、县四套班子主要领导参加座谈会。副市长刘鉴康,市委、市政府副秘书长、市扶贫办主任江士荣,市扶贫办副主任赵满生参加座谈会。县委书记徐恒菊对省委扶贫工作队表示感谢。

1 月 10 日 响水县创建计划生育合格县攻坚誓师大会召开。县委书记徐恒菊作动员报告。县长朱如华主持会议。县委副书记张正华宣读计划生育突击旬实施方案。副县长沈和宣读 1997 年度计划生育工作考核决定。县四套班子领导出席。

1 月 11 日 县委书记徐恒菊出席市委三届九次全体(扩大)会议。

1 月 11 ~20 日 全县开展计划生育突击旬活动。

1 月 14 日 全县党政主要负责人会议召开。县委书记徐恒菊到会讲话。县长朱如华传达市委三届九次全体(扩大)会议精神。

△ 响水县召开特困企业解困工作座谈会。县长朱如华,县委常委、常务副县长高兆

顶、副县长姜雪忠出席。

1 月 15 日 县纪委召开加强春节期间党风廉政建设工作座谈会。县委副书记崔廷成,县委常委、纪委书记赵菲琳出席。金融、邮电、供电、税务、商业等 17 个单位负责人参加。

1 月 16 日 县委书记徐恒菊出席盐城市第四届人民代表大会。

1 月 19 日 县长朱如华、县委副书记张正华慰问特困企业、特困职工家庭。

△ 响水县召开金融工作座谈会。县长朱如华、县委副书记张正华分别讲话。副县长陆静林主持会议。

1 月 20 日 全县企业改制暨工业经济工作会议召开。会议总结分析 1997 年工业经济运行情况,出台第二批改制的 54 户企业。县长朱如华、县委副书记王晓明出席。

1 月 21 日 响水县召开流通工作座谈会。县长朱如华到会讲话。副县长陆静林主持会议。

△ 市委副书记、组织部部长陶培荣在响水县运河、黄圩两乡慰问看望老党员和贫困户。县长朱如华、县委副书记崔廷成陪同。

1 月 22 日 市委副书记、纪委书记计高成,副市长刘鉴康,市人大常委会副主任蔡秀民、市政协副主席邱治荣在响水县平建乡海林村慰问困难户和困难企业(色织厂、电容器厂),并看望困难职工家庭。县委书记徐恒菊、县长朱如华陪同。

1 月 24 日 徐恒菊、张玉宽、张正华、高兆顶等县四套班子领导慰问驻响水部队指战员、武警部队、消防大队、人武部、政法干警。

1 月 25 日 县委书记徐恒菊、副书记周德祥、副县长郑洪权率县委办、政府办、响水镇、县通榆河工程拆迁安置指挥部等单位负责人,察看通榆河响水县城段拆迁安置情况,走访慰问部分特困户。

2 月 4 日 响水县召开乡镇和机关主要负责人会议。会议听取市委、市政府召开立足本职,狠抓当前,扎实做好节后各项工作的电话会议。县委书记徐恒菊、县长朱如华、县委副书记周德祥分别讲话。

2 月 6 日 全县城乡基础设施建设动员大会召开。县委书记徐恒菊到会讲话。县长朱如华作动员讲话。副县长郑洪权主持会议。建设局、响水镇作表态发言。

△ 县委六届四次全体(扩大)会议召开。县委书记徐恒菊作报告。县委副书记、县长朱如华主持会议。六套乡、机电局、县染料化工厂等 6 个单位作典型发言。

2 月 9 日 响水县在南京召开扶贫工作汇报会。省扶贫办主任张小刚、省水利厅厅长翟浩辉,1997 年在响水扶贫的老队员及 1998 年在响水扶贫的新队员等出席会议。县委书记徐恒菊汇报响水县脱贫攻坚的主要成绩和 1998 年扶贫促小康的主要工作思路。县委副书记周德祥主持会议。省水利厅、电力局、扬大农学院等扶贫单位代表发言。省委副秘书长董瑾到会讲话。

2 月 10 日 1998 年省委驻响水扶贫促小康工作队欢迎会议召开。省扶贫促小康工作队全体队员,副市长刘鉴康,市扶贫办主任赵满生及县四套班子领导出席会议。县委书记徐恒菊介绍响水基本情况。省委驻响水扶贫工作队长陆启洲、副市长刘鉴康分别讲话。

2 月 11 日 全县财税工作会议召开。县委书记徐恒菊、县长朱如华分别讲话。县委常委、常务副县长高兆顶作工作报告。会议出台增收节支工作若干规定等文件。

2 月 13 日　县委书记徐恒菊、副县长郑洪权带领县委办、政府办等有关部门负责人在周集、小尖、黄圩等乡镇督查小佃公路、西出口公路建设情况，并看望有关乡镇扶贫工作队员。

2 月 13 ~ 15 日　应县委副书记周德祥邀请，日本株式会社西杰总业董事长清水漂萍在响水县小尖、陈港、响水镇考察，并商谈响水农副产品开发、加工、出口等问题。

2 月 14 日　常熟市副市长王建康等在响水县挂职。县领导朱志和、季德荣陪同考察与常熟挂钩协作的县华龙铜材厂、轴承座厂、神豆制药厂等单位，并进行座谈。县委副书记周德祥参加座谈。

2 月 15 日　市长李全林、市委副书记陶培荣一行在响水视察陈港响水作业区、金兰集团和汇中集团。县委书记徐恒菊介绍响水县基本情况，1997 年脱贫成果和 1998 年工作思路。李全林对响水今后加快发展提出新要求。

2 月 15 ~ 16 日　省中低产田改造验收组在响水检查验收 1997 年度中低产田改造土方工程，查看运河、海安集等乡镇的现场。县委副书记周德祥、副县长陈明汇报情况。

2 月 15 ~ 23 日　省人大代表、县长朱如华在南京参加省九届人大一次会议。

2 月 17 日　“西出口”工程一期工程开工。县四套班子领导带领县直机关干部 1000 多人和民工一起奋战在工地上。

2 月 18 ~ 20 日　县委书记徐恒菊，县委副书记王晓明、张正华，副县长姜雪忠等县领导带领有关单位负责人在县属重点企业现场办公，帮助企业解决实际问题。

2 月 20 日　响水县老促会第三届理事会议召开。市老促会副理事长张涛，县委副书记周德祥、副县长陈明分别讲话。

2 月 21 日　全县党建工作会议召开。县委常委、组织部部长季德荣，县委常委、纪委书记赵菲琳，县委常委、宣传部部长朱志和分别作县委组织部、县纪委、县委宣传部工作报告。县委书记徐恒菊作重要讲话，并同各乡镇党委签订“党风廉政建设”责任状。县委副书记崔廷成主持会议。

2 月 22 日　江苏汇中集团股份有限公司成立大会召开。县委书记徐恒菊，县委副书记张正华、王晓明出席。

2 月 23 日　县委书记徐恒菊，县委副书记张正华、王晓明召集有关部门负责人讨论“合股办企业”实施方案。

2 月 24 日　全县计划生育突击旬总结表彰大会召开。县委书记徐恒菊到会讲话。县委副书记张正华主持会议并宣读突击旬考核奖惩决定。副县长沈和作总结报告。县四套班子领导，县各部委办局主要负责人，各乡镇计生工作 5 个责任人及部分计生工作薄弱村支部书记出席。

2 月 25 日　响水县酒精厂破产原因分析会议召开。县委书记徐恒菊，副书记张正华、王晓明，副县长姜雪忠出席。

△　全县控减农民负担“三定”工作会议召开。县委副书记周德祥、副县长陈明分别讲话。县委、县政府决定，从 1998 年起对全县农民负担费用和劳务，实行“总量控制，定项限额；分业负担，定额收取；田亩负担，一定三年不变”的“三定”政策。

2 月 27 日 县人大代表议案、政协委员提案交办工作会议召开。县委常委、常务副县长高兆顶到会讲话。县人大常委会副主任陈培岭、县政协副主席史春耕对办理人大代表议案、政协委员提案提意见。

3 月 1 日 县委召开响水县基本脱贫新闻发布会。县委常委、副书记崔廷成出席。县委宣传部部长朱志和主持会议。

△ 反映贫困老区扶贫工作的 12 集电视连续剧《太阳河》在响水县海安集乡小集村开镜。

3 月 3 日 县委在双港乡召开落实县委六届四次全体(扩大)会议精神座谈会。县委书记徐恒菊到会讲话。县委副书记周德祥主持会议。响水镇、海安集乡、陈港镇、双港乡等乡镇汇报情况。县政协主席张玉宽、县人大常委会副主任周桂玉出席。

3 月 7 日 全县工业暨外向型经济工作会议召开。县委书记徐恒菊、县长朱如华分别讲话。县委副书记张正华主持会议。县四套班子全体领导,各乡镇党政两套班子全体成员,县各部委办局副科级以上干部,县属重点企业,工商企业主要负责人出席。

△ 全县 1997 年度考核表彰暨脱贫攻坚庆功大会召开。县委书记徐恒菊,省委驻响水扶贫促小康工作队队长、省电力局副局长陆启洲分别讲话。县长朱如华主持会议。会议宣读表彰决定,县委组织部聘用 6 名村支部书记为乡镇长助理决定及 1998 年扶贫促小康下派驻点干部名单。

△ 全县创建农村电气化县动员大会召开。县长朱如华作动员讲话。省委驻响水扶贫促小康工作队队长、省电力局副局长陆启洲到会讲话。县四套班子全体成员,各乡镇党政两套班子全体成员,县各部委办局副科级以上干部及有关单位负责人出席。

3 月 8 日 全县农村工作会议暨绿化工作会议召开。县委书记徐恒菊、县委副书记周德祥分别讲话。副县长陈明主持会议。县委、县政府主要领导,各乡镇有关领导,农水系统中层以上干部及县直有关单位负责人出席会议。会议对 1997 年度农业工作、绿化工作先进集体和先进个人进行表彰。

3 月 8 ~ 15 日 县长朱如华,副县长陈明、姜雪忠带领经贸、粮食等有关经济主管部门及部分乡镇负责人在北京开展农业招商引资活动。12 日,在北京召开江苏响水 1998 年农业招商引资恳谈会。国家有关部委、科研单位的领导、学者及中外客商 47 人参加会议。全国人大代表、市长李全林,市委副书记、纪委书记计高成到会讲话。恳谈会落实 7 个项目,达成项目协议 13 个,有跟踪洽谈价值的项目 24 个,可引进资金 5000 万元。

3 月 10 日 市工业和外向型经济工作检查组在响水检查贯彻落实市工业经济工作会议和外向型经济工作会议精神情况。县委副书记张正华、副县长陆静林汇报市会精神贯彻落实及 1998 年四项工作的目标思路、存在的实际困难等情况。

△ 由省委、省政府办公厅、人事厅、组织部、财政厅组织的省机构改革调查组在响水召开座谈会,调查了解响水县党政机构改革情况和下一轮工作思路。县委常委、常务副县长高兆顶汇报情况。县委常委、组织部部长季德荣及有关部门负责人参加座谈会。

3 月 11 日 响水县召集县经济主管部门和规模企业负责人参加市工业经济紧急电话会议。县委书记徐恒菊在电话会议结束后讲话。

3 月 13 日 全县“家家上项目、合股办企业、放手抓民富、建设新城镇”动员大会召开。县委书记徐恒菊到会讲话。县委副书记张正华主持会议。四项重点工作分管领导分别对分管工作作出部署。在响水的县四套班子领导，各乡镇主要负责人，省、市驻响水扶贫工作队领导出席。

△ 县四套班子部分领导带领县直机关200多名干部职工在运河乡参加植树活动。

3月16日 双港乡举行“合股办企业”5项工程开工庆典。县委书记徐恒菊，县委副书记王晓明、张正华出席。

3月18~25日 县领导徐恒菊、于海波、张玉宽、高兆顶、陆静林带领县委办、计经委、机电局、化轻建局、金兰集团等单位负责人在广州、深圳、珠海等地开展招商引资活动。23日，在深圳市环宇大酒店举行1998年江苏响水深圳经贸洽谈会。美国、澳大利亚、新加坡及香港、台湾、深圳、广州、珠海、山西、上海的95名中外宾客参加会议。县委书记徐恒菊致辞。副县长陆静林主持。洽谈会达成协议项目15个，其中9个招商项目、6个贸易项目；协议招商投资总额达6595万元，贸易总额达4351万元。

3月20日 响水县在响水镇召开纪念农村党员冬训工作20周年研讨会。县委副书记崔廷成到会讲话。县委常委、宣传部部长朱志和主持会议。

△ 全县信访工作会议召开。县委副书记崔廷成到会讲话。县委常委、常务副县长高兆顶主持会议。

3月23日 响水县召集县农水系统各单位及相关部门负责人参加市抗灾抢管紧急电话会议。县委副书记周德祥到会讲话。副县长陈明主持会议。各乡镇、村组干部及乡相关部门负责人在各乡镇分会场参加会议。

3月24日 县长朱如华在县海珍品公司、陈港镇开展加快滩涂资源开发和促进城镇基础设施建设调研。

△ 日本国大阪府立淀川工业高校教师金治洁带领第23次高中生访华团在响水访问。副县长沈和致辞并介绍全县情况。访华团在小尖镇田荡希望小学参观并捐款，在六套“二·六”惨案纪念碑前凭吊遇难者。

3月27日 县长朱如华，副县长施民、郑洪权在县城乡基础设施建设指挥部办公室专题会办城乡建设有关事宜。

3月30日 县委书记徐恒菊、县委副书记崔廷成在县城乡基础设施建设指挥部听取副县长、县城乡基础设施建设指挥部总指挥郑洪权关于城乡基础设施建设情况的汇报，并查看县城改造建设有关资料。

△ 全县教育工作会议召开。县长朱如华到会讲话。县委副书记崔廷成主持会议。副县长沈和作工作报告。

3月31日 响水县创建全国科技工作先进县动员大会召开。县委书记徐恒菊到会讲话。县长朱如华作动员报告。副县长沈和主持会议。扬大农学院党委书记胡家兴、省农林厅科教处处长赵西华、市科委副主任董金奇及县四套班子全体领导、各乡镇党委书记、各部委办局主要负责人出席。

4月3日 全县第一季度经济形势分析会议召开。县委书记徐恒菊到会讲话。县长朱如华主持会议。县四套班子全体领导、各经济主管部门负责人出席。

△ 全县部分乡镇长助理及村支书座谈会在运河乡召开。县长朱如华到会讲话。县

委副书记崔廷成、副县长姜雪忠出席会议。陈港镇镇长助理尹从仕等 5 名乡镇长助理发言，汇报 1998 年新上项目进展情况及今后工作思路。

4 月 5 日 县委召开县属企业改制工作座谈会。县委副书记王晓明、张正华分别讲话。县委副书记崔廷成主持会议。

4 月 7 日 响水县海洋经济工作座谈会在陈港镇召开。县长朱如华，县委副书记周德祥，副县长沈和、姜雪忠等出席会议。县海洋局、滩涂局等单位负责人和沿海、沿灌河乡镇领导 30 多人共商发展响水县海岸经济大事，为建设“海上响水”献计献策。

△ 响水县“新闻质量年”活动动员会议召开。市委宣传部副部长刘汉昌，县委副书记崔廷成，县委常委、宣传部部长朱志和分别对活动提要求。

4 月 7 ~ 9 日 县政府从县级机关抽调 56 人，组成 28 个检查组，对县直 158 个行政事业单位一季度贯彻执行县政府 11 号文件情况逐一进行检查。

4 月 8 日 响水县理论武装讲师团成立大会召开。省委宣传部、市委宣传部有关领导到会祝贺。省委党校吴正林作邓小平经济理论辅导报告。徐恒菊、张玉宽、崔廷成、王晓明等县四套班子领导出席报告会。

△ 市委副书记陶培荣，副市长李之渭、张厚启、陈震宁分别召集市直有关帮扶单位负责人在响水县黄圩、海安集、周集等乡镇会办扶贫促小康工作。

4 月 9 日 响水县举行仪式，欢迎 1998 年江苏“深入农家写农村”采访团青年记者在响水开展新闻扶贫活动。深入农家写农村是由省委宣传部与省记者协会联合组织省、市新闻单位以青年新闻工作者为主在苏北农村，下乡进村入农家，深入生活开展的“双向扶贫”活动。县领导张正华、崔廷成、朱志和、沈和参加欢迎仪式。

△ 全县创建初级卫生保健合格县攻坚动员大会召开。市卫生局局长徐金旸、县委副书记崔廷成分别讲话。副县长沈和作动员报告，并和各乡镇及有关部门签订责任书。县常委会、县政协有关领导出席。

4 月 10 日 全县春季大棚蔬菜生产总结表彰会议在七套乡召开。县委副书记周德祥到会讲话。县委常委、宣传部部长朱志和通报 1998 年大棚蔬菜生产检查考核结果。县委分管领导，各乡镇乡镇长、分管负责人、农科站长、农技人员及县有关部门分管负责人出席。

4 月 11 日 副市长陈震宁在响水检查指导工作。县委书记徐恒菊介绍金兰集团、汇中集团情况及企业改制情况。

4 月 13 日 全县经济工作会议召开。县委书记徐恒菊、县长朱如华分别讲话。县四套班子领导、各乡镇及县直各部门负责人出席。

4 月 15 日 运河乡农民田国华带头创办的合股企业畜禽有限公司成立，其规模为盐城市同类企业之冠。县委书记徐恒菊、县长朱如华为畜禽有限公司揭牌，对公司成立表示祝贺。

4 月 16 日 全县大干二季度，实现“双过半”动员大会召开。县委书记徐恒菊、县长朱如华分别讲话。各乡镇党委书记、县有关部门负责人作表态发言。县四套班子全体领导，各乡镇党委书记、乡镇长、分管工业副书记或副乡镇长，县各部委办局主要负责人出席。

△ 1998年江苏响水(西安)科技经贸洽谈会在西安召开。西安交大等18家高校和科研院所的专家学者出席会议。县委副书记周德祥致辞。副县长沈和主持会议。洽谈会签订科技经贸合作项目38个,其中工业项目23个、农业项目14个、产学研项目1个;获取科技信息2258条。

4月18日 全县34家股份企业同时开业。县委书记徐恒菊、县长朱如华等县四套班子领导分三路到陈港、小尖、六套、老舍、南河等5个乡镇参加开业仪式。

△ 县长朱如华等县四套班子领导参加县信用社综合楼、国土大厦奠基仪式。

△ 县长朱如华主持召开分管部门主要负责人座谈会,听取财政、人事、体改、审计、人武等部门负责人汇报工作。

△ 县委副书记张正华出席南河乡合股办企业大会,并为宏澜玩具厂开业揭牌。

4月21日 响水县召开贯彻落实市经济工作会议精神座谈会。县委书记徐恒菊到会讲话。县四套班子全体领导及县相关部门负责人出席。

4月22~23日 老阜宁地区旅台同胞回盐城探亲交流团在响水探亲访问。县长朱如华向旅台同胞探亲团介绍响水县经济社会发展情况,并陪同参观汇中集团、农业产业化示范基地、港口码头和响水中学。

4月23日 副市长谷容先率市教育局等10家市直帮扶张集乡的后方单位负责人在响水会办张集乡扶贫促小康工作。市政府副秘书长李学义、市扶贫促小康办副主任赵满生,县长朱如华、县委副书记周德祥等出席。

4月24日 全县防汛防旱指挥部领导成员工作会议召开。县长朱如华、县委副书记周德祥、副县长陈明分别讲话。

4月25日 响水县邀请省新闻记者通报响水县扶贫促小康情况。

4月25~28日 响水县邀请江苏省经贸教育培训中心、南京理工大学国际商学院、省进出口商品检验局部分专家教授在响水举办为期4天的外向型经济理论与实务培训班。县四套班子部分领导,各乡镇、各有关部门和企业主要领导、分管领导、业务经办人员近200人参加培训班。

4月26日 响水县邀请省体改委副主任李士杰、南农大教授在响水举办企业改制与资本运作及农业产业化经营专题报告会。县领导朱如华、周德祥、张正华及各乡镇、县相关部门负责人参加学习。

△ 省委组织部、省科协、省驻响水扶贫促小康工作队组织南京化工大学、南京农业大学、省淡水水产研究所等省级科研院所专家教授20多人在响水开展讲学和技术服务活动。

4月27日 市人大常委会副主任蔡秀民一行在响水检查《江苏省农业机械管理条例》的贯彻落实情况。县人大常委会主任于海波,县委常委、常务副县长高兆顶,副县长陈明分别汇报情况。

4月29日 全县再就业工作会议召开。县长朱如华,县委常委、常务副县长高兆顶分别讲话。县委副书记张正华及县四套班子有关领导出席。

4月30日 全县三月份计生双月查总结兑现大会召开。县长朱如华到会讲话。县委副书记张正华主持会议。副县长沈和宣布三月份双月查情况。会议对三月份双月查工作先进乡镇陈港、港南等颁发流动红旗。

△ 响水县城乡基础设施建设指挥部举行县城三条主要道路改造工程招标会。通过公开竞标,综合评估,盐城市基础工程公司、滨海县市政公司、泰兴市市政公司中标。

5月1日 县委副书记张正华,县委常委、常务副县长高兆顶率有关部门负责人在县钩编厂、江苏神豆药业有限公司、江苏汇中集团公司等企业慰问节日期间上班的干部职工。

5月4日 阜宁县委书记沈德林、县长周古城等县四套班子领导和各乡镇、县直机关单位负责人一行50多人在响水参观考察。县领导朱如华、张玉宽、周德祥、周桂玉、陆静林等陪同参观部分县属、乡镇企业和个体私营大户,响水中学校园及县城街道改造现场。县长朱如华汇报响水县经济社会发展情况。

5月5日 省委宣传部常务副部长、新华日报社社长刘向东,市委常委、宣传部部长于利中,市委宣传部副部长刘汉昌一行在响水看望深入农家采访锻炼的省、市新闻单位青年记者,并参加"深入农家写农村"青年记者采访锻炼总结汇报会。县领导朱如华、崔廷成、朱志和等出席汇报会。

5月6日 省农业资源开发局局长王清一行在响水考察六套乡扶贫促小康工作。县委副书记周德祥陪同。

△ 省财政厅预算处处长李蓉蓉、市财政局局长季步江一行在响水检查财税工作。县委常委、常务副县长高兆顶汇报情况。

5月11日 省电力局局长顾智鹏一行在响水召开扶贫促小康现场办公会。市副书记冯永农,市扶贫办主任江士荣,县领导徐恒菊、朱如华、周德祥及驻响水扶贫促小康工作队队员参加会议。会上,省电力工会、谏壁发电厂等20多家单位向张集乡捐赠270万元资金和物资。

5月12日 县委常委(扩大)会议召开,传达学习江泽民总书记视察江苏时的重要讲话和全省乡镇企业工作会议精神,研究贯彻落实的意见。在响水的县四套班子领导及县委农工部、各经济主管部门、各金融部门主要负责人参加。

5月14日 县领导张正华、高兆顶召集计经委、建设局、财政局等单位负责人会办水泥市场整顿工作。

5月15日 县委书记徐恒菊、县委副书记张正华、县长助理汪寿明带领县计经委、工商局等部门负责人在铜材厂、兰兰涂料厂、钩编厂、酿酒总厂等企业开展调研活动。

5月15~16日 县政府分片召开财政收入"双过半"过堂会。县委常委、常务副县长高兆顶到会讲话。

5月18日 全县防汛防旱工作会议召开。县委副书记周德祥到会讲话。副县长陈明作报告,并与乡镇签订防汛防旱责任书。县四套班子有关领导参加。

△ 县长朱如华召集响水县首届"荷花节"暨经贸洽谈会六个筹备工作组全体成员,了解筹备工作情况。

5月19日 响水县委作出在全县"开展向祁克俭同志学习"的决定。祁克俭,响水县优秀党务工作者,七套乡原统战委员。

△ 省农林厅农业局副局长唐明珍、扬州大学农学院教授彭永欣、南京农业大学教授

曹卫星一行组成的专家组在响水对省级农业领导工程海安集乡新民村小麦丰产万亩片进行实地考察验收。县委、县政府有关领导和县农业局、海安集乡负责人陪同。

5月22日 全县企业改制座谈会召开。县委书记徐恒菊到会讲话。县委副书记王晓明、张正华等县领导出席。

△ 常熟市副市长王建康在响水挂职(县政府副县长),并考察1998年度常响协作工作。王建康代表常熟市政府向响水县爱委会交付二季度改水资金25万元,向平建乡和县特殊教育学校捐赠价值5万元的校服、书籍等物资及2万元现金。县委常委、组织部部长季德荣,副县长沈和等陪同。

△ 响水县召开重点工程会办会,出台八项重点工程项目。县长朱如华主持会议并讲话。

5月23日 全县乡镇企业工作会议召开。县委书记徐恒菊到会讲话。县长朱如华传达江泽民总书记在江苏省考察乡镇企业时发表的讲话精神。县委副书记王晓明、张正华出席。

△ 县委武委会暨国防动员委员会(扩大)会议召开。县委武委会暨国防动员委员会领导林启俊、刘万东、苗志荣和两个委员会的成员及各乡镇党委书记、全县人武干部参加会议。县委书记、县国防动员委员会第一主任徐恒菊,县长、县委武委会暨县国防动员委员会主任朱如华分别讲话。县人武部部长刘万东作工作报告。

5月24日 县政府六次常务会议召开,专题讨论社会事业工作。县长朱如华主持会议。

△ 县委书记徐恒菊召开部分乡镇党委书记座谈会。县领导周德祥、张正华、崔廷成等出席座谈会。

5月25日 市委办、市政府办牵头,市委宣传部、市劳动局、市总工会联合组成的"下岗职工再就业先进事迹报告团"在响水作首场报告。

5月26日 全县控减农民负担和推行农村三项制度工作大会在海安集乡召开。县委书记徐恒菊、副书记周德祥分别讲话。与会人员参观海安集乡推行农村三项制度现场。

△ 全县乡村公路建设工作会议在周集乡召开,全面部署1998~1999年县乡村公路建设任务。副县长郑洪权到会讲话。

5月27日 响水县举行国家公务员行政职务任命书首次颁发仪式。县长朱如华向政府27个部门的50名副科级以上国家公务员颁发任命书,这标志着国家公务员制度在响水县已全面实施。

5月28日 响水县开展"家家上项目、合股办企业、放手抓民营、建设新城镇"四项工作观摩活动。县委书记徐恒菊到会讲话。与会人员参观14个乡镇46个村的典型。

5月28~29日 省、市口岸工作检查组在响水县调查了解陈家港申报二类开放口岸前期工作情况。县长朱如华汇报陈家港近年来基本建设情况。副县长沈和、陆静林,政协副主席吴晓陪同省、市口岸工作检查组参观陈家港各港区建设情况。

5月28~30日 市档案学术研讨暨理事会议在响水召开。市档案局局长曹效仲作动员讲话。县委副书记崔廷成致辞。市各县(市、区)档案局、馆、室和部分企业集团公司档案管理员共30多人参加。

5 月 29 日 通榆河响水枢纽(响水枢纽由响水船闸、双园公路桥、船闸引航道三大部分组成)征地拆迁工作通过省、市验收。省水利工程局副局长陈锡林,副市长刘鉴康、市水利局副局长吴金泉,县委副书记周德祥、副县长郑洪权参加验收会议。

5 月 31 日 县委书记徐恒菊主持召开县四套班子全体人员会议,分析当前农业形势,研究秋熟超产增收措施。

6 月 1 日 县委书记徐恒菊、副书记崔廷成、副县长沈和率有关部门负责人在县幼儿园、实小和县二中等县直教育单位看望师生员工。

6 月 1 ~ 10 日 县长朱如华在香港参加国家外经贸部组织的 1998 年香港经贸洽谈招商活动。

6 月 2 日 省扶贫促小康工作座谈会在响水县召开。苏北五市扶贫办领导,14 个帮扶县领导及省委驻各县扶贫工作队领导 60 多人,汇报交流 1998 年各自帮扶工作情况。县委副书记周德祥汇报响水县扶贫促小康工作情况。省委农工部副部长、省扶贫办主任张小刚,省扶贫办副主任项兆伦、薛斌,县委书记徐恒菊等领导出席。

6 月 4 日 全县秋熟超产增收广播动员大会召开。县委书记徐恒菊到会提要求。县委副书记周德祥部署夏收和秋超工作。县委常委、常务副县长高兆顶主持会议。县四套班子全体领导,各乡镇、县各部委办局主要负责人在主会场二招参加会议;各乡镇两套班子成员,各村居支部书记、村居委主任,乡直机关全体干部在本乡镇设立分会场收听会议。

6 月 7 ~ 15 日 响水县在青岛举办海洋经济洽谈会。县委副书记崔廷成、县人大常委会副主任丁茂林、副县长姜雪忠参加会议。

6 月 8 日 全县 800 多名县直机关干部在“三夏”大忙第一线,帮助结对帮扶户和困难户抢收三麦。

△ 县领导徐恒菊、崔廷成、季德荣、王述美在连云港第一人民医院看望慰问祁克俭。

6 月 9 日 响水县创建初保合格县第一阶段工作考核奖惩兑现大会召开。县委副书记崔廷成主持会议。县人大常委会副主任丁茂林宣读考核奖惩决定。副县长沈和到会讲话。

6 月 12 日 市计生委组织工作组在响水帮助指导计生工作,并举办业务培训班。县领导徐恒菊、张正华等出席业务培训并讲话。

6 月 13 日 县长朱如华召集县计经委、财政局、科技局、乡镇局、建设局、外贸、人行等部门负责人召开全县经济形势分析座谈会。

6 月 14 日 全县财政收入“双过半”动员大会召开。县委书记徐恒菊、县长朱如华分别讲话。县委常委、常务副县长高兆顶作动员报告。

△ 全县粮食流通体制改革暨夏粮收购工作会议召开。县长朱如华到会讲话。县委常委、常务副县长高兆顶主持会议。副县长陆静林作动员报告。

6 月 15 日 全县水稻栽插流动现场会召开。县委副书记周德祥、县人大常委会副主任陈培岭、副县长陈明出席。与会人员参观响水镇、运河乡、双港乡等 6 个乡镇 8 个水稻栽插现场。

6 月 16 日 县领导徐恒菊、张玉宽、丁茂林、施民视察小佃公路、平建公路。

6 月 17 日 全县技改现场交流会在汇中集团召开。县委书记徐恒菊、副书记张正华、副县长陈明出席会议。

6月17~18日　响水县邀请省财政厅原厅长姜其温、省政府研究室原主任薛金鳌、新华日报原总编金靖中等在响水调研财政工作。县委书记徐恒菊、县长朱如华参加接待。县委常委、常务副县长高兆顶汇报响水县财政情况并陪同考察部分重点企业。

6月19日　响水县首届"荷花节"暨经贸洽谈会动员大会召开。县领导徐恒菊、朱如华、陆静林分别讲话。县委副书记张正华主持会议。

△　全县计划生育帮扶工作座谈会召开。县委书记徐恒菊到会讲话。

△　县领导徐恒菊、朱如华、于海波、张玉宽分别为《响水报》出刊100期题词。

△　县四套班子有关领导和县相关部门负责人收听省、市政府先后召开的落实收支两条线规定电话会。会后县委常委、常务副县长高兆顶讲话。

6月21日　全县领导干部反腐倡廉教育会议召开。剖析董某、周某、程某受贿案。县委书记徐恒菊到会讲话。县四套班子全体负责人,各乡镇、各部门负责人出席。

△　徐恒菊、朱如华、周德祥等县四套班子领导分三组在六套、七套、南河乡检查夏粮收购工作。

6月22日　县委书记徐恒菊、县长朱如华在小尖镇查看浅水藕生长情况,并查看陈港海堤工程。

6月23日　县领导徐恒菊、朱如华、张玉宽、崔廷成、丁茂林、郑洪权、史春耕等在运河、小尖等乡镇及县城段检查建设新城镇工作并慰问施工一线工人。

6月23~24日　省委副书记许仲林,省扶贫办主任张小刚,市长李全林,市委副书记、常务副市长葛绍林一行在响水考察指导扶贫促小康工作。23日,考察小尖镇万亩浅水藕生产基地、汇中集团、周集乡吉舍村生猪改良现场和响水镇水稻栽插现场。24日,听取县委书记徐恒菊的工作汇报。许仲林肯定响水县发展思路和成绩,并对响水县今后工作提出要求。

6月25日　县领导徐恒菊、朱如华、于海波、张玉宽分别为全国第八个土地日题词。

△　全县下岗职工基本生活保障和再就业工作会议召开。县委常委、常务副县长高兆顶到会讲话。

6月25~30日　全县上下举行丰富多彩的活动庆祝中国共产党成立77周年和香港回归1周年。

6月27日　全县新闻宣传工作会议召开。县委书记徐恒菊到会讲话。县委常委、宣传部部长朱志和作总结报告。副县长沈和主持会议。

6月28日　省水利厅扶贫促小康现场会在响水召开,重点落实帮扶七套乡的目标和措施。省水利厅副厅长徐俊仁主持会议。省水利厅厅长翟浩辉、市委副书记冯永农、县委书记徐恒菊、县委副书记周德祥等出席会议。县长朱如华介绍全县水利建设情况。驻七套扶工作组汇报七套乡中低产田改造和基础设施建设等情况。

6月29~30日　29日晚至30日凌晨,响水县遭受大暴雨袭击,雨量达94.9毫米。县领导徐恒菊、朱如华、郑洪权等在县城有关地段察看积水情况。

7月1日　全县广播电视光缆传输暨加密频道开通仪式在县广播电视局举行。市广播电视局局长冯忠云,县领导徐恒菊、朱如华、于海波、张玉宽及各乡镇,县直各部门、单位负责人 160 多人出席开通仪式。县委书记徐恒菊按下开通启动按钮。市广播电视局局长冯忠云、县长朱如华分别致辞。副县长沈和主持。

△ 省委常委、政法委书记、省公安厅厅长李明朝一行在响水县六套乡(省公安厅扶贫促小康联系点)考察指导工作。市委副书记、常务副市长葛绍林、县委书记徐恒菊、省公安厅驻六套扶贫工作组组长王祥富汇报有关情况。

7 月 2 日 全县秋熟超产增收情况汇报会在南河乡、运河乡分片召开。县委书记徐恒菊、县长朱如华分别讲话。县委副书记周德祥主持会议。

7 月 3 日 响水县农业资源开发项目通过省级验收。

7 月 6 日 市委常委、市委秘书长林成立在响水考察工作。县委书记徐恒菊、副书记周德祥陪同。

7 月 7 ~9 日 响水县 750 名考生参加高考。县领导徐恒菊、丁茂林、沈和等在响中慰问考生。

7 月 8 日 响水县税收漏征漏管清查工作动员大会召开。县委常委、常务副县长高兆顶到会讲话。

7 月 10 日 徐恒菊、朱如华、于海波、张玉宽等县四套班子领导及荷花节六个筹备组负责人对小尖浅水藕基地、汇中集团、陈家港响水作业区及东方剧场荷花节期间参观现场进行督查。

7 月 10 ~11 日 全县 1996 ~1998 年改造的 40.5 万亩中低产田通过省财政厅、水利厅、开发局组成的中低产田改造验收小组验收。

7 月 11 日 响水县县城社会秩序综合整治动员大会召开。县领导徐恒菊、朱如华、王晓明分别讲话。

7 月 12 日 县委工作会议召开。县委书记徐恒菊作《振奋精神,咬紧目标,为完成全年各项任务而努力奋斗》动员报告。县委副书记、县长朱如华主持会议。县委委员、侯补委员,县纪委委员,县人大、县政府、县政协全体负责人,各乡镇党政领导班子成员和党委秘书,各村居党支部书记,县直机关全体副科级以上干部及重点企业负责人 1000 多人出席。

7 月 15 日 响水县县城第一条跨世纪大道——黄海路工程全面竣工,道路达到“五化”(硬化、亮化、分隔化、绿化、无杆化)要求。

7 月 16 日 徐恒菊、朱如华、于海波、张玉宽等县四套班子领导出席县开发区举行的县现代化工有限公司等 10 项民营工程竣工、投产庆典仪式及小尖镇举行的盐城太阳河酒业有限公司开业典礼暨产品订购会。

7 月 17 日 在响水县参加首届荷花节暨经贸洽谈会的市领导林祥国、李全林、祁崇岳、葛绍林等在小尖、开发区、汇中集团检查指导工作。县领导徐恒菊、周德祥等陪同。

7 月 18 ~19 日 响水县首届荷花节暨经贸洽谈会召开。中外嘉宾及县内各界代表 1000 多人出席。县委书记徐恒菊致开幕词。县长朱如华主持开幕式。嘉宾参观 204 国道两侧浅水藕基地、金兰集团、汇中集团等现场。在二招举行响水县首届荷花节暨经贸洽谈会新闻发布会。县委副书记崔廷成向与会人员发布洽谈成果。县委常委、宣传部部长朱志和主持会议。响水县首届荷花节暨经贸洽谈会达成投资项目协议 68 个,投资总额为

43809 万元;达成贸易项目 15 个;外经合作项目 1 个;产学研联合项目 2 个;捐资项目 1 个。

7 月 20 日　响水县第一期创业培训班举行开学典礼。县长朱如华出席典礼并讲话。县四套班子领导参加开学典礼。

7 月 21 日　全县稳定和完善土地承包关系动员大会召开,各乡镇设分会场。县长朱如华、县委副书记周德祥分别讲话。县领导徐恒菊、陈明、史春耕等出席。

7 月 22 日　响水县县城改造再动员会议召开。县委书记徐恒菊、县长朱如华、副县长郑洪权分别讲话。县委副书记崔廷成主持会议。

7 月 23 日　全市秋熟超产流动现场会在响水县召开。与会领导参观响水县双港乡棉花和小尖镇浅水藕生产现场。

7 月 23 ~25 日　盐城市第二届省、市级小学体育传统项目学校篮球运动会在响水县举行。副县长沈和、市教委副主任陈爱华、市体委副主任张超等出席开幕式。小尖中心小学获男子组第一名,盐城市第一小学获女子组第一名。

7 月 24 日　省政府、省军区在响水县召开命名大会,授予朱道军(双港乡基干民兵)“维护社会治安好民兵”荣誉称号。市委决定在全市开展向朱道军学习活动。省军区政治部主任陆殿义少将,省民政厅优抚局局长助理吴咸斌,市委常委、盐城军分区政治委员赵立华,盐城市副市长张厚启等省、市领导出席。盐城军分区政治部主任王爱国主持会议。县长朱如华到会讲话。

△　县委中心学习组集中学习《中共中央关于在全党深入学习邓小平理论的通知》。县委书记徐恒菊主持会议。县委常委、宣传部部长朱志和作兴起理论学习新高潮专题辅导。

△　响水县六届政府组成人员二次全体(扩大)会议召开。县长朱如华作报告。县委常委、常务副县长高兆顶主持会议。县建设局、公安局、监察局负责人发言。

7 月 26 日　响水县在盐城举行太阳河酒、米兰莲藕汁新闻发布会。市领导计高成、陶培荣、陈震宁应邀出席。县委书记徐恒菊介绍太阳河酒业有限公司、米兰集团情况。县长朱如华主持会议。

7 月 27 日　全县大棚蔬菜生产动员大会召开,部署今冬明春反季节蔬菜生产任务。县委书记徐恒菊到会讲话。县委副书记周德祥作动员报告。副县长陈明主持会议。县委常委、宣传部部长朱志和出席。全县 1998 年确保稳定冬棚 3500 个,1999 年春发展春棚 3 万个。

7 月 28 日　县委书记徐恒菊、副书记周德祥等县领导组织在响水的部分离退休老干部参观农村工作。

7 月 31 日　江苏悦达集团总经理胡友林参观响水汇中集团。县委书记徐恒菊、县政协副主席吴晓陪同。

△　响水县庆“八一”军政座谈会召开。县委副书记崔廷成,县委常委、人武部部长林启俊分别讲话。副县长陈明主持会议。县人武部、驻响水海军部队、武警中队、消防大队负责人出席会议。

8 月 3 日　县委传达贯彻市委(扩大)会议精神大会召开。县委书记徐恒菊到会讲话。县委副书记、县长朱如华传达市委书记林祥国、市长李全林的讲话精神。县四套班子领导、各乡镇党委书记、县各部委办局主要负责人出席。

8 月 6 日 滨海县委书记薛维松带领县四套班子及有关部门负责人在响水参观考察。县领导徐恒菊、朱如华、张玉宽、周德祥陪同。

8 月 7 日 全县冬棚蔬菜生产现场会召开。县委书记徐恒菊到会讲话。县长朱如华、县委副书记周德祥分别就青苗、维修棚体提出要求。

8 月 10 日 全县学习邓小平理论工作会议召开。会议认真学习贯彻《中共中央关于在全党深入学习邓小平理论的通知》和江泽民重要讲话精神。县委书记徐恒菊到会讲话。在响水的县四套班子领导出席。

△ 响水县邀请省国土局副局长黎广荣一行在响水作国土形势专题报告，并对县国土系统人员作业务培训。县领导朱如华、周德祥、陈培岭、施民、郑洪权、史春耕出席报告会。

8 月 11 日 省政协副主席胡序建、省计生委主任陈惠仁一行在响水检查指导计划生育合格县创建工作。副市长谷容先，县委书记徐恒菊分别汇报市、县计生情况。

8 月 11 ~ 12 日 市委副书记、组织部部长陶培荣在响水检查指导扶贫促小康工作。县委书记徐恒菊陪同到双港、海安集、黄圩等乡调查了解农民生产生活情况。

8 月 12 日 全县企业改制暨工业技改工作会议及全县计划生育工作会议召开。县委书记徐恒菊、县长朱如华分别讲话。县四套班子全体领导，各乡镇党委书记、乡镇长，县直有关部门负责人出席。

△ 市委副书记冯永农在响水检查指导工作。县委副书记周德祥汇报工作情况。

8 月 13 日 市委副书记、纪委书记计高成一行在响水检查指导工作。县委书记徐恒菊、副书记周德祥分别汇报响水县经济社会发展的四项重点工作情况。县领导徐恒菊、周德祥、赵菲琳陪同参观小尖镇万亩浅水藕示范基地及县城城镇建设。

8 月 19 ~ 20 日 响水县举行向洪涝灾区捐款献爱心活动。县四套班子领导、县级机关干部职工纷纷捐款。县委书记徐恒菊到会讲话。至 20 日，社会各界捐款 226840 元。

8 月 28 日 副市长李之渭一行在响水县小尖镇检查会办扶贫促小康工作。副县长郑洪权陪同。在小尖镇扶贫的市直有关单位负责人参加会议。

8 月 28 ~ 30 日 全县“珍爱生命、拒绝毒品”禁毒图片展在县第二中学举办。县四套班子领导、县级机关干部职工、企业中层以上干部和响水镇、响南乡干群代表及驻城各中小学校师生分期分批组织参观。

8 月 29 日 常熟市委书记徐国强带领常熟市党政代表团在响水考察常响挂钩协作工作，并向响水县改水工程、党员干部培训中心建设工程、希望小学建设、“1 + 1”助学工程捐赠 75 万元资金及部分物资。县领导徐恒菊、朱如华、周德祥等陪同。

9 月 2 日 全县企业下岗职工基本生活保障及再就业工作会议召开。县委书记徐恒菊、县长朱如华分别讲话。县委常委、常务副县长高兆顶主持会议。

9 月 3 日 省级机关工委书记卢万良、副书记顾耀昌一行在响水县七套乡考核检查扶贫促小康工作，并捐赠价值 10 万多元的办公设备和电教设备等。县委书记徐恒菊、副书记王晓明陪同并出席捐赠仪式。

9 月 5 日　全县“学理论、反浪费、整环境、促发展”思想教育活动动员大会召开。县委书记徐恒菊作动员讲话。县长朱如华主持会议。县四套班子全体领导出席会议。

9 月 9 日　全县庆祝第 14 个教师节大会召开。县委书记徐恒菊到会讲话。全县教育战线和社会各界代表 400 多人出席会议。会议表彰优秀教育工作者 100 名。

9 月 10 日　省电力局领导带领有关部门负责人及省电力局职工艺术团在响水开展扶贫促小康慰问演出活动,并向张集乡捐赠校舍建设、乡村公路和电力线路改造等项目物资和资金 112 万元。县委书记徐恒菊、县长朱如华出席。

△　响水县邮电局分营大会召开。县电信局、邮政局成立。市邮电局副局长李泉道、纪委书记李良友,县领导张正华、龚亦群、郑洪权、吴晓等到会祝贺。

9 月 11 日　全县“依法治县”领导小组会议召开。县委书记徐恒菊到会讲话。县委副书记王晓明传达全市依法治市工作经验交流会精神。县人大常委会主任于海波主持会议。县政协主席张玉宽出席。

△　响水县召开计划外生育费专项治理工作会议。县委书记徐恒菊到会讲话。

9 月 13 日　全国人大常委会副委员长费孝通在响水考察。县领导朱如华、周德祥等陪同。

△　省计生委政策法规处处长徐高仁一行在市计生委主任夏益和陪同下检查响水计划外生育费专项治理工作。

9 月 14 日　全国政协副主席李贵鲜在响水考察。县长朱如华等陪同。

9 月 16 日　市交通局局长陶超一行在挂钩帮扶的响水周集乡现场办公,再次扶持资金 30 万元。

9 月 19 日　江苏米兰集团年产 2 万吨莲藕汁项目论证会召开。县四套班子领导出席。

9 月 20 日　省人大常委会副主任柏苏宁一行在市人大常委会副主任蔡秀明等领导陪同下,调研响水少数民族扶贫促小康工作。县领导周德祥、崔廷成等陪同参观张集乡杨回村的养牛场和食品加工企业。

9 月 22 日　县委发出通知,决定在全县开展评选“十佳公仆”“十佳服务单位”和“最差服务单位”活动。

△　1998 年盐城师专——响水电大师资大专班举办开学典礼。县长朱如华、副县长沈和及盐城师专有关方面负责人出席典礼。

△　响水县在陈家港召开农村土地二轮承包发证现场会。县领导周德祥、陈明分别讲话。

9 月 23 日　全县中低产田改造广播动员大会召开。县长朱如华到会讲话。县委副书记周德祥作工作报告。县领导徐恒菊、丁茂林、陈明、史春耕出席。

9 月 24 日　响水县通过江苏省消灭无商标生产县验收。

△　全省首家农村信用合作联社实行“一级法人、统一核算”试点工作会议在响水召开。省人民银行副行长束恒长、市人民银行行长朱国华、县长朱如华等出席。

9 月 25 ~ 26 日　省农林厅副厅长陆乃勇一行在响水考察优质稻棉生产基地及沿海防护林建设情况。

9 月 26 日 全县大干四季度工作动员大会召开。县委书记徐恒菊作动员报告。县长朱如华主持会议。县四套班子全体领导出席。

9 月 27～28 日 县领导徐恒菊、朱如华带领各乡镇党委书记及县有关部委办局负责人在常熟市参观考察，商讨南北挂钩有关事宜。签订合作项目 32 个，其中工业项目 8 个、农业项目 5 个、社会事业项目 19 个。

9 月 30 日 响水县平建乡公路通车、乡政府办公楼竣工剪彩仪式及平建希望小学、平建初级中学揭牌仪式举行。县委书记徐恒菊、县长朱如华等县四套班子领导，市、县有关单位和乡镇领导参加剪彩和揭牌仪式。

10 月 7 日 市委副书记计高成率市委农工部、市经贸委、市扶贫办等部门负责人在响水专题会办浅水藕产业化项目。县委书记徐恒菊、副书记周德祥分别汇报响水县推进农业产业化情况。县领导赵菲琳、陈明及县相关部门、单位负责人参加会办会。

10 月 8 日 县委书记徐恒菊、县长朱如华率县纺织、化工、机械等部门负责人组成的代表团参加 1998 年盐城经贸洽谈会活动，并在盐城举行 1998 年响水投资贸易说明会，签订项目协议金额 1000 万美元，与法国温斯银行关于采用"BOT"方式在响水县城建设日产 5 万吨地面水厂项目达成合作意向。市委书记林祥国、市长李全林等领导及市有关部门负责人出席项目签约仪式。

10 月 8～11 日 响水县 12 家单位组团参加 1998 年江苏省名品精品新品交易会，签订 17 份合同和协议，交易总额 5214.4 万元。汇中集团"皇冠"牌散热器、空调两器及轴承座厂的"响轴"牌系列产品作为名品参加交易。

10 月 13 日 市委副书记、常务副市长葛绍林带领市财政局、国税局、地税局等部门负责人在响水县检查指导财税工作。县委书记徐恒菊，县委常委、常务副县长高兆顶陪同。朱如华汇报响水县财税工作情况。

10 月 14～17 日 县领导徐恒菊、周德祥、陈明等带领县有关部门和乡镇负责人在上海参加 1998 年江苏盐城（上海）农副产品经贸洽谈会，并举行响水县浅水藕新闻发布会，达成贸易协议和投资项目 15 个，总金额 2.1 亿元。其中，农副产品销售协议 12 项，总金额 1.13 亿元；农业招商项目 3 个，协议利用资金 1100 万美元。

10 月 16～17 日 常熟市企业界人士在响水考察、商讨有关合作事宜。县委副书记张正华陪同。

10 月 18～20 日 市初保工作创建委员会组织有关人员在响水县进行为期 3 天的初保创建工作审评验收。审评结果确认，响水县初保创建工作通过市级审评验收。

△ 省合格职教中心验收组在响水县进行职教中心验收。

10 月 21 日 县委书记徐恒菊在县委常委、宣传部部长朱志和陪同下，考察响水镇、双港、海安集、南河、老舍、运河、小尖等乡镇的大棚蔬菜生产情况。

10 月 22 日 青海省大通回族土族自治县党政代表团在响水考察，并与响水县结为友好县。县委书记徐恒菊与大通县委书记包福元举行签字仪式。朱如华等县四套班子领导陪同。

10 月 24 日 响水县出租车管理所挂牌营运。副县长郑洪权参加揭牌仪式。

10 月 24～26 日 县委书记徐恒菊、县长朱如华参加省委九届九次全体（扩大）会议。

10 月 26 日 全县计生信访案件专项治理工作会议召开。县委副书记王晓明、张正华分别讲话。

10 月 27 日 县城部分道路保洁权拍卖敲响第一锤,这是响水县城环卫管理方式改革的重大举措,在全市尚属首家。

10 月 28 日 小佃公路(小尖至黄圩段)、双六公路(双港至六套段)竣工通车。全县县乡公路提前一年全部实现黑色化目标。市委常委、副市长袁世珠,市交通局局长陶超及县委书记徐恒菊、副县长施民为公路开通剪彩。副县长郑洪权主持竣工典礼。

△ 市委常委、副市长袁世珠在响水县城及南河乡、平建乡考察城镇建设工作。县委书记徐恒菊、副县长郑洪权陪同。

10 月 29 日 响水县举行欢迎省委宣传部、省记者协会组织的 1998 年江苏“深入农家写农村”第二批青年记者座谈会。县领导徐恒菊、王晓明、崔廷成、朱志和出席座谈会。

10 月 30 日 响水县委召开常委(扩大)会议,传达省委九届九次全体(扩大)会议精神,研究全县贯彻落实中共中央十五届三中全会精神和省委九届九次全体(扩大)会议精神的意见。县委书记徐恒菊传达省委书记陈焕友在省委(扩大)会议上的讲话精神,并对贯彻落实会议精神提要求。县四套班子领导出席。

△ 省计生委副主任富佩华在响水考察了解计划生育情况。县委副书记张正华、副县长沈和陪同。

10 月 31 日 全县乡镇人大换届选举工作会议召开。县委书记徐恒菊到会讲话。县人大常委会主任于海波等领导出席。

11 月 2 日 全县计划生育工作会议召开。县委书记徐恒菊、县长朱如华、县委副书记张正华分别讲话。

11 月 3 日 盐城市沿海县(市)口岸工作座谈会在响水召开。连云港口岸办、盐城市商检局、海关及响水、滨海、射阳、大丰等县(市)分管港口开放工作的负责人出席座谈会。副市长李之渭到会讲话。省口岸办副主任顾小林主持会议。县长朱如华汇报响水县陈家港二类开放口岸申报前期准备工作情况。

11 月 5 日 省委副书记许仲林在响水考察。县委书记徐恒菊汇报响水县基本情况。许仲林对响水县两个文明建设取得的成绩非常满意。

△ 滨海、阜宁、响水三县扶贫促小康座谈会在响水县召开。

11 月 5 ~ 20 日 全县开展中低产田改造突击活动,共完成土方 650 万方,改造中低产田 7 万多亩。至 11 月底,全县 1999 年度中低产田改造土方工程已基本完成。

11 月 8 日 香港智华基金有限公司董事长林高演一行在省委统战部副部长戴镇基,副市长谷容先,市政协副主席、统战部长洪志爱陪同下,参加智华中学教学楼落成典礼。县委书记徐恒菊致辞。县长朱如华向林高演颁发捐赠证书和智华中学名誉校长聘书。智华基金有限公司今后 10 年将每年向智华中学捐资 3 万元作为奖学金。

△ 省、市、县召开棉花收购工作紧急电视电话会议。县长朱如华、县委副书记周德祥、副县长陆静林及县有关部门负责人出席会议。

△ 江苏省原副省长、省老龄委主任何冰浩,市老龄委副主任符庆隆一行在响水视察老龄工作。县委副书记崔廷成等陪同。

11 月 9 日 市扶贫协会会长祝斌一行在响水督查了解中低产田改造情况。县委副书记周德祥陪同。

11 月 10 日 副市长徐昆荣在响水县南河、陈港等乡镇检查了解全县粮棉收购工作。县委常委、常务副县长高兆顶陪同。

11 月 11 日 响水县召开 1998 年江苏“深入农家写农村”记者座谈会。人民日报社及省、市部分新闻单位的记者应邀出席。县长朱如华、县委副书记张正华介绍响水县工业经济有关情况。县委常委、宣传部部长朱志和主持会议。

11 月 12 日 省委常委、省军区司令员蒋文郁少将,盐城军分区司令员杨振玉、政委赵立华在响水视察征兵工作。县委书记徐恒菊陪同视察并汇报响水县整体情况。

△ 澳大利亚骏业集团兼并响水三个粮办企业的签约仪式在响水举行。县领导徐恒菊、张正华、高兆顶、陆静林出席签约仪式。

11 月 13 日 全市农业综合开发工作会议在响水县召开。副市长刘鉴康、省农业资源开发局副局长张秀才分别讲话。各县(市、区)分管领导、开发局长参加会议,并参观响水县农业综合开发项目区和高标准农田示范区。会议授予响水县和射阳县为省农业综合开发先进集体。

△ 响水县召开建设新城镇工作现场会。县委书记徐恒菊作、县长朱如华分别讲话。与会人员观摩各乡镇的小城镇建设现场。崔廷成、郑洪权等县四套班子领导,各乡镇党委书记,县相关单位负责人出席会议。

11 月 14 日 全县“学理论、反浪费、整环境、促发展”思想教育活动总结大会召开。县委书记徐恒菊作总结讲话。县长朱如华主持会议。县委副书记崔廷成宣读表彰“十佳服务单位”和“十佳公仆”决定。县委常委、纪委书记赵菲琳公布“油库事件”“光缆事件”处理决定,并对“最差服务单位”县电信局进行通报。

11 月 18 日 响水县召开太阳河酒获国际金奖新闻发布会。县领导张正华、汪寿明分别讲话。

11 月 19 日 省政协常委、社会法制委员会主任汪洋率省政协视察组视察响水县希望工程。县政协主席张玉宽、副县长沈和陪同。

11 月 22 日 市委、市政府、盐城军分区在响水县召开新兵赴藏欢送大会。市委常委、盐城军分区政委赵立华,盐城军分区司令员杨振玉,副市长刘鉴康,县委书记徐恒菊,县委常委、县人武部政委林启俊,副县长陈明及各县(市、区)人武部部长出席欢送大会。盐城军分区副参谋长黄宝如主持会议。副市长刘鉴康、盐城军分区副司令陈以尧分别讲话。

11 月 23 日 县委召开常委(扩大)会议,传达贯彻市委三届十一次全委(扩大)会议精神。

11 月 28 日 全县 994 名国家公务员参加学法考试。县领导徐恒菊、朱如华、于海波、张玉宽等在响水的县四套班子领导参加考试。

11 月 29 日 县委六届五次全体(扩大)会议召开。县委书记徐恒菊作《深入贯彻落实十五届三中全会精神,为响水基本实现农业现代化而努力奋斗》的报告。县委副书记、县长朱如华作贯彻会议精神和当前工作部署。县委副书记周德祥主持会议。县四套班子全体领导、各乡镇党政负责人及县直机关副科级以上干部出席。

△ 全县流通工作会议召开。县委书记徐恒菊、县长朱如华分别讲话。副县长陆静林主持会议。

△ 全县第九次环境保护工作会议召开。县委书记徐恒菊、县长朱如华分别讲话。县四套班子领导、各乡镇及县各部委办局有关负责人出席。

11月30日 全县首次国有土地使用权拍卖会议召开。县委副书记崔廷成,县委常委、纪委书记赵菲琳,县人大常委会副主任丁茂林,副县长施民、郑洪权出席拍卖会。

12月3日 省水利厅副厅长徐俊仁在响水察看省淮北重点地区中低产田改造现场。县委副书记周德祥等陪同。

12月4日 省淮北重点地区中低产田改造现场会在响水县召开。省水利厅、财政厅、农业资源开发局有关领导、专家和淮北重点地区5市13县的分管负责人及水利等部门负责人100多人出席。省水利厅副厅长徐俊仁对淮北重点地区1996~1998年三年中低产田改造工作作全面总结。省财政厅副厅长江建平、开发局副局长杨万如、盐城市委副书记冯永农、副市长刘鉴康,县委书记徐恒菊等领导出席现场会。会议对响水县、丰县、沛县等三个淮北重点地区中低产田改造先进县进行表彰。

12月8日 县政府第十次常务会议召开。县长朱如华主持会议。县委常委、常务副县长高兆顶,副县长郑洪权、陈明、沈和、陆静林、姜雪忠出席会议。县综合经济部门有关负责人列席会议。会议主要讨论1999年政府工作的主要目标思路及措施。

△ 市人大常委会副主任蔡秀明带领市人大代表在响水检查指导帮扶促小康工作。县长朱如华、县委副书记周德祥汇报响水县帮扶促小康工作情况。县人大常委会副主任龚亦群、陈培岭及有关单位负责人陪同。

12月9日 全县小康村验收工作会议召开。县委副书记周德祥到会讲话。与会人员参观小尖镇郭庄村小康验收现场。全县已有95个村基本达到小康标准并申请验收。县领导季德荣、陈培岭、王述美等出席。

12月12~14日 以省建委副主任徐益民为组长的省三年降氟治污改水攻坚检查组检查验收响水农村三年治污改水工作。县领导崔廷成、丁茂林、沈和、陈苏红和市、县改水办领导陪同。检查验收组在响水县对盐城市三年治污改水攻坚工作检查验收情况进行通报。市政府副秘书长李学义出席。

12月16日 全县乡村公路建设流动现场会召开。县委书记徐恒菊到会讲话。县委副书记周德祥提要求。副县长郑洪权主持会议。县人大常委会副主任丁茂林、县政协副主席史春耕出席。

△ 响水县县城地籍调查成果通过省级评审。副县长郑洪权参加评审会。

12月17日 县六届人大常委会第七次会议召开。会议听取和审议县人民政府《关于贯彻实施〈审计法〉〈审计法实施条例〉情况的汇报》,县人民检察院《关于1998年1~11月份审查批捕工作的汇报》,听取县选举工作办公室《关于全县乡镇人大换届选举工作情况的汇报》。县人大常委会主任于海波,副主任周桂玉、龚亦群、丁茂林、岳效飞、陈培岭和委员共20人出席会议。县长朱如华、副县长陆静林,县法院院长李银芳、县检察院副检察长沈永成及县有关部委办局负责人列席会议。

12 月 18 日 市人大常委会主任祁崇岳，市委常委、盐城军分区政委赵立华，县委书记徐恒菊为南河乡集镇建设工程竣工剪彩。市委农工部副部长王万金，盐城农校校长王达宜，县领导崔廷成、林启俊及县有关部门负责人，各乡镇代表，常熟市王市镇负责人计100 多人出席剪彩仪式。

12 月 21～22 日 响水县组团在扬州大学商谈新一轮生产、教学、科研联合事宜。县领导朱如华、周德祥、沈和、姜雪忠、陈苏红及县有关部门负责人与扬大副校长封超年、党委副书记梁隆圣及部分学院领导出席。响水县与扬州大学签订新一轮产学研联合体协议。

12 月 22 日 市政协副主席邱治荣视察响水县中低产田改造工作。副县长陈明陪同。

12 月 22～24 日 省初级卫生保健委员会有关领导、专家一行在响水审评验收农村初级卫生保健工作。经评审响水初保工作达到“合格县”标准。响水县提前二年实现初保合格县。

12 月 23 日 市委组织的森达集团暨朱相桂先进事迹报告团在响水县作首场报告，展示“鞋王”朱相桂（森达集团党委书记、董事长、总经理）创业风采，讴歌现代企业精神。县委副书记崔廷成到会讲话。县委常委、宣传部部长朱志和主持报告会。

△ 响水县在张集乡召开 35KV 黄圩输变电工程建设施工动员会议。副县长郑洪权到会讲话。35KV 黄圩输变电工程是 1998 年省委、省政府列入苏北农村电网建设计划项目。

12 月 24～25 日 全县经济分析会议召开。县委书记徐恒菊传达省、市经济工作会议精神，初步确定 1999 年全县工作思路：实现小康，外向突破，推动四项工作上台阶。县四套班子全体领导，县各经济主管部门、单位负责人出席。

12 月 26 日 全县国土管理工作会议召开。县长朱如华到会讲话。副县长郑洪权就贯彻实施新《土地管理法》作具体部署。

△ 全县乡镇企业技改现场会在双港乡召开。县长朱如华到会讲话。县委副书记张正华主持会议。县领导张玉宽、岳效飞、汪寿明，各乡镇乡镇长、分管书记、企管站长及县相关单位负责人出席。

12 月 28 日 全县计划生育工作会议召开。县长朱如华到会讲话。县委副书记张正华主持会议。副县长沈和宣读考核兑现的通报和决定。

12 月 29 日 中国江苏国际集团海外劳务人员培训中心响水基地挂牌成立。中江集团副总裁卜振扬及县经济朱如华、张正华、丁茂林、沈和、陆静林、史春耕等县四套班子领导出席挂牌仪式。

12 月 30 日 响水县开发区（响南乡）实验学校举行揭牌仪式。

12 月 31 日 响水县举行 1998 年县城五大（黄海路改造、灌河路扩建、双园路亮化、县教师进修学校校园建设和石灵园孙石灵塑像）工程竣工剪彩仪式。县领导徐恒菊、朱如华、于海波、张玉宽为有关工程剪彩。县领导崔廷成、丁茂林、郑洪权、沈和、史春耕分别主持五个项目的竣工剪彩仪式。

1999 年

1 月 7 日 响水县召开“引进外资攻坚年”动员大会。县委书记徐恒菊到会讲话。县委副书记张正华主持会议。会议表彰 1998 年度“三外”工作先进集体和先进个人。

1 月 8 日 县委学习中心组集中讨论学习江泽民总书记在中共十一届三中全会召开 20 周年纪念大会上的讲话。县委书记徐恒菊主持。县委常委、宣传部部长朱志和作专题辅导。县委常委、纪委书记赵菲琳宣读中共中央《关于实行党风廉政建设责任制的规定》。

△ 响水县在青海省西宁市投资的万吨氯酸钠工程竣工投产。县长朱如华，苏青氯酸盐公司董事长、总经理沈康生分别汇报万吨氯酸钠项目建设情况。两省、市相关部门负责人出席竣工投产典礼。

1 月 8 ~ 10 日 响水县 17 个乡镇开展党委会和纪律检查委员会换届选举工作。选举产生新一届党委会委员、副书记、书记和纪律检查委员会委员、副书记、书记。

1 月 10 日 响水县召开第 13 届亚运会双人双桨无舵手划船冠军刘键回响水探亲欢迎会。县领导张玉宽、高兆顶、丁茂林、沈和及县相关部门负责人参加。

1 月 11 日 全县“扫黄打非”工作会议召开。会议传达全国、省、市“扫黄打非”电话会议精神，部署上半年工作。县委副书记崔廷成到会讲话。县委常委、宣传部部长朱志和主持会议。副县长沈和及县相关部门负责人出席。会后，县领导崔廷成、朱志和、沈和带领县纪委、县政法委等部门负责人和县“扫黄打非”领导小组成员检查县城文化市场。

1 月 12 日 市文化局、民政局组织送戏、送书下乡慰问团在响水县小尖镇慰问演出。副县长沈和观看演出。

1 月 13 ~ 15 日 省农村电气化验收领导小组检查验收响水农村电气化创建工作。

1 月 14 日 省计划生育重点管理县验收组验收响水计划生育工作。

1 月 15 日 县委副书记周德祥率县有关部门负责人，查看响水、张集、六套、七套等乡镇三麦、油菜长势及中低产田改造扫尾情况。

△ 县领导张正华、赵菲琳、沈和召集监察、计生、审计等部门负责人，专题会办计划外生育费专项治理工作。

△ 响水农村电气化县创建工作通过省政府验收。

1 月 18 日 响水县召开会议传达市委三届 12 次全体（扩大）会议精神。徐恒菊、朱如华、周德祥、张正华、高兆顶、郑洪权等县四套班子领导，县各部委办局主要负责人参加。

1 月 20 日 市委书记林祥国，市委常委、秘书长林成立在响水检查指导工作。县委书记徐恒菊汇报全县 1998 年经济工作情况和 1999 年发展思路。

1 月 22 日 全县农村党员干部冬训工作会议召开。县委副书记周德祥，县委常委、宣传部部长朱志和分别对全县冬训工作提要求。各乡镇分管书记、宣传委员，县直相关单位负责人出席。

△ 全县交通工作会议召开。县委书记徐恒菊到会讲话。副县长郑洪权主持。

1 月 24 日 县委六届六次全体（扩大）会议召开。县委书记徐恒菊作《艰苦奋斗再拼搏，知难而进快发展，为我县全面实现小康目标而努力奋斗》工作报告。县委副书记、县长朱如华主持会议。大会通过《中国共产党响水县第六届委员会第六次全体会议决议》。县领导周德祥、王晓明、张正华、崔廷成、朱志和、林启俊、赵菲琳、高兆顶、季德荣出席。

1 月 27 日 县委常委会办关心下一代工作。县委书记徐恒菊到会讲话。在响水的县委常委，县人大常委会主任于海波，县政协主席张玉宽、副县长郑洪权出席。

1 月 28 日 县六届人大常委会第八次会议召开。县人大常委会副主任周桂玉、龚亦群主持会议。县人大常委会主任于海波，副主任丁茂林、岳效飞、陈培岭及委员出席会议。副县长郑洪权，县人民法院院长李银芳，县人民检察院检察长庄严阳及县相关部门负责人列席会议。会议听取县计经委关于 1998 年国民经济、社会发展计划执行情况和 1999 年计划草案的汇报；听取县财政局关于 1998 年财政预算执行情况和 1999 年计划草案的报告；讨论并原则通过县人大常委会 1999 年度工作要点和县人大常委会工作报告。

△ 1998 年度常响挂钩合作工程——响水县党员干部教育培训中心举行揭幕仪式。县长朱如华、常熟市副市长俞惠良为培训中心揭幕。县委副书记崔廷成主持揭幕仪式。县委常委、组织部部长季德荣介绍培训中心建设情况。

1 月 29 日 县政府六届三次全体（扩大）会议召开。县长朱如华到会讲话。县委常委、常务副县长高兆顶主持会议。县政府办公室负责人作《1998 年 30 项重点工程完成情况通报和 1999 年重点工程项目安排情况的说明》。县政府全体组成人员及县各直属单位主要负责人参加。

1 月 30 日 全县农业和农村工作会议召开。县委书记徐恒菊、副书记周德祥分别讲话。

2 月 1 日 省港航监督局副局长童小田率省港航监督局春运安全检查组在响水检查灌河春运渡运安全工作。

2 月 2 日 市委常委、副市长袁世珠率市城镇建设观摩考察团在响水观摩考察城镇建设工作。

2 月 3 日 响水县南河乡被市政府命名为“盐城市新型小城镇”。

2 月 5 日 响水县扶贫促小康工作汇报会议在南京召开。县委书记徐恒菊主持会议。县长朱如华汇报响水县扶促工作情况。副省长姜永荣，市委书记林祥国，省相关部门领导及省委驻响水扶促工作队全体队员出席。

△ 市中级人民法院、县人民法院召开公开宣判大会，对王某、杜某等 8 名犯罪分子进行宣判。县领导高兆顶、岳效飞、史春耕，市中院、县政法部门负责人出席。

2 月 6 日 县领导徐恒菊、周德祥、朱志和、陈明、李刚等率县相关部门负责人在扬州大学慰问。扬大领导顾铭鸿、葛素封、封超年及相关院系负责人接待慰问团一行。

2 月 8 日 全县纪念中共十一届三中全会 20 周年理论研讨会议召开。县委副书记崔廷成到会讲话。县委常委、宣传部部长朱志和主持会议。

2月9日 响水县召开迎新春茶话会。县领导徐恒菊、朱如华、于海波、张正华、杨海斌、史春耕、汪寿明及县23家重点企业主要负责人出席。

2月10日 市领导葛绍林、计高成、于利中、刘鉴康、陆树臻率市有关部门负责人在响水走访慰问。县领导徐恒菊、朱如华等陪同。

2月18日 响水县召开响水籍回乡探亲人士联谊会。徐恒菊、朱如华等县四套班子领导参加。

2月23日 全县绿化造林工作电视电话会议召开。县委书记徐恒菊到会讲话。县委副书记周德祥主持会议。县四套班子全体领导,县各部委办局、县各直属单位主要负责人,各乡镇乡镇长出席。

2月25日 响水县举行欢迎会,欢迎以省电力局总工程师王益民为队长的1999年省委扶贫促小康工作队抵达响水。县委书记徐恒菊致辞。县长朱如华主持欢迎会。1998年省委驻响水扶促工作队队长、省电力局副局长陆启洲,市扶贫办副主任赵满生,县四套班子领导,县直相关单位及相关乡镇负责人出席。

3月1日 全县控减农民负担工作会议召开。县委书记徐恒菊到会讲话。县委副书记周德祥、副县长陈明出席。

3月2~3日 政协响水县第六届常委会第二次会议召开。县委书记徐恒菊到会讲话。县政协主席张玉宽主持会议。县政协副主席吴晓受响水县第六届委员会常务委员会委托,向大会作报告。大会通过《中国人民政治协商会议响水县第六届委员会第二次会议政治决议》;通过政协响水县第六届委员会第二次会议提案审查情况的报告。

3月2~4日 县第六届人民代表大会第二次会议召开。县长朱如华作县人民政府工作报告。大会通过关于响水县人民政府工作报告;关于响水县1998年国民经济、社会发展计划的执行情况和1999年计划的决议;关于响水县1998年财政预算执行情况和1999年财政预算的决议;关于响水县人大常委会工作报告的决议;关于响水县人民法院工作报告的决议;关于响水县人民检察院工作报告的决议。

3月4日 全县财政工作会议召开。县委书记徐恒菊到会讲话。县委常委、常务副县长高兆顶作报告。

3月5日 全县政法工作会议召开。县委书记徐恒菊到会讲话。县委副书记、政法委书记周德祥总结部署全县政法工作。县委常委、常务副县长高兆顶主持会议。

3月5~23日 县长朱如华、县委常委杨海斌在美国招商引资,在洛杉矶举行1999中国响水(美国)经贸洽谈会。

3月6日 全县1998年度先进集体和先进个人表彰大会召开。县委书记徐恒菊到会讲话。

△ 全县计划生育工作大会召开。县委书记徐恒菊到会讲话。县委副书记张正华作工作报告。副县长沈和主持会议。

3月7日 全县党建工作会议召开。县领导徐恒菊、于海波、张玉宽、周德祥、崔廷成、朱志和、林启俊、赵菲琳、高兆顶、季德荣出席。

3月8日 响水县召开庆祝“三八”国际劳动妇女节89周年纪念大会。县领导徐恒菊、崔廷成、周桂玉、沈和、陈苏红出席。

3 月 11 日 市文明办组织各县(市、区)委宣传部部长、文明办主任检查响水县文明城市和文明行业创建工作。县委常委、宣传部部长朱志和陪同。

3 月 11～13 日 各乡镇党委书记、县直相关部门负责人参观涟水、沭阳、射阳、大丰等地城镇建设。

3 月 14 日 全县城镇建设工作会议召开。县委书记徐恒菊到会讲话。县委副书记崔廷成主持会议。副县长郑洪权总结部署全县城建工作。

3 月 16 日 全县一季度财税进度督查会在运河乡召开。县委常委、常务副县长高兆顶到会讲话。

3 月 19 日 副市长谷容先在响水调研计划生育工作。

3 月 19～20 日 全市组织科长会议在响水召开。县委副书记崔廷成到会讲话。县委常委、组织部部长季德荣介绍响水县竞争选拔村支书的做法和经验。各县(市、区)组织部组织科长出席。

3 月 22 日 全县引进外资指挥部全体成员会议召开。会议部署全县招商引资工作。县委书记徐恒菊到会讲话。

3 月 23 日 全县行政机关依法行政工作会议召开。县委常委、常务副县长高兆顶对全县行政机关全面实施依法行政工作进行动员部署。县人大常委会副主任周桂玉到会讲话。

3 月 25 日 全县扶贫促小康工作会议召开。县委书记徐恒菊到会讲话。朱如华、于海波、张玉宽、周德祥、崔廷成、朱志和、季德荣、陈培岭等县四套班子领导出席。

3 月 26 日 副市长李之渭在响水检查指导三外工作。县委常委杨海斌汇报相关工作。

3 月 27 日～4 月 4 日 副县长陆静林、姜雪忠带领部分乡镇和县有关部门负责人考察浙江义乌个体私营经济发展情况,并开展招商引资活动。

4 月 1 日 全县政法工作会议召开。县委副书记、政法委书记周德祥,县委常委、常务副县长、政法委副书记高兆顶,县政法委、公、检、法、司主要负责人出席。

4 月 3 日 省开发局局长王清一行在响水检查指导农业开发工作。县领导朱如华、崔廷成、沈和、龚亦群陪同。

4 月 13 日 市长李全林在响水检查指导工作。县领导朱如华、崔廷成、杨海斌等陪同。

△ 盐城汇中散热器有限公司在响水成立。

4 月 15 日 副市长徐昆荣在响水调查了解个体私营经济发展情况。县领导朱如华、陆静林及县相关部门负责人陪同。

4 月 16 日 副市长谷容先在响水会办张集乡扶促工作。市扶促办副主任赵满生,县领导朱如华、郑洪权出席会办会。

4 月 18 日 全县个体私营经济工作会议召开。县领导徐恒菊、朱如华、张玉宽、朱志和、赵菲琳、季德荣、杨海斌、陈培岭、陆静林等出席。

4 月 21 日 204 国道运河段发生特大交通事故,42 人伤亡。

4 月 29 日 全县计划生育工作会议召开。县长朱如华到会讲话。副县长沈和提要求。

4 月 30 日 响水县召开庆祝“五一”国际劳动节大会。县委副书记崔廷成到会讲话。县领导朱志和、林启俊、季德荣、龚亦群、史春耕出席。

5 月 2 日 省交通厅公路局局长蒋磊，市交通局局长陶超在响水检查苏 306 公路改造情况。副县长郑洪权及县交通部门负责人陪同。

5 月 4 日 响水县召开“五四”运动 80 周年纪念大会。县领导朱如华、于海波、张正华、崔廷成、朱志和、林启俊、赵菲琳、季德荣、陈苏红等出席。

5 月 5 日 县委书记徐恒菊主持召开县重点企业负责人座谈会。县领导张正华、陆静林等出席会议并讲话。

5 月 6 日 县委常委计划生育工作会办会召开。县委书记徐恒菊主持会议。县领导朱如华、于海波、张玉宽、周德祥、张正华、崔廷成、朱志和、林启俊、赵菲琳、季德荣、杨海斌、沈和等出席。

△ 市房产协会第二届会员大会在响水召开。

5 月 9 日 东南大学管理学院教授仇向洋应邀在响水举办当代市场竞争战略报告会。

5 月 10 日 响水县召开创建文明城市和在全县党政机关开展“为企业办实事”活动动员大会。县领导徐恒菊、朱如华、于海波、张玉宽、张正华、崔廷成、朱志和、林启俊、赵菲琳、季德荣、杨海斌、沈和等出席。

5 月 11 ~ 22 日 县长朱如华、副县长陆静林率县政府办、计经委、外贸局、工商局、水利局、响水镇、小尖镇等单位负责人，在苏南、浙江、福建、海南等地开展招商引资活动。

5 月 12 ~ 15 日 副县长陈明率部分乡镇负责人在温州考察。

5 月 14 日 全县社会保险和再就业工作会议召开。县委书记徐恒菊、县委常委杨海斌分别讲话。县委副书记张正华主持会议。县领导高兆顶、史春耕、汪寿明及县相关部门、县直属企业主要负责人出席。

5 月 16 日 县委书记徐恒菊，副书记周德祥，县政协副主席李刚及县委农工部、县水利局负责人一行察看通榆河六期河道工程响水段工程进展情况。

5 月 19 日 县六届人大常委会第 11 次会议召开。县人大常委会主任于海波，副主任龚亦群、丁茂林、岳效飞、陈培岭及委员 19 人出席会议。县委常委、常务副县长高兆顶，县人民法院院长李银芳，县人民检察院检察长庄严阳，县政府有关部门负责人列席会议。会议听取和审议县政府关于 1998 年县本级财政决算草案的报告、1998 年县本级财政预算执行情况及其他财政收支情况的审计报告。

5 月 21 日 县政协六届六次常委会召开。会议听取并讨论县政协社会发展委员会关于响水县中小学流生情况的调查报告。县政协主席张玉宽主持会议。副主席吴晓、史春耕、李刚及常委 20 多人出席会议。副县长沈和列席会议。

5 月 25 ~ 26 日 市委副书记、常务副市长葛绍林在响水县黄圩乡、老舍乡调研乡镇财政建设工作。

5 月 27 ~ 28 日 市委副书记、纪委书记计高成在响水调查指导社会治安工作。县领导徐恒菊、赵菲琳陪同。

5 月 30 日 县委召开县四套班子会议,传达市有关会议精神,研究分析响水县“双过半”形势。县委书记徐恒菊主持会议。在响水的县四套班子领导出席。

6 月 1 日 市委书记林祥国、副书记葛绍林率省人大代表市直组在响水视察指导水利工程建设和抗灾准备工作。县领导徐恒菊、周德祥、陈培岭、陈明及县相关部门负责人陪同。

△ 省交通厅厅长杨卫泽在响水检查指导交通工程建设工作。

6 月 3 日 副市长刘鉴康在响水视察海堤建设情况。副县长陈明陪同。

6 月 4 日 全县三麦抢收工作会议召开。县长朱如华到会讲话。

6 月 8 ~ 9 日 省计划外生育费专项治理工作组在响水检查计划外生育费专项治理工作。

6 月 9 日 市委书记林祥国,市委副书记、纪委书记计高成在响水视察“四突破一加强”工作完成情况。县委书记徐恒菊汇报相关工作。

△ 省电力局在响水召开扶促工作现场办公会。县委书记徐恒菊到会讲话。省电力局局长顾智鹏对扶促工作提要求。市委书记林祥国、副书记冯永农出席。

6 月 9 ~ 10 日 市委副书记、组织部部长陶培荣在响水检查指导工作。县领导徐恒菊、朱如华、崔廷成、杨海斌陪同。

6 月 10 日 全县防汛防旱工作会议召开。县委副书记周德祥主持会议。县领导朱如华、陈明分别讲话。

6 月 14 日 全县夏粮流通体制改革工作会议召开。县长朱如华到会讲话。副县长陆静林出席。

6 月 14 ~ 21 日 县领导徐恒菊、季德荣、陆静林、吴晓、李刚率县有关单位、乡镇负责人,在江阴、无锡、昆山、北京等地开展招商引资活动。

6 月 23 ~ 24 日 省委副书记许仲林,省扶贫办主任张小刚一行在响水考察农村工作。市委书记林祥国,省委驻响水扶促工作队队长许援朝,县领导徐恒菊、朱如华、周德祥陪同。

6 月 25 日 响水县召开重点企业负责人座谈会。县领导朱如华、张正华、杨海斌、龚亦群、史春耕、汪寿明出席。

6 月 27 日 响水县举行县直机关干部庆“七一”广播操比赛。徐恒菊、朱如华等县四套班子领导观看比赛。

6 月 28 日 响水县人武部在盐城军分区装备业务比武竞赛中获轻武器分解结合第一名。

6 月 29 日 省级机关工委副书记耿广平一行在响水检查扶贫促小康工作。县委副书记崔廷成陪同。

6 月 30 日 响水县召开中国共产党建党 78 周年纪念大会。县委副书记崔廷成主持会议。县四套班子领导,省委驻响水扶促队领导及县直机关副科级以上党员干部出席。

7 月 2 日 全县依法治县大会召开。县委书记徐恒菊到会讲话。

7 月 2 ~ 5 日 常熟市文联、常熟日报社、常熟人民广播电台等单位组成新闻采访团在响水采访报道常响挂钩协作15年取得的成果。县委副书记张正华,县委常委、宣传部部长朱志和接受采访。副县长沈和介绍相关情况。

7月5日 中央电视台新闻摄制组在响水县七套乡拍摄乡务公开专题片。

7月6日 县委六届七次全体(扩大)会议召开。县委书记徐恒菊到会讲话。县委副书记、县长朱如华主持会议并讲话。县领导周德祥、张正华、崔廷成、朱志和、林启俊、赵菲琳、高兆顶、季德荣、杨海斌出席。

△ 响水县召开"打霸除恶"专项斗争动员大会。县委书记徐恒菊到会讲话。县长朱如华作动员讲话。县委副书记周德祥主持会议。县委副书记崔廷成宣读县委、县政府《关于表彰侦破"5.16"特大凶杀案有功集体和个人的决定》。

7月7日 响水县召开县第二届荷花节筹备会议。徐恒菊、朱如华等县四套班子领导出席会议并提要求。

7月8日 响水县召开"知识工程"工作会议。县委副书记崔廷成到会讲话。县委常委、宣传部部长朱志和主持会议。副县长沈和出席。

7月9日 副市长陈震宁、市长助理张启厚在响水调研。

△ 县领导徐恒菊、朱如华等督查一线海堤防汛防台工作。

7月14日 县政府六届四次全体(扩大)会议召开。县长朱如华作重要讲话。县委常委、常务副县长高兆顶主持会议。县政府全体组成人员、未列入政府序列的各直属单位负责人、各乡镇人民政府负责人、重点企业负责人出席会议。县委各部委、县人大办、县政协办、县法院、县检察院、各人民团体负责人列席会议。

7月15日 县创建文明城市指挥部全体成员第二次会议召开。县委副书记崔廷成到会讲话。县委常委、宣传部部长朱志和主持会议并讲话。副县长郑洪权、沈和分别提要求。

7月16日 全县秋延后大棚蔬菜育苗现场会召开。县委副书记周德祥,县委常委、宣传部部长朱志和到会讲话。

△ 全县电价工作会议召开。会议指出到2000年底,实行城乡同网同价。县委常委杨海斌到会讲话。

7月18日 省水利厅、财政厅、开发局组织联合验收组在响水检查验收1999年度中低产田改造及农业开发项目。

△ 市人大常委会副主任裴日昌,城乡建设委员会主任杨钢率市小城镇建设检查组检查响水城镇基础设施建设情况。

7月23日 全县文明创建工作会议召开。会议表彰1998年度全县"十佳文明新事"及十佳文明新事当事人、"十佳文明户"和文明单位、文明村镇。县委书记徐恒菊颁奖。县委副书记崔廷成讲话。县委常委、宣传部部长朱志和主持会议。县领导林启俊、赵菲琳、沈和、吴晓、陈苏红出席。

7月23~24日 县六届人大常委会第12次会议召开。会议听取和审议县长朱如华作《上半年经济工作情况及下半年工作安排》报告。会议听取县政府关于全县企业和行政事业单位养老保险金征收、管理、使用情况的审计报告;听取县政府关于县六届人大常委会第11次会议审议1998年县本级财政决算的意见落实情况和会计制度改革进展情况的汇报。县人大常委会主任于海波,副主任周桂玉、龚亦群、丁茂林、岳效飞、陈培岭及人大常委会委员 19 人出席会议。县长朱如华,副县长高兆顶、郑洪权,县法院院长李银芳,县检察院检察长庄严阳及县政府相关部门主要负责人列席会议。

7 月 25 日 全县教育改革动员大会召开。县委书记徐恒菊到会讲话。县委副书记崔廷成、副县长沈和分别提要求。县委常委、常务副县长高兆顶主持会议。县四套班子领导出席。

7 月 28 ~29 日 县委书记徐恒菊主持召开县委学习中心组全体成员会议。会议传达中共中央有关会议和省委扩大会议、市委工作会议精神。县领导朱如华、张正华、崔廷成、朱志和、高兆顶、季德荣、杨海斌、郑洪权、陆静林等出席。

△ 市秋增、秋超、秋销工作现场会在响水召开。与会人员参观运河乡现代农业示范园区。

7 月 30 日 全县扶贫促小康工作汇报会召开。县委书记徐恒菊、副书记周德祥分别提要求。县四套班子领导出席。

8 月 1 日 响水县召开党政主要负责人会议。县委书记徐恒菊到会讲话。县长朱如华传达省委九届十次全委(扩大)会议、市委工作会议精神。县委副书记崔廷成、张正华分别提要求。县四套班子领导及各乡镇、县各部委办局负责人出席。

8 月 5 日 响水县图书馆大楼竣工。市政协副主席范玉媛、县委书记徐恒菊、县长朱如华、常熟市人大常委会副主任陈永良、常熟市副市长俞惠良等出席竣工典礼。

△ 响水县召开电视电话会议,传达贯彻国务院办公厅关于加强土地转让管理、严禁炒卖土地的通知和省政府电视电话会议精神。副县长郑洪权到会讲话。

8 月 6 ~7 日 响水县举行第二届荷花节暨经贸洽谈会。李全林、计高成、徐恒菊、朱如华等市、县领导和近 200 名中外嘉宾出席开幕仪式。洽谈会签订各类合作协议 98 个。其中投资项目 67 个,总额 3.61 亿元;贸易项目 30 个,总额 1.53 亿元;外经项目 1 个,总额 150 万美元。

8 月 8 ~9 日 省人大常委会副主任曹鸿鸣考察响水扶贫促小康工作。市委书记林祥国、市人大常委会副主任周侃、省委驻响水扶促队队长许援朝,县领导徐恒菊、朱如华、于海波、周德祥、张正华、杨海斌等陪同。

8 月 12 日 淮阴市金湖县党政代表团一行到响水观摩荷花节。

8 月 16 日 通榆河重点枢纽工程响水船闸水下工程通过省级验收。

8 月 17 日 县领导朱如华、陈培岭、郑洪权、陈苏红等到苏 306、苏 308 和小佃路等省、市、县交通重点工程工地现场慰问施工一线的工程技术人员和筑路工人。

8 月 18 日 省委扶促小康督查组检查响水了解扶贫促小康工作。

8 月 19 日 副市长刘鉴康率市人大代表一行在响水调研农民增收情况。县领导朱如华、于海波、周德祥、陈培岭、陈明陪同。

8 月 23 ~24 日 市委宣传部副部长、市文明办主任夏世华一行检查指导响水文明城市创建工作。县领导朱如华、崔廷成、朱志和、郑洪权陪同。

8 月 25 日 响水县组织 15 名青年企业家在香港参加现代经济管理培训班。

8 月 26 日 全县创建文明城市第二战役动员大会召开。县委副书记崔廷成到会讲话。县委常委、宣传部部长朱志和主持会议并讲话。副县长沈和提要求。县领导陈培岭、陈苏红出席。

8月28日　响水县小尖镇政府办公新区举行落成典礼。县四套班子领导,市驻小尖扶促工作队领导及各乡镇、县相有关单位负责人出席庆典仪式。

8月31日　县政协六届七次常委会召开。会议专题协商讨论农业产业结构调整问题。县政协主席张玉宽,副主席吴晓、史春耕、陈苏红、李刚及常委20多人出席。县委副书记周德祥、副县长陈明,政协办公室及专门委员会负责人列席。

9月1日　全县秋增秋超秋销工作督查情况汇报会召开。县四套班子有关领导,各乡镇党委书记、乡镇长,县相关部门负责人参加。

9月3日　全县大棚蔬菜生产流动现场会在双港乡召开。县委副书记周德祥,县委常委、宣传部部长朱志和出席。

9月3~7日　中国教育电视台在响水拍摄专题片《中国县城——响水》。

9月4日　响水县召开清理非法转让、炒卖土地工作会议。县委副书记周德祥到会讲话。县委常委、纪委书记赵菲琳主持会议。副县长郑洪权提要求。县领导龚亦群、李刚出席。

9月6日　陕西加力石化有限公司与响水开发区兰兰涂料厂签订有机氟树脂(氟碳)涂料联合生产协定,并成立"江苏加力高氟涂料工业有限公司"。

9月8日　市人大执法检查组检查响水《建筑法》《江苏省建设工程管理条例》执行情况。

9月9日　全县庆祝第15个教师节大会召开。长朱如华到会讲话。县委副书记崔廷成主持会议。副县长沈和宣读表彰决定。

9月12日　响水县召开勤政廉政先进事迹报告会。县领导崔廷成、赵菲琳、陈明出席报告会。

9月15日　县领导徐恒菊、崔廷成、丁茂林、郑洪权、史春耕察看西出口、新世纪大道等县城交通基础设施工程现场了解工程建设施工情况。

△　响水县召开首批企业干部赴香港培训汇报会。县长朱如华到会讲话。培训班负责人季德荣汇报情况。县领导张正华、崔廷成、杨海斌出席。

9月17日　响水县召开"为企业办实事"活动汇报会。县委书记徐恒菊到会讲话。县领导张正华、杨海斌等出席。

9月17~18日　市环保局局长秦亚东率市创建卫生城镇检查组检查验收响水创建市级卫生城镇工作。县委副书记崔廷成介绍相关情况。县领导朱志和、赵菲琳、丁茂林、郑洪权、沈和、陈苏红、李刚及县相关部门负责人陪同。

9月19日　米兰纯米酒厂举行开业庆典。县委常委杨海斌、副县长陆静林出席庆典并为企业揭牌。

9月22日　响水县召开庆祝人民政协成立50周年座谈会。县政协主席张玉宽、副主席吴晓及部分市、县政协委员出席。

9月22~23日　县六届人大常委会第13次会议召开。会议学习中共十五届四中全会公报;听取和审议县政府关于《农业技术推广法》贯彻实施情况的汇报;听取和评议县民政局、水利局局长的述职报告；听取关于《江苏省计划生育管理条列》贯彻实施情况的执法检查情况的汇报。县人大常委会主任于海波主持会议。副主任龚亦群、丁茂林、岳效飞、陈培岭及委员 18 人出席会议。副县长高兆顶、陈明、姜雪忠，县人民检察院检察长庄严阳，县人民法院副院长蔡伯生列席会议。

9 月 23 日 全县引进外资工作汇报会召开。县委书记徐恒菊到会讲话。县委副书记张正华主持会议。县领导朱如华、高兆顶、龚亦群、陆静林、吴晓出席。

9 月 24 日 响水县召开生产形势分析会。县委书记徐恒菊到会讲话。

△ 副县长陈明、县政协副主席李刚带队参加 1999 年北京农业博览会。

9 月 28 日 响水县召开庆祝建国 50 周年纪念大会。县委书记徐恒菊主持大会。县长朱如华作报告。县领导于海波、周德祥、张正华、崔廷成、朱志和、赵菲琳、高兆顶、季德荣、杨海斌及各乡镇党委书记，县各部委办局副科级以上干部，老干部代表等出席。

△ 响水县召开重点企业负责人座谈会。县委书记徐恒菊到会讲话。县长朱如华提要求。县委副书记张正华主持会议。县领导杨海斌、龚亦群、史春耕出席。

9 月 29 日 响水县召开“四禁一打”工作会议。县委副书记、政法委书记周德祥到会讲话。县委常委、纪委书记赵菲琳主持会议。

9 月 30 日 县城景点百鹤园、回春园举行开园仪式。

10 月 5～13 日 副县长陆静林带领有关部门负责人在南京参加 1999 年江苏精品、名品、新品交易会。

10 月 6 日 全县计划生育工作会议召开。县委书记徐恒菊到会讲话。县领导赵菲琳、丁茂林、陈苏红及黄海农场、灌东盐场负责人出席。

10 月 7 日 响水县召开政府 2000 年工作研讨会。县长朱如华主持会议。县领导高兆顶、杨海斌、郑洪权、陈明、沈和及部分政府部门负责人出席。

10 月 8 日 响水县出租汽车有限公司成立。

10 月 9 日 全县小城镇建设工作会议召开。县长朱如华到会讲话。县委副书记崔廷成主持会议。县领导丁茂林、郑洪权、史春耕出席。

△ 省政府研究室副主任张锋在响水调研指导工作。

10 月 10 日 响水县召开大干四季度动员大会。县委书记徐恒菊、县长朱如华分别讲话。县委副书记周德祥主持会议。于海波、崔廷成、朱志和、赵菲琳、高兆顶、杨海斌、刘万东等县四套班子领导出席。

10 月 10～11 日 县委书记徐恒菊、县长朱如华率县党政代表团在常熟考察。11 日，举行“常响挂钩协作座谈会”。常熟市四套班子领导、市有关部门负责人，县领导徐恒菊、朱如华、杨海斌、岳效飞、郑洪权、沈和、沈康生、史春耕及各乡镇、县相关部门和部分企业负责人出席。

10 月 13 日 响水县召开中国少年先锋队 50 周年纪念庆祝大会。会议表彰全县十佳少先队员和十佳少先队辅导员。县领导崔廷成、朱志和、丁茂林、陈苏红等出席。

10 月 15 日 省海洋局局长毛祥坤考察响水海洋经济工作。县长朱如华汇报相关工作。县领导沈和、姜雪忠陪同。

10 月 15～16 日 全县经济发展战略研讨会召开。县委书记徐恒菊、县长朱如华分别讲话。县四套班子领导及各乡镇党委书记、县各部委办局负责人出席。

10月19日　市老干部考察团在响水视察工作。县领导徐恒菊、朱如华、崔廷成、季德荣、郑洪权、吴晓等陪同。

10月20日　市委副书记冯永农检查响水县运河、周集等乡镇农业工作。县委书记徐恒菊陪同。

10月22日　市委常委、宣传部部长于利中调研指导响水思想政治工作。县委副书记崔廷成,县委常委、宣传部部长朱志和分别介绍相关工作。

10月24日　运河中学举行建校40周年纪念活动。县领导崔廷成、朱志和、丁茂林、沈和、陈苏红出席。

10月25日　县委书记徐恒菊主持召开县四套班子联席会议。县长朱如华、县委副书记周德祥、县委常委杨海斌、副县长陆静林分别传达省、市召开的科技兴海、小康村建设、工业经济等会议精神。

△　全县征兵工作会议召开。县长朱如华,县委常委、人武部政委刘万东,副县长陈明,人武部部长江志坚,各乡镇分管领导及县直部分单位负责人出席。

10月26日　响水县召开创建计划生育合格县工作研讨会。县领导徐恒菊、朱如华、张正华、沈和、丁茂林、陈苏红,市计生委副主任刘高英,各乡镇分管领导出席。

10月27日~11月6日　县委副书记崔廷成、副县长沈和率县直有关单位负责人及乡镇党务副书记在北京,参加县域经济社会可持续发展研讨会。

10月28日　全县小康建设工作会议召开。县委书记徐恒菊到会讲话。省委驻响水扶促队领导许援朝,县领导朱如华、于海波、张玉宽、周德祥、高兆顶、季德荣等出席。

10月30日　全县秋播暨中低产田改造现场会召开。县委副书记周德祥、副县长陈明分别讲话。县人大常委会副主任陈培岭出席。

△　响水县实施的国家农业综合开发科技示范项目、省农业综合开发实验区建设项目通过省农业科技示范项目及实验区建设项目验收组验收。

11月1日　县委书记徐恒菊主持召开县四套班子会议。县长朱如华传达市委三届13次全体(扩大)会议精神。在响水的县四套班子领导及县相关部门负责人出席。

11月2日　县金融学会成立大会暨首届理论研讨会召开。副县长陆静林出席。

11月3日　1999年响水农副产品展销会在南京白云亭农副产品批发市场举行。

11月5日　县卫生防疫部门集中销毁2000多千克过期变质食品。

11月8日　响水县召开会计管理中心成立暨委派会计颁证大会。县领导徐恒菊、于海波、张玉宽、赵菲琳、高兆顶及市财政局领导出席。

11月9日　响水县召开县人大、政协常委座谈会。县委书记徐恒菊到会讲话。县委副书记周德祥通报全县经济发展情况。县委副书记张正华主持会议。县人大常委会主任于海波、县政协主席张玉宽、副县长郑洪权及人大、政协常委40多人出席。

11月11日　全县农民负担大检查工作会议召开。县委副书记周德祥到会讲话。县领导林启俊、李刚等出席。

11月13日　县化工协会成立暨化工发展研讨会召开。会议听取、审议并通过化工协会章程,选举产生协会领导机构。

11 月 16 日 全县企业改革和发展领导小组成员首次会议召开。县长、县企业改革和发展领导小组组长朱如华到会讲话。县委副书记张正华主持会议。县领导高兆顶、季德荣、杨海斌、陆静林等出席。

11 月 17 日 省政府调查组调研响水 2000 年农业和农村工作。

11 月 19 日 全县现代农民教育“六到户”现场观摩会在双港乡召开。副县长沈和主持会议。县领导崔廷成、朱志和出席。

11 月 20 日 县委工作会议召开。县委书记徐恒菊作报告。县领导朱如华、周德祥、张正华、崔廷成、朱志和、赵菲琳、高兆顶、季德荣、杨海斌、刘万东等出席。

△ 响水县举办口岸开放知识培训班。县四套班子全体领导,各乡镇、县各部委办局负责人参加培训。

11 月 21 日 省政府副秘书长姜道远率省农林厅、省科委等部门负责人调研、指导响水科教兴农工作。县委副书记周德祥汇报相关情况。副市长刘鉴康,县领导徐恒菊、朱如华、姜雪忠陪同。

11 月 22 ~23 日 《盐阜大众报》《盐城晚报》《沿海经济报》、盐城人民广播电台、盐城电视台、盐城有线电视台 6 家新闻单位组成采访团在响水采访响水县实施科教兴农“四大工程”情况。

11 月 23 日 省劳动厅厅长刘瑞田检查指导响水“两个确保”与再就业工作。副市长陈震宁、市劳动局局长刘士荣陪同。

11 月 25 日 县六届人大常委会第 14 次会议召开。会议学习中央经济工作会议精神,听取和审议县政府关于 1999 年 1 ~10 月份财政预算执行情况的汇报。

11 月 26 日 陈港镇举行建镇 70 周年庆典暨经贸洽谈会。县领导徐恒菊、朱如华、于海波、张玉宽等出席庆典仪式。

11 月 29 日 省口岸办在响水召开陈家港二类口岸开放座谈会。

12 月 4 日 响水县召开会议,传达全省经济工作会议精神,研究部署响水县 2000 年经济工作。县委书记徐恒菊到会讲话。县长朱如华主持会议。周德祥、张正华、崔廷成等在响水的县四套班子领导出席。

△ 上海中东投资实业股份有限公司董事长、总经理严兵一行与响水签订全面合作协议。

12 月 6 日 全县人大工作会议召开。县委书记徐恒菊到会讲话。县领导于海波、张正华、崔廷成、朱志和、高兆顶、季德荣、杨海斌、刘万东出席。

12 月 8 日 响水县召开省、市、县三级人大代表座谈会。省人大代表、县长朱如华,市人大代表、县人大常委会主任于海波,市人大代表、县人大常委会副主任陈培岭参加座谈。

12 月 10 日 响水县在 1999 年盐城沪宁线农副产品展销窗口观摩暨农业招商活动综合评比中获二等奖。

12 月 13 日 响水县设分会场收听收看省、市做好当前减轻农民负担工作电视电话会议。县委书记徐恒菊出席分会场会议并讲话。

12 月 17 日 县政协六届八次常委会会议召开。会议听取副县长郑洪权代表县政府所作的关于近年来响水县房屋、市政、园林等工程质量的情况通报。县政协主席张玉宽主持会议。县政协副主席吴晓、史春耕、陈苏红、李刚和常委会委员20多人出席。

12月18日 常响挂钩协作座谈会召开。常熟市市长胡正明,市委常委、组织部部长张永泉,副市长俞惠良,县领导徐恒菊、朱如华、于海波、张玉宽等出席。

△ 亚欧化工有限公司等6家民营企业举行奠基、揭牌、投产典礼。县领导张正华、陆静林、史春耕等出席。

12月21日 响水县集中开展打击破坏市场经济秩序违法犯罪专项斗争大会召开。县委副书记、政法委书记周德祥到会讲话。县委常委杨海斌主持会议。副县长陆静林出席。

12月22日 响水县在金兰集团召开坯布封闭生产运行大会。响水县中行与金兰集团签订300万元"封闭"贷款协议,用于坯布生产。县领导徐恒菊、张正华、杨海斌出席。

12月23日 市委常委、副市长袁世珠考察响水省级重点小城镇建设工作。

12月24日 县六届人大常委会第15次会议召开。会议听取并审议县人民政府《关于提请审议1999年度财政预算调整草案的议案》。县人大常委会主任于海波主持会议。副主任周桂玉、龚亦群、丁茂林、岳效飞、陈培岭出席会议。副县长高兆顶,县人民法院检察长李银芳,县人民检察院院长庄严阳列席会议。

12月25日 响水县再就业领导小组(扩大)会议召开。县长朱如华到会提要求。县委副书记崔廷成主持会议。县领导杨海斌、岳效飞出席。

12月28日 响水县县乡广电光缆传输网开通。县委书记徐恒菊、市广播电视局局长冯忠云等为县乡广电光缆传输网开通剪彩。

2000 年

1 月 5 日 全县农村党员、干部冬训工作会议召开。县委副书记崔廷成到会讲话。县委常委、宣传部部长朱志和主持会议。各乡镇党务书记、宣传委员及县相关单位负责人出席。

1 月 9 日 副市长、市红十字会会长谷容先在响水县张集乡慰问特困户。

1 月 10 日 全县机关事业单位养老保险工作会议召开。会议决定响水县从 2000 年 1 月起全县机关事业单位实行全收全支的养老金收缴发放形式。

1 月 12 日 市体改委主任姜红普带领市企业改制工作督查组督查响水企业改制情况。县委副书记张正华汇报相关工作。县委常委杨海斌出席。

1 月 13 日 县委六届八次全体(扩大)会议召开。县委书记徐恒菊作《解放思想优化大环境　巩固小康迎接新世纪》的报告。县委副书记、县长朱如华主持会议。县领导周德祥、张正华、崔廷成、赵菲琳、高兆顶、季德荣、杨海斌、刘万东出席。

1 月 19 日 响水县举行欢送 1999 年省委扶促工作队茶话会。县长朱如华出席会议并讲话。县委副书记周德祥主持会议。市扶促办副主任贾德荣,县领导于海波、赵菲琳、季德荣、刘万东、陈培岭、陈明、陆静林、李刚及县相关部门、乡镇负责人出席。

1 月 25 日 全县企业职工社会保险基金征缴责任制考核暨解困工作会议召开。县委常委杨海斌到会讲话。

1 月 28 日 响水县召开重点企业负责人迎新春茶话会。县领导徐恒菊、朱如华、张正华、杨海斌、陆静林、沈康生等出席。

△ 响水县妇女权益法律援助站成立。县委副书记崔廷成出席成立大会。

1 月 30 日 市委书记林祥国率有关部门负责人在响水慰问农村老党员、困难户、企业下岗职工。

1 月 31 日 响水县举行各界人士迎新春茶话会。县领导徐恒菊、朱如华、于海波、张玉宽等出席。

2 月 7 日 响水县召开春节回乡探亲的副处级(部队副团级)以上人员座谈会。县长朱如华主持会议并讲话。

2 月 12 日 全县绿化工作会议召开。县长朱如华到会讲话。

2 月 14 ~ 16 日 响水县政协六届三次会议召开。县委书记徐恒菊到会讲话。县政协主席张玉宽主持会议。县政协副主席吴晓作工作报告。会议通过《中国人民政治协商会议响水县第六届委员会第三次会议政治决议》、政协响水县第六届委员会第三次会议关于提案审查情况汇报。大会增选卜曙为响水县政协第六届委员会副主席,李标为响水县政协第六届委员会常务委员。

2月15～17日 响水县人大六届三次会议召开。县长朱如华代表县人民政府向大会作工作报告。大会通过关于县人民政府工作报告的决议,关于响水县1999年国民经济、社会发展执行情况和2000年国民经济、社会发展计划的决议,关于响水县1999年财政预算执行情况和2000年财政预算的决议,关于响水县人大常委会工作报告的决议,关于响水县人民法院工作报告的决议,关于响水县人民检察院工作报告的决议。大会增选林启俊为县六届人大常委会副主任。县领导徐恒菊、于海波、张玉宽、周德祥、张正华、崔廷成、周桂玉、龚亦群、丁茂林、岳效飞、陈培岭、林启俊、朱志和、赵菲琳、季德荣、杨海斌、刘万东出席。

2月18日 响水县召开省委第六批驻响水扶贫促小康工作队进驻响水欢迎会。县委书记徐恒菊致辞。省委驻响水扶贫促小康工作队队长、省电力局工会主席黄卫国到会讲话。市委副书记冯永农,市委、市政府副秘书长、市扶贫办主任江士荣出席。

2月19日 全县党建工作会议召开。县委书记徐恒菊到会讲话。县委副书记崔廷成主持会议。县领导于海波、张玉宽、张正华、朱志和、赵菲琳、高兆顶、季德荣、刘万东出席。

△ 全县政法工作会议召开。县委书记徐恒菊到会讲话。县委常委、常务副县长高兆顶主持会议。县领导周德祥、岳效飞、史春耕,县委政法委、县法院、检查院。县公安局、司法局负责人,各乡镇及县相关部门、单位负责人出席。

2月23日 全县"投资环境整治年"动员大会召开。县委书记徐恒菊到会讲话。县委副书记崔廷成主持会议。县领导于海波、张玉宽、周德祥、朱志和、赵菲琳、季德荣、杨海斌、刘万东等出席。

2月25日 市长李全林在响水考察指导工作。县领导徐恒菊、朱如华、周德祥、杨海斌陪同。

2月27日 常熟市委副书记王建康、副市长俞惠良、政协副主席姚永兴率党政代表团在响水商谈2000年常响挂钩协作方案。县委书记徐恒菊、县长朱如华等县四套班子领导出席洽谈活动。

△ 全县四项重点工作动员大会召开。县委书记徐恒菊到会讲话。县领导朱如华、于海波、张玉宽、张正华、崔廷成、朱志和、赵菲琳、高兆顶、季德荣、杨海斌、刘万东出席。

2月29日 全县财税工作会议召开。市财政局局长季步江,县委书记徐恒菊,县长朱如华分别讲话。县领导赵菲琳、高兆顶、杨海斌、龚亦群、吴晓出席。

3月2日 响水县"人民不会忘记"扶贫促小康汇报演出在盐城举行。市四套班子领导、市直挂钩扶促单位领导及新老工作队员观看演出。

3月6日 响水县召开纪念国际"三八"妇女节90周年大会。县委书记徐恒菊到会讲话。县领导张玉宽、崔廷成、赵菲琳、刘万东、周桂玉、郑洪权等出席会议。会议表彰首届响水县"十大女杰"。

3月7日 全县工业暨外向型经济大会召开。县长朱如华到会讲话。县委副书记张正华主持会议。

3月9日 响水县人民政府与上海交通大学农学院签署科研、生产合作协议。

3 月 10 日　全县创建计划生育合格县攻坚动员大会召开。县长朱如华到会讲话。县委副书记崔廷成主持会议。副县长郑洪权作动员报告。

3 月 10 ~ 11 日　响水(上海)经贸洽谈会在上海举行。县委书记徐恒菊到会讲话。副县长陆静林主持会议。县领导张正华、陈明、李刚出席。洽谈会签订意向性项目协议 10 个,贸易项目 9 个,落实出国劳务 50 人次。

3 月 12 日　县六届人大常委会第 17 次会议召开。会议听取和审议县人民政府关于《中华人民共和国种子管理条例》及《中华人民共和国传染病防治法》贯彻实施情况的汇报,通过县人大常委会、人民政府、人民法院、人民检察院提请的有关人事任免议案。

3 月 17 ~ 18 日　全县乡镇项目实施和企业改制情况汇报会在陈港镇、周集乡、六套乡分片召开。县领导徐恒菊、朱如华、周德祥、张正华、陈培岭、沈和出席。

3 月 19 日　响水县日产 5 万吨地面水厂项目可行性研究报告通过市级评审。副县长沈康生出席评审会。

3 月 20 日　响水县在全市率先完成 220 伏以上 10 千伏以下农村电网建设改造工程阶段性任务。

3 月 24 日　响水县"青年文明号"命名表彰大会召开。县领导朱志和、陈苏红出席。

3 月 28 日　全县农村电网建设改造会议召开。县委副书记张正华、副县长沈和出席。

3 月 29 日　县委常委(扩大)会议召开,传达学习全省技术创新大会精神。县委书记徐恒菊主持会议。在响水的县四套班子领导出席。

△　副市长谷容先在响水县老舍乡召开扶贫促小康工作现场办公会。副县长郑洪权出席。

4 月 3 日　全县招商引资突击月动员大会召开。县委书记徐恒菊到会讲话。县委副书记张正华主持会议。

4 月 5 日　省资源开发局局长王清在响水会办六套乡扶促工作。县委书记徐恒菊陪同。

4 月 8 日　全县大干二季度实现"双过半"动员大会召开。县委书记徐恒菊到会讲话。

4 月 12 日　扬州大学农学院与响水县农业科技试验区工作座谈会召开。县委副书记周德祥,副县长毕荣石,扬州大学科研处处长黄建晔等出席。

4 月 14 日　国家原内贸部物资局局长王俊等老干部一行在响水考察经济发展情况并进行政策咨询和大项目牵头联系工作。县长朱如华等陪同。

△　响水县召开政府廉政工作会议。县长朱如华到会讲话。县领导赵菲琳、高兆顶、杨海斌、郑洪权、沈和、毕荣石出席。

4 月 18 日　全县私营经济座谈会召开。县委书记徐恒菊到会讲话。县领导龚亦群、沈和、史春耕,县计经委、工商局、统计局等单位及县 16 家私营企业负责人出席座谈会。

4 月 20 日　县气象局成功实施人工增雨作业。

4 月 21 日　响水县创建全国科技工作先进县工作通过国家验收。

△　响水县举行庆"五一"暨全国劳模赴京欢送会。县领导张正华、杨海斌、丁茂林、

陈苏红出席。

4月21～22日 阜宁县(民国时期)旅台同乡参访团一行20人在响水观光考察。县委书记徐恒菊介绍响水县经济社会发展情况。副县长陆静林,政协副主席、统战部部长卜曙等陪同。

4月22日 响水县召开事业单位综合配套改革全面推开会议。县领导高兆顶、季德荣出席会议并讲话。各乡镇、县各有关单位主要负责人及相关人员出席。

4月24日 响水县第一个农业专题电视节目《农事指南》开播。

4月26日 省委副秘书长董瑾在响水县同集、小尖等乡镇调查考察农业化情况。县委书记徐恒菊等县领导陪同。

4月27日 县长朱如华主持召开抗旱工作紧急会议。副县长陈明对全县抗旱工作作部署。

4月28日 全县第五次全国人口普查暨统计工作会议召开。县领导高兆顶、杨海斌分别讲话。

4月30日 经省政府批准,响水县陈港镇、港南乡合并为陈家港镇。

△ 响水县设分会场收听收看全省当前农业生产和农民增收工作电视电话会议。县委副书记周德祥,县有关涉农部门负责人出席分会场会议。

5月7～8日 响水县举办项目观摩活动。县四套班子领导,各乡镇党委书记、乡镇长,县直相关单位、县属重点企业负责人参加。

5月9日 县六届人大常委会第18次会议召开。会议审查和批准1999年县本级财政预算,听取县审计局关于1999年县本级财政预算执行和其他财政收支情况的审计工作报告,听取和审议县人民政府关于《中华人民共和国城市规划法》和《江苏省建筑工程管理条例》《江苏省水利工程管理条例》贯彻实施情况的汇报,听取和审议县人民政府关于南河撤乡建镇、设立陈家港镇等议案。会议任命蒋宏才为县公安局局长,免去黄金虎县公安局局长职务。

5月11～17日 县领导季德荣、沈和、毕荣石率陈家港镇、大有镇、双港乡、海安集乡及县政府办,县海洋局、滩涂局、林牧渔业局、海珍品公司等部门负责人在青岛、荣城、威海等地考察,并签订10个涉及海洋科技、海洋技术人才培训、养殖苗种选调等合作项目协议。

5月13日 响水县召开地方志工作会议,部署响水首部年鉴《响水年鉴(1988～1999)》编纂工作。县委副书记崔廷成、副县长郑洪权分别讲话。

5月16日 县委学习中心组组织学习省委书记回良玉在盐城考察时的讲话和《江苏省农民负担监督管理条例》。徐恒菊、朱如华、于海波、张玉宽等县四套班子领导及县相关部门主要负责人参加学习。

5月18日 全县社会保险和再就业工作会议召开。县长朱如华到会讲话。县领导张正华、杨海斌、沈和等出席。

5月20日 响水县在厦门召开2000年响水(厦门)投资贸易说明会。会上签订13个合作意向协议。

5月22日 全县开发区工作会议召开。县长朱如华到会讲话。县委副书记张正华主持会议。副县长沈康生作报告。县人大常委会副主任陈培岭、县政协副主席史春耕出席。

5 月 23 日 全县教育改革与发展工作会议召开。县委书记徐恒菊到会讲话。副县长郑洪权作工作报告。县领导朱如华、崔廷成等出席。

5 月 24 日 市委书记林祥国、副书记冯永农,市委常委、秘书长林成立一行在响水考察。县领导徐恒菊、朱如华、周德祥陪同。

5 月 25 日 全县城市管理工作会议召开。县委书记徐恒菊、县长朱如华分别讲话。副县长沈康生主持会议。于海波、张玉宽等在响水的县四套班子领导出席。

5 月 26 日 县政协六届 11 次常委会会议召开。会议听取和讨论县政府关于全县个体私营经济发展情况的通报。县政协主席张玉宽主持会议。县委副书记张正华到会讲话。

5 月 27 ~ 28 日 国家行政学院理论部主任许耀桐、科技部司长刘燕华一行在响水考察指导工作,并召开响水县经济社会实现可持续发展战略座谈会。县四套班子领导,县直相关部门负责人出席。

5 月 29 日 县四套班子全体成员会议召开,学习江泽民总书记在江苏、浙江、上海考察工作时的讲话和《江总书记在盐城视察党建工作》的文章。县委书记徐恒菊到会讲话。县长朱如华主持会议。

5 月 31 日 市政协主席彭淦泉带领市政协办主任曹士长等在响水考察通榆河沿线风光带建设情况。县领导张玉宽、沈康生等陪同并汇报有关工作情况。

6 月 1 日 经省政府批准,陈家港港口为国家二类开放口岸。开放区域包括陈家港港区、响水口港区。

6 月 2 日 全县“投资环境整治年”活动新闻发布会召开。县委书记徐恒菊出席发布会并讲话。县长朱如华主持发布会。于海波、张正华、崔廷成、朱志和、赵菲琳、高兆顶、季德荣、杨海斌、刘万东等县四套班子领导出席。

6 月 4 ~ 8 日 响水县组团参加盐城市在上海举办的经贸洽谈会。县领导徐恒菊、朱如华、林启俊、陆静林及各乡镇、县相关单位负责人参加洽谈会。洽谈会引进 6 个外资项目和 2 个内资项目。

6 月 7 日 全县精神文明建设工作会议暨“十佳文明新事”表彰会议召开。县委副书记崔廷成到会讲话。县委常委、宣传部部长朱志和主持会议。刘万东、周桂玉、郑洪权、沈康生、陈苏红等县四套班子领导出席。

6 月 9 日 黄海农场公安派出所划归地方管辖。

6 月 14 日 市计生委主任夏益和在响水检查指导计划生育合格县工作。县领导徐恒菊、崔廷成、郑洪权陪同。

△ 省政府研究室组织滩涂开发调查组在响水调研滩涂开发利用情况。县领导朱如华、沈和、毕荣石等陪同。副县长沈和作县情介绍。

6 月 15 日 市人大常委会副主任周侃一行在响水了解市人大代表活动及履行职责情况。县人大常委会主任于海波、副主任岳效飞等陪同。

6 月 16 日 全县迎接省计划生育合格县考核验收工作会议召开。县委书记徐恒菊到会讲话。县委副书记崔廷成主持会议。县领导朱志和、赵菲琳、季德荣、郑洪权出席。

6 月 22 日 市农村草危房改造工作会议在响水召开。副市长刘鉴康到会讲话。县领导朱如华、陈明出席。

6月25日 江苏省土地市场响水交易所挂牌成立。

6月26日 响水县市政养护管理有限公司挂牌成立。

6月28~29日 市人大常委会副主任季克诚在响水调研农村产业结构调整、农民增收情况。县领导于海波、陈培岭、陈明参加座谈会。

6月29日 市委副书记、常务副市长葛绍林，副市长刘鉴康一行在响水检查指导工作。县领导朱如华、周德祥、陈明等陪同。

△ 市委副书记、纪委书记计高成率市水利部门负责人在响水检查防汛工作。

6月30日 响水县召开纪念中国共产党成立79周年大会。县委书记徐恒菊作《认真学习伟大纲领，积极实施"三个代表"》报告。

7月4~6日 市直新闻单位记者团在响水采访村情联络员工作。

7月8日 省、市委"三讲"教育巡视组组长张泉源，市委副书记、纪委书记计高成参加响水县"三讲"教育动员大会。

7月10~11日 市委副书记、组织部部长陶培荣在响水检查"三讲"教育开展情况。

8月1日 响水县召开庆祝"八一"建军节大会。县领导徐恒菊、高兆顶、丁茂林、吴晓及驻响水部队、武警部队、县人武部、县公安消防队指战员代表出席。

△ 韩国地方政府中国投资部南重熙一行在响水考察。副县长陆静林陪同。

8月8日 响水县第三届荷花节暨招商投资贸易说明会（第一组）在银鑫娱乐城举行。

8月10日 全县农村合作基金会清理整顿后续管理工作会议召开。县委常委、常务副县长高兆顶到会讲话。

8月15日 老舍乡王庄村三组村民吴从超家突遭雷电袭击，造成3死1伤重大自然灾害事故。

8月16日 响水县召开陈家港二类口岸开港工作座谈会。省口岸管理办公室、连云港口岸管理委员会等10多个单位领导应邀出席。

8月18日 响水县第三届荷花节暨招商投资贸易洽谈会（第二组）在二招举行。50多位中外客商应邀参加会议。洽谈会签订项目协议20个，交易总额7000多万元。

8月25日 省计划生育考核验收组在响水考核验收创建省计划生育合格县工作。县领导徐恒菊、朱如华、崔廷成、郑洪权等陪同。

8月28日 陈家港二类口岸开港新闻发布会召开，并在响水港码头举行开港仪式。

8月30日 响水县遭遇特大暴雨，部分乡镇遭龙卷风袭击，24小时降雨量达813毫米。县城普遍积水80厘米左右。22时许，响水镇苗寨村运河堤决口，县城积水猛增，至31日凌晨1时许，积水达1.4米。30日晚，省委书记回良玉、省长季允石分别打电话询问灾情，指示救灾抢险。常务副省长俞兴德对响水县及周边地区救灾工作作出批示。据灾后统计，灾害造成5人死亡、185人受伤，其中重伤25人，倒房15873间，危房39328间，冲毁桥闸714座，倒毁电线杆725根，刮倒树木180多万株，受灾农植物面积58193.3公顷，直接经济损失达10.78亿元。

8月31日 副省长姜永荣、市委书记林祥国率省、市有关部门领导在响水视察灾情，指导帮助抗灾抢险。300多名驻盐部队和武警部队官兵参加响水抢险。

9月7日　扬州大学专家组在响水举行抗灾自救报告会。县领导周德祥、陈培岭、陈明、李刚等出席。

9月7～15日　副县长沈和、县长助理李晓梁率有关部门负责人向财政部、科技部、农业部、民政部、国家计委、国务院扶贫办公室等12个部门汇报响水灾情。

9月8日　省教育厅副厅长周稽裘在响水指导中小学抗灾自救和开学工作。副县长郑洪权及县教育局负责人陪同。

9月10日　响水县召开各乡镇、县各部门负责人会议，部署灾后生产自救和争取外援等工作。

9月12日　全县"三讲"教育总结大会召开。县委书记徐恒菊主持会议。巡视组组长张源泉，市委副书记、纪委书记计高成分别讲话。

9月16～17日　全国政协原常委、省委原书记韩培信察看响水灾情并慰问受灾群众。市委常委、宣传部部长于利中，县领导徐恒菊、周德祥、陈明陪同。

9月18～23日　响水县组团参加南京金秋经贸洽谈会。

9月21日　全县思想工作会议召开。县委书记徐恒菊到会讲话。县委副书记崔廷成作工作报告。县委常委、宣传部部长朱志和主持会议。县领导岳效飞、郑洪权、陈苏红出席。

△　响水县举行地面水厂初步设计评审会，20多名县内外专家出席评审会。

9月22日　全国政协委员、扶贫资金会委员、香港英美洋行有限公司董事会主席云大棉在响水慰问受灾群众。县领导徐恒菊、高兆顶陪同。

9月24日　全县农业产业结构调整工作会议召开。县委书记徐恒菊到会讲话。县委副书记周德祥主持会议。县领导陈培岭、陈明、毕荣石出席。

9月26～28日　响水县组团参加2000年盐城科技成果暨经贸洽谈会。县领导徐恒菊、高兆顶、杨海斌、沈和、陆静林及县相关部门负责人出席洽谈会。

9月27日　副省长姜永荣在响水检查灾后自救情况。县领导徐恒菊、周德祥、高兆顶、陈明陪同。

9月29～30日　县六届人大常委会第20次会议召开。会议听取国土局局长徐达柏，计生局局长周红星的述职报告；会议听取和审议县人民政府关于双港乡、黄圩乡撤乡建镇的议案；会议通过人民法院有关人事任免事项。

9月30日　响水县第三届荷花节暨招商引资总结会议召开。县领导徐恒菊到会讲话。县委副书记张正华主持会议。副县长陆静林总结相关工作。县领导于海波、张玉宽、周德祥、崔廷成、朱志和、赵菲琳、高兆顶、季德荣、杨海斌、刘万东等出席。

10月3～4日　省滩涂开发局局长王清，省纺工原料公司总经理程贤耕在响水指导生产自救工作。县领导张正华、高兆顶、龚亦群、陈明等陪同。

10月6日　县长朱如华参加美国江苏省高级经济管理人才研修班学习，为期3个月。

10月10日　县政协六届12次会议召开。会议专题听取县政府关于依靠科技创新推动农业结构调整情况的通报。县政协主席张玉宽主持会议。副主席吴晓、史春耕、陈苏红、卜曙出席。

10月11日　全县技术创新暨技术改造工作会议召开。县委书记徐恒菊到会讲话。县领导张玉宽、周德祥、崔廷成、朱志和、赵菲琳、高兆顶、季德荣、杨海斌出席。

10 月 15 日　全县计划生育工作会议召开。县委书记徐恒菊、县委副书记崔廷成分别讲话。

10 月 17 日　响水县在盐城举行抗灾自救汇报会。县委书记徐恒菊汇报响水县灾后生产自救情况。市委书记林祥国到会讲话。市委副书记、常务副市长葛绍林主持会议。市、县领导冯永农、计高成、林成立、刘鉴康、高兆顶出席。

△　省国土资源厅厅长杨任远在响水调研指导工作。市国土局局长高鹤来,县委书记徐恒菊陪同。

10 月 18 日　市委副书记冯永农在响水检查指导灾后自救工作。县领导徐恒菊、周德祥、陈明陪同。

10 月 18 ~ 20 日　副县长沈和率县有关部门、企业负责人参加 2000 年南京高科技成果商品展示交易会。交易会签订 4 个项目合作协议,交易总额达 1100 万元。

10 月 24 ~ 25 日　市检查组检查指导响水精神文明创建工作。县领导崔廷成、朱志和、郑洪权分别汇报相关工作。

10 月 24 ~ 27 日　响水县组团参加 2000 年盐城上海农副产品展销暨农业招商会。

10 月 27 日　县委书记徐恒菊主持召开县四套班子领导会议。崔廷成、朱志和、赵菲琳、高兆顶、杨海斌、陆静林等县四套班子领导出席。

△　响水县红十字会二届四次理事会议召开。郑洪权当选为会长。

10 月 31 日　全县投资环境整治工作会议召开。县委副书记崔廷成到会讲话。县委常委、纪委书记赵菲琳主持会议。

11 月 1 日　响水县第五次人口普查入户登记工作开始。

11 月 3 日　副市长徐昆荣在响水检查秋粮收购工作。副县长陆静林陪同。

11 月 4 日　副县长陆静林召集县供销总社、粮食局、工商局、棉麻公司等部门负责人会办粮棉市场清理整顿工作。

11 月 7 日　县委书记徐恒菊主持召开县四套班子领导成员会议,传达学习者省委九届 12 次全体(扩大)会议精神,并结合响水实际提要求。县政协主席张玉宽传达省政协会议精神。

11 月 9 日　省农业资源综合开发局支持响水灾区水毁工程项目资金 400 万元举行捐物仪式。省农业资源综合开发局局长缪瑞林、助理巡视员王清,市委副书记、副市长刘鉴康,县领导徐恒菊、周德祥、高兆顶、陈明等参加,县委副书记周德祥主持仪式。

△　市政府副秘书长杨四海率市环保局等部门负责人在响水检查灾后环保设施修复情况。副县长陆静林陪同并汇报工作。

11 月 10 日　县政协六届 14 次常委(扩大)会议召开。县政协主席张玉宽主持会议。副主席吴晓、史春耕、陈苏红等出席。会议传达全省政协工作会议精神,协商通过有关人事问题。

11 月 13 日　省长季允石、副省长姜永荣一行在响水视察灾后生产自救与重建工作。市、县领导林祥国、葛绍林、林成立、徐恒菊、周德祥、高兆顶、陈明等陪同。

11 月 13 ~ 15 日　县委副书记张正华、副县长陆静林率县政府办、体改办、供销社、粮食局、物资局、贸易局等部门负责人考察学习沛县流通企业改制经验。

11 月 15 ~ 16 日 希望工程全国监察委员会巡视员李宜俊、王家礼在响水视察希望工程工作开展情况。省希望办主任杨旭峰、团市委书记王光文、副县长郑洪权陪同。

11 月 16 日 全县中低产田改造、冬春水利建设暨安居工程工作会议召开。县领导周德祥、林启俊、陈明出席。

11 月 21 ~ 22 日 全市纪检监察电化教育工作座谈会在响水召开。市监察局副局长陆寿高，县委副书记崔廷成，县委常委、纪委书记赵菲琳及市纪委有关部门负责人，各县（市、区）纪委宣教室主任出席。

11 月 23 日 省专家评审组验收响水“江苏省盐碱土改良和滩涂资源开发利用响水综合试验示范基地”，响水县通过验收。

11 月 27 日 县六届人大常委会第 21 次会议召开。会议听取和审议县政府关于贯彻落实《国务院办公厅转发农业部等部门关于做好当前减轻农民负担工作意见的通知》《江苏省农民负担监督管理条例》情况的汇报。会议听取和审议县政府关于 2000 年 1 ~ 10 月份财政预算执行情况的汇报。会议审议批准县政府 2000 年财政预算调整的议案，通过相关人事任免事项。

△ 响水县召开“十五”规划座谈会。县委书记徐恒菊主持座谈会。县领导周德祥、张正华、崔廷成、高兆顶及各乡镇党委书记、乡镇长，各部委办局负责人出席。

12 月 1 日 市乡镇企业“十五”计划发展战略研讨会在响水召开。市委常委、宣传部部长于利中及县领导徐恒菊、崔廷成、朱志和、沈和等出席。

12 月 6 日 县委六届九次全体（扩大）会议召开。县委书记徐恒菊作《凝心聚力大发展，富民富县搞翻番，为把响水建设成为宽裕型小康县而努力奋斗》报告。县委常委、常务副县长高兆顶对关于制定响水县国民经济和社会发展第十个五年计划建议作说明。县领导周德祥、张正华、崔廷成、朱志和、赵菲琳、季德荣、杨海斌出席。

△ 响水县召开抗洪救灾表彰大会。县委书记徐恒菊到会讲话。会议表彰 95 个先进集体、326 名先进个人、26 个立功单位。

12 月 7 日 省人大常委会副主任王霞林一行在响水视察农业结构调整、农民增收减负等情况。县领导徐恒菊、于海波、周德祥、陈明等陪同。

12 月 8 日 全国政协常委、国家审计署原副审计长金基鹏在响水调查考察。县领导徐恒菊、张玉宽、周德祥陪同。

12 月 10 日 省电力公司党委书记、经理寇士清在响水检查该公司在响水扶贫促小康工作。市、县领导冯永农、徐恒菊、周德祥、高兆顶、杨海斌、龚亦群、沈康生等陪同。

12 月 12 ~ 13 日 省改水工作考核组考核验收响水农村改水工作。副县长郑洪权陪同。

12 月 25 日 县委常委（扩大）会议召开。县委书记徐恒菊主持会议并讲话。县四套班子领导，各乡镇区党委书记、县各部委办局、县各直属单位主要负责人出席。

12 月 27 日 省委书记回良玉、副省长张连珍一行在响水视察灾后自救与重建工作。市、县领导林祥国、陶培荣、林成立、徐恒菊、朱如华等陪同。

12 月 29 日 县政协六届 15 次会议召开。会议听取关于农村思想政治工作情况的调查报告。县政协主席张玉宽主持会议。县委副书记崔廷成到会讲话。

2001 年

1 月 5 日　市委副书记、纪委书记计高成出席响水县小尖镇“三个代表”重要思想学习教育大会并讲话。县领导徐恒菊、高兆顶出席。

△　全县农村“三个代表”重要思想学习教育动员大会召开。县委书记徐恒菊到会讲话。县委副书记崔廷成主持会议。县四套班子领导出席。

1 月 8 ~ 9 日　省计生委副主任张春延、杨立舫一行在响水考核验收创建省计划生育合格县工作。市计生委主任夏益和，县领导徐恒菊、朱如华、崔廷成、郑洪权陪同。

1 月 8 ~ 13 日　副县长沈和带领县外贸局、响水镇、开发区、黄圩镇、汇中集团等单位、乡镇区负责人，参加北京世界 500 强企业经济发展战略研讨会暨招商引资项目洽谈会。

1 月 14 日　市委副书记冯永农、市政协主席彭淦泉、市人大常委会副主任陆立新、副市长李之渭在响水慰问困难群众。县领导徐恒菊、朱如华、于海波、张玉宽、周德祥、张正华、陈明等陪同。

1 月 15 日　响水县举行各界人士迎新春茶话会。县委书记徐恒菊到会讲话。县长朱如华主持会议。县四套班子领导出席。

1 月 16 日　市委决定：周德祥任中共响水县委员会书记。

1 月 18 日　省粮食储备库建库指导组在响水检查指导国家储备粮库申报工作。副县长陆静林陪同并汇报工作。

1 月 19 日　县六届人大常委会第 23 次会议召开。会议审议并通过关于增选周德祥为盐城市第四届人民代表大会代表的议案。会议决定任命朱斌为县人民政府代县长。

1 月 30 日　响水县引资 2500 万元开发滨江路。

1 月 31 日　全县党政主要负责人会议召开。县委书记周德祥到会讲话。县委副书记、代县长朱斌提要求。县领导于海波、高兆顶、葛平、季德荣、刘万东、邓锦东、杨毅坚、邵礼青出席。

2 月 2 日　全县“三外”工作座谈会召开。县委副书记张正华主持会议。副县长沈和、陆静林出席。

2 月 5 日　县六届人大常委会第 24 次会议召开。会议表决通过杨毅坚、杨海斌任县人民政府副县长，免去高兆顶、郑洪权县人民政府副县长职务的决定。

2 月 7 日　响水县设分会场收听收看省、市“三个代表”重要思想学习教育活动电视电话会议。县领导周德祥、张正华、季德荣出席分会场会议。

2 月 8 日　县农村税费改革领导小组召开会议，讨论研究全县农村税费改革方案。

代县长朱斌,县委副书记高兆顶,县委常委、常务副县长杨毅坚,副县长陈明出席。

2 月 9 日 全县召开农村“三个代表”重要思想学习教育活动转段动员大会。县委书记周德祥到会讲话。县委常委、组织部部长季德荣作动员报告。

2 月 10 日 县委六届十次全体(扩大)会议召开。县委书记周德祥作《项目大突破,结构大调整,私营大发展,环境大变化,为确保完成全年各项目标任务而努力奋斗》报告。县领导朱斌、张正华、高兆顶、葛平、季德荣、刘万东、邓锦东、杨毅坚、周兆杉、邵礼青出席。

2 月 12～18 日 代县长朱斌出席省八届人大四次会议。

2 月 17 日 县六届人大常委会第 25 次会议召开。副县长陆静林及法院、检察院等有关部门负责人列席会议。会议通过《响水县六届人大常委会代表资格审查委员会关于补选代表的代表资格审查报告》和《响水县第六届人民代表大会第四次会议主席团和秘书长建议名单》。

2 月 19 日 全县计划生育工作会议召开。代县长朱斌到会讲话。县委副书记张正华主持会议。

2 月 20～24 日 县委书记周德祥、代县长朱斌出席盐城市四届人大四次会议。

2 月 24 日 浙江省象山县县委副书记陈秀忠,县委常委、副县长励志武,县人大常委会副主任丁福生一行在响水考察海洋经济工作。县领导张正华、沈和陪同并介绍响水海洋经济发展情况。

2 月 25～27 日 县政协六届四次代表会议召开。县委书记周德祥到会讲话。县政协主席张玉宽主持会议。县政协副主席吴晓作工作报告。大会选举王万金为县政协主席。朱斌、于海波、高兆顶、葛平等县四套班子领导出席。

2 月 26～28 日 县六届人大四次会议召开。会议通过代县长朱斌所作的《政府工作报告》及《第十个五年计划纲要》等决议。会议选举李文忠、施浩岭、蔡伯生为县第六届人大常委会委员,补选朱斌为县人民政府县长。

2 月 28 日 响水县组团在澳大利亚、新西兰等国招商引资。

3 月 2 日 全县林业发展广播动员大会召开。县委书记周德祥主持会议。县长朱斌作动员报告。县领导高兆顶、周兆杉、陈培岭、陈明、李刚等出席。

3 月 6 日 响水县召开纪念“三八”国际劳动妇女节 91 周年大会。县委副书记高兆顶到会讲话。县领导刘万东、周桂玉、陈苏红等出席。

3 月 8 日 全县农村税费改革工作会议召开。县委书记周德祥、县长朱斌分别讲话。县领导高兆顶、杨毅坚、陈明出席。

△ 全县“项目大突破”动员大会召开。市委副书记于利中到会并讲话。县委书记周德祥、县长朱斌分别讲话。县委副书记葛平主持会议。

3 月 10 日 全县投资环境整治工作会议召开。县委书记周德祥到会讲话。县领导朱斌、张正华、季德荣、杨毅坚、周兆杉、陈培岭、史春耕等出席。

3 月 12 日 县四套班子领导周德祥、朱斌、于海波、王万金等参加义务植树活动。

△ 国家粮食储备库专家指导组在响水评估粮库库址。

3 月 15 日 市政府组团在澳大利亚开展招商引资活动。副县长陆静林率团参加。

3 月 17 日 全县党建工作会议召开。县委书记周德祥到会讲话。县领导张正华、季德荣、邓锦东、杨毅坚、周兆杉、邵礼青等出席。

3月19日　全县政法工作会议召开。县委副书记张正华到会讲话。县领导杨毅坚、丁茂林、史春耕等出席。

3月20日　县政府六届七次全体（扩大）会议召开。县长朱斌到会讲话。副县长陈明主持会议。县领导杨毅坚、沈和、陆静林、沈康生、毕荣石、杨海斌出席。

3月24日　县长朱斌主持召开六届政府第31次常务会议。会议讨论县六届人大四次会议代表建议及政协六届四次会议委员提案办理工作。县领导杨毅坚、陈明、沈和、陆静林、沈康生、杨海斌出席。

3月26～28日　中共响水县第七次代表大会召开。会议听取和审议县委书记周德祥作《高扬发展主题、开创十五辉煌，为全面建设宽裕型小康县而努力奋斗》的工作报告；听取和审议周兆杉作纪律检查委员会工作报告。会议选举新一届委员会和新一届纪律检查委员会。

3月27日　副市长李之渭在响水检查三外工作开展情况。副县长陆静林陪同。

4月2日　市委盐委组〔2001〕98号文件，批准中共响水县第七届委员会、第七届纪律检查委员会第一次会议的选举结果。周德祥、朱斌、张正华、高兆顶、葛平、季德荣、刘万东、邓锦东、杨毅坚、周兆杉、邵礼青等11人为县委常委；周德祥为县委书记，朱斌、张正华、高兆顶、葛平为县委副书记；周兆杉为县纪委书记，张晓海、戴强国等为县纪委副书记。

△　通榆河响水船闸开通。

4月3日　全县绿化工作会议召开。县委副书记高兆顶、副县长陈明分别讲话。

4月6日　副市长俞军率市扶贫办、交通局等单位负责人在响水县周集乡现场会办扶促工作。县领导高兆顶、陈明陪同。

△　全县实施“爱心助学”工程动员大会召开。县领导张正华、蒋湘滨、刘万东、林启俊、沈康生、卜曙等出席。

4月7日　县委常委、县长联席会议召开。会议听取全县计划生育工作情况汇报。县委书记周德祥到会讲话。

4月9日　全县企业改革工作会议召开。县委书记周德祥、县长朱斌分别讲话。县委副书记葛平主持会议。县领导季德荣、周桂玉、沈和、陆静林、杨海斌等出席。

△　全县扶贫促小康工作会议召开。县委书记周德祥，市扶贫办主任赵满生分别讲话。县委副书记高兆顶主持会议。县领导季德荣、邓锦东、陈培岭、陈明、卜曙等出席。

4月10日　市政协主席彭淦泉、市政协办公室主任曹士长一行在响水考察。县政协主席王万金陪同并汇报有关政协工作。

4月11日　汇中空调参加在北京举行的第12届国际制冷展。县长朱斌、副县长杨海斌在北京指导参展工作。

△　全县科技项目工作会议召开。县领导沈和、毕荣石等出席。

4月13日　全县关心下一代工作会议召开。县领导张正华、刘万东等出席。

△　副县长陆静林在广东东莞市召开响水县投资说明会。

4月14日　县领导周德祥、张正华、杨毅坚率县水利、建设部门负责人察看县城防洪排水设施。

4 月 16 日 全县农业信息宣传工作座谈会召开。县委副书记高兆顶到会讲话。县领导邓锦东、陈明出席。

4 月 18 日 县委常委(扩大)会议召开。会议传达贯彻全省组织部部长会议和省、市农村“三个代表”学教活动等会议精神。县委书记周德祥主持会议。县委副书记、县长朱斌讲话。

△ 市委常委、组织部部长赵鹏在响水县小尖镇调研指导扶贫工作。

4 月 20 日 全县社会治安工作会议召开。县委书记周德祥,县长朱斌,县委副书记、政法委书记张正华分别讲话。县领导于海波、王万金、葛平、季德荣、邓锦东、邵礼青出席。

△ 全县严打斗争公捕公判万人大会召开。县委副书记张正华,县委常委、常务副县长杨毅坚出席会议。县公安局对 30 多名犯罪嫌疑人作出刑事拘留或逮捕决定。县法院对 7 名被告作出一审判决。

4 月 23 ~ 24 日 县委书记周德祥、县长朱斌率县党政代表团在常熟市参观学习。

4 月 25 ~ 26 日 县长朱斌、副县长陆静林在广州参加广交会,并开展招商引资活动。

4 月 28 日 响水县 2001 年首批项目集中签约仪式举行。县长朱斌致辞。县委副书记葛平主持仪式。于海波、王万金等在响水的县四套班子领导出席。县委书记周德祥出席签约仪式并讲话。本次活动共落实项目 39 个,合同利用外资 14580 万元,协议引进资金 4680 万元。

4 月 29 日 全县碘缺乏防治和农村改水工作会议召开。副县长沈康生到会讲话。

4 月 30 日 全县依法治县领导小组工作会议召开。县委书记周德祥到会讲话。县领导朱斌、于海波、王万金、杨毅坚、丁茂林等出席。

5 月 6 日 全县农村经济形势分析会召开。县委书记周德祥到会讲话。县四套班子联系乡镇领导,各乡镇、县相关部门负责人出席。

△ 全县农村税费改革工作会议召开。县委副书记高兆顶主持会议。县领导周德祥、朱斌、杨毅坚、邵礼青、陈明等出席。

5 月 7 日 县委书记周德祥主持召开全县经济形势分析会。

5 月 9 日 响水县设分会场收听收看国务院、省、市先后召开的打假联合行动第二次会议。县长朱斌出席分会场会议并讲话。

5 月 14 日 省委副秘书长、省扶贫办主任李继平,省扶贫办副主任陈才兴率省扶贫促小康工作现场观摩交流会与会人员在响水观摩指导。县领导周德祥、朱斌等陪同。

△ 全县私营个体经济工作会议召开。县委书记周德祥到会讲话。县领导朱斌、于海波、王万金等出席。

5 月 16 日 省人大常委会副秘书长陈万年率省计划生育行政执法情况调研组在响水考察调研。

5 月 17 日 全县“项目大突破”情况汇报会召开。县委书记周德祥到会讲话。县领导朱斌、张正华、高兆顶、葛平、杨毅坚、陈明、沈康生、杨海斌等出席。

△ 市政协副主席邱治荣带领市政协提案委主任赵文忠一行在响水调研。县政协主席王万金,副主席吴晓、史春耕等陪同。

5 月 18 日 县政协六届 18 次常委会议召开。会议听取县人民政府关于全县林业产权制度改革情况的通报。

5月19日　全县精神文明建设工作会议召开。县委书记周德祥到会讲话。县领导张正华、刘万东、邓锦东、林启俊、沈康生、卜曙出席。

5月20日　全县村级行政区划调整工作动员大会召开。县委书记周德祥到会讲话。县长朱斌作动员报告。于海波、王万金、张正华、高兆顶、葛平等在响水的县四套班子领导出席。

5月21～24日　县委副书记葛平率有关部门负责人在昆山、浙江等地开展招商引资活动。

5月22日　县六届人大常委会第28次会议召开。会议审查和批准2000年县级财政决算；听取2000年县本级财政预算执行和其他财政收支情况的汇报；听取和审议县政府关于《中华人民共和国防洪法》《中华人民共和国义务教育法》贯彻实施情况的汇报。会议通过相关人事任免事项。

5月23日　省人大常委会农村工作委员会在响水调研农业综合开发情况。县委书记周德祥汇报相关情况。县领导于海波、陈培岭、毕荣石等陪同。

△　7时20分，县渔政执法人员在灌河入海口处发现鲸鱼群。鲸鱼群每隔20分钟一批，先后三批400多头，大的10多米，小的2～3米。9时20分左右，鲸鱼群游至双港镇返回入海。14时，鲸鱼群又随潮再次进入灌河，游至陈家港西约2千米的港湾处即逆潮回游。

5月24日　市人大常委会副主任裴日昌率市环保执法检查组在响水检查《中华人民共和国环境保护法》贯彻落实情况。县领导林启俊、沈和陪同。

5月28日　市委副书记、纪委书记、政法委书记计高成在响水检查指导严打工作。县领导周德祥、朱斌、周兆杉等陪同。

△　盐城融凡纺织制衣有限公司开业庆典暨响水县招商引资项目恳谈会举行。市、县领导计高成、周德祥、朱斌、高兆顶、葛平参加。

6月1日　响水县首届中小学生艺术节开幕。县领导邓锦东、沈康生等出席。

6月3日　全县乡镇区、村居主要负责人会议召开。县委书记周德祥到会讲话。县长朱斌主持会议。县领导于海波、王万金、高兆顶、季德荣、杨毅坚、邵礼青、陈明等出席。

△　全县防汛防旱工作会议召开。县长朱斌到会讲话。县委副书记高兆顶主持会议。县领导陈明及各乡镇、县相关部门负责人出席。

6月5日　市委副书记冯永农在响水考察指导工作。县领导周德祥、高兆顶陪同。

6月7日　副省长王珉率省政府副秘书长王斌泰、省教育厅厅长王荣一行考察响水中学、运河中学、小尖镇田荡希望小学、运河农业示范园区。副市长徐恒菊，县委书记周德祥、县长朱斌等陪同。

6月8～10日　县领导杨毅坚、陆静林出席2001年盐城市经贸洽谈会。

6月11日　市委书记林祥国、副书记于利中在响水视察新上投资项目。县领导周德祥、朱斌、葛平陪同。

△　全县财政收入"双过半"动员大会召开。县长朱斌，县委常委、常务副县长杨毅坚分别讲话。

6 月 12 日 响水县首次成功拍卖一宗国有土地使用权。该宗地位于东园街西侧、双园路北侧,面积 179 平方米,成交价 40 万元。

6 月 13～14 日 市长陶培荣在响水视察指导工作。县领导周德祥、朱斌、高兆顶、葛平、杨毅坚等陪同。

6 月 14 日 副市长徐昆荣在响水检查三产流通工作。副县长陆静林陪同。

6 月 16 日 响水县召开投资环境整治工作新闻发布会。县委书记周德祥出席并讲话。县委副书记张正华主持会议。县领导王万金、杨毅坚、周兆杉、丁茂林等出席。

6 月 20 日 全县改制企业方案过堂会召开。县委副书记葛平到会讲话。副县长沈和、陆静林、杨海斌出席。

6 月 21 日 县委学习中心组组织党风廉政建设专题学习活动。县委书记周德祥到会讲话。县委常委、纪委书记周兆杉传达相关文件精神。

6 月 22 日 全县统计执法大检查工作会议召开。副县长杨海斌到会讲话。

6 月 25 日 市委副秘书长朱枝富在响水调研项目推进工作。县领导葛平、沈和、杨海斌及县相关部门负责人陪同。

6 月 30 日 响水县庆祝中国共产党成立 80 周年纪念大会召开。县委书记周德祥作以解放思想促发展为主题的党课。县四套班子领导于海波、王万金、张正华、高兆顶、葛平、季德荣、邓锦东、杨毅坚、邵礼青等出席。

7 月 3 日 全县部分乡、镇行政区划调整工作会议召开。全县 16 个乡镇调整为 12 个,即将原响南乡并入响水镇;原海安集乡并入陈家港镇;原周集乡并入小尖镇;原平建乡并入南河镇。调整后的 12 个乡镇为:响水镇、小尖镇、陈家港镇、双港镇、南河镇、大有镇、黄圩镇、运河乡、张集乡、老舍乡、六套乡、七套乡。

7 月 8 日 响水县艺术团成立并举行揭牌仪式。省文化厅厅长季根章,副市长徐恒菊,市文化局局长张华龙,县委书记周德祥、县长朱斌等出席。

7 月 10 日 响水县设分会场收听收看全国农村"三个代表"重要思想学习教育工作电视电话会议。县委副书记张正华出席分会场会议并讲话。县领导季德荣、邵礼青、陈明及各乡镇、各部委办局负责人出席分会场会议。

7 月 12 日 全县国土管理暨土地批租专项治理工作会议召开。县长朱斌到会讲话。县委副书记张正华主持会议。县领导周兆杉、陈明出席。

7 月 13 日 县四套班子领导周德祥、朱斌、王万金、杨毅坚视察响水境内 307 省道修建施工情况。

7 月 16～17 日 县六届人大常委会第 29 次会议召开。听取县委常委、常务副县长杨毅坚代表县政府所作的《2001 年上半年经济社会发展和财政运行情况的汇报》;会议听取和审议县政府关于农村费税改革情况的汇报。

7 月 19 日 响水镇与上海汇达集团签订 3000 万元针织制衣厂项目。

7 月 23 日 县委常委(扩大)会议召开。县委书记周德祥主持会议并传达市经济工作座谈会精神。县领导朱斌、张正华、高兆顶、葛平、季德荣、邓锦东、杨毅坚、周兆杉、邵礼青、景步恒,在响水的县四套班子领导及县相关部门负责人出席。

7 月 24 日 市领导计高成、徐恒菊在响水回访复查"三个代表"重要思想学教活动开展情况。县领导周德祥、季德荣陪同。

7月29日 2001年江苏响水(上海)经贸洽谈会在上海举行。县领导周德祥、朱斌、于海波、高兆顶、葛平、季德荣、邓锦东、周兆杉、邵礼青、沈和、毕荣石、陆静林、杨海斌及各乡镇、县各部委办局负责人参加洽谈。洽谈会签订项目18个,协议引进资金1.36亿元。

7月31日 县委工作会议召开。县委书记周德祥到会讲话。县四套班子全体成员,县委委员,纪委委员,各乡镇、县各部委办局负责人出席。

8月2日 全县安全生产工作会议召开。县委书记周德祥到会讲话。县长朱斌对安全生产工作提要求。县领导沈和、杨海斌及县各部委办局、重点企业负责人出席。

8月4日 县政府六届八次全体(扩大)会议召开。县长朱斌到会讲话。县委常委、常务副县长杨毅坚主持会议。副县长沈和、沈康生出席。

8月8日 全县宣传工作会议召开。县委书记周德祥、副书记葛平分别讲话。县委常委、宣传部部长邓锦东传达全市宣传部部长座谈会精神。

8月9日 市委常委、常务副市长张炳贤在响水考察指导工作。县委书记周德祥、县长朱斌陪同。

8月11日 周德祥、朱斌、于海波、王万金等县四套班子领导现场会办海堤建设和防汛工作。

8月15日 全县党政机构改革动员大会召开。县委书记周德祥到会讲话。县长朱斌作动员报告。县四套班子领导,各乡镇、县各部委办局负责人出席。

8月19日 市委书记张九汉、市长陶培荣在响水调研指导工作。县委书记周德祥、县长朱斌等陪同。

8月20日 响水县设分会场收听收看省、市先后召开的"切实抓好工业生产"电视电话会议。县长朱斌出席分会场会议并讲话。副县长沈和及县相关部门负责人出席分会场会议。

8月24日 中国共产党响水县代表大会召开。县委书记周德祥主持选举。会议选举38名代表出席中共盐城市第四次代表大会。县领导朱斌、张正华、高兆顶、葛平、季德荣、邓锦东、杨毅坚、周兆杉、邵礼青出席。

△ 全县经济工作会议召开。县委书记周德祥、县长朱斌分别讲话。县领导于海波、王万金、高兆顶、葛平、季德荣、邓锦东、杨毅坚、周兆杉、邵礼青、陈明、沈和、陆静林、沈康生、杨海斌出席。

8月28日 省人大常委会副主任洪锦圻在响水检查财政收支转移情况。县领导朱斌、于海波、杨毅坚、周桂玉等出席汇报会。

9月3~4日 响水县举办农业结构调整培训班。县委书记周德祥到会讲话。县委副书记高兆顶、副县长陈明分别作辅导报告。县领导蒋湘滨、陈培岭、毕荣石、李刚出席。

9月5日 团省委副书记李国华在响水检查指导共青团工作。县委副书记张正华陪同。

9月6日 市人大常委会副主任滕家腾、秘书长叶守民率市社会治安综合治理及创安工作检查组在响水检查指导工作。副县长沈和汇报响水综合治理工作。县领导于海波、丁茂林、陈培岭参加座谈会。

9 月 7 日 县委常委(扩大)会议召开。县委书记周德祥主持会议并传达盐城市第四次党代会精神。县四套班子领导及县相关部门负责人出席。

△ 副县长陆静林率团参加 2001 年盐城(厦门)投资说明会及第五届厦洽会。

9 月 10 日 响水县举行教师节庆祝大会暨省电力公司捐赠助学资金仪式。市委副书记冯永农,省电力总公司总经理徐松达,县委书记周德祥等出席。

△ 响水县纪律检查委员会被省委、省政府表彰为全省纪检监察先进集体。

9 月 12 日 县龙达公司企业产权制度改革方案出台。

9 月 14 日 市委书记张九汉、市长陶培荣、市委副书记冯永农在响水观摩张集乡 1 万锭超细柔腈纶针织绒项目、盐城融凡针织有限公司、双港水羊醛化工项目等。县领导周德祥、于海波、王万金等陪同。

9 月 17 日 全县政协、统战工作会议召开。县委书记周德祥到会讲话。县委副书记张正华主持会议。县领导于海波、王万金、高兆顶、季德荣、邓锦东、杨毅坚、卜曙出席。

△ 全县"二五"依法治县暨"四五"法制宣传教育工作会议召开。县领导周德祥、王万金、张正华、杨毅坚、卜曙等出席。

9 月 19 日 市委副书记冯永农一行在响水察看小尖镇浅水藕基地、老舍乡扁豆生产基地。县委书记周德祥、副书记高兆顶陪同。

△ 省气象局副局长卞光辉在响水视察帮扶项目。县委副书记张正华陪同。

9 月 20 日 投资 3000 万元的盐城苏源豪威富铜业有限公司在响水镇动工。

9 月 21 日 中国福保基金会向县医院捐赠上消化道肿瘤筛查药具仪式在县医院举行。

9 月 24 日 省道 307 响水段改造二期工程开工。县委书记周德祥出席开工仪式并讲话。县委副书记葛平主持开工仪式。

9 月 26 日 响水县举行县水务局揭牌暨地面水厂奠基仪式。省水利厅副厅长徐俊仁、省滩涂开发局副局长张秀长应邀出席仪式。县委书记周德祥、县长朱斌分别致辞。

9 月 26 ~ 27 日 县六届人大常委会第 31 次会议召开。会议听取和审议县人民政府关于贯彻落实省委、省政府《关于加快发展私营经济的意见》等情况的汇报。县人大常委会主任于海波,副主任周桂玉、丁茂林、陈培岭、林启俊及全体委员出席会议。副县长杨毅坚、沈和,县人民法院院长李银芳,县人民检察院检察长庄严阳列席会议。

9 月 27 日 县委常委(扩大)会议召开。会议组织学习中共十五届六中全会公报。县委书记周德祥主持会议。

9 月 30 日 县委召开会议传达学习省委九届 14 次全体(扩大)会议精神。县委书记周德祥主持会议。县委副书记高兆顶宣读《中共中央关于加强和改进党的作风建设的决定》。县四套班子领导及县相关部门负责人出席。

10 月 14 日 小尖玉龙纺织厂发生火灾,经济损失达 15 万元。

10 月 15 ~ 17 日 响水县组团参加盐城(香港)经贸洽谈会。

10 月 26 日 县委七届二次全体(扩大)会议召开。县委书记周德祥作《认真贯彻六中全会精神、加强和改进党的作风建设,全力推进响水经济大发展快发展》的报告。县长朱斌到会讲话。

△ 响水县设分会场收听收看全国、省、市先后召开的农村“三个代表”重要思想学习教育工作电视电话会议。县委书记周德祥出席分会场会议并讲话。县领导朱斌、高兆顶、季德荣、邵礼青及县相关部门负责人出席分会场会议。

△ 中共响水县纪律检查委员会第二次全体会议召开。会议审议通过周兆杉代表县纪委所作的工作报告。

△ 响水县“县城烟尘控制区建设”通过市环境委员会验收。

10月29～31日 副县长陆静林率团参加盐城市(常州)农产品展销会。

10月30日 全县企业军转干部工作会议召开。县委常委、常务副县长杨毅坚到会讲话。

10月31日 县委常委、常务副县长杨毅坚带领有关乡镇负责人在苏南等地洽谈引资项目。

11月1日 响水县设分会场收听收看国务院召开的全国严厉打击传销、整顿和规范建筑市场、强化税收征管电视电话会议。副县长沈和出席分会场会议并讲话。

△ 副市长徐昆荣在响水检查指导工作。副县长陆静林陪同。

11月2日 响水县召开乡镇人大、村委会换届选举工作会议。县委书记周德祥到会讲话。县领导于海波、季德荣、邵礼青、丁茂林、沈康生、岳效飞及各乡镇、县各部委办局负责人出席。

△ 市委常委、组织部部长赵鹏在响水检查指导企业党建工作。县领导周德祥、葛平、季德荣陪同。

11月3日 副县长沈和率有关部门、乡镇及企业负责人参加“盐城市——东南大学科技成果展示交易会”。

11月7日 省供销社副主任方玉在响水检查指导为农服务工作。县领导朱斌、杨毅坚等陪同。

11月8日 陈家港化工园区推介会在常州举行。县委副书记葛平致辞。副县长沈和主持推介会。县工商、环保等部门负责人及30多位上海、常州等地客商出席。

11月9日 响水县举行盐城市响水药品监督管理局成立暨揭牌仪式。县委副书记张正华主持仪式。

11月14日 省公路局局长王永安在响水检查指导204国道响水段文明创建工作。市交通局局长刘长清,县领导周德祥、朱斌陪同。

△ 204国道小尖段发生重大交通事故,造成2人死亡,9人受伤。县领导周德祥、朱斌、杨毅坚到现场指挥抢救工作。

11月16日 县委召开会议,传达贯彻省第十次党代会精神。县委书记周德祥到会讲话。县领导于海波、王万金、张正华、高兆顶、葛平、季德荣、邓锦东、杨毅坚、周兆杉、邵礼青、景步恒及各乡镇、县各部委办局负责人出席。

11月18日 县工商联合会第三届委员会召开。县委书记周德祥到会讲话。县政协副主席、工商联会长史春耕作工作报告。市、县领导王传定、曾金钟、周德祥、于海波、王万金、张正华、季德荣、沈和、卜曙出席。

△ 响水浅水藕科技示范园通过省级验收。

11 月 20 日 响水在江阴举办双港化工园区推介会。县领导葛平、邓锦东、陆静林出席。

11 月 22 日 全县公开选拔领导干部动员大会召开。县委书记周德祥到会讲话。县委副书记张正华主持会议。县委常委、组织部部长季德荣宣读《响水县公开选拔部分副科级领导干部简章》。

11 月 25 ~ 27 日 副县长陈明参加 2001 年盐城上海农副新产品展示展销会。

11 月 26 日 全县乡镇事业单位机构改革动员大会召开。县委书记周德祥到会讲话。县长朱斌作动员报告。

12 月 4 日 省级机关工委书记刑春宁、副书记顾耀昌一行在响水调研扶贫促小康工作。

△ 市人大常委会副主任刘万琳、副市长徐恒菊、市政协副主席洪家壁等市领导在响水检查指导农村卫生工作。县领导周德祥、杨毅坚、林启俊、沈康生、陈苏红陪同。

12 月 6 日 响水县 2001 年定兵工作会议召开。县领导朱斌、杨毅坚、景步恒出席。

12 月 11 日 全县献爱心、送温暖活动动员会议召开。会议决定建立县捐赠站,与民政局合署办公。

12 月 13 日 县委学习中心组召开会议,集中学习《公民道德建设实施纲要》和中央经济工作会议精神。县委书记周德祥主持会议。

12 月 14 日 响水县冬泳队参加湖北宜昌市举办的全国冬季横渡长江游泳赛载誉而归。18 名选手全部横渡成功,3 人获得名次。

12 月 15 日 全县村居和乡镇站所"三个代表"学教活动动员大会召开。县委书记周德祥到会讲话。县委副书记张正华主持会议。县领导季德荣、邓锦东、邵礼青出席会议。

12 月 19 日 响水中学被国家体育总局授予"全国群众体育先进单位"。

12 月 22 日 县人大常委会设立 20 周年庆祝大会暨理论研究会年会召开。县委书记周德祥到会讲话。县领导于海波、张正华、杨毅坚、周桂玉、丁茂林、岳效飞、陈培岭、林启俊出席。

△ 江苏工人报社、金陵制药厂向响水县贫困职工捐赠慰问活动在响水举行。

12 月 23 日 市、县联动公开选拔领导干部考试在响水举行。151 人参加考试。

12 月 24 日 县委召开会议,传达全省经济工作会议精神。县委书记周德祥、县长朱斌分别传达相关会议精神。于海波、王万金等县四套班子领导及各乡镇、县各部委办局负责人出席。

12 月 28 日 县科学技术协会第四次代表大会召开。县领导周德祥、朱斌、张正华、季德荣等出席。市科协副主席周富春到会祝贺。

12 月 31 日 全县村居和乡镇站所"三个代表"重要思想学习教育活动转段工作会议召开。县委书记周德祥到会讲话。县委副书记张正华主持会议。

△ 全县中低产田改造暨农村财务"双清"工作会议召开。县长朱斌到会讲话。县委副书记高兆顶提要求。县领导周兆杉、陈明出席。

2002 年

1 月 5 ~6 日　全县乡镇新一届人民代表大会在各乡镇相继召开。会议听取和审议各乡镇人民政府工作报告、乡镇人民代表大会工作报告；审议和批准 2001 年乡镇财政预算执行情况和 2002 年预算草案的报告。大会选举产生新一届各乡镇国家机关领导成员。

1 月 10 日　2002 年响水（福州）投资环境推介会在福建省福州市召开。福建省军区司令员张鹤田少将，新西兰和中国香港客商出席。

1 月 11 日　省人大常委会副主任柏苏宁一行在响水考察村民自治情况。县长朱斌汇报相关工作。县领导于海波、张正华、丁茂林、陈明等陪同。

1 月 15 日　市委副书记冯永农率市计划生育考核组在响水考核全县计划生育工作。县领导周德祥、朱斌、张正华、沈康生陪同。

1 月 17 日　县委七届三次全体（扩大）会议召开。县委书记周德祥作《经济增幅超全市、争创苏北新位次，为实现响水经济的快发展大发展而努力奋斗》的报告。县领导朱斌、张正华、高兆顶、葛平、季德荣、邓锦东、周兆杉、邵礼青、景步恒等出席。

1 月 21 ~23 日　县政协六届五次会议召开。会议通过中国人民政治协商会议响水县第六届委员会第五次会议政治决议和政协响水县第六届委员会提案审查委员会关于六届五次会议提案审查情况的报告。县政协主席王万金主持会议。副主席吴晓、史春耕、陈苏红、李刚、卜曙出席会议。县领导周德祥、朱斌、于海波、张正华、高兆顶、葛平、季德荣、杨毅坚、周兆杉、邵礼青、景步恒等应邀出席。

1 月 21 ~24 日　县六届人大五次会议召开。会议审议并通过响水县人民政府工作报告，关于响水县 2001 年国民经济、社会发展计划执行情况和 2002 年国民经济、社会发展计划草案的报告，关于响水县 2001 年财政预算执行情况和 2002 年财政预算草案的报告。会议增选蔺盛冬为县六届人大常委会副主任。县领导周德祥、朱斌、于海波、张玉宽、张正华、高兆顶、葛平、季德荣、周桂玉、丁茂林、岳效飞、陈培岭、林启俊、龚亦群等出席。

1 月 23 日　副省长姜永荣在响水慰问困难群众。县领导周德祥、朱斌、于海波、高兆顶、陈明等陪同。

1 月 26 日　县政府六届九次会议召开。县长朱斌到会讲话。县委常委、常务副县长杨毅坚主持会议。副县长陈明、陆静林、杨海斌及县政府全体成员出席。

△　全县林业发展广播动员大会召开。县委书记周德祥作动员讲话。县领导朱斌、于海波、高兆顶、邵礼青、陈明、李刚及各乡镇、县各部门负责人出席。

1 月 29 日　全县工业经济工作会议召开。县领导朱斌、葛平、陆静林、杨海斌到会讲话。

2 月 1 日 中国红十字会副会长孙爱明在响水开展“博爱送万家”活动,向 250 户遭灾户、250 名孤儿捐赠人民币 10 万元。省红十字会副会长吴锡军,市红十字会会长谷容先,县领导周德祥、于海波、沈康生、陈苏红等参加。

2 月 3 日 市长陶培荣在响水慰问困难群众。市、县领导于利中、袁世珠、刘鉴康、洪家璧、周德祥、朱斌、高兆顶、蔺盛冬、陈明、杨海斌陪同。

2 月 6 日 响水县举行各界人士迎新春茶话会。县委书记周德祥到会讲话。县长朱斌主持茶话会。于海波、王万金等县四套班子领导出席。

2 月 7 日 县委常委(扩大)会议召开。县委书记周德祥主持会议并讲话。朱斌、王万金、张正华、葛平等在响水的县四套班子领导出席。

2 月 19 日 全县党政主要负责人会议召开。县委书记周德祥到会讲话。县长朱斌主持会议。于海波、张正华、高兆顶、季德荣、邓锦东、周兆杉、邵礼青、景步恒等县四套班子领导出席。

2 月 21 日 市长陶培荣在响水检查指导工作。县领导周德祥、于海波、高兆顶、杨毅坚等陪同。

2 月 22 日 县委书记周德祥主持召开县委常委(扩大)会议。会议传达学习省委书记回良玉、省长季允石在张家港调研时的讲话精神。

2 月 26 日 响水镇与上海泰日针织服装厂签订合同,合作兴建投资 3000 万元的盐城泰日实业有限公司。县领导周德祥、朱斌、葛平、杨毅坚、陆静林出席签约仪式。

2 月 28 日 中共响水县纪委第三次全体(扩大)会议召开。县委书记周德祥到会讲话。县委常委、纪委书记周兆杉作工作报告。县领导朱斌、张正华、高兆顶、葛平、季德荣、邓锦东、杨毅坚、邵礼青等出席。

△ 全县计划生育工作会议召开。县委书记周德祥到会讲话。县长朱斌与各乡镇及县相关部门负责人签订责任状。

3 月 6 日 响水县举行市委第七批驻响水扶贫促小康工作队欢迎会。县委书记周德祥致辞。县长朱斌主持。县领导于海波、王万金、高兆顶、季德荣、邓锦东、陈培岭、倪锡林、李刚等出席。

3 月 7 日 全县农村工作会议召开。县委书记周德祥到会讲话。县长朱斌提要求。县委副书记高兆顶作工作报告。县领导陈培岭、倪锡林、李刚出席。

3 月 8 日 全县项目突破年暨百日招商活动动员会议召开。县委书记周德祥到会讲话。县长朱斌作动员报告。于海波等县四套班子领导及各乡镇、县各部委办局负责人出席。

△ 全县妇女第六次代表大会召开。县委书记周德祥到会讲话。县领导朱斌、于海波出席。

3 月 12 日 周德祥、朱斌、王万金等县四套班子领导及县相关部门负责人观摩绿化造林现场并参加义务植树活动。

3 月 14 日 六合县考察团在响水考察投资软环境建设情况。县领导季德荣、杨毅坚、周兆杉、陆静林等陪同并介绍响水投资软环境建设情况。

3 月 16 日 全县“爱心助学”活动动员大会召开。县委副书记张正华到会讲话。副县长沈康生主持会议。县领导季德荣、林启俊、陈苏红出席。

3月17~23日　响水县举办2002年江苏响水(威海)经贸洽谈会。47名韩国客商参加洽谈会,签订合作项目14个,投资总额580万美元。

3月19日　响水县"千株大树进县城"绿化工程启动。

3月21日　省人大常委会副主任曹鸿鸣在响水视察指导工作。市委书记张九汉、市委常委、秘书长林成立,县领导周德祥、朱斌、于海波、杨海斌、倪锡林等陪同。

△　市政协副主席孙锡初、洪家璧在响水检查省、市政协会议贯彻落实情况。县政协主席王万金、县委副书记张正华分别汇报相关情况。

3月22日　全县组织工作会议召开。县委书记周德祥到会讲话。县委副书记张正华主持会议。县领导季德荣、邓锦东、沈康生出席。

3月26日　县六届人大常委会第37次会议召开。会议听取关于《中华人民共和国森林法》《中华人民共和国科学技术进步法》贯彻实施情况的汇报;听取县人民法院关于民事审判情况的汇报。会议讨论并通过县六届人大常委会作出的关于"二五"依法治县的决议和《关于加强县人大代表工作的决定》。县人大常委会主任于海波,副主任周桂玉、丁茂林、岳效飞、陈培岭、林启俊、蔺盛冬及委员出席会议。副县长陆静林,县人民检察院检察长庄严阳,县人民法院副院长梅大铨及有关部门负责人列席会议。

3月28日　老舍乡9个引资项目集中签约。县领导周德祥、朱斌、于海波、王万金、陈培岭等出席仪式。

3月31日　全县扶贫促小康工作会议召开。县委书记周德祥到会讲话。县领导高兆顶、季德荣、邓锦东、邵礼青、陈培岭、倪锡林、李刚等出席。

4月2日　县委常委(扩大)会议召开。县委书记周德祥主持会议并讲话。在响水的县四套班子领导及县相关部门主要负责人出席。

△　副市长徐恒菊在响水视察指导工作。县领导周德祥、季德荣陪同。

4月4日　县委书记周德祥主持召开全县化解村级债务座谈会。

4月4~8日　副县长陆静林率县相关部门、部分乡镇及企业负责人参加西安"中西部合作暨经济贸易洽谈会"。

4月9日　县长朱斌率党政代表团在常州市郊区考察学习。并与郊区区长严国强商洽南北挂钩合作等有关事项。

4月10日　全县一季度经济工作汇报会召开。县委书记周德祥主持会议并讲话。朱斌、于海波、王万金、张正华、高兆顶、葛平、邓锦东、杨毅坚、周兆杉、邵礼青等在响水的县四套班子领导出席。

△　美国加州国际咨询公司总裁 Mang—Feng 在响水考察教育工作。副县长沈康生陪同。

△　市人大常委会副主任郭建生一行在响水检查《会计法》实施情况。县领导杨毅坚等陪同。

4月12日　省滩涂开发局局长缪瑞林在响水调研。副市长俞军、副县长陈明陪同。

△　全县加快畜牧业发展工作会议召开。副市长俞军到会讲话。县委副书记高兆顶作动员部署。副县长倪锡林主持会议。县领导陈培岭、李刚出席。

4 月 16 日　市扶贫办在响水召开 2002 年小尖镇市扶贫项目会办会。市委常委、组织部部长赵鹏，市交通局局长刘长青，市扶贫办副主任赵满生，县领导张正华、季德荣等出席。

4 月 17 日　副省长姜永荣在响水检查植树造林情况。副市长俞军，县委书记周德祥等陪同。

4 月 18 日　响水县关心下一代工作委员会成立十周年暨第三次表彰大会召开。县委书记周德祥到会讲话。县领导张正华、林启俊、沈康生、陈苏红等出席。

4 月 19 日　响水县举行江苏亚邦集团公司收购响水县爱普森公司签约仪式。县领导周德祥、朱斌等出席。

4 月 23 日　市委书记张九汉在响水视察响中、龙达集团公司和金利源木业公司。县委书记周德祥等陪同。

4 月 26 日　响水县设分会场收听收看国务院完善农村义务教育管理体制电视电话会议。县长朱斌出席分会场会议并提要求。县领导杨毅坚、沈康生及县相关部门负责人出席。

4 月 27 日　县委书记周德祥主持召开县委常委（扩大）会。会议学习市委书记张九汉视察响水时的讲话精神。

4 月 28 日　响水县举行 2002 年江苏响水招商引资集中签约仪式。县领导周德祥、朱斌、张正华、高兆顶、杨毅坚、陆静林等出席。

4 月 29 日　市人大常委会副主任刘鉴康视察响水城市防洪工作。县领导于海波、杨毅坚、岳效飞、陈培岭陪同。

△　响水县举行集会庆祝“五一”国际劳动节。县领导张正华、周桂玉、陆静林、卜曙出席。

4 月 30 日　共青团响水县委第七次代表大会召开。县委书记周德祥到会讲话。团市委书记陈红红到会祝贺。县领导朱斌、于海波、王万金、张正华、季德荣出席。

5 月 6 日　响水县举办科级干部入世知识培训班。县委书记周德祥、县长朱斌主持培训。县委常委、纪委书记周兆杉对在全县开展“请人民评议、让人民满意”活动进行动员。

5 月 8 日　县六届人大常委会第 39 次会议召开。会议通过关于邵礼青、沈和的任免事项：邵礼青任县人民政府副县长，免去沈和县人民政府副县长职务。

5 月 10 日　全县农村“三个代表”重要思想学习教育活动总结大会召开。县委书记周德祥到会讲话。县委副书记张正华主持会议。朱斌、于海波、王万金、季德荣、邓锦东、杨毅坚、周兆杉、孙佑兵等在响水的县四套班子领导出席。

5 月 14 日　响水县设分会场收听收看国家、省、市先后召开的安全生产电视电话会议。县长朱斌出席分会场会议并讲话。

5 月 17 日　全县城镇建设和国土管理工作会议召开。县委书记周德祥、县长朱斌分别讲话。县领导于海波、王万金、张正华、周兆杉、孙佑兵、陈明等出席。

5 月 18 日　响水县首届城市土地招商会议召开。县委书记周德祥致辞。县长朱斌主持会议。县领导林启俊、陈明、史春耕及香港、北京、浙江等地 60 多名客商出席。

5 月 21 日　响水县首部综合年鉴——《响水年鉴（1988 ~ 1999）》出版发行。

5月24日 响水县大有镇康庄村党总支书记陆伟被表彰为“市十大杰出青年”。江苏金兰集团总经理、党委书记李德华被表彰为“十大杰出青年企业家”。

5月25日 响水县召开推进响水跨越发展广播动员大会。县委书记周德祥作动员报告。县委副书记高兆顶主持会议。于海波、王万金、张正华、顾志强、邓锦东、杨毅坚、周兆杉、孙佑兵等县四套班子领导出席。各乡镇区设分会场收听会议。

5月27日 全县防汛防旱工作会议召开。县长朱斌到会讲话。县领导高兆顶、陈培岭、邵礼青、李刚等出席。

5月29～30日 县六届人大常委会第40次会议召开。会议听取和审议《关于2001年县本级财政决算草案的报告》,听取《关于2001年县本级预算执行和其他财政收支情况的审计工作报告》。县人大常委会主任于海波,副主任周桂玉、丁茂林、岳效飞、陈培岭、林启俊、蔺盛冬及委员出席会议。县委常委、常务副县长杨毅坚及县法院、检察院等有关部门负责人列席会议。

5月31日 县委书记周德祥主持召开县委常委(扩大)会议。县四套班子领导及县法院,县委办、政府办负责人等参加。

6月4日 全县县直机关招商引资情况汇报会召开。县长朱斌到会讲话。县委副书记张正华主持会议。县领导于海波、王万金出席。

6月5日 响水县设分会场收听收看中央、省、市领导干部学法用法电视电话会议。县委副书记、政法委书记张正华出席分会场会议并讲话。

6月8日 陈家港化工园区举行开园仪式。县委书记周德祥、县长朱斌出席仪式并讲话。县领导于海波、张正华、高兆顶、季德荣、邓锦东、杨毅坚、周兆杉、孙佑兵、蔺盛冬、杨海斌、吴晓出席。

6月9日 响水镇举行签约仪式,签订总投资额达3.9亿元。市委副书记计高成,县领导周德祥、朱斌、季德荣、杨毅坚、周桂玉、陆静林、吴晓出席。

△ 市农林局局长茆训东在响水考察工作。县领导朱斌、高兆顶、倪锡林、邵礼青陪同。

6月10日 全县双拥工作会议召开。县委书记周德祥到会讲话。县领导张正华、丁茂林、邵礼青、李刚,市民政局副局长石爱卿等出席。

6月13日 响水县举行振海船舶修造厂自选设计制造的800吨钢质货机船下水仪式。这是响水境内制造的第一艘大吨位船舶。

△ 市计委主任王家东带领处(室)以上负责人现场会办响水县跨越发展工作。县长朱斌汇报相关工作。

6月21日 县城市容环境综合治理动员会议召开。县长朱斌到会讲话。县领导杨毅坚、丁茂林、史春耕出席。

6月27日 全县庆祝建党81周年纪念大会召开。县委书记周德祥到会讲话。县领导于海波、朱斌、张正华、季德荣、杨毅坚、周兆杉、王正方等出席。

△ 省农林厅副厅长张留芳带领省农村劳务输出调研组在响水调研劳务输出工作。县领导周德祥、高兆顶、倪锡林等陪同。

6月29日 全县项目观摩座谈会召开。县委书记周德祥到会讲话。县领导朱斌、于海波出席。

6 月 30 日 县委书记周德祥率县四套班子、各乡镇、县直相关单位负责人在苏州、昆山、江宁等地进行为期 3 天的考察学习。

7 月 3 日 省委副秘书长、扶贫办主任李继平在响水检查指导扶贫促小康工作。县领导张正华、高兆顶,省扶促队长顾志强等陪同。

7 月 6 日 省高级人民法院副院长丁巧仁、市中级人民法院院长郑齐祥视察响水县人民法院,并专题调研法院审判工作、基础设施建设。县领导朱斌、于海波、张正华等陪同。

7 月 11 日 全市计划生育工作重点管理乡镇党委书记座谈会在响水召开。副市长徐恒菊到会讲话。县委书记周德祥作大会发言。市计生委主任夏益和通报全市计生工作情况。

△ 市卫生局局长李学义、副局长徐爱民、谷瑞先率各处(室)、市一院、二院、四院、中医院、妇幼保健院负责人在响水召开帮扶响水卫生事业跨越发展现场会办会。县领导周德祥、高兆顶、沈康生等出席。

7 月 12 日 响水中学成为全国首个获准发行个性化邮票的中学。

7 月 12 ~ 18 日 县城德路桥西 100 米处灌河堤先后发生 4 次崩塌。12 日晨 5 时 30 分首次崩塌 30 米长、4 米宽、5 米深的陡坎,此后又发生 3 次崩塌,面积达 4350 平方米。险情发生后,省、市、县水利专家汇集灌河堤,测量、察看、分析、会商造成灌河堤段崩塌原因,通过采取抛石固基、卸载减荷、打桩防滑、筑堤防护、拆迁居民等综合措施,经 7 天艰苦奋战,终于控制险情。

7 月 14 日 市委书记张九汉率出席市委工作会议的市四套班子、各县(市、区)、市直各单位负责人观摩响水融凡公司、题桥项目建设现场、老舍乡万亩红镶边绿扁豆生产基地。

7 月 15 ~ 16 日 200 多条鲸鱼顺潮而上,至双港闸后回游入海。2002 年 4 月初,鲸鱼群顺潮而上,第一次游过灌河大桥,并进入人工河——通榆河。一年两次顺潮而上实属罕见。

7 月 16 日 江苏题桥纺织制衣有限公司举行奠基典礼。市委副书记计高成,县委书记周德祥分别致辞。县长朱斌主持仪式。

7 月 17 日 县委书记周德祥主持召开县委常委(扩大)会议。会议传达市委工作会议精神。朱斌、于海波等县四套班子领导出席。

7 月 19 日 县六届人大常委会第 41 次会议召开。会议听取和审议关于全县上半年经济工作、财政工作和社会事业发展情况的汇报;听取和审议县人民政府关于代表建议办理情况的汇报;听取县人民政府关于 2001 年度县本级财政决算的审议意见落实情况的汇报。会议通过相关人事任免。

7 月 20 日 县委工作会议召开。县委书记周德祥作主题报告。县委副书记、县长朱斌作总结讲话。县委副书记张正华主持会议。县领导高兆顶、顾志强、季德荣、邓锦东、杨毅坚、周兆杉、孙佑兵、王正方、李国庆、蒋华平出席。

7 月 21 ~ 25 日 21 日,响水县灌河堤段发生塌陷。副县长邵礼青现场指挥抢险工作。朱斌、季德荣、陈明、陆静林、杨海斌等县四套班子领导先后在抢险现场慰问工作人员。

7月25日 县政府六届十次全体(扩大)会议召开。县长朱斌到会讲话。县委常委、常务副县长杨毅坚主持会议。副县长陈明、陆静林、沈康生、杨海斌、邵礼青出席。

7月26日 响水县召开会议部署防台防汛工作。县委副书记张正华主持会议。县领导邓锦东、杨毅坚、周兆杉、王正方、李国庆、陈培岭、陈明、沈康生、邵礼青、吴晓等出席。

7月27日 响水县举行总投资5000万元的宝龙万锭棉纺制衣项目签约仪式。县领导季德荣、陆静林及相关部门负责人出席。

7月29日 县政协六届21次常委会会议召开。会议听取并讨论县政府上半年全县经济社会发展情况及下半年工作打算。县政协副主席吴晓、史春耕、陈苏红、李刚及政协常委出席会议。副县长沈康生受县政府委托作情况通报。

7月31日 响水县召开党政军"八一"座谈会。县委书记周德祥,县委常委、人武部部长李国庆出席会议并讲话。副县长邵礼青主持会议。县领导丁茂林、吴晓、王加兵出席。

8月1日 据市招生办统计,响水中学2002年高考公办本科上线人数427人,比上年增加74人。

8月3日 全县领导干部大会召开。县委书记周德祥到会讲话。县长朱斌主持会议。县四套班子全体领导及各乡镇、县各部委办局负责人出席。

△ 全县秋熟超产工作会议召开。县长朱斌到会讲话。县委副书记高兆顶作动员讲话。副县长邵礼青主持会议。

△ 全县中小学布局调整暨危房改造工作会议召开。县长朱斌到会讲话。县委副书记张正华主持会议。副县长沈康生及各乡镇、县相关部门负责人出席。

8月6日 全县招商引资广播动员大会召开。县委书记周德祥到会讲话。县长朱斌主持会议。张正华、高兆顶、季德荣、周兆杉、王正方等在响水的县四套班子领导出席。

8月9日 全县国有粮食购销企业改革动员会议召开。县领导高兆顶、杨毅坚、陆静林、李刚出席。杨毅坚作动员讲话。

8月10日 副市长俞军率市农林、水务、交通等部门负责人在响水视察林浆纸项目和海堤公路建设情况。周德祥、朱斌、高兆顶、陈明、倪锡林等陪同。

8月14日 市人大常委会副主任刘鉴康率市农林、渔业等部门负责人在响水调研沿海开发工作。周德祥、于海波、杨毅坚、陈培岭等陪同。

8月16日 国家老龄委办公室副主任白桦在响水调研黄圩镇"五保"老人供养工作情况。

8月19日 香港万禾国际贸易有限公司投资1200万美元的江苏万禾生物工程有限公司落户开发区。江阴客商袁建民投资1.1亿元人民币的超晨化工有限公司落户双港镇。

8月19~20日 国家环保总局南京环境工程咨询中心组织专家组在响水对陈家港化工园区进行环境技术评审。

8月22日 全县创建文明国道活动督查会办会召开。县长朱斌到会讲话。副县长陈明主持会议。

8月24日 响水县设分会场收听收看市控减农民负担电视电话会议。县委书记周德祥出席分会场会议并讲话。县领导高兆顶、陈明、杨海斌及各乡镇、县直相关部门负责人出席分会场会议。

△ 响水县举行苏308公路响水段改造工程开工典礼。县领导周德祥、于海波、陈明、吴晓等出席典礼并剪彩。

8月25日 响水县在上海召开招商引资汇报会。县领导朱斌、季德荣、杨毅坚出席。

8月26日 县委书记周德祥主持召开县委常委(扩大)会议。县委副书记张正华,县委常委、宣传部部长邓锦东分别传达省有关文件精神。在响水的县四套班子领导及县相关部门负责人出席。

8月28日 2002年江苏响水农业项目推介会暨投资项目举行集中签约仪式。县委书记周德祥到会讲话。县长朱斌致辞。县委副书记高兆顶主持仪式。推介会签订34个项目,总投资12.2亿元。

8月29日 县委书记周德祥、县长朱斌率党政代表团50多人在常州市钟楼区参观学习,并与钟楼区签订合作协议。

9月1~3日 中央电视台"夕阳红"栏目记者在响水拍摄"五保"老人供养情况。

9月4日 灌云县委书记秦凯华、县长尹哲强率党政代表团参观学习响水招商引资工作成果与经验。县领导周德祥、于海波、季德荣、陆静林、杨海斌、吴晓等陪同。

9月6日 江苏题桥纺织制衣有限公司举行厂房建设开工典礼。县委书记周德祥致辞。县长朱斌主持仪式。县领导于海波、季德荣、杨毅坚、蔺盛冬、杨海斌、吴晓出席。

△ 青海省优秀企业、优秀企业家评选揭晓,响水与青海合办的苏青氯酸盐有限公司及公司总经理马成华入选。

9月8~11日 县委副书记季德荣率团参加在厦门举办的第六届中国投资贸易洽谈会。洽谈会签订4个协议,总投资1275万美元。

9月10日 响水县召开庆祝第18个教师节暨爱心助学大会。县委书记周德祥到会讲话。县长朱斌致辞。县委副书记张正华主持会议。县领导林启俊、沈康生、吴晓出席会议。江苏电力集团向响水县捐赠20万元爱心助学资金。

9月12日 全县6个"春蕾班"全部开班,300名贫困儿童免费就读。省少年儿童福利基金会会长凌启鸿,市委书记张九汉,省级机关工委副书记王晓明,市委常委、秘书长林成立,市人大常委会副主任滕加腾,省儿童少年宫福利会副会长秦素萍,县领导周德祥、朱斌、顾志强、王正方、周桂玉等参加七套乡中心小学"省级机关工委春蕾班"揭牌仪式。

9月14日 江苏省原省委书记韩培信在响水考察指导工作。市委副书记冯永农,县委书记周德祥陪同。

9月16日 县委常委(扩大)会议召开。会议传达全市领导干部大会精神。县委书记周德祥主持会议。县四套班子领导及县相关部门负责人出席。

△ 县长朱斌主持召开县长办公会议,专题讨论县六届政府工作总结。副县长杨毅坚、陈明、陆静林、沈康生、杨海斌、倪锡林出席。

9月17日 县六届人大常委会第42次会议召开。会议听取和审议县政府关于控减农民负担、《公路法》贯彻实施、县检察院关于批捕起诉工作等情况的汇报。会议审议并通过响水县第七届人大代表名额分配方案,进行有关人事任免。

9月18日 县委书记周德祥主持召开县委常委会。会议传达全市信访工作会议精神。朱斌、张正华、高兆顶、季德荣、邓锦东、杨毅坚、周兆杉、王正方、孙佑兵出席会议。县领导于海波、陆静林、吴晓及县相关部门负责人列席会议。

9月19日 全县信访工作会议召开。县委书记周德祥到会讲话。县长朱斌主持会议。县四套班子领导，各乡镇、县直各单位及县属重点企业负责人出席。

9月20日 全县首家旅行社——盐城中国青年旅行社响水分社挂牌成立。

9月23日 响水县组织部分驻城老干部参观部分项目建设现场，并召开座谈会。县领导周德祥、朱斌、于海波、张正华、杨毅坚、王正方、吴晓等陪同并出席。

9月25日 全县领导干部大会召开。县委书记周德祥到会讲话。县长朱斌主持会议。县委副书记张正华传达全市领导干部会议精神。在响水的县四套班子领导，县委委员，纪委委员及各乡镇、各部委办局、县直属单位主要负责人出席。

△ 响水县召开连盐高速公路响水段初步设计工作协调会。县长朱斌、副县长陈明及有关乡镇、单位负责人出席。

△ 响水县设分会场收听收看国家省、市先后召开的安全生产电视电话会议。县委副书记季德荣出席分会场会议并提要求。

9月28日 响水县举行2002年江苏响水农业项目推介会暨投资项目集中签约仪式。100多名海内外客商应邀出席会议。县委书记周德祥到会讲话。县长朱斌致辞。县委副书记高兆顶主持仪式。

10月1日 县领导周德祥、高兆顶、邵礼青及县相关部门负责人在海堤加固工程现场，慰问一线工人。

10月1~3日 响水中学举办建校50周年庆祝活动。参加校庆活动的响中校友：南京军区参谋长朱文泉中将及夫人、江西省军区副司令员季崇武少将及夫人、原国家教委副主任柳斌、原中国人民大学党委书记马绍贵、国家计生委信息中心高级工程师曹伟章、原省农业资源开发局局长王清、南京艺术学院原党委副书记郭殿崇等，市县领导：陶培荣、徐恒菊、唐卫平、刘振平、周德祥、朱斌、于海波、张正华、吴晓等，邻县和本县祝贺的单位代表、老干部代表，曾在和正在响中工作的教职工、在校学生共近8000人参加庆祝活动。

10月8日 县长朱斌、副县长邵礼青及县相关部门负责人检查指导海堤达标创建工作。

△ 王振东在响水县首次成功试养史氏鲟，填补盐城市水产养殖空白。史氏鲟为国家二级保护动物。

10月11日 省国信资产管理集团公司董事长徐建明一行在响水察看扶贫项目。市委、市政府副秘书长江士荣，县领导高兆顶、顾志强、王正方等陪同。

10月13日 上海福盈纺织染整有限公司总经理于来在响水与黄圩镇党委书记顾品仁签订投资1亿元的纺织染整项目。

10月15日 全县征兵工作会议召开。县领导朱斌、杨毅坚、李国庆到会讲话。

10月18日 县委书记周德祥主持召开县委常委（扩大）会，传达省、市有关会议精神。朱斌、季德荣、杨毅坚等县四套班子领导出席。

10月21日 响水县举行县人民医院门诊楼奠基仪式。县领导周德祥、于海波、张正华、沈康生、陈苏红及县相关部门负责人出席。

10月22日 全县宣传工作暨文明创建工作表彰会议召开。县委书记周德祥到会讲话。县委常委、宣传部部长邓锦东主持会议。县领导于海波、张正华、高兆顶、季德荣、周兆杉、杨毅坚、李国庆等出席。

10月25日 县人大换届选举工作会议召开。县委书记周德祥到会讲话。县长朱斌主持会议。县人大常委会主任于海波部署换届选举工作。县领导张正华、孙佑兵、岳效飞等出席。

△ 全县再就业工作会议召开。县委书记周德祥、县长朱斌分别讲话。县领导于海波、张正华、季德荣、周兆杉、孙佑兵、吴晓出席。

10月30日 赣榆县县委书记孙荣章、县长吴立生率党政代表团参观学习响水招商引资工作。县领导周德祥、于海波、季德荣、杨毅坚、吴晓等陪同。

11月4日 204国道盐城段创建工作迎查动员会在响水召开。市委常委、常务副市长袁世珠,市交通局局长刘长青,副局长陆元良,县委书记周德祥出席。

11月5日 连云港新浦区区委书记李建平、区长姜洪率考察团考察响水工业经济发展、拓宽招商引资渠道和工业园区建设等工作。县领导周德祥、朱斌、于海波、吴晓陪同。

11月6日 省道307公路响水段改造工程竣工典礼在陈家港举行。县领导周德祥、朱斌、于海波、杨毅坚、陈明、吴晓等出席典礼并剪彩。

11月7日 县委书记周德祥主持召开县委常委(扩大)会。

△ 响水县与扬州大学联办的2002级法学本科班举行开学典礼。扬州大学法学院长周建超,副院长卢彪,县委常委、组织部部长王正方等参加典礼。

11月8日 周德祥、朱斌、于海波、张正华、高兆顶、季德荣等县四套班子领导集中收看中共十六大开幕式。

11月9日 县实验小学举行"北大附小远程教育示范学校"揭牌仪式。北京大学教授蒋其保、县人大常委会副主任丁茂林等出席。

11月10日 连云港市人大常委会副主任、东海县委书记汪建中率党政代表团,考察响水工业经济和招商引资工作。县领导朱斌、于海波、季德荣、卜曙等陪同。

11月12日 省公路局党委书记董文虎一行检查204国道响水段部级文明样板路创建工作。市、县领导袁世珠、朱斌、陈明等陪同。

11月15日 灌南县委书记朱浩率代表团考察响水工业经济发展、拓宽招商引资渠道和工业园区建设等工作。县领导周德祥、于海波、季德荣、杨毅坚、吴晓等陪同。

11月18日 全县项目大突破观摩会召开。县委书记周德祥到会讲话。县长朱斌作报告。县委副书记季德荣主持会议。县领导于海波、张正华、高兆顶、周兆杉、邓锦东、杨毅坚、孙佑兵、王正方、李国庆、吴晓出席。

△ 响水县召开会议传达中共十六大精神。县委书记周德祥到会讲话。县长朱斌主持会议。县领导于海波、张正华、高兆顶、季德荣、周兆杉、邓锦东、杨毅坚、孙佑兵、王正方、李国庆、吴晓出席。

11月22日 市委常委、组织部部长赵鹏率市老干部项目观摩团在响水参观考察。县领导朱斌、张正华、王正方等陪同。

11月29日 县委书记周德祥主持召开县委常委(扩大)会议。会议传达省委十届三次全体会议精神。县领导朱斌、于海波、张正华、高兆顶、季德荣、周兆杉、邓锦东、杨毅坚、孙佑兵、王正方等出席。

11 月 30 日　县委七届四次全体(扩大)会议召开。县委书记周德祥作《深入学习贯彻中共十六大精神,为全面建设小康社会加快推进现代化建设而努力奋斗》报告。县委副书记、县长朱斌主持会议。县领导于海波、张正华、高兆顶、季德荣、周兆杉、邓锦东、杨毅坚、孙佑兵、王正方、李国庆等出席。

12 月 2 日　大有镇举行项目集中奠基开工投产庆典。县领导周德祥、朱斌、于海波、季德荣、陈明、陆静林、吴晓出席。

12 月 4 日　国家交通局公路司副司长李彦武率 204 国道部级文明样板路创建工作验收组检查验收响水创建工作。省交通厅副厅长丁建奇,市委常委、常务副市长袁世珠,县领导周德祥、朱斌、杨毅坚、陈明等陪同。

12 月 5 日　响水县召开冬春水利工作会议。县长朱斌到会讲话。县领导高兆顶、邵礼青、李刚出席。

12 月 10 日　省委中共十六大精神宣讲团在响水作学习中共十六大精神报告。县委书记周德祥主持报告会。县委中心组全体成员,各乡镇、县各部委办局、县各直属单位主要负责人出席。

12 月 12 日　县委书记周德祥主持召开县委常委(扩大)会。会议通报县四套班子有关领导任免情况。

12 月 13 ~ 14 日　常州市钟楼区区委书记沈瑞卿、代区长徐樱率党政代表团考察响水,举行响水县、钟楼区南北挂钩合作座谈会。县领导周德祥、张正华、顾志强、王正方、邵礼青、吴晓等陪同并参加座谈。

12 月 15 ~ 16 日　省红十字会赈济部部长孙仁静率无锡、常州、南通、泰州 4 市红十字会秘书长在响水参观。市红十字会秘书长周维扬、县委副书记周兆杉、副县长陆静林、政协副主席陈苏红等陪同。

12 月 16 日　小尖镇举行项目集中开工仪式。县领导周德祥、朱斌、张正华、季德荣、刘永轩、蔺盛冬、杨海斌、樊玮、吴晓等出席。

12 月 20 ~ 21 日　全县各乡镇、县各企事业单位举行选举。选举县七届人大代表 233 名。

12 月 22 日　响水艾天中英文学校(私立 12 年制)举行开工典礼。县领导周德祥、朱斌、张正华、高兆顶、周兆杉、林启俊、陆静林、杨海斌、卜曙及张雪峰、王伯汉、方松、穆佳鹏等中外嘉宾为学校奠基培土。

12 月 24 日　响水县举行招商引资项目集中签约仪式。140 多名来自韩国和中国台湾、辽宁、浙江、上海、南京等地的中外客商,签订 48 个项目,项目总额达 16.7 亿元。县领导周德祥、朱斌、张正华、高兆顶、季德荣、杨毅坚等出席。

12 月 28 日　县委常委(扩大)会议召开。会议传达学习市委四届五次全体会议精神。县委书记周德祥到会讲话。朱斌、季德荣、周兆杉、杨毅坚、王正方、李国庆、陆道如、陈明、刘永轩、裴彦贵等县四套班子领导,县法院、县检察院及县有关部门负责人出席。

12 月 29 日　响水县召开欢送 2002 年度省委扶促工作队离开响水茶话会。周德祥、朱斌、张正华、杨毅坚、王正方、陈明、陈培岭、邵礼青、李刚等县四套班子领导,工作队全体队员及县相关乡镇、部门主要负责人出席。

2003 年

1 月 3 日 全县领导干部大会召开。县委书记周德祥到会讲话。县长朱斌主持会议。县领导张正华、高兆顶、周兆杉、杨毅坚、王正方、陆道如、陈明、刘永轩、裴彦贵及各乡镇、县相关部门负责人出席。

1 月 5 ~ 8 日 政协响水县第七届代表大会召开。县委书记周德祥到会讲话。县政协主席王万金主持大会。县政协副主席史春耕致开幕词。县政协副主席吴晓作工作报告。大会选举高兆顶为第七届政协主席,吴晓、史春耕、陈苏红、李刚、卜曙为副主席。县领导朱斌、于海波、张正华、顾志强、季德荣、杨毅坚、王正方、陆道如、陈明、刘永轩、裴彦贵等应邀出席。

1 月 6 ~ 9 日 县第七届人民代表大会召开。大会审议并通过县长朱斌所作的政府工作报告;县人大常委会主任于海波所作的六届人大常委会工作报告;县发计委、财政局、法院、检察院负责人所作的工作报告。会议选举张正华为县第七届人大常委会主任,丁茂林、陈培岭、林启俊、蔺盛冬、沈康生等为副主任;选举朱斌为县人民政府县长,陆道如、陆静林、杨海斌、倪锡林、邵礼青、孙佑兵、樊玮等为副县长。

1 月 10 日 响水县召开"请人民评议、让人民满意"活动新闻发布会。县委书记周德祥到会讲话。县长朱斌主持会议。县领导张正华、高兆顶、王正方、陆道如、刘永轩出席。

△ 响水县召开林业发展广播动员大会。县委书记周德祥作动员讲话。县长朱斌主持会议。县领导杨毅坚、陈培岭、倪锡林、邵礼青、李刚等出席。各乡镇设分会场收听大会。

△ 响水县召开"献爱心,送温暖"活动动员大会。县委书记周德祥作动员讲话。县长朱斌主持会议。县领导张正华、高兆顶等出席。

1 月 11 ~ 14 日 响水县组团在浙江开展招商引资活动,并在台州举行陈家港化工园区推介会,共签订协议 3 个,项目总额达 1.2 亿元。县领导朱斌、季德荣、裴彦贵、蔺盛冬、杨海斌、史春耕参加活动。

1 月 13 日 全市清房验收工作现场会在响水召开。市纪委副书记潘道津,县委副书记、纪委书记周兆杉及全市各县(市、区)分管清房工作负责人出席。

1 月 14 日 市委副书记冯永农,市计生委主任夏益和一行考核响水 2002 年度计划生育工作。县领导周德祥、朱斌等陪同。

1 月 15 日 省委副书记任彦申慰问响水困难群众。省委常委、宣传部部长王国生,省农林厅厅长刘立仁,市委书记张九汉,县领导周德祥、朱斌、杨毅坚、陈明等陪同。

△ 市委副书记计高成、市人大常委会副主任季克诚、副市长徐恒菊、市政协副主席

洪志爱等在响水开展节前慰问活动。县领导周德祥、朱斌、张正华、高兆顶、杨毅坚、邵礼青等陪同。

1月16日　县委书记周德祥主持召开县委常委(扩大)会议,传达市委(扩大)会议精神。县四套班子全体领导及县相关部门负责人出席。

1月18日　县委七届五次全体(扩大)会议召开。县委书记周德祥作《推进发展新跨越,崛起苏北升位次,努力开创我县全面建设小康社会的新局面》报告。县长朱斌主持会议。县领导季德荣、周兆杉、杨毅坚、李国庆、陆道如、陈明、刘永轩、裴彦贵及各乡镇、县各部委办局、县各直属单位负责人出席。

1月28日　响水县举行各界人士新春茶话会。县委书记周德祥致辞。县长朱斌主持茶话会议。县四套班子领导,县相关部门负责人及社会各界人士代表出席茶话会。

2月8日　全县领导干部大会召开。县委书记周德祥到会讲话。县长朱斌主持会议。县四套班子领导及各乡镇、县相关部门负责人出席。

2月11日　县委书记周德祥主持召开县委常委(扩大)会。会议传达市有关会议精神。在响水的县四套班子领导及县相关部门负责人出席。

2月15日　全县人口与计划生育工作会议召开。县委书记周德祥到会讲话。县长朱斌主持会议。县委副书记杨毅坚作动员报告。县领导刘永轩、裴彦贵、林启俊、陆静林、陈苏红等出席。

△　全县农村工作会议召开。县委书记周德祥到会讲话。县委副书记杨毅坚作动员报告。副县长邵礼青主持会议。县领导王正方、陈培岭、倪锡林、李刚等出席。

2月16日　全县组织工作会议召开。县委书记周德祥到会讲话。县委副书记、纪委书记周兆杉主持会议。县委常委、组织部部长王正方作工作报告。县领导裴彦贵及各乡镇、县各部委办局主要负责人出席。

△　全县宣传工作会议召开。县委书记周德祥到会讲话。县委副书记、纪委书记周兆杉主持会议。县委常委、宣传部部长陈明作工作报告。县领导林启俊、陆静林、吴晓出席。

2月17日　全县政法工作会议召开。县委书记周德祥到会讲话。县委副书记、政法委书记周兆杉作动员报告。县委常委、常务副县长、政法委副书记陆道如主持会议。县领导丁茂林、李刚及县相关部门负责人出席。

2月18日　六套乡政府引进投资3000万元的东方黎明化工有限公司项目落户陈家港化工园区。投资方常州客商谢方敏与六套乡政府签约。

2月19日　江苏省盐城市陈家港化学工业园区正式获省环保厅批准,成为苏北第一家取得环保入户许可的化工类园区。

2月20日　县七届人大常委会第一次会议召开。县委书记周德祥到会讲话。县人大常委会主任张正华主持会议。县委常委、组织部部长王正方,县人大常委会副主任丁茂林、陈培岭、林启俊、蔺盛冬、沈康生及全体委员出席会议。县委常委、常务副县长陆道如,县人民法院院长李银芳,县人民检察院检察长庄严阳列席会议。会议讨论并通过县人大常委会2003年工作重点;表决通过相关人事任免;作出同意县人民政府关于建设县地面水厂贷款的决定。

2 月 21 日 共青团响水县委七届二次全体(扩大)会议召开。团县委副书记朱红宇作《与时俱进创新业,跨越发展竞风流,在全面建设小康社会的过程中开创响水县共青团事业的新局面》报告。

2 月 23 日 响水县召开县城基础设施建设工作会办会。县委书记周德祥到会讲话。县委常委、常务副县长陆道如主持会议。县领导林启俊、孙佑兵、吴晓及县相关部门负责人出席。

2 月 24 日 全市造林绿化现场会在响水县大有镇召开。副市长陈还堂到会讲话。县领导周德祥、杨毅坚、倪锡林、邵礼青,全市 28 个重点乡镇党委书记,市直相关部门负责人出席。

2 月 25 日 县委书记周德祥主持召开县委常委(扩大)会议。会议传达学习胡锦涛在西柏坡的讲话及市有关会议精神。县四套班子领导,各乡镇、县相关部门负责人出席。

2 月 27 日 响水县召开乡镇和部门主要负责人会议,传达省、市有关会议精神。县长朱斌到会讲话。县领导张正华、季德荣、杨毅坚、陆道如、陈明、刘永轩、陆静林、邵礼青、樊玮等出席。

2 月 28 日 全县财税工作会议召开。县长朱斌到会讲话。县领导陆道如、蔺盛冬、吴晓及各乡镇、县各部委办局负责人出席。

3 月 2 日 县委宣传部、县妇联、供电局、文化局联合举办"庆三八供电杯家庭才艺展示大赛"。

3 月 6 日 县政府七届一次全体会议召开。县长朱斌到会讲话。副县长陆道如、陆静林、倪锡林、邵礼青、孙佑兵、樊玮等出席。

△ 省开发局局长缪瑞林在响水县六套乡会办 2003 年扶贫促小康工作。县委副书记杨毅坚参加会办。

△ 市政协副主席肖兰英一行在响水专题调研项目推进工作。副县长樊玮汇报情况。县政协副主席吴晓、史春耕,秘书长葛玉军陪同。

3 月 7 日 响水县召开纪念"三八"国际劳动妇女节 93 周年大会。县长朱斌到会讲话。县领导周兆杉、丁茂林、陆静林、陈苏红等出席会议。会议表彰县第二届"十大女杰"。

3 月 8 日 中共响水县纪律检查委员会第四次全体(扩大)会议召开。县长朱斌到会讲话。县委副书记、纪委书记周兆杉作纪委工作报告。县领导杨毅坚、陆道如、陈明等出席。

△ 全县招商引资动员大会召开。县长朱斌到会讲话。县委副书记季德荣主持会议。在响水的县四套班子领导及各乡镇、县相关单位负责人出席。

3 月 12 日 市委副书记冯永农及县四套班子领导在陈家港镇草港村参加植树活动。

3 月 14 日 全县农业招商引资突击月动员大会召开。县委副书记杨毅坚到会讲话。县领导陈培岭、倪锡林、邵礼青、李刚及各乡镇、县涉农单位负责人出席。

3 月 15 日 响水县在南京召开盐城市陈家港化学工业园区通过省环评新闻发布会。县长朱斌介绍陈家港化工园区建设情况。县领导季德荣、陈明、杨海斌及县环保局、陈家港镇负责人出席。

3月15~16日 苏州市平江区企业家代表团在响水县老舍乡考察论证针织内衣、塑料制品、电子等意向性项目投资事宜。

3月19日 常州市钟楼区政府与响水县政府签订涉及农业、教育等方面合作协议22项。县领导杨毅坚、邵礼青,钟楼区领导周朝顺出席签订会议。

3月20日 台湾中小企业爱心联谊会企业家代表团在响水考察。

3月25日 市人大常委会副主任郭健生率市人大执法检查组检查响水《中华人民共和国消费者权益保护法》实施情况。县领导朱斌、张正华、陈培岭、蔺盛冬、樊玮陪同。

△ 省林业局副局长葛明宏一行在响水考察大有、六套、陈家港等乡镇绿化造林现场。市林业局局长李榕,县委副书记杨毅坚、副县长倪锡林等陪同。

3月27日 全国政协常委、神华集团董事长叶青一行在响水考察陈家港电厂厂址。市、县领导张九汉、赵鹏、袁世珠、胡友林、周德祥、朱斌、陆道如、吴晓等陪同。

3月28日 黄圩镇引进投资1.3亿元的江苏雨晓服饰有限公司举行奠基仪式。投资商于来、肖虹,县领导周德祥、朱斌、高兆顶及黄圩镇负责人等参加奠基仪式。

4月1日 全县干部挂职招商、实践锻炼总结表彰暨欢送大会召开。县长朱斌到会讲话。县领导周兆杉、王正方等出席。

4月1~3日 县委副书记季德荣、副县长杨海斌率团参加上海第三届中国国际染料展览会,并在上海浦东成立响水县经济开发区上海浦东工作站。

4月4日 全市区域发展暨盐常挂钩合作项目观摩座谈会在响水召开。副市长沈德林,县长朱斌及全市13个县(市、区)有关领导、相关部门负责人出席。

4月5日 黄圩镇举行第13届风筝文化艺术节。

4月9日 省新四军研究会三师分会老战士代表团52人在响水举行座谈会,纪念1943年盐阜地区反扫荡胜利和彭雄、田守尧烈士在黄海小河沙东战牺牲60周年。代表团副团长朱士良主持座谈会。中国新四军研究会常务副会长韩培信到会讲话。市长赵鹏、市委副书记袁世珠到会看望老同志。县领导朱斌、王正方等陪同。

4月10日 全县推动跨越发展、扶贫促小康暨科技工作会议召开。县长朱斌到会讲话。县委副书记杨毅坚、副县长倪锡林分别作报告。县领导顾志强、王正方、陈明、刘永轩、裴彦贵、陈培岭、李刚等出席。

4月12日 全县城镇建设管理和国土资源工作会议召开。县长朱斌到会讲话。县委常委、常务副县长陆道如主持会议。副县长孙佑兵部署相关工作。县领导刘永轩、林启俊及各乡镇、县各部委办局负责人出席。

△ 副市长周古城视察海堤公路陈家港段。县长朱斌、副县长陆道如等陪同。

4月16日 市人大常委会副主任刘鉴康率市人大代表在响水视察县城地面水厂、运河节水示范园、西出口道路西侧河道疏浚、三洪大沟整治等水利工程建设现场。县领导张正华、陈培岭、邵礼青等陪同。

4月18日 韩国阿里郎生物工程株式会社与响水县政府正式签约,投资10亿元的韩国农水产品加工贸易园区项目。会长李吉起、总经理张又燮、邓旭芬、沪东集团有限公司总裁徐光亮,县领导高兆顶、杨毅坚、刘永轩、邵礼青等出席签约仪式。

4月21日 县委副书记、县长朱斌主持召开县委常委(扩大)会议。会议听取县卫生局、信访局负责人关于全县非典型性肺炎防治、信访工作情况汇报。在响水的县四套班子领导及县相关部门负责人出席。

△ 全县非典型性肺炎防治工作会议召开。县长朱斌到会讲话。县领导张正华、高兆顶、季德荣、周兆杉、杨毅坚、刘永轩、裴彦贵、陆静林、杨海斌、邵礼青、孙佑兵、郭庆生等出席。

4 月 22 日 全县招商引资汇报会召开。县委副书记季德荣主持会议。在响水的县四套班子领导,各乡镇、县相关单位负责人出席。

4 月 25 日 市委常委、纪委书记曹玉和率市交通局等有关部门负责人在响水县小尖镇调研 2003 年度扶贫促小康工作。县委副书记杨毅坚、副县长邵礼青陪同。

4 月 26 日 响水县召开防治"非典"工作会议,传达省、市会议精神,部署全县当前和下阶段"非典"防治工作。县领导朱斌、高兆顶、季德荣、周兆杉、杨毅坚、陆道如、王正方、陈明、刘永轩、裴彦贵等县四套班子领导及各部委办局主要负责人出席。

△ 市委常委、组织部部长俞军在响水县陈家港化工园区检查指导招商引资工作。县领导朱斌、王正方陪同。

4 月 29 日 县长朱斌出席全市劳动就业和社会保障工作电视电话会议并作交流发言。响水县设分会场收听收看。

4 月 30 日 响水县设分会场收听收看省、市防治"非典"工作电视电话会。县长朱斌出席分会场会议并讲话。县领导周兆杉、陆道如、陆静林及各乡镇、县各部委办局主要负责人出席分会场会议。

5 月 3 日 市委书记张九汉,市委常委、秘书长林成立,副市长徐恒菊等在响水视察汇中集团、陈家港化工园区、双港化工园区。县领导朱斌、周兆杉、陆道如等陪同。

5 月 4 日 响水县召开"非典"防治工作紧急广播大会。县长朱斌到会讲话。县领导张正华、高兆顶、季德荣、周兆杉、杨毅坚、王正方、陆道如、陈明、刘永轩、裴彦贵、陆静林等出席。各乡镇区设分会场。

5 月 5 日 县委常委(扩大)会议召开。县委副书记、县长朱斌到会讲话。县委常委、常务副县长陆道如主持会议。县委副书记、纪委书记周兆杉通报"防非"工作。

5 月 6 日 响水县设分会场收听收看全国、省、市先后召开的农村非典型肺炎防治工作电视电话会议。县长朱斌出席分会场会议并讲话。副县长邵礼青、陆静林出席分会场会议。

5 月 7 ~ 9 日 市委常委、组织部部长俞军率市"非典"防治工作督查组,在响水深入乡镇、企业、学校、道路关卡督查"非典"防治工作。县领导朱斌、周兆杉、王正方、陆道如、陆静林等陪同。

5 月 14 日 响水县设分会场收听收看全市人口和计划生育工作电视电话会议。县领导杨毅坚、陆静林出席分会场会议并讲话。

5 月 16 日 县领导朱斌、周兆杉、陆道如、陆静林、陈苏红等在县人民医院看望"抗非"一线医护人员。

5 月 18 日 张集乡润达纺织等 3 个项目举行集中奠基典礼。县领导朱斌、张正华、顾志强、季德荣、陆道如、邵礼青、吴晓等参加典礼并剪彩。

5 月 20 日 金兰集团公司改制工作动员大会召开。县长朱斌到会讲话。副县长樊玮主持会议。县领导张正华、高兆顶、季德荣、杨毅坚、王正方、陆道如出席。

5 月 21 日 全县召开“两手抓双过半”动员大会。县长朱斌到会讲话。县委副书记季德荣主持会议。县领导张正华、高兆顶、杨毅坚、王正方、李国庆、陆道如、陈明、刘永轩、裴彦贵及各乡镇、县相关部门负责人出席。

5 月 24 日 省委书记李源潮、省委常委、秘书长赵少麟一行在响水视察陈家港化工园区、响水经济开发区、汇中集团。市委书记张九汉、市长赵鹏，市委常委、秘书长林成立，县领导朱斌、季德荣、周兆杉、杨毅坚、陆道如、刘永轩、杨海斌等陪同。

5 月 27 日 全县农民增收暨防汛防旱工作会议召开。县长朱斌到会讲话。县领导杨毅坚、李国庆、邵礼青、李刚等出席。

5 月 28 日 投资 1.1 亿元的超晨化工有限公司竣工投产。县领导朱斌、季德荣、蔺盛冬、樊玮、史春耕出席仪式。

5 月 30 日 县七届人大常委会第三次会议召开。会议听取并审议《关于响水县 2002 年本级财政决算草案的报告》《关于响水县 2002 年本级预算执行情况和其他财政收支情况的审计工作报告》；批准县人民政府提出的 2002 年县本级财政决算。会议听取审议《关于宣传贯彻落实〈中华人民共和国工会法〉的情况汇报》，并通过有关人事任免。

6 月 2 日 全县“非典”防治工作会议召开。会议传达省委书记李源潮视察盐城、响水时的讲话精神及全市“非典”防治工作会议精神。县领导周兆杉、陆道如、陆静林出席。

6 月 3 日 县政协七届二次常委会召开。会议专题协商讨论项目推进工作。县长朱斌到会讲话。县政协主席高兆顶，副主席吴晓、史春耕、陈苏红、李刚、卜曙及全体委员出席。

6 月 4 日 全县农业龙头项目现场观摩会召开。县委副书记杨毅坚到会讲话。县领导陈培岭、倪锡林、李刚等出席。

6 月 6 日 省统计局局长汤以伦一行在响水调研。市统计局局长刘新国及县领导朱斌、季德荣、杨海斌、郭庆生等陪同。

6 月 9 日 六套乡举行项目集中签约仪式。县领导李国庆、林启俊、樊玮、史春耕及相关部门负责人出席。

6 月 12 日 全县财政收入“双过半”暨农业税征收工作会议召开。县委常委、常务副县长陆道如到会讲话。县领导蔺盛冬、史春耕出席。

6 月 12 ~ 15 日 县长朱斌、县委副书记季德荣率县有关部门负责人在浙江、苏南开展招商引资活动。

6 月 16 日 县机关效能建设领导小组组织 29 个重点单位开展“阳光投诉”活动。县委副书记、纪委书记周兆杉出席。活动受理群众投诉 57 件，现场处理 32 件，待处理 25 件，有 320 多人现场咨询。

6 月 18 日 响水县举行陈家港化工园区建园周年暨恳谈会。县委书记周德祥致辞。县领导张正华、季德荣、蔺盛冬、杨海斌、倪锡林、孙佑兵、樊玮、史春耕出席。

6 月 23 日 县委七届六次全体(扩大)会议召开。县委书记周德祥作《以工兴县，跨越发展，为全面建设小康社会而努力奋斗》工作报告。县委副书记、县长朱斌对以工兴县、加快工业化进程作部署。县委委员、候补委员，县纪委委员，县人大、县政府、县政协全体负责人，县法院院长、县检察院检察长，各乡镇、县各部委办局、直属企业负责人出席。

6 月 24 日 县领导周德祥、樊玮、刘永轩等参加盐城市接轨上海投资合作项目签约仪式。响水签约 B 型活性染料、毒蜘蛛养殖两个项目。

6 月 29 日 市政协主席计高成、副主席郑齐祥一行在响水调研民营经济发展情况。县领导周德祥、高兆顶、刘永轩陪同。

6 月 30 日 响水县召开纪念建党 82 周年暨先进基层党组织、优秀党员表彰大会。县委书记周德祥到会讲话。县长朱斌主持会议。县领导张正华、高兆顶、顾志强、季德荣、杨毅坚、王正方、刘永轩、裴彦贵出席会议。会议，表彰 65 个先进基层党组织和 117 名优秀党员。

7 月 1 日 江苏题桥纺织印染有限公司第二期工程举行开工典礼。二期工程新上 3.5 万锭纺织项目、针织羊毛衫第二车间，建筑面积达 7 万平方米，总投资 1.2 亿元。

7 月 1 ~ 2 日 省政协副主席王荣炳、李仁、黄因慧率省政协民营经济视察团在响水视察民营经济发展情况。县委书记周德祥汇报全县民营经济发展情况。市、县领导张九汉、冯永农、计高成、沈德林、郑齐祥、周德祥、朱斌、张正华、高兆顶、季德荣等陪同。

7 月 6 日 响水县召开防汛抗灾工作紧急会议。县委书记周德祥到会讲话。县长朱斌部署全县防汛工作。县委副书记杨毅坚主持会议。县领导裴彦贵、倪锡林、邵礼青及各乡镇、县相关部门负责人出席。

△ 市委常委、组织部部长俞军，副市长徐恒菊一行在响水指导防汛工作。县领导周德祥、朱斌、杨毅坚、王正方、陆静林等陪同。

7 月 9 日 全县防汛抗灾工作会议召开。县委书记周德祥到会讲话。副县长邵礼青部署相关工作。

7 月 10 日 全县乡镇财政跨越发展工作会议召开。会议贯彻落实市学习“两东”加快乡镇财政建设座谈会精神。县委书记周德祥到会讲话。县长朱斌部署相关工作。县领导陆道如、刘永轩、裴彦贵、蔺盛冬、卜曙出席。

7 月 12 日 全县招商引资再掀高潮动员大会召开。县委书记周德祥到会讲话。县长朱斌主持会议。县领导高兆顶、季德荣、周兆杉、杨毅坚、王正方、李国庆、陆道如、陈明、刘永轩、裴彦贵、丁茂林出席。

7 月 13 日 全县抗灾补救工作电视电话会议召开。县长朱斌到会讲话。县委副书记杨毅坚主持会议。县领导邵礼青及县相关部门负责人出席。

7 月 15 ~ 16 日 全市交通行政执法工作会议在响水召开。

7 月 18 日 响水县设分会场收听收看全国实施食品药品放心工程电视电话会议。县长朱斌出席分会场会议并讲话。县领导樊玮及县相关部门负责人出席分会场会议。

7 月 20 日 上海春诚布业有限公司与响水县经济开发区举行投资合作签约仪式。县委书记周德祥出席仪式并讲话。县领导张正华、季德荣、刘永轩、陆静林、孙佑兵、樊玮、史春耕出席签约仪式。

7 月 21 日 响水县召开连盐高速公路响水段征地拆迁动员大会。县长朱斌到会讲话。县委常委、常务副县长陆道如主持会议。县领导刘永轩、孙佑兵出席。

△ 全县农村灾后补救工作会议召开。自6月21日以来，境内连降暴雨，雨量达659.9毫米，造成直接经济损失1.39亿元。

7月25日 全县防治非典型肺炎表彰大会召开。县委书记周德祥到会讲话。县委副书记、纪委书记周兆杉作工作总结。县领导季德荣、杨毅坚、王正方、陈明、林启俊、陆静林、陈苏红出席。

7月26日 县委书记周德祥主持召开县委常委(扩大)会议。会议传达省委十届五次全体(扩大)会议精神。

△ 市人大常委会副主任徐昆荣在响水参加全市乡镇人大工作联系点会议。县领导张正华、刘永轩、沈康生等出席。

7月29日 市委书记张九汉，市长赵鹏率出席市委四届七次全体(扩大)会议的部分人员在响水观摩响水县项目推进现场。县领导周德祥、朱斌陪同。

7月31日 响水县设分会场收听收看中央、省、市先后召开的进一步治理整顿土地市场秩序电视电话会议。县长朱斌出席分会场会议并讲话。副县长孙佑兵提要求。

8月1日 省、市先后召开电视电话会议，部署“创建平安江苏，创建最安全地区”工作。响水县设分会场收听收看。县委书记周德祥提要求。县长朱斌主持会议。县领导陆道如、刘永轩、丁茂林、史春耕等出席。

8月2日 县委七届七次全体(扩大)会议召开。县委书记周德祥作《兴起学习贯彻“三个代表”重要思想新高潮，为实现“以工兴县、跨越发展，全面建设小康社会”目标而努力奋斗》报告。县委副书记季德荣主持会议。县委常委、常务副县长陆道如部署相关工作。会议通过中共响水县委第七届委员会第七次全体会议决议。

8月4日 响水县召开两个园区(响水县经济开发区、陈家港化学工业园区)基础设施建设大会战汇报会。县领导季德荣、杨海斌、樊玮、武正华出席。

8月5日 陈家港遭受特大暴风雨袭击，中心风力达11级，降雨量达99毫米，2566.7公顷农作物受灾、200公顷养殖塘口漫溢、157间房屋倒塌、35万棵树折倒、27根电线杆刮倒，造成直接经济损失2138万元。灾情发生后，县委副书记杨毅坚在陈家港组织受灾干群开展自救工作。

8月8日 全县信访工作会议召开。县长朱斌到会讲话。县领导周兆杉、丁茂林、史春耕出席。

△ 市人大常委会副主任郭健生率市人大执法检查组对响水《盐业管理条例》贯彻实施情况进行执法检查。县领导朱斌、蔺盛冬、朱金南陪同。

8月11日 副市长周古城，市交通局局长刘长青等一行在响水调研考察交通基础设施建设情况。县领导朱斌、陆道如、孙佑兵陪同。

8月13日 县人大常委会主任张正华率陈家港化工园区负责人在建湖与森达集团签订热电厂项目投资协议。

8月13～14日 县人大常委会副主任林启俊率部分市、县人大代表在六套、南河、双港等乡镇视察《江苏省农村初级卫生保健条例》贯彻实施情况。

8月15日 市委“三个代表”重要思想宣讲团在响水宣讲学习“三个代表”重要思想。县委副书记季德荣主持报告会并讲话。

8 月 16 日 省委常委、政法委书记孙安华一行在响水检查指导“平安响水”创建工作。市、县领导赵鹏、陈正邦、周德祥、高兆顶、周兆杉、陆道如等陪同。

8 月 18 日 市委常委、组织部部长俞军一行在响水调研党风廉政建设工作。县领导周德祥、朱斌、张正华、季德荣、周兆杉、杨毅坚、王正方、刘永轩、裴彦贵、陆静林、杨海斌、邵礼青、孙佑兵、郭庆生、武正华、朱金南、卜曙等陪同。

8 月 22 日 全县招商引资工作汇报会召开。县委书记周德祥到会讲话。县长朱斌主持会议。张正华、季德荣、周兆杉、杨毅坚等在响水的县四套班子领导及各乡镇、县直各部门负责人出席。

△ 全县新一轮城镇建设动员大会召开。县委书记周德祥到会讲话。县长朱斌部署相关工作。县委常委、常务副县长陆道如主持会议。在响水的县四套班子领导出席。

8 月 23 日 响水县开展“双强”型村支书先进事迹巡回报告会。县委书记周德祥到会讲话。

8 月 25 日 县武委会暨国防动员委员会(扩大)会议召开。县人武部政委陆建新主持会议。县领导朱斌、陆道如、李国庆,县武委会暨国防委员会成员,各乡镇乡镇长、武装部长出席。

8 月 26 日 县政府七届二次全体(扩大)会议召开。县长朱斌出席会议并讲话。县委常委、常务副县长陆道如主持会议。副县长杨海斌、邵礼青、孙佑兵、樊玮、黄骏、武正华、朱金南出席。

△ 世界著名轴承公司 SKF 公司机械设计师、法国 SES 专家组成员奥斯瓦尔德努斯应县人事局邀请在响水龙达集团进行技术指导。

8 月 28 日 全县 32 个引资项目集中举行开工典礼,项目总额达 10.37 亿元。县委书记周德祥出席典礼并讲话。张正华、季德荣、周兆杉、杨毅坚等在响水的县四套班子领导出席。

8 月 29 日 县委学习中心组会议召开。会议学习市委书记张九汉关于以“五个坚持统领全市各项工作”的讲话精神及“三个代表”重要思想。县委书记周德祥主持会议并讲话。县委学习中心组全体成员参加会议。

9 月 2 日 森达热电项目筹建工作会办会召开。县人大常委会主任张正华到会讲话。副县长杨海斌主持会议。

9 月 4 日 全市信访局长会议在响水召开。县委常委、常务副县长陆道如致辞。

9 月 7 日 响水县洪仁技校被省政府命名为省级下岗职工再就业劳动输出培训基地。

9 月 8 日 响水县举行中央花苑、滨江路三期工程国土使用权出让签约仪式。

9 月 14 日 南河镇引资项目响水县兴达纺织厂开工建设。该厂总投资 1 亿元,占地 45288 平方米,分三期建设,建成规模为 5 万纱锭。

9 月 15 日 全县“建设平安响水、创建最安全地区”广播动员大会召开。县委书记周德祥到会讲话。县委副书记、纪委书记、政法委书记周兆杉作动员报告。县委常委、常务副县长陆道如主持会议。县领导张正华、高兆顶、季德荣、王正方、陈明、刘永轩、裴彦贵等出席。

9月16日 南京军区司令员朱文泉一行在响水检查指导工作。市、县党政军负责人陪同。

9月17日 省党建学会会长、省委组织部原副部长孙富中,省委组织部研究室副主任陈凤楼一行在响水调研“双强”型村干部队伍建设工作。县委常委、组织部部长王正方陪同。

9月19日 响水县举行“诚信响水”大型广场宣誓仪式。县委书记周德祥致辞。县领导周兆杉、陈明、丁茂林、陆静林、史春耕等参加宣誓仪式。

9月22日 响水县银企对接暨以商引商座谈会召开。县委书记周德祥到会讲话。县委副书记季德荣主持座谈会。在响水的县四套班子领导出席。

9月23~24日 市直机关老干部考察团在响水检查指导工作。县委书记周德祥,县委常委、常务副县长陆道如汇报响水发展情况。县委副书记、纪委书记周兆杉等陪同。

9月28日 响水县举行招商引资项目集中签约仪式。签订42个项目投资协议,协议总投资额达13.3亿元。县委书记周德祥到会讲话。县领导张正华、高兆顶、季德荣、陆道如、陈明、刘永轩、裴彦贵等出席。

△ 全县社会稳定工作会议召开。会议传达全市社会稳定工作会议精神。县委书记周德祥到会讲话。张正华、高兆顶、季德荣等在响水的县四套班子领导出席。

△ 全市交通重点工程建设现场会议在响水召开。市交通局局长刘长青,县委书记周德祥,副县长孙佑兵出席。

9月29日 市委常委、纪委书记曹玉和,市人大常委会副主任曹桂英一行在响水调研指导工作。县领导周德祥、陆静林等陪同。

9月30日 县委常委(扩大)会议召开。会议传达省、市委关于党风廉政建设和社会稳定工作会议精神。县委书记周德祥主持会议。季德荣、周兆杉、杨毅坚、王正方、李国庆、陆道如、刘永轩、裴彦贵等县四套班子领导出席。

10月5~7日 县领导周德祥、杨毅坚、刘永轩、朱金南等走访慰问在响水投资的客商。

10月9日 县委书记周德祥主持召开县委常委(扩大)会议,研究社会稳定工作。

10月11日 全县优化执法环境大会召开。县委书记周德祥到会讲话。县领导张正华、高兆顶、周兆杉、王正方、陆道如等出席。

10月13日 省长助理陈宝田一行在响水视察草危房改造工作。市、县领导赵鹏、陈正亮、周德祥、杨毅坚、陆道如、邵礼青等陪同。

10月15日 全县经济形势分析会召开。县委书记周德祥到会讲话。县领导张正华、季德荣、杨毅坚、王正方、陆道如、陈明、刘永轩、裴彦贵、陈苏红等出席。

△ 全县全民创业促进就业动员大会召开。县委书记周德祥到会讲话。县委副书记季德荣主持会议。县委常委、常务副县长陆道如作动员部署。县领导杨毅坚、王正方、陈明、刘永轩、裴彦贵、陈苏红等出席。

△ 连盐高速公路响水段在六套乡五套村破土动工。

10月19日 全县领导干部大会召开。会议学习贯彻中共十六届三中全会和省、市领导干部会议精神。县委书记周德祥主持会议并讲话。张正华、高兆顶、周兆杉、杨毅坚、李国庆、陆道如、刘永轩等在响水的县四套班子领导出席。

△ 响水县召开李元龙先进事迹电视报告会。周德祥、张正华、高兆顶、周兆杉、杨毅坚、李国庆、陆道如、刘永轩等在响水的县四套班子领导及全县副科级以上干部收听收看。

10 月 23 日 市委组织部副部长李长见率市科技专家服务团在响水开展现场咨询活动。县领导张正华、杨毅坚、王正方出席。

10 月 26 日 响水县组织全县科级领导干部集中观看反腐倡廉电教专题片。县委书记周德祥出席观片会并讲话。县委副书记、纪委书记周兆杉主持观片会。

10 月 28 日 周德祥、张正华、季德荣、蔺盛冬、孙佑兵、陈苏红等县四套班子领导率有关部门负责人现场观摩县城建设重点项目。

△ 市委常委、盐城军分区司令员唐卫平，政治委员孙德俊一行将南京军区司令员朱文泉中将题写的"南河昌盛希望小学"校名送达该校。

10 月 29 日 县人大常委会召开宣传贯彻《关于加强县本级财政预算审查监督的决定》大会。县委书记周德祥到会讲话。县人大常委会主任张正华主持会议并宣读决定。县人大常委会副主任丁茂林、林启俊、蔺盛冬，副县长陆静林出席。

10 月 31 日 响水县设分会场收听收看全市加快非公有制经济工作电视电话会议。张正华、季德荣、杨毅坚等县四套班子领导出席分会场会议。

11 月 2 日 响水县第二部年鉴《响水年鉴（2000～2003）》编纂工作会议召开。副县长陆静林到会讲话。

11 月 4 日 县委书记周德祥主持召开县委常委（扩大）会议。会议学习中共十六届三中全会精神。县委副书记周兆杉传达和通报全市党风廉政建设责任制经验交流会精神和关于实行县领导信访包案责任制的意见。在响水的县四套班子领导、县委学习中心组成员及县相关部门负责人出席。

△ 市政府副秘书长张洪达率市环保局等单位负责人督查响水陈家港化工园区环保工作。县领导周德祥、季德荣、武正华陪同。

11 月 5 日 省人大常委会农业和农村工作委员会主任姜道远率调研组在响水调研农技推广服务体系改革情况。市、县领导刘鉴康、周德祥、张正华、杨毅坚、陆道如、陈培岭、倪锡林等陪同。

11 月 6 日 省军区政治部主任苏俊高一行在响水视察南河昌盛希望小学。盐城军分区政治委员孙德俊、政治部主任蔡凡秀，县领导周德祥、李国庆、陆道如等陪同。

11 月 7 日 省级机关工委副书记王晓明一行向响水县七套乡捐赠 7 台空调和 8 万元人民币。县领导周德祥、邵礼青等出席捐赠仪式。

△ 县委书记周德祥、副书记杨毅坚一行在小尖、运河、陈家港等镇检查农村草危房改造工作实施完成情况。

△ 全市精神文明建设工作座谈会在响水召开。市文明办副主任高平，县委常委、宣传部部长陈明及各县（市、区）文明办、市直有关新闻单位负责人出席。

11 月 10 日 市委重点项目督查组督查响水 5000 万元以上引资项目。县委副书记季德荣汇报响水县项目推进情况。

11 月 11 日 市委宣传部常务副部长施建石一行在响水调研指导工作。县领导周德祥、周兆杉、陈明等陪同。

11月14日 市委书记张九汉、副书记计高成，市委常委、秘书长林成立，市政协副主席郑齐祥一行在响水视察江苏题桥纺织印染项目建设现场、县城迎宾路广场。县委书记周德祥汇报相关情况。县领导高兆顶、陆道如、刘永轩等陪同。

△ 响水县举行第三届“海林振响富民精英”暨“晓砚白衣天使”奖颁奖仪式。

11月16日 省纪委副书记陈绍泽一行在响水调研指导工作。市、县领导曹玉和、周德祥、周兆杉、刘永轩等陪同。

11月18日 全县信访稳定工作会议召开。县委书记周德祥主持会议并讲话。季德荣、陆道如、林启俊、孙佑兵等在响水的县四套班子领导出席。

11月20日 县委决定，在全县范围内公推竞选团县委书记。这是响水县首次公推竞选正科级干部。

11月20~21日 省海洋局副局长、海域勘界办公室主任唐庆宁率勘界专家组在响水对“响灌线”海域进行实地勘测。市、县领导陈还堂、周德祥、张正华、高兆顶、杨毅坚、陆道如等陪同。

11月22日 县委书记周德祥主持召开县委常委（扩大）会议。会议讨论教育城、通榆河二桥建设方案，研究部署新一轮招商引资工作，落实信访稳定工作责任和措施。县四套班子领导及各乡镇、各单位负责人出席。

11月23日 副市长周古城率出席全市农村公路建设“家家到”现场观摩会的与会人员，观摩响水县2003年农村公路建设情况。市交通局局长刘长青，县领导周德祥、陆道如、孙佑兵等陪同。

△ 响水县民间组织发展促进会成立大会召开。

11月25日 省财政厅厅长包国新一行在响水调研财政工作。市委副书记、常务副市长张炳贤，县领导周德祥、陆道如等陪同。

11月26日 江苏省原省委书记韩培信邀请上海、无锡、南京等地企业家到响水进行投资考察。市、县领导张九汉、赵鹏、周德祥、张正华、高兆顶、季德荣、孙佑兵等陪同。

△ 响水教育城一期工程举行奠基仪式。县委书记周德祥致辞。县委常委、常务副县长陆道如主持仪式。县领导张正华、陈明、林启俊、陆静林、孙佑兵、陈苏红等出席。

11月28日 江苏森达集团在陈家港化工园区投资的热电厂举行奠基典礼。市、县领导俞军、周德祥、张正华、高兆顶、顾志强、季德荣、王正方、刘永轩、武正华，建湖县委常委、森达集团董事长朱湘桂等出席奠基仪式。

11月29日 响水县举行“项目大突破”集中开工和观摩活动。集中开工26个项目，观摩13个项目。周德祥、张正华、高兆顶、季德荣、王正方、李国庆、陈明、刘永轩、裴彦贵等在响水的县四套班子领导出席。

△ 全县举行招商引资团出征宣誓仪式。县委书记周德祥出席仪式并讲话。张正华、高兆顶、季德荣、王正方、李国庆、陈明、刘永轩、裴彦贵等在响水的县四套班子领导出席。

12月4日 值全国第三个法制宣传日，县法院、检察院，县公安局、司法局等执法机关组织100多名工作人员开展以“依法治县、执政为民”为主题的法律咨询、图片展览等活动。

12 月 8 日　全县领导干部大会召开。会议传达省委十届六次全委会精神。县委书记周德祥到会讲话。周兆杉、陆道如等在响水的县四套班子领导及各乡镇、县直各单位负责人出席。

12 月 9 日　福建省军区司令员张鹤田少将在响水视察指导工作。县领导周德祥、李国庆、林启俊陪同视察陈家港化工园区和响水县城建设。

△　省电力公司副总经理徐松达在响水调研扶促工作。县领导高兆顶、顾志强、杨毅坚、蔺盛冬、浦福如等陪同。

12 月 13 日　全县加快非公有制经济发展工作会议召开。县委书记周德祥到会讲话。县委常委、常务副县长陆道如主持会议。季德荣等在响水的县四套班子领导及县直相关部门、部分民营企业负责人出席。

△　响水县招商局成立。县委书记周德祥,县委常委、常务副县长陆道如揭牌。县委副书记季德荣主持仪式。

12 月 19 ~ 20 日　响水县总工会第七次代表大会召开。县委书记周德祥到会讲话。市总工会主席王甲道致辞。杨立国代表总工会第六届委员会向大会作工作报告。会议选举新一届县工会委员会。县领导张正华、高兆顶、季德荣、周兆杉、王正方、陆道如、陈明、刘永轩、裴彦贵等出席。

12 月 20 日　常州市钟楼区区委书记沈瑞卿率党政代表团在响水考察。市委常委、组织部部长俞军参加座谈会并讲话。县委书记周德祥致辞。县领导张正华、高兆顶、季德荣、周兆杉、王正方、陈明、刘永轩、邵礼青等出席。

12 月 24 日　响水县召开迎新春老干部座谈会。县委书记周德祥到会讲话。县委常委、组织部部长王正方主持座谈会。县领导刘永轩及部分离退休老干部出席。

12 月 25 日　县委常委(扩大)会议召开。会议传达市委(扩大)会议精神。县委书记周德祥主持会议并讲话。在响水的县四套班子领导出席。

△　市委副书记冯永农,市计生委主任夏益和一行在响水检查指导计划生育工作。县领导周德祥、杨毅坚、陆静林等出席汇报会。

12 月 28 日　县委七届八次全体(扩大)会议召开。县委书记周德祥作《解放思想放胆干,创新创业快发展,为开创响水改革和发展的新局面而努力奋斗》报告。县长朱斌对当前工作提要求。县委副书记、纪委书记周兆杉作关于落实廉政建设责任制和廉洁从政情况的报告。县领导顾志强、季德荣、杨毅坚、王正方、李国庆、陆道如、陈明、刘永轩、裴彦贵出席。

2004 年

1 月 1 日　周德祥、张正华、高兆顶、季德荣、蔺盛冬、杨海斌、史春耕等县四套班子领导及县环保局、国土局等单位负责人，走访慰问部分在响水的企业家、客商。

1 月 2 日　省水利厅党组副书记、副厅长徐俊仁在响水视察指导工作。

1 月 4 ~6 日　县政协七届二次会议召开。县委书记周德祥到会讲话。县政协主席高兆顶主持会议。副主席吴晓作县七届政协常委会工作报告。副主席李刚作提案工作情况报告。

1 月 5 日　市委常委、组织部部长俞军在响水县运河、小尖镇检查指导“双强”示范村创建工作并开展节前慰问活动。县领导周德祥、朱斌、王正方陪同。

△　县委组织部、县委社区工委主办的《走进社区》电视专栏在响水电视台开播。

1 月 5 ~7 日　县七届人大二次会议召开。县长朱斌作政府工作报告。县发展委主任王建成、县财政局局长顾连锦分别作关于响水县 2003 年国民经济、社会发展计划执行情况和 2004 年国民经济、社会发展计划草案，关于响水县 2003 年财政预算执行情况和 2004 年财政预算草案的报告。县人大常委会主任张正华作县人大常委会工作报告。县人民法院院长李银芳、县人民检察院检察长庄严阳分别向大会作县人民法院和县人民检察院工作报告。

1 月 7 日　市发改委副主任纪明一行在响水考核 2003 年度全民创业、促进就业情况。县委常委、常务副县长陆道如陪同。

△　市工商局、经贸委等有关单位在响水考核私营个体经济发展情况。副县长樊玮汇报响水个体私营经济发展情况和扶持私营经济发展情况。

1 月 8 日　省委组织部副部长徐金万在陈家港化工园区、南河镇、老舍乡检查指导工作，并慰问建国前老党员。市委副书记冯永农，市委常委、组织部部长俞军，县领导季德荣、周兆杉、杨毅坚、王正方、裴彦贵等陪同。

△　响水县房产管理局成立。

1 月 9 日　省总工会经审会副主任严明洋一行在响水开展节前慰问活动。市总工会副主席彭勃等陪同。

1 月 10 日　市领导计高成、徐恒菊等在响水慰问部分困难群众。县领导高兆顶、杨毅坚、裴彦贵、陆静林陪同。

1 月 12 日　省长梁保华在响水视察指导工作。市委书记张九汉等陪同。

1 月 13 日　响水中学学生杨浩、顾士元分别获 2003 年全国中学生生物学科和信息技术学科奥林匹克竞赛省级一等奖。

1 月 15 日 上海农工商超市响水分店开业。县领导朱斌、张正华、蔺盛冬、樊玮、吴晓出席。

1 月 16 日 常熟联创化学有限公司与响水县陈家港化工园区正式签约，投资 5000 万元兴建响水联创化学有限公司。县委副书记季德荣参加签约仪式。

1 月 17 日 全县各界人士迎新春茶话会召开。县委书记周德祥到会讲话。县长朱斌主持茶话会。

△ 丰汇信用担保有限公司举行开业典礼。县领导张正华、高兆顶、杨毅坚、杨海斌出席。

1 月 27 日 南京军分区参谋长夏振涛、南京军区处长周锦河一行在响水参观考察。

1 月 29 日 全县领导干部大会召开。县领导周德祥、朱斌、张正华、高兆顶、季德荣、周兆杉、杨毅坚及各乡镇党委书记、县各部委办局负责人出席。

3 月 2 日 全县城镇建设工作会办会召开。县领导周德祥、朱斌等出席。

3 月 5 日 “响水县社会矛盾调处中心”举行揭牌仪式。县领导周德祥、周兆杉、丁茂林、陆静林、史春耕及市相关部门负责人参加。

3 月 6～7 日 县委书记周德祥、县长朱斌率响水县党政代表团在淮安、沭阳、东海等地参观学习解放思想跨越发展的先进经验。

3 月 8 日 全县推进招商引资、项目突破广播动员大会召开。市委常委、组织部部长俞军到会讲话。县委书记周德祥作动员报告。县长朱斌主持会议。

3 月 10 日 省军区司令员陈一远少将在响水检查指导人武工作。市委常委、盐城军分区司令员唐卫平，县领导周德祥、朱斌、李国庆、陆道如等陪同。

3 月 15 日 县消费者协会举行“消费者日”新闻发布会。县人大常委会副主任蔺盛冬、副县长武正华出席。

3 月 16 日 市委常委、政法委书记陈正邦在响水检查指导信访和社会矛盾网络建设等社会稳定工作。县领导周德祥、周兆杉等陪同。

△ 市政府劳务输出调研组在响水调研劳务输出工作。县委书记周德祥、副县长邵礼青介绍相关情况。

3 月 17 日 省农林厅副厅长周政兴一行在响水调研农村工作。县领导杨毅坚、邵礼青、纪从亮、李刚出席汇报会。

△ 市人大常委会副主任曹桂英在响水检查指导工作。县领导周德祥、张正华出席座谈会。

3 月 18 日 响水县东方康复医院、响水县文尧福利铸造厂举行开业、开工庆典。国家、省、市残联的有关负责人，县领导周德祥、张正华、高兆顶等出席典礼。

3 月 22 日 响水县设分会场收听收看省、市先后召开的《中国共产党党内监督条例（试行）》和《中国共产党纪律处分条例》电视电话会议。县委书记周德祥出席分会场会议并讲话。

△ 盐城市北三县新型农村合作医疗暨改水工作座谈会在响水召开。副市长徐恒菊，县领导朱斌、周兆杉、陆静林及滨海、阜宁两县的分管副县长、卫生部门负责人出席。

3 月 23 日 响水县召开规范项目收费和招商引资工作座谈会。县领导季德荣、樊玮、武正华出席。

3月24日　省公路局局长张立早在响水视察调研公路建设情况。市交通局局长刘长青，县领导周德祥、陆道如等陪同。

3月25日　全县计划生育优质服务月现场会召开。县委副书记杨毅坚，副县长陆静林出席。

△　全县劳动保障工作会议召开。副县长杨海斌到会讲话。

3月29日　省教育工会主席何晓劲一行在响水调研指导教育工作。市教育工会主席孟晴陪同。

3月31日　全县关心下一代工作会议召开。县领导周德祥、朱斌、王正方等出席。

△　县七届人大常委会第10次会议召开。县人大常委会主任张正华，副主任丁茂林、陈培岭、林启俊、蔺盛冬、沈康生出席。

4月1日　响水县召开“解放思想、排找差距、促进发展”主题教育活动动员大会。县委副书记、县长朱斌作动员讲话。会议邀请沭阳县县委常委、宣传部部长李增平作经验介绍。

△　省长助理陈宝田在响水县陈家港镇、南河镇检查指导草危房改造工作。副市长陈还堂，县领导杨毅坚、陆道如、邵礼青陪同。

△　副市长陈还堂一行在响水县陈家港镇会办扶促工作。县委副书记杨毅坚、副县长邵礼青出席会办会。

4月2日　全县园区基础设施建设工作会议召开。县领导周德祥、季德荣、刘永轩、蔺盛冬、樊玮、武正华、史春耕出席。

△　全县环境保护暨生态县建设工作会议召开。县领导朱斌、季德荣、林启俊、樊玮、史春耕出席。

△　盐城市优抚工作会议在响水召开。副县长邵礼青出席。

4月3日　全县领导干部大会召开。会议集中传达学习温家宝总理在江苏考察时的重要讲话和省、市领导干部大会精神。县委书记周德祥到会讲话。

4月5日　市广播电视局局长冯忠云一行在响水考察调研广播电视工作。县委副书记周兆杉陪同。

4月6日　省文化厅副厅长王慧芬一行在响水调研指导文化事业发展情况。县领导朱斌、陈明、陆静林等出席汇报会。

△　黄圩镇与县委宣传部、县文化局联合举办黄圩镇第14届风筝文化艺术节。

4月7日　盐城市区划地名工作会议在响水召开。市民政局副局长周海宁、副县长武正华及市县（区）民政系统相关工作负责人出席。

4月12日　市发改委主任何桂英、副主任颜士高一行在响水县南河镇调研扶促工作。县人大常委会主任张正华、县委副书记杨毅坚陪同。

4月13日　市委常委、政法委书记陈正邦在响水主持召开市委驻大有镇扶促工作会办会。县领导周德祥、朱斌、杨毅坚及各帮扶单位负责人出席。

△　温州市瓯海区皮革商会秘书长任永滔带领商会33位企业家在响水考察投资环境。县委副书记季德荣陪同。

4 月 14 日　市民营经济工作督查调研组在响水调研相关工作。县委副书记季德荣出席座谈会。

4 月 15 日　副市长徐恒菊在响水县双港镇会办扶促工作。县领导周德祥、朱斌、杨毅坚陪同。

△　省农业资源开发局局长关洪彪一行在响水县六套乡会办扶促等工作。县领导朱斌、杨毅坚、邵礼青、纪从亮、浦福如出席座谈会。

4 月 18 日　连盐高速公路灌河特大桥开工。省交通厅副厅长钱国超,市、县领导袁世珠、周古城、周德祥、朱斌、陆道如、孙佑兵等出席开工典礼并剪彩。

4 月 21 日　市委常委、盐城军分区司令员唐卫平一行在响水陈家港镇检查指导沿海军事防御工作。县领导周德祥、朱斌、李国庆陪同。

4 月 23 日　市委副书记、常务副市长张炳贤率市直有关单位负责人在响水县老舍乡会办扶促工作。县领导周德祥、朱斌、杨毅坚、陆道如、裴彦贵参加会办会。

4 月 25 日　全市海堤公路建设现场观摩会召开。市、县领导袁世珠、周古城、周德祥、朱斌、陆道如、孙佑兵及有关县(市、区)负责人首站观摩响水县境内海堤公路建设现场。

4 月 26 日　市委常委、组织部部长俞军率市直机关有关单位负责人在南河镇检查指导扶促工作。县领导周德祥、朱斌、张正华、王正方出席会办会。

4 月 27 日　省农林厅副厅长祝保平一行在响水检查指导农业生产及粮食安全工作。

4 月 28 日　响水县劳动模范协会成立大会召开。县领导王正方、樊玮、卜曙出席。

4 月 29 日　省政协副主席林玉英率省政协“平安江苏”视察组在响水视察。市政协副主席洪志爰,县领导周德祥、朱斌、高兆顶、李正林、吴晓陪同。

△　响水县 16 岁残疾人运动员周金龙在全国残疾人游泳锦标赛上获一金二银。

4 月 30 日　响水县文华出租车公司举行开业典礼。县领导周德祥、朱斌、陆道如、林启俊、史春耕出席典礼并剪彩。

5 月 7 日　全县领导干部大会召开。县委书记周德祥到会讲话。县长朱斌主持大会。

5 月 8 日　副市长周古城率市交通等部门负责人在响水县小尖镇会办扶促工作。县领导周德祥、朱斌、杨毅坚参加会办会。

5 月 9 日　如东市政协主席翁士豪在响水考察城镇建设工作。县政协主席高兆顶陪同。

5 月 10 ~ 11 日　省老区开发促进会顾问、省农村劳动力资源开发研究会会长余春芳一行在响水调研农村劳动力转移和职业技能培训工作。县领导杨毅坚、李正林、纪从亮及县老促会会长项文兵陪同。

5 月 11 日　县委书记周德祥率党政代表团在常州钟楼区考察。钟楼区区委书记沈瑞卿等与响水县代表团座谈交流。

△　江苏奇尔特职业技能培训中心洪仁基地、盐城市洪仁服装裁缝技术学校挂牌成立。县领导李正林、纪从亮等出席揭牌仪式。

5 月 12 ~ 13 日　响水县分别在常州和上海举行招商引资推介活动。县领导周德祥、朱斌、高兆顶、季德荣等出席推介会。

△ 省委农工办扶贫开发处副处长褚夫运率省农村草危房改造调研督查组在响水调研督查。县领导杨毅坚、邵礼青陪同并作汇报。

5月16日 响水外国语学校举行揭牌典礼。

5月18日 省赴盐城各市、县挂职干部组成考察团在响水参观考察。县领导陆道如、黄骏、纪从亮、朱金南陪同。

△ 响水县举行第16届科普宣传周活动开幕式。县领导王正方、陈培岭、纪从亮、李刚出席开幕式。

5月20日 省委扶贫工作领导小组副组长王宏民一行在响水调研扶贫促小康工作。县领导周德祥、杨毅坚、邵礼青、蒲福如等陪同。

5月21日 副省长吴瑞林,省国土资源厅厅长陶培荣,市委书记、市人大常委会主任张九汉在响水检查指导工作。县委书记周德祥、县长朱斌陪同。

△ 全县防汛防旱暨粮食直补工作会议召开。县领导朱斌、杨毅坚、邵礼青、纪从亮出席。

5月23日 深圳博恩明公司董事长齐狄在响水考察。省委驻响水扶促工作队原队长顾志强、县委副书记杨毅坚陪同。

5月24日 经公推公选,县委常委会、县委全委会两次票决,邱德兵当选老舍乡新一任党委书记。公推公选乡镇党委书记在全市尚属首次。

5月25日 响水县召开国防动员战时指挥演练协调会。县领导周德祥、朱斌、陆道如及县国防动员委员会各成员单位,各专业办公室主要负责人参加。

5月26日 省级机关团工委组织40多名青年医务工作者、农业科技人员和机关团干部在响水县七套乡开展科技、文化、卫生“三下乡”活动。县委常委、组织部部长王正方出席活动。

5月27日 市委常委、组织部部长俞军在响水县老舍乡检查指导工作。县委书记周德祥,县委常委、组织部部长王正方陪同。

5月31日 县七届人大常委会第12次会议召开。县人大常委会主任张正华,副主任丁茂林、陈培岭、林启俊、蔺盛冬、沈康生及委员出席会议。县委副书记、常务副县长陆道如,县法院、检察院及县相关部门负责人列席会议。

6月9~10日 美国FMC农品国际公司亚太地区总裁麦耀伦博士在响水考察。县领导周德祥、朱斌、陆道如、郭庆生陪同。

6月11日 市委常委、组织部部长俞军在响水县南河镇、老舍乡、大有镇的部分村调研“双强”村干部队伍建设、村级组织设置调整及“凤还巢”等情况。县委书记周德祥,县委常委、组织部部长王正方陪同。

6月14~16日 市人大常委会副主任徐昆荣率市督查组在响水检查贯彻市委(扩大)会议精神和落实科学发展观情况。

6月16日 省劳保厅农保中心副主任毛才高一行在响水调研农保工作开展情况。县委副书记、常务副县长陆道如陪同。

6月18日 市政协副主席范玉媛一行在响水对古云梯关申报省级文物保护单位进

行考察论证。县领导李正林、陆静林、吴晓陪同。

6 月 21 日 森达集团董事长朱湘桂一行在响水考察陈家港热电厂建设情况。县领导周德祥、季德荣、樊玮陪同。

6 月 22 日 全县“迎七一、爱响水、科学发展奔小康”主题教育活动动员会议召开。

6 月 25 日 县国防动员委员会组织国防动员演练。盐城军分区参谋长陈贯云,县领导周德祥、朱斌、陆道如、李正林、李国庆及县国防动员委员会全体成员单位负责人观摩演练。

7 月 1 日 响水县召开“三级联创争五好”活动暨“七一“表彰大会。县委书记周德祥到会讲话。县长朱斌主持大会。县委副书记、纪委书记李正林部署相关工作。县委常委、组织部部长王正方宣读表彰决定。

7 月 3 日 扬州大学在响水县黄圩镇开展帮扶捐赠活动。县委副书记杨毅坚参加捐赠仪式。

7 月 5 ~6 日 县长朱斌,县委副书记杨毅坚,副县长邵礼青、纪从亮分别在遭受龙卷风和冰雹袭击的南河、双港等乡镇指导灾后自救工作。

7 月 7 日 省交通厅厅长钱国超在响水对连盐高速公路盐城段建设工作进行现场办公,并对灌河特大桥打造成精品工程提要求。市、县领导周古城、朱斌、孙佑兵及省、市、县高速指挥组成员参加办公会。

△ 市人大常委会副主任刘鉴康在响水调研农业农村经济发展情况。县长朱斌等参加汇报会。

7 月 9 日 省民政厅副厅长侯学元在响水了解部分乡镇连续遭受冰雹、龙卷风袭击灾情。县长朱斌、县委副书记杨毅坚陪同。

7 月 11 日 市长赵鹏、市委副书记张炳贤一行在响水调研指导工作。县领导周德祥、朱斌、高兆顶、季德荣、杨毅坚、陆道如、李正林等参加汇报会。

7 月 13 日 响水县设分会场收听收看全省加强和改进未成年人思想道德建设电视电话会议。县领导周德祥、朱斌、杨毅坚、陆道如、刘永轩、林启俊、陆静林、邵礼青、孙佑兵、黄骏、纪从亮、陈苏红出席分会场会议。

7 月 15 日 省地方海事局局长王昌宝在响水调研灌河水域划转国家海事管理有关事宜。县长朱斌,县委副书记、常务副县长陆道如参加。

7 月 17 日 灌云县委书记秦凯华率党政代表团在响水学习招商引资、项目突破及城市建设工作。县领导朱斌、张正华、高兆顶、季德荣、刘永轩、孙佑兵、樊玮陪同。

7 月 20 日 全县推进招商引资和项目建设大会召开。县委书记周德祥到会讲话。县长朱斌主持大会。

△ 响水县举办“创建双拥模范县暨纪念建军 77 周年”大型图片展。县委书记周德祥、县长朱斌等观看展览。

7 月 23 日 省检察院副检察长吴汝信在响水检查指导社会治安综合治理工作。县委书记周德祥汇报相关情况。

7 月 28 日 新亿元商贸城开业启用。县领导周德祥、朱斌、陆道如、林启俊、孙佑兵、史春耕出席开业典礼。

△ 省委研究室副主任刘福林一行在响水调研促进农村增收工作。县领导朱斌、杨毅坚、邵礼青、李刚陪同。

7月29日 全县领导干部大会召开。县长朱斌传达市会精神。县领导张正华、高兆顶、季德荣、杨毅坚、李正林、李国庆、刘永轩等出席。

△ 副市长周古城在响水主持召开射阳河以北海堤公路现场观摩督查会。县领导朱斌、陆道如、王正方、李国庆、刘永轩、邵礼青等出席。

8月2日 副市长徐恒菊率市计生委负责人在响水检查指导人口与计划生育工作。县领导周德祥、朱斌、杨毅坚、陆静林出席汇报会。

8月4日 省军区司令员陈一远少将在响水检查指导人民武装工作。市委常委、盐城军分区司令员张卫平,县领导周德祥、陆道如、李国庆陪同。

8月5~8日 县委书记周德祥、县委副书记季德荣率部分乡镇、部门负责人在浙江、上海、苏南等地开展招商活动。

8月6日 省公安厅副厅长陈逸中在响水调研指导交通安全和监所管理工作。市公安局局长戴苏生,县长朱斌,县委副书记、纪委书记李正林陪同。

8月7日 县政府七届四次全体(扩大)会议召开。县长朱斌对政府主要工作提要求。县委副书记、常务副县长陆道如主持会议。

8月10日 响水县举行2004年度引进高层次人才任职仪式。县领导周德祥、张正华、李正林、王正方、孙佑兵、李刚出席。

8月14日 全县精神文明建设工作会议召开。县委书记周德祥到会讲话。县委副书记、县长朱斌主持会议。县委副书记李正林作工作报告。县委常委、宣传部部长裴彦贵宣读表彰决定。县领导林启俊、陆静林等出席。

8月15日 市委常委、组织部部长俞军在响水调研了解领导干部下访"金桥行动"有关情况。县委书记周德祥等陪同。

8月17日 副省长黄莉新在响水县老舍乡红镶边绿扁豆生产基地调研。副市长陈还堂陪同。

8月24日 全县银企对接座谈会召开。县领导周德祥、朱斌、季德荣、陆道如、陈培岭、史春耕及市、县金融部门,部分双重点企业负责人出席。

9月1日 全省首家残疾人互助互济会——黄海互助互济会在响水县大有镇挂牌。

9月3日 省质量技术监督局副局长张亚青在响水检查质监工作。市质监局局长夏士华,县领导周德祥、朱斌、樊玮陪同。

9月6日 全县人口与计划生育领导小组会议召开。县领导周德祥、朱斌、杨毅坚、陆静林出席。

9月7日 响水县召开开展机关为企业服务月活动动员大会。县长朱斌作动员讲话。

9月9日 市国土局局长崔士明在响水调研指导国土工作。县领导周德祥、陆道如、王正方、孙佑兵陪同。

9月10日 响水县召开庆祝第20个教师节表彰大会。县委书记周德祥,省委驻响水扶促工作队队长、县委副书记郑惠民,县领导高兆顶、季德荣、杨毅坚、李正林、王正方、刘永轩、裴彦贵、林启俊、陆静林出席表彰大会。

△ 响水县在厦门举行2004年江苏响水(厦门)台商联谊会。50多名台商和美国等地客商参加联谊会,达成4项意向性投资协议。县长朱斌、副县长武正华参加联谊会。

9月13日 县供销总社举行项目集中签约活动。县领导朱斌、季德荣、蔺盛冬、武正华、史春耕出席签约仪式。

9月16日 陈家港振海船舶修造厂自行设计制造的4000吨级钢质货轮正式建成、顺利下坞,并交付使用,填补苏北地区制造大型钢质船舶的空白。

9月17日 全省草危房改造工作会议在响水召开。省长助理陈宝田,省委副秘书长、省委农办主任兼扶贫办主任胥爱贵,市、县领导徐恒菊、周德祥、杨毅坚、邵礼青,全省进行草危房改造的各市、县领导出席。

9月18日 全县"解放思想、排找差距、促进发展"活动总结表彰大会召开。县领导周德祥、张正华、高兆顶、季德荣、陆道如、李正林、王正方、李国庆、刘永轩等出席。

9月21日 响水县举行2004年秋季盐城(响水)、常州(钟楼)劳务输出大型招聘洽谈会。

9月22日 县委常委(扩大)会议召开。会议传达学习中共十六届四中全会和省、市委(扩大)会议精神。县委书记周德祥主持会议。

9月23日 全市农村专业经济协会培育发展和登记管理工作现场会在响水县小尖镇召开。县领导朱斌、杨毅坚、纪从亮出席。

9月24~27日 响水县文化艺术周活动开幕。整个活动为期4天,包括文艺汇演、书法、集邮展及家庭才艺大赛等内容。

9月26日 南京军区副参谋长张中华少将在响水检查指导人民武装工作。县领导朱斌、李国庆陪同。

△ 县洪仁技校校长季洪仁应邀作为中华脊梁——海内外杰出人才国庆55周年的嘉宾,在北京参加国庆庆典。

9月28日 县政府七届五次全体人员会议召开。县长朱斌到会讲话。县委副书记、常务副县长陆道如主持会议。

9月29日 县七届人大常委会第14次会议召开。县人大常委会主任张正华,副主任丁茂林、陈培岭、林启俊、蔺盛冬、沈康生出席会议。县长朱斌,副县长陆静林、邵礼青,县法院院长李银芳,县检察院检察长庄严阳列席会议。会议学习贯彻中共十六届四中全会精神,审议并通过县政府关于《义务教育法》贯彻实施情况的汇报、县检察院关于反贪污贿赂工作情况的汇报等。会议任命朱金南为县人民政府副县长。

△ 响水县实验小学被省文联书画考级委员会授予"江苏省文联书画考级培训基地"。

9月30日 市委常委、组织部部长俞军在响水检查指导国庆期间安全生产和信访稳定工作。县领导朱斌、李正林、王正方、邵礼青陪同。

10月7日 省交通厅副厅长钱国超在响水检查连盐高速公路建设情况。县领导朱斌、陆道如、孙佑兵及市、县高速指挥部负责人陪同。

△ 全县完善剩余草危房调查摸底工作会议召开。副县长邵礼青到会讲话。

10月9日　响水县举行李伯祥先进事迹首场报告会。县委副书记、纪委书记李正林对开展向李伯祥学习活动提要求。县领导王正方、裴彦贵出席。

10月10日　市委书记张九汉、市长赵鹏率市招商引资观摩团在响水参观银燕二期、南京桂花鸭项目建设情况。县领导周德祥、朱斌等陪同。

10月14日　台湾醒吾技术学院代表团团长顾建东一行在响水参观考察。县委副书记、纪委书记李正林陪同。

10月16日　省委宣传部副部长、省文明办主任谭跃在响水调研精神文明建设工作。县委书记周德祥，县委常委、宣传部部长裴彦贵陪同。

10月18日　全县经济形势分析会召开。周德祥、朱斌、张正华、高兆顶等在响水的县四套班子领导及各乡镇、县各部门分管负责人出席。

10月19日　县委、县人大常委会召开纪念人民代表大会制度建立50周年大会。县委书记周德祥到会讲话。

10月21日　省消防总队副总队长滕绍江一行在响水调研指导消防工作。县委书记周德祥、县长朱斌、市消防支队政委于渭琪、县公安局局长戴刚陪同。

△　位于响水陈家港镇海边的两座测风塔——响水县一号测风塔、响水县二号测风塔安装调试成功，正式开始测风。

10月22日　省电力公司党委书记、总经理寇士清一行在响水调研指导扶贫促小康工作。市、县领导沈德林、周德祥、朱斌、郑惠民、杨毅坚等陪同。

10月25日　副市长徐恒菊率市教育局有关部门负责人在响水县双港镇会办扶贫工作，并调研响水县招商引资和基层党建工作。县领导周德祥、朱斌、杨毅坚、刘永轩、陆静林陪同。

△　省教育厅"三新一亮"工程验收组在响水评估验收农村中小学"三新一亮"工程。

10月26日　省电力公司物资管理部、苏源集团江苏省电力物资有限公司变压器用电磁线研讨合作会在响水召开。省、市电力公司有关领导及全省知名大型变压器厂负责人出席。

10月28日　市林业局局长李榕在响水检查指导林业工作。县领导朱斌、杨毅坚、邵礼青、纪从亮陪同。

△　全县首家村级党委——中共大有镇康庄村委员会挂牌。县领导裴彦贵、沈康生、李刚出席揭牌仪式。

10月29日　全市造林绿化工作会议在响水召开。副市长陈还堂到会讲话。县领导周德祥、朱斌、杨毅坚、邵礼青、纪从亮陪同参观响水县造林绿化现场。

△　响水县举行连云港海事局灌河海事处成立暨揭牌仪式。副县长孙佑兵出席仪式并与连云港海事局局长丁培良为灌河海事处揭牌。

△　市委副书记袁世珠一行在响水检查指导海堤公路建设工作。县领导周德祥、朱斌、陆道如、孙佑兵陪同。

11月3日　省委巡视组副组长、副厅级巡视专员王军率省委巡视组在响水视察指导工作。县领导周德祥、朱斌、张正华、高兆顶、季德荣、杨毅坚、李正林、陆道如、王正方、刘永轩、裴彦贵陪同。

△ 全县第七届村民委员会换届选举工作会议召开。县领导杨毅坚、丁茂林、邵礼青出席。

△ 江苏灌河水泥有限公司烟尘治理通过环保验收。县领导林启俊、樊玮、史春耕出席。

11月4日 市人大常委会副主任李之渭率有关单位负责人在响水调研指导新型农村合作医疗工作。县领导张正华、林启俊、陆静林陪同。

11月8日 盐城南方化工有限公司落户陈家港化工园区。县领导周德祥、张正华、季德荣、王正方、丁茂林、武正华、史春耕出席公司成立暨开工奠基仪式。

11月9日 省海洋环境保护联合执法检查组在响水检查指导海洋环境保护工作。市、县领导周德祥、张宏达、杨毅坚、樊玮、武正华陪同。

11月12日 县第四届"海林振响富民精英"暨"晓砚白衣天使"表彰大会召开。县领导张正华、杨毅坚、王正方及李海林的父亲李子衡、东渡高新集团副总裁裴永祥出席。

11月15~17日 市"平安创建"考核组在响水考核验收2004年度"平安创建"工作。县领导周德祥、邵礼青陪同。

11月16日 南京军区司令员朱文泉在响水县南河镇昌盛希望小学视察指导工作。省军区政治部主任苏俊高少将,市委书记、市人大常委会主任张九汉,市委常委、秘书长林成立,盐城军分区司令员王公启,政委孙德俊,政治部主任蔡凡秀,县委书记周德祥,县长朱斌,副县长陆静林等陪同。

△ 市委常委、组织部部长俞军率市检查组在响水检查考核党风廉政建设责任制落实情况。县领导周德祥等陪同。

11月18日 全县举行项目集中开工仪式。周德祥、朱斌、张正华、高兆顶等在响水的县四套班子领导出席。

11月20日 响水县人才市场教育分市场举行揭牌仪式。副县长陆静林出席并揭牌。

11月21日 响水县举行盐城市暨响水县欢送进藏新兵离境仪式。盐城军分区副司令员、市征兵领导小组副组长管晓阳,盐城军分区参谋长陈贯云,市政府副秘书长倪崇彦及县政府、县人武部有关领导出席。

△ 省监管总队政委倪辉一行在响水视察监管工作。

11月22日 响水县设分会场收听收看国务院及省、市先后召开的党风廉政建设责任制电视电话会议。县委书记周德祥,县委常委、宣传部部长裴彦贵出席分会场会议。

11月23日 副市长戴元湖一行在响水检查指导外向型经济工作情况。县领导周德祥、季德荣、武正华、朱金南陪同。

11月24日 山东晨鸣纸业集团公司董事长陈洪国一行在响水考察。市、县领导戴元湖、周德祥、朱斌、陆道如陪同。

11月25日 全市中小学管理创新流动现场会在响水召开。副市长徐恒菊、县委书记周德祥及各县(市、区)分管领导出席。

11月27日 宜兴市市委常委、常务副市长杨亚君率市外贸局、公安局等有关部门负责人在响水考察。县委副书记、常务副县长陆道如陪同。

△ 市委常委、盐城军分区司令员王公启一行在响水县陈家港镇视察基层人武工作和民兵“双带双扶”实施情况。

11月28日 县委七届十次全体(扩大)会议召开。会议学习贯彻中共十六届四中全会、省委十届八次全会和市委四届12次全体(扩大)会议精神。县委书记周德祥,县委副书记、县长朱斌分别讲话。县领导季德荣、杨毅坚、陆道如、李正林、王正方、刘永轩、裴彦贵出席。

11月29日 市委常委、组织部部长俞军,市委组织部副部长李长见一行在响水观摩社区建设、社区党建和非公企业党建工作。县领导周德祥、王正方、刘永轩陪同。

11月30日 省国信集团副总经理蒋旭升一行在响水检查扶贫项目实施情况。县领导朱斌、杨毅坚、浦福如陪同。

△ 省公路局副局长陆元良率省交通厅调研组在响水专题调研基层交通工作。县长朱斌、副县长孙佑兵出席汇报会。

12月1日 省开发局检查组在响水检查农业综合开发项目实施情况。县领导杨毅坚、纪从亮出席汇报会。

12月2日 省交通厅副厅长钱国超在响水视察农村公路及灌河特大桥建设情况。县领导周德祥、陆道如、孙佑兵及市、县交通部门负责人陪同。

△ 省人大常委会副主任柏苏宁率部分省人大代表在响水视察沿海经济发展工作。市、县领导谷容先、徐昆荣、朱斌、杨毅坚、陆道如、沈康生、吴晓等陪同。

12月3日 连云港市委书记陈震宁、市长刘永忠率党政代表团在响水参观考察。市、县领导赵鹏、林成立、周德祥、朱斌、季德荣、刘永轩、樊玮陪同。

12月5日 县委召开中心组学习会,传达学习中纪委、省委、省政府有关会议精神,学习新时期好干部、呼和浩特市委书记牛玉儒感人事迹。

12月7日 响水县设分会场收听收看省、市先后召开的清理拖欠工程款和农民工工资电视电话会议。县委副书记、常务副县长陆道如,副县长孙佑兵出席分会场会议。

12月10日 盐城市海堤海防公路全线贯通。市、县领导赵鹏、周德祥、朱斌、孙佑兵等参观响水县境内的海堤公路。

12月11日 全县领导干部大会召开。会议贯彻落实省委书记李源潮在盐城考察工作时的讲话精神。周德祥、朱斌、张正华、高兆顶等在响水的县四套班子领导及各乡镇、县各部委办局主要负责人出席。

12月14日 副市长王益在响水检查指导城镇建设工作。县领导周德祥、朱斌、孙佑兵等陪同。

△ 响水县设分会场收听收看国家、省、市先后召开的安全生产电视电话会议。县长朱斌出席分会场会议并提要求。

12月18日 响水县举行重点项目成果展暨项目集中签约活动。周德祥、朱斌、高兆顶等在响水的县四套班子领导及各乡镇党委书记、乡镇长,县相关单位负责人出席活动。

12月20日 市委常委、纪委书记曹玉和,市人大常委会副主任曹桂英率部分市人大代表在响水视察卫生工作。

12月22日 全市收费公示现场观摩会在响水召开。县领导季德荣、蔺盛冬、武正华、史春耕及市物价部门有关领导,各县(市、区)物价局负责人出席。

12 月 23～24 日 省委宣传部宣教处组织新华日报、江苏电视台、电台、扬子晚报等省级媒体在响水报道被誉为新时代的时传祥——江苏省优秀共产党员、县环卫所所长李伯祥的先进事迹。

12 月 27 日 市红十字会常务副会长徐金旸率市红十字会有关领导在响水县红十字会检查指导工作。县委副书记、纪委书记、县红十字会名誉副会长李正林出席汇报会。

12 月 28 日 省级机关纪工委书记李积剑一行在响水县七套乡开展扶促捐赠活动。县委副书记杨毅坚,省委驻响水扶促工作队副队长、副县长浦福如出席捐赠活动。

12 月 29 日 响水县人才市场卫生分市场举行揭牌仪式。

12 月 31 日 县委工作会议召开。县委书记周德祥作《抓住机遇,乘势而上,加快发展,科学发展,为全面完成"十五"计划而努力奋斗》报告。县长朱斌就落实会议精神和全县 2005 年各项工作提要求。

△ 县七届人大常委会第 16 次会议召开。县人大常委会主任张正华,副主任丁茂林、陈培岭、林启俊、蔺盛冬、沈康生及委员出席会议。县委副书记、常务副县长陆道如,县人民法院、县人民检察院主要负责人列席会议。会议补选曹士新为市五届人大代表。任命吴敦为县人民法院副院长、代院长,王卫东为县人大办公室主任,吴志俊为县财政局局长,游牧为县水务局局长,顾品仁为县建设局局长,李文忠为县司法局局长,蔡雪成为县劳保局局长,戴强国为县文化局局长,裘德宝为县安监局局长。

2005 年

1 月 4 日　市精神文明创建考核小组在响水考核 2004 年精神文明创建工作。县领导李正林、裴彦贵出席汇报会。

1 月 5 日　响水县设分会场收听收看中共中央保持共产党员先进性教育活动电视电话会议。县委书记周德祥出席分会场会议并提要求。朱斌、张正华、高兆顶等县四套班子领导及县相关单位党组织负责人出席分会场会议。

△　市计划生育观摩团参观响水县老舍乡、小尖镇计划生育服务站。县领导朱斌、杨毅坚、陆静林陪同。

△　市委督查组在响水督查省、市委全会及市经济工作会议精神贯彻落实情况。县委副书记、纪委书记李正林汇报相关情况。

1 月 8～11 日　政协响水县第七届委员会第三次会议召开。县委书记周德祥到会讲话。县政协主席高兆顶致辞。县政协副主席吴晓作工作报告。大会表彰 2004 年"双好"委员和优秀提案,通过政协响水县第七届委员会第三次会议决议和提案审查情况的报告。

1 月 9～12 日　响水县第七届人民代表大会第三次会议召开。县长朱斌作政府工作报告。县发展计划委员会主任王建成作《2004 年国民经济和社会发展计划执行情况与 2005 年国民经济与社会发展计划草案》报告。县财政局局长吴志俊作《关于响水县 2004 年财政预算执行情况和 2005 年财政预算草案》报告。县人大常委会主任张正华作人大常委会工作报告。县人民法院代院长吴敦作 2004 年度法院工作报告,县人民检察院检察长李勤作 2004 年检察工作报告。大会选举李银芳为县人大常委会副主任,吴启标为县人大常委会委员,吴敦为县人民法院院长。县领导周德祥、张正华、朱斌、高兆顶、季德荣、杨毅坚、陆道如、李正林、丁茂林、陈培岭、林启俊、蔺盛冬、沈康生、李银芳出席。

1 月 11 日　市民营经济考核组在响水考核 2004 年民营经济发展情况。县领导季德荣、武正华出席汇报会。

△　响水县设分会场收听收看国家、省、市先后召开的打击赌博违法犯罪活动专项行动电视电话会议。副县长邵礼青出席分会场会议并讲话。

△　市劳动与社会保障局副局长蔡泽清在响水考核 2004 年度劳动就业与社会保障工作。副县长陆静林介绍响水县有关工作情况。

1 月 12 日　全县法治响水建设动员大会召开。县领导周德祥、朱斌、高兆顶、刘永轩、丁茂林、邵礼青,县人民法院院长吴敦,县人民检察院检察长庄严阳出席。

1 月 14 日　省总工会党组书记、副主席李晓布在响水开展慰问活动。县领导周德祥、王正方陪同。

1 月 15 日 响水县设分会场收听收看全省领导干部警示教育电视电话会议。周德祥、朱斌、张正华等在响水的县四套班子领导出席分会场会议。

1 月 17 日 响水县设分会场收听收看国家、省、市先后召开的安全生产电视电话会议。县长朱斌出席分会场会议并讲话。

△ 响水县设分会场收听收看市委保持共产党员先进性教育活动工作会议暨先进事迹报告会。县委副书记季德荣及各乡镇、县直各单位主要负责人出席分会场会议。

1 月 18 日 县人民医院举行新门诊大楼落成暨开业庆典仪式。县领导周德祥、张正华、陆道如、李正林、裴彦贵、林启俊、陈苏红及市卫生局负责人参加庆典,并为新大楼剪彩。

△ 市中级人民法院院长马志相一行在响水参加县法院"司法为民服务热线"开通仪式。县委书记周德祥,县人大常委会副主任丁茂林、李银芳,副县长邵礼青陪同。

△ 市广电局副局长陈忱率市环保考核工作小组在响水检查指导环保工作。县领导周德祥、陆道如、朱金南陪同。

△ 响水县城南农贸市场开业。

△ 中华联合财产保险公司响水分公司成立。

1 月 19 日 县委常委(扩大)会议召开。会议研究部署响水县保持共产党员先进性教育活动实施方案。

△ 省、市养老保险检查组在响水检查指导相关工作。县委副书记、常务副县长陆道如陪同。

1 月 20 日 全县保持共产党员先进性教育活动工作会议召开。市委常委、组织部部长俞军,市人大常委会副主任刘鉴康,周德祥、张正华、高兆顶等在响水的县四套班子领导出席。

△ 常州市钟楼区区委书记沈瑞卿、区长徐缨率党政代表团在响水考察。县领导周德祥、张正华、季德荣、杨毅坚、陆道如、裴彦贵、朱金南等陪同。

△ 全省(苏北片)农村社会养老保险工作现场会在响水召开。省劳动和社会保障厅副厅长陈励阳及苏北五市农保工作相关负责人出席。

1 月 21 日 副市长徐恒菊在响水县双港镇检查农村合作医疗工作。县领导周德祥、裴彦贵、蔺盛冬陪同。

1 月 24 日 中国共产党响水县纪律检查委员会第七次全体会议召开。会议传达胡锦涛在中央纪委五次全会上的讲话精神。县委书记周德祥到会讲话。县委副书记、纪委书记李正林作工作报告。县领导朱斌、张正华、季德荣、杨毅坚、陆道如等出席。

△ 市委副书记冯永农、副市长陈还堂、市政协副主席肖兰英及市相关部门负责人在响水开展节前慰问活动。

1 月 25 日 省教育厅厅长祭彦加、市教育局局长常逢生一行在响水县老舍乡中心学校看望农村教育工作一线教师,慰问困难教师与学生。

1 月 26 日 省委副书记、省长梁保华在响水慰问视察。省政府秘书长李小敏、副秘书长于利中及省有关部门主要负责人随同。市、县领导张九汉、赵鹏、张炳贤、周德祥、朱斌等陪同。

1 月 27 日 省委先进性教育活动工作督导组张新民一行在响水检查指导先进性教

育活动开展情况。县领导朱斌、王正方陪同。

2月1日 全县保持共产党员先进性教育专题报告会召开。县委书记周德祥作《认真实践"三个代表"重要思想,更快更好推进全面小康建设》报告。在响水的县四套班子领导及各单位主要负责人、分管党务负责人、办公室主任出席。

2月2日 全县党员领导干部保持共产党员先进性警示教育大会召开。县委书记周德祥到会讲话。县长朱斌主持会议。县委常委、纪委书记李正林通报剖析近年来全县查处的大要案件情况及其特点。县四套班子全体领导,县各部委办局、各单位、各乡镇主要负责人及其家属出席。

2月3日 县政府七届六次全体(扩大)会议召开。县长朱斌提要求。县委副书记、常务副县长陆道如主持会议。

2月5日 全县人民武装工作会议召开。县委书记、县人武部党委第一书记周德祥到会讲话。县领导朱斌、陆道如、刘永轩,县人武部负责人及各乡镇(场)党委书记、武装干部出席。

△ 市委常委、组织部部长俞军在响水慰问建国前老党员并检查指导先进性教育工作。

2月16日 全县2004年度三个文明建设表彰大会召开。县委书记周德祥到会讲话。县长朱斌主持大会。

2月17日 省公安厅党委委员、后勤管理处处长王琦在响水调研指导公安工作和先进性教育活动。县委常委、组织部部长王正方陪同。

2月18日 市委先进性教育活动督导组在响水督查前阶段先进性教育活动工作。县委常委、组织部部长、县先进性教育活动领导小组副组长、办公室主任王正方陪同。

2月19日 响水县举行保持共产党员先进性教育辅导报告会。县委书记周德祥到会讲话。县四套班子全体成员,曾担任过县处级领导职务的老同志及县各相关部门、单位主要负责人等出席。

△ 响水县召开优秀共产党员先进事迹报告会。会议听取县交通局党委、陈家港镇党委和李伯祥、王纯华的先进事迹。周德祥、朱斌、张正华、高兆顶等在响水的县四套班子领导,曾担任过县处级领导职务的老同志,各乡镇、县各部委办局主要负责人出席。

2月21日 响水县设分会场收听收看国家、省、市先后召开的治理教育乱收费工作电视电话会议。副县长陆静林出席分会场会议并提要求。

2月22日 全县人口和计划生育工作大会召开。县委书记周德祥到会讲话。县长朱斌作工作报告。县领导杨毅坚、刘永轩、林启俊、陆静林、陈苏红出席。

2月24日 县委常委(扩大)会议召开,研究县四套班子领导挂钩服务重点项目建设问题,并对全县保持共产党员先进性教育活动提出要求。县四套班子领导及县相关部门负责人出席。

△ 响水县举行第11批省委驻响水扶贫促小康工作队进驻响水欢迎仪式。县领导周德祥、朱斌、张正华、高兆顶等出席。

2月26日 在全市2004年度三个文明建设先进集体、先进个人表彰大会上,县委书记周德祥、县委副书记杨毅坚获市"三个文明建设先进个人"称号。响水县获综合奖二等奖、农村工作奖、人才奖、三项先进集体奖项。

3 月 1 日 全县财政暨县级机关作风建设大会召开。县四套班子领导，县直有关单位、各部委办局、各乡镇负责人出席。

△ 省红十字会副秘书长徐祥一行在响水考察论证博爱小学规划选址情况。副县长、县红十字会会长陆静林及县相关单位负责人陪同。

3 月 5 日 全县纪念“三八”国际妇女节大会暨创业女性先进事迹报告会召开。县委书记周德祥到会讲话。县领导王正方、丁茂林、李银芳、陆静林、陈苏红等出席。

△ 响水县召开全县抓学习促发展目标承诺电视电话会议。县四套班子领导，各乡镇、县相关部门、单位主要负责人将各自工作目标向全县人民作出承诺。

3 月 7 日 全县农业农村暨造林绿化工作会议召开。县委书记周德祥到会讲话。县长朱斌作主题报告。县委副书记杨毅坚主持会议。县领导刘永轩、陈培岭、纪从亮等出席。

3 月 10 日 省农业资源开发局局长吴洪彪一行在响水县六套乡会办落实扶促工作。市开发局局长卢峰、县委副书记季德荣等陪同。

3 月 16 日 响水县陈家港化工园区裕廊化工二期工程和江苏联化科技有限公司参加盐城市 24 项重点工业项目集中开工活动。市委常委、组织部部长俞军，市人大常委会副主任刘鉴康，县领导周德祥、朱斌、张正华、高兆顶、季德荣、陆道如等出席。

3 月 17 日 全市扶贫开发工作会议在响水召开。市委书记张九汉、市长赵鹏、市委副书记冯永农等市领导及各县（市、区）主要负责人、全市各扶促单位负责人出席。

3 月 19 日 团县委七届四次全体（扩大）会议召开。县委常委、组织部部长王正方到会讲话。团县委书记吴启标作工作报告。

3 月 21 日 全县扶贫促小康工作会议召开。周德祥、朱斌、缪莉庆、杨毅坚、王正方、刘永轩、裴彦贵、陈培岭、邵礼青、李刚等县四套班子领导，省、市驻响水扶促工作队负责人及各乡镇区、县各部委办局主要负责人出席。

△ 全县机关效能建设工作会议召开。县领导周德祥、朱斌、张正华、高兆顶、李正林、王正方、刘永轩、裴彦贵等出席。

3 月 23 日 响水县设分会场收听收看全市宣传思想工作电视电话会议。县委副书记李正林、县人大常委会副主任李银芳、县政协副主席卜曙及县各部委办局主要负责人出席分会场会议。

3 月 25 日 全县先进性教育学习成果交流暨分析评议阶段工作会议召开。市、县领导俞军、周德祥、张正华、高兆顶、季德荣、陆道如、李正林、刘永轩，市督导组组长王绍前等出席。

3 月 26 日 省委常委、省军区政委吴奇少将在响水县人武部检查指导开展保持共产党员先进性教育活动、双带双扶和基层武装部工作。市委常委、盐城军分区政委孙德俊，盐城军分区司令员王公启及县领导周德祥、朱斌等陪同。

△ 全县第 17 个爱国卫生月动员大会召开。大会确定爱国卫生月以“水绿响水，健康市民”为主题。县领导陆道如、陆静林、孙佑兵分别作动员部署。

3 月 28 日 市委常委、组织部部长俞军召集市发改委等 9 家挂钩响水帮扶单位和市委组织部等 3 家“亲情联动”联系单位的主要负责人，在响水县南河镇专题会办扶贫开发工作。县委书记周德祥、县人大常委会主任张正华参加会办。

4月1日　全县加强和改进未成年人思想道德建设工作协调会召开。县领导李正林、裴彦贵、丁茂林、陆静林、吴晓等出席。

4月5日　全县农村合作医疗暨农村改水工作会议召开。县领导朱斌、陆道如、李正林、林启俊、陆静林、陈苏红等出席。

4月6日　响水县召开一季度经济工作汇报会。周德祥、朱斌、张正华、高兆顶、季德荣、杨毅坚、陆道如、李正林等县四套班子领导及各乡镇区、县各部委办局负责人出席。

4月8日　全市领导干部大会召开。响水、东台、市开发区在会上发言。县委书记周德祥代表县委、县政府作《抢抓机遇快发展，振兴盐城北大门》的发言。

4月9日　响水县召开迎接国家级生态示范区验收工作会办会。县长朱斌、副县长樊玮及相关乡镇、单位负责人参加会办。

4月12日　副市长陈还堂召集市供电公司等10家挂钩响水帮扶单位负责人，在响水县张集乡专题会办扶贫工作。县委书记周德祥等出席会办会。

△　盐城市"勤政廉政好干部"先进事迹巡回报告会在响水举行。县委书记周德祥到会讲话。县委常委、组织部部长王正方等出席。

△　以台湾原"陆军总司令"陈廷宠为团长的江苏省旅台同乡会参观团在响水观光。

4月13日　市委书记张九汉在响水指导工作。县领导周德祥、张正华、高兆顶、杨毅坚、陆道如、李正林等陪同。

4月15日　响水县召开加快响水振兴万人广播电视动员大会。县委书记周德祥作《解放思想，抢抓机遇，加快发展，科学发展，为加快响水振兴早日实现全面小康目标而努力奋斗》报告。县长朱斌围绕全县经济工作作部署。县委副书记杨毅坚主持大会。张正华、高兆顶、陆道如、李正林、王正方、刘永轩、陈金元等县四套班子领导出席。

4月19日　副市长徐恒菊率市有关部门负责人在响水县双港镇、南河镇会办扶促工作，并调研新型农村合作医疗工作。县领导朱斌、蔺盛冬、陆静林出席会办会并陪同调研。

4月20日　全县保持共产党员先进性教育活动分析评议阶段工作会议召开。县委书记周德祥到会讲话。县委副书记、县长朱斌主持会议。张正华、高兆顶、季德荣、杨毅坚、陆道如、王正方、刘永轩、陈金元等在响水的县四套班子领导出席。

4月22日　响水县召开流通企业改制工作会议。县领导朱斌、季德荣、陆道如、樊玮、武正华等出席。

△　响水县召开推进上海、苏南驻点招商工作会议。县领导季德荣、王正方、裴彦贵、蔺盛冬、樊玮、史春耕等出席。

4月26日　县委召开常委专题民主生活会。市委督导组组长王绍前到会讲话。县委副书记、县长朱斌等全体常委出席会议。县人大、县政协主要负责人列席会议。

△　县政府召开党组专题民主生活会。县长朱斌主持会议。县委副书记、常务副县长陆道如，副县长邵礼青、孙佑兵、黄骏、武正华、朱金南等政府党组成员出席。县纪委、县委组织部等相关人员参加。

4月27日　副市长周古城率市扶贫办、市交通局系统负责人在响水县小尖镇会办扶贫工作。县委书记周德祥、副书记季德荣等出席会办会。

5月1日　响水县召开庆"五一"劳模座谈会暨劳模协会首届二次理事会议。县委副书记杨毅坚到会讲话。县委常委、组织部部长王正方主持会议。

5 月 7 日 县委召开民主生活会情况通报会。县委书记、县委先进性教育活动领导小组组长周德祥通报民主生活会情况。县委副书记、县长朱斌主持会议。县领导高兆顶、季德荣、杨毅坚、陆道如、李正林、王正方、刘永轩、裴彦贵、陈金元,县委先进性活动领导小组成员及曾担任过县处级领导职务的老同志出席。

5 月 9 日 全县防汛防旱工作会议召开。县领导朱斌、杨毅坚、邵礼青出席。

5 月 15 日 响水县举行纪念全国第 15 个助残日活动。县领导丁茂林、邵礼青及县残联等相关部门负责人出席。

5 月 19 日 省政协副主席吴冬华、省政协副秘书长丁泽生一行在响水调研。市、县领导洪志爱、高兆顶、李正林、刘永轩、武正华等陪同。

△ 全县社区矫正工作暨法制宣传教育工作会议召开。县领导李正林、裴彦贵、邵礼青出席。

5 月 21 日 全县组织宣传工作会议召开。县委书记周德祥对组织、宣传工作提出要求。县委副书记、县长朱斌主持会议。县委常委、组织部部长王正方,县委常委、宣传部部长裴彦贵分别作组织、宣传工作报告。县领导张正华、李正林、刘永轩、陈金元等出席。

△ 全县第一批先进性教育活动整改提高阶段工作会议召开。市委常委、组织部部长俞军,县委书记周德祥分别讲话。县长朱斌主持大会。县领导张正华、季德荣、李正林、王正方、刘永轩、裴彦贵、陈金元,市委督导组组长王绍前出席。

5 月 23 日 全县第 17 届科普周活动开幕。县领导王正方、陈培岭参加开幕式。

5 月 25 日 全县第三届校园文化艺术节开幕。县领导裴彦贵、陆静林参加活动。

5 月 26 日 中国人民解放军原总后勤部政委、全国人大法律委员会副主任周克玉上将在响水视察。市委常委、盐城军分区政委孙德俊,县领导周德祥、刘永轩、陈金元等陪同。

△ 响水亚邦大酒店项目举行开工典礼。县长朱斌主持庆典仪式。周德祥、张正华、高兆顶、季德荣、陆道如、孙佑兵、樊玮、武正华等县四套班子领导出席。

△ 响水县在浙江省温州市举办为期 7 天的"民营经济"专题培训班。响水县 43 名乡镇、县相关部门分管领导,近年来新提拔的副科级干部及部分民营企业负责人参加。

5 月 27 日 县委书记周德祥主持召开县委常委(扩大)会议,传达贯彻省、市委关于当前经济工作的部署要求,研究部署全县当前经济工作。

5 月 28 日 全县社会保险扩面征缴工作会议召开。县长朱斌到会讲话。县委副书记、常务副县长陆道如主持会议。县领导蔺盛冬、史春耕及县各部门、单位主要负责人出席。

5 月 30 日 市领导张九汉、赵鹏、张炳贤、袁世珠等和各县(市)主要负责人在陈家港化工集中区观摩。县领导周德祥、朱斌、季德荣、杨毅坚、李正林、樊玮、武正华等陪同。

6 月 5 日 副市长徐恒菊在响水检查指导高考准备工作。副县长陆静林等陪同。

6 月 6 日 响水县召开全县经济形势分析会。周德祥、朱斌、张正华、高兆顶、季德荣、杨毅坚、陆道如、李正林、刘永轩、陈金元等县四套班子领导及各乡镇、县各部委办局主要负责人出席。

6 月 7 日 市人大常委会副主任郭健生一行在响水检查《安全生产法》贯彻实施情况。县领导周德祥、朱斌、张正华、蔺盛冬、樊玮等陪同。

6 月 8 日　响水县召开优化发展环境动员大会。县领导朱斌、陆道如、李正林等出席。

△　响水县召开财政收入时间过半、任务超半工作会议。县领导朱斌、陆道如、蔺盛冬、吴晓及各乡镇区、县各部委办局负责人出席。

6 月 11 日　响水县举行江苏裕廊化工有限公司仓储项目设计工程合同签字仪式。县领导周德祥、朱斌、季德荣、陆静林等出席。

6 月 16 日　响水县建材综合大市场举行开工典礼。县领导周德祥、朱斌、张正华、高兆顶、刘永轩、林启俊等出席。

6 月 17 ~ 18 日　盐城市建设系统党风廉政建设座谈会在响水召开。

6 月 18 日　响水县举行 2005 年全民健身周启动仪式暨迎“十运”健身走活动。县领导林启俊、陆静林、卜曙，市体育局副局长刘庆德及全县各行各业的干部群众、学生代表参加。

6 月 20 日　全县利用外资工作会议召开。县领导周德祥、朱斌、季德荣、高兆顶、朱金南等出席。

6 月 26 日　市委常委、组织部部长俞军在响水开展“七一”慰问活动。县委书记周德祥及县委组织部相关负责人陪同。

6 月 30 日　响水县设分会场收听收看全市“七一”表彰大会暨第二批保持共产党员先进性教育活动电视电话会议。县领导周德祥、张正华、高兆顶、季德荣、杨毅坚、丁茂林、林启俊、沈康生、朱金南、吴晓、卜曙等出席分会场会议。

7 月 1 日　响水县召开“七一”表彰大会暨第二批保持共产党员先进性教育活动工作会议。周德祥、张正华、高兆顶、季德荣、杨毅坚、王正方等在响水的县四套班子领导及市委督导组组长王绍前出席。

7 月 6 ~ 7 日　振兴盐城北京咨询会老领导一行在响水参观视察。县领导周德祥、朱斌、张正华、樊玮等陪同。

7 月 9 日　县委书记周德祥带领县水务、气象等部门主要负责人在海堤、灌河堤一线检查防汛防灾工作。县委副书记杨毅坚、副县长邵礼青陪同。

7 月 13 ~ 14 日　省委副书记冯敏刚在响水视察。省、市、县领导徐金万、张九汉、赵鹏、林成立、李驰、俞军、周德祥、朱斌等陪同。

7 月 15 日　响水县召开平安创建和夏季严打斗争工作会议。县领导周德祥、朱斌、张正华、高兆顶、陆道如、李正林、刘永轩、蔺盛冬等出席。

△　响水县召开财政收入工作会议。县领导周德祥、朱斌、张正华、高兆顶、陆道如、李正林、蔺盛冬等出席。

7 月 18 日　响水县集中观摩全县重点项目，并召开全县经济工作会议。周德祥、朱斌、张正华、高兆顶、季德荣、杨毅坚、王正方、刘永轩、裴彦贵、陈金元等在响水的县四套班领导出席。

7 月 20 日　省物价局检查分局局长甘家林一行在响水检查验收创建省规范化检查分局情况。县委副书记季德荣、副县长武正华等陪同。

7 月 21 日　响水县召开工业企业学裕廊暨规模企业竞赛活动动员大会。县领导季德荣、蔺盛冬、樊玮、陈苏红等出席。

△ 省海洋与渔业局海域处处长赵钧、副处长林兵、省测绘局副处长林成贵一行在响水勘测海域分界情况。

7 月 25 日 福建省尤溪县县长陈瑞喜率考察团在响水考察学习财政工作和乡镇机构改革的经验与做法。

7 月 26 日 县人大常委会 2005 年度工作评议和述职评议动员会议召开。会议部署对响水质监局工作评议和对“一府两院”组成人员的述职评议工作。县领导周德祥、张正华、丁茂林、陈培岭、林启俊、沈康生、李银芳等出席。

7 月 27 日 县七届人大常委会第 20 次会议召开。县人大常委会主任张正华,副主任丁茂林、陈培岭、林启俊、蔺盛冬、沈康生、李银芳及部分委员出席会议。县委副书记、常务副县长陆道如,副县长武正华,县法院、检察院、人大办、政府办、建设局等单位负责人及县人大常委会各工作委员会副主任列席会议。

7 月 28 日 响水县在昆山市举办招商引资推介会。推介会签约项目 38 个,引资总额 15.8 亿元;签订意向协议项目 17 个,协议引资 3.9 亿元。县领导周德祥、张正华、高兆顶、季德荣、刘永轩、裴彦贵、蔺盛冬、樊玮、武正华、朱金南、史春耕等出席。

8 月 3 日 省环保厅副厅长赵挺率生态示范区省级调研组在响水调研指导创建国家级生态示范区工作。县领导朱斌、张正华、季德荣、林启俊、樊玮、李刚等陪同。

8 月 6 ~ 7 日 市委副书记、常务副市长张炳贤,市委常委、组织部部长俞军在响水指导防汛抗灾工作。县领导周德祥、朱斌、张正华、高兆顶等陪同。

8 月 8 日 响水县在杭州举行 2005 年响水(杭州)服务业招商推介会。县长朱斌介绍响水县及发展服务业概况。县委副书记、常务副县长陆道如主持推介会。推介会签订投资意向项目 14 个,协议投资 4.5 亿元。

8 月 10 日 省信访局党员干部爱心助学捐赠仪式在响水举行。省信访局副局长殷长荣,市信访局局长顾云岭,团市委书记陈红红,县领导周德祥、李正林、王正方、陆静林等出席。

8 月 12 日 湖北省蕲春县政府常务副县长王继芳率学习考察团在响水考察学习财政工作。县领导陆道如等陪同。

8 月 13 日 由县委宣传部、县关工委、县教育局、县文化局联合主办,县图书馆承办的《民族的胜利——纪念抗日战争胜利 60 周年大型图片展览》开展。

8 月 15 日 全县领导干部大会召开。会议传达学习省委书记李源潮在全省领导干部学习研讨班上的重要讲话和市委书记张九汉在全市领导干部大会上的重要讲话精神。县委书记周德祥到会讲话。县长朱斌主持大会。县领导张正华、高兆顶、杨毅坚、陆道如、李正林、王正方、刘永轩、裴彦贵等出席。

8 月 20 日 响水县召开加快发展现代服务业工作会议。周德祥、朱斌、张正华、高兆顶、杨毅坚、陆道如等在响水的县四套班子领导出席。

8 月 23 日 省劳动保障局监察总队经宏斌副总队长一行在响水调研劳动保障监察工作开展情况。副县长陆静林陪同。

8 月 24 日 市人大常委会副主任刘鉴康率有关部门负责人在响水视察废黄河故道农业综合开发工作。县人大常委会主任张正华,副主任陈培岭,副县长邵礼青陪同。

8 月 26 日 省委常委、常务副省长蒋定之一行在灌河特大桥工地视察大桥建设情况。省交通厅厅长潘永和，市长赵鹏、市交通局局长刘长青，县领导朱斌、杨毅坚、孙佑兵等陪同。

8月28日 响水县在南京举办农业招商推介会，签约农业项目31个，协议引资总额11亿元。县领导周德祥、朱斌、张正华、高兆顶、杨毅坚、刘永轩、邵礼青、纪从亮等出席。

8月31日 市中级人民法院院长马志相在响水指导法院工作。县领导朱斌、李正林、丁茂林，县法院院长吴敦等陪同。

9月6日 全县第二批保持共产党员先进性教育活动分析评议阶段工作会议召开。县委书记周德祥到会讲话。县长朱斌主持会议。县领导刘永轩，市委巡回检查组组长蔡兆山等出席。

9月7日 全市重点工业项目“双百工程”推进会在响水召开。县领导周德祥、朱斌、季德荣、樊玮、武正华、史春耕及全市各县(市、区)分管工业的副县长出席。

9月8日 全县项目集中开工暨推进工作会议召开。周德祥、朱斌、张正华、季德荣、杨毅坚、刘永轩、裴彦贵等在响水的县四套班子领导出席。

9月10日 全县环境卫生综合整治突击月活动动员大会召开。县委书记周德祥到会讲话。县长朱斌作工作部署。县领导张正华、季德荣、杨毅坚、李正林、刘永轩、裴彦贵、陆静林及各乡镇乡镇长，县各部门、单位副科级以上干部出席。

9月22日 市委副书记冯永农，市委常委、政法委书记陈正邦率全市平安创建现场推进会与会人员在响水参观平安创建现场。县领导周德祥、朱斌、李正林、丁茂林、邵礼青、卜曙等陪同。

9月23日 响水县举行第二届文化艺术周开幕式。县领导周德祥、朱斌、张正华、杨毅坚、李正林等出席。

9月25日 响水县召开学习陈家港镇加快发展、科学发展先进事迹报告会。周德祥、朱斌、张正华、季德荣、杨毅坚、李正林、王正方、刘永轩、裴彦贵、陈金元等在响水的县四套班子领导出席。

9月26日 市沿海资源环境推介会在盐城举行。县领导周德祥、朱斌、季德荣及县相关部门领导参加。推介会签订区域性合作协议2个，工业项目3个。

△ 响水县与上海组织人事报社举办“实施领导干部目标承诺，责任公示”理论研讨会。市委常委、组织部部长俞军，老领导孙富中、王清，上海组织人事报社，省委党校、新华日报社等单位的专家学者，县领导周德祥、朱斌、张正华等出席。

9月28日 响水县举办第二届文化艺术周闭幕式暨颁奖晚会。市委常委、宣传部部长李驰，市委宣传部常务副部长施建石，市文化局局长陈小莲，县领导周德祥、朱斌、季德荣、杨毅坚、刘永轩、裴彦贵、陈金元等观看演出，并为获奖单位和个人颁奖。

△ 响水县摄影家、作家、音乐舞蹈家等三个协会成立。市委宣传部常务副部长施建石，县委常委、宣传部部长裴彦贵等出席成立大会。

△ 邓洪卫小小说研讨会在响水召开。市委宣传部常务副部长、市文联主席施建石，县委常委、宣传部部长裴彦贵，《小小说选刊》总编辑杨晓敏等省内外著名作家、评论家出席。

9月29日 全县农民增收工作形势分析会召开。县领导周德祥、杨毅坚、纪从亮出席。

9 月 30 日 县第二届文化艺术周活动总结会召开。县委副书记、纪委书记、县第二届文化艺术周活动领导小组组长李正林对相关工作提出要求。县委常委、宣传部部长、县第二届文化艺术周活动领导小组副组长裴彦贵出席会议并讲话。县第二届文化艺术周活动领导小组全体成员参加会议。

10 月 2 日 省交通厅副厅长钱国超一行在连盐高速灌河特大桥建设现场,慰问节日期间奋战在施工一线的建设人员。

10 月 7 日 响水县召开空缺正科职岗位目标人选民主推荐大会。周德祥、朱斌、季德荣、杨毅坚、陆道如、李正林、王正方、刘永轩、裴彦贵等县四套班子领导出席。

△ 全县农民增收工作会议召开。周德祥、朱斌、张正华、季德荣、杨毅坚、陆道如、李正林、王正方、刘永轩、裴彦贵等县四套班子领导出席。

△ 全县创建省级双拥模范县工作会议召开。县委副书记杨毅坚到会讲话。副县长邵礼青主持会议。县人武部政委刘忠发言。

10 月 10 日 省人大常委会原副主任、省关工委主任曹鸿鸣,省关工委副主任王学成一行在响水调研指导工作。市委书记张九汉,县领导周德祥、朱斌、季德荣、杨毅坚、陆道如、李正林、刘永轩、裴彦贵等陪同。

10 月 11 日 江苏兴隆纺织项目举行开工典礼。县委书记周德祥出席典礼并致辞。县委副书记杨毅坚主持仪式。县领导刘永轩、裴彦贵、陈培岭、朱金南、史春耕等出席。

△ 国家级生态示范区验收组在响水参观黄圩云梯关、浅水藕和江苏桂花工贸有限公司等创建现场。县领导周德祥、朱斌、季德荣、李银芳、吴晓等陪同考核验收。

△ 浙江杭州佳园集团总经理顾宏坚一行在陈家港化工集中区考察洽谈项目投资合作事宜。县委副书记季德荣陪同。

10 月 12 日 县委书记周德祥主持召开县委学习中心组学习贯彻中共十六届五中全会精神会议。县委领导朱斌、季德荣、杨毅坚、陆道如、李正林、王正方、刘永轩、裴彦贵、陈金元等作学习全会精神的体会发言。

10 月 13 日 响水县召开为企业"办实事,解难题"突击月活动座谈会。县领导周德祥、朱斌、季德荣、蔺盛冬、朱金南、李刚及县相关单位负责人出席。

△ 周德祥、朱斌、季德荣、杨毅坚、李正林、王正方、刘永轩、裴彦贵、陈金元等在响水的县四套班子领导率各乡镇区、县各部委办局主要负责人观看县城亮化情况,并召开全县环境卫生综合整治推进会。

10 月 15 日 全县教育工作会议召开。市教育局局长常逢生,县领导周德祥、朱斌、季德荣、杨毅坚、李正林、王正方、裴彦贵出席。

10 月 16 日 市委书记张九汉、市长赵鹏率全市经济形势分析会与会人员在响水县竣工投产项目现场观摩。

10 月 18 日 响水县召开乡镇创建文明卫生集镇工作推进会。县委常委、组织部部长王正方到会讲话。

10 月 25 日 响水县召开全县保持共产党员先进性教育活动工作会议。县领导李正林、王正方,市巡回检查组组长蔡兆山出席。

10 月 27 日 盐城原地委书记杨明在响水视察。市政协副主席洪志爱,市老干局局长朱传江,县领导朱斌、季德荣、卜曙等陪同。

10月28日 响水县举行农村部分计划生育家庭奖励扶助金首发仪式。县领导杨毅坚、林启俊、陆静林、陈苏红等出席。

11月2日 响水县召开会议,研究全县国民经济和社会发展"十一五"规划。周德祥、朱斌、高兆顶、季德荣、李正林、王正方、刘永轩、裴彦贵、陈金元等县四套班子领导及县相关部门、单位主要负责人参加。

△ 市政府副秘书长孙和带领市有关部门负责人在响水调研工业经济运行工作。县领导朱斌、季德荣、樊玮等陪同。

11月9日 响水县召开环境综合整治、"三外"暨禽流感防治工作会议。县领导周德祥、张正华、陆道如、裴彦贵、陈金元等及各乡镇区、县各部委办局、各直属单位主要负责人出席。

11月10日 县长朱斌主持召开七届政府第25次常务会议,研究会办社会保障和禽流感防治工作。县政协副主席李刚列席会议。

11月11日 江苏国华陈家港电厂2×600MW机组工程接入系统设计一次部分审查会在北京召开。市委副书记袁世珠,县领导周德祥、陆道如、吴晓及市、县相关部门负责人出席。

11月15日 响水县举行首届花木盆景艺术展。县人大常委会副主任陈培岭、县政协副主席李刚等出席开幕式。

11月16日 响水县举行县林业局揭牌仪式暨林业发展形势报告会。国家林业总局人事司副司长杨连清,省林业局局长夏春胜,市林业局局长李榕,县领导杨毅坚、陈培岭、邵礼青、纪从亮、李刚等出席。

11月17日 江苏国华陈家港电厂环境影响评价大纲技术咨询会在盐城召开。市委副书记袁世珠,副市长周古城,县领导朱斌、陆道如、吴晓等出席。国华电力有限公司副总经理罗超,中国环境科学研究院、华北电力设计院、江苏环境工程咨询中心、南京环境研究所等单位负责人和国内知名专家对陈家港电厂环境影响评价大纲进行咨询论证。国家环保总局环境工程评估中心处长戴文楠主持会议。

11月21日 省国信集团总经理王惠荣、副总经理蒋旭升一行在响水县黄圩镇检查指导扶促工作。县长朱斌,县委副书记杨毅坚,省委驻响水扶促工作队队长、县委副书记缪莉庆,副队长、副县长吕学强等出席汇报会。

11月23日 南京海关副关长冯忠明一行在响水县七套乡检查指导扶促工作。县委常委、宣传部部长裴彦贵,省委驻响水扶促工作队副队长、副县长吕学强陪同。

11月25日 响水县召开土地利用总体规划修编工作会议。副县长孙佑兵到会讲话。各乡镇区、县相关部门负责人出席。

11月28日 全县第三批先进性教育活动工作会议召开。县领导张正华、高兆顶、陆道如、李正林、王正方、裴彦贵、刘永轩,县检察院、县法院负责人庄严阳、吴敦及县涉农部门,各乡镇主要负责人出席。

12月2日 县委常委(扩大)会议召开。周德祥、朱斌、张正华、高兆顶、季德荣、杨毅坚、李正林、王正方、刘永轩、裴彦贵、陈金元等县四套班子领导出席。

12月5~7日 响水县设分会场收听收看省、市委先后召开的第三批保持共产党员先进性教育活动工作会议。县领导周德祥、朱斌、张正华、高兆顶、季德荣、陆道如、李正林、王正方、刘永轩、裴彦贵等出席分会场会议。

12月8日 县委七届11次全体(扩大)会议召开。大会审议通过县委《关于制定响水县国民经济和社会发展第十一个五年规划的建议》。县领导周德祥、朱斌、张正华、高兆顶、季德荣、杨毅坚、陆道如、李正林、缪莉庆、王正方、刘永轩、裴彦贵、陈金元及县人大、政府、政协负责人,曾担任过县处级领导职务的老同志,各乡镇区、县各部委办局主要负责人等出席。

12月9日 响水县召开第三批保持共产党员先进性教育活动动员会议。县委书记周德祥到会讲话。县长朱斌主持会议。张正华、高兆顶、季德荣、陆道如、李正林、王正方、刘永轩、裴彦贵、陈金元、邵礼青等在响水的县四套班子领导及县相关部门负责人出席。

△ 省气象局副局长潘傲大一行在响水县黄圩镇检查指导省气象局2005年投入扶促资金帮扶黄圩镇草危房改造、农桥电灌站修建等扶促项目实施情况。市气象局局长吴云荣、省委驻响水扶促队副队长吕学强等陪同。

12月10日 由省委先进性教育办公室有关领导、新华日报、省电台、省电视台、中国江苏网等媒体记者组成的乡镇先进性教育活动宣传报道团在响水县陈家港镇采访先进性教育活动有关情况。

12月13日 市政协副主席徐民友一行在响水调研老龄工作。县政协副主任陈苏红等陪同。

12月16日 全县安全生产工作会议召开。副县长樊玮,各乡镇区分管负责人及部分企业负责人出席。

12月18日 省级机关工委书记邢春宁、副书记王晓明一行,在响水县七套乡开展先进性教育"三百"主题实践活动,并向该乡捐助资助金3万元,捐赠款物10万元。副市长陈还堂等领导陪同。县领导周德祥、朱斌、杨毅坚、缪莉庆等出席。

12月21日 南通市如东县党政代表团在响水考察学习。县领导周德祥、朱斌、张正华、高兆顶、杨毅坚、李正林等陪同。

12月23日 响水县慈善会成立大会召开。县委副书记、县慈善会名誉会长杨毅坚主持大会。副县长邵礼青当选为响水县慈善会会长。会议确定每年12月16日为响水县"慈善一日捐"活动日。

12月27日 市委常委、组织部部长、市委先进性教育活动领导小组副组长、办公室主任俞军在先进性教育活动联系点响水县老舍乡红旗村调研指导先进性教育活动。县委书记周德祥,县委常委、组织部部长王正方陪同。

12月28日 全县经济工作会议召开。县委书记周德祥到会讲话。县长朱斌作工作部署。县委副书记季德荣主持会议。县领导张正华、高兆顶、杨毅坚、李正林、王正方、刘永轩、裴彦贵、陈金元等出席。

△ 响水县召开人才工作会议和第五届"海林振响富民精英"暨"晓砚白衣天使"表彰大会。县领导张正华、李正林、王正方,东渡国际集团总裁特别助理刘春等出席。

12月31日 周德祥、朱斌、张正华、季德荣、刘永轩、史春耕、樊玮等县四套班子领导在响水县融凡纺织制衣有限公司、题桥纺织、新金兰集团、裕廊化工有限公司、森达热电等企业开展慰问活动。

2006 年

1 月 4 日　全县工业经济首季开门红动员大会召开。县委副书记季德荣到会讲话。副县长樊玮主持会议。县领导武正华、朱金南、王俊、史春耕等出席。

1 月 6 ~ 8 日　县政协七届四次会议召开。县委书记周德祥到会讲话。县政协主席高兆顶作县政协常委会工作报告。县政协副主席李刚作提案工作情况报告。会议选举糜世湘为县政协副主席，朱建新、孙立平、潘玉华为县政协常务委员。县政协副主席史春耕、吴晓、陈苏红等出席。

1 月 7 日　县七届人大常委会第 24 次会议召开。县人大常委会主任张正华主持会议。县领导周德祥、王正方、陈培岭、林启俊、沈康生、李银芳、陆静林等出席会议。经县人大常委会决定任命潘道津为响水县人民政府副县长、代县长，同意朱斌辞去响水县人民政府县长职务。

△　市领导张九汉、计高成、张炳贤、林成立一行在响水开展节前慰问活动。市委常委、县委书记周德祥，县领导潘道津、张正华、杨毅坚、陆道如、刘永轩、史春耕等陪同。

1 月 7 ~ 10 日　县七届人大四次会议召开。县人大常委会主任张正华主持会议。会议通过响水县第七届人民政府工作报告、响水县国民经济和社会发展"十一五"规划纲要的决议、关于响水县 2005 年国民经济和社会发展计划执行情况与 2006 年国民经济和社会发展计划的决议、关于响水县 2005 年预算执行情况及 2006 年预算的决议、关于响水县人民代表大会常务委员会工作报告的决议、关于响水县人民法院工作报告的决议、关于响水县人民检察院工作报告的决议。大会选举潘道津为响水县人民政府县长，李勤为县人民检察院检察长，王卫东、赵桂来为县人大常委会委员。

1 月 11 日　省委第三巡回检查组副组长、省水利厅办公室主任朱海生，巡回检查组成员、省委组织部知识分子工作处副处级组织员部成平在响水县检查第三批先进性教育活动。市委先进性教育活动领导小组办公室副主任仇鼎文，县委副书记、纪委书记李正林，县委常委、组织部部长王正方陪同。

1 月 17 日　市委常委、组织部部长、市委先进性教育活动领导小组副组长、办公室主任俞军在响水县老舍乡红旗村慰问建国前老党员，并调研指导第三批保持共产党员先进性教育活动。市委常委、响水县委书记、响水县委先进性教育活动领导小组组长周德祥参加慰问和调研。县委常委、组织部部长、先进性教育活动领导小组副组长、办公室主任王正方陪同。

1 月 18 日　副市长周古城在联系点响水县小尖镇郭庄村调研了解先进性教育活动，并慰问老党员。县委副书记季德荣、副县长孙佑兵等陪同。

1 月 20 ~21 日　北京国华电力有限公司在南京主持召开陈家港电厂项目航道码头工程可行性研究报告专家评审会。

1 月 21 日　响水县举行客商迎新春座谈会。市委常委、县委书记周德祥出席座谈会并讲话。县长潘道津致辞。县委副书记季德荣主持。县领导张正华、高兆顶、刘永轩、林启俊、樊玮、武正华、朱金南、王俊等出席。

△　全县政法工作会议召开。县领导李正林、李银芳、邵礼青、史春耕及县政法系统各部门主要负责人出席。

1 月 23 日　中共响水县纪委第八次全体会议召开。市委常委、县委书记周德祥到会讲话。县委副书记、纪委书记李正林代表县纪委常委会作工作报告。县领导潘道津、张正华、高兆顶、杨毅坚、王正方、刘永轩、陈金元等出席。

1 月 24 日　响水县举行各界人士迎新春茶话会。市委常委、县委书记周德祥致辞。县长潘道津主持茶话会。张正华、高兆顶、季德荣、杨毅坚、陆道如、李正林、刘永轩、陈金元等县四套班领导及社会各界人士代表出席。

1 月 25 日　响水县举行第三批先进性教育活动工作推进会暨富民创业网络大学响水分校站点开通仪式。县委副书记、纪委书记李正林到会讲话并点击开通盐城市富民创业网络大学响水分校网站。县委常委、组织部部长王正方主持仪式。

1 月 26 日　市委、市政府授予响水县陈家港镇蟒牛村、南河镇薛荡村、老舍乡东吴村、黄圩镇黄北村市级“民主法制示范村”称号。

2 月 5 日　响水县召开三个文明建设表彰大会。市委常委、县委书记周德祥到会讲话。县领导潘道津、张正华、高兆顶、季德荣、杨毅坚、陆道如、李正林、王正方、刘永轩、裴彦贵、陈金元等出席。

2 月 6 日　县政府七届八次全体(扩大)会议召开。市委常委、县委书记周德祥到会讲话。县长潘道津作工作报告。县委副书记、常务副县长陆道如主持会议。县领导陆静林、邵礼青、孙佑兵、樊玮、武正华、朱金南、王俊等出席。

2 月 9 日　响水县设分会场收听收看全市社会主义新农村建设动员电视电话会议。县长潘道津出席分会场会议并讲话。

2 月 10 日　市级机关工委书记崔廷成一行在响水县老舍乡走访慰问贫困群众。县委副书记杨毅坚等陪同。

2 月 12 日　全县社会主义新农村建设暨计划生育、造林绿化工作动员大会召开。市委常委、县委书记周德祥到会讲话。县长潘道津作主题报告。县委副书记杨毅坚主持大会。张正华、季德荣、李正林、王正方、刘永轩、裴彦贵等在响水的县四套班子领导出席。

2 月 13 日　市委常委、组织部部长俞军,市委常委、县委书记周德祥在响水县老舍乡参加红旗村党总支民主生活会,并检查指导第三批保持共产党员先进性教育工作。

2 月 17 日　全县动物防疫暨春季农业生产工作会议召开。县委副书记杨毅坚、副县长邵礼青及各乡镇区分管农业工作的负责人出席。

2 月 18 日　县委中心组(扩大)学习党章专题辅导会议召开。市委常委、县委书记周德祥主持会议。县委副书记、县长潘道津传达学习省委《关于深入学习贯彻党章的意见》精神。县委常委、宣传部部长裴彦贵领学《党章》部分内容。

△ 响水县大和化工、佳迅电子、瑞邦化工三个项目参加全市项目集中开工。俞军、周德祥、潘道津、季德荣等市、县领导,项目方代表及相关乡镇、部门负责人出席。

2月21日 省发改委和国家电力规划设计总院联合召开的江苏国华陈家港发电厂(一期2×600MW机组)工程可行性研究报告审查会在盐城召开。市委副书记、市长赵鹏到会讲话。市委副书记袁世珠,市委常委、县委书记周德祥等出席。

2月25日 响水县召开加快推进城建项目会议。县领导陆道如、孙佑兵等出席会议。

2月26日 市委、市政府表彰2005年度三个文明建设先进集体、先进个人。响水县获综合先进一等奖;工业发展、农村工作、项目推进和招商引资、财税贡献、三外工作、城市化和基础设施建设、民营经济工作、社会稳定工作、人才工作、社会保障工作、社会事业(科教文卫体)发展工作等11项获单项先进奖。江苏裕廊化工有限公司获项目推进和招商引资先进集体奖并获财税贡献先进集体奖、人才工作先进集体奖。江苏新金兰纺织制衣有限责任公司获财税贡献先进集体奖。县委副书记季德荣等被市表彰为先进个人。江苏裕廊化工有限公司董事长孙立平,陈家港镇党委书记刘曙明获全市2005年度突出贡献奖。市、县领导周德祥、潘道津、季德荣、陆道如、李正林、樊玮在市主会场参加会议并上台领奖。

△ 响水县设分会场收听收看全省反腐倡廉制度建设工作电视电话会议。省会后,市委常委、县委书记周德祥对相关工作提要求。

2月27日 全县富民创业网络大学推进会召开。县富民创业网络大学校长、县委常委、组织部部长王正方到会讲话。

2月28日 响水县召开全县领导干部"公开目标、承诺上岗"电视直播大会。市委常委、县委书记周德祥主持大会并讲话。潘道津、张正华、高兆顶、季德荣、杨毅坚、陆道如、李正林、王正方、刘永轩、裴彦贵等县四套班子领导出席。各乡镇区、各村(居)及县直机关各单位设分会场。

△ 县委召开中心组学习党章座谈会。市委常委、县委书记周德祥作"把学习党章贯彻落实到改革发展的实践中"的讲话。潘道津、张正华、季德荣、杨毅坚、李正林、王正方、刘永轩、裴彦贵等在响水的县四套班子领导出席。

3月3日 市人大财经工作座谈会在响水召开。县长潘道津介绍响水县近年来经济和社会发展情况。市人大常委会副主任郭健生、财经委主任赵毅军、副秘书长孔令科、财经委副主任王琼,县人大常委会主任张正华,各县(市、区)人大常委会分管主任及财经委主任、副主任出席。

3月4日 市委常委、县委书记周德祥主持召开县委常委(扩大)会议,学习副省长、市委书记张九汉在《新华日报》发表的题为《"激情、拼搏、韧劲"——对苏北谋发展的思考》署名文章,传达学习省、市有关会议精神,并对两个工业集中区体制改革和通榆河新桥建设工作进行专题会办。在响水的县四套班子领导及县相关部门负责人出席。

3月7日 全县扶贫促小康工作会议召开。市委常委、县委书记周德祥到会讲话。县长潘道津作工作报告。省委工作队队长章健作工作部署。县委副书记杨毅坚主持会议。县领导张正华、高兆顶、王正方、刘永轩、裴彦贵、王喜林、王旭东、沈康生、李刚等出席。

△ 响水县作家、县建行职工、全国第二届小小说金麻雀奖获得者邓洪卫的小说《初恋》,荣登中国小说排行榜。

3 月 8 日 响水县举行项目集中开工和签约仪式。市委副书记冯永农,省盐业集团公司董事长王德善,森达集团公司董事长朱相桂,省财政厅副厅长江建平,省滩涂开发局原局长王清,市委常委、县委书记周德祥,县领导潘道津、张正华、高兆顶、季德荣、杨毅坚、陆道如、李正林等出席。

△ 响水县召开纪念“三八”国际劳动妇女节 96 周年大会。市委常委、县委书记周德祥,市妇联主席杨爱华,县领导李正林、王正方、李银芳、陆静林、陈苏红及全县各条战线妇女代表出席。

3 月 9 日 全县财政暨开放型经济工作会议召开。市委常委、县委书记周德祥到会讲话。县长潘道津作工作报告。县委副书记季德荣宣读表彰决定。县委副书记、常务副县长陆道如主持会议。县领导张正华、高兆顶、李正林、刘永轩、林启俊、沈康生、孙佑兵、朱金南、史春耕等出席。

△ 共青团响水县委员会七届五次全体(扩大)会议召开。县委常委、组织部部长王正方到会讲话。团县委书记吴启标作《团结领导广大团员青年为实现响水更大更快更好发展而努力奋斗》报告。

3 月 11 日 全县组织宣传工作会议召开。县领导周德祥、潘道津、张正华、高兆顶、杨毅坚、王正方、刘永轩、裴彦贵等出席。

3 月 13 日 副市长陈还堂率市直 13 家扶贫挂钩单位有关负责人在响水县张集乡现场会办 2006 年扶贫开发工作。

3 月 17 日 响水县设分会场收听收看全国、省、市整顿和规范市场经济秩序电视电话会议。县长潘道津出席分会场会议并讲话。县有关部门负责人出席分会场会议。

3 月 18 日 全县推进法治响水建设动员大会召开。周德祥、潘道津、张正华、李正林、糜世湘等县四套班子领导出席。

△ 全县城乡建设推进工作会议召开。市委常委、县委书记周德祥到会讲话。县领导潘道津、张正华、高兆顶、季德荣、陆道如、李正林、王正方、刘永轩、裴彦贵等出席。

3 月 20 日 市委常委、县委书记周德祥主持召开县委常委(扩大)会议,对全县当前工作作部署。

3 月 28 日 全县关心下一代工作会议召开。会议传达省、市会议精神,回顾总结 2005 年工作,研究部署 2006 年任务。县委副书记、纪委书记李正林到会讲话。县关工委主任戴昉作工作报告。名誉主任邱洪超、副主任赵梅昌分别发言。县政协副主席陈苏红等出席。

△ 响水县举行“旅游经济工作局”和“新闻出版局”挂牌仪式。县领导陆道如、裴彦贵、陆静林、卜曙及市文化局负责人出席。

3 月 29 日 县委常委(扩大)会议召开。市委常委、县委书记周德祥到会讲话。县委副书记、县长潘道津传达省建设节约型社会工作会议精神。县委副书记杨毅坚等传达省双拥工作会议、市新闻宣传协调工作会议、市新型农村合作医疗工作会议、市能源建设项目工作会议精神。

3月31日 副市长徐恒菊召集市相关部门负责人在响水县双港镇现场会办2006年度扶贫工作。县长潘道津,县委常委刘永轩等出席。

△ 县科协四届四次常委(扩大)会议召开。市科协副主席刘金国,县领导王正方、陈培岭、李刚等出席。

4月1日 市委常委、组织部部长俞军在响水县老舍乡红旗村检查指导河塘疏浚整治工作。县委副书记、纪委书记李正林,县委常委、组织部部长王正方陪同。

△ "响水县退役士兵职业技能培训基地"和"响水县退役士兵就业市场"举行揭牌仪式。县领导杨毅坚,市民政局副局长、党委副书记石爱卿等出席。

4月6日 市人大常委会副主任季克诚、市人大城建环保委主任杨钢、市住房公积金管理中心主任范建江一行在响水调研住房公积金管理使用情况。县领导陈培岭、孙佑兵等陪同。

4月7日 全县领导干部目标承诺情况汇报会召开。市委常委、县委书记周德祥到会讲话。县委副书记、县长潘道津主持会议。在响水的县四套班子领导,各乡镇、县各经济主管部门主要负责人汇报一季度目标承诺完成情况。

4月8日 江苏桂花工贸集团有限公司被授予"国家扶贫龙头企业"称号,并举行揭牌仪式。市委常委、县委书记周德祥,副市长陈还堂为江苏桂花工贸有限公司揭牌。潘道津、张正华、高兆顶、季德荣等在响水的县四套班领导出席。

4月9日 市人大常委会副主任叶守民率市人大常委会委员、农村委主任周景环,市海洋渔业局副局长蔡兆山调研响水县贯彻实施《海域使用管理法》《省海域使用管理条例》情况。

4月10日 全县社会主义新农村建设领导小组(扩大)会议召开。市委常委、县委书记周德祥到会讲话。县委副书记、县长潘道津作工作部署。县委副书记杨毅坚主持会议。县领导刘永轩、沈康生、邵礼青、李刚及县新农村建设领导小组成员,各乡镇党政负责人、分管负责人出席。

4月11日 全县实施"彭年光明行动"工作协调会召开。2006年,响水县被省政府列入"彭年光明行动"实施地区,100名白内障患者将通过复明手术重见光明。

4月14日 县政协七届20次主席会议召开。县政协主席高兆顶主持会议。县政协副主席卜曙、史春耕、陈苏红、李刚、糜世湘,秘书长葛玉军出席。会议学习《中共中央关于加强人民政协工作的意见》,传达学习市政协常委会议精神,讨论县政协七届四次会议重点提案督办工作方案。会议审议中国人民政治协商会议响水县委员会《全体会议工作规则》(草案)《常务委员会工作规则》(草案)《专门委员会通则》(草案)《提案工作规定》(草案)《委员守则》(草案)。

4月15日 全县优化环境暨"服务客商年"活动动员大会召开。市委常委、县委书记周德祥到会讲话。县长潘道津主持大会。县领导张正华、高兆顶、季德荣、陆道如、李正林、刘永轩、林启俊、樊玮、糜世湘及各乡镇主要负责人出席。

4月17日 省开发局、省财政厅有关部门负责人,在响水县检查2005年度世行三期项目实施及响水县老舍乡小黄河灌区农民用水者协会组建情况。市开发局副局长朱崇法、副县长邵礼青陪同。

4 月 18 日 响水县召开全县经济工作推进会。市委常委、县委书记周德祥到会讲话。县长潘道津主持会议。张正华、高兆顶、季德荣、陆道如、李正林、王正方、刘永轩等在响水的县四套班子领导及各乡镇、县各部委办局负责人出席。

4 月 23 日 全省第一所红十字博爱小学竣工典礼暨揭牌仪式在响水举行。省红十字会会长吴锡军向响水县红十字会捐赠人民币 150 万元。省、市、县有关领导吴锡军、周德祥、徐恒菊、张正华及中国香港苏浙同乡会会长徐立夫等为红十字博爱小学教学楼竣工剪彩。吴锡军、徐立夫为响水县红十字博爱小学揭牌。

4 月 27 日 全市“关爱女孩行动”现场观摩会在响水召开。省计生委宣教处处长申晓健,市计生委副主任高定,县领导杨毅坚、陆静林及全市 9 个县(市、区)计生委负责人出席。

4 月 28 日~5 月 3 日 徐州市丰县县委书记赵保华、县长邱成率党政代表团在响水考察。县领导潘道津、高兆顶、季德荣、刘永轩、林启俊等陪同。

4 月 29 日 全县维护社会稳定工作会议召开。市委常委、县委书记周德祥到会讲话。县长潘道津主持会议。县领导高兆顶、季德荣、杨毅坚、李正林、王正方、刘永轩等出席。

5 月 2 日 响水籍画家吕恩谊在响水考察。市委常委、县委书记周德祥,县长潘道津,县委常委、宣传部部长裴彦贵,市物价局原副局长周福迪等陪同。

5 月 4 日 响水县举行纪念“五四”运动 87 周年暨青年五“十佳”表彰大会。县委常委、组织部部长王正方到会讲话。朱从国、王德娈、林向东、潘树军、徐劲松、卜成华、杜素柱、魏巍、仰善林、杨轰鸣当选响水县“十大杰出青年”。刘昌树、桑海林、温劲松、徐光、徐子春、吉中东、刘洲、周晓东、付海兵、赵志勇当选响水县“十大优秀青年”。蒋久源、孙建波、金开友、李卫舟、顾明祥、苏海梅、王永明、葛素彤、潘丽华、崔忠诚当选响水县“十佳青年卫士”。王东方、杨琳、张宪华、吉开炮、王克进、徐勇、王秀红、张体奎、吕园园、沈会当选响水县“十佳青年教师”。王梅、王洪华、周玉生、刘玉海、薛春美、李秀红、史树忠、陈亚东、张伟明、王艳连当选“响水县十佳青年白衣天使”。

5 月 6 日 全县维护社会稳定工作会议召开。市委常委、县委书记周德祥到会讲话。县长潘道津主持会议。县领导高兆顶、季德荣、杨毅坚、李正林、王正方、刘永轩等出席。

5 月 10 日 省高院院长公丕祥在响水视察基层法院基础建设情况。市委常委、县委书记周德祥,盐城中院院长徐清宇、副院长吴海龙等陪同。

5 月 11 日 黄圩镇黄圩居委会党总支书记马祝芳在全国农村妇女“双学双比”竞赛活动中获全国“双学双比”女能手荣誉称号。

5 月 13 日 全县重点项目推进工作会召开。市委常委、县委书记周德祥到会讲话。县长潘道津主持会议。张正华、高兆顶、季德荣、杨毅坚、李正林、王正方、刘永轩、裴彦贵等县四套班子领导出席。

5 月 16 日 省开发局滩涂处处长徐国华、副处长黄非,市开发局局长宋家新等在响水指导黄河故道农业综合开发工作。

5 月 19 日 全县招商引资、重点项目推进会召开。市委常委、县委书记周德祥到会讲话。县长潘道津传达市会精神并部署相关工作。县委副书记季德荣主持会议。张正华、杨毅坚、李正林、王正方等在响水的县四套班子领导出席。

5月20日 市委书记赵鹏,市委副书记、代市长李强率全市重点项目推进观摩团在响水观摩重点项目推进工作情况。市委常委、县委书记周德祥及县领导潘道津、高兆顶、季德荣、杨毅坚、陆道如陪同。

△ 县计算机协会举行揭牌仪式。副县长、县计算机协会名誉会长陆静林出席仪式并讲话。

5月25日 省高院法庭指导办主任俞灌南率全省法院人民法庭工作大检查工作组在响水检查指导人民法庭工作。市中院副院长吴海龙,县委副书记、政法委书记李正林,县法院院长吴敦等陪同。

5月27日 响水县第七届委员会第12次全体会议召开。会议贯彻省委关于做好县委换届工作的有关通知精神,审议通过《关于召开中国共产党响水县第八次代表大会的决议》(草案)。审计并通过《关于召开中国共产党响水县第八次代表大会的决议》。市委常委、县委书记周德祥到会讲话。县委副书记、县长潘道津,县委副书记季德荣、杨毅坚、陆道如、李正林,县委常委王正方、刘永轩、裴彦贵及县委委员、候补委员出席会议。县纪委委员列席会议。

5月28日 响水县举行"科技自主创新"报告会。市科技局副局长张厚虎作专题辅导。副县长陆静林主持报告会。

5月31日 省残联原理事长徐庆祥、王学东一行在响水调研指导工作。副县长邵礼青、市残联副理事长张云翔等陪同。

6月1日 响水县召开预防职务犯罪工作会议。副县长、县预防职务犯罪领导小组副组长邵礼青主持会议,并对全县预防职务犯罪工作作部署。县检察院检察长李勤作预防职务犯罪工作报告。市检察院预防处处长包耐兵到会讲话。

6月6日 市长助理朱传耿一行在响水调研"十一五"及沿海开发规划工作。市委常委、县委书记周德祥出席工作情况汇报会并提要求。县领导潘道津、杨毅坚、樊玮等陪同。

6月7日 省质监局纪检书记李功和,纪检监察室主任葛平一行在响水调研。市委常委、县委书记周德祥,盐城市质监局党组书记、局长夏士华陪同。县长潘道津,县委副书记杨毅坚介绍响水近年来发展情况。

6月8日 副省长张桃林一行在响水视察调研科技文化工作。市、县领导赵鹏、周德祥、徐恒菊、潘道津、杨毅坚、陆静林及省、市相关部门负责人陪同。

6月9日 全县领导干部大会召开。市委副书记袁世珠代表市委作重要讲话。市委常委周德祥主持会议并讲话。市委组织部副部长崔浩宣读市委关于调整响水县委、县政府主要领导的决定:潘道津任中共响水县委书记;周德祥不再担任中共响水县委书记、常委、委员职务;马俊健任中共响水县委副书记,提名为响水县人民政府县长候选人。潘道津、马俊健分别讲话。

△ 县委下发《关于潘道津等同志职务调整的通知》,对响水县委领导班子作如下调整:潘道津任中共响水县委书记;马俊健任中共响水县委委员、常委、副书记;许德智任中共响水县委委员、常委(列杨毅坚后)、纪委书记;王玉新任中共响水县委委员、常委(列许

德智后）；王娟任中共响水县委委员、常委、组织部部长；邵礼青任中共响水县委常委；朱金南任中共响水县委委员、常委；刘曙明任中共响水县委常委；刘忠任中共响水县委委员、常委；周德祥不再担任中共响水县委书记、常委、委员职务；免去季德荣中共响水县委副书记、常委、委员职务（另行分配）；免去陆道如中共响水县委副书记、常委、委员职务（另行分配）；免去李正林中共响水县委副书记、常委、委员、纪委书记职务（另行分配）；免去王正方中共响水县委常委、委员、组织部部长职务（另行分配）；免去刘永轩中共响水县委常委、委员职务（另行分配）；免去陈金元中共响水县委常委、委员职务。

6 月 12 日 县七届人大常委会第 27 次会议召开。张正华、林启俊、沈康生、李银芳及部分委员出席会议。县领导潘道津、马俊健、王玉新、林彬及两院主要负责人、有关部门负责人参加会议。会议任命：马俊健、王玉新、林彬任县人民政府副县长；胡立东任县人民检察院副检察长、检察委员会委员。同时决定免去：陆道如、朱金南县人民政府副县长职务。会议同意潘道津辞去县长职务。任命马俊健县人民政府代理县长。

△ 响水法院召开执行款物兑现警示教育大会。市中院副院长刘亮，县委常委、政法委书记朱金南，县政协副主席糜世湘等领导出席。

6 月 16 日 市委组织部副部长崔浩一行在响水调研指导县第八次党代会筹备工作情况。县领导潘道津、杨毅坚、王娟等陪同。

6 月 17 日 省政法委副书记缪蒂生在响水检查指导综合治理和平安创建工作。县领导潘道津、王玉新、朱金南等陪同。

6 月 22 日 中国共产党响水县第八次代表大会召开。会议通过潘道津代表中共响水县第七届委员会所作的《关于中国共产党响水县第七届委员会工作报告的决议》；通过许德智代表中共响水县纪律检查委员会所作的《关于中国共产党响水县纪律检查委员会工作报告的决议》。

6 月 23 日 中共响水县第八届全委会召开。全体县委委员、候补委员出席会议，县纪委委员列席会议。会议选举产生中共响水县第八届委员会常务委员 11 名，选举产生县委书记 1 名、副书记 2 名。

6 月 24 日 中央军委在北京举行晋升上将军衔仪式。南京军区司令员朱文泉（响水县南河镇人）晋升上将军衔。

7 月 1 日 响水县召开庆祝中国共产党成立 85 周年暨全县保持共产党员先进性教育活动总结大会。会议表彰 69 个先进基层党组织和 119 名优秀共产党员。县领导潘道津、马俊健、张正华、高兆顶、杨毅坚、许德智、王玉新、王娟、邵礼青、刘曙明、刘忠等出席。

7 月 3 ~ 4 日 响水县党政代表团在沭阳、邳州、赣榆、灌云等县（市）考察学习。县领导潘道津、马俊健、张正华、高兆顶、杨毅坚、许德智、王玉新、王娟、刘曙明、樊玮及各乡镇区、县相关部委办局主要负责人参加。

7 月 4 日 省委书记李源潮，副省长张九汉考察调研响水沿海开发工作。市、县领导赵鹏、李强、李弛、周古城、潘道津陪同。

7 月 14 日 全县劳动和社会保障工作会议召开。县委常委、常务副县长王玉新到会讲话。各乡镇、县相关部门及部分企业负责人出席。

7 月 15 日 世界人民友好协会副秘书长彭兆杜、世界文化总会会长范光陵一行在响水开发区考察。县人大常委会副主任沈康生、副县长樊玮等陪同。

7月18日 沿海高速公路灌河大桥合龙仪式在响水举行。副省长仇和出席并启动合龙按钮。盐城市委书记赵鹏、连云港市市长刘永忠分别讲话。省交通厅厅长、省高速公路建设指挥部副总指挥潘永和主持合龙仪式。省交通厅副厅长、省高速公路建设指挥部副总指挥丁建奇,江苏交通控股有限公司副总经理陈祥辉,盐城市委副书记袁世珠、副市长周古城,连云港市委常委丁军华,响水县委书记潘道津、县委副书记杨毅坚等出席。

7月19日 市委常委储金泉、市长助理朱传耿率市相关部门负责人在响水调研指导沿海开发工作。县委书记潘道津、县委副书记杨毅坚汇报响水县沿海开发工作有关情况。

7月23日 县委书记潘道津主持召开县委常委(扩大)会议,讨论研究园区建设管理、沿海开发、城市建设管理、优化经济发展环境等方面问题。马俊健、张正华、高兆顶等在响水的县四套班子领导及县相关部门、单位主要负责人出席。

7月27日 县委工作会议召开。县委书记潘道津到会讲话。县领导马俊健、张正华、高兆顶、杨毅坚、许德智、王玉新、裴彦贵、王娟、邵礼青、朱金南、刘曙明、刘忠等出席。

7月28日 县七届人大常委会第29次会议召开。县人大常委会主任张正华,副主任林启俊、陈培岭、沈康生、李银芳及常委会委员出席会议。代县长马俊健,副县长樊玮,县政协副主席、县交通局局长糜世湘及有关部门、单位负责人列席会议。会议接受周岚、吴启标辞去县七届人大常委会委员职务的请求;任命陈鸣胜为县物价局局长,周红星为县科技局局长,任命仇从科、魏亚东为县人大常委会办公室副主任。

7月31日 全县化工企业集中整顿工作会议召开。县委书记潘道津到会讲话。县委副书记、代县长马俊健作工作部署。县委副书记杨毅坚主持会议。副县长樊玮通报射阳7.28爆炸事故情况。张正华、高兆顶等县四套班子领导出席。

8月1日 响水县举行纪念建军79周年军民联欢会。

8月4日 市委常委、常务副市长、市政法委书记陈正邦在响水调研指导工作。县领导潘道津、马俊健、杨毅坚、王玉新等陪同。

8月6~7日 响水县七套、大有、南河等乡镇遭受暴雨和龙卷风袭击,部分房屋和农田作物严重受损。县委书记潘道津,县委常委、副县长邵礼青带领县委办、民政、农林等部门负责人在七套、大有等乡镇检查指导防汛抗灾自救工作。

8月8日 全县招商引资项目建设推进会召开。县领导潘道津、马俊健、张正华、高兆顶、杨毅坚、刘曙明、樊玮、武正华、林彬、王俊、糜世湘等出席。

8月9~10日 省委副书记张连珍带领省扶贫工作领导小组副组长王宏民、省委副秘书长胥爱贵及省财政厅、科技厅、农林厅等部门领导在响水视察,并慰问省委驻响水扶促工作队队员。市、县领导赵鹏、冯永农、陈还堂、潘道津、马俊健、张正华、高兆顶等陪同。

8月14日 响水县召开县城环境秩序综合整治电视直播动员大会。县委书记潘道津到会讲话。县委副书记、代县长马俊健对整治活动进行动员部署。县人大常委会主任张正华、县政协主席高兆顶分别代表县人大、县政协讲话。县委副书记杨毅坚主持大会。

△ 江苏淮安汽车集团一辆车号为苏H50267,载有30名乘客的大客车在响水县小佃公路黄圩镇龙马村境内翻车落水,造成5人死亡,3人受伤。副市长周古城,县委书记潘道津,县委副书记、代县长马俊健,副县长陆静林等领导率县相关部门负责人迅即组织

开展伤者救治和事故处置工作。

8 月 15 日 全县安全生产形势分析会议召开。县委副书记、代县长马俊健出席会议并讲话。副县长樊玮主持会议并通报 8 月 14 日发生在全市范围内的几起事故,传达全市安全生产工作紧急会议精神。

8 月 17 日 副省长仇和率省调研组在响水县陈家港港口调研。市、县领导赵鹏、李强、丁建奇、周古城、马俊健、杨毅坚、武正华、糜世湘等陪同。

8 月 19 日 市委常委、组织部部长章大李在响水检查指导安全生产工作。县领导潘道津、马俊健、王娟、樊玮陪同。

8 月 25 日 县政协七届 14 次常委会议召开。政协主席高兆顶,副主席卜曙、史春耕、陈苏红、李刚、糜世湘及全体政协常委出席会议。县委副书记、代县长马俊健,县委常委、副县长邵礼青应邀出席。会议讨论并通过《关于推进我县新农村建设的建议案》;选举产生县政协经科委主任人选。

8 月 26 日 县委书记潘道津主持召开县委理论学习中心组学习会议,集中学习《江泽民文选》。会议讨论县城总体规划、招商引资、环境综合整治、100 项裙带工程实施进度等问题。马俊健、张正华、高兆顶、杨毅坚等在响水的县四套班子领导及县委学习中心组其他成员出席。

△ 黄圩镇政府召开见义勇为先进分子表彰大会,对在"8·14"重大交通事故中英勇救人的徐金明、何中明、梁春、马树明、孙维根、徐大明和蔡路明进行表彰。县委常委、宣传部部长裴彦贵出席。

8 月 28 ~ 29 日 江苏省发改委和水电水利规划设计总院在南京联合召开江苏响水风电场工程可行性研究报告审查会。省发改委副主任林一峰,县委副书记、代县长马俊健,县委副书记杨毅坚等出席。

8 月 29 日 响水县委宣传部、《盐城晚报》社组织"接亲团"将祖籍响水,现住宁夏回族自治区固原市西吉县的老红军陈玉兰老人接回老家响水。

9 月 2 日 县委书记潘道津主持召开县委理论学习中心组学习会议,认真学习市第五次党代会精神。县委常委、宣传部部长裴彦贵传达市党代会精神。县领导杨毅坚、许德智、王玉新、王娟、朱金南、刘曙明等出席。

9 月 4 日 全县推进平安创建暨学校企业周边地区治安环境整治工作会议召开。县委常委、政法委书记朱金南,副县长孙佑兵及县相关部门负责人出席。

9 月 6 日 响水县首批村居党组织书记赴华西培训准备会召开。会议结束后,全县 15 个乡镇、区的 50 名村(居)党组织书记将在华西参加为期三天的培训班。县委常委、组织部部长王娟到会讲话。

9 月 10 日 县委书记潘道津率全县领导干部在扬州参观江苏省反腐倡廉成果展览,进行党风廉政教育。

9 月 14 日 市委书记赵鹏带领市相关部门负责人在响水调研市第五次党代会精神落实及加快沿海开发情况。市委副书记李驰,市委常委、秘书长戴元湖及市相关部门负责人参加调研。潘道津、马俊健等县四套班子领导陪同。

9 月 15 日 市委常委、纪委书记周福莲一行在响水调研指导工作。县委书记潘道津,县委常委、纪委书记许德智等陪同。

9月20日　响水县举行"文明诚信示范街"建设启动仪式。县领导陆静林、卜曙及县文明办、工商局、城管局、物价局等单位负责人出席。

9月21日　南京工业大学理工学院副院长、博士生导师姚成教授在陈家港化工集中区举办化工企业发展趋势报告会。县委常委、陈家港化工集中区工委书记刘曙明及市、县质监局有关领导等出席。

9月23日　全县领导干部大会召开。县委书记潘道津到会讲话。

9月30日　县委常委(扩大)会议召开。县委书记潘道津主持会议,并对贯彻落实省、市有关会议精神、当前工作作部署。张正华、高兆顶、许德智、裴彦贵、王娟、邵礼青、朱金南、刘曙明、刘忠等在响水的县四套班子领导及县法院、检察院、公安局等相关部门负责人出席。

10月8日　响水县召开全县项目建设推进工作会议并举行项目集中开工和观摩活动。县领导潘道津、马俊健等为部分重大项目开工培土奠基或剪彩,并观摩部分在建项目。

10月12日　出席全市重点项目推进工作观摩会的领导在响水观摩重点项目。赵鹏、李强、计高成、李驰、潘道津、张正华、高兆顶、杨毅坚等市、县领导参加观摩。

10月15日　江苏省原省委书记韩培信,在响水中学参观"庆祝建县40周年书画展"。县领导潘道津、高兆顶、裴彦贵等陪同。

10月15~21日　响水县举行庆祝建县40周年暨县第三届文化艺术周活动。

10月16日　响水举行建县40周年庆祝大会。南京军区司令员朱文泉上将,江苏省原省委书记韩培信,省人大常委会副主任柏苏宁,省政府副省长张九汉,南京军区装备部副部长周元华少将,江西省军区原副司令员季崇武少将,盐城市委书记赵鹏,市委副书记、代市长李强,市政协主席计高成,市人大常委会代主任张炳贤,南京市委副书记、常务副市长陈家宝,青岛市政协副主席韩建华,江苏省委组织部原副部长孙富中,江苏省开发局原局长王清,盐城市委常委、秘书长戴元湖,市委常委、纪委书记周福莲,市委常委、宣传部部长周德祥等领导出席庆祝大会。朱文泉、韩培信、张九汉、赵鹏等分别讲话。县委书记潘道津致辞。代县长马俊健主持大会。

10月21日　县委常委(扩大)会议召开。县委书记潘道津到会讲话。县委常委、宣传部部长裴彦贵领学中共十六届六中全会精神。副县长樊玮传达全市经济形势分析暨重点项目推进工作会议精神。

△　"江苏省响水经济开发区"举行揭牌仪式。县领导潘道津、马俊健、张正华、高兆顶为开发区揭牌。副县长、县开发区工委书记樊玮介绍开发区成立情况。

10月23日　响水县召开落实党风廉政建设责任制工作汇报会。市委常委、盐城军分区司令员王公启,市级机关工委书记崔廷成,县领导潘道津、马俊健、张正华、高兆顶、杨毅坚、许德智、裴彦贵、王娟、邵礼青、朱金南、刘曙明、刘忠等出席。

10月26日　市委副书记李驰、市长助理宋传耿一行在陈家港沿海经济区调研指导工作。县领导潘道津、杨毅坚、糜世湘及灌东盐场场长朱庆和等陪同。

10月28日　县委常委(扩大)会议召开,研究部署当前工作。县领导潘道津、马俊健、张正华、高兆顶、杨毅坚、许德智、王玉新、裴彦贵、王娟、邵礼青、朱金南、刘曙明等出席。

△　全县农民增收工作会议召开。县委书记潘道津到会讲话。代县长马俊健主持会议。

△　响水县设分会场收听收看全市鼓励全民创业加快民营经济发展动员大会电视电话会议。县委书记潘道津、代县长马俊健出席市主会场会议。

11 月 2 日　省长梁保华在响水视察指导工作。市委书记赵鹏、省农林厅厅长刘立仁、省政府副秘书长于利中、省财政厅副厅长李小平及市、县领导戴元湖、陈还堂、潘道津、高兆顶、杨毅坚、邵礼青、陆静林等陪同。

△　响水县举行沿海、盐徐高速公路通车仪式。省长梁保华剪彩。副省长仇和，市委书记赵鹏分别致辞。县委书记潘道津及高速沿线的市、县主要领导，省、市、县交通部门负责人出席。

11 月 7 日　省军区政治动员办公室主任乔秀东率综合工作组在响水调研检查人民武装工作。盐城军分区政治部主任蔡凡秀，县委常委、县人武部政委刘忠陪同。

11 月 8 日　"响水党建"网站(网址 www. xsdj. com. cn)正式开通。

11 月 9 日　市老新闻工作者委员会第十一次年会在响水召开。市老新闻工作者委员会会长于广生主持会议。县委常委、宣传部部长裴彦贵到会讲话。全市各县(市)部分老新闻工作者出席。

11 月 14 日　全县领导干部大会召开。会议传达学习省十一次党代会精神。潘道津、马俊健、张正华、高兆顶等在响水的县四套班子领导，曾担任过县处级职务的老干部及各乡镇区、县各部委办局、县各直属单位负责人出席。

11 月 16 日　市领导储金泉、朱传耿在响水调研指导沿海开发工作。县领导潘道津、杨毅坚、王俊、糜世湘等出席汇报会。

11 月 18 日　响水县第二中学举行建校 30 周年庆祝大会。县领导高兆顶、陈培岭、陆静林、卜曙及县第二中学历届校领导、老教师代表、各届校友代表出席。

11 月 20 日　市政协主席计高成，副主席孙锡初、陈少夫、徐民友、范锡行、范玉媛、肖兰英、郑齐祥、薛维松，秘书长林济时及部分市政协委员在响水视察园区建设情况。县领导潘道津、马俊健、张正华、高兆顶等陪同。

11 月 21 日　省国土资源厅厅长陶培荣在响水调研指导工作。市委副书记李驰，省国土资源厅党组成员吴震强，市委副秘书长陈同芳，市国土资源局局长崔士明，县领导潘道津、马俊健、张正华、高兆顶等陪同。

11 月 24 日　全县政协工作会议召开。县委书记潘道津到会讲话。县领导张正华、高兆顶、王玉新、裴彦贵、王娟、刘曙明等出席。

11 月 26 日　市委常委、常务副市长陈正邦率市国税、地税、财政等单位主要负责人在响水调研国民经济发展和财政收入情况。县委书记潘道津，县委常委、常务副县长王玉新等陪同。

11 月 27 日　中共响水县委八届二次全会召开。县委常委会主持会议。会议主要任务是：深入学习贯彻中共十六届六中全会、省委十届十一次全会、市委五届二次全会和省、市党代会精神，结合响水实际，对加快和谐社会建设作出全面部署。县委书记潘道津作工作报告。会议通过《中共响水县委八届二次全体会议决议》。许德智、王玉新、裴彦贵、王娟、朱金南、刘曙明、刘忠等出席会议。

11 月 29 ~ 30 日　全市基层关心下一代工作现场经验交流会在响水召开。市关工委名誉主任陆逵、主任陆树臻等出席。

11 月 30 日　省委组织部干部监督处处长杨前湧，副处级组织员季培东在市委常委、组织部部长章大李，市委组织部副部长李长见的陪同下调研指导响水"科学规范和有效监督县委书记用人行为"试点工作。县委常委、常务副县长王玉新，县委常委、组织部部长王娟汇报工作。

△　响水县为参加省第七届残疾人运动会的 16 位残疾人运动员举行庆功会。此次运动会响水县夺得金牌 4 枚、银牌 7 枚和铜牌 4 枚，这是近年来响水残疾人运动员取得的最好成绩。

12 月 2 日　市委宣传部、市科协等部门联合举办"盐阜健康科普行"活动开幕式。现场举行"关注健康、关爱生命"万人签名活动和大型科普展览及咨询服务活动。

12 月 6 日　全县文明创建工作推进会召开。会议总结交流 2006 年文明行业（单位）创建工作并对 2007 年创建工作作部署。县委常委、宣传部部长裴彦贵到会讲话。

12 月 19 ~ 20 日　省水利厅、财政厅有关部门负责人在响水检查指导南干渠灌区 30 亩节水配套改造工程一期工程建设项目。县委常委、副县长邵礼青出席。

12 月 20 日　市精神文明建设考核组在响水考核精神文明建设工作。县领导马俊健、杨毅坚、裴彦贵、陈培岭、陆静林等陪同。

12 月 22 日　由县供销合作总社牵头，好客隆、茧丝绸、农资等供销社系统改制后的企业和基层供销社等 35 家联合发起响水县合作经济联合会，经政府批准挂牌成立。

12 月 24 日　国务院国资委监事会主席翟立功在响水调研指导工作。市委常委、常务副市长陈正邦，县领导马俊健、杨毅坚等陪同。

12 月 25 日　江苏国华陈家港发电有限公司在响水挂牌成立。市委常委、市政法委书记沈德林，副市长曹友琥，北京国华电力有限责任公司副总经理罗超，江苏省国信集团投资管理人有限责任公司副总经理李刚，县领导马俊健、张正华、高兆顶等出席。

12 月 28 日　全县关心下一代工作表彰大会召开。县委书记潘道津到会讲话。市关工委副主任刘汉昌到会祝贺。县委常委、组织部部长王娟主持大会。大会表彰先进集体 31 个，先进个人 54 名。

2007 年

1 月 3 日 省委常委、常务副省长赵克志在响水指导工作。市、县领导赵鹏、李强、陈正邦、戴元湖、潘道津、马俊健、杨毅坚、王玉新、刘曙明、糜世湘等陪同。

1 月 4 日 县委工作会议召开。县委书记潘道津到会讲话。县委副书记、代县长马俊健分析 2007 年全县经济工作形势，部署当前工作。县委副书记杨毅坚，县委常委许德智、王玉新、裴彦贵、王娟、邵礼青、朱金南、刘曙明，县人大常委会主任张正华，县政协主席高兆顶等在响水的县四套班子领导出席。

1 月 6 ~8 日 政协响水县第七届委员会第五次会议召开。县委书记潘道津到会讲话。县政协主席高兆顶主持大会。县政协副主席卜曙作政协响水县第七届委员会常务委员会工作报告。县政协副主席李刚作政协响水县第七届委员会常务委员会关于七届四次会议以来提案工作报告。

1 月 7 ~9 日 响水县第七届人民代表大会第五次会议召开。县人大常委会主任张正华主持会议。会议听取县人民政府代县长马俊健、县发改委主任王建成、县财政局局长吴志俊、县人大常委会主任张正华、县人民法院院长吴敦、县人民检察院检察长李勤所作的报告。会议选举马俊健为县人民政府县长。

1 月 11 日 市领导赵鹏、戴元湖、章大李、王公启、袁世珠、陈还堂、洪志爱，县领导潘道津、马俊健、张正华、邵礼青、武正华、卜曙及市、县有关部门负责人在响水县部分困难群众家中、困难企业走访慰问。

△ 省总工会副主席王兆喜在响水慰问困难职工。县委书记潘道津，县委常委、组织部部长王娟陪同。

1 月 12 日 省水利厅厅长吕振霖、副厅长陆永泉在响水调研水利工作。市水务局局长还学东，县领导潘道津、马俊健、邵礼青等陪同。

1 月 13 日 省委书记李源潮在响水考察经济社会发展情况，并走访慰问困难企业和职工群众。省委副秘书长、研究室主任王雪菲，市委书记赵鹏，市长李强，市委常委、秘书长戴元湖，副市长周古城、陈还堂，县委书记潘道津，县长马俊健等陪同。省民政厅厅长赵顺盘、省农林厅厅长刘立仁，省劳保厅厅长陈震宁等随同。

1 月 20 日 全县城镇建设工作会议召开。县委书记潘道津到会讲话。县长马俊健主持会议。县领导张正华、高兆顶、杨毅坚、王玉新、裴彦贵、王娟、邵礼青、朱金南、刘曙明、刘忠等出席。

1 月 25 日 响水县召开“项目攻坚年”暨外资突破活动动员大会。县委书记、县“项目攻坚年”活动指挥部政委潘道津作动员报告。县长、县“项目攻坚年”活动指挥部总指挥马俊健主持大会并讲话。县领导张正华、高兆顶、杨毅坚、许德智、王玉新、裴彦贵、王娟、邵礼青、朱金南、刘曙明等出席。

1月28日　县体育馆举行开馆仪式。省体育局装备中心主任吴晓波、市体改委副局长程雨田致辞。县人大常委会副主任陈培岭在仪式上讲话。副县长陆静林主持仪式。县政协副主席及县相关部门、企业、乡镇区负责人到场祝贺。

1月30~31日　县领导潘道津、马俊健、张正华、高兆顶、王玉新、刘曙明等分别到部分企业和乡村,走访慰问困难职工和群众。

2月7日　响水县召开城建工作会办会。县长马俊健部署春节前后县城市容环境秩序整治工作。县委常委、常务副县长王玉新,副县长樊玮及县城管、公安、建设、国土、响水镇等单位负责人参加。

2月11日　县委常委(扩大)会议召开。会议传达学习中央、省、市开展矛盾纠纷排查化解年活动会议精神,全市农村工作会议精神及省义务教育经费保障机制运行情况汇报会精神。县领导潘道津、张正华、高兆顶、杨毅坚、许德智、王玉新、裴彦贵、王娟、邵礼青、朱金南、刘曙明等出席。

2月12日　全县深化平安建设暨法制宣传教育大会召开。县委书记潘道津到会讲话。县长马俊健主持会议。县领导张正华、高兆顶、王玉新、朱金南、李银芳、史春耕出席主会场会议。各乡镇区、各部委办局及相关单位设分会场。

△　县纪委第二次全体会议召开。会议学习贯彻中央纪委七次全会和省、市纪委二次全会精神,回顾总结2006年全县党风廉政建设和反腐败工作情况,研究部署2007年工作任务。潘道津、马俊健、许德智、王玉新、裴彦贵、王娟、邵礼青、刘曙明、刘忠等县四套班子领导,县纪委委员及各乡镇区、县各部门主要负责人出席。

2月25日　响水县举行项目集中开工活动。县领导潘道津、马俊健、张正华、高兆顶、杨毅坚、许德智、王玉新、刘曙明等出席金天马纺织、穗丰粮食加工、方圆造船等项目开工仪式。

△　响水县设分会场收听收看全市三个文明建设表彰大会。县长马俊健出席分会场会议并讲话。

2月26日　全县鼓励全民创业、加快民营经济发展动员大会召开。县委书记潘道津到会讲话。县长马俊健主持会议。县领导张正华、高兆顶、杨毅坚、许德智、王玉新、王娟、邵礼青、朱金南、刘曙明、刘忠等出席。

3月1日　市委常委、宣传部部长周德祥率市有关部门负责人在响水调研指导民营经济发展情况。县领导潘道津、裴彦贵、樊玮、林彬等陪同。

△　全县人口和计划生育工作会议召开。县委书记潘道津到会讲话。县长马俊健作动员报告。副县长陆静林主持会议。县领导陈培岭、陈苏红等出席。

3月2日　县委书记潘道津主持召开县委常委(扩大)会议。县领导马俊健、张正华、高兆顶、杨毅坚、许德智、王玉新、裴彦贵、王娟、邵礼青、朱金南、刘曙明出席。

△　全县财政工作会议召开。县委书记潘道津到会讲话。县长马俊健作报告。县委常委、常务副县长王玉新主持会议并宣读表彰决定。县领导林启俊、史春耕等出席。

3月3日　全县举行集会庆祝"三八"国际劳动妇女节。县委常委、组织部部长王娟出席。

3 月 4 日　县委书记潘道津作为特邀嘉宾,接受江苏电视台《公仆心声》专题采访。

3 月 5 日　县政府召开政府组成部门工作汇报会。县长马俊健到会讲话。县领导王玉新、邵礼青、武正华、林彬等出席。

3 月 6 日　市级机关工委书记崔廷成一行在响水地税局调研基层组织建设工作。县委常委、组织部部长王娟陪同。

3 月 7 日　市政协副主席肖兰英一行在响水调研指导特色工业经济发展情况。县领导马俊健、高兆顶、王俊、史春耕等陪同。

3 月 15 日　省农业资源开发局副局长黄非在响水调研指导农业开发工作。县委书记潘道津、市农业资源开发局局长周纯明、县政协副主席李刚等陪同。

△　全县农村工作会议召开。县长马俊健到会讲话。县领导邵礼青、沈康生、李刚等出席。

3 月 16 日　响水县召开城镇项目推进会。县领导潘道津、马俊健、张正华、高兆顶、许德智、王玉新、王娟、邵礼青、陆静林、樊玮、武正华、糜世湘等出席。

3 月 22 日　全县安全生产工作会议召开。县长马俊健到会讲话。副县长王俊及各乡镇区、县各部门负责人参加。

3 月 28 日　响水县青年商会成立大会召开。团市委书记徐华明到会祝贺。县委常委、组织部部长王娟到会讲话。

3 月 29 日　县委书记潘道津主持召开县委常委(扩大)会议。会上,县委中心组集中学习十届全国人大五次会议和政协十届五次会议精神,传达全市小康进程分析会议精神。县委书记潘道津对抓好当前各项工作提要求。县领导马俊健、张正华、高兆顶、杨毅坚等出席。

△　全县精神文明建设工作会议召开。县委书记潘道津到会讲话。县长马俊健主持会议。县领导杨毅坚、裴彦贵、陆静林、卜曙等出席。

3 月 31 日　响水县设分会场收听收看省政府第五次廉政工作电视电话会议。县领导马俊健、许德智、王玉新及县相关部门、单位负责人出席分会场会议。

△　全县优化经济发展环境工作会议召开。县领导马俊健、张正华、许德智、王玉新、史春耕及客商代表、县相关部门负责人出席。

4 月 2 日　县长马俊健主持召开县政府月度工作抓落实促进会。县领导王玉新、邵礼青、樊玮、武正华、林彬、王俊出席会议,林启俊、史春耕、糜世湘列席会议。

4 月 3 日　市委副书记李驰、市人大副主任储金泉在响水调研指导沿海开发工作。县领导潘道津、马俊健、糜世湘及县相关部门负责人陪同。

4 月 4 日　市委书记、市人大常委会主任赵鹏在响水调研指导工作。市领导李驰、戴元湖、朱传耿随同调研。县委书记潘道津汇报工作。县领导马俊健、高兆顶、杨毅坚、许德智、王玉新、王娟、邵礼青、朱金南、刘曙明等陪同。

4 月 7 日　全县一季度经济形势和项目攻坚工作会议召开。县委书记潘道津到会讲话。县长马俊健主持会议。县领导张正华、朱金南、刘曙明等出席。

4 月 10 日　省海洋与渔业局副局长、省海域勘界办主任唐庆宁,省海洋与渔业局海域处处长赵钧一行在响水调研海域界及用海项目情况。市政府副秘书长乐超、市海洋与渔业局局长卢峰陪同。县领导潘道津、马俊健、杨毅坚、邵礼青、糜世湘等参加调研。

4月11日 响水县举行古云梯关复建工程项目签约仪式。县领导潘道津、马俊健、高兆顶、陆静林、陈苏红、糜世湘及政协原副主席吴晓等出席。

4月13日 中组部干部监督局副局长王金兰一行在江苏省指导科学规范和有效监督县委选人用人行为调研试点工作,并召开座谈会。县委书记潘道津在南京出席会议并介绍响水县调研试点工作开展情况。

4月16日 响水县企业改制工作推进会召开。县长马俊健到会讲话。县领导王玉新、王娟、邵礼青、沈康生、樊玮、武正华、糜世湘及县相关部门、单位主要负责人出席。

4月18日 省人大常委会副主任、省总工会主席张艳等在响水调研企业工会工作条例落实和构建和谐企业情况。市委常委、宣传部部长、市总工会主席周德祥,市总工会党组书记、副主席陈卫国,县领导潘道津、张正华、杨毅坚、王娟、刘曙明、樊玮等陪同。

4月19日 市委常委、盐城军分区司令员王公启一行在响水调研指导326省道响水东延段建设情况。县委书记潘道津,市交通局党委副书记、副局长潘进山,县政协副主席、县交通局局长糜世湘,灌东盐场场长王绪生等随同。

4月24日 中国红十字会常务副会长江亦曼一行在响水调研指导红十字会工作。省红十字会常务副会长周加才,市委常委、组织部部长章大李,市红十字会会长谷容先,县领导潘道津、王娟、陆静林等陪同。

4月25日 县委书记潘道津主持召开县委常委(扩大)会议,贯彻落实全省沿海开发工作会议精神,部署全县沿海造船产业发展工作,并对当前工作提要求。

4月26日 响水县设分会场收听收看省、市先后召开的安全生产电视电话会议。副县长王俊出席分会场会议并讲话。

4月26~30日 县委书记潘道津率县招商团在韩国招商。在韩国期间,潘道津率团拜会中国驻韩国大使宁赋魁,并成功举办韩商投资说明会,签订毛纺及床上用品项目一个,总投资2000万美元,达成投资合作意向7个,预计总投资1.5亿美元以上。

4月27日 全县扶贫促小康暨选派新农村建设指导员工作会议召开。县领导马俊健、章健、王娟、邵礼青、沈康生、李刚及省委驻响水扶促工作队员,县全体扶促工作队员及县相关部门负责人出席。

4月28日 县庆祝“五一”国际劳动节暨纪念“五四”运动88周年大会召开。县领导王娟、李银芳、陆静林、卜曙等出席。

5月1日 响水县组织开展“五一”慰问活动。县领导潘道津、马俊健、张正华、杨毅坚、邵礼青、刘曙明、陆静林、王俊、卜曙等参加。

5月9日 县委书记潘道津主持召开100万吨重油裂解和16万吨柠檬项目专题会办会。县领导刘曙明、武正华、王俊、李刚及县相关部门、单位、企业负责人出席。

5月10~11日 南京军区司令员朱文泉上将在大地建设集团董事长于国家、江苏省国画院院长助理管峻、江苏省开发局原局长王清、大地建设集团副总裁伍贻安等陪同下,在响水视察指导工作。朱文泉司令员将自己撰写的书法“上善若水”赠送给大地集团董事长于国家。县委书记潘道津代表县委、县政府向大地集团赠送锦旗。

5月11日 副市长曹友琥、悦达集团董事局主席胡友林、市政府秘书长薛偶、中国瑞联实业集团有限公司董事局主席李明一行在响水考察沿海开发工作。县领导马俊健、杨毅坚、林彬等陪同。

5月13日 “灌河情”四市五县文化联谊活动在响水举行。市文化局副局长邵仁贵，县领导裴彦贵、陈培岭、陆静林、陈苏红等出席。

5月16日 响水县召开防汛防旱暨高效农业现场推进会。县长马俊健到会讲话。县领导邵礼青、沈康生、李刚，县人武部部长成向东及各乡镇、县相关部门主要负责人出席。

5月20日 响水经济社会发展上海咨询委员会在上海举行成立仪式。县领导潘道津、马俊健、高兆顶、许德智、王玉新、王娟、王俊及咨询委员会委员出席。马俊健主持仪式并宣读委员名单。新当选的咨询委员会主任委员顾继虎、副主任委员吴萍、沈豪及秘书长杜中友等分别讲话。

5月21日 响水县在上海举行2007年江苏响水(上海)投资说明会暨合作项目签约仪式，现场签约项目29个，合同引资28.7亿元。县领导潘道津、马俊健、高兆顶、许德智、王玉新、王娟、王俊等出席。

△ 副市长曹友琥率市相关部门负责人在响水碉研指导项目建设工作。县领导杨毅坚、刘曙明、樊玮等陪同。

5月24日 响水县召开网吧整治情况汇报会。县长马俊健提要求。县领导陈培岭、陆静林及县相关单位负责人出席。

5月29日 326省道响水东延段、黄海大道、沿海引淡工程相继举行开、竣工仪式。县委书记潘道津致辞。县长马俊健主持仪式。市、县领导李驰、周古城、朱传耿、张正华、高兆顶、杨毅坚、邵礼青、武正华、糜世湘及市、县相关部门负责人参加。

5月30日 响水县召开县委常委(扩大)会议，传达学习省、市有关会议精神。县委书记潘道津到会讲话。县领导张正华、高兆顶、杨毅坚、许德智、王玉新、王娟、朱金南等出席。

6月1日 市长李强率市发改委、供电公司等单位负责人在响水调研指导工作。县委书记潘道津、县长马俊健分别汇报工作。县领导杨毅坚、刘曙明、林启俊、樊玮、王俊等陪同。

6月4日 市委书记赵鹏、市长李强带队观摩各县(市、区)重点工业项目和重大外资项目。响水县委书记潘道津、县长马俊健及副县长王玉新等随同。

6月6日 省政协调研组在响水调研指导沿海开发工作。市政协副主席郑齐祥，县领导马俊健、高兆顶、杨毅坚、刘曙明、林彬、史春耕等随同。

6月7日 省慈善总会会长俞兴德在响水调研指导工作。省慈善总会秘书长陶礼仁、副市长陈还堂等随同。县长马俊健汇报工作。县领导张正华、邵礼青、陆静林及县政府办、民政局负责人陪同。

6月8日 江苏歌得诺贝生物化工有限公司项目举行开工典礼。市领导王公启、曹友琥出席典礼。县委书记潘道津致辞。县长马俊健主持典礼。县领导张正华、高兆顶、杨毅坚、刘曙明、武正华、李刚及县人武部部长成向东等参加。

6月9日 响水县召开县委常委(扩大)会议,学习贯彻省党代表会议和全市重点项目推进工作会议精神,并就贯彻落实省委书记李源潮、市委书记赵鹏和市长李强的讲话精神进行研究部署。县委书记潘道津到会讲话。县领导马俊健、张正华、杨毅坚、许德智、王玉新、王娟、邵礼青、刘曙明等出席。

6月12日 响水县召开"双过半"和乡镇机构改革座谈会。县委书记潘道津到会讲话。

△ 建设银行江苏省分行副行长金扬统在响水调研指导工作。县领导潘道津、马俊健、刘曙明、林彬等陪同。

6月13日 县长马俊健主持召开政府工作抓落实推进会。县领导王玉新、陆静林、樊玮、林彬、王俊、邵兵出席。

6月15日 响水县与省盐业公司举行矿卤日晒项目签约仪式。县委书记潘道津致辞。省盐业公司副总经理章朝阳,县领导马俊健、张正华、高兆顶、杨毅坚、史春耕等出席。

6月18日 响水县党政代表团在常州钟楼区举行南北挂钩协作共建签约仪式。县委书记潘道津出席仪式并讲话。钟楼区区委书记徐缨致辞。县领导马俊健、张正华、高兆顶、章健、王玉新、邵礼青、樊玮、邵兵等出席。

6月19日 响水县在浙江省台州市举办造船及配套产业投资推介会,现场签约33个,合同引资48.5亿元。县委书记潘道津致辞。县长马俊健主持推介会。县领导张正华、高兆顶、杨毅坚、王俊等出席。

6月22日 响水县举行地税局稽查局获全国"巾帼文明岗"授牌仪式。县委书记潘道津致辞。市妇联主席杨爱华授牌。

6月28日 县委书记潘道津主持召开县委常委(扩大)会议,学习胡锦涛总书记6月25日在中央党校省部级干部进修班发表的重要讲话,中纪委《关于严格禁止利用职务上的便利谋取不正当权益的若干规定》;听取"项目攻坚年"活动半年考核情况汇报;会办月度工作;对7月份工作进行部署。县领导马俊健、高兆顶、杨毅坚、许德智、王玉新、裴彦贵、朱金南、刘曙明等出席。

6月30日 响水县举行庆祝中国共产党成立86周年大会及文艺演出。县委书记潘道津到会讲话。县长马俊健主持会议。县领导高兆顶、许德智、王玉新、裴彦贵、王娟、邵礼青、朱金南、刘曙明等出席。

7月2日 市委书记赵鹏、市政协主席计高成、市委副书记李驰等在响水观摩沿海开发基础设施建设情况。县领导潘道津、马俊健、杨毅坚、糜世湘等陪同。

7月3日 国家环保总局华东督查中心主任缪旭波一行在响水检查指导主要污染物减排工作。省环保厅副厅长于红霞、副市长周古城、市环保局局长吴雨晴,县领导马俊健、刘曙明、武正华等陪同。

7月4日 无锡市政协主席韩军、副主席余炳才率考察团在响水陈家港化工集中区考察调研。盐城市政协主席计高成,副主席孙锡初,县领导潘道津、高兆顶、刘曙明、武正华等陪同。

△ 省农业资源开发局纪检组组长秦忠斌一行对响水县农业综合开发项目进行验收。市开发局局长周纯明,县长马俊健,县委常委、副县长邵礼青陪同。

7 月 5 日 上海市政协经济委员会主任陈祥麟率经济界及工商联界有关领导在响水考察指导工作。响水县委书记潘道津汇报工作。县领导马俊健、高兆顶、樊玮、李刚等陪同。

7 月 7 日 县委书记潘道津主持召开全县城市建设管理指挥部全体成员会议。县领导王玉新、陈培岭、樊玮、糜世湘出席。

7 月 11 日 响水县召开化工企业环保问题集中整治突击月动员大会。县委书记潘道津到会讲话。县长马俊健作动员报告。市环保局局长吴雨晴对相关工作提要求。

△ 县委书记潘道津、县长马俊健率县党政代表团在盱眙县考察学习。盱眙县委书记蔡敦成介绍盱眙有关情况。

△ 市委常委、盐城军分区司令员王公启在响水县小尖镇郭庄村走访慰问建国前入党的老军人党员。县委副书记杨毅坚陪同。

7 月 13 日 盐城市沿海电网和电源点项目建设工作座谈会在响水召开。副市长曹友琥到会讲话。县长马俊健、副县长樊玮及市相关部门、各县(市)分管负责人出席会议。

7 月 16 日 盐城市召开全市利用外资工作汇报会。响水县 1 ~6 月份利用外资工作,增幅列全市第一,外贸出口、外经合作增幅分别列全市第一、第二。

7 月 17 日 县委常委(扩大)会议召开。会议讨论县委工作会议方案及主题报告;讨论全县党员领导干部警示教育大会方案和《关于加强党员干部思想作风建设的意见》。县委书记潘道津主持会议。马俊健、张正华、高兆顶、杨毅坚、许德智、王玉新、裴彦贵、王娟、邵礼青、朱金南、刘忠等在响水的县四套班子领导及县相关部门负责人出席。

7 月 18 日 市政协副主席范锡行,市检察院副检察长、党组副书记徐晓阳带领在盐城的全国人大代表视察调研响水县沿海开发和环境保护工作。县领导潘道津、张正华、杨毅坚、刘曙明、沈康生、武正华等陪同。

7 月 20 日 县委工作会议召开。县委书记潘道津到会讲话。县委副书记、县长马俊健主持会议。县领导杨毅坚、许德智、王玉新、裴彦贵、王娟、邵礼青、朱金南、刘曙明出席。

7 月 23 日 省长助理、省公安厅厅长黄明在响水调研指导工作。县委书记潘道津汇报工作。县领导王玉新、朱金南及县公安局主要负责人陪同。

△ 县政协七届 17 次常委会召开。县政协主席高兆顶、副主席卜曙、史春耕、李刚、陈苏红、糜世湘及全体常委出席会议。副县长樊玮及县建设局、国土局、城管局等部门负责人应邀参加会议。

7 月 25 日 县科协第五次代表大会召开。市科协主席尹贵尧到会讲话。县领导张正华、高兆顶、杨毅坚、许德智、裴彦贵、王娟、朱金南、刘曙明、刘忠及全县 200 多名科协代表出席。

7 月 27 日 县委书记潘道津主持召开县委常委(扩大)会议,传达学习市委工作会议精神、全省基层应急管理工作会议精神、全市金融工作会议精神及省长助理、省公安厅厅长黄明在响水调研的有关指示精神。马俊健、张正华、高兆顶、杨毅坚、许德智、王玉新、裴彦贵、朱金南、刘忠等在响水的县四套班子领导及县相关部门负责人出席。

7 月 30 日 县委书记潘道津主持召开县委常委(扩大)会议,听取县四套班子 7 月份工作完成情况及 8 月份工作计划安排;讨论研究 2007 年全县三个文明考核意见。县领导马俊健、张正华、高兆顶、杨毅坚、许德智、王玉新、裴彦贵、王娟、邵礼青、刘曙明等出席。

△　全县优化经济发展环境典型案例通报会召开。县委书记潘道津到会讲话。县长马俊健主持会议。张正华、高兆顶、许德智、王玉新、裴彦贵、王娟、邵礼青、刘曙明等县四套班子领导及各乡镇区、县各部委办局主要负责人出席。

8月3日　省公安厅副厅长邵木金在响水调研指导工作。县委常委、政法委书记朱金南等陪同。

8月4日　响水县第四届文化艺术周活动筹备工作会议召开。县委常委、宣传部部长裴彦贵作工作部署。副县长陆静林主持会议。活动组委会全体委员参加会议。

8月6日　副省长黄莉新在响水调研指导农业农村和扶贫开发工作。市领导赵鹏、李强、李驰、陈还堂等陪同。县委书记潘道津汇报工作。县领导马俊健、张正华、高兆顶、章健、邵礼青、王喜林等出席座谈会。

8月7日　县长马俊健主持召开陈家港电厂前期准备工作推进会,对陈家港电厂的前期工作作部署并提要求。县委常委、副县长邵礼青,政协原副主席吴晓及县相关单位主要负责人出席。

8月10日　副市长曹友琥率市安监局、公安局、消防支队负责人在响水检查指导安全生产工作。县领导潘道津、马俊健、刘曙明、王俊等陪同。

8月14日　县长马俊健主持召开政府七届35次常务会议。县领导王玉新、陆静林、樊玮、武正华、林彬、邵兵出席。县人大常委会副主任林启俊、县政协副主席史春耕应邀参加。

8月15日　响水县开通“今日响水网”,网址 www. jrxsw. com. 。

8月17日　省环保厅组织专家组对响水县生态建设规划进行评审。省环保厅副巡视员周迁,县领导马俊健、陈培岭、武正华、史春耕及省、市有关专家出席。

8月20日　市委常委、宣传部部长周德祥在响水调研指导民营经济工作。县委书记潘道津汇报工作。县委常委、宣传部部长裴彦贵及县相关部门、单位负责人陪同。

△　响水县设分会场收听收看省、市先后召开的推进新一轮平安江苏建设电视电话会议。县领导潘道津、王玉新、朱金南、李银芳、史春耕及县相关部门、单位负责人出席分会场会议。

8月23日　市委常委、纪委书记周福莲在响水调研指导纪检监察和反腐倡廉制度建设工作。县委书记潘道津汇报工作。县委常委、纪委书记许德智等陪同。

8月27日　全县信访稳定工作会议召开。县委书记潘道津到会讲话。县委副书记杨毅坚主持会议。县领导张正华、高兆顶、许德智、王玉新、王娟、朱金南及县相关部门、单位负责人出席。

8月28日　县委书记潘道津会见以色列歌得诺贝公司总裁兼首席执行官雅柯夫先生,共同商榷在响水境内建设以色列工业园相关事宜。县领导杨毅坚、刘曙明、樊玮等参加会见。

△　全县“民营经济关工委”成立大会召开。县委常委、宣传部部长裴彦贵,县关工委主任戴昉为“民营经济关工委”揭牌。

9月1日　响水县广播电视新闻协会成立。

9月3日　县委书记潘道津主持召开县委常委(扩大)会议,专题听取县四套班子8月份工作完成情况及9月份工作计划安排,部署9月份重点工作。县委副书记、县长马俊健围绕信访稳定工作提要求。县领导张正华、高兆顶、杨毅坚、许德智、裴彦贵、王娟、邵礼青、朱金南、刘曙明等出席。

9 月 5 日 响水县组织农业项目家家到现场观摩。县领导马俊健、邵礼青、沈康生、李刚,各乡镇乡镇长及县相关部门负责人参加。

9 月 6 日 国家交通战备办公室助理员李广理在响水调研指导工作。县领导马俊健、武正华、糜世湘及省、市相关部门负责人陪同。

9 月 7 日 省信访局副局长秦凯华在响水调研指导信访工作。县领导马俊健、王玉新、邵礼青、王俊等陪同。

9 月 10 日 全县举行集会庆祝第 23 个教师节。县委书记潘道津到会讲话。县领导张正华、王玉新、陈培岭、陆静林、卜曙、糜世湘等出席。

9 月 12 日 响水县举行江苏科技大学盐海船舶技术学院项目签约仪式。县委书记潘道津出席仪式并讲话。县领导高兆顶、杨毅坚、王玉新、陈培岭、李刚及江苏浙江商会负责人出席。

9 月 12 ~ 13 日 共青团响水县第八次代表大会召开。县委书记潘道津到会讲话。团市委书记徐华,县领导马俊健、张正华、高兆顶、杨毅坚、许德智、王玉新、裴彦贵、王娟、朱金南、刘曙明、刘忠及 208 名团员代表出席。

9 月 14 日 市政协主席计高成,副主席冯永农、洪志爱、孙锡初、徐民友、范玉媛、肖兰英、郑齐祥、薛维松,秘书长林济时等在响水视察经济社会发展情况。县长马俊健汇报工作。

9 月 17 日 省环保厅副厅长朱铁军在响水检查减排工作。副市长周古城,县委书记潘道津分别汇报工作。市环保局局长吴雨晴,县领导马俊健、邵礼青、刘曙明等陪同。

9 月 18 日 国家水利部原副部长翟浩辉一行在响水调研指导水务项目合作情况。水利部综合事业局局长、中国水务投资有限公司董事长王文珂,中国水务投资有限公司总经理刘正洪等陪同。县长马俊健汇报工作。市水利局局长罗利民,县领导许德智、邵礼青等陪同。

△ 全县举行学理论促发展成果展,对中共十六大以来全县学习成果和发展成果进行集中展示。县委常委、宣传部部长裴彦贵主持开展仪式。市委讲师团副团长王培到会讲话并与县长马俊健为成果展揭牌。

9 月 20 日 受台风“韦帕”的影响,从 19 日 5 时到 20 日 5 时,县境内普降大到暴雨,全县农田积水 12 万亩,农作物倒伏 3 万亩,树木折断 2500 株,倒伏 5100 株,倒塌房屋 27 间,大棚 10 个。县领导马俊健、邵礼青带领县农林、民政、水务等相关部门主要负责人在受灾最严重的陈家港镇察看灾情,指导灾后自救工作。

9 月 21 日 全县第四届文化艺术周暨校园文化艺术节举行开幕式。县委书记潘道津致辞。县长马俊健主持开幕式。县领导张正华、裴彦贵、陈培岭、陈苏红,山东海阳市市委常委、宣传部部长王东锴等出席。

9 月 24 日 县、乡两级人大换届选举工作会议召开。会议学习贯彻省委、省人大、市委、市人大会议精神,动员部署全县县、乡两级人大换届选举工作。

9 月 25 日 市委常委、盐城军分区司令员王公启在响水检查落实党风廉政建设责任制工作情况。县委书记潘道津汇报工作。

10月3日 省委组织部副部长徐金万在响水考察指导工作。县委书记潘道津,市委组织部副部长刘海,县领导王娟、刘曙明、糜世湘等陪同。

10月9日 响水县举行2007年第四次项目集中签约、集中开工、集中观摩活动,并召开全县项目攻坚季度点评会。

10月9~10日 小尖镇举行招待会,欢迎浙江省义乌市江东商会在响水投资考察。县委书记潘道津致辞。县长马俊健会见客商。浙江义乌江东商会名誉会长傅强、会长虞云新及县领导裴彦贵、邵兵出席。

10月10日 全县征兵工作会议召开。会议贯彻省、市征兵工作会议精神,部署2007年冬征兵任务。县委常委、常务副县长王玉新到会讲话。县委常委、县人武部政委刘忠主持会议。县人武部部长成向东等出席。

10月15日 县委理论学习中心组成员及县委办机关人员收听收看中共十七大开幕式。县委书记潘道津在开幕式后对相关工作提要求。

△ 响水县召开地方志工作会议,启动全县二轮修志(《响水县志(1988~2008)》)工作。副县长陆静林到会讲话。

10月16日 响水县召开推进行政审批制度改革工作动员大会。县委书记潘道津到会讲话。县长马俊健主持会议。县领导张正华、许德智、王玉新、王娟、卜曙等出席。

10月17日 省开发局副局长张学平在响水检查指导2007年度世行三期项目开工和DFID项目组建运行情况。

10月18日 省发改委规划处处长孙军、副处长王传军及市发改委副主任朱如万一行在响水调研沿海开发和灌河造船产业带实施情况。县领导杨毅坚、王玉新、王俊等陪同。

10月20日 中国长江三峡开发工程总公司总经济师陈文斌、长江新能源开发有限公司总经理钱锁明一行在响水考察商谈响水县沿海风电项目事宜。县领导潘道津、马俊健、杨毅坚等陪同。

10月25日 响水县召开民营经济工作暨小企业创业园建设推进会。县长马俊健到会讲话。县委常委、宣传部部长裴彦贵传达贯彻市民营经济工作三季度点评会暨小企业创业园观摩会精神。县领导邵兵、李刚等出席。

10月26日 响水县召开传达学习中共十七大精神大会。县委书记潘道津到会讲话。县长马俊健主持大会。县领导张正华、高兆顶、许德智、王玉新、裴彦贵、朱金南等出席。

10月29日 全县利用外资工作推进会召开。县委书记潘道津到会讲话。县长马俊健主持会议。

10月30~31日 全市召开重点项目推进会。联化科技、三佳造船、瑞邦化工三个企业列入全市2007年投资5000万元以上项目成果统计。市领导赵鹏、李强、计高成、李驰等在县领导潘道津、马俊健、张正华、高兆顶、杨毅坚、王玉新、刘曙明、李银芳、王俊等陪同下,观摩响水县沿海经济区勤丰、宏铭两个造船基地。

△ 新华社江苏分社、新华日报、经济日报、扬子晚报等四家媒体采访响水县大学生在村任职情况。县委常委、组织部部长王娟等陪同。

11月2日 江苏国华陈家港电厂一期工程部分设计通过国家电力规划设计总院组

织的专家评审。

11 月 5 日 县长马俊健在江苏国华陈家港发电厂会办协调电厂项目核准前期准备工作。县领导邵礼青、糜世湘及县相关部门负责人参加会办。

11 月 8 日 全县县、乡两级人大换届选举转段工作会议召开。县人大常委会主任张正华对县、乡人大换届选举转段工作及下阶段工作提要求。副主任沈康生总结宣传发动和选民登记核对工作,部署提名推荐、协商确定代表候选人工作。

11 月 11 日 响水县举办全县乡科级干部学习中共十七大理论培训班。县委书记潘道津主持培训并讲话。马俊健、张正华、高兆顶、杨毅坚、裴彦贵、王娟、邵礼青、朱金南、刘曙明等在响水的县四套班子领导参加培训。省委党校党史党建教研部副主任刘长江教授围绕中共十七大精神作专门理论辅导。

11 月 12 日 副市长曹友琥率市有关部门负责人在响水检查指导工业及三外工作。县委书记潘道津、副县长林彬、王俊及有关部门负责人出席。

11 月 13 日 响水县设分会场收听收看国家、省、市先后召开的贯彻实施《突发事件应对法》电视电话会议。县长马俊健、副县长王俊及县相关部门、单位负责人出席分会场会议。

11 月 14 日 市委常委、常务副市长陈正邦率有关部门负责人在响水检查指导财政收入工作和固定资产投资情况。县领导潘道津、马俊健、许德智及有关部门负责人出席。

11 月 17 日 响水县举行省委宣讲团中共十七大精神报告会。省委宣讲团成员、省党建学会副秘书长、省委讲师团兼职教授董连翔讲话。市宣讲团副团长王培出席报告会。

11 月 20 日 市长李强在响水高速接线西延工地、小尖镇郭庄村的浅水藕加工厂等地进行调研并召开响水县经济社会发展情况汇报会。副市长朱传耿、谷家栋等随同调研。县委书记潘道津、县长马俊健汇报工作。县领导张正华、高兆顶、杨毅坚、裴彦贵、王娟、邵礼青、朱金南、刘曙明等陪同。

△ 响水县召开联席会议。会议调整县委常委、县长、副县长工作分工。县委书记潘道津到会讲话。县领导马俊健、张正华、高兆顶、杨毅坚、许德智、裴彦贵、王娟、刘忠、邹必俊、樊玮、武正华、王俊、邵兵、戴翠芳及县相关部门负责人出席。

△ 响水县政协换届工作会议召开。县委书记潘道津到会讲话。县政协主席高兆顶作工作部署。县领导许德智、朱金南等出席。

11 月 27 日 响水陈家港化工集中区内江苏联化科技有限公司七车间发生爆炸,造成 7 死 5 伤 1 人失踪的重大事故。

11 月 28 日 市长李强在响水县看望“11·27”事故受伤人员,并察看事故现场。县领导马俊健、邹必俊、武正华、王俊、戴翠芳等陪同。

△ 全市安全生产紧急会议在响水召开。市委书记、市人大常委会主任赵鹏到会讲话。市委常委、常务副市长陈正邦主持会议并通报“11·27”陈家港化工集中区爆炸事故有关情况。市委常委、市委秘书长戴元湖,市政府副秘书长顾云岭,县委书记潘道津,全市各县(市、区)长,分管安全生产工作的副县(市、区)长,公安、安监、环保、质监、消防等部门主要负责人及市相关部门、单位主要负责人出席。

△ 响水召开县委常委(扩大)会议。县委书记潘道津到会讲话。县长马俊健通报“11.27”事故情况。张正华、高兆顶等县四班子领导出席会议。县安委会成员列席会议。

11 月 30 日 市安全生产工作督查会在响水召开。市委书记赵鹏主持会议并讲话。市领导陈正邦、周古城、谷家栋，县委书记潘道津及市相关部门负责人出席。

12 月 4 日 市委常委、秘书长戴元湖在响水视察。县领导潘道津、杨毅坚、糜世湘及县委办、陈家港镇负责人陪同。

△ 响水县召开安全生产隐患排查整改工作督查汇报会。县委书记潘道津到会讲话。县长马俊健主持会议。县领导高兆顶、杨毅坚、许德智、王娟、邵礼青、朱金南、刘曙明、邹必俊、沈康生、樊玮、武正华、王俊、戴翠芳及县三个园区管委会主任、县安委会成员单位主要负责人出席。

12 月 5 日 全县 40 多万选民依法陆续选举 233 名县第八届人民代表和 794 名乡镇新一届人民代表大会代表。

12 月 8 日 国华电力公司总经理、党委书记秦定国，国华公司副总经理兼党委副书记夏利，副总工程师兼总经理工作部经理金强一行在国华陈家港电厂视察指导工作。副市长曹友琥，县领导潘道津、马俊健、许德智、邵礼青及陈家港发电公司总经理薛文勇等陪同。

12 月 10 日 县长马俊健主持召开县政府七届 36 次常务会，讨论经济适用房管理和廉租房实施办法等议题。县领导许德智、樊玮、武正华、林彬、王俊、邵兵、戴翠芳等出席。县人大常委会副主任林启俊、县政协副主席糜世湘等列席。

△ 韩培信偕夫人李立英及长子韩建华在响水召开首届韩培信扶持响水孤儿贫困学生教育基金会理事会。江苏省慈善总会会长俞兴德陪同。

△ 省老促会执行理事长、省政府原副秘书长蔡秋明，省交通厅原厅长丁子纲，响水县原县委书记、省滩涂资源开发局原局长王清及省老促会部分老同志在响水调研指导工作。县长马俊健汇报响水县经济社会发展和灌河开发利用情况。县委副书记杨毅坚、县政协副主席糜世湘参加。

12 月 13 日 县委书记潘道津主持召开县委常委(扩大)会议，对 2008 年总体工作思路提出要求。县领导张正华、高兆顶、许德智、裴彦贵、王娟、邵礼青、朱金南、邹必俊等出席。

12 月 14 日 县七届人大常委会第 43 次会议召开。县人大常委会主任张正华，副主任林启俊、沈康生、李银芳等出席会议。县委常委、常务副县长许德智及县法院、县检察院负责人列席会议。会议听取县政府关于 2008 年财政预算草案、2008 年国民经济和社会发展计划草案编制情况汇报；讨论通过关于响水县第八届人民代表大会第一次会议召开时间的决定讨论通过县人大常委会工作报告及县第八届人民代表大会第一次会议计划等事项。

12 月 15 日 响水县政协七届 19 次常委会议召开。政协领导高兆顶、卜曙、陈苏红、糜世湘、陆从华、史春耕及政协常委参加会议。会议审议通过《政协响水县第七届委员会常务委员会工作报告》和《提案工作情况的报告》；协商通过政协第八届委员会委员名单；审议通过县政协八届一次会议有关事项。

△ 响水县召开县文化广播电视局成立大会。市文化局局长陈晓莲、市广播电视局局长冯忠云，县领导张正华、许德智、裴彦贵、戴翠芳、陈苏红等出席。

12 月 18 日 县委书记潘道津主持召开县委常委(扩大)会议。会议传达省委十届三次全会和市委五届四次全会精神，并讨论《关于县委常委工作情况的报告》(讨论稿)《深入贯彻落实党的十七大精神，为加快建设全面小康新响水而努力奋斗》(讨论稿)《响水县人大常委会工作报告》(讨论稿)《政府工作报告》(讨论稿)《中国人民政治协商会议响水县第七届委员会常务委员会工作报告》(讨论稿)《关于响水县2007年财政预算执行情况和2008年财政预算草案的报告》(讨论稿)《响水县人民检察院工作报告》(讨论稿)《响水县人民法院工作报告》《关于响水县2007年国民经济、社会发展计划执行情况和2008年国民经济、社会发展计划草案的报告》(送审稿)等报告初稿。

△ 江苏国华陈家港发电有限公司举行成立庆典仪式。县委书记潘道津出席仪式并讲话。县委书记潘道津,中国神华能源股份有限公司国华电力分公司副总经理、江苏国华陈家港发电有限公司董事长夏利共同为江苏国华陈家港发电有限公司揭牌。江苏国信投资管理股份有限公司副经理、陈家港发电有限公司董事张大林主持庆典仪式。陈家港发电有限公司总经理薛文勇致辞。县委常委、常务副县长许德智及县相关部门、单位负责人出席。

12 月 19 日 响水县召开县委八届三次全体会议。县领导张正华、高兆顶等列席会议。县委书记潘道津作《深入贯彻落实党的十七大精神,为加快建设全面小康新响水而努力奋斗》的主题报告和《关于县委常委工作情况的报告》。会议通过县委八届三次全体会议决议,增补张祖振、贾良早、顾品仁为县委委员。县委副书记、县长马俊健,县委副书记杨毅坚,县委常委许德智、裴彦贵、王娟、邵礼青、朱金南、刘忠、刘曙明、邹必俊等出席。

12 月 20～22 日 县政协八届一次会议召开。县委书记潘道津到会讲话。县政协主席高兆顶作《深入贯彻落实科学发展观 不断开创我县政协工作新局面》的讲话。马俊健、张正华、杨毅坚、许德智、裴彦贵、王娟、邵礼青、朱金南、刘忠、邹必俊、卜曙、史春耕、陈苏红、靡世湘等县四套班子领导,县处级以上领导及曾担任过县处级领导职务的老同志出席会议。大会表彰“双好”委员和优秀提案,通过《政协响水县第八届委员会第一次会议决议》《政协响水县第八届委员会第一次会议关于县七届政协常委会工作报告的决议》《政协响水县第八届委员会提案工作报告和提案审查报告的决议》。

12 月 21～23 日 县八届人大一次会议召开。县人大常委会主任张正华主持会议。县委书记潘道津主持选举大会并讲话。县长马俊健代表县七届人民政府向大会作工作报告。大会依法选举产生新一届县人大、县政府领导班子和县法院院长、检察院检察长。大会审议并批准县政府工作报告和其他重要报告,审议通过各项决定。县领导高兆顶、杨毅坚、林启俊、沈康生、李银芳、李刚、许德智、裴彦贵、王娟、邵礼青、朱金南、刘曙明、刘忠、邹必俊等出席。

12 月 26 日 市委副书记李驰在响水调研指导沿海开发工作。市委副秘书长徐国均、市交通局局长管亚光等随同。县领导杨毅坚、糜世湘等陪同。

12 月 27 日 全市农村水利建设管理现场推进会在响水召开。市长李强到会讲话。市委副书记李驰主持会议。副市长陈还堂,市政府副秘书长倪崇彦、乐超,市水利局局长罗利民,县领导马俊健、邵礼青、林彬,各县(市、区)长、分管县(市、区)长及县相关部门主要负责人出席。

12 月 28 日 响水县在青岛举办江苏响水(青岛)投资说明会,集中签约项目12个,协议总投资6亿人民币。青岛市政协副主席韩建华到会讲话。县委书记潘道津致辞。县长马俊健主持说明会。县领导杨毅坚、刘曙明、王俊,县相关部门、单位负责人及韩国、波兰、中国台湾等国家和地区的70多名客商参加。

2008 年

1 月 2 日　县委常委(扩大)会议召开。县委书记潘道津主持会议。马俊健、张正华、高兆顶、杨毅坚、许德智、裴彦贵、王娟、邵礼青、朱金南、刘曙明等县四套班子领导及县相关部门主要负责人出席。

1 月 5 日　市委书记、市人大常委会主任赵鹏率相关部门负责人在响水走访慰问老党员、特困家庭、困难企业和有关乡镇。市、县领导戴元湖、章大李、王公启、曹桂英、马俊健、王娟、刘忠等陪同。

1 月 7 日　全县安全稳定工作会议召开。县委常委、常务副县长许德智到会讲话。副县长王俊主持会议。樊玮、武正华、戴翠芳、糜世湘等出席。

1 月 15 日　盐城市盘活存量建设用地“四位一体”工作推进会在响水召开。市政协副主席、市国土局局长崔士明到会讲话。县委书记潘道津及各县(市、区)国土局局长出席。

1 月 16 日　县委常委(扩大)会议召开。县委书记潘道津主持会议。张正华、高兆顶、杨毅坚、许德智、王娟、邵礼青、朱金南、邹必俊等县四套班子领导出席。

1 月 17 日　省水利厅副厅长陆永泉、省工程局副局长方桂林在市水利局局长罗利民、副局长何玉良等陪同下，调研考察响水通榆河北延工程响水段工程项目施工建设情况。县委常委、政法委书记邵礼青、副县长林彬陪同。

1 月 18 日　省委常委、政法委书记林祥国率省发改委、民政厅、司法厅、总工会和文化厅负责人在响水走访慰问。省政府副秘书长于利中及省有关部门负责人，市、县领导赵鹏、戴元湖、石为斌、潘道津、马俊健、邵礼青等陪同。

1 月 22 日　市委副书记李驰、副市长陈还堂在响水县检查指导植树造林工作。县委书记潘道津、副县长林彬及市、县相关部门、单位负责人陪同。

△　响水县设分会场收听收看全省领导干部警示教育电视电话会议。县委书记潘道津在电视电话会议后对相关工作提要求。马俊健、高兆顶、杨毅坚、许德智、裴彦贵、王娟、朱金南、刘曙明、邹必俊等在响水的县四套班子领导，县处级领导干部及乡镇主要负责人出席分会场会议。

1 月 23 日　全县农业农村工作暨绿色响水建设动员会议召开。县委书记潘道津到会讲话。县领导王娟、邵礼青、李刚、林彬、陆从华及各乡镇区、县直各单位主要负责人出席。

1 月 24 日　响水县召开建设工作会议。县委书记潘道津到会讲话。县领导张正华、许德智、沈康生、樊玮、糜世湘及各乡镇区、各部委办局、县各直属单位主要负责人出席。

△ 响水县举办引进韩资专题讲座。县委书记潘道津到会讲话。县领导张正华、杨毅坚、许德智、裴彦贵、邵礼青、刘曙明、邹必俊及各乡镇区、各部委办局主要负责人参加。青岛市国际关系学会理事长、青岛社会科学院中韩合作研究中心主任孔庆峒教授作专题讲座。

1 月 25 日　响水县举行陈家港化工集中区成立五周年庆典暨春节联欢会。县委书记潘道津致辞。县领导张正华、杨毅坚、许德智、裴彦贵、刘曙明、邹必俊、武正华、陆从华、蔺盛冬，在园区投资兴业的企业及县相关部门负责人出席。

1 月 26 日　响水县召开春节慰问老干部会议。县委书记潘道津到会讲话。县委常委、组织部部长王娟主持会议。县领导张正华、戴翠芳、陆从华及全县 150 多名曾担任县四套班子领导和乡镇正科级领导的离退休老同志代表出席。

1 月 29 日　响水县举行各界人士迎新春茶话会。县领导潘道津、张正华、高兆顶、杨毅坚、许德智、王娟、邵礼青、朱金南、刘曙明、刘忠、邹必俊及老干部代表、各乡镇区、各部委办局主要负责人等出席。

△ 响水县举行老干部迎新春座谈会。县委书记潘道津致辞。县领导张正华、高兆顶、杨毅坚、许德智、王娟及部分老干部代表参加。

△ 响水县四套班子相关领导、各乡镇区主要负责人召开迎新春座谈会。县委书记潘道津到会讲话。县领导张正华、高兆顶、杨毅坚、许德智、王娟及各乡镇区主要负责人出席。

2 月 1 日　响水县召开县委常委（扩大）会议，传达学习中央、省、市有关会议精神。县委书记潘道津到会提要求。县领导马俊健、张正华、高兆顶、杨毅坚、许德智、朱金南、刘曙明、刘忠等出席。

△ 响水县召开县长办公会议，对节日前后工作进行研究和安排。县领导马俊健、许德智、樊玮、武正华、林彬、王俊、戴翠芳等参加。

2 月 2 日　响水县设主会场，小尖、南河、陈家港、运河、大有等乡镇设分会场，举行为各类创业者集中免费发证照活动仪式。在主会场，市委常委、盐城军分区司令员王公启，县委书记潘道津分别讲话。县领导张正华、高兆顶、杨毅坚、许德智、刘忠、武正华及各乡镇区，县相关部门、单位主要负责人出席。

2 月 3 日　县长马俊健带领政府办、安监局、经贸委、公安局、总工会、质监局、供电公司和消防大队等部门主要负责人在超市、车站及企事业单位检查安全生产。县委常委、经济开发区工委书记刘曙明，副县长樊玮陪同。

2 月 13 日　全县 2007 年度三个文明建设表彰大会召开。县委书记潘道津到会讲话。县长马俊健主持会议。县领导张正华、高兆顶、杨毅坚、许德智、裴彦贵、王娟、邵礼青、朱金南、刘曙明、刘忠、邹必俊及各乡镇区、县各部委办局主要负责人等出席。

△ 响水县设分会场收听收看全市 2007 年度三个文明建设表彰大会。县领导马俊健、张正华、高兆顶、杨毅坚、许德智、裴彦贵、王娟、邵礼青、朱金南、刘曙明、邹必俊及县相关单位负责人出席。

2 月 16 日　全县党建工作会议召开。县委书记潘道津到会讲话。县长马俊健主持会议。县领导杨毅坚、许德智、裴彦贵、王娟、邵礼青、朱金南、刘曙明、邹必俊及各乡镇区，县相关部门、单位主要负责人等出席。

△ 县纪委八届三次全体会议召开。会议学习贯彻中央纪委二次全会和省、市纪委三次全会精神，全面总结2007年全县反腐倡廉工作，研究部署2008年工作任务。县委书记潘道津到会讲话。县领导马俊健、张正华、杨毅坚、裴彦贵、王娟、邵礼青、朱金南、刘曙明、邹必俊、卜曙，县纪委委员及各乡镇区，县相关部门、单位主要负责人等出席。

2月18日 响水县举行全县项目集中开工、集中观摩活动并召开工业经济暨"项目攻坚年"活动动员大会。县委书记潘道津到会讲话。县领导马俊健、张正华、高兆顶、杨毅坚、裴彦贵、王娟、朱金南、刘曙明、邹必俊、林启俊、王俊、卜曙等参加。

2月19日 市委常委、盐城军分区司令员王公启在响水调研指导农业农村工作。县委书记潘道津汇报工作。县委常委、政法委书记邵礼青，副县长林彬及县委办、农业局、林业局、小尖镇主要负责人陪同。

△ 响水县召开财税工作座谈会。县领导马俊健、许德智及县相关部门、单位负责人出席。

2月20日 市人大常委会副主任周古城、陈卫国、何桂英、马成志一行在响水调研指导工作。县领导潘道津、马俊健、张正华、许德智、林启俊、沈康生、李银芳、李刚、蔺盛冬等陪同。

△ 响水县召开"进位争先、跨越发展"研讨会。县委书记潘道津主持会议并讲话。马俊健、张正华、高兆顶、杨毅坚等在响水的县四套班子领导及县相关部门主要负责人出席。

△ 响水县组织绿色响水建设暨高效农业家家到现场观摩会。县领导马俊健、邵礼青、李刚、林彬、陆从华及各乡镇区、县相关部门负责人参加。

2月22日 响水县举行2008年新春服务企业用工，帮助群众就业大型招聘会。县委书记潘道津致辞。县长马俊健主持开幕式。县领导张正华、许德智、林启俊、陆从华及市就业中心主任丁宝华等出席。

2月23日 响水县响水镇村民王得付被评为"江苏省道德模范"。

2月24日 响水县召开农业农村工作"进位争先、跨越发展"攻坚会。县领导邵礼青、李刚、林彬、陆从华及县相关部门负责人出席。

2月26日 响水县八届人大常委会召开第一次会议，任命挂职副县长及政府组成部门主要负责人，县法院、检察院有关人员。县委书记潘道津到会讲话。县领导马俊健、张正华、林启俊、沈康生、李银芳、李刚等出席。

2月27日 县委书记潘道津、县长马俊健率党政代表团在灌云、灌南考察学习。县领导张正华、杨毅坚、许德智、王娟、朱金南、刘曙明、邹必俊、樊玮、王俊、糜世湘及各乡镇区、县相关单位主要负责人参加。

2月28日 三禾能源开发有限公司蓄电池清洁回收资源再生项目举行开工典礼。县委书记潘道津致辞。县长马俊健、县人大常委会主任张正华，江苏三环实业股份有限公司董事长吴万新，县领导刘曙明、王俊、卜曙及县相关部门主要负责人出席。

3月1日 响水县开展以"严管重罚，强行入轨，大干四十天，赶超灌云县"为主题的县城环境综合整治活动。

3 月 4 日 盐城市公路绿化工作督查会在响水召开。副市长徐进到会讲话。市交通局局长管亚光,县领导潘道津、马俊健、林彬、糜世湘等出席。

3 月 4 ~5 日 响水县妇女第七次代表大会召开。县委书记潘道津到会讲话。市妇联主席杨爱华致辞。县领导马俊健、高兆顶、王娟、刘忠、李银芳、李刚、戴翠芳等出席。

3 月 5 日 市委常委、市委宣传部部长周德祥一行在响水调研指导全民创业和民营经济工作。县领导潘道津、裴彦贵、刘曙明、武正华及县相关部门负责人陪同。

△ 响水县召开绿色响水建设工作会办会。县长马俊健到会讲话。县领导邵礼青、糜世湘等出席。

3 月 6 日 副市长丁建奇一行在响水检查城镇绿化工作。县委书记潘道津、县长马俊健分别汇报响水县经济社会发展情况和城镇绿化工作。

3 月 7 日 市林业局副局长徐殿波及市高速公路指挥部相关负责人等在响水督查"绿色盐城"建设工作。县长马俊健汇报"绿色响水"建设情况。县领导邵礼青、樊玮、糜世湘及县相关单位主要负责人出席。

3 月 8 日 市委书记、市人大常委会主任赵鹏,市委副书记李驰及市领导陈正邦、丁宇、何桂英、曹友琥、崔士明等观摩全市沿海开发基础设施和项目建设现场。县领导潘道津、马俊健、张正华、高兆顶、杨毅坚、许德智、糜世湘等陪同。

3 月 10 日 响水县召开欢送上一届省委驻响水扶贫工作队、欢迎新一届省委驻响水扶贫工作队会议。市委常委、盐城军分区司令员王公启,县领导潘道津、马俊健、张正华、高兆顶、杨毅坚、许德智、裴彦贵、王娟、邵礼青、陆从华及前后任扶贫工作队队长章健、丁勇等出席。

△ 县人武部举行新老政委交接仪式,欢送原政委刘忠,迎接新政委冯雪明。市委常委、盐城军分区司令员王公启宣读南京军分区命令。县委书记潘道津出席仪式并讲话。县委常委、常务副县长许德智等出席。县人武部部长成向东主持仪式。

3 月 12 日 市委常委、秘书长戴元湖在响水调研指导工业经济运行及项目建设情况。县领导马俊健、杨毅坚、刘曙明、王俊及市、县相关部门负责人陪同。

3 月 13 日 副市长朱传耿、市政府副秘书长曹士长、市人口和计生委主任季德荣等在响水调研指导人口和计划生育工作。县长马俊健、副县长戴翠芳等陪同。

3 月 14 日 响水县召开"绿色响水"建设推进会。县长马俊健主持会议。县领导邵礼青、樊玮、林彬、王俊、糜世湘等出席。

3 月 16 日 射阳县委书记徐超、县长顾强生率党政代表团在响水考察学习沿海开发工作。县领导潘道津、许德智、糜世湘等陪同。

3 月 17 日 大丰市党政代表团在响水考察学习沿海开发工作。县委书记潘道津介绍情况。县领导马俊健、张正华、杨毅坚、糜世湘等陪同。

3 月 18 日 响水县举行金兰牌色纺纱、泰隆祥牌床垫获"国家免检产品"和"江苏省名牌产品"称号祝捷大会。县委书记潘道津到会讲话。县长马俊健主持会议。市质监局局长夏世华、副局长刘标,县领导刘曙明、李刚、王俊、糜世湘等出席。县相关部门及企业负责人参加。

△ 响水县举行江苏金源三氯氢硅项目签约仪式。县领导潘道津、马俊健、张正华、

刘曙明、邹必俊、武正华、王俊、卜曙及县相关部门、单位主要负责人出席。

3 月 19 日　省卫生厅副厅长吴坤平，市卫生局局长李学义一行在响水调研中医工作。县委书记潘道津、副县长戴翠芳等陪同。

△　副市长陈还堂在响水调研指导农业工作。县领导潘道津、马俊健、邵礼青等陪同。

3 月 20 日　市领导李强、李驰、丁建奇、陈还堂、徐进等带领农业、林业、建设、交通等部门主要负责人在响水检查指导绿色响水建设、高效农业发展，并视察沿海开发工作。县领导潘道津、马俊健、杨毅坚、邵礼青、林彬、糜世湘及县相关部门负责人陪同。

3 月 21 日　响水县召开乡镇机构改革动员大会。县委书记潘道津到会讲话。县长马俊健主持大会。县领导张正华、高兆顶、杨毅坚、许德智、王娟、邵礼青、朱金南、林启俊、沈康生、李银芳、李刚、樊玮、林彬、王俊、戴翠芳、卜曙、陈苏红、糜世湘、陆从华等出席。

△　响水县召开脱贫攻坚工作会议。县领导潘道津、马俊健、王娟、邵礼青、林彬、陆从华及省委驻响水扶贫工作队队长丁勇，常务副队长储政伟，副队长阎海伦等出席。

3 月 25 日　盐城市开展"绿色盐城"建设现场观摩活动。市领导李驰、陈还堂、丁建奇、徐进及各县(市、区)主要负责人在响水观摩绿化现场。县领导潘道津、马俊健、林彬等陪同。

△　振兴盐城北京咨询委员会常务副会长、海军少将程德鸿等在响水调研沿海开发工作。县委书记潘道津、副县长王俊等陪同。

3 月 26 日　省盐务局局长、省盐业集团公司董事长王德善在响水调研指导工作，了解矿卤日晒项目进展情况。县领导潘道津、张正华、杨毅坚及小尖镇主要负责人陪同。

△　市委常委、宣传部部长周德祥等在响水调研重点镇工业化、城镇化建设工作。县领导潘道津、杨毅坚、许德智、裴彦贵、糜世湘等陪同。

△　响水县设分会场收听收看全市"深入解放思想、推进科学发展"教育实践活动电视动员大会。县委书记潘道津在动员大会后讲话。县领导张正华、高兆顶、许德智、裴彦贵、朱金南、邹必俊及各乡镇区、县相关单位主要负责人出席分会场会议。

3 月 27 日　响水县召开县城建设指挥部成员(扩大)会议。县委书记潘道津到会讲话。县领导马俊健、张正华、许德智、裴彦贵、沈康生、樊玮、糜世湘，县城市建设管理指挥部全体成员及相关项目责任单位负责人参加。

△　响水县举行农村信用合作联社"银企共建"公司贷款授信仪式。县长马俊健出席并讲话。副县长武正华主持仪式。县相关部门、部分被授信企业负责人出席。

3 月 28 日　县委常委(扩大)会议召开，传达学习国家、省、市有关会议精神，听取县四套班子领导 3 月份工作完成情况及 4 月份工作计划安排，讨论省道 326 响水段改建工程方案。县委书记潘道津到会提要求。县领导马俊健、张正华、杨毅坚、许德智、裴彦贵、邵礼青、邹必俊等出席。

3 月 30 日　响水县举行精神文明建设(电视)颁奖典礼。县委常委、宣传部部长裴彦贵出席典礼并讲话。县领导沈康生、卜曙明及县相关单位负责人出席。

3 月 31 日　响水县残疾人联合会第二次代表大会召开。县委书记潘道津到会讲话。市残疾人联合会党组书记、理事长刘品轩致辞。县领导马俊健、张正华、许德智、糜世湘及残疾人代表出席。

△ 响水县召开关心下一代工作会议。县委书记潘道津到会讲话。县委常委、宣传部部长裴彦贵主持会议。县领导沈康生、戴翠芳、陆从华等出席。

4月3日 县委常委(扩大)会议召开,传达学习省委十一届四次全会精神。县委书记潘道津主持会议,并对贯彻落实市人口和计划生育工作会议提要求。县领导马俊健、张正华、杨毅坚、许德智、裴彦贵、王娟、邵礼青、朱金南、刘曙明、邹必俊等出席。

△ 县委书记潘道津、县长马俊健等参观火电项目现场后,召开会办会。县领导张正华、杨毅坚、许德智、邵礼青、樊玮、糜世湘及县相关部门、单位主要负责人参加。

4月6日 响水县召开人口和计划生育工作会议。会议贯彻落实中共中央、国务院《关于全面加强人口和计划生育工作统筹解决人口问题的决定》及全市人口和计划生育工作会议精神,对全县人口和计划生育工作进行动员部署。县委书记潘道津到会讲话。县长马俊健作动员报告。市人口和计生工作委员会主任季德荣,县领导张正华、高兆顶、杨毅坚、许德智、裴彦贵、王娟、邵礼青、朱金南、刘曙明、邹必俊等出席。

△ 全县一季度经济形势分析暨项目工作点评会召开。县委书记潘道津到会讲话。县长马俊健主持会议。县领导张正华、高兆顶、杨毅坚、许德智、裴彦贵、王娟、邵礼青、朱金南、刘曙明、邹必俊及各乡镇区、县相关部门、单位负责人出席。

4月9日 省中行副行长郭宁宁一行在响水调研指导工作。市中行行长程祥、副行长严向春,县委副书记杨毅坚、副县长武正华及县中行行长赵步杰等陪同。

4月10日 市委常委、盐城军分区司令员王公启在响水督查指导“深入解放思想、推进科学发展”教育实践活动。县领导杨毅坚、王娟、邹必俊,县人武部部长成向东、政委冯雪明等陪同。

4月12日 省纪委原常委、省委巡视组组长张明亚率省委巡视组在响水调研走访。县委书记潘道津汇报工作。县领导马俊健、张正华、高兆顶、许德智、王娟、朱金南、邹必俊、糜世湘等陪同。

4月14日 连云港市委常委、市交通局党委书记、港口局局长丁军华一行在响水会商灌河开发相关事宜。县领导潘道津、樊玮、糜世湘及县委办、沿海经济区、陈家港镇负责人陪同。

4月16日 省公路局副局长夏炜、市公路处主任葛春宽等在响水调研指导工作。县领导潘道津、樊玮、糜世湘等陪同。

△ 县政府八届一次全体(扩大)会议召开。县领导马俊健、许德智、樊玮、武正华、林彬、戴翠芳、邵兵等出席。

△ 市政协经科委主任周俊鸿一行在响水开展“转变经济发展方式,推进又好又快发展”专题调研。县领导高兆顶、武正华、卜曙及县相关部门、单位负责人陪同。

4月16~17日 江苏省灌河调研组组长王传军一行在市发改委副主任孙军陪同下调研指导响水灌河开发工作。县领导潘道津、马俊健、高兆顶、杨毅坚、许德智、沈康生等陪同。

4月23日 响水县文化广播电视局举行揭牌暨文广中心启用仪式。市文化局局长陈晓莲、市广电局局长许新建,县领导张正华、高兆顶、杨毅坚、许德智等出席。

△ 中国邮政储蓄银行响水县支行举行成立暨揭牌仪式。县领导高兆顶、许德智、朱金南、李刚、武正华及盐城邮政局、市邮政储蓄银行领导等出席，并为中国邮政储蓄银行响水县支行成立揭牌。

4月24日 市委常委、常务副市长陈正邦在响水调研乡镇机构改革工作。县委常委、常务副县长许德智及市、县相关部门、乡镇负责人陪同并汇报情况。

△ 副市长朱传耿在响水调研新时期党建工作。副县长戴翠芳陪同。

4月27日 浙江省临海船舶工业行业协会会长奚永宽、临海船舶工业行业协会秘书长张义林及临海部分企业家等组成临海市商务考察团在响水考察造船产业。县领导马俊健、刘曙明、王俊等陪同。

4月28～29日 响水县在上海集中组织开展造船、化工产业专题招商和推介活动，并参加2008年盐城(上海)沿海开发投资说明会。县长马俊健、副县长邵兵及县相关部门、园区、乡镇负责人出席。

4月30日 县委常委(扩大)会议召开，听取县四套班子4月份工作完成情况及5月份计划安排，部署5月份重点工作。县委书记潘道津到会讲话。县领导张正华、高兆顶、杨毅坚、许德智、裴彦贵、王娟、邵礼青、朱金南、刘曙明、邹必俊等出席。

△ 响水县举行庆祝“五一”国际劳动节大会暨“主力军风采”文艺演出。县委书记潘道津到会讲话。县委常委、组织部部长王娟主持会议。县领导张正华、高兆顶、许德智、裴彦贵等出席。

5月1日 通榆河北延送水工程建设管理情况汇报会召开。省水利厅厅长吕振霖，县领导潘道津、马俊健、邵礼青、林彬及通榆河北延送水工程沿线市、县分管负责人、水利局长出席。

5月4日 县委书记潘道津主持召开灌河风光带规划建设汇报会。县领导马俊健、张正华、高兆顶、许德智、樊玮、林彬等出席。

5月5日 省水利厅副厅长陆桂华在响水调研指导工作。县长马俊健陪同。

5月8日 江苏省农业银行信贷部经理王宵汉一行在响水调研考察贷款项目情况。县委书记潘道津、市农行行长王瑞华、副县长武正华及县农行、化工集中区负责人陪同。

5月16日 2008年中国盐城经贸洽谈会暨丹顶鹤国际湿地生态旅游节开幕。县领导潘道津、马俊健、林彬、王俊、戴翠芳及县相关部门、单位负责人参加。

△ 响水县举行响水造船及配套产业推介会。副市长谷家栋到会讲话。县长马俊健致辞。

△ 盐城银监分局局长李士海率市区、大丰、射阳、建湖四家信用合作联社理事长在响水考察已落户响水的客商代表。县领导张正华、高兆顶、许德智、刘曙明、邹必俊等出席。

5月19日 响水县干群深切哀悼汶川大地震遇难同胞。潘道津、马俊健、张正华、许德智、裴彦贵、王娟、朱金南、刘曙明等县四套班子领导及机关干部向四川汶川大地震遇难同胞默哀。

△ 响水县召开防汛防旱暨高效农业推进工作会议。县领导马俊健、邵礼青、储政伟、李刚、林彬、阎海伦及县相关部门、单位负责人参加。

5 月 20 日 市政协副主席、市委统战部部长李长见在响水调研指导统战工作。县领导潘道津、高兆顶、王娟及县相关部门负责人陪同。

5 月 22 日 北京振兴盐城咨询委员会执行主任、北京江苏企业商会高级顾问王俊在响水调研视察经济社会发展工作。市委常委、纪委书记周福莲，市委常委、组织部部长章大李，县领导潘道津、杨毅坚、许德智、王娟、朱金南、樊玮等陪同。

△ 响水县首家四星级大酒店——灌江国际大酒店项目举行开工仪式。北京振兴盐城咨询委员会执行主任、北京江苏企业商会高级顾问王俊，市委常委、纪委书记周福莲，市委常委、组织部部长章大李，县领导潘道津、许德智、王娟、朱金南、樊玮等出席仪式并为项目奠基。

5 月 23 日 县委书记潘道津主持会办通榆河北延送水工程拆迁、征地、地面附着物补偿、资金使用等相关工作。县领导许德智、邵礼青、林彬及县委办、政府办、水务局、财政局、国土局、响水镇等相关部门、单位负责人参加。

5 月 25 日 响水县天嘉宜化工和城市污水处理两项目举行开工仪式。县委书记潘道津、县长马俊健分别致辞。县领导许德智、刘曙明、邹必俊、林彬、丁茂林及县委办、政府办、水务局、环保局等相关部门负责人出席。

5 月 26 日 县政府八届二次常务会议召开。会议传达学习省长罗志军在省政府常务会议上关于安全生产工作的讲话，汇报交流县政府八届一次常务会议明确的几项重点工作完成情况，讨论农村饮用水安全工程规划等议题。县长马俊健主持会议并提要求。县委常委、常务副县长许德智，副县长樊玮、武正华、王俊、戴翠芳等出席。县人大常委会副主任沈康生、县政协副主席陈苏红列席会议。县政府办及县相关部门负责人参加。

5 月 27 日 市委书记赵鹏、市长李强率全市“家家到”项目观摩团在响水观摩响水镇中小企业园和宏铭造船项目现场。县领导潘道津、杨毅坚、刘曙明、王俊等参加。

△ 江苏省灌河综合开发课题组产业组相关专家在响水调研灌河口地区产业发展情况。县领导马俊健、杨毅坚、许德智及县委办、政府办、三大园区等县相关部门负责人陪同。

5 月 30 日 县委常委(扩大)会议召开，传达市重点项目观摩推进会精神，讨论主要经济指标调整情况，研究部署全县 6 月份重点工作。县委书记潘道津到会讲话。县领导马俊健、张正华、高兆顶、杨毅坚、许德智、裴彦贵、邵礼青、朱金南、刘曙明、邹必俊等出席。

5 月 31 日 响水县召开优化经济发展环境暨效能建设典型案例通报会。县委书记潘道津到会讲话。县长马俊健主持会议。县领导张正华、高兆顶、杨毅坚、许德智、裴彦贵、邵礼青、朱金南、刘曙明、邹必俊等出席。

△ 响水县召开工业项目建设暨利用外资工作会议。县长马俊健主持会议。县领导张正华、高兆顶、杨毅坚、许德智、裴彦贵、邵礼青、朱金南、刘曙明、邹必俊等出席。

6 月 2 日 响水县举行抗震救灾队伍出征欢送仪式。县委书记潘道津出席仪式并讲话。县领导马俊健、张正华、高兆顶、樊玮等出席。

6 月 3 日 市委副书记李驰在响水调研指导沿海开发工作。县领导潘道津、杨毅坚、糜世湘及县委办负责人陪同。

6 月 5 日 市委常委、纪委书记周福莲，市水务局党委书记朱德平一行在响水检查指导废黄河急险工段防汛准备工作情况。县委书记潘道津,县委常委、纪委书记朱金南及运河镇、县水务局负责人陪同。

△ 响水县召开哲学社会科学联合会成立大会。省社科联秘书长周旭君、办公室主任崔建军,市社科联主席王宜民、副主席陈玉林,县领导潘道津、戴翠芳及各乡镇区、县相关部门负责人出席。县委常委、宣传部部长裴彦贵主持会议。

6月10日 副市长丁建奇在响水县援助四川汶川建设工地,看望慰问全体建设人员。

6月11日 全县防汛抗洪临战动员大会召开。县委书记潘道津到会讲话。县长马俊健主持会议。县领导张正华、杨毅坚、许德智、王娟、邹必俊等出席。

△ 全县严打整治总结表彰暨打黑除恶专项斗争大会召开。县委书记潘道津到会讲话。县长马俊健主持会议。县领导邵礼青、李银芳、糜世湘及政法系统、各乡镇区、各部委办局主要负责人出席。

△ 江苏中意化学有限公司向四川地震灾区捐赠的100吨高效杀虫双水剂运往四川。

6月12日 东台市委书记祁彪、市长葛启发率党政代表团在响水考察。县委书记潘道津介绍情况。县领导马俊健、张正华、杨毅坚、刘曙明、邹必俊、王俊、卜曙等陪同。

6月13日 江苏省乡镇机构改革调研督查工作(苏北片)座谈会在响水召开。省政府副秘书长于利中主持会议。省有关部门领导秦晓山、白伟等,县领导潘道津、许德智及徐州市、连云港市、淮安市、宿迁市、临沂市等苏北相关县(市、区)领导出席。

6月18日 响水县举行行政审批中心正式运行揭牌仪式。市政府副秘书长、市行政服务中心主任周兆杉致辞。县领导张正华、高兆顶、许德智、朱金南及各乡镇区、县直各部门负责人出席。

△ 盐城市行政(审批)服务中心主任联席会议在响水召开。市政府副秘书长、市行政服务中心主任周兆杉到会讲话。县委常委、常务副县长许德智致辞。市行政服务中心各处室负责人、窗口和分中心负责人代表、各县(市、区)行政服务中心负责人等出席。

△ 响水县国土资源局响水经济开发区分局、响水县国土资源局陈家港化工集中区分局、响水县国土资源局沿海经济区分局挂牌成立。

6月19日 江苏省政协理论研究会部分理事在响水视察指导工作。市政协原主席计高成、市政协副主席陈云华,县领导高兆顶、杨毅坚、邹必俊、卜曙等陪同。

6月23日 市人大代表市直响水组在响水视察工业经济发展情况。市委常委、盐城军分区司令员王公启,市人大常委会副主任曹桂英,市级机关工委书记崔廷成等参加。县领导潘道津、马俊健、张正华、许德智、刘曙明等陪同。

6月24日 县委书记潘道津主持召开全县领导干部大会。马俊健、张正华、高兆顶、杨毅坚等在响水的县四套班子领导及各乡镇区、县各部委办局主要负责人出席。

△ 县长马俊健主持召开全县当前工作会办会。县发改委、经贸委、财政局、国税局、地税局、外经局、农办、农林局、统计局等相关单位负责人参加。

6月25日 县四套班子领导收看省、市支援抗震救灾先进事迹报告会。县委书记潘道津在报告会后讲话。县领导张正华、高兆顶、杨毅坚、裴彦贵、朱金南、成向东等参加。

6 月 26 日 市委副秘书长、办公室主任沈洪清受市委书记赵鹏委托，在响水县黄圩镇慰问贫困户。县委书记潘道津及县委办、扶贫办、黄圩镇负责人陪同。

△ 市委副秘书长、办公室主任沈洪清在响水调研指导牵手致富工程开展情况。县委书记潘道津陪同。

△ 中国海监总队巡查处处长叶济君一行调研响水县海域使用情况。

6 月 28 日 响水县设分会场收听收看国家、省先后召开的处理信访突出问题及群体性事件电视电话会议。县领导潘道津、马俊健、许德智、王娟、邵礼青、朱金南及各乡镇区、县直各单位主要负责人出席分会场会议。

△ 市审计局局长范伯萍率观摩团参观响水县沿海经济区的勤丰、宏铭两个造船基地和陈家港化工集中区的裕廊化工有限公司。县领导马俊健、杨毅坚、许德智陪同。

△ 县委组织部、县劳保局联合举办庆“七一”响水县失业党员就业专场招聘会。

6 月 30 日 县委常委(扩大)会议召开。县委书记潘道津主持会议并讲话。马俊健、张正华、高兆顶、杨毅坚等县四套班子领导出席。

△ 响水口暨陈家港解放 60 周年纪念大会召开。县委常委、组织部部长王娟，副县长戴翠芳及 80 名离退休老干部参加。

7 月 1 日 盐城市乡镇卫生监督机构建设工作推进会在响水召开。省卫生厅副厅长陈华、卫生监督处处长周玲，副市长朱传耿、市卫生局局长李学义，县委副书记杨毅坚、副县长戴翠芳及全市各县(市、区)卫生局、卫生监督所负责人参加。

△ 市委常委、盐城军分区司令员王公启在响水慰问建国前老党员。市委组织部部务委员华林泰，县委常委、组织部部长王娟，县委常委、县人武部部长成向东陪同。

7 月 3 日 省委常委、副省长黄莉新在响水调研指导工作。省委副秘书长胥爱贵、省水利厅厅长吕振霖、省农业资源开发局局长费伟康、市委副书记李驰、副市长陈还堂，县领导潘道津、马俊健、高兆顶、邵礼青、李银芳、林彬及市、县相关部门负责人陪同。

7 月 5 日 全县维护稳定工作会议召开。县委书记潘道津、县长马俊健分别讲话。县领导高兆顶、杨毅坚、许德智、裴彦贵、邵礼青、朱金南、刘曙明、邹必俊等出席。

7 月 10 日 响水县设分会场收听收看国家、省、市先后召开的整治违法排污企业，保障群众健康环保专项行动电视电话会议。县长马俊健出席分会场会议并提要求。副县长武正华等出席分会场会议。

△ 盐城市理论工作座谈会在响水召开。市委宣传部副部长蒋东仁到会讲话。市委讲师团副团长王培主持会议。县委常委、宣传部部长裴彦贵致辞。全市各县(市、区)宣传部门相关负责人参加。

7 月 11 日 省交通厅公路局党委书记、省农巡办主任张彩云率省农村公路纪检监察巡查组在响水检查指导农村公路建设管理养护和纪检监察巡查工作。省交通厅公路局纪检监察室主任、省交通厅公路局农村公路管理办公室主任董放红随同。县领导马俊健、樊玮、糜世湘及市、县纪检、交通部门负责人陪同。

7 月 12 日 北京振兴盐城咨询委员会主任、秘书长张有民(铁道工业部财政局原局长)及顾问孙秉光在响水调研指导工作。县领导潘道津、杨毅坚、邹必俊及县委办、县委统战部负责人陪同。

7月13日 浙江省台州市委常委、黄岩区委书记黄志平一行在响水调研。县领导潘道津、马俊健、杨毅坚、邹必俊等陪同。

7月14日 市委常委、盐城军分区司令员王公启调研指导响水信访稳定工作。市信访局负责人,县领导马俊健、许德智、邵礼青及县相关部门负责人出席。

△ 响水县设分会场收听收看省政府全体(扩大)电视电话会议。县领导马俊健、许德智、武正华、樊玮、邵兵、糜世湘及县政府各组成部门主要负责人出席分会场会议。

7月15日 江苏省响水县201MW风电特许权项目建设合作协议暨风机土建与安装工程合同签字仪式在响水举行。中国长江三峡工程开发总公司副总经理毕亚雄、县委书记潘道津致辞。县领导马俊健、张正华、高兆顶、杨毅坚、许德智及县相关部门主要负责人出席。

7月18日 响水县119消防指挥中心执勤楼举行奠基仪式。省消防总队政委陈益新参加仪式并讲话。县长马俊健致辞。县委常委、常务副县长许德智主持仪式。县领导李银芳、王俊、糜世湘及市消防支队、县公安局负责人出席。

7月19日 响水县召开县委常委议军会议,研讨会办县人武工作。县委书记、县人武部党委第一书记潘道津主持会议。县领导马俊健、张正华、高兆顶、杨毅坚、许德智、裴彦贵、王娟、邵礼青、朱金南、刘曙明、邹必俊、成向东等出席。

7月20日 响水县举行欢迎新一批大学生村官在响水县任职仪式。

7月22日 盐城市第二次土地调查自检及复查工作准备会在响水召开。市国土局副局长杨柳、市国土局相关部门负责人及全市各县(市、区)国土局相关负责人参加。

7月23日 市级机关工委书记崔廷成一行在响水调研指导机关党建工作。县委常委、组织部部长王娟陪同。

7月24日 响水县召开县城水上世界规划方案专家评审会。县领导潘道津、马俊健、高兆顶、许德智、沈康生、樊玮、糜世湘及县相关部门、单位负责人出席。

△ 响水县设分会场收听收看全国、省先后召开的农村环境保护工作电视电话会议。副县长武正华及各乡镇、县相关部门负责人出席分会场会议。

7月25日 县委工作会议召开。县长马俊健主持会议。张正华、高兆顶、杨毅坚、许德智、裴彦贵、王娟、邵礼青、朱金南、刘曙明、邹必俊、成向东等县四套班子领导,省委驻响水扶促队全体队员,曾担任过县领导的老同志及各乡镇区、县直各单位主要负责人出席。

7月26日 南京军区原司令员朱文泉上将、济南军区副司令员张鹤田中将一行在响水县国华陈家港电厂、县城清华园小区建设现场、江苏超大集团无公害农产品生产基地视察指导工作。市、县领导赵鹏、潘道津、马俊健、张正华、高兆顶、邵礼青、樊玮等陪同。

△ 省水利厅厅长吕振霖、副厅长陆永泉一行视察指导响水灌河堤建设工作。市政府副秘书长乐超、市水利局局长罗利民,县领导许德智、邵礼青、林彬及县水务局负责人陪同。

△ 江苏宏铭首制苏北第一艘万吨远洋货轮建成下水。

7月27日 南京台协组织在宁台商团在响水参观考察。县领导杨毅坚、刘曙明、邹必俊陪同。

△ 江苏省免疫计划票据化管理试点经验现场交流会在响水召开。省卫生厅疾控处副处长葛均、市卫生局副局长谷瑞先、副县长戴翠芳及全省各县(市、区)疾病预防控制中

心主要负责人参加。

7 月 29 日 省农林厅调研组在响水调研指导惠农政策落实情况。副县长林彬及县农办、农林局负责人陪同。

△ 国家交通战备办公室副主任孙凤乐在响水调研海堤海防战备公路建设情况。县领导邵兵、糜世湘及省、市交通部门负责人出席汇报会。

△ 南京市供销社副主任周和平带领江宁、高淳、溧水等县供销社主任一行考察响水县农产品进入南京市场情况。

7 月 30 日 响水县设分会场收听收看全省社会治安综合治理电视电话会议。县领导许德智、邵礼青、糜世湘及各乡镇区、各部委办局相关负责人出席分会场会议。

7 月 31 日 响水县第八届人民代表大会常务委员会第 4 次会议召开。县人大常委会主任张正华到会讲话。县长马俊健汇报工作。人大常委会副主任林启俊、沈康生、李银芳、李刚,副县长樊玮及人大常委会组成人员,县财政、审计等部门、单位负责人参加。

△ 响水县召开高效农业工作研讨会。县长马俊健到会讲话。县领导邵礼青、林彬及各乡镇区、县主要涉农部门负责人参加。

8 月 1 日 县领导马俊健、张正华、高兆顶、成向东、林彬等看望慰问驻响水官兵。

8 月 4 日 省农机局副局长沈建辉、市农林局局长郭荣一行在响水督察农机安全集中整治情况。副县长林彬及县政府办、农林局相关负责人陪同。

8 月 5 日 国家发改委牵头,19 个国家部委及相关单位组成的江苏沿海综合开发工作调研组在响水县视察指导工作。市领导李驰、何桂英、丁建奇、曹友琥、朱传耿、谷家栋等随同。县委书记潘道津汇报情况。县领导马俊健、杨毅坚、许德智、糜世湘等陪同。

8 月 6 日 省计生委副主任张春延在响水调研人口和计划生育工作。市计生委主任季德荣,县领导潘道津、杨毅坚、邹必俊、戴翠芳及县委办、政府办、县计生委等单位负责人陪同。

8 月 8 日 省统计局副局长夏心旻在响水调研。市政府副秘书长、市统计局局长何素成,县领导潘道津、马俊健、许德智及县委办、政府办、统计局等单位负责人陪同。

8 月 11 日 省政府办公厅秘书六处副处长马树生、省财政厅综改办副主任许明、省人事厅企事业人事制度改革处副处长朱广林等组成的省乡镇机构改革工作检查验收组,在省编办巡视员秦晓山带领下检查验收响水乡镇机构改革工作。县委书记潘道津汇报相关情况。市人事局副局长、编办副主任张志东,市编办副主任吴开连,县领导马俊健、许德智、王娟及县相关部门负责人参加。

8 月 12 日 省政协经济委员会副主任李明生、邢光龙率省政协调研组在响水调研产业基地建设情况。市政协副主席陈云华随同。县委书记潘道津、县长马俊健分别汇报情况。县领导高兆顶、邹必俊、糜世湘及县相关部门、单位负责人参加。

△ 省经贸委副主任周毅彪,省中小企业局副局长陆元刚,省经贸委副巡视员施友成一行在响水调研脱贫攻坚工作。县领导潘道津、储政伟、裴彦贵、林彬及县委办、扶贫办、经贸委等部门、单位负责人陪同。

8 月 15 日 省建设厅城建处副处长王守庆一行在响水检查指导城市污水处理厂建设情况。副县长樊玮陪同。

△ 市海洋渔业局检查组在响水检查指导海洋渔业安全生产“三化五覆盖”工作。县政协副主席陆从华及县相关部门负责人陪同。

8月19日 县委书记潘道津主持召开县委常委(扩大)会议。马俊健、张正华、高兆顶、杨毅坚、许德智、储政伟、裴彦贵、王娟、朱金南、刘曙明、邹必俊、成向东等在响水的县四套班子领导出席。

△ 盐城市经济奋斗目标完成情况汇报会在响水召开。市人大常委会副主任马成志、市人大常委会副秘书长陈立新,县领导张正华、许德智、沈康生、李刚、糜世湘及县相关部门、单位负责人参加。

8月21日 省委常委、副省长黄莉新在响水调研指导脱贫攻坚工作。市、县领导李强、李弛、陈还堂、潘道津、丁勇、储政伟、林彬、阎海伦及省、市、县相关部门负责人随同。

△ 盐城市工业重大项目现场推进会在响水召开。市、县领导李强、谷家栋、崔士明、薛偶、潘道津、马俊健、邹必俊、王俊,市发改委、市建设局、市安监局、江苏统计局盐城调查局主要负责人,全市各县(市、区)政府主要负责人,市人行、市银监局、市工行等相关单位负责人参加。市委常委、常务副市长陈正邦主持会议并对贯彻落实会议精神提要求。

△ 省司法厅宣传处处长李长山率省检查组在响水检查指导省“民主法制示范村”创建工作。县委常委、常务副县长许德智,县人大常委会副主任李银芳及政府办、司法局、民政局等单位负责人出席。

8月22日 响水县召开人口和计划生育工作推进会。县长马俊健、副县长戴翠芳及县人口和计生领导小组成员单位,各乡镇区主要负责人出席。

8月26日 市委常委、纪委书记周福莲一行在响水调研指导基层纪检监察资源重组工作。县委书记潘道津,县委常委、纪委书记朱金南及组织、人事、纪委等部门负责人陪同。

8月27日 省地方海事船检局局长童小田在响水勤丰船厂察看了解两艘5.5万吨级远洋散货船建造情况。县长马俊健,县政协副主席、交通局长糜世湘等陪同。

8月28日 盐城师范学院2008年暑期中层干部研讨班开幕式在响水举行。省教育厅副厅长殷翔文,市委常委、组织部部长章大李,县领导潘道津、马俊健、裴彦贵、王娟、戴翠芳等参加。盐城师范学院党委书记成长春主持开幕式。

8月29日 响水县举行通榆河大桥通车典礼仪式。县领导潘道津、马俊健、张正华、邵礼青、林彬、糜世湘及县相关部门负责人、部分工程建设者和群众代表出席。

8月30日 县委书记潘道津主持召开县委常委(扩大)会议。会议传达学习全市工业重大项目现场推进会和全市计划生育工作会议精神,讨论并原则通过《关于推进高效农业规模化、产业化的有关扶持激励办法》,通报苏青公司股权转让等情况。马俊健、张正华、杨毅坚、裴彦贵、王娟、邵礼青、朱金南、刘曙明、邹必俊、成向东等县四套班子领导参加。

△ 县委书记潘道津主持召开县委常委民主生活会。县领导马俊健、张正华、杨毅坚、裴彦贵、王娟、朱金南、刘曙明、邹必俊、成向东等参加。

9月2日 响水县基层纪检监察资源重组工作动员会议召开。县领导潘道津、马俊健、杨毅坚、许德智、王娟、朱金南及各乡镇区、县直各部门负责人参加。

9月3日 响水县召开脱贫攻坚工作推进会。县委书记潘道津到会讲话。县长马俊健主持会议。县领导张正华、高兆顶、裴彦贵、王娟、邵礼青、储政伟、李刚、林彬、阎海伦、陆从华及各乡镇区,县相关部门、单位负责人出席。

9 月 4 日 市委常委、盐城军分区司令员王公启在响水检查党风廉政建设责任制落实情况。县委书记潘道津汇报工作。县领导马俊健、张正华、杨毅坚、许德智、裴彦贵、王娟、邹必俊、成向东、樊玮、王俊、邵兵、卜曙及县纪委负责人陪同。

9 月 5 日 响水县召开高效农业工作推进会。县领导马俊健、邵礼青、林彬、阎海伦、陆从华出席。

9 月 9 日 响水县召开庆祝第 24 个教师节大会,表彰奖励教育工作先进集体和个人。县委书记潘道津到会讲话。县人大常委会主任张正华、县政协主席高兆顶为教育工作先进个人颁奖。县委常委、常务副县长许德智主持会议。县委常委、宣传部部长裴彦贵宣读表彰决定。各乡镇区、县相关单位主要负责人出席。

9 月 10 日 县委书记潘道津主持会办会,专题讨论灌河岸线港口和产业布局的规划。县领导马俊健、张正华、高兆顶、杨毅坚、樊玮、糜世湘等出席。

△ 江苏省公安厅"春风行动"捐赠仪式在县公安局举行。省公安厅直工处副处长庞爱华,县委常委、省委驻响水扶贫工作队副队长储政伟等出席捐赠仪式。

9 月 14 日 响水县响水镇上兴村村民王军当选"2008 年感动浙江十大民工"。

9 月 16 日 文化部对外联络局原常务副局长汪大均发起并出资 10 万元设立"黄圩中心小学勤奋读书奖励基金"在黄圩中心小学举行首届颁奖仪式,并向 10 名优秀同学颁发奖学金。

9 月 18 日 县委书记潘道津主持召开县委常委(扩大)会议,专题讨论县城拆迁大会战活动有关事宜。马俊健、张正华、高兆顶等在响水的县四套班子领导,县相关部门、单位负责人出席。

△ 国华电力公司总经理、党委书记秦定国,副总经理张振香一行在响水视察指导陈家港电厂建设工作。县委书记潘道津、县长马俊健、陈家港发电有限公司总经理薛文勇等陪同。

9 月 19 日 响水县泰日服饰、亚邦药业、中意化学、好客隆苏果加盟店、自行车中轴厂、百盛香料等六家民营企业成立关心下一代工作委员会,并集中举行揭牌仪式。

9 月 21 日 响水县无党派知识分子联谊会成立。全县 71 名无党派知识分子参加联谊会,并选举产生联谊会组织机构。

9 月 22 日 响水县第五届文化艺术周开幕。县委书记潘道津致辞。县长马俊健主持开幕式。张正华、高兆顶、许德智、裴彦贵、王娟、朱金南、刘曙明等县四套班子领导出席。

9 月 23 日 响水县城拆迁大会战会议召开。潘道津、马俊健、张正华、高兆顶等在响水的县四套班子领导及县相关部门、单位负责人出席。

△ 省教育厅监察室主任张亚平一行在响水专项检查响水县义务教育阶段生均公用经费安排和执行自查情况。县委常委、常务副县长许德智陪同。

9 月 24 日 省国税局副局长张敬群在响水调研指导工作。县委书记潘道津,市国税局局长陈步龙,县领导杨毅坚、许德智、邹必俊及县委办、政府办、县国税局等部门负责人陪同。

9 月 25 日 美国化工协会会长、美国 FMC 公司总裁威廉·沃特,副总裁密尔顿·斯帝勒,FMC 公司亚太地区总裁玛克·胡勒卢克一行在响水江苏联化科技股份有限公司考察。

9 月 28 日 县委书记潘道津主持召开县委常委(扩大)会议,专题听取县四套班子 9 月份工作完成情况及 10 月份工作计划安排。

△ 响水县举行庆功大会,表彰奖励侦破“2008. 5. 25”“2001. 12. 1”刑事案件的先进集体和先进个人。

10 月 8 日 县委书记潘道津主持召开建设现代农业示范园专题会办会。县领导马俊健、邵礼青、林彬、阎海伦出席。

10 月 10 日 美国太阳石化集团总裁戈登在响水考察投资微藻养殖加工项目。县领导潘道津、杨毅坚、王俊及县相关部门负责人陪同。

10 月 13 日 县委常委(扩大)会议召开。县委书记潘道津主持会议。县领导马俊健、张正华、杨毅坚、裴彦贵、王娟、邵礼青、朱金南、刘曙明、邹必俊等及各乡镇区、县相关部门主要负责人参加。

10 月 14 日 响水县设分会场收听收看全国处理信访突出问题及群体性事件联席电视电话会议。县委书记潘道津,县委常委、常务副县长许德智及县相关部门、单位负责人出席分会场会议。

10 月 15 日 省交通厅公路局局长张立早一行在响水调研交通基础设施建设工作。县委书记潘道津介绍相关情况。县长马俊健,市交通局局长管亚光、副局长周启兆,市公路处主任葛春宽,县领导樊玮、糜世湘等陪同。

10 月 16 日 响水县委中心组专题学习中共十七届三中全会精神。县委书记潘道津到会讲话。县领导张正华、高兆顶、许德智、裴彦贵、王娟、邵礼青、朱金南、刘曙明等出席。

△ 响水县老干部活动中心举行揭牌仪式。县领导潘道津、许德智、王娟、林启俊、卜曙及县老干部代表出席。

10 月 17 日 县委书记潘道津主持召开灌河风光带规划设计说明会。县领导马俊健、高兆顶、许德智及县相关部门、单位负责人参加。

△ 江苏省党外领导干部培训班在响水调研指导沿海开发工作。县委常委、组织部部长王娟,副县长戴翠芳陪同。

10 月 18 日 响水县举行“裕廊大桥”冠名仪式。县委书记潘道津,裕廊公司董事长孙立平及夫人胡燕萍,县领导张正华、高兆顶、许德智、邵礼青、李刚、糜世湘、陆从华出席。

10 月 20 日 响水县在上海举行“2008 年响水接轨上海投资说明会暨灌河风光带招商推进会”项目集中签约仪式。县领导潘道津、马俊健、许德智、刘曙明、邹必俊、邵兵及盐城市发改委副主任韩健、上海市科教党委办常务主任顾继虎、上海杨浦区宣传部副部长高尚书出席。

△ 响水县设分会场收听收看全国落实党风廉政建设责任制工作电视电话会议。县领导王娟、朱金南及各乡镇区、县各部委办局相关负责人出席分会场会议。

10 月 21 日 县委书记潘道津、县长马俊健率响水县代表团在上海杰事杰新材料股份有限公司参观考察。县领导许德智、邹必俊、邵兵等参加。

△ 县委书记潘道津、县长马俊健率响水县代表团在上海浦东星火开发区考察,并出席县沿海经济区与浦东星火开发区结对共建签约仪式。县领导许德智、邹必俊、邵兵及县

相关部门负责人随同。

10 月 22 日 全市“三级联创”暨党建富民联系点创建现场会在响水召开。市委组织部副部长刘海,县领导杨毅坚、王娟及全市各县(市)组织部分管领导,部分乡镇主要负责人、新农村建设指导员出席。

△ 《中国县域经济报》副总编吴永亮在响水采访灌河开发、沿灌河产业经济带发展情况。

10 月 23 日 副市长陈还堂在响水调研指导农业产业化工作。县委书记潘道津、副县长林彬及县相关部门负责人随同。

△ 响水县行政审批职能整合工作动员大会召开。县领导马俊健、许德智、王娟、朱金南、糜世湘及县各部委办局、县各直属单位,省、市属驻响水各单位负责人,分管审批服务工作负责人出席。

10 月 24 日 响水县组织高效农业观摩活动。县领导马俊健、邵礼青、林彬及各乡镇区、县相关部门负责人参加。

10 月 27 日 市人大常委会副主任何桂英率市执法组在响水开展《中华人民共和国海洋环境保护法》和《江苏省海洋环境保护条例》执法检查活动。县领导邹必俊、李刚、林彬随同。

10 月 28 日 响水县召开船舶产业税收政策座谈会。县委副书记杨毅坚到会讲话。县委常委、常务副县长许德智主持座谈会。县相关部门负责人及落户响水的造船企业老总、财务高管出席。

10 月 29 日 省级机关工委书记邢春宁,副书记王晓明、陈保华等在响水检查指导扶贫工作。市级机关工委书记崔廷成,县领导潘道津、王娟、邵礼青、储政伟、阎海伦等陪同。

△ 由盐城市委组织部、市委老干局组织的市直离退休老干部首批观摩团在响水参观考察。市委老干局局长戴晓春,县领导潘道津、马俊健、杨毅坚、许德智、王娟等陪同。

△ 省安监局副局长赵利复、市安监局局长谷红彬一行在响水检查指导安全生产工作。县长马俊健汇报相关工作情况。县领导刘曙明、邹必俊等陪同。

10 月 30 日 盐城市直离退休干部“金秋看盐城”参观团第二分团 360 名老干部在响水参观考察。县领导潘道津、许德智、王娟等陪同。

11 月 4 日 响水县召开规模企事业和培训机构供需对接会。县领导邵礼青、李刚、林彬、陆从华出席。

11 月 7 日 盐城市县(市、区)委常委、组织部部长座谈会在响水召开。县委书记潘道津致辞。省委组织部干监处处长唐群,市委组织部副部长张玉春,全市各县(市、区)委常委、组织部部长参加。

△ 台湾天普志亚集团总裁吴天池、总经理吕苗一行在响水考察农业项目。县长马俊健、市委台办主任董小平及县农办、台办、农林局、小尖镇、运河镇负责人陪同。

△ 参与“神七”航天飞行控制的响水籍大校李学宾应邀在《今日响水》报社接受访谈。

11 月 8 日 县委书记潘道津主持召开县委常委(扩大)会议。会议传达学习省委十一届五中全会、全市重点项目推进会及全市服务业发展会议精神。县领导马俊健、张正华、高兆顶、杨毅坚、许德智、裴彦贵、王娟、邵礼青、朱金南、刘曙明、邹必俊等出席。

11月11日 响水县召开利用外资工作推进会。县委书记潘道津、县委常委刘曙明及各乡镇区,县相关部门、单位主要负责人出席。

△ 响水县设分会场收听收看全省行政机关效能建设电视电话会议。县长马俊健在电视电话会后提要求。县委常委、常务副县长许德智及相关单位负责人出席分会场会议。

11月14日 县长马俊健主持召开全县工业经济座谈会,并对做好当前及下阶段经济工作提要求。县领导许德智、王娟、王俊、糜世湘及县相关部门主要负责人参加。

△ 建湖县委副书记、常务副县长羊维德一行在响水参观高效农业项目建设工作。县长马俊健、副县长林彬及县农办、农林局、小尖镇负责人陪同。

11月15日 响水县举行响水经济发展上海咨询会“故乡行”座谈会暨捐资助学仪式。县领导马俊键、许德智、邵兵及响水经济社会发展委员会上海咨询主任委员顾继虎等出席。

11月17日 响水县“三服务”工作推进会召开。会议传达贯彻全省领导干部会议精神。县长马俊健到会讲话。

11月19~20日 省开发局局长费伟康一行在响水检查指导农业扶贫开发项目建设情况。县领导马俊健、邵礼青、储政伟、阎海伦,市开发局局长周纯明及县相关部门、单位负责人陪同。

11月20日 灌东盐场举行建场100周年暨解放60周年庆祝大会。解放军第一集团军政治部主任王新海少将等出席。副市长谷家栋,江苏盐业集团公司总经理晏仲华,县长马俊健,江苏省银宝盐业有限公司董事长、党委书记、总经理许玉华,中国盐业总公司食盐专营部部长董爱民等到会致辞。灌东盐场场长王绪生介绍盐场发展历程。场党委书记许可仁主持大会。

11月21日 响水县举行基层纪检监察工作一室揭牌仪式。市委常委、纪委书记周福莲,县领导马俊健、王娟、朱金南出席。

△ 市委常委、纪委书记周福莲一行在响水调研指导纪检、监察工作。县领导马俊健、朱金南陪同。

11月22日 全县争取项目资金会办会召开。县长马俊健到会讲话。县委常委、常务副县长许德智主持会议。

△ 省、市书法家主办,响水县承办的“王岚书法展”在盐城市书画院举行。县委常委、宣传部部长裴彦贵出席开幕式并致辞。

△ 县委副书记、沿海经济区工委书记杨毅坚带领沿海经济区、经济开发区、化工集中区管委会主要负责人在盱眙考察学习盱眙经济开发区和乡镇中小企业创业园建设等工作。

11月22~23日 江苏省第二次土地调查办公室相关人员在响水检查指导第二次土地调查工作。县领导马俊键、樊玮陪同。

11月25日 市长李强率出席盐城市农村改革发展现场推进会的市、县领导观摩响水县现代农业示范园(老舍)设施农业产业区。县领导马俊键、杨毅坚、邵礼青、林彬陪同。

11月26日 响水县20万千瓦风电场首台风机顺利完成吊装,标志着响水县沿海风电项目已全面进入风机施工建设阶段。

11月28日 县委书记潘道津主持召开全县争取项目资金工作会议。县领导许德智、武正华、王俊、糜世湘及县相关部门主要负责人出席。

△ 县委书记潘道津主持召开326省道沿海高速至陈家港改建工程会办会。县领导樊玮、糜世湘及县相关部门负责人出席。

11月29日 县委书记潘道津主持召开全县项目工作汇报会,并对全县当前和下一阶段招商引资、项目建设工作提要求。县领导朱金南、武正华、王俊及部分乡镇区、县相关部门负责人出席。

12月2日 响水县2009年工作思路座谈会召开。县委书记潘道津主持会议并讲话。县领导马俊健、许德智、邵礼青、刘曙明、樊玮、武正华、糜世湘及各乡镇区、县相关部门、单位主要负责人参加。

12月6日 县委书记潘道津主持召开县四套班子领导2009年工作思路座谈会。马俊健、张正华、高兆顶、杨毅坚、许德智、裴彦贵、王娟、邵礼青、朱金南、刘曙明、邹必俊等在响水的县四套班子领导及县相关部门主要负责人参加。

△ 响水经济社会发展上海咨询委员会秘书长杜中友和上海万佳风力发电股份有限公司总裁李勇一行在响水考察风电设备项目和铸造项目。县长马俊健及小尖镇负责人陪同。

12月7日 市委书记赵鹏在响水调研指导工作。市委常委、秘书长戴元湖,市政协副主席、国土局局长崔士明及市交通局、规划局主要负责人随同。

12月9日 省农林厅厅长吴沛良一行在响水调研指导高效农业工作。副市长陈还堂,县委书记潘道津,市农林局局长茆训东,县委常委、政法委书记邵礼青等陪同。

12月10日 盐城市泰隆祥床具有限公司二期扩能项目举行开工典礼。县委书记潘道津致辞。县领导马俊健、刘曙明、林启俊、王俊及县相关部门、单位负责人出席。

△ 响水县召开融资工作会办会。县领导潘道津、马俊健、许德智、武正华、糜世湘及全县各金融机构负责人出席。

12月11~12日 江苏省委驻响水扶贫工作队的14家后方单位领导在响水检查指导脱贫攻坚工作。县领导马俊健、杨毅坚、邵礼青、林彬陪同。

12月13日 连云港市委常委、灌南县委书记吴立生率灌南县党政代表团在响水参观考察。县领导潘道津、马俊健、张正华、高兆顶、杨毅坚等陪同。

12月15日 响水县重点项目与金融机构对接工作推进会召开。县领导马俊健、杨毅坚、许德智、刘曙明、樊玮、武正华、王俊、戴翠芳及县金融机构负责人,各乡镇区、县相关部门负责人出席。

12月16日 江苏省军区副参谋长庞士勇一行在响水检查指导国防工程维护管理工作。市委常委、盐城军分区司令员王公启,县领导潘道津、许德智、成向东等陪同。

12月19日 金湖县委书记、县人大常委会主任陶光辉率金湖县党政代表团在响水参观考察。县领导潘道津、高兆顶、杨毅坚等陪同。

△ 国家统计局江苏调查总队队长樊燕超一行在响水调研指导基层统计调查工作。市政府副秘书长、市统计局局长何素成,县领导马俊健、许德智等随同。

△ 建湖县委书记张礼祥率建湖县党政代表团在响水参观考察。

12月20日 县委书记潘道津主持召开县委常委(扩大)会议。会议讨论研究公务员津补贴、促进县城区房地产市场健康稳定发展、春节前帮困慰问等工作。马俊健、张正华、高兆顶等在响水的县四套班子领导参加。

12 月 22 日 海洋石油工程股份有限公司与广州神州海运股份有限公司的购船合同签约仪式在连云港举行,海洋石油工程股份有限公司执行副总裁张松甫,广州神州海运股份有限公司董事长、总经理程立新,连云港市委常委、灌南县委书记吴立生,响水县委书记潘道津,县委副书记杨毅坚等出席。

△ 县长马俊健主持召开全县向上争取项目资金工作汇报会。县领导许德智、樊玮、武正华、林彬、戴翠芳、糜世湘及县相关部门负责人出席。

12 月 23 日 盐城军分区举行"双带双扶"工作"家家到"观摩活动。盐城军分区政委马世勇,全市各县(市、区)人武部政委观摩响水县南河昌盛希望小学和小尖镇退伍军人培训基地。县委书记潘道津陪同。

12 月 24 日 响水县总工会第八次代表大会召开。会议审议并通过县总工会七届委员会工作报告,选举产生县总工会新一届委员会。市人大常委会副主任、总工会主席陈卫国,县委书记潘道津分别讲话。

△ 中纪委监察部驻科技部纪检组组长吴忠泽率中央检查组在响水检查落实国家扩大内需促进经济增长政策的落实情况。副市长谷家栋主持汇报会。县长马俊健汇报相关工作。县领导许德智、糜世湘及县相关单位主要负责人出席。

12 月 28 日 县委书记潘道津主持召开县委常委(扩大)会议,研究讨论县委八届四次全会、县第八届人民代表大会第二次会议、县政协八届委员会第二次会议、纪念改革开放 30 周年大会相关工作报告等事项。马俊健、张正华、高兆顶、杨毅坚、裴彦贵、王娟、邵礼青、朱金南、刘曙明、邹必俊等在响水的县四套班子领导及县相关部门、单位负责人出席。

△ 县长马俊健主持召开县政府八届三次常务会议,讨论研究有关政策事项,并对当前重点工作进行部署。县领导许德智、沈康生、樊玮、武正华、林彬、王俊、戴翠芳、陆从华及县相关部门负责人出席。

△ 响水县红十字会第三次会员代表大会召开。会议听取县红十字会第二届理事会工作报告,表彰红十会工作先进集体和个人,选举产生新一届理事会。市红十字会会长谷容先致辞。县委书记潘道津到会讲话。县领导马俊健、张正华、高兆顶、王娟、沈康生、戴翠芳、陈苏红等出席。

12 月 29 日 响水县召开纪念改革开放 30 周年大会。县委书记潘道津到会讲话。县长马俊健主持大会。县领导张正华、高兆顶、杨毅坚等出席。

△ 县人大常委会主任张正华主持召开县人大常委会八届第八次会议。县人大常委会副主任林启俊、沈康生、李银芳参加会议。县委常委、常务副县长许德智及县法院、检察院负责人列席会议。

△ 县政协八届三次常委会议召开。县政协主席高兆顶、副主席卜曙、陈苏红、糜世湘、陆从华及全体常委出席。县委常委、纪委书记朱金南向政协常委会通报 2008 年全县党风廉政建设情况。

12 月 31 日 中国共产党响水县第八届委员会第四次全体会议召开。县委常委会主持会议。县领导潘道津、马俊健、杨毅坚、许德智、裴彦贵、王娟、邵礼青、朱金南、邹必俊、成向东及县委委员、候补委员出席。

2009 年

1 月 4 ~ 6 日 政协响水县第八届委员会第二次会议召开。马俊健、张正华、杨毅坚、许德智、裴彦贵、王娟、朱金南、邹必俊、成向东、刘曙明、卜曙、陈苏红、糜世湘、陆从华等县四套班子领导及曾担任过县处级领导的老同志出席会议。县政协副主席卜曙作县政协第八届委员会常务委员会工作报告。县政协副主席陈苏红作县政协八届一次会议以来提案工作报告。大会表彰"双好"委员和优秀提案,听取并审议通过会议提案审查情况的报告,审议通过县政协八届二次会议决议。大会增选陈骧为政协响水县第八届委员会副主席,增补万坤林、张贤桂、陆义超为政协响水县第八届委员会常务委员。

1 月 5 日 响水县举行银企对接签约仪式。县长马俊健出席仪式并讲话。县委常委、常务副县长许德智主持签约仪式。县领导武正华、糜世湘及全县各金融机构、相关企业负责人出席。

1 月 5 ~ 7 日 县八届人大二次会议召开。县人大常委会主任张正华主持会议。县长马俊健代表县人民政府作工作报告。大会选举刘曙明为县八届人大常委会副主任;选举刘海玉为县人民法院院长;通过响水县人民政府工作报告的决议草案、响水县 2008 年国民经济社会发展计划执行情况和 2009 年计划的决议草案、响水县 2008 年财政预算执行情况和 2009 年财政预算的决议草案、响水县人大常委会工作报告的决议草案、响水县人民法院工作报告的决议草案、响水县人民检察院工作报告的决议草案。

1 月 7 日 市委副书记李驰,市委常委、纪委书记周福莲,市人大常委会副主任何桂英,副市长丁建奇、朱传耿,市政协副主席陈云华及市相关部门负责人在响水开展慰问活动。县领导潘道津、高兆顶、许德智、沈康生及县相关部门、单位负责人陪同。

△ 省公安厅机关党委副书记杨泳洪在响水开展"春风行动"慰问活动。市公安局党委副书记柏亚、县公安局领导等陪同。

1 月 8 日 省总工会纪检书记陈飞一行在市总工会负责人陪同下慰问响水县困难职工。县委常委、组织部部长王娟,县总工会负责人陪同。

1 月 9 日 全市计生优质服务体系建设现场会在响水召开。市计生委主任季德荣到会讲话。县委书记潘道津陪同观摩。县长马俊健致辞。县委副书记杨毅坚介绍沿海经济区发展情况。县领导刘曙明、戴翠芳及各县(市、区)计生委负责人出席。

△ 全县农业农村暨"绿色响水"建设工作会议召开。县委书记潘道津到会讲话。县长马俊健作工作报告。县委常委、政法委书记邵礼青主持会议。县领导储政伟、李刚、林彬、陆从华及各乡镇区、县相关部门主要负责人和分管负责人出席。

△ 全县促进县城房地产市场稳定发展座谈会召开。副县长樊玮到会讲话。县相关

部门、单位及县城房地产开发企业负责人出席。

1月10日　省水痘疫苗流行病学效果研讨会在响水召开。中国工程院院士赵铠、省疾控中心主任汪华等国内专家及韩国有关专家出席。副县长戴翠芳致辞。

1月14日　省委常委、宣传部部长杨新力在响水开展节前慰问活动。市、县领导赵鹏、周德祥、戴元湖、潘道津、马俊健、裴彦贵等陪同。

1月15日　响水县设分会场收听收看全国安全生产电视电话会议。副县长王俊出席分会场会议并讲话。

1月16日　县委书记潘道津主持召开县委常委(扩大)会议。会议传达学习省、市有关会议精神,研究部署当前工作。县领导马俊健、张正华、高兆顶等分别传达省、市会议精神。杨毅坚、许德智、裴彦贵、王娟、邵礼青、朱金南、邹必俊等在响水的县四套班子领导出席。

△　响水县设分会场收听收看全国"扫黄打非"工作电视电话会议。县委常委、宣传部部长裴彦贵,副县长戴翠芳及县相关部门、单位负责人出席分会场会议。

1月19日　响水县设分会场收听收看省、市先后召开的领导干部警示教育大会。县委书记潘道津出席分会场会议并讲话。县领导马俊健、张正华、高兆顶、杨毅坚、许德智、裴彦贵、邵礼青、邹必俊、成向东及各乡镇、县各部门、单位主要负责人出席分会场会议。

1月22日　全县迎新春老干部座谈会召开。县委书记潘道津到会讲话。县领导马俊健、张正华、高兆顶、杨毅坚、许德智、王娟及曾担任过县处级领导职务的老干部出席。

2月1日　响水县设分会场收听收看市委、市政府召开表彰大会。大会表彰2008年度全市目标任务绩效考核先进集体和先进个人。县委书记潘道津出席会议并上台领奖。响水县获综合先进集体奖,工业"三百"工程先进县、工业发展奖、财税贡献奖、城市化和基础设施建设先进县、鼓励全民创业发展民营经济工作先进集体、脱贫攻坚工程优秀奖、沿海开发工作先进县、节能减排工作先进县、五好班子建设先进县、就业工作先进县10项工作获表彰奖励。江苏宏铭船舶有限公司获"八大类"重点工程工作先进集体奖,小尖镇获新农村建设先进集体奖,县民政局获双拥工作先进集体奖。县领导马俊健、张正华、许德智、裴彦贵、朱金南、邹必俊、成向东等及县相关部门主要负责人出席分会场会议。

△　响水县举行项目集中开工活动。县委书记潘道津出席部分项目开工典礼并讲话。县领导马俊健、张正华、许德智、裴彦贵、朱金南、邹必俊等为项目开工奠基或剪彩。

2月2日　县八届人大常委会第9次会议召开。县人大常委会主任张正华,副主任林启俊、沈康生、李银芳、李刚、刘曙明及常委会委员共26人出席会议。副县长樊玮,县人民法院、县人民检察院负责人,县人大常委会各委员会副主任和被任命人员列席会议。会议决定免去王建成县发改委主任职务、吴志俊县财政局局长职务、蒋月华县卫生局局长职务、陈鸣胜县物价局局长职务;决定任命张祖振为县发改委主任、王建成为县财政局局长、蒋道明为县卫生局局长、胡卫东为县物价局局长、王社成为县建设局局长。

2月6日　县委常委(扩大)会议召开。会议传达市有关会议精神,讨论推进项目攻坚工作的意见和考核办法。县委副书记杨毅坚主持会议。县领导张正华、高兆顶、许德智、裴彦贵、邵礼青、朱金南、邹必俊及县相关部门、单位主要负责人出席。

2月12日　县委书记潘道津会见以色列歌得诺贝柠檬酸公司总裁兼首席执行官雅

柯夫一行,共同商榷进一步加快江苏歌得诺贝柠檬酸项目建设进度有关事宜。

2 月 14 日 全县政法信访维稳工作会议召开。县委书记潘道津到会讲话。县长马俊健主持会议。县领导高兆顶、邵礼青、李银芳、顾富昌、陈苏红及县相关部门、单位负责人出席。

△ 全县人口和计划生育工作会议召开。县委书记潘道津到会讲话。县长马俊健作报告。县领导高兆顶、邵礼青、沈康生、戴翠芳、陈苏红及县相关部门、单位负责人出席。

△ 全县工业和开放型经济工作会议召开。县委书记潘道津到会讲话。县长马俊健作工作报告。县委副书记杨毅坚主持会议。县领导高兆顶、裴彦贵、王娟、邵礼青、朱金南、王俊等出席。

2 月 16 日 全县党建工作会议召开。县委书记潘道津到会讲话。县长马俊健主持会议。县领导杨毅坚、许德智、裴彦贵、王娟、朱金南、邹必俊、成向东、陈骧及各乡镇区、各单位主要负责人等出席。

△ 盐城市盐务管理局响水稽查局、响水盐业有限公司成立大会暨揭牌仪式举行。县领导潘道津、马俊健、王俊,省、市盐业集团、盐务管理局领导杨廷华、周明勇、王维柱、杨连春、梁同业及全省盐业生产批发企业相关负责人出席。

△ 响水县第八届纪律检查委员会第四次全体会议召开。全会审议通过县委常委、纪委书记朱金南所作《坚持惩防并举、推进科学发展,为实现经济社会发展新跨越提供有力保障》报告。会议审议通过响水县第八届纪律检查委员会第四次全体会议决议。全会学习中央纪委三次全会,省、市纪委四次全会精神和胡锦涛、梁保华、赵鹏的重要讲话精神,集中听取县委书记潘道津在全县党建工作会议上的讲话。

2 月 18 日 县委书记潘道津会见省银宝盐业有限公司董事长、党委书记、总经理许玉华和灌东盐场场长王绪生一行。县领导杨毅坚、许德智、王俊及县委办、政府办等单位负责人陪同。

2 月 19 日 省供销社副主任徐筱棣、市供销社主任吴爱然一行在响水考察调研"保增长、扩内需、调结构、促发展"工作。县长马俊健、副县长武正华等陪同。

2 月 21 日 县委书记潘道津主持召开县委常委(扩大)会议,传达学习省、市有关会议精神,讨论财政、金融、投资等有关考核奖惩办法和乡镇、园区财政管理体制调整方案,县委、县政府关于明确 2009 年重点项目、重点工程和领导干部挂钩服务重点项目、重点企业的两个文件。县委书记潘道津对各项重点工作提要求。县领导马俊健、高兆顶、杨毅坚、许德智、王娟、邵礼青、朱金南、邹必俊等出席。

△ 响水县举行矿卤日晒项目响水段全线贯通暨穿越灌河仪式。县人大常委会主任张正华、淮盐矿业集团总经理肖建华等出席仪式并剪彩。

2 月 24 日 全县城建和交通基础设施建设工作会议召开。县委书记潘道津到会讲话。县长马俊健主持会议。县领导张正华、高兆顶、樊玮、糜世湘及各乡镇区、县相关单位负责人出席。

△ 全县财税、审计、投融资工作会议召开。县委书记潘道津到会讲话。县长马俊健作工作报告。县领导张正华、高兆顶、许德智、武正华及县相关部门、单位主要负责人出席。

△ 县长马俊健主持召开化工企业专项整治和饮用水源保护工作会办会。县领导邹必俊、武正华、王俊及县相关部门负责人出席。

2月25日 县委书记潘道津主持召开县委常委(扩大)会议。会议听取关工委工作情况汇报,传达学习全市人口和计划生育工作会议精神。县委书记潘道津对做好各项重点工作提要求。马俊健、张正华、高兆顶、杨毅坚、许德智、王娟、邵礼青、朱金南、邹必俊、成向东等在响水的县四套班子领导出席。

2月27日 盐城市工会组织、宣教、生产保护工作会议在响水召开。市人大常委会副主任、市总工会主席陈卫国,县委常委、组织部部长王娟及全市各县(市、区)工会主席出席。

2月28日 全市沿海开发工作例会在国华港电召开。市委副书记李驰、副市长曹友琥分别讲话。县委书记潘道津致辞。市委副秘书长徐国均主持会议。市相关部门、单位负责人,县(市)分管沿海开发工作的副书记,县领导杨毅坚、邹必俊、糜世湘及县相关部门、单位负责人出席。

△ 全县脱贫攻坚工作会议召开。县长马俊健到会讲话。县领导王娟、邵礼青、储政伟、李刚、林彬、阎海伦、陆从华,各乡镇、县各部委办局的主要负责人及省委驻响水全体扶促队员出席。

3月4日 副市长朱传耿在响水调研指导教育工作。县委书记潘道津介绍响水经济社会发展情况。市政府副秘书长曹士长,市教育局副局长徐国良,副县长戴翠芳及县相关部门负责人陪同。

3月5日 省政法委副书记、综治办主任张新民一行在响水调研。县委书记潘道津汇报工作。市政法委副书记、综治办主任蔡南琳,县长马俊健及县相关单位负责人陪同。

△ 全县高效农业推进会召开。县长马俊健到会讲话。副县长林彬、县政协副主席陆从华及各乡镇、县相关部门主要负责人出席。会前,马俊健率全县党政代表团在阜宁、灌云等县考察高效农业发展情况。

3月6日 省交通厅公路局副局长夏炜一行在响水调研指导交通重点工程建设。市公路处主任葛春宽,副县长樊玮,县政协副主席、交通局局长糜世湘陪同。

3月9日 省环保厅苏北督查中心主任杨新芝一行在响水调研指导饮用水源地保护和化工企业污水处理工作。县长马俊健、市环境监察局局长王瑞涛、副县长武正华等陪同。

3月11日 省海洋与渔业局副局长汤建鸣一行在响水调研海洋利用开发情况。县委副书记、沿海经济区工委书记杨毅坚及市、县海洋与渔业局相关负责人等陪同。

3月12日 省档案局局长韩杰在响水检查指导档案管理工作。县委书记潘道津,县长马俊健,市档案局局长徐晓明,县委常委、纪委书记朱金南及县档案局主要负责人陪同。

△ 省科技厅副厅长李奇在响水调研指导科技计划项目申报工作。县委书记潘道津介绍全县经济社会发展情况。市科技局局长张华龙,县领导邹必俊、戴翠芳及县相关部门负责人陪同。

3月13日 县人武部召开宣布领导班子成员调整命令大会。县委书记、县人武部党委第一书记潘道津到会讲话。盐城军分区政委马世勇宣布南京军区调整任职命令:任命蚁国红为响水县人武部部长;县人武部原部长成向东调任楚州区人武部部长。

△ 全县关心下一代工作会议召开。县委书记潘道津到会讲话。县领导裴彦贵、李刚、戴翠芳、陆从华,县关工委主任戴昉等出席。

3 月 16 日 县委常委(扩大)会议召开。县委书记潘道津到会讲话。马俊健、张正华、高兆顶、杨毅坚、许德智、裴彦贵、王娟、邵礼青、朱金南、邹必俊、储政伟等在响水的县四套班子领导出席。

3 月 17 日 县委书记潘道津主持召开县老促会工作会办会。马俊健、张正华、高兆顶、杨毅坚、许德智、裴彦贵、王娟、邵礼青、朱金南、邹必俊、储政伟等县四套班子领导,县老促会理事长于海波及县相关职能部门负责人出席。

3 月 18 日 省工商联副主席桂德祥在响水作如何应对金融危机专题报告。市政协副主席、市工商联主席吕拔生,县人大常委会副主任、县工商联主席李刚及县内 50 多家民营企业负责人参加。

3 月 20 日 江苏工业学院党委副书记、纪委书记王凯全一行在响水开展科技咨询与服务活动。县长马俊健介绍响水经济发展情况。县领导邹必俊、储政伟及县环保、安监等相关部门负责人陪同。裕廊、联化、大和等部分化工企业负责人参加。

△ 县八届人大常委会第 10 次会议召开。县人大常委会主任张正华,副主任林启俊、沈康生、李银芳、李刚、刘曙明出席会议,副县长武正华及县相关部门负责人列席会议。会议听取审议县人大常委会执法检查组关于《中华人民共和国招投标法》执法检查报告。会议通过有关人事任免事项。

3 月 21 日 全县经济工作首季开门红推进会召开。县委书记潘道津主持会议。县长马俊健通报全县主要经济指标完成情况。县领导张正华、高兆顶、杨毅坚、许德智、王娟、邵礼青、朱金南、邹必俊及各乡镇区,县相关部门、单位负责人出席。

3 月 23 日 市检察院检察长唐元高在响水视察指导检察工作。县领导潘道津、马俊健、邵礼青等陪同。

3 月 24 日 市委书记赵鹏在响水调研指导工作。县委书记潘道津汇报工作情况。市委常委、秘书长戴元湖及市相关部门主要负责人随同。马俊健、张正华、高兆顶、杨毅坚等在响水的县四套班子领导及县相关部门负责人陪同。

△ 响水县设分会场收听收看国务院第二次廉政工作电视电话会议。县委常委、常务副县长许德智出席分会场会议并讲话。

3 月 25 日 市人口和计生委主任季德荣在响水调研人口和计生工作。县领导马俊健、邵礼青、戴翠芳等陪同。

△ 响水县设分会场收听收看国家、省、市先后召开的粮食清仓查库工作电视电话会议。副县长武正华出席分会场会议并讲话。

3 月 26 日 响水县举行 S326 沿海高速至陈家港段改扩建工程开工典礼。副市长丁建奇出席典礼并讲话。县委书记潘道津致辞。市交通局局长管亚光,县领导张正华、高兆顶、林启俊、樊玮、糜世湘及黄海农场场长林正银、市公路处主任葛春光等出席。

3 月 27 日 省委农工办、扶贫办副主任程玉松在响水视察脱贫攻坚工作。市委农办、扶贫办副主任赵步生,县领导马俊健、邵礼青、储政伟、阎海伦等陪同。

△ 国家疾控中心环境卫生研究所所长金银龙一行在响水指导全县疾控工作。省、市疾控中心领导陈连生、徐杰,副县长戴翠芳等陪同。

3月30日 响水县设分会场收听收看全国绿化造林和森林防火工作电视电话会议。副县长林彬及县相关部门负责人出席分会场会议。

4月1日 省委组织部副部长盛克勤在响水调研指导科学规范和有效监督县委书记用人行为调研试点工作。市委常委、组织部部长章大李,县领导潘道津、马俊健、杨毅坚、王娟、邹必俊等陪同。

4月3日 响水县设分会场收听收看省政府第二次廉政建设工作电视电话会议。县领导许德智、顾富昌及县相关部门、单位负责人出席。

4月5日 曾担任过响水县委书记的王清、陶培荣、徐恒菊、周德祥等在响水县视察调研经济社会发展情况。县委书记潘道津介绍情况。县领导高兆顶、杨毅坚、邹必俊、李银芳、卜曙、糜世湘等陪同。

4月8日 县委书记潘道津、县长马俊健率响水县党政代表团在江都市、建湖县考察学习。高兆顶、杨毅坚、裴彦贵、王娟、邵礼青、朱金南、邹必俊等县四套班子领导及县相关部门、单位负责人参加。

4月9日 市委常委、常务副市长陈正邦在响水检查信访稳定工作和“金桥行动”开展情况。市委、市政府副秘书长、市信访局局长洪家宁,市政府副秘书长顾云岭,县委书记潘道津,县委常委、常务副县长许德智陪同。

△ 响水县召开在江都、建湖考察学习座谈会暨一季度项目攻坚点评会。潘道津、张正华、高兆顶、杨毅坚、裴彦贵、王娟、邵礼青、朱金南、邹必俊等在响水的县四套班子领导及各乡镇区、县各部门、单位负责人出席。

△ 省安监局、省国防科工办督察组在响水调研督察船舶修造企业安全生产工作。副县长王俊陪同。

4月13日 响水县举行江苏勤丰船业有限公司首制1.35万吨远洋货轮建成下水庆典仪式。市、县领导谷家栋、潘道津、马俊健、高兆顶、杨毅坚、林启俊、王俊及县老干部代表,县相关乡镇、部门、单位负责人,勤丰船业公司董事长徐青方、总经理郑友煊等出席。

△ 省民政厅优抚局局长陶如章、副局长嘉秀娟一行在市民政局副局长石爱卿等陪同下,调研指导响水优抚工作和烈士陵园建设情况。县委常委、常务副县长许德智汇报情况。

△ 响水县设分会场收听收看省政府全体(扩大)会议。县领导许德智、武正华出席分会场会议。

4月14日 盐城工学院党委书记杨春生,院长王保林率党政代表团在响水考察。县委书记潘道津介绍情况。县领导杨毅坚、沈康生、武正华、陈苏红及县相关部门负责人陪同。

△ 县委组织部引进的投资2亿元的常州天波化工项目签约落户陈家港化工集中区。县委常委、组织部部长王娟,县委常委、化工集中区工委书记邹必俊出席签约仪式。

△ 响水县设分会场收听收看全国整治违法排污企业、保障群众健康环保专项行动电视电话会议。副县长王俊、邵兵及县相关职能单位负责人出席分会场会议。

4 月 15 日 响水县设分会场收听收看潘作良先进事迹报告会。县委常委、政法委书记邵礼青出席分会场会议。

4 月 16 日 响水县“百名代表评十案”活动启动。市、县 21 名人大代表参加听庭评议。县人大常委会副主任李银芳出席。

4 月 17 日 青岛市政协原副主席韩建华在响水参观考察。县长马俊健、县政协主席高兆顶等陪同。

4 月 18 日 县委中心组(扩大)第四次学习暨领导干部科学发展能力专题报告会召开。县长马俊健主持会议并讲话。许德智、裴彦贵、王娟、邵礼青、朱金南、邹必俊等在响水的县四套班子领导,县委学习实践活动领导小组全体成员及各乡镇区,县各部门、单位负责人参加。

4 月 21 日 市委书记赵鹏委托市委副秘书长、市委办主任沈洪清在响水县黄圩镇慰问贫困户。县长马俊健及县相关单位主要负责人陪同。

4 月 22 日 响水县举行县工商联浙江商会成立仪式。省工商联副主席庞辉,市政协副主席、市工商联主席吕拔生,浙江省海宁市委常委、连杭经济区工委书记、管委会主任姚敏忠,浙江台州黄岩区政协副主席章永良,县领导马俊健、张正华、王娟、李刚、王俊、陈骧等参加仪式。江苏宏铭船舶有限公司董事长杨康本当选为新浙江商会第一届会长。

4 月 24 日 县委常委(扩大)会议召开。县委书记潘道津到会讲话。县领导马俊健、张正华、高兆顶、杨毅坚、许德智、裴彦贵、王娟、朱金南、邹必俊等出席。

△ 市银监分局副局长李士海率团在响水观摩沿海开发工作。县长马俊健、副县长王俊及县相关部门、单位负责人陪同。

4 月 27 日 省信访局巡视员张云泉一行在响水调研指导工作。市委、市政府副秘书长、市信访局局长洪家宁随同。县委书记潘道津介绍全县经济社会发展和信访工作情况。县领导许德智、裴彦贵、朱金南等陪同。

4 月 28 日 全市统战工作研讨会在响水召开。市政协副主席、市委统战部部长李长见,市委统战部副部长、市工商联党组书记曾金钟,县领导高兆顶、王娟、邹必俊、陈骧及全市各县(市、区)统战部负责人出席。

4 月 29 日 响水县举行全县劳动模范和十大杰出青年颁奖晚会。县委书记潘道津到会讲话。县领导高兆顶、许德智、王娟、李银芳、陈苏红、顾祝生等出席。

5 月 5 日 县长马俊健主持召开县城拆迁扫尾工作会办会。县领导高兆顶、许德智、王娟、邵礼青、樊玮、林启俊、沈康生、李银芳、戴翠芳、顾富昌、陆从华、顾祝生及县相关部门、单位负责人参加。

△ 204 国道盐城北段改扩建工程督查会在响水召开。市交通局局长管亚光、副局长周启兆、市公路处主任葛春宽及沿线各县(区)交通局长等参加督查。县委常委、副县长樊玮出席会议。县政协副主席、交通局长糜世湘陪同。

5 月 6 日 响水县举行城市公交开通仪式。县委书记潘道津致辞。县领导马俊健、樊玮、林启俊、糜世湘及市城市客管处负责人等出席。

5 月 7 日 省民政厅副厅长凌航一行在响水视察农村五保供养和敬老院建设工作。县领导潘道津、许德智等陪同。

△ 省委农工办(扶贫办)副主任程玉松带领全省有关市、县扶贫办及驻县扶贫工作队负责人在响水观摩指导脱贫攻坚工作。市委副书记李驰,市委副秘书长、市委农办、扶贫办主任徐国均,市委办副主任戴红光,县领导马俊健、丁勇、邵礼青、储政伟、阎海伦、顾祝生等参加。省委农工办(扶贫办)副巡视员朱子华主持汇报会。

5月8日 响水县举行县四套班子领导"博爱万人捐"仪式。潘道津、马俊健、张正华等在响水的县四套班子领导捐款。

△ 响水县举行泰鼎环保材料项目开工典礼。县委书记潘道津出席典礼并讲话。副县长王俊及县委办、沿海经济区、陈家港镇负责人等出席。

△ 全县防汛防旱工作会议召开。县长马俊健部署防汛防旱工作。县委常委、政法委书记邵礼青主持会议。县委常委、副县长樊玮,副县长林彬及各乡镇区、县相关部门负责人出席。

5月10日 响水县设分会场收听收看全市领导干部警示教育电视电话会议。县委书记潘道津对贯彻落实市会精神提要求。马俊健、高兆顶、杨毅坚、许德智、王娟、邹必俊等在响水的县四套班子领导,县纪委常委,县各部委办局、省市属驻响水各单位、各乡镇区主要负责人出席。

5月11日 县委书记潘道津会见美国纽约州温州商会会长翁新良,双方就万特商贸项目有关事宜进行商谈。县领导刘曙明、王俊及县相关部门负责人陪同。

5月12日 中国海洋石油工程股份有限公司执行副总裁张松甫一行在响水察看海丰船厂"海洋石油226"船舶建造情况。县委书记潘道津、县委副书记杨毅坚等陪同。

5月13日 县长马俊健主持召开城建项目会办会。县领导许德智、樊玮、糜世湘、顾祝生及县相关部门、单位负责人出席。

5月14日 省、市学习实践科学发展观活动采访团在响水采访学习实践活动开展情况。县委书记潘道津向采访团介绍全县深入学习实践科学发展观活动开展情况。

5月15日 市委书记赵鹏在响水调研指挥工作。市委常委、市委秘书长戴元湖,市委办副主任崔文军,市经贸委主任顾春芳,市科技局局长张华龙等陪同。县委书记潘道津汇报工作。县领导马俊健、高兆顶、杨毅坚、许德智、裴彦贵、王娟、邵礼青、邹必俊、樊玮等出席汇报会。

△ 县委中心组(扩大)第五次集中学习暨"扩内需、保增长"专题报告会召开。市发改委主任郭玉生解读"保增长、促发展"方面的相关政策。县委书记潘道津主持会议。马俊健、高兆顶、杨毅坚、许德智、裴彦贵、王娟、邵礼青、邹必俊、樊玮等在响水的县四套班子领导及各乡镇区,县相关部门、单位负责人出席。

5月16日 响水县举行第21届科普宣传周活动。县领导王娟、沈康生、陈苏红看望慰问参加宣传活动的科普宣传志愿者。本届科普宣传周主题是:创新促进发展,科普惠及于民。

5月18日 响水县设分会场收听收看全省"小金库"治理工作电视电话会议。县领导许德智、朱金南等出席分会场会议。

5月20日 县政协八届11次主席会议召开。会议专题听取副县长、县公安局局长顾富昌汇报近年来全县公安工作开展情况。县政协主席高兆顶,副主席卜曙、陈苏红、陆从华、陈骧等出席。

5 月 21 日 省检察院纪检组长申泰岳在响水调研指导检察工作。市检察院副检察长徐晓阳,县委书记潘道津,县委常委、政法委书记邵礼青等陪同。

△ 市国税局局长陈步龙一行在响水调研指导船业税收征收情况。县领导潘道津、马俊健、许德智及县相关部门、单位负责人陪同。

5 月 22 日 市长李强率出席全市高效农业现场推进会的与会人员在响水观摩现代农业示范区。副市长陈还堂,县领导潘道津、马俊健、林彬及县相关部门、单位负责人陪同。

△ 市委宣传部组织盐阜大众报、盐城电视台等 5 家市级媒体组成的"保增长、促发展"先进典型采访组,在陈家港化工集中区进行集中采访。

5 月 23 日 响水县在县红十字博爱小学举行中国红十字会会长彭珮云题词赠送仪式。省红十字会党组书记、专职副会长单加海致辞。市红十字会会长谷容先,县红十字会名誉会长、县委书记潘道津,县委常委、组织部部长王娟,县红十字会会长、副县长戴翠芳及县相关部门、单位负责人出席。

△ 响水县举行万吨级船坞建成投产暨国内首制"长城 6"海上平台供给船下水庆典仪式。县委书记潘道津致辞。县委副书记杨毅坚主持仪式。县领导李银芳、王俊、陈骧及县相关部门负责人、县内外嘉宾出席。

5 月 25 日 美国客商独资太阳能光伏发电及非硅光伏板制造项目举行签约仪式。县长马俊健主持签约仪式。美国全球水电控股有限公司董事局主席霍华德、总裁姚润珠,县领导潘道津、马俊健、高兆顶、杨毅坚、刘曙明及县相关部门、单位负责人出席。

△ 县委常委(扩大)会议召开。县委书记潘道津到会讲话。县领导马俊健、高兆顶、许德智、裴彦贵、王娟、邵礼青、邹必俊、樊玮及县相关部门、单位主要负责人出席。

△ 县政府八届四次常务会议召开。会议研究讨论《响水县规范政府投资项目管理试行办法》《响水县国有资产投资公司监督管理暂行办法、各投资公司资产界定、可抵押资产和项目安排情况》《县城第二水源建设方案》。县长马俊健主持会议。县委常委、常务副县长许德智,县委常委、副县长樊玮,副县长武正华、林彬、戴翠芳、顾富昌,县长助理顾祝生及政府各组成部门负责人出席。

△ 县长马俊健主持召开县长办公会议,专题会办扩大内需中央投资项目建设工作。县领导许德智、樊玮、武正华、林彬、戴翠芳、顾富昌、顾祝生及县相关部门负责人出席。

5 月 26 日 市委书记赵鹏、市长李强率参加全市工业项目家家到观摩活动的人员观摩响水歌得诺贝柠檬酸和海丰造船项目。县领导潘道津、马俊健、高兆顶、许德智、邹必俊、刘曙明、顾富昌、顾祝生等陪同。

△ 省人大常委会人事代表联络委员会主任葛绍林一行在响水调研人大代表工作。市人大常委会副主任陈卫国,县领导潘道津、高兆顶、杨毅坚、邹必俊、樊玮、林启俊、刘曙明等陪同。

5 月 27 日 陈家港沿海经济区灌东工业园奠基暨石油储备项目举行开工典礼。县委书记潘道津致辞。银宝集团董事长许玉华出席典礼并讲话。灌东盐场场长王绪生、石油储备项目投资方代表郭定荣介绍相关情况。县委副书记杨毅坚主持典礼。

5 月 31 日 响水县举行就业援助暨服务企业用工专场招聘会。县长马俊健到会讲话。县委常委、常务副县长许德智主持会议。县领导林启俊、陈苏红及县就业工作领导小组成员单位负责人出席。

6月1日 省军区副司令员刘华健一行在响水检查指导县人武部深入学习实践科学发展观活动开展情况。盐城军分区司令员许建新,盐城军分区政治部主任倪成良,县长马俊健,县委常委、常务副县长许德智及县人武部负责人陪同。

△ 响水县设分会场收听收看全国安全生产电视电话会议。副县长王俊及县安委会各成员单位负责人出席分会场会议。

6月1~8日 县委书记潘道津率县委办、沿海经济区、化工集中区、经济开发区及宏铭船舶、融凡纺织、康生药业、虹艳化工、航龙化工等企业主要负责人在台湾开展经贸活动。2日,潘道津一行参加盐城市在台湾举行的联谊餐叙活动,与台湾地区立法机构负责人王金平先生、台湾海基会董事长江丙坤及台湾工业总会、商业总会、电电公会、协进会等在台湾最具影响力协会所属的工信集团、工业银行、金鼎证券公司、玻璃工业股份有限公司、联华气体工业股份有限公司、和桐化学股份有限公司、华邦电子股份有限公司、丰兴钢铁股份有限公司等90多家岛内工商界企业的主要负责人进行沟通交流。在台湾期间,潘道津一行拜访台湾昱镭光电科技股份有限公司、长春石油化工股份有限公司、台湾国际砂轮有限公司、台北齿轮机械有限公司、台湾香里食品有限公司、台湾亿焜食品有限公司、台湾慈霖机械有限公司、台湾国际造船股份有限公司、淡江大学等近20家企业、高校,多位客商及盐城籍在台湾人士。

6月5日 县环保委员会、县环保局牵头举办"6·5"世界环境日宣传周活动。县领导马俊健、高兆顶、沈康生、陆从华等出席。

△ 省水利厅厅长吕振霖一行在响水检查指导通榆河北延送水工程建设工作。副县长林彬陪同。

6月6日 市人大常委会原副主任卜以庸、刘万琳、滕家滕一行在响水参观考察重点项目建设和船舶制造业发展情况。县人大常委会副主任林启俊陪同。

6月9日 副市长朱传耿率响水组市直人大代表在响水视察高效农业工作。县长马俊健介绍情况。县领导林启俊、刘曙明、林彬及部分省、市人大代表陪同。

6月10日 省人大常委会副主任李全林率省人大常委会秘书长仇中文、内务司法委员会主任委员赵顺盘、环境资源城乡建设委员会主任陶培荣、研究室副主任姚百义,在响水视察指导应对金融危机和保增长、保民生、保稳定等工作。市、县领导赵鹏、陈卫国、潘道津、马俊健、邹必俊、林启俊、顾祝生等陪同。

6月11日 省国土厅规划处处长李如海一行在响水调研指导土地利用总体规划修编工作。县委书记潘道津介绍情况。县国土局负责人等陪同。

6月11~20日 县长马俊健、副县长王俊随市考察团在日本、韩国、中国香港等国家和地区开展经贸活动,洽谈成功4个投资超千万美元的项目。

6月14日 响水县举行第八个安全生产大型广场宣传活动和世界献血者日宣传活动。县人大常委会副主任沈康生、县政协副主席陈苏红出席。

6月16日 县委常委(扩大)会议召开。县委书记潘道津传达市委常委(扩大)会议精神。县领导高兆顶、杨毅坚、许德智、裴彦贵、王娟、邵礼青、朱金南、邹必俊、樊玮等及县相关部门、单位主要负责人出席。

△ 市委常委、纪委书记周福莲在响水检查指导防汛防旱工作。县委书记潘道津介绍情况。县委常委、政法委书记邵礼青，县委常委、纪委书记朱金南及县委办、水务局负责人陪同。

6 月 18 日 响水县举行中日合资响水顺丰食品有限公司万吨蔬菜深加工项目开工典礼。县委书记潘道津出席典礼并讲话。县领导高兆顶、邵礼青、储政伟、刘曙明、阎海伦、顾祝生及县相关部门、单位负责人出席。

△ 响水县设分会场收听收看全国清理整顿外派劳务市场秩序专项行动电视电话会议。副县长武正华及县相关部门负责人出席分会场会议。

6 月 19 日 县委书记潘道津主持召开全县冲刺“双过半”分析推进会。县委常委、常务副县长许德智分析全县“双过半”工作情况。县领导林启俊、陈骧、成祝生及各镇区、县相关部门、单位负责人出席。

6 月 22 日 县委书记潘道津主持召开全县沿海开发工作推进会。县长马俊健传达全市沿海开发工作会议主要精神。县领导高兆顶、杨毅坚、许德智、王娟、邵礼青、朱金南、邹必俊、樊玮及各乡镇党委书记、园区管委会主任、县相关部门主要负责人出席。

△ 受马俊健邀请，小谷勇治专程参观考察响水经济开发区、陈家港沿海经济区。副县长王俊等陪同。

6 月 22 ~ 23 日 省农业综合开发局副局长黄非一行在响水县检查验收第七期国家农业综合开发项目实施建设情况。县领导马俊健、邵礼青、林彬、阎海伦及市、县相关部门负责人陪同。

6 月 27 日 市委常委、盐城军分区政委马世勇在响水开展“七一”慰问活动。县领导马俊健、王娟随同。

6 月 29 日 响水县举行庆祝中国共产党成立 88 周年大会。县委书记潘道津到会讲话。县长马俊健主持会议。高兆顶、杨毅坚、许德智、裴彦贵、王娟、朱金南、邹必俊、冯雪明等在响水的县四套班子领导出席。

△ 盐城市检察机关基层院建设推进会在响水召开。市检察院检察长唐元高，县领导马俊健、邵礼青及全市各县(市、区)检察院检察长出席。

6 月 30 日 省委、省政府和市委、市政府在上海分别举办江苏沿海开发恳谈会、盐城沿海综合开发新闻发布会。县委书记潘道津出席恳谈会及新闻发布会，并参加江苏沿海开发恳谈会签约活动。在上海期间，潘道津专程拜访有关客商，并就全县沿海开发、接轨上海工作与有关部门对接。县发改委、陈家港沿海经济区等县相关部门负责人参加。

7 月 2 日 县委书记潘道津主持召开县委常委(扩大)会议。会议听取县四套班子及县委、县政府领导分工条线工作完成情况和工作安排，讨论并原则通过《关于大力推进全民创业加快民营经济发展的意见》。在响水的县四套班子领导及县相关单位、部门主要负责人出席。

△ 省交通厅公路局局长张立早等在响水调研察看 204 国道响水段改扩建工作。县委书记潘道津介绍情况。市交通局局长管亚光，县领导樊玮、糜世湘及市、县公路部门负责人陪同。

7月6~7日 省信访局正厅级巡视员张云泉在响水视察指导工作。市委、市政府副秘书长、市信访局局长洪家宁，县领导潘道津、杨毅坚、邵礼青、邹必俊及县相关部门负责人陪同。7日，张云泉接受专访。县委书记潘道津在专访结束后讲话。县领导高兆顶、王娟、邵礼青、顾富昌、顾祝生及县相关部门、单位负责人现场聆听。

7月7日 县委中心组(扩大)第六次集中学习暨"永葆先进本色、推进科学发展"专题报告会召开。省委委员、省信访局正厅级巡视员张云泉应邀作《牢记党的宗旨、务实为民奉献》报告。县委书记潘道津主持报告会，高兆顶、王娟、朱金南、邹必俊等在响水的县四套班子领导及各乡镇区、县各部门、单位主要负责人等出席。

7月8日 陈家港化工集中区新扩10平方公里规划汇报会召开。县委书记潘道津到会讲话。县委常委、陈家港化工集中区工委书记邹必俊主持会议。县领导高兆顶、樊玮、林启俊、武正华、王俊、顾祝生等及县相关职能部门负责人出席。

7月9日 副市长丁建奇率市相关部门负责人在响水现场会办饮用水安全及第二水源地建设工作。县委书记潘道津汇报相关情况。市政府副秘书长蔡兆山、市人大常委会环境城乡建设委主任宋龙玲、市建设局副局长郑洪权、市水务局副局长李顺年，县领导樊玮、林彬、糜世湘及县相关部门、单位负责人陪同。

△ 市人大常委会副主任何桂英率部分市人大常委在响水调研。县领导许德智、林启俊等陪同。

7月9~10日 全市招投标办(中心)主任会议在响水召开。市纪委常委、市招投标办主任张子生到会讲话。县委常委、常务副县长许德智介绍全县招投标工作情况。

7月10日 盐城经济开发区工委副书记黄丽亚率党政考察团在响水参观考察。县长马俊健、县委副书记杨毅坚、副县长王俊及县相关部门负责人陪同。

△ 全省动物卫生监督工作例会暨产地检疫现场会在响水召开。省畜牧局副局长袁日进、副县长林彬出席。县农林局负责人作经验介绍。

7月13日 响水县城和陈家港港城建设推进会召开。县委书记潘道津主持会议。马俊健、张正华、高兆顶、杨毅坚、许德智、王娟、樊玮等县四套班子领导及县相关部门主要负责人出席。

7月15日 响水县设分会场收听收看省政府全体会议。县长马俊健出席分会场会议并提要求。县领导许德智、樊玮、王俊、戴翠芳、顾富昌、顾祝生等出席分会场会议。

7月16日 盐城师范学院党委书记、江苏沿海开发研究院院长成长春带领江苏沿海产业带建设研究课题调研组在响水调研。县委常委、常务副县长许德智，县委常委、化工集中区工委书记邹必俊及县相关部门、单位负责人陪同。

7月17日 县委工作会议召开。会议贯彻落实省、市委工作会议精神，总结上半年工作，部署下半年工作任务，确保实现全年"主要经济指标增幅全市争先、总量全省进位、均量苏北一流"的奋斗目标。县委书记潘道津到会讲话。县委副书记、县长马俊健主持会议，县委副书记杨毅坚宣读奖惩决定。县委常委裴彦贵、邵礼青、朱金南、邹必俊、储政伟、樊玮等，县四套班子领导张正华、高兆顶等，省委驻响水扶促工作队全体队员，曾担任过县处级领导的老同志及各乡镇区、县各部委办局主要负责人等出席。

7月21日 县党政联席会议召开。县委书记潘道津主持会议。县领导马俊健、杨毅坚、许德智、裴彦贵、王娟、邵礼青、朱金南、邹必俊、樊玮、冯雪明、王俊、戴翠芳、顾富昌、徐莉、顾祝生等出席。县人大常委会主任张正华,县政协主席高兆顶列席会议。

7 月 23 日 中国残联副主席、党组成员吕世明(肢残人)在响水调研残疾人工作。国家、省、市残联负责人郝尔康、李伟洪、张建平、刘品轩等随同。县领导林彬等陪同。

7 月 24 日 县委书记潘道津主持召开县委常委(扩大)会议,传达学习省委十一届六次全会和全省深化医药卫生体制改革工作会议精神,讨论《县委常委会关于深入学习实践科学发展观的整改落实方案》。马俊健、张正华、高兆顶、许德智、裴彦贵、王娟、邵礼青、朱金南、邹必俊、樊玮等在响水的县四套班子领导参加。

7 月 27 日 全县金融工作会议召开。县长马俊健到会讲话。县委常委邹必俊主持会议。县人大常委会副主任林启俊、县政协副主席陈骧及县相关部门、部分重点企业负责人出席。

7 月 28 日 盐城军分区司令员许建新一行在响水调研指导工作。县领导潘道津、樊玮、冯雪明、糜世湘等陪同。

7 月 30 日 全市组织系统招商引资工作推进会举行项目观摩活动。市委组织部相关处室负责人及各县(市、区)委组织部分管招商引资工作负责人一行在响水观摩项目建设情况。县委常委、组织部部长王娟陪同。

7 月 31 日 县委常委议军会议召开。县委书记潘道津主持会议。县委常委马俊健、杨毅坚、许德智、裴彦贵、王娟、邵礼青、朱金南、邹必俊、樊玮、冯雪明等出席。县人大常委会主任张正华、县政协主席高兆顶列席会议。

△ 县委常委(扩大)会议召开。县委书记潘道津主持会议。县长马俊健传达全省开放型经济工作会议和全市推进城乡统筹发展动员大会精神。县委常委、宣传部部长裴彦贵传达全市文化工作会议精神。张正华、高兆顶、杨毅坚、许德智、王娟、邵礼青、朱金南、邹必俊、樊玮、冯雪明等在响水的县四套班子领导及县相关部门负责人出席。

8 月 4 日 省委学习实践活动第三指导检查组俞晓敏一行在响水指导全县深入学习实践科学发展观活动。县委书记潘道津汇报工作。市学习实践活动领导小组办公室副主任刘海、孙红亮,县领导裴彦贵、王娟、朱金南等陪同。

△ 响水县召开"食品安全盐阜行"活动推进会,传达学习市"食品安全盐阜行"活动会议精神,部署推进全县活动开展。县人大常委会副主任林启俊、副县长王俊出席。

8 月 5 日 市委副书记李驰一行在响水调研指导沿海开发工作。县领导马俊健、杨毅坚、许德智等陪同。

8 月 7 日 全县信访稳定工作会议召开。县委书记潘道津到会讲话。县长马俊健主持会议。张正华、高兆顶、杨毅坚、许德智、裴彦贵、邵礼青、邹必俊、樊玮、冯雪明等在响水的县四套班子领导,各乡镇区、县直各部门主要负责人、分管负责人等出席。

8 月 10 日 响水县举行银企对接洽谈暨签约仪式。县长马俊健对银企对接工作提要求。县领导邹必俊、沈康生、王俊、陈骧,县金融、财税及相关企业负责人出席。

8 月 11 日 南京师范大学党委副书记吴自斌一行在响水调研指导沿海开发工作。市、县领导朱传耿、潘道津、杨毅坚、裴彦贵、戴翠芳、徐莉等陪同。

8 月 12 日 省委常委、副省长黄莉新在响水调研指导脱贫攻坚和"三农"工作。省委副秘书长胥爱贵,省委农工办、扶贫办副主任程玉松,省农林厅副厅长徐惠中,市委副书记李驰、市委副秘书长徐国均,县领导潘道津、马俊健、邵礼青、储政伟、林彬、阎海伦等陪同。

8月14日 省军区装备部部长王公启一行在响水检查指导"三防四反"工作。盐城军分区司令员许建新,县长马俊健,县委常委、县人武部政委冯雪明,县人武部部长蚁国红等陪同。

8月15日 县委书记潘道津主持召开全县土地清理整顿工作会办会,对土地清理工作进行研究和部署。县领导马俊健、许德智、樊玮、顾祝生及各乡镇区,县相关部门、单位负责人出席。

8月17日 县委书记潘道津主持召开全县财政收入工作分析推进会。县领导马俊健、张正华、高兆顶、许德智、顾祝生及各乡镇区,县相关部门、单位主要负责人出席会议。

△ 县委书记潘道津主持召开全县项目工作推进会。马俊健、张正华、高兆顶、杨毅坚、许德智、裴彦贵、王娟、朱金南、邹必俊、樊玮、冯雪明等在响水的县四套班子领导及各乡镇区,县相关部门、单位主要负责人出席。

8月18日 江苏省军粮供应保障基地暨江苏省黄海粮食储备库有限公司揭牌仪式在黄海农场举行。省粮食局局长王元慧,南京军区及省军区有关部门负责人郭德富、常高潮,副市长朱传耿,盐城军分区司令员许建新,省农垦集团公司总经理任建新为江苏省军粮供应保障基地和江苏省黄海粮食储备库有限公司揭牌。常高潮、林彬等致辞。县领导冯雪明、林彬,黄海农场负责人等出席。

△ 省委组织部党员电化教育中心主任陈荣桂在响水县老舍乡四烈村和南河镇头甲村调研农村党员干部现代远程教育工作。市委组织部副部长刘海,市电教中心主任杨从农,县委常委、组织部部长王娟陪同。

8月20日 市委常委、常务副市长陈正邦在响水督察指导信访稳定工作。倪崇彦、顾云岭、洪家宁、吴富平、谷红彬等市有关部门领导,县领导潘道津、马俊健、邵礼青、戴翠芳、顾富昌、顾祝生及县相关部门主要负责人陪同。

8月22日 全县村级公益事业一事一议财政奖补试点工作会议召开。县长马俊健到会讲话。县委常委、政法委书记邵礼青,副县长林彬等出席。

8月23日 盐城晔丰热镀锌有限公司举行开工庆典仪式。县领导杨毅坚、林启俊、陈骧及县相关部门、乡镇主要负责人出席。

8月24日 响水县举行村居干部大专学历班开学典礼暨签约仪式。盐城师范学院党委书记成长春、县委书记潘道津出席签约仪式并致辞。县委常委、宣传部部长裴彦贵主持仪式。盐城师范学院副院长温潘亚等出席。

8月25日 团省委副书记张国梁一行在响水开展"圆梦行动"。团市委书记祁从峰,县委常委、组织部部长王娟及团县委负责人陪同。

△ 县老区开发促进会成立20周年座谈会召开。县领导裴彦贵、顾祝生出席座谈会。县老促会理事长于海波介绍县老促会成立以来工作情况。

8月27日 无锡市人民医院与响水县医院对口支援启动仪式举行。县人大常委会副主任沈康生出席。

8月28日 2009年江苏响水(宁波)船舶装备产业投资推介会在浙江宁波举行。县委书记潘道津致辞。县长马俊健主持会议。县委副书记、县沿海经济区工委书记杨毅坚介绍情况。县领导张正华、高兆顶、邹必俊、王俊、麋世湘及各乡镇、三个工业园区、县相关部门主要负责人出席。

8 月 29 日 国家农业部科教司法规处处长严东权在响水调研乡镇农技服务体系建设情况。县委常委、政法委书记邵礼青等陪同。

8 月 31 日 县委书记潘道津主持召开县委常委(扩大)会议。会议主要会办月度工作,县四套班子领导汇报交流服务企业、服务项目和开展“金桥行动”情况。马俊健、张正华、高兆顶、杨毅坚、许德智、王娟、朱金南、邹必俊、樊玮、冯雪明等在响水的县四套班子领导及各乡镇区、县相关部门主要负责人出席。

9 月 1 日 江苏银行盐城分行行长王冲率行领导班子一行在响水考察调研江苏银行盐城分行在响水设立分支机构事宜。县长马俊健介绍相关情况。县领导许德智、王俊及相关部门负责人陪同。

9 月 2 日 县委书记潘道津主持召开城建重点项目推进会。县领导马俊健、杨毅坚、朱金南、樊玮、沈康生、武正华、顾富昌、麋世湘及县相关部门负责人等出席。

9 月 3 日 省公安消防总队总队长牛跃光一行在响水调研指导工作。县领导潘道津、顾富昌、徐莉等陪同。

△ 响水县举行 119 消防指挥中心落成庆典仪式。省公安消防总队总队长牛跃光、县长马俊健分别致辞。县领导顾富昌、顾祝生及市、县公安、消防等部门负责人参加庆典。

9 月 6 日 省委书记梁保华在响水调研指导沿海开发工作。省委常委、常务副省长赵克志,市、县领导赵鹏、李强、陈正邦、戴元湖、潘道津、马俊健、杨毅坚、许德智、麋世湘、顾祝生及省、市相关部门主要负责人陪同。

9 月 8 日 市老促会领导裴日昌一行在响水,调研黄海农场、灌东盐场与响水县场地共建工作、农村住房制度改革工作。县领导许德智、裴彦贵,县老促会理事长于海波等陪同。

△ 江苏勤丰船业有限公司举行“勤丰 186”远洋货轮建成下水庆典仪式。县领导杨毅坚、邹必俊、林启俊、陆从华及市、县相关部门、单位负责人出席。

9 月 9 日 县长马俊健主持召开政府八届五次常务会议。县领导许德智、樊玮、武正华、林彬、戴翠芳、顾富昌、徐莉、顾祝生及县人武部部长蚁国红等出席。会议讨论研究《响水县关于进一步加强生猪屠宰管理工作实施意见》。

△ 响水县庆祝第 25 个教师节会议召开。县委书记潘道津到会讲话。县长马俊健主持会议。会议表彰奖励全县教育系统先进集体和先进个人。县领导裴彦贵、沈康生、戴翠芳、卜曙等出席。

9 月 10 日 响水县设分会场收听收看全国进一步做好甲型 H1N1 流感防控工作电视电话会议。副县长戴翠芳及县相关部门负责人出席。

9 月 12 日 省森林监察中心主任王国洪一行在响水检查验收全国绿化模范县创建工作。县长马俊健汇报工作。市林业局副局长徐殿波、副县长林彬及县政府办、林业局负责人陪同。

△ 画家徐益群国画展在响水开幕。县委副书记杨毅坚致辞。县领导裴彦贵、卜曙等出席。

9月17日 省政府办公厅副主任陈建刚、市政府副秘书长顾云岭一行在响水调研沿海开发情况。县委副书记杨毅坚介绍响水县经济社会发展特别是沿海开发工作情况。县长助理顾祝生及县委办负责人陪同。

9月18日 县委书记潘道津主持召开县委常委(扩大)会议,传达学习省委书记梁保华视察沿海、灌河开发时重要讲话和全省沿海地区发展工作会议的主要精神,讨论研究全县基层单位学习实践科学发展观活动有关事项。马俊健、杨毅坚、许德智、王娟、邵礼青、邹必俊、樊玮、冯雪明等在响水的县四套班子领导及各乡镇区、县相关部门主要负责人出席。

△ 响水县召开庆祝中国人民政治协商会议成立60周年会议。县委书记潘道津到会讲话。张正华、高兆顶、杨毅坚、王娟、朱金南、樊玮、冯雪明等在响水的县四套班子领导,曾担任过县处级领导职务的老同志,各乡镇区、县各部门、单位负责人及全体县政协委员等出席。

△ 全县第一批学习实践科学发展观活动总结暨基层单位学习实践活动工作部署会议召开。县委书记潘道津到会讲话。张正华、高兆顶、杨毅坚、许德智、王娟、朱金南、樊玮、冯雪明等县四套班子领导出席。

△ 广州市番禺交通建设投资有限公司董事长、总经理黄平一行在响水考察陈家港小蟒牛作业区2万吨级公用码头投资建设情况。县委书记潘道津会见黄平一行。县领导杨毅坚、樊玮、糜世湘等陪同。

9月19日 省环保厅厅长陈蒙蒙一行在响水检查指导环境保护工作。副市长谷家栋,市环保局局长吴雨晴,县领导潘道津、武正华、徐莉等陪同。

△ 国家水利部淮河委员会副主任肖幼率水利部扩大内需建设项目检查督导组在响水检查指导2009年扩大内需水利投资项目建设工作。省、市水利部门相关负责人,县长马俊健,副县长林彬等陪同。

9月21日 全县"质量兴县"工作推进会召开。县长马俊健到会讲话。县领导林启俊、王俊、陈骧及各乡镇区,县相关部门、单位主要负责人出席。

△ 全县工业经济"大干一百天 冲刺全年目标"动员会议召开。县长马俊健到会讲话。县领导林启俊、王俊、陈骧及各乡镇区,县相关部门、单位主要负责人出席。

9月22日 县委书记潘道津率县招商代表团在德国杜塞尔多夫参加中国盐城(德国)沿海开发经贸洽谈会。德国拜耳公司首席行政联络官贺孟升、德国ARISE公司总裁HeinzThomn、雅克化工(ShekoyChemicalEurope. B. R)代表布莱姆、潘福盛及德国机械、风能协会和德国装备风力发电相关产业代表近50人参加洽谈会。潘道津介绍响水县能源、造船、化工等特色产业发展情况及经济社会总体发展水平。

△ 以市委常委、常务副市长陈正邦为团长,响水县委书记潘道津为副团长的盐城市代表团参加省政府举办的中国江苏沿海开发经贸洽谈会。响水县陈家港化工集中区与ShekoyChemicalEurope合资的总投资3000万美元的阻燃剂项目参加签约仪式。

△ 全县庆祝建国60周年爱国歌曲大家唱暨第六届文化艺术周举行开幕式。县领导马俊健、许德智、裴彦贵、陆从华及全县各条战线代表1000多人参加。

△ 旅美画家孟昌明创作的20米长巨幅水墨荷花长卷在响水开展。全国文联国际部主任董占顺、美国光耀公司董事长克拉拉、市政协副主席蒋婉求等中外来宾及新华社、

人民日报、中央电视台、光明日报、经济日报、中国青年报、香港大公报等 20 多家媒体记者 100 多人出席开展仪式。县长马俊健致辞。裴彦贵、冯雪明、沈康生、陈骧等县领导及县相关部门负责人出席。

9 月 25 日　省检察院检察长徐安在响水调研并参加在响水召开的盐城市基层检察院检察长座谈会。省检察院研究室主任王冠军，盐城市检察院检察长唐元高，县长马俊健及县检察院检察长童加舟陪同。盐城市各县（市、区）检察院检察长出席。

△　响水县庆祝新中国成立 60 周年图片展开展。展览分为“辉煌祖国”“腾飞响水”两大部分。县委常委、宣传部部长裴彦贵等到场观看。

9 月 27 日　县长马俊健主持召开县长办公会议。县领导许德智、樊玮、林彬、王俊、戴翠芳、顾富昌、徐莉、顾祝生等及政府各相关部门主要负责人出席。

△　响水县举行“灌河新八景”征集、“国税杯”庆祝建国 60 周年有奖征文暨《灌河文学选萃丛书》首发式。县委常委、宣传部部长裴彦贵到会讲话。

9 月 28 日　响水县举行“百名交巡警捐献造血干细胞血样采集仪式”。县领导王娟、戴翠芳出席。

9 月 29 日　在响水工作人才代表“迎中秋、庆国庆”座谈会召开。省“333”培养对象、市“111”培养对象代表、企业界高级知识分子代表及近年来引进的硕士人才代表、省委组织部选派生代表和大学生村官代表参加座谈会。县委常委、组织部部长王娟到会讲话。

10 月 3 日　响水经济社会发展上海咨询委员会举行资助贫困学生资金发放仪式。委员会主任委员顾继虎、秘书长杜中友等出席。县领导裴彦贵、顾祝生及县委办、人事局、教育局等部门负责人陪同并出席。

10 月 9 日　县委书记潘道津主持召开县委常委（扩大）会议。马俊健、张正华、高兆顶、杨毅坚、许德智、裴彦贵、王娟、邵礼青、朱金南、邹必俊、樊玮、冯雪明等在响水的县四套班子领导及县相关部门负责人出席。

△　县委书记潘道津主持召开县委中心组学习中共十七届四中全会精神专题会。马俊健、张正华、高兆顶、杨毅坚、许德智、裴彦贵、王娟、邵礼青、朱金南、邹必俊、樊玮、冯雪明等县委中心组成员参加。

10 月 10 日　灌河地涵顶管全线贯通仪式在响水举行。省水利厅厅长吕振霖致辞。省水利厅副厅长陆永泉主持仪式。省水利厅纪检组长李陆玖，副市长陈还堂，市水利局局长罗利民，连云港市水利局局长孙宗凤，县领导马俊健、邵礼青、林彬等出席。

10 月 11 日　省航道局局长董文虎一行在响水调研灌河航道及拦门沙治理情况。市交通局局长管亚光，县领导马俊健、樊玮、顾祝生及县相关部门、单位负责人等陪同。

10 月 12 日　县委书记潘道津主持召开县委常委（扩大）会议，传达学习全市沿海发展工作会议和全市经济形势分析会议精神。马俊健、张正华、高兆顶、许德智、裴彦贵、王娟、邵礼青、朱金南、樊玮、冯雪明等在响水的县四套班子领导及县相关部门负责人出席。

10 月 13 日　南京海关副关长、政治部主任冯忠明一行在响水调研考察开放型经济发展情况。盐城海关关长李玉明，县领导潘道津、马俊健、储政伟、阎海伦、顾祝生等陪同。

△　县委书记潘道津接见江苏银行盐城分行行长王冲一行。县领导许德智、邹必俊、王俊及县相关部门、单位负责人参加。

△ 全省村级互助资金现场会在响水召开。省委农工办(扶贫办)副巡视员朱子华,县领导邵礼青、储政伟、阎海伦及周边县、市相关单位负责人出席。

10月14日 市委常委、纪委书记周福莲在响水调研沿海发展工作。县领导潘道津、杨毅坚、许德智、朱金南及县相关部门负责人陪同。

△ 中国人民解放军73841部队等四支部队的相关负责人在江苏勤丰船业有限公司会商四艘军用趸船建造情况。副县长王俊介绍响水县近年来经济社会发展情况。

10月15日 市委常委、盐城军分区政委马世勇在响水县联系点陈家港镇调研指导基层组织学习实践科学发展观活动。县领导潘道津、杨毅坚、冯雪明、徐莉及县相关部门负责人陪同。

△ 市劳动和社会保障局局长周强宁一行在响水调研指导劳动和社会保障工作。县委书记潘道津、副县长武正华及县委办、政府办、劳保局负责人陪同。

10月17日 全县经济形势分析暨三季度项目攻坚点评会议召开。县委书记潘道津到会讲话。县长马俊健主持会议。张正华、高兆顶、杨毅坚、许德智、裴彦贵、邵礼青、朱金南、邹必俊、樊玮、冯雪明等在响水的县四套班子领导及各乡镇区、县各部门负责人出席。

10月19日 总投资10亿元的江苏五友船业项目举行签约仪式。县委书记潘道津出席仪式并讲话。张家港市五友拆船再生利用有限公司董事长姚网根致辞。县委常委、常务副县长许德智主持签约仪式。市委组织部企业工委书记仇鼎文,县领导杨毅坚、王娟、李银芳、顾祝生等出席。

△ 204国道盐城北段改扩建工程质量现场会在响水召开。省公路局副局长夏炜,县领导樊玮、糜世湘及全市各县(市)相关部门、单位负责人出席。

10月20日 市委副书记李驰在响水调研指导沿海开发基础设施建设工作。市委副秘书长徐国均,县领导潘道津、许德智、糜世湘等陪同。

10月20~21日 市政协理论研究会第三次会议在响水召开。与会人员调研响水县沿海、沿灌河开发工作。市五届政协主席、市政协理论研究会会长计高成主持会议。市五届政协副主席洪志爱、陈少夫、徐民友、范锡行、肖兰英、郑齐祥、薛维松,县领导潘道津、高兆顶、许德智、徐莉、卜曙及市、县相关部门负责人出席。

10月22日 响水县亚邦国际大酒店举行开业庆典。县委书记潘道津致辞。县领导朱金南、林启俊、武正华、陈骧,市委副秘书长陈健翔,亚邦化工集团总经理杨建及县相关部门负责人出席。

10月25日 江苏宏铭船舶有限公司与智利伊基克市船舶商务合作举行签约仪式。智利共和国伊基克市市长玛尔塔·杜波斯·琪梅内斯,市、县领导谷家栋、潘道津、杨毅坚、许德智、邹必俊、王俊,宏铭公司董事长杨康本等参加。

10月26日 市委书记赵鹏在响水调研指导工作。县长马俊健汇报相关工作。市委副秘书长、市委办主任沈洪清,县领导张正华、高兆顶、杨毅坚、许德智、邹必俊、徐莉、顾祝生及市、县相关部门主要负责人陪同。

10月27日 响水县设分会场收听收看全省市、县政府机构暨乡镇机构改革电视电话会议。县委书记潘道津代表县委、县政府在南京主会场作《精心组织,规范操作,扎实做好乡镇机构改革工作》经验介绍。县领导马俊健、许德智、王娟及县相关部门主要负责人出席分会场会议。

10 月 28 日 响水县江苏海丰 0.8 米自航自升式移动平台项目举行开工仪式。县委书记潘道津致辞。县委副书记杨毅坚主持开工仪式。县领导邹必俊及县相关部门负责人出席。

△ 县城城南安置区项目举行开工典礼。县长马俊健致辞。县委常委、副县长樊玮主持典礼。县人大常委会副主任沈康生,县政协副主席、交通局长糜世湘,县直各相关单位主要负责人及承建、施工单位员工出席。

△ 全市质监系统四季度工作会议在响水召开。市质监局局长夏世华到会讲话。县长马俊健致辞。副县长王俊,市质监局全体领导班子成员、各处室负责人及各县(市、区)质监局负责人出席。

10 月 31 日 全县沿海发展工作会议召开。县委书记潘道津到会讲话。县长马俊健主持会议。张正华、杨毅坚、许德智、王娟、邵礼青、朱金南、邹必俊、樊玮等在响水的县四套班子领导出席。

11 月 3 日 市委书记赵鹏、市长李强率全市重点项目观摩暨推进特色产业发展工作会议的与会人员在响水观摩重点项目粤港螺旋桨、大和氯碱及船舶配套产业园和盐化工产业园。县领导潘道津、马俊健、高兆顶、杨毅坚、王娟、朱金南、邹必俊、顾富昌、徐莉、顾祝生等陪同。

11 月 3 ~4 日 国家第二次土地调查核查组在响水检查指导工作。县领导马俊健、樊玮、顾祝生及市、县相关部门负责人陪同。

11 月 5 日 县委书记潘道津主持召开县委常委(扩大)会议,传达学习全市重点项目观摩暨推进特色产业发展工作会议精神,讨论研究农民创业园建设有关问题。马俊健、高兆顶、杨毅坚、许德智、王娟、邵礼青、朱金南、樊玮、冯雪明等在响水的县四套班子领导,各乡镇区,县相关部门负责人出席。

11 月 6 日 陈家港港城规划方案汇报会召开。县领导潘道津、马俊健、杨毅坚、许德智、樊玮、沈康生、徐莉、糜世湘及县相关部门负责人出席。

△ 无锡市人民医院对口支援县人民医院捐赠仪式举行。县人大常委会副主任沈康生介绍全县经济社会发展情况。

11 月 7 日 响水县举办沿海发展和招商引资第一期培训班。县长马俊健作开班讲话。县领导王娟、邹必俊、王俊及各乡镇区、县相关部门、单位负责人出席。

11 月 9 日 响水县勤丰船业公司与潍坊大连航运企业合作发展研讨会召开。县委副书记、沿海经济区工委书记杨毅坚致辞。县相关部门、单位负责人出席。

11 月 10 日 全市开展农业项目家家到观摩活动。市长李强率市领导李驰、陈还堂及各县(市、区)主要负责人参加。县领导潘道津、张正华、高兆顶、许德智、林彬等陪同。

11 月 11 日 省交通厅副厅长王昌保在响水调研灌河岸线布局规划。县领导樊玮、糜世湘等陪同。

11 月 11 ~12 日 新华日报社盐城、淮安、泰州记者站党小组会议在响水召开。县委常委、宣传部部长裴彦贵出席会议并介绍响水县经济社会发展和沿海、灌河开发情况。

11 月 13 日 市委常委、盐城军分区政委马世勇一行在响水检查党风廉政建设责任制暨惩治和预防腐败体系建设情况。县委书记潘道津汇报工作。县领导张正华、高兆顶、许德智、朱金南、樊玮、冯雪明等出席。

△ 县政协八届六次常委会议召开。会议讨论全县创建"江苏省卫生城市"的建议案。县政协主席高兆顶,副主席卜曙、陈苏红、陈骧、陆从华,秘书长江晓东及政协全体常委出席。

11月19日 响水县组团参加盐城市在福州举办的服务业招商活动。县领导朱金南、武正华出席。县服务业发展局等8家单位参加活动。

11月20日 县委书记潘道津会见上海开创国际海洋资源股份有限公司副总裁张祖良、王成等一行。潘道津介绍响水县经济社会发展和沿海、灌河开发情况。

11月22日 县委书记潘道津出席全省县(市、区)委书记抓第三批学习实践活动推进会,并作《认真履行领导职责　有力有序推进活动》的交流发言。

11月24日 响水县第八届人大常委会第14次会议召开。县人大常委会主任张正华,副主任林启俊、沈康生、李银芳、李刚、刘曙明等出席。会议讨论通过《关于召开响水县第八届人民代表大会第三次会议的决定》。

11月25日 响水县召开"金桥行动"工作总结表彰会议。县委书记潘道津到会讲话。市委、市政府副秘书长、市信访局局长洪家宁出席并提要求。县长马俊健主持会议。县领导邵礼青、林启俊、顾富昌、陆从华、顾祝生及各乡镇区,县相关部门、单位负责人出席。

△ 县委书记潘道津会见中国海洋石油总公司服务股份有限公司负责人张达凯一行。县领导杨毅坚、邹必俊、王俊及三佳船舶负责人参加会见。

11月26日 市供电公司总经理张绍宾一行在响水调研工作。县委书记潘道津、副县长王俊陪同。

△ 全县无公害樱桃谷肉鸭标准化示范区通过省级验收。

11月27日 县委常委(扩大)会议召开。县委书记潘道津主持会议。县长马俊健传达苏北发展协调小组第七次会议精神。张正华、高兆顶、杨毅坚、裴彦贵、王娟、邵礼青、朱金南、邹必俊、樊玮等在响水的县四套班子领导出席。

△ 响水县2.7万吨散货船举行开工仪式。县委书记潘道津致辞。县委副书记杨毅坚主持仪式。县领导邹必俊、林启俊、王俊、陆从华出席。

11月28日 运河中学举行建校50周年庆祝活动。副县长戴翠芳、县政协副主席卜曙及县相关部门、单位负责人出席。

11月30日 2009年响水(萧山)盐化工产业投资推介会在浙江萧山举行。县长马俊健致辞。县领导邹必俊、沈康生、王俊、徐莉、糜世湘、顾祝生及化工集中区、各乡镇、县相关单位主要负责人出席。

12月2日 全县基层单位参加第三批学习实践活动转入分析检查阶段工作会议召开。县委书记潘道津到会讲话。县长马俊健主持会议。县领导杨毅坚、许德智、王娟、陈骧、顾祝生等出席。

12月3日 盐城港港口局副局长裴义婷在响水调研指导"十二五"港口建设规划。县委常委、副县长樊玮及县交通局、港口局负责人,江苏伟信公司专家陪同。

12月4日 响水县召开"打黑除恶"专项斗争公开处理大会。会上,警方对张某某等

20 名犯罪嫌疑人执行公开逮捕。县领导邵礼青、李银芳、顾富昌、陈骧及县公、检、法、司主要负责人,陈家港镇、陈家港沿海经济区、陈家港化工集中区干部、群众代表及当地中小学生近 3000 人参加。

12 月 5 日 “关爱民生、促进和谐”爱心捐助活动举行启动仪式。潘道津、马俊健、高兆顶等在响水的县四套班子领导出席。

12 月 8 日 市委常委、盐城军分区政委马世勇在响水县陈家港镇检查指导学习实践科学发展观活动,并开展工作调研。县领导王娟、冯雪明等陪同。

12 月 10 日 县委理论学习中心组学习中共十七届四中全会精神交流会召开。县委书记潘道津出席并提要求。县领导马俊健、张正华、高兆顶、杨毅坚、许德智、裴彦贵、王娟、邵礼青、朱金南、樊玮、冯雪明及县相关部门、单位主要负责人出席。

12 月 11 日 国家统计局江苏调查总队副队长张祖明在响水调研统计调查工作。省调查总队农业调查处处长刘光平,市调查队队长陆锦春,县委常委、常务副县长许德智及县相关部门负责人陪同。

12 月 13 日 宏铭船舶有限公司举行苏北载重吨位最大的船舶——5 万吨级“明州 67”建成下水仪式。市委书记赵鹏出席仪式并讲话。县委书记潘道津致辞。县长马俊健主持仪式。市、县领导戴元湖、谷家栋、张正华、高兆顶、杨毅坚、邹必俊、李刚、王俊、顾祝生及市、县相关部门负责人出席。

△ 副市长谷家栋在响水调研指导项目推进工作。县领导潘道津、马俊健、张正华、高兆顶、邹必俊、王俊、徐莉、顾祝生及市、县相关部门负责人陪同。

12 月 15 日 响水县举行城市污水处理厂竣工运行典礼和陈家港自来水厂通水典礼。县委书记潘道津致辞。县长马俊健主持庆典仪式。

12 月 16 日 江苏银行响水支行庆典暨银企对接项目举行签约仪式。江苏银行总行行长黄志伟发来贺电。市委副秘书长徐国均代表市委、市政府到场祝贺。县委书记潘道津、江苏银行盐城分行行长王冲分别致辞。县长马俊健主持仪式。县领导张正华、高兆顶、许德智、邹必俊,市银监局副局长葛步明,江苏银行盐城分行全体领导及各乡镇区、县相关单位、县部分重点企业主要负责人等出席。

12 月 17 日 全县 2010 年工作思路研讨会暨重点项目过堂会召开。县委书记潘道津主持并对当前工作提要求。马俊健、张正华、高兆顶、杨毅坚、许德智、裴彦贵、王娟、邵礼青、朱金南、邹必俊、樊玮等县四套班子领导及各乡镇区,县相关部门、单位主要负责人出席。

△ 江苏海丰船舶有限公司制造的响水地区第一条国际航运海洋工程船——1.68 万吨“海洋 226”建成下水。

12 月 18 日 东泰盐业公司举行矿卤日晒项目竣工庆典仪式。省盐业公司总经理晏仲华,市、县领导陈正邦、潘道津、马俊健、张正华、高兆顶等出席。

12 月 21 日 省政协副主席张九汉在响水调研指导工作。市政协副主席李长见,县领导潘道津、马俊健、高兆顶、樊玮、顾祝生等陪同。

△ 响水县灌河风光带项目举行签约仪式。县委书记潘道津致辞。县领导张正华、高兆顶、许德智、朱金南、樊玮及县相关部门、单位主要负责人出席。

△ 县城港城项目过堂会召开。县委书记潘道津主持会议。县领导马俊健、张正华、高

兆顶、许德智、王娟、邵礼青、朱金南、邹必俊、樊玮、冯雪明、武正华、糜世湘、顾祝生等出席。

12月22日 省人大常委会原代理主任、党组书记王寿亭，省人大常委会副主任、党组副书记柏苏宁，省水利厅厅长吕振霖等参加的江苏省直单位及驻苏解放军18位全国人大代表在响水视察沿海开发战略实施工作。县委书记潘道津汇报情况。市、县领导赵鹏、周古城、陈卫国、张正华、樊玮、糜世湘等陪同。

12月24日 "情系儿童 爱满人间"——盐城市"恒爱行动"爱心毛衣发放仪式在响水举行。省妇联副主席张彤，市人大常委会副主任马成志，市政协副主席葛传华，市妇联主席杨爱华，县领导潘道津、王娟、戴翠芳及儿童工作公益之星、爱心妈妈、受助儿童代表等出席。

△ 省"质量兴县"考核验收组对响水县"质量兴县"工作进行考核验收。省质量协会会长、省工业联合会副会长吴昌瑞，省标准化协会会长李功和等参加验收。县委书记潘道津致辞。市质监局局长夏世华、副局长孟令永，县领导邹必俊、林启俊、王俊、陆从华及各乡镇区，县相关部门、企业主要负责人等出席。

12月26日 宿迁市市委副书记莫宗通等在响水考察调研。县领导潘道津、马俊健、杨毅坚、徐莉等陪同。

12月27日 江苏宝利发船业有限公司建造的1.35万吨"括苍山8"散货轮顺利上水。县领导杨毅坚、邹必俊、李刚、陈骧等为"括苍山8"上水剪彩。县委常委邹必俊主持仪式。江苏宝利发船业有限公司董事长陈克利介绍相关情况。

12月30日 县委书记潘道津主持召开县委常委(扩大)会议，传达学习省、市有关会议精神，讨论县委八届五次全会相关工作和2010年全县国民经济主要经济指标计划安排。马俊健、张正华、高兆顶、杨毅坚、王娟、朱金南、邹必俊、樊玮等在响水的县四套班子领导及县相关部门负责人出席。

△ 县政协八届七次常委会议召开。县政协主席高兆顶，副主席卜曙、陈苏红、糜世湘、陆从华、陈骧，秘书长江晓东及全体政协常委出席会议。县纪委、发改委、财政局负责人分别作《全县党风廉政建设和反腐败工作情况》《关于响水县2009年国民经济、社会发展计划执行情况和2010年国民经济、社会发展计划(草案)》《关于2009年财政预算执行情况》的汇报。会议讨论通过政协响水县第八届委员会第三次会议议程，政协八届委员会常务委员会工作报告和提案工作情况的报告，大会秘书处及办事机构人员名单、大会分组办法、专委会和委员联络人名单；讨论通过部分委员调整建议名单；讨论通过2009年度"双好"委员及优秀提案。

△ 省教育厅副厅长祭彦加在响水县红十字博爱小学开展"爱心助学"活动。副县长戴翠芳等陪同。

12月31日 响水县第八届委员会第五次全体会议召开。会议贯彻落实中共十七届四中全会、中央经济工作会议、省委十一届七次全会、全省经济工作会议和市委五届六次全会精神。县委常委潘道津、马俊健、杨毅坚、许德智、裴彦贵、王娟、邵礼青、朱金南、邹必俊、樊玮、冯雪明及县委委员、候补委员出席。

△ 响坎河大桥改造工程竣工通车。县领导潘道津、马俊健、张正华、高兆顶、樊玮、沈康生、糜世湘等出席竣工通车仪式。

2010 年

1 月 4 日 县委书记潘道津主持召开县委常委(扩大)会议,讨论县人大八届三次、县政协八届三次会议上所作《响水县人大常委会工作报告》《响水县政府工作报告》《响水县政协常委会工作报告》及活动安排情况;讨论《响水县人民法院工作报告》《响水县人民检察院工作报告》;讨论《响水县 2009 年财政预算执行情况和 2010 年财政预算草案》《响水县 2009 年国民经济、社会发展计划执行情况和 2010 年国民经济、社会发展计划的报告》。

△ 县长马俊健主持召开县政府常务会议,讨论《2010 年响水县人民政府工作报告》《关于响水县 2009 年国民经济、社会发展计划执行情况与 2010 年国民经济、社会发展计划草案的报告》《关于响水县 2009 年财政执行情况和 2010 年财政预算草案的报告》。

1 月 5 日 全市第三批学习实践活动进展情况交流暨转入整改落实阶段工作会议在响水召开。市委学习实践活动办公室副主任、市委组织部副部长刘海到会讲话。县委书记潘道津致辞。市委学习实践活动办公室副主任、市委企业纪工委书记仇鼎文主持会议。县委常委、组织部部长王娟及各县(市、区)委组织部分管负责人出席。

△ 县委书记潘道津主持召开县城重点项目过堂会。县委常委、副县长樊玮汇报 2010 年城建和交通基础设施项目计划。县领导马俊健、张正华、高兆顶、杨毅坚、许德智、裴彦贵、王娟、邹必俊、武正华、糜世湘、顾祝生出席。

1 月 7 ~ 9 日 中国人民政治协商会议响水县第八届委员会第三次会议召开。大会增选于娟为政协响水县第八届委员会副主席,增补何流、汪卫东为政协响水县第八届委员会常务委员。大会表彰 24 名“双好委员”和 16 件优秀提案。

1 月 8 日 省水利厅厅长吕振霖、副厅长陆永泉等在响水县检查通榆河北延送水工程建设工作。市水利局局长罗利民、县委书记潘道津等陪同。

△ 响水县召开临海高等级公路灌河通道定位座谈会。省交通厅副厅长钱国超到会讲话。市交通局局长管亚光,县领导马俊健、杨毅坚、糜世湘及连云港市交通局,灌南、灌云县政府和交通部门负责人出席。

1 月 8 ~ 10 日 县八届人大三次会议召开。大会选举李运连为县人民政府副县长,潘燕为县八届人大常务委员会委员。大会表彰 2009 年度优秀议案、建议和 2009 年度“创业之星”优秀人大代表。

1 月 15 日 响水县举行全民创业千人集中免费发证仪式。县领导裴彦贵、李刚、武正华、陈骧等出席。

1 月 18 日 响水县设分会场收听收看全国安全生产电视电话会议。县长马俊健、县委常委邹必俊分别讲话。

△ 全县交通工作会议召开。县委书记潘道津对交通工作作批示。县政协副主席、交通局局长糜世湘作工作报告。

1月23日 县委书记潘道津主持召开县委常委(扩大)会议。县长马俊健传达全市战略性新兴产业和特色产业推进工作会议精神。县人大常委会主任张正华传达市六届人大三次会议精神。县政协主席高兆顶传达市政协六届三次会议精神。县委常委、政法委书记邵礼青传达全市政法工作会议精神。县政协副主席陆从华传达全省农村工作会议精神。会议讨论县委、县政府拟出台的《关于2010年全县工业经济工作的意见》等5项文件,讨论春节期间帮困慰问工作方案。

△ 全县统筹城乡发展工作会议召开。县委书记潘道津到会讲话。县长马俊健主持会议。县委常委、政法委书记邵礼青作动员报告。县领导许德智、樊玮、李刚、陆从华等出席。

△ 全县农业农村暨绿色响水建设工作会议召开。县长马俊健到会讲话。县委常委、宣传部部长裴彦贵主持会议。县委常委、政法委书记邵礼青作主题报告。县领导李刚、陆从华等出席。

1月24日 全县工业和开放型经济暨特色产业和新兴产业工作会议召开。县委书记潘道津到会讲话。县委常委邹必俊宣读工业、外资考核表彰决定。县领导张正华、高兆顶、杨毅坚、朱金南、武正华等出席。

2月1日 市红十字会"博爱送万家"活动启动仪式在响水举行。市红十字会会长谷容先,县委书记、县红十字会名誉会长潘道津,县委常委、组织部部长王娟,副县长戴翠芳及市、县红十字会、教育部门负责人参加。

2月2日 全县人口和计划生育工作会议召开。县长马俊健到会讲话。县委常委、政法委书记邵礼青总结2009年工作,部署2010年工作。副县长戴翠芳主持会议。县领导沈康生、陈苏红等出席。

△ 全县城乡和交通基础设施建设工作会议召开。县长马俊健到会讲话。县委常委、常务副县长许德智,县委常委、副县长樊玮分别对港城、县城建设提要求。县领导朱金南、沈康生、于娟、顾祝生等出席。

2月6日 全县政法工作会议召开。县委书记潘道津到会讲话。县长马俊健主持会议。县委常委、政法委书记邵礼青作工作报告。副县长、公安局局长顾富昌宣读2009年政法工作先进集体和先进个人表彰决定。县领导张正华、高兆顶等出席。

2月7日 响水县设分会场收听收看全省解决企业拖欠农民工工资问题电视电话会议。县委常委、常务副县长许德智出席分会场会议并讲话。

2月8日 县纪委八届五次全体会议召开。县委常委、纪委书记朱金南到会讲话。会议审议并通过县纪委八届五次全会决议。县政协副主席于娟主持会议。

△ 响水县设分会场收听收看全省勤政廉政事迹报告会。县领导潘道津、马俊健、高兆顶、许德智、裴彦贵、朱金南、樊玮出席分会场会议。

△ 响水县举行2010年春节团拜会。县委书记潘道津致辞。县长马俊健主持团拜会。县领导张正华、高兆顶、杨毅坚、许德智、裴彦贵、王娟、朱金南、邹必俊、冯雪明等出席。

△ 全县党建工作会议召开。县委书记潘道津到会讲话。县长马俊健主持会议。县领导裴彦贵、王娟、朱金南、陈骧分别作 2009 年全县宣传、组织、纪检、统战等工作总结,并部署 2010 年工作。县领导张正华、高兆顶、杨毅坚、邹必俊、于娟等出席。

2 月 9 日 江苏响水三佳船舶重工有限公司与德国 WMS 航运公司、香港 LINXUN 公司 6 艘 10200 吨多用途货船举行签约仪式。县委书记潘道津致辞。县领导高兆顶、杨毅坚、林启俊、王俊,德国 WMS 航运公司、香港 LINXUN 公司总经理陈克强,三佳公司董事长卢志乐等出席。

2 月 20 日 响水县设分会场收听收看全市 2009 年度目标任务绩效考核表彰大会。响水县获综合先进奖;招商引资、工业发展、利用外资、新城区建设、新农村建设、脱贫攻坚、“五好班子”建设等 19 项工作受到市委、市政府表彰。县委书记潘道津等出席盐城主会场会议并上台领奖。县领导马俊健、张正华、高兆顶等在响水的县四套班子领导出席分会场会议。

△ 响水县举行全县项目集中开工活动。县委书记潘道津致辞。马俊健、张正华、高兆顶、杨毅坚、许德智、裴彦贵、王娟、邵礼青、朱金南、邹必俊、樊玮、冯雪明等在响水的县四套班子领导参加。

2 月 21 日 全县 2009 年度目标任务绩效考核表彰大会召开。县委书记潘道津到会讲话。县长马俊健主持会议。县委副书记杨毅坚宣读全县 2009 年度目标任务绩效考核表彰决定。张正华、高兆顶、许德智、裴彦贵、王娟、邵礼青、朱金南、邹必俊、樊玮、冯雪明等县四套班子领导出席。

2 月 22 日 响水县举行 2010 年新春服务企业用工·帮助群众就业“牵手行动”大型招聘会。县委书记潘道津致辞。县长马俊健主持仪式。县领导张正华、高兆顶、许德智、邵礼青、邹必俊等出席。

2 月 23 日 响水县设分会场收听收看中央、省、市先后召开的贯彻实施《中国共产党党员领导干部廉洁从政若干准则》电视电话会议。县委书记潘道津出席分会场会议并讲话。县领导马俊健、朱金南等出席分会场会议。

△ 县委书记潘道津会见广西银河集团有限公司董事长潘琦一行。县长马俊健、县委副书记杨毅坚参加会见。

2 月 25 日 全县信访工作会议召开。县委书记潘道津到会讲话。县委常委、常务副县长许德智主持会议。县委常委、政法委书记邵礼青总结 2009 年工作,部署 2010 年工作。张正华、高兆顶、杨毅坚、裴彦贵、王娟、朱金南、樊玮等在响水的县四套班子领导出席。

3 月 1 日 响水县举行欢迎省委第 12 批扶贫工作队进驻响水仪式。县委书记潘道津致辞。省人力资源和社会保障厅副厅长、省委驻响水扶贫工作队队长吴可立,市委副秘书长、市委农办、扶贫办主任徐国均分别讲话。县长马俊健主持仪式。县领导张正华、高兆顶、王娟、邵礼青、李刚、顾富昌、陆从华、顾祝生及省委驻响水扶贫工作队全体队员出席。

△ 县委书记潘道津主持召开全县小康建设情况分析推进会。马俊健、张正华、高兆顶、杨毅坚、许德智、裴彦贵、王娟、朱金南、邹必俊、樊玮等在响水的县四套班子领导出席

会议。

△ 县委书记潘道津主持召开县委常委（扩大）会议。县长马俊健，县委常委、副县长樊玮分别传达全省脱贫攻坚工作等省、市会议精神。会议讨论《2010 年金融机构信贷投放考核奖励办法》和《2010 年度财政收入考核奖励办法》。张正华、高兆顶、杨毅坚、许德智、裴彦贵、王娟、朱金南、邹必俊、樊玮等县四套班子领导出席。

△ 响水县召开港城中心城区总体规划专家评审会。县长马俊健，市发改委副主任、市沿海办副主任吴红才分别讲话。县委常委、常务副县长、县港城建设指挥部总指挥许德智致辞。县领导杨毅坚、樊玮、沈康生、徐莉及市规划局领导、专家和规划设计单位人员出席。

3 月 3 日 江苏永升镍材料项目举行签约仪式。县委书记潘道津致辞。县委副书记杨毅坚主持签约仪式。县领导邹必俊、沈康生、陈骧，江苏永升镍材料有限公司董事长陈国锵出席。

3 月 4 日 全县庆祝“三八”国际劳动妇女节 100 周年暨表彰大会召开。县委书记潘道津到会讲话。县委常委、组织部部长王娟主持会议。张正华、高兆顶、裴彦贵、李银芳、戴翠芳、徐莉、陈苏红、于娟等县四套班子领导出席。

3 月 5 日 全县财税工作会议召开。县委书记潘道津到会讲话。县长马俊健主持会议。县委常委、常务副县长许德智作工作报告。县长助理顾祝生宣读 2009 年财税、金融工作考核表彰决定。县领导樊玮、林启俊、陈骧出席。

3 月 5 ~ 7 日 日本广岛企业家考察团在日本阳备产业株式会社董事长小谷勇治的带领下考察响水。县委书记潘道津致辞。县领导马俊健、张正华、高兆顶、邹必俊、林启俊、王俊、徐莉等及县相关部门主要负责人陪同。

3 月 8 日 响水县举行恒利达科技化工、福鑫科技项目开工和“浙海 165”货轮下水庆典仪式。市委常委、盐城军分区政委马世勇，县委书记潘道津分别致辞。县长马俊健主持开工及下水仪式。县领导杨毅坚、邹必俊、冯雪明、林启俊、王俊、徐莉、糜世湘出席。

3 月 10 日 市委常委、常务副市长陈正邦在响水县调研指导沿海发展工作。县委书记潘道津介绍近年来响水县经济社会发展和沿海发展工作开展情况。县长马俊健汇报响水县一般预算收入、安全环保、城镇化建设、农业生产、教育教学等工作。县领导杨毅坚、许德智、顾祝生及市、县相关部门负责人陪同。

△ 县政府八届二次全体（扩大）会议召开。县长马俊健到会讲话。县委常委、常务副县长许德智主持会议。

3 月 13 日 全县政府机构改革动员大会召开。县委书记潘道津到会讲话。县委常委、常务副县长许德智主持大会。张正华、高兆顶、裴彦贵、王娟、朱金南、樊玮、冯雪明等在响水的县四套班子领导出席。

3 月 14 日 市委书记赵鹏带领出席全市沿海发展重点项目推进会的人员观摩响水港城建设、沿海经济开发区公用码头、船舶装备园等沿海发展重点项目。县委书记潘道津、县长马俊健分别汇报响水县沿海发展工作相关情况；县委副书记杨毅坚汇报沿海经济开发区公用码头、船舶装备园有关情况；县委常委、常务副县长许德智汇报港城建设相关情况。市领导李驰、陈正邦、戴元湖、谷家栋及全市沿海各县（市）委书记、县（市）长和分管领导出席。

3 月 22 日　县长马俊健主持会办临海高等级公路和响水湖城市公园建设等工作。县领导许德智、樊玮、糜世湘、顾祝生参加会办。

3 月 23 日　市委副书记李驰会见振兴盐城北京咨询委员会执行主任王俊。县委书记潘道津陪同。

△　县委书记潘道津主持召开城建重点项目推进会。县委常委、副县长樊玮汇报城建工作项目推进情况。县领导马俊健、高兆顶、朱金南、樊玮、武正华、顾祝生出席。

△　响水县温州商贸城项目举行签约仪式。县政协主席高兆顶，县委常委、副县长樊玮，市委组织部副部长张玉春出席签约仪式。县长助理顾祝生主持项目签约仪式。

△　响水县设分会场收听收看国务院第三次廉政工作电视电话会议。县委常委、常务副县长许德智及县相关单位负责人出席分会场会议。

3 月 23～24 日　全市老促会 2010 年度工作会议在响水召开。市委副书记李驰到会讲话。县委书记潘道津致辞。市老促会理事长裴日昌对老促会工作提要求。市老促会副理事长张守敬主持会议。县领导裴彦贵及各县（市、区）老促会相关负责人出席会议。

△　国家农业部专家组在响水县开展陈家港一级渔港项目评审工作。县长马俊健出席评审会并致辞。县委常委、政法委书记邵礼青等陪同。

3 月 25 日　响水县设分会场收听收看全市深入学习实践科学发展观活动总结电视电话会议。县委书记潘道津出席盐城主会场会议。张正华、高兆顶、杨毅坚、许德智、朱金南、冯雪明、林启俊、沈康生、李银芳、武正华、王俊、徐莉、卜曙、糜世湘、陈骧、于娟、顾祝生等在响水的县四套班子领导出席分会场会议。

3 月 26 日　县委书记潘道津会见盐城紫源能源投资有限公司董事长柏龙一行，商谈管道天然气项目有关事宜。副县长王俊及县相关部门、单位负责人陪同。

3 月 27 日　县委常委（扩大）会议召开。县委书记潘道津主持会议。张正华、高兆顶、杨毅坚、裴彦贵、王娟、邵礼青、朱金南、邹必俊、冯雪明等县四套班子领导出席。

3 月 29 日　全县深入学习实践科学发展观活动总结大会召开。县委书记潘道津到会讲话。县长马俊健主持会议。张正华、杨毅坚、裴彦贵、王娟、邵礼青、朱金南、冯雪明等县四套班子领导出席。

△　全县脱贫攻坚工作会议召开。县委书记潘道津到会讲话。县长马俊健主持会议。省委驻响水扶贫工作队常务副队长姜联盟到会讲话。县领导王娟、邵礼青、李运连、李刚、陆从华等及省委驻响水扶贫工作队全体队员出席。

△　全县创建省级卫生县城动员大会召开。县委书记潘道津到会讲话。县长马俊健作动员报告。县委常委、宣传部部长裴彦贵主持会议。张正华、杨毅坚、王娟、邵礼青、朱金南、冯雪明等在响水的县四套班子领导出席。

3 月 30 日　县八届人大常委会第 16 次会议召开。会议审议通过《响水县港城中心城区总体规划》和《盐城市沿海开发响水节点总体规划》。县人大常委会主任张正华，副主任林启俊、沈康生、李银芳、李刚、刘曙明及人大常委会委员出席会议。县委常委、常务副县长许德智，县人民法院、县人民检察院、县规划和城市管理局、陈家港镇人大等单位负责人列席会议。

3月31日　响水县举行精神文明建设电视颁奖典礼。县委书记潘道津出席典礼并讲话。县领导裴彦贵、沈康生、戴翠芳、卜曙等出席。

4月2日　响水县召开人大代表建议、政协委员提案办理工作会议。县委常委、常务副县长许德智到会讲话。县领导刘曙明、陈苏红出席。

4月6日　响水县设分会场收听收看全党深入学习实践科学发展观活动总结电视电话会议。县委书记潘道津出席分会场会议并提要求。马俊健、张正华、高兆顶、杨毅坚、许德智、裴彦贵、王娟、朱金南、邹必俊、樊玮、冯雪明等在响水的县四套班子领导出席分会场会议。

△　响水县设分会场收听收看省政府第三次廉政工作电视电话会议。县长马俊健出席分会场会议并提要求。县领导许德智、樊玮、武正华、王俊、戴翠芳、李运连、徐莉出席分会场会议。

4月7日　江苏隆亨纸业年产200万吨造纸项目举行签约仪式。县委书记潘道津出席签约仪式并讲话。县委副书记杨毅坚主持签约仪式。浙江众意纸业公司董事长夏德胜、浙江万信纸业公司董事长夏梦旗，县领导沈康生、戴翠芳、糜世湘出席。

△　阜宁县委书记王锦胜，县长顾云岭带领阜宁县党政代表团在响水参观考察。县委书记潘道津介绍响水经济社会发展情况。县长马俊健主持交流会。

4月9日　响水县设分会场收听收看2010年全国整治违法排污企业保障群众健康环保专项行动电视电话会议。县长马俊健出席分会场会议并提要求。县领导武正华、徐莉出席分会场会议。

4月14日　省人力资源和社会保障厅厅长徐郭平在响水调研指导工作。市委常委、组织部部长章大李，县领导潘道津、许德智、王娟、李运连，省委驻响水扶贫工作队队长吴可立及扶贫工作队全体队员陪同。

4月16日　灌河风光带项目举行开工奠基仪式。中华全国总工会原副主席方嘉德，中央办公厅后勤服务保障局局长黄克雨应邀出席。市委副书记李驰出席并讲话。县委书记潘道津致辞。县长马俊健主持奠基仪式。市委副秘书长徐国均，南京诚恳实业有限公司董事长陈肯，县领导张正华、高兆顶、许德智、朱金南、樊玮、李银芳、陆从华及县相关乡镇、部门和金融机构负责人出席。

△　全县国土资源工作会议召开。县长马俊健到会讲话。县委常委、副县长樊玮对全县国土资源管理工作进行总结部署。县长助理顾祝生主持会议。

4月17日　响水县举行党风廉政建设警示教育中心奠基仪式。市人民检察院检察长唐元高，县领导马俊健、邵礼青、朱金南出席。

4月21日　县委书记潘道津在响水会见台湾东森企业发展有限公司董事长兼总经理缪祥生一行。县委常委邹必俊、副县长王俊陪同。

△　响水县举行支援青海玉树抗震救灾暨"博爱万人捐"活动仪式。潘道津等在响水的县四套班子领导出席。

4月22日　响水县"五方挂钩"帮扶协调会在南京召开。省人保厅厅长徐郭平，省农工办、扶贫办副主任程玉松，省人保厅副厅长吴可立等"五方挂钩"单位相关领导，县领导潘道津、邵礼青，省委驻响水扶贫工作队常务副队长姜联盟等出席。省委省级机关工委副书记王晓明、省农业资源开发局局长费伟康、省经信委副主任周毅彪、扬州大学副校长范健、常州市钟楼区副区长吴嘉润等“五方挂钩”单位领导作表态发言。

4 月 26～30 日 响水县组团随全市赴日招商团开展招商引资活动。在盐城市组织的签约活动中,响水经济开发区和日本昭文社就软件开发、印刷机械生产达成初步投资意向,该项目总投资 3000 万美元。市长李强等领导见证签约仪式。府中市工业协会、商工所与响水经济开发区签订友好协议。30 日,响水分团一行在日本名古屋市拜访日本企业家中村幸一和中村宗弘。县人大常委会主任张正华、县政协主席高兆顶、县委常委邹必俊随行。

4 月 28 日 全县庆“五一”暨劳模事迹报告会举行。县长马俊健到会讲话。县委常委、组织部部长王娟主持会议。县领导林启俊、陈苏红出席。

△ 全县行政权力网上公开透明运行工作动员部署会议召开。县委常委、常务副县长许德智到会讲话。县长助理顾祝生主持会议。

4 月 29～30 日 韩国 C&Group 总裁金船泰一行在响水考察投资。县领导马俊健、杨毅坚、顾祝生等陪同。

5 月 5 日 县委书记潘道津主持召开县委理论学习中心组学习《中国共产党党员领导干部廉洁从政若干准则》专题学习会。马俊健、张正华、高兆顶、杨毅坚、许德智、裴彦贵、王娟、朱金南、邹必俊、樊玮等在响水的县委学习中心组成员参加。

5 月 6 日 市委副书记李驰带领市相关部门负责人在响水督查指导 326 省道建设、沿海经济开发区 2×2 万吨级公用码头选址及工程建设计划进展情况。县领导潘道津、杨毅坚、樊玮、糜世湘等陪同。

△ 响水县举行“天盛 18”散货轮建成下水仪式。市委副书记李驰出席仪式并讲话。县委书记潘道津致辞。县委副书记杨毅坚主持仪式。宏铭船舶有限公司董事长杨康本、宁波天盛海运有限公司董事长花盛开分别致辞。县领导邹必俊、樊玮、李刚、糜世湘出席。

5 月 11 日 全县防汛防旱工作会议召开。县委常委、政法委书记邵礼青,副县长李运连分别讲话。

5 月 12 日 江苏三星纸业年产 150 万吨造纸项目举行签约仪式。县委书记潘道津出席仪式并讲话。县委副书记、沿海经济开发区工委书记杨毅坚主持签约仪式。县领导樊玮、李刚、陆从华,浙江三星纸业有限公司董事长唐培银出席仪式。

△ 全县“十二五”规划编制工作会议召开。县委常委、常务副县长许德智到会讲话。县领导沈康生、糜世湘出席。

5 月 13 日 全县反腐倡廉暨优化经济发展环境警示教育大会召开。县委书记潘道津到会讲话。县长马俊健主持会议。高兆顶、杨毅坚、许德智、裴彦贵、王娟、邵礼青、邹必俊、樊玮、冯雪明等在响水的县四套班子领导出席。

△ 县委书记潘道津会见响水籍旅美画家孟昌明。县委常委、宣传部部长裴彦贵及县相关部门负责人参加。

5 月 14 日 市委书记赵鹏在响水考察调研沿海开发和特色产业重点项目推进工作。市委常委、秘书长戴元湖,县领导潘道津、马俊健、高兆顶、杨毅坚、许德智、王娟、邹必俊、樊玮、徐莉、顾祝生,市、县相关部门主要负责人,滨海县委书记王斌、县长李逸浩等随同。

△ 全市“四有”村建设、新农保适龄人员参保“双覆盖”百日会战现场推进会议在响水召开。市委常委、常务副市长陈正邦到会讲话。县长马俊健介绍近年来响水县经济社会发展情况。县委常委、常务副县长许德智代表响水县作大会发言。市人力资源与社会保障局及各县(市、区)分管负责人出席。

5月19日 江苏响水201MW风电场特许权项目首批23台风机完成调试与江苏电网成功并网运行。县长马俊健出席并网启动前协调会议。长江新能源开发有限公司总经理钱锁明全程指导风机并网工作。

5月25日 县八届人大常委会第17次会议召开。会议审议通过《关于接受高茂山等人辞去县八届人大常委会委员职务请求的决定》,听取和审议县政府关于《全县“五五”普法规划实施情况的专项工作报告》,听取和审议县政府关于《全县农村留守儿童教育管理情况的专项工作报告》,听取县政府落实《〈消防法〉执法检查报告审议意见》工作情况的报告。

5月27日 响水县船舶产业园服务业集聚区发展规划说明会召开。县领导马俊健、杨毅坚、许德智分别讲话。副县长武正华主持会议。

5月29日 市委书记赵鹏、市长李强带领出席全市沿海开发和特色产业发展观摩点评暨冲刺“双过半”动员大会人员,观摩响水裕廊100万吨重油裂解、晔丰热镀锌等项目。县领导潘道津、马俊健、杨毅坚、许德智、邹必俊、王俊、徐莉等陪同。

5月31日 县委理论中心学习组召开专题学习会。学习《党政领导干部选拔任用工作责任追究办法(试行)》《党政领导干部选拔任用工作有关事项报告办法(试行)》《地方党委常委会向全委会报告干部选拔任用工作并接受民主评议办法(试行)》《市县党委书记履行干部选拔任用工作职责离任检查办法(试行)》。县委书记潘道津主持会议。县委常委、组织部部长王娟领学“四项监督制度”。马俊健、张正华、高兆顶、杨毅坚、许德智、裴彦贵、邵礼青、朱金南、邹必俊、樊玮等在响水的县四套班子领导参加。

6月4日 县委书记潘道津主持召开城建、服务业重点项目过堂会。县委常委、副县长樊玮汇报城建、服务业重点项目推进情况。县领导马俊健、张正华、许德智、朱金南出席。

6月7日 响水县在浙江温州举行2010年响水(温州)船舶装备产业投资推介会。县委书记潘道津致辞。县长马俊健主持会议。县委副书记杨毅坚介绍响水县投资环境。县领导邹必俊、刘曙明、糜世湘,韩国中小企业协会副会长金承奎、中国兵丰实业集团董事局主席王祥兵、意大利佳乐布斯公司董事长胡旭宁、浙江彩虹复古家具制造有限公司董事长潘春虹等参加。

6月9~11日 响水县在香港举办沿海发展推介活动。县领导潘道津、邹必俊、王俊出席。活动期间,签约20个外资项目,协议注册外资1.2亿美元。

6月11日 响水沿海经济开发区与江苏省银宝盐业有限公司灌东盐场合作建设灌东工业园举行签字仪式。省银宝盐业有限公司董事长、党委书记、总经理许玉华,县委副书记、沿海经济开发区工委书记杨毅坚等出席。

6月19日 市委、市政府在北京举行江苏盐城沿海发展汇报会暨央企投资合作恳谈会。响水县有两个项目上台签约,县委书记潘道津与国电联合动力技术有限公司副总经理严晨敏签订风电叶片制造项目；县委常委、常务副县长许德智与中国联合水泥集团公司副总经理杨振军签订新型建材项目。神华集团公司、中国长江三峡集团公司、中国联合水泥集团公司、国电联合动力技术有限公司等知名央企负责人及县沿海办、县发改委、县港电办等部门、单位负责人出席。

6 月 23 日 市长李强在响水县调研指导工作。副市长刘永志、张庆奎，县领导潘道津、马俊健、张正华、高兆顶、许德智、王娟、邹必俊、樊玮、顾祝生及市、县相关部门主要负责人陪同。

6 月 24 日 响水县举行重大行政争议综合调处机制启动仪式。市中级人民法院党组书记、院长徐清宇，省高院行政庭副庭长倪志凤，县领导潘道津、邵礼青、顾祝生及各乡镇区、县相关部门负责人出席。

6 月 26 日 江苏盐城技师学院响水船舶分院举行揭牌仪式。县委书记潘道津、市人力资源和社会保障局局长周强宁分别讲话，并为盐城技师学院响水船舶分院揭牌。县长马俊健主持仪式。县委常委、常务副县长许德智介绍盐城技师学院响水船舶分院筹建情况。县领导姜联盟、戴翠芳、顾祝生出席。

6 月 28 日 全市 5 ~6 月份重点工业项目督查情况交流会在响水召开。县委书记潘道津致辞。市委组织部常务副部长、市人社局党委书记尹金来到会讲话。市委企业工委纪工委书记仇鼎文主持会议。县委常委、组织部部长王娟介绍响水县项目督查工作开展情况。县领导邹必俊、于娟，市相关部门负责人，各县(市、区)相关领导出席。

△ 响水雅克化工有限公司上市祝捷大会召开。县委书记潘道津到会祝贺。县领导张正华、邹必俊、林启俊、徐莉等出席。

6 月 29 日 全县庆祝中国共产党成立 89 周年暨“创先争优”活动推进会召开。县委书记潘道津到会讲话。县长马俊健主持会议。会前，县委书记潘道津领誓，与全体党员干部重温入党誓词。县委副书记杨毅坚宣读表彰名单。县领导张正华、裴彦贵、王娟、邵礼青、朱金南、邹必俊、樊玮等出席。

7 月 2 日 总投资 50 亿元的年产 300 万条全钢载重子午线轮胎项目举行签约仪式。县委书记潘道津致辞。县委副书记、沿海经济开发区工委书记杨毅坚主持仪式。县领导邹必俊、林启俊、王俊及香港天成橡胶有限公司董事长胡建波出席。

7 月 3 日 县委书记潘道津主持召开县四套班子月度工作例会，传达省、市相关会议精神。马俊健、张正华、高兆顶、杨毅坚、许德智、裴彦贵、王娟、邵礼青、朱金南、邹必俊等在响水的县四套班子领导出席。

7 月 5 日 县委书记潘道津会见以色列客商雅柯夫一行。县长助理、生态化工园区工委书记徐莉等陪同。

7 月 7 日 省委书记、省人大常委会主任梁保华在响水县视察指导工作。省、市、县领导李云峰、赵鹏、李强、陈正邦、戴元湖、潘道津、马俊健、杨毅坚、王娟及省、市相关部门主要负责人陪同。

7 月 8 ~9 日 全市司法局长会议在响水召开。县长马俊健致辞。市司法局局长李从洋到会讲话。

7 月 15 日 市委书记赵鹏带领出席全市服务业和城镇化现场观摩会的全体成员，观摩响水灌江国际大酒店、慈客龙购物中心等城建和服务业重点项目现场。市四套班子主要领导，县领导潘道津、马俊健、张正华、高兆顶、杨毅坚、许德智、朱金南、樊玮、武正华、顾祝生，市直单位主要负责人及各县(市、区)主要领导参加。

7月15～16日 省沿海办组织新华日报、省广电总台、扬子晚报、现代快报等多家媒体组团在响水开展"沿海纵深行"新闻采访活动。县委常委、常务副县长许德智，县委常委、宣传部部长裴彦贵等陪同。

7月18日 响水县举行上海东海航运有限公司1.56万吨成品油轮开工建造仪式。县委副书记、沿海经济开发区工委书记杨毅坚，上海华东船务实业集团有限公司董事长韩春来，宏铭船舶有限公司董事长杨康本等出席。

7月19日 县长马俊健专题会办节能减排工作。县领导武正华、王俊、李运连、顾祝生等出席会办会。

7月20日 县委书记潘道津主持召开县委常委(扩大)会议。潘道津传达省委十一届八次全会和市委工作会议精神。县长马俊健传达全市上半年金融形势分析暨中小企业金融服务推进会精神。县委常委、组织部部长王娟传达全省学习贯彻干部人事制度改革《规划纲要》培训班活动精神。张正华、高兆顶、杨毅坚、许德智、裴彦贵、邵礼青、朱金南、邹必俊、樊玮等在响水的县四套班子领导出席。

△ 县长马俊健主持召开全县经济形势座谈会。县领导王俊、李运连、顾祝生等出席。

7月22日 县委工作会议召开。县委书记潘道津到会讲话。县委副书记、县长马俊健主持会议。县领导张正华、高兆顶、杨毅坚、许德智、裴彦贵、王娟、邵礼青、朱金南、邹必俊、樊玮、姜联盟等出席。

7月23日 响水县与江苏科技大学校地合作洽谈会暨签约仪式举行。江苏科技大学党委书记王建华，副市长张庆奎，县领导潘道津、马俊健、杨毅坚、戴翠芳等出席。

7月26日 县政协八届十次常委会召开。会议专题讨论《关于加快我县职业技术教育发展的建议案》。县政协主席高兆顶，副主席卜曙、陈苏红、陈骧、于娟，秘书长江晓东出席会议。副县长戴翠芳应邀列席会议。

7月27日 响水县召开"十一五"人口和计划生育工作情况汇报会。副市长朱传耿主持会议。县委书记潘道津作情况汇报。省人口计生委副主任戴纪生，市人口计生委主任季德荣，县领导邵礼青、戴翠芳等出席。

7月28日 总投资5000万美元的光引发剂项目举行签约仪式。县委书记潘道津致辞。深圳有为化学技术有限公司总经理王智刚，县领导邹必俊、林启俊、陈苏红等出席。

7月30日 县委常委议军会议召开。县委书记、县人武部党委第一书记潘道津到会讲话。县领导张正华、高兆顶、许德智、王娟、邵礼青、朱金南、樊玮及县人武部部长蚁国红出席。

8月2日 县八届人大常委会第19次会议召开。会议审查并批准县政府关于2009年度县本级财政决算；听取和审议县政府关于2009年度县本级财政预算执行和其他财政收支情况的审计工作报告，关于全县上半年经济运行及财政预算执行情况的报告，关于县八届人大三次会议代表建议、批评和意见办理情况的报告。会议决定任命刘中连、田国举为县人民政府副县长,免去樊玮县人民政府副县长职务;任命邓正跃为县人民检察院副检察长、检察委员会委员。县人大常委会主任张正华,副主任林启俊、沈康生、李银芳、李刚、刘曙明及常委共21人出席会议。县委常委、常务副县长许德智,县委常委、组织部部长王娟,县长助理顾祝生及县相关单位负责人列席会议。

8月7日 县委书记潘道津在教育系统开展“金桥行动”。县委常委、政法委书记邵礼青,副县长戴翠芳及县相关部门主要负责人陪同。

8月10日 省发改委副主任、省沿海办副主任梁学忠带领省财政局、省海洋渔业局等相关部门人员在响水会办研究灌河口拦门沙治理等工作。县委书记潘道津、县长马俊健分别介绍响水县沿海开发情况。市政府副秘书长乐超,县领导许德智、李运连、顾祝生及县相关部门、单位负责人陪同。

8月12日 市委书记赵鹏在响水考察调研生态化工园区安全生产和环境保护工作,并听取响水县对市直相关部门服务特色产业的意见和建议。市、县领导戴元湖、潘道津、马俊健、杨毅坚、许德智、邹必俊、徐莉、顾祝生及市相关部门主要负责人陪同。

8月17日 县委书记潘道津主持召开县委常委(扩大)会议,讨论研究县城实验初中、智华初中、双语实验小学三所“四独立”学校规范为公办学校和组建响水县实验初中教育集团等问题。县领导马俊健、张正华、高兆顶、杨毅坚、许德智、裴彦贵、邵礼青、朱金南、邹必俊、樊玮、沈康生、戴翠芳、顾富昌、卜曙、顾祝生及县相关部门负责人出席。

8月23日 县委书记潘道津主持召开“三大排查”督查推进会。潘道津对推进“三大排查”工作提要求。县领导许德智、邵礼青、武正华、王俊、顾富昌、田国举等出席。

8月24日 县长马俊健主持召开县政府八届七次常务会议。会议讨论研究《响水县基本建设项目收费标准》等4个文件,部署县政府当前工作。县领导许德智、武正华、王俊、戴翠芳、顾富昌、李运连、田国举、顾祝生等出席会议。县人大常委会副主任沈康生、县政协副主席陈骧、县人武部部长蚁国红及县相关部门、单位主要负责人列席会议。

8月25日 县委常委民主生活会召开。会议贯彻落实《党员领导干部廉洁从政若干准则》。县委书记潘道津主持会议。县领导马俊健、张正华、杨毅坚、许德智、裴彦贵、王娟、邵礼青、朱金南、邹必俊、樊玮等出席。

8月28日 上海南汇工业园区、江苏响水经济开发区共建恳谈会在响水召开。副市长曹友琥,上海金桥出口加工区管委会副主任、南汇工业园区投资发展有限公司董事长奚志忠,县领导潘道津、张正华、许德智、王娟、沈康生、陈骧及县相关部门、单位负责人出席。

8月30日 县委常委(扩大)会议召开。张正华、高兆顶、杨毅坚、许德智、王娟、邵礼青、朱金南、邹必俊、樊玮等在响水的县四套班子领导及各乡镇区,县直相关部门、单位主要负责人出席。

8月31日 响水县社会主义学校举行揭牌仪式。县委书记潘道津、省社会主义学院原副院长孙观懋为社会主义学校揭牌。县委副书记杨毅坚致辞。县政协副主席陈骧主持仪式。

9月2日 省政协副主席包国新在响水视察指导脱贫攻坚工作。省人社厅副厅长、省委驻响水扶贫工作队队长吴可立,市政协副主席顾春芳,县领导潘道津、高兆顶、邵礼青及省委驻响水扶贫工作队全体队员陪同。

△ 市委副书记李驰率出席全市农业项目“家家到”观摩活动的全体成员，观摩响水部分农业项目。副市长陈还堂，县领导潘道津、马俊健、邵礼青、李运连，市直相关单位主要负责人及各县(市、区)主要领导参加。

9月8日 县委书记潘道津主持召开响水中学高中部新校区建设工作专题会办会。县领导马俊健、张正华、高兆顶、王娟、樊玮、戴翠芳、顾祝生及县相关单位负责人出席。

9月9日 响水县召开庆祝第26个教师节座谈会。县委常委、宣传部部长裴彦贵，县人大常委会副主任沈康生，副县长戴翠芳，县政协副主席卜曙等出席。

9月12日 江苏勤丰船业有限公司举行QF1003、QF1005两艘3.1万吨散货轮建造点火仪式。中共中央办公厅调研室原主任李文广，县领导张正华、杨毅坚、邹必俊、糜世湘，福建融通船务有限公司董事长林峰，中国船级社南京分社书记张凯及县相关部门、金融单位负责人出席。

9月13～14日 原副省长、省红十字会会长吴瑞林在响水调研指导红十字会工作。省红十字会原常务副会长周加才，全国政协委员、中国书法家协会副主席、省文联副主席言恭达，市委常委、组织部部长章大李，市红十字会会长谷容先，县领导潘道津、王娟、戴翠芳及县相关部门、单位负责人陪同。

9月15日 响水县第七届文化艺术周开幕式暨“灌河情”四市五县(盐城市、淮安市、宿迁市、连云港市，响水县、涟水县、沭阳县、灌云县、灌南县)文化联谊演出在响水举行。县委书记潘道津致辞。县领导马俊健、张正华、高兆顶、沈康生、戴翠芳、于娟等出席。

9月16日 芬兰客商TeiJia一行在响水考察。县委书记潘道津、县委副书记杨毅坚等陪同。

9月19日 江苏田禾大豆产业有限公司豆粕深加工项目举行开工仪式。国家科技部星火计划处处长冯彦升，县领导邵礼青、姜联盟、李刚、李运连等出席。

9月20日 县委书记潘道津主持召开“创新创业”大厦项目建设推进会。县领导马俊健、王娟、樊玮、沈康生、戴翠芳、刘中连、于娟、顾祝生及县相关部门、单位负责人出席。

△ 全市国、省道干线公路迎接国家交通部检查工作推进会在响水召开。副市长丁建奇到会讲话。市交运局局长管亚光，县领导潘道津、马俊健、刘中连及亭湖、阜宁、建湖、滨海等县(区)分管领导出席。

9月21日 响水县召开专题会议研究落实推进“三项排查”工作。县委书记潘道津主持会议。县领导马俊健、张正华、高兆顶、杨毅坚及县相关部门、单位主要负责人出席。

△ 响水县举行第七届文化艺术周闭幕式暨颁奖典礼。县领导潘道津、马俊健、张正华、高兆顶、沈康生、戴翠芳、于娟等出席并为此次艺术周的优秀导演、优秀演员、优秀创作人员及第四届市精神文明“五个一工程”获奖者、县十佳“绿色卫生家庭”颁奖。

9月26日 县委书记潘道津主持召开县委常委(扩大)会议，讨论乡镇行政区划调整实施方案。县委常委、政法委书记邵礼青汇报乡镇行政区划调整实施方案。马俊健、张正华、高兆顶、杨毅坚、许德智、裴彦贵、王娟、朱金南、邹必俊、樊玮等在响水的县四套班子领导及县相关部门、单位负责人出席。

△ 响水县召开乡镇行政区划调整动员大会。县委书记潘道津到会讲话。县长马俊健主持会议。经省、市人民政府批准，本次乡镇行政区划调整，撤销大有镇、七套乡，设立

新的大有镇；撤销运河镇、六套乡，设立新的运河镇；撤销双港镇、老舍乡，设立新的双港镇；撤销小尖镇、张集乡，设立新的小尖镇。乡镇行政区划调整后，实行镇管村体制。在原乡范围设立中心社区，行政正科级建制，履行管理所辖居委会和建制村的职责，全面负责辖区经济社会事业发展和维护稳定等工作。中心社区管委会设在原乡政府所在居委会。张正华、高兆顶、杨毅坚、许德智、裴彦贵、王娟、邵礼青、朱金南、邹必俊、樊玮等在响水的县四套班子领导及各乡镇区，县各部门、单位主要负责人出席。

9 月 27 日 县八届人大常委会第 20 次会议召开。县人大常委会主任张正华，副主任林启俊、沈康生、李银芳、李刚、刘曙明及人大常委会委员 20 人出席会议。副县长武正华，县检察院检察长童加舟，县政府办、法院、公安局等单位负责人，县人大常委会各委、办负责人列席会议。会议听取和审议县政府关于全县农贸市场食品安全整治情况的专项工作报告，关于全县治安环境整治情况的专项工作报告；听取和审议县人大常委会执法检查组关于《农业机械化促进法》《水污染防治法》执法检查报告。

9 月 28 日 市政协六届 32 次主席会议在响水召开。市政协主席冯永农，副主席李长见、葛传华、肖紫英、孙长春、顾春芳，秘书长邢卫东出席会议。县委书记潘道津汇报响水县工作情况。县领导马俊健、高兆顶、杨毅坚、徐莉、陈苏红、糜世湘、陆从华、陈骧、于娟等陪同或参加会议。

△ 中国联合水泥集团 220 万吨水泥粉磨站项目举行签约仪式。中国联合水泥集团副总经理杨振军、刘彬，县领导潘道津、马俊健、王娟，市经信委副主任杨晓祖及县相关部门负责人出席。

9 月 30 日 县委书记潘道津主持召开重点项目督查推进会。县长马俊健传达全市沿海发展规划建设委员会全体成员第二次会议暨沿海发展重点项目推进工作会议精神。张正华、高兆顶、杨毅坚、许德智、王娟、邵礼青、朱金南、邹必俊、樊玮等在响水的县四套班子领导及各镇区，县相关部门、单位主要负责人出席。

10 月 3 日 广西壮族自治区党委常委、广西军区政委李文潮少将一行在响水考察调研。县领导潘道津、马俊健、张正华、糜世湘及相关乡镇、部门、单位负责人陪同。

10 月 9 日 县委书记潘道津主持召开县委常委（扩大）会议，讨论全县 2010 年度目标任务绩效考核办法，听取社区建设工作调研情况汇报，明确县委、县政府领导成员工作分工。县领导马俊健、张正华、高兆顶、杨毅坚、许德智、裴彦贵、王娟、朱金南、邹必俊、樊玮等及县相关部门、单位主要负责人出席。

△ 响水县召开研究中国建材联合水泥集团和灌河水泥公司兼并重组事宜专题会办会。县委书记潘道津到会讲话。县领导马俊健、张正华、高兆顶、许德智、王娟、樊玮、刘中连、王建成、顾祝生及县相关部门、单位负责人出席。经济开发区负责人汇报兼并重组相关情况。

10 月 10 日 江苏三佳船舶重工有限公司两艘 1 万吨多用途货船举行开工仪式。县委书记潘道津为开工启动点火。县长马俊健出席仪式并讲话。县委副书记杨毅坚主持仪式。德国 WMS 航运公司董事长约翰·匈宁讲话。三佳公司董事长卢志乐致辞。县领导林启俊、糜世湘及县相关部门主要负责人出席。

10 月 11 日 全县举行项目集中开工活动。县委书记潘道津致辞。县长马俊健主持项目开工庆典仪式。县领导张正华、高兆顶、杨毅坚、裴彦贵、王娟、朱金南、邹必俊、樊玮等在响水的县四套班子领导参加项目集中开工仪式。

10月12日 南京军区原司令员朱文泉上将一行在响水视察经济社会发展情况。县委书记潘道津介绍响水经济社会发展及沿海开发工作情况。盐城军分区政委宋修明,县领导马俊健、张正华、高兆顶、杨毅坚、裴彦贵、徐莉等陪同。

10月13日 盐城市十佳勤政廉政干部先进事迹巡回报告会在响水举行。县委书记潘道津出席报告会并讲话。县委常委、纪委书记朱金南主持报告会。张正华、高兆顶、杨毅坚、许德智、裴彦贵、王娟、邹必俊、樊玮等在响水的县四套班子领导及各镇区,县各部门、单位负责人出席。

10月15日 东风悦达起亚汽车有限公司在响水县七套中心小学举行援建希望小学奠基仪式。中国青少年发展基金会副秘书长陈燕云,省青基会秘书长张志方,县委常委、组织部部长王娟等出席。

10月16日 响水籍旅美画家孟昌明绘画新作展——"随类赋彩"在苏州举行。县委常委、宣传部部长裴彦贵及苏州市文联领导等参加。

10月18日 县长马俊健主持召开县政府八届八次常务会议,研究并原则通过《公布响水县城及各镇、中心社区基准地价更新成果和2009年度地价指数》等文件。县委常委、常务副县长许德智,副县长王俊、戴翠芳、刘中连、田国举,县政府副调研员王建成,县长助理顾祝生及县相关部门负责人出席会议。县人大常委会副主任沈康生,县政协副主席于娟列席会议。

10月23日 江苏响水经济开发区与北京汇源饮用水集团有限公司签订汇源饮用水生产线项目框架协议。县委书记潘道津致辞。县委常委邹必俊主持签约仪式。北京汇源饮用水集团有限公司董事长朱胜彪、总裁吕海峰,县领导林启俊、王俊、于娟及县经济开发区、发改委、经信委、水务局、国土局、质监局等相关单位负责人出席仪式。

10月27日 响水县举行常德盛事迹报告会暨"双强"村干部培训班。常熟市任阳镇蒋巷村党委书记常德盛作先进事迹报告。市委常委、组织部部长章大李致辞。县长马俊健介绍响水县有关情况。县委常委、组织部部长王娟,市委"创先争优"活动领导小组办公室全体人员,各县(市、区)委相关部门、单位负责人,村党组织书记、大学生村官代表等出席。

10月29日 全县农业暨冬春水利建设工作会议召开。县长马俊健到会讲话。县领导邵礼青、李刚、李运连、陈苏红及各镇区,县相关部门、单位负责人出席。

11月1日 县长马俊健主持召开城建重点项目推进会议。县领导王娟、朱金南、李银芳、田国举、陆从华、王建成、顾祝生及县相关部门负责人出席。

11月5日 县委书记潘道津主持召开县委常委(扩大)会议,讨论相关规划和文件,对2011年计划实施的"八大类"重点项目和实事工程进行初步过堂。会议原则同意《响水县中长期教育改革和发展规划纲要(2010~2020)》和《关于鼓励和支持统筹城乡发展的政策意见》出台。县领导马俊健、张正华、高兆顶、许德智、王娟、邵礼青、朱金南、邹必俊等出席。

11月13日 响水县举行引进海外人才推介及项目洽谈会。县委书记潘道津致辞。

省人才流动服务中心总经理韩志忠介绍海外博士在响水交流的相关情况。县委常委、常务副县长许德智主持洽谈会。县委常委、组织部部长王娟介绍响水人才引进情况和相关优惠政策。日本江苏发展促进会副会长顾志华、硅谷信息企业协会会长蒿坤岳等部分“百名海外博士江苏行”成员,县领导姜联盟、戴翠芳及县人才工作领导小组成员单位主要负责人,三大园区主要负责人,县支柱产业、特色产业或新兴产业20家企业负责人出席。

11月14日 市委书记赵鹏、市长李强率出席全市新特产业和服务业发展推进会人员,观摩响水绿利来化工、盐化工公共科技服务平台和昌宇汽车城等重点项目。李驰、潘道津、马俊健、高兆顶等市、县四套班子领导参加观摩活动。县委常委、组织部部长、响水经济开发区工委书记王娟汇报昌宇汽车城项目情况。县政府副调研员、生态化工园区工委书记徐莉汇报绿利来化工和盐化工公共科技服务平台相关情况。

11月17日 县委书记潘道津、县长马俊健会见台北县农业局局长蔡光荣一行。县委常委、政法委书记邵礼青,副县长李运连等陪同。

△ 响水县举行广电信息网络有限责任公司成立仪式。江苏省广播电视信息网络股份有限公司副总经理钱进、县委书记潘道津为公司揭牌。县长马俊健致辞。副县长戴翠芳主持揭牌仪式。县领导沈康生、于娟等出席。

11月24日 县委书记潘道津主持召开全县主要经济指标完成情况督查推进会。副县长王俊、刘中连,县政府副调研员王建成及县相关部门、单位主要负责人出席。

11月26日 县八届人大常委会第21次会议召开。县人大常委会主任张正华,副主任林启俊、沈康生、李银芳、李刚、刘曙明及县八届人大常委会全体组成人员出席会议。副县长戴翠芳及县相关部门、单位负责人列席会议。会议审议并通过县政府关于全县1~10月份财政预算执行的报告。会议听取和审议人大常委会执法检查组关于《公务员法》执行检查报告、关于2009年县本级预算执行审计问题的整改落实的情况报告、关于落实县人大常委会《关于2009年县本级财政预算和2010年上半年财政预算执行情况的审议意见》等报告和意见。会议审议并通过《县人大常委会关于终止兰景平、刘宁等八届人大代表资格的决定》《县人大常委会关于涉及行政区划调整乡镇的选举问题的决定》。

11月27日 响水县召开新设立镇人民代表大会选举工作会议。县委书记潘道津到会讲话。县委常委、组织部部长王娟主持会议。县人大常委会副主任刘曙明宣读选举工作意见。县领导张正华、高兆顶、杨毅坚、裴彦贵、邵礼青、邹必俊、李运连等出席。

11月29日 省军区副司令员戴陆伟在响水检查指导工作。盐城军分区政委宋修明、县委书记潘道津及县人武部相关领导陪同。

11月30日 省委原副书记、省关工委主任曹鸿鸣一行在响水调研指导工作。市委常委、宣传部部长周德祥,原副市长徐恒菊,县领导潘道津、裴彦贵、戴翠芳、徐莉及市、县关工委负责人陪同。

12月1日 县城总体规划修编工作汇报会召开。县委书记潘道津到会讲话。县领导马俊健、张正华、高兆顶、王娟、樊玮、沈康生、糜世湘、顾祝生及各镇区,县相关部门、单位负责人出席。

12月2日 全市卫生工作座谈会在响水召开。县委书记潘道津致辞。市卫生局局长许松柏到会讲话。全市各县(市、区)卫生局主要负责人出席。

12月3日　县长马俊健主持召开县政府八届九次常务会议。讨论并原则通过《响水县职工医疗保险办法》《关于加强农村基层劳动就业社会保障公共服务平台建设的实施意见》《关于深化医药卫生体制改革的实施意见》。县委常委、常务副县长许德智,副县长武正华、王俊、顾富昌、李运连、刘中连、田国举,县政府副调研员徐莉、王建成,县长助理顾祝生等出席会议。县人大常委会副主任沈康生、县政协副主席陈苏红、县人武部政委陈士林等应邀列席会议。

12月5日　响水县举行联福电子、昌隆金属、振业联合仓储物流等三大项目签约仪式。县委副书记杨毅坚、县人大常委会副主任沈康生及县相关部门、单位负责人出席。

12月6日　响水生态化工园区联化科技、华业化工、华旭药业、科伟化工、威耳化工5家企业获"江苏省民营科技企业"称号,响水县创牌数量居盐城市首位。

12月8日　县长马俊健主持召开县清理在编不在岗工作领导小组成员会议。县领导许德智、王娟、朱金南、王建成及县相关部门、单位负责人出席。

12月10日　响水县举行扶贫专项资金权证发放仪式暨文化惠民演出活动。县委书记潘道津致辞。县长马俊健主持活动。省人社厅副厅长、省委驻响水扶促工作队队长吴可立到会讲话。县领导裴彦贵、邵礼青、姜联盟、李刚、顾富昌、李运连、武继明、成冠尧、陆从华等出席。

12月11日　江苏省(响水)轴承座产业之都专家评审会在响水召开。县长马俊健致辞。省机械工业联合会常务副会长解晋主持会议并讲话。省机械工业厅原厅长、省机械工业联合会名誉会长许汉文等专家,县领导王娟、王俊等出席。会议通过认证响水县为"江苏省轴承座产业之都"。

12月13日　县委书记潘道津主持召开"十二五"规划暨2011年工作思路座谈会。县领导马俊健、杨毅坚、许德智、邹必俊、田国举、王建成及各镇区,县相关部门负责人出席。

12月15日　省公安厅帮扶响水现场会办会召开。省政府党组成员、省公安厅党委书记、厅长孙文德,市、县领导赵鹏、戴元湖、丁宇、夏存喜、马俊健、邵礼青、姜联盟、成冠尧、顾富昌及省委驻响水扶促工作队全体队员出席。

12月15~18日　县委书记潘道津带领县政府办、发改委、国土局、环保局、港电办及国华港电公司负责人在北京与国家能源局、国土资源部、环境保护部、国家海洋局等相关司处的领导对接国华陈家港电厂项目核准的相关工作,并考察国家大型重工企业三一集团电气公司。县委副书记杨毅坚等参加。

12月17日　县长马俊健会见市供电公司总经理张绍宾一行,会商响水县沿海开发电力保障及热镀锌等项目用电事宜。县委副书记、沿海经济开发区工委书记杨毅坚介绍热镀锌项目建设用电情况。县委常委、副县长、省委驻响水扶促工作队常务副队长姜联盟,副县长王俊,副县长、省委驻响水扶促工作队副队长武继明及县供电公司主要负责人参加会见。

△　响水新农村电气化县创建工作通过验收。省经信委电力处调研员吴伯春、省电力公司农电部副主任武继明、市供电公司副总经理解利平、副县长王俊及省、市、县相关部

门负责人出席考评验收会。

12月20日 沈阳军区原副政委潘瑞吉一行在响水参观考察。江苏省军区政治部原主任苏俊高，盐城军分区政委宋修明、副司令员陈中华，县委书记潘道津，县委常委、常务副县长许德智及市、县人武部相关负责人陪同。潘瑞吉一行在长征风电、宏铭造船和国华港电等项目现场参观考察。

△ 县委书记潘道津主持响水县干部援疆欢送仪式。欢送副县长田国举、县台胞接待站站长薛鹏志、县人民医院副主任医师叶翠香等三名干部援疆。县领导张正华、高兆顶、许德智、王娟及县相关部门、单位负责人出席。

12月24日 县八届人大常委会第22次会议召开。县人大常委会主任张正华，副主任林启俊、沈康生、李银芳、李刚、刘曙明出席会议。县政府副调研员王建成、县长助理顾祝生等列席会议。会议听取县政府关于"十二五"规划编制情况的汇报；初审2010年财政预算执行情况和2011年财政预算草案；审议并通过关于接受高茂山等辞去县八届人大代表职务请求的决定，关于召开响水县第八届人民代表大会第四次会议的决定；讨论县八届人大四次会议相关事宜；对县政府副县长、政府工作部门主要负责人及县法院、检察院副职年度工作情况进行测评。

△ 水利部黄河水利委员会主任李国英在响水县考察古云梯关及中山河闸等水利工程。省水利厅原副厅长沈之毅、市水利局党委书记朱德平、副县长李运连陪同。

12月28日 县政协八届11次常委会议召开。县政协主席高兆顶，副主席陈苏红、糜世湘、陆从华、陈骧、于娟，秘书长江晓东等出席。会议讨论《政协响水县第八届常委会工作报告》《政协第八届常委会常务委员会关于提案工作情况的报告》，讨论确定政协响水县第八届委员会第四次会议的议程；通过部分委员的调整建议名单。

△ 响水生态化工园区被授予"江苏省盐化工特色产业园"称号。

12月29日 县委书记潘道津主持召开县委常委（扩大）会议，传达学习全省经济工作会议、市委五届七次全会精神，讨论并原则同意县委八届六次全会、县第八届人民代表大会第四次会议日程安排。马俊健、张正华、高兆顶、杨毅坚、许德智、林启俊、糜世湘等在响水的县四套班子领导及县相关部门负责人出席会议。部分曾担任过县四套班子领导代表应邀列席会议。

12月30日 中国共产党响水县第八届委员会第六次全体会议召开。县委书记潘道津作《推进科学发展新跨越 谱写美好响水新篇章》的工作报告，并受县委常委会委托，向全委会报告2010年的主要工作。县委副书记、县长马俊健受县委常委会委托作《关于制定响水县国民经济和社会发展第十二个五年规划建议的说明》。县委常委、组织部部长王娟代表县委作干部选拔任用情况报告。县委常委、纪委书记朱金南代表县委作廉政勤政情况报告。会议审议通过《中共响水县委关于制定响水县国民经济和社会发展第十二个五年规划的建议》。会议对县委干部选拔任用情况进行测评，审议通过《全会决议》。杨毅坚、许德智、裴彦贵、邵礼青、邹必俊、樊玮、姜联盟及县委委员、候补委员出席。

△ 2010年12月30日，响水201MW陆上风电场的70#风机成功并网。至此，该项目所有134台机组全部实现并网发电，累计上网电量超1.06亿度。

12月31日 县长马俊健主持召开县政府八届十次常务会议，讨论并完善《政府工作报告》《关于响水县2010年国民经济、社会发展计划执行情况和2011年国民经济、社会发展计划草案的报告》《响水县国民经济和社会发展第十二个五年规划纲要》《关于响水县2010年财政执行情况和2011年财政预算草案的报告》,汇报交流各条线12月份工作完成情况和2011年度1、2月份工作安排。县领导许德智、王俊、戴翠芳、李运连、刘中连、王建成等出席会议。县人大常委会副主任林启俊、县政协副主席糜世湘应邀列席会议。

△ 截至2010年12月31日,江苏裕廊化工有限公司实现净入库税收21977万元,为响水首家单体年纳税突破2亿元的企业,位列全市第二。

△ 响水县地税局房税办2010年累计入库房地产业10060.37万元,比上年同期6101.52万元增收3958.85万元,增长64.88%,首破亿元大关。

△ 宏铭船业为厦门东明航运有限公司建造的2.7万吨“东明16”散货轮顺利下水。东海舰队原副司令员陈庆季少将、李俊才少将,上海华东船务实业(集团)有限公司董事长韩春来,县领导杨毅坚、林启俊、王俊、陆从华等出席庆典仪式。副县长王俊主持庆典仪式。

2011 年

1 月 5 日 市委常委、盐城军分区政委宋修明一行在响水检查党风廉政建设责任制落实情况。县委书记潘道津汇报情况。马俊健、张正华、高兆顶、杨毅坚、许德智、裴彦贵、邵礼青、朱金南、邹必俊、樊玮等县领导及市纪委常委孙红亮等出席。

1 月 6 日 县委书记潘道津主持召开县委常委(扩大)会议,讨论县八届人大四次会议有关报告,县国民经济和社会发展第十二个五年规划纲要和县委、县政府近期即将出台的有关文件。马俊健、张正华、高兆顶、杨毅坚、许德智、裴彦贵、王娟、邵礼青、朱金南、邹必俊、樊玮等在响水的县四套班子领导出席。

△ 省水利厅副厅长张小马、副巡视员高文一行对响水河道疏浚整治工程进行验收。县领导马俊健、李运连、陆从华及政府办、水务局、财政局等部门、单位负责人陪同。

1 月 7 ~ 9 日 中国人民政治协商会议响水县第八届委员会第四次会议召开。县委书记潘道津在开幕式上讲话。县政协副主席糜世湘作政协八届常委会工作报告。县政协副主席陈苏红作政协八届三次会议以来提案工作报告。大会对 24 名“双好”委员和 12 件优秀提案进行表彰,听取并审议会议提案审查情况报告,审议通过县政协八届四次会议决议。

1 月 8 ~ 9 日 响水县第八届人民代表大会第四次会议召开。县委书记潘道津讲话。县长马俊健代表县政府向大会作报告。县人大常委会主任张正华代表八届人大常委会向大会作报告。县法院院长刘海玉、检察院检察长童加舟向大会作法院和检察院工作报告。大会补选张孝将为县八届人大常委会副主任,补选王立志、何流、汪海洪、宋永标为县八届人大常委会委员;增选王晓静为县人民政府副县长。

1 月 9 日 全县镇党委换届工作会议召开。县委书记潘道津到会讲话。县领导杨毅坚、王娟、邵礼青、朱金南、张孝将、王建成等出席。

1 月 12 日 响水县设分会场收听收看国家召开安全生产电视电话会。电视电话会后,县长马俊健对响水县当前安全生产工作提要求。县领导王晓静、徐莉及各镇区、县安委会成员单位、重点企业负责人出席分会场会议。

△ 省红十字会“博爱送万家”响水启动仪式在县康生药业公司举行。省红十字会党组书记、专职副会长单加海,县委书记、县红十字会名誉会长潘道津,市红十字会会长谷容先及县领导姜联盟、张孝将、戴翠芳等出席。单加海向响水县红十字会捐赠衣物、食品等价值 20 万元的物资。

△ 全县工业和开放型经济暨新特产业推进大会召开。县委书记潘道津到会讲话。马俊健、张正华、高兆顶、杨毅坚、许德智、裴彦贵、王娟、朱金南、邹必俊、樊玮、蚁国红等在

响水的县四套班子领导及各镇区,县各部门、单位主要负责人和部分企业负责人等出席。

1月13日 市委书记赵鹏在响水视察指导工作,察看沿海经济开发区内隆亨纸业、厦能铸造、德龙镍业、富星纸业等在建项目施工现场。市、县领导戴元湖、潘道津、马俊健、张正华、高兆顶、杨毅坚、张孝将等陪同视察。县委、县政府班子成员参加汇报会。

1月14日 市委副书记李驰在响水开展慰问活动。市委常委、副市长周福莲,市人大常委会副主任、总工会主席陈卫国及市委组织部、民政局、人社局等单位负责人随同,县领导潘道津、马俊健、邵礼青、李刚、李运连、糜世湘等陪同。

1月17日 响水与建行盐城分行全面合作框架协议签约仪式在盐城迎宾馆举行。县委书记潘道津,市银监分局局长徐正文,建行盐城分行行长陈媛媛,县领导许德智、王建成及响水建行负责人等出席。

1月19~20日 由国家环保部环境工程评估中心组织的神华国华港电一期工程环境影响报告书技术评估会在盐城驿都金陵大酒店举行。用电环境保护研究院教授级高工顾明等8名专家、国家环保部环评司等相关单位负责人和专家参加会议。副市长谷家栋致辞。县领导潘道津、许德智、武正华及县环保局、县海洋与渔业局等部门负责人参加会议。国华港电项目上报国家发改委核准所需的《项目可行性研究报告》等六份报告书全部通过专家评审。

1月22日 县委书记潘道津主持召开县委常委(扩大)会议。马俊健、张正华、高兆顶、许德智、裴彦贵、王娟、邵礼青、邹必俊、樊玮等在响水的县四套班子领导出席。

1月24日 "裕廊之夜"响水首届春节联欢晚会在县广播电视台演播大厅举行。县领导张正华、高兆顶、裴彦贵、王娟、朱金南、沈康生、李刚、李运连、陆从华、于娟及县政府副调研员徐莉、王建成等出席观看。

1月25日 全县科技创新暨人才工作会议召开。县委书记潘道津讲话。马俊健、张正华、高兆顶、许德智、裴彦贵、王娟、邵礼青、朱金南等在响水的县四套班子领导及各镇区,县相关部门、单位、企业负责人出席。

1月26日 全县政法工作会议召开。县委书记潘道津讲话。县领导马俊健、邵礼青、李银芳、王晓静、糜世湘及各镇区、县相关部门负责人出席。

1月27日 省地方海事局局长童小田一行在响水检查地方海事工作。副县长刘中连、县政协副主席糜世湘等陪同。

△ 省、市相继召开贯彻落实《关于实行党风廉政建设责任制的规定》电视电话会议。响水县设分会场收听收看。电视电话会后,县委书记潘道津就贯彻会议精神讲话。马俊健、高兆顶、杨毅坚、许德智、朱金南、邹必俊、樊玮等县领导及各镇区,县相关部门、单位负责人出席。

△ 全县2011年春节团拜会举行。县委书记潘道津讲话。县长马俊健主持会议。张正华、高兆顶、杨毅坚、许德智、王娟、邵礼青、朱金南、邹必俊、樊玮、姜联盟等在响水的县四套班子领导出席。

2月9日 响水县设分会场收听收看盐城市2010年度目标任务绩效考核表彰大会。潘道津、张正华、高兆顶、杨毅坚、许德智、裴彦贵、邹必俊等在响水的县四套班子领导和各部门主要负责人出席分会场会议。县长马俊健等出席盐城主会场会议。2010年,响水县被表彰为招商引资工作先进集体、工业“三百”工程先进集体、减排环保工作先进集体、文化建设先进集体、脱贫攻坚工程先进县、人口与计生工作先进县，获新兴产业特色产业发展奖、开放型经济工作奖、基础设施建设奖、就业工作奖、沿海开发工作奖、党建“强基工程”优秀奖，杨毅坚、李银芳、张善荣、王鲁文等被表彰为市先进个人。

△ 响水县召开2010年度目标任务绩效考核表彰大会。县委书记潘道津讲话。县长马俊健主持会议。县委副书记杨毅坚宣读2010年度全县目标任务绩效考核表彰决定。张正华、高兆顶、许德智、裴彦贵、王娟、邵礼青、朱金南、邹必俊、樊玮、姜联盟等在响水的县四套班子领导出席。

2月10日 响水县举行项目集中开工活动，开工26个项目，总投资110亿元。潘道津、张正华、高兆顶、杨毅坚等在响水的县四套班子领导出席并先后为佳禾纺织服饰、江苏力禾、顺博新城市广场、富星纸业等部分集中开工的项目奠基培土。

△ 响水县举行2011年新春服务企业用工、帮助群众就业创业大型招聘会开幕式。县内外100多家用工单位进场招聘，提供6000多个就业岗位。县委书记潘道津在仪式上讲话。张正华、高兆顶、杨毅坚等在响水的县四套班子领导出席。

2月10~12日 10日凌晨，响水县有人谣传，陈家港化工园区大和化工厂要发生爆炸，引发群众产生恐慌并连夜自发转移。县委、县政府领导知晓后，及时采取果断措施，组织镇村干部做好群众思想工作，使外出群众尽快返回家中。公安机关迅即对该事件立案侦查。12日，涉嫌编造、故意传播虚假恐怖信息的犯罪嫌疑人刘某、殷某被刑事拘留，违法行为人朱某、陈某被行政拘留。

2月11日 市委常委、常务副市长陈正邦在响水检查指导谣传化工厂爆炸引发社会恐慌事件处置工作。副市长、市公安局局长夏存喜及市相关部门负责人随同。县委书记潘道津汇报情况。县领导许德智、裴彦贵、邵礼青、张孝将、王俊、王晓静及县相关部门、单位负责人出席。潘道津汇报事件处理情况：事件发生后，县委、县政府迅速成立事件处置工作领导小组，做好五项工作：一是迅速辟谣，稳定群众情绪。二是不惜一切代价抢救交通事故中受伤群众，最大限度挽救生命。三是控制舆情，召开新闻发布会，向媒体说明事件真实情况。四是安监、环保等部门到各化工企业，加强安全、环保检查监管，确保不发生安全生产事故。五是公安机关成立专案组，追查造谣生事者，查明事实真相，并依法进行处理。

△ 全县公安工作会议召开。县委书记潘道津到会讲话。县领导李银芳、王晓静、糜世湘等出席。

2月12日 响水县举行乡科级干部中共十七届五中全会精神培训班。县委书记潘道津，县委常委、组织部部长王娟分别主持。张正华、高兆顶、杨毅坚、许德智、邵礼青、朱金南等在响水的县四套班子领导及全县近700名乡科级干部参加。省委党校教授孙月平、赵常林作专题辅导报告。

2月14日 全县服务业发展大会召开。县委书记潘道津到会讲话。张正华、高兆顶、许德智、王娟、邵礼青、朱金南、邹必俊、樊玮等在响水的县四套班子领导及各镇区，县各部门、单位主要负责人出席。

2月19日 响水县召开党的建设工作会议。县委书记潘道津到会讲话。县领导杨毅坚、裴彦贵、王娟、邵礼青、朱金南、邹必俊、陈骧及各镇区,县各部门、单位相关负责人出席。杨毅坚宣读县委《关于表彰2010年度全县学习型党组织创建工作先进集体、学习型领导干部和学习型党员的决定》。县委常委向潘道津递交党风廉政建设责任状,各镇党委书记、中心社区工委书记和园区管委会主任分别向潘道津递交党建工作责任状和党风廉政建设责任状,各镇党委书记向潘道津递交新一届党委任期目标承诺书。

△ 县纪委召开八届六次全会,县委常委、纪委书记朱金南作《坚持改革创新,服务科学发展,推动党风廉政建设和反腐败工作取得新成效》报告。全会审议通过《中共响水县第八届纪律检查委员会第六次全体会议决议》。

2月21日 市委书记赵鹏在响水检查指导抗旱工作。副市长陈还堂等随同。县委书记潘道津汇报响水县抗旱及首季“开门红”工作。县领导马俊健、邵礼青、张孝将、李运连陪同。

△ 全县化工企业安全环保问题整治工作会议召开。县委书记潘道津到会讲话。马俊健、张正华、高兆顶、杨毅坚、许德智、王娟、邵礼青、朱金南、邹必俊、樊玮等在响水的县四套班子领导及相关部门、单位和全县化工企业负责人出席。

2月23日 全县人口和计划生育工作会议召开。县委书记潘道津、市计生委主任季德荣到会讲话。县领导邵礼青、沈康生、戴翠芳、陈苏红及各镇区、县各部委办局负责人出席。

2月26日 县长马俊健主持召开县长办公会。会议听取春节后政府各条线工作完成情况及3月份工作安排。副县长武正华、王俊、戴翠芳、李运连、刘中连、王晓静,县政府副调研员徐莉、王建成、顾祝生等出席。

△ 响水县举办中共十七届五中全会和市委五届七次全会精神讲座。市级机关工委书记崔廷成主讲。县委常委、宣传部部长裴彦贵主持。崔廷成就“十一五”时期巨大成就、“十二五”规划的特点,以及如何提高党员干部综合素质进行讲解。

2月26~27日 县气象局于26日晚22时36分起实施人工增雨作业。至27日晚发射火箭弹14枚,全县降水量20.2毫米。全县三种类型田块全部接潮,10~15厘米深处耕作层土壤水分含量超过75%,降雨有效解除大田旱情。市气象局局长吴云荣带领市气象局人工增雨专家组现场指挥作业。副县长李运连陪同。

2月27日 解放军报社总编辑黄国柱在响水县参观考察。盐城军分区副司令员陈中华,县委常委、宣传部部长裴彦贵,县委常委、县人武部部长蚁国红等陪同。

2月27~28日 省委研究室副主任吴剑铭一行在陈家港镇、小尖镇、双港镇调研群众工作。县委书记潘道津介绍相关情况。县领导王娟、张孝将、李运连陪同。

2月28日 响水县设分会场收听收看省、市先后召开的深入推进“创先争优”活动电视电话会议。电视电话会后,县委书记潘道津就贯彻会议精神讲话。县领导马俊健、张正华、高兆顶、裴彦贵、王娟、朱金南、林启俊、糜世湘及各镇区,县相关部门、单位负责人出席分会场会议。

△ 县委召开常委(扩大)会议。会议听取关工委关于2010年工作情况和2011年工作安排的汇报。县领导潘道津、马俊健、张正华、高兆顶、杨毅坚、许德智、裴彦贵、王娟、邵礼青、朱金南、邹必俊、樊玮、蚁国红及县人大常委会副主任张孝将、县政府副调研员王建成等出席。

△ 全县创建省级卫生县城工作推进会召开。县长、县创卫指挥部总指挥马俊健作动员讲话。县领导裴彦贵、王娟、朱金南、樊玮、沈康生、戴翠芳、王晓静、顾祝生等出席。

3 月 3 ~ 10 日 响水县在台湾举行招商推介活动。县领导张正华、高兆顶、王娟、邹必俊及相关镇区、部门负责人出席。活动期间，响水考察团分 7 组分别拜访客商并签约 9 个外资项目，协议外资 1.11 亿美元，项目涉及科技工业园、船舶配件、电子产品、农副产品加工、房地产开发等领域。

3 月 4 日 市委常委、盐城军分区政委宋修明一行在响水调研指导信访稳定和安全环保工作。县领导马俊健、蚁国红、沈康生、王俊、王晓静、糜世湘、徐莉及相关部门、单位负责人陪同。

3 月 8 日 响水县召开纪念“三八”国际劳动妇女节 101 周年大会。县领导李银芳、戴翠芳、陈苏红等出席。

3 月 11 日 省政府副秘书长于利中、省苏北办副主任黄建东等一行在响水视察指导园区共建工作。县委书记潘道津介绍响水经济社会发展情况。市政府副秘书长宋晓波，县领导许德智、邹必俊、张孝将等陪同。

△ 江苏响水经济开发区和香港恒峰科技有限公司举行太阳能光伏组件项目签约仪式。县委书记潘道津致辞。县领导邹必俊、张孝将等出席。该项目规划建设 300MW/年太阳能组件产组，预计总投资 5.5 亿元，总产能达产后年产值 35 ~ 40 亿元人民币。

3 月 16 日 市长李强在响水调研指导工作。市人大常委会副主任、市国土局局长崔士明，副市长陈还堂，市政府秘书长倪崇彦及市相关部门负责人随同。县委书记潘道津介绍响水经济社会发展情况。马俊健、张正华、高兆顶、杨毅坚、许德智、邹必俊、樊玮等在响水的县四套班子领导出席汇报会。

3 月 17 日 省政府副秘书长陈建刚在响水调研指导工作。县委书记潘道津介绍相关情况。县领导杨毅坚、张孝将、王俊等陪同。

3 月 19 日 县委书记潘道津主持召开县委常委会议，研究部署响水县 2011 年人才招引工作并对当前工作提出要求。县领导马俊健、张正华、许德智、裴彦贵、王娟、朱金南、邹必俊、樊玮、蚁国红、张孝将等出席。

△ 响水县召开关心下一代工作会议。县委书记潘道津到会讲话。县领导裴彦贵、沈康生、戴翠芳、于娟及县相关部门、单位分管负责人出席。

3 月 21 日 市委副书记李驰在响水调研指导工作。县委书记潘道津介绍情况。市委副秘书长徐国钧及县领导邵礼青、张孝将、李运连等陪同。

3 月 22 日 盐城市工会组织工作会议在响水召开。市人大常委会副主任、市总工会主席陈卫国，市总工会副主席周新民，县委常委、组织部部长王娟到会讲话。

3 月 25 日 2011 年度响水县“五方挂钩”帮扶协调会在南京召开。省委副秘书长胥爱贵到会讲话。省人力资源和社会保障厅副厅长吴可立主持会议。县长马俊健介绍近年来响水经济社会发展和脱贫攻坚工作情况。省委农工办（省扶贫办）副主任朱子华，省经信委党组副书记、副主任俞军，省公安厅副厅长王琦，省委省级机关工委副书记王晓明，省农业资源开发局副局长张学平，省电力公司副总经理黄卫国等省委扶贫办、省委驻响水扶贫工作队后方单位负责人，县领导邵礼青、姜联盟、武继明、成冠尧等出席。

3 月 28 日 2011 年响水(上海)新特产业投资推介会在上海举行。县长马俊健致辞。振兴响水上海经济社会发展咨询委员会主任顾继虎,上海金桥出口加工区副主任、上海南汇工业园区主任奚志忠,上海市工业合作协会理事长陈启豪及罗尔斯罗伊斯船舶有限公司等世界五百强企业代表等 80 多名嘉宾出席。邹必俊、林启俊、糜世湘、王建成及各镇区、金融单位、县相关部门负责人参加。推介会签订项目 24 个,计划总投资 80. 15 亿元。

3 月 30 日 响水(东莞)新特产业投资推介会在东莞举行。县委书记潘道津致辞。县领导邹必俊、林启俊、糜世湘、王建成出席。东莞市台商协会副会长吴清钦、虎门台商协会秘书长宁建民等嘉宾和响水各镇区、经济主管部门、金融单位主要负责人参加。推介会现场签约项目 25 个,计划总投资 82. 3 亿元。

4 月 2 日 县委理论学习中心组召开专题学习会。县委书记潘道津对响水县学习贯彻落实全国"两会"精神及胡锦涛总书记等党和国家领导人参加江苏代表团审议时的重要讲话精神提出要求。马俊健、张正华、高兆顶、杨毅坚、许德智、裴彦贵、王娟、邵礼青、朱金南、邹必俊、樊玮、蚁国红等在响水的县四套班子领导出席。

4 月 8 日 县委书记潘道津在响水会见全国政协委员、九届全国工商联副主席、中国西部促进会理事长程路,南京市政协副主席王建华,北京市政协委员、十届全国青联常委、中国食品工业投资管理公司董事长武力等一行。会见结束后共同参加在沿海经济开发区举行的中食江苏建材有限公司开工庆典。神华集团北京国华电力公司经理张玉平,中食江苏建材公司董事长王海东,县领导杨毅坚、邹必俊、林启俊、张孝将、陈骧及县相关部门、单位负责人等出席。

4 月 11 日 市委书记赵鹏在响水调研指导沿海发展情况。市委常委、市委秘书长戴元湖及市相关部门主要负责人随同。县委书记潘道津、县长马俊健、县委副书记杨毅坚分别汇报有关工作。县领导邹必俊、张孝将、王俊、刘中连等陪同。

4 月 12 日 全县一季度经济形势分析暨项目攻坚点评会召开。县委书记潘道津到会讲话。马俊健、张正华、高兆顶、杨毅坚、许德智、王娟、邹必俊、蚁国红等在响水的县四套班子领导及各镇区,县相关部门、单位主要负责人出席。

△ 古云梯关二期开发签约仪式在响水举行。县领导高兆顶、沈康生、戴翠芳、于娟,江苏云都旅游公司董事长汪建国及县相关部门、单位负责人出席。

4 月 13 日 响水县设分会场收听收看省政府第四次廉政工作电视电话会议。县领导马俊健、许德智、王建成及县相关部门负责人出席分会场会场。

△ 县委书记潘道津主持召开党政领导班子联席会议。会议讨论并原则通过《关于 2011 年度全县财政收入考核奖惩办法》《关于 2011 年度全县金融机构信贷投放考核奖励的办法》《2011 年全县工业项目攻坚工作考核奖励办法》《响水县 2011 年度利用外资工作考核奖励办法》及《响水县城乡建设用地增减挂钩工作实施方案(试行)》等文件。县领导马俊健、张正华、高兆顶、杨毅坚、许德智、邵礼青、朱金南、邹必俊、蚁国红、张孝将、王俊、戴翠芳、李运连、王晓静、徐莉、王建成、顾祝生及县相关部门主要负责人出席。

△ 三一集团副总裁、三一电器总经理吴佳梁,长江新能源开发有限公司总经理钱锁明在响水考察。县委书记潘道津介绍相关情况。县领导杨毅坚、张孝将及县相关部门、单位负责人陪同。

4 月 15 日 响水县在广播电视台演播大厅举行全县精神文明建设电视颁奖晚会。县委书记潘道津发表讲话。县领导杨毅坚、裴彦贵、朱金南、沈康生、张孝将、戴翠芳、于娟及县文明委成员单位负责人出席颁奖典礼。

4 月 18 日 县城地面水厂二期扩建工程开工仪式在响水县自来水公司举行。县委书记潘道津出席并讲话。县领导邵礼青、李刚、张孝将、陆从华及相关部门负责人出席。

4 月 19 日 省电力公司总经理冯军一行在响水开展扶贫工作,看望并慰问省委驻响水扶贫工作队全体队员。省人社厅副厅长、省委驻响水扶贫工作队队长吴可立,盐城市供电公司总经理张绍宾,县领导马俊健、邵礼青、姜联盟、武继明、成冠尧等出席。

△ 国务院三峡工程建设委员会副主任、中国长江三峡集团董事长曹广晶在响水考察风电场项目。县委书记潘道津介绍相关情况。县领导杨毅坚、许德智、张孝将及三峡集团和长江新能源的有关负责人陪同。

4 月 21 日 省军区参谋长庞士勇少将在响水调研指导人武工作。市、县领导宋修明、马俊健、许德智、蚁国红等陪同。

4 月 25 日 响水县设分会场收听收看省政府召开全体(扩大)电视电话会议。县长马俊健出席分会场会议并就贯彻会议精神和抓好当前各项工作提出要求。县政府领导班子成员武正华、王俊、戴翠芳、刘中连、王晓静、王建成、顾祝生及县政府组成部门、县各直属单位主要负责人等出席分会场会议。

4 月 28 日 全市沿海重大产业项目推进工作会议在响水召开。市委书记赵鹏、市长李强分别讲话。李驰、陈正邦、戴元湖、周福莲、周德祥、章大李、丁宇、刘德民、宋修明等市委、市政府全体领导,县领导潘道津、马俊健、杨毅坚、许德智、王娟、邹必俊、张孝将、徐莉及全市各县、市(区)委书记、县、市(区)长、分管沿海开发工作的负责人出席。

4 月 29 日 响水县召开“五一”国际劳动节大会。县委书记潘道津到会讲话。县领导马俊健、张正华、王娟、于娟等出席。县总工会主要负责人致辞。

5 月 5 日 全县召开纪念“五四”运动 92 周年庆祝表彰大会。县领导王娟、李银芳、戴翠芳、陈苏红等出席。

5 月 7 日 响水县举办领导干部新闻知识培训班。南京大学新闻传播学院院长方延明教授,新华日报社副总编辑、中国江苏网总编辑金伟忻,市委宣传部副部长姜友新,盐阜大众报社社长、党委书记、总编辑周爱群分别作讲座。县四套班子领导及全县各镇区,各部门、单位主要负责人、分管负责人等 500 多人参加。

5 月 9 日 县长马俊健主持召开县长办公会,讨论并原则通过《关于建立医疗救助平台完善医疗救助办法的通知》。县领导武正华、王俊、李运连、王晓静、徐莉、王建成、顾祝生及相关部门负责人出席。

5 月 10 日 副省长徐鸣在响水县视察指导生态化工园区环保整治工作。省环保厅厅长陈蒙蒙,市、县领导谷家栋、潘道津、马俊健、杨毅坚、许德智、王娟、张孝将、武正华、徐莉及市、县相关部门、单位负责人陪同。

△ 响水县设分会场收听收看全市领导干部“510”自警教育电视电话会议。潘道津、马俊健、高兆顶、杨毅坚、许德智、裴彦贵、邵礼青、朱金南、邹必俊、樊玮等在响水的县四套班子领导出席分会场会议。

△ 常州市钟楼区区长潘冬铃率党政代表团在响水县参观考察，双方洽谈落实南北挂钩、协作共建工作事宜。县委书记潘道津介绍响水经济社会发展及脱贫攻坚工作情况。县领导马俊健、高兆顶、王娟、邵礼青、姜联盟、李刚、张孝将、李运连、武继明及省委驻响水扶促工作队全体队员出席。钟楼区向响水捐赠 80 万元扶贫款。

5 月 14 日 响水县举行警示教育中心揭牌仪式。市检察院检察长唐元高、市纪委副书记刘正秀为警示教育中心揭牌。最高人民检察院职务犯罪预防厅厅长宋寒松，省检察院副检察长陈剑虹，县领导潘道津、朱金南、张孝将及县检察院检察长童加舟等出席。

5 月 17 日 国家安全生产监察专员黄智全带领国家安监总局专题调研组在响水调研安全生产应急救援体系建设情况。省安监局副巡视员赵启凤，副市长张庆奎，县领导马俊健、王俊、徐莉及市、县相关部门、单位负责人陪同。

5 月 23 ~ 28 日 县委书记潘道津率领响水县经贸考察团在台湾进行考察招商活动。6 天行程中，经贸考察团一行参观考察企业、拜访客商、推介响水、洽谈项目，并参加市团组织的光电、电子信息产业专场推介和签约活动。

5 月 24 日 响水县与中国三峡新能源公司、三一电器有限责任公司开发战略合作框架协议签约仪式在盐城迎宾馆举行。中国三峡集团总经理陈飞，副市长谷家栋，县长马俊健，三一集团副总裁戴立新，县领导杨毅坚、邹必俊、林启俊、王俊、于娟及县相关部门、单位主要负责人出席。

5 月 26 日 县八届人大常委会第 27 次会议召开。县人大常委会主任张正华，副主任林启俊、沈康生、李银芳、李刚、刘曙明、张孝将和常委会委员共 20 人出席会议。副县长武正华，县法院院长刘海玉、县检察院检察长童家舟等列席会议。会议听取和审议《生猪屠宰管理条例》和《渔业法》等执法检查报告并进行有关人事任免。

5 月 27 日 县长马俊健主持召开县长办公会，对中考、高考工作，全县面上安全环保问题整改工作及信访稳定工作提出要求。县领导许德智、武正华、戴翠芳、李运连、王晓静、徐莉、顾祝生及相关部门负责人参加。

5 月 28 日 响水籍旅美画家孟昌明水墨新作——《四个四重奏》在苏州展出。县委常委、宣传部部长裴彦贵到场祝贺。孟昌明为新出版的散文集《我看着你的美丽与忧愁》举行签名售书。

5 月 30 日 响水县在县实验小学南校区举办“手拉手 · 我们共成长”盐城、察布查尔县少年儿童手拉手捐赠仪式暨“红领巾人人向党”六一联欢会。新疆察布查尔县县委常委、副县长田国举，市教育局副局长郑英舜、团市委副书记盛艳，副县长戴翠芳等出席。市少工委向察布查尔县少工委捐赠价值 50 万元物资。

6 月 1 日 县委书记潘道津在县实验小学与师生一起欢度“六一”国际儿童节。县领导王娟、沈康生、张孝将、戴翠芳、田国举、于娟等陪同。

6 月 3 日 中共响水县委八届七次全体会议召开，学习贯彻省委关于做好县委换届工作的有关通知精神，讨论通过《关于召开中国共产党响水县第九次代表大会的决议》。县委书记潘道津主持会议并讲话。县委副书记、县长马俊健及许德智、裴彦贵、王娟、邵礼青、朱金南、邹必俊、蚁国红等县委常委出席。县纪委委员列席会议。

△ 县长马俊健主持召开县长办公会，讨论并原则通过《关于免除城乡困难群众、重

点优抚对象基本丧葬服务费的通知》,并对做好当前有关工作进行安排和部署。县领导许德智、武正华、王俊、戴翠芳、刘中连、王晓静、徐莉、王建成、顾祝生出席。

6 月 9 日 响水县设分会场收听收看全省领导干部警示教育电视电话会议。许德智、裴彦贵、王娟、邵礼青等在响水的县四套班子领导出席分会场会议。

6 月 10 日 出席全市新特产业和服务业发展推进会的领导在响水观摩国华港电和荣生电子项目。市、县领导冯永农、陈正邦、戴元湖、丁宇、宋修明、周古城、谷家栋、马俊健、高兆顶、杨毅坚、王娟、朱金南、王俊等参加。

△ 响水沿海冶金产业园控制性详细规划评审会在响水召开,通过响水沿海冶金产业园控制性详细规划。县委副书记、沿海经济开发区工委书记杨毅坚及县相关部门负责人出席。南京工业大学教授朱隆彬等专家组成员应邀出席评审会。

6 月 11 日 由新华社、人民日报、新华日报等 10 多家国家和省级主流媒体组成的省"沿海开发纵深行"采访团在响水县集中采访。县委书记潘道津介绍响水县相关情况并就岸线利用、港口建设和集约节约开发等问题答记者问。县领导杨毅坚、许德智、裴彦贵、张孝将,市沿海办副主任王伟明等陪同。

6 月 13 日 县委书记潘道津主持召开县委常委(扩大)会议,对学习贯彻落实全市新特产业和服务业发展推进会议精神和做好当前工作提出要求。马俊健、张正华、高兆顶、杨毅坚、许德智、裴彦贵、王娟、邵礼青、朱金南、邹必俊等在响水的县四套班子领导出席。

6 月 15 日 县委书记潘道津主持召开县第九次党代会报告征求意见座谈会,就报告起草修改工作提出要求。县委常委、组织部部长王娟,县人大常委会副主任、县委办主任张孝将及部分老干部代表、镇区党工委书记代表、园区主任、部委办局主要负责人代表、企业家代表、县第八届党代表的代表出席。

6 月 17 日 县长马俊健主持召开县长办公会,研究《关于向全县 80 周岁以上老年人发放尊老金的通知》等工作,并就做好当前相关工作进行安排和部署。县领导许德智、武正华、戴翠芳、李运连、刘中连、王晓静、王建成及县相关部门、单位主要负责人出席。

6 月 18 日 县委书记潘道津主持召开县委常委(扩大)会议,讨论县第九次党代会上县委、县纪委工作报告和全县医疗卫生改革方案,对相关工作提出明确要求。马俊健、张正华、高兆顶等县四套班子领导出席。

△ 中共响水县委八届八次全体会议召开。县委书记潘道津主持会议。马俊健、许德智、裴彦贵、邵礼青、朱金南、邹必俊、蚁国红、郭云等县委常委出席。县纪委委员列席会议。会议讨论《中共响水县第八届委员会工作报告》《中共响水县第八届纪律检查委员会工作报告》,表决通过第九届委员会委员、候补委员,县纪委委员候选人建议名单,第九次党代会主席团成员建议名单。

6 月 20 日 县八届人大常委会第 28 次会议召开。县人大常委会主任张正华,副主任林启俊、沈康生、李银芳、李刚、刘曙明、张孝将和人大常委会委员 24 人出席会议。副县长武正华,县人民法院、县人民检察院和相关单位负责人列席会议。会议以无记名投票方式决定免去王俊县人民政府副县长职务、高茂山县监察局局长职务,决定任命魏永明为县监察局局长。

6 月 21 日 响水县庆祝中国共产党成立 90 周年专场文艺晚会在灌江国际大酒店举

行。潘道津、马俊健、高兆顶、杨毅坚等在响水的县四套班子领导与出席县第九次党代会的代表一起观看演出。

6月21~23日 中国共产党响水县第九次代表大会在灌江国际大酒店召开。县委书记潘道津代表中共响水县第八届委员会向大会作《坚持科学发展、跨越发展、和谐发展,加快建设更高水平全面小康新响水》的报告。县委常委、纪委书记朱金南受中共响水县纪律检查委员会常务委员会的委托向大会作县纪律检查委员会工作报告。会议以举手表决方式通过选举办法、选举工作人员名单。以无记名投票方式选举出第九届县委委员31名、县委候补委员6名;选举出县纪委委员15名。23日,全县召开中共响水县委九届一次全会。新一届县委书记潘道津在会上讲话并对加强县委领导班子自身建设提出具体要求。马俊健、杨毅坚等第九届县委委员及候补委员出席会议。县纪委委员列席会议。会议通过无记名投票的方式,选举产生县第九届县委常委、书记和副书记。

6月22日 响水县设分会场收听收看全省安全生产工作电视电话会议。会议贯彻落实省委书记罗志军、省长李学勇关于当前安全生产工作的重要指示和省政府第70次常务会议精神,部署全省安全生产大检查和夏季高温期间安全生产工作。县委常委王俊出席分会场会议。

6月24日 市委常委、盐城军分区政委宋修明在响水开展"七一"期间走访慰问建国前老党员活动。县领导许德智、蚁国红及市、县相关部门负责人陪同。

△ 纪念建党90周年"红十字老区行"慰问仪式在响水举行。市委常委、组织部部长庄兆林,县委书记潘道津,市红十字会会长谷容先分别在慰问仪式上讲话。市委组织部常务副部长尹金来主持仪式。县领导郭云、张孝将、戴翠芳及市、县红十字会相关负责人陪同。

6月25日 浙江省绍兴市委常委、常务副市长陈长兴一行在响水考察。盐城市副市长曹友琥,县领导潘道津、邹必俊、张孝将等陪同。

6月26日 省政府办公厅副主任、省应急办主任谢润盛一行在响水调研指导生态化工园区环境保护工作。县领导马俊健、武正华、徐莉及相关部门负责人陪同。

6月29日 全县庆祝中国共产党成立90周年大会举行。县委书记潘道津到会讲话。县领导马俊健、张正华、高兆顶、杨毅坚、许德智、裴彦贵、朱金南、邹必俊、姜联盟、蚁国红、郭云等出席。

6月30日 县委书记潘道津主持召开县委常委(扩大)会议,研究修订《县委常委会议事规则》,明确党政领导班子成员工作分工,并对领导班子建设工作提要求。马俊健、张正华、高兆顶、杨毅坚、许德智、裴彦贵、邵礼青、朱金南、邹必俊、蚁国红、王俊、郭云等县领导出席。

7月1日 县委书记潘道津,县委常委邹必俊、王俊,县人大常委会副主任、县委办主任张孝将及县委办党支部全体人员收听收看中共中央庆祝中国共产党成立90周年大会直播。

7月7日 县委书记潘道津主持召开县委理论学习中心组专题学习会。学习胡锦涛总书记在庆祝建党90周年大会上的重要讲话精神,传达学习全省沿海地区发展工作推进会、全省企业创新大会主要精神。马俊健、张正华、高兆顶、杨毅坚、许德智、裴彦贵、朱金南、邹必俊、蚁国红、王俊、郭云等在响水的县四套班子领导及相关部门、单位主要负责人出席。

7 月 21 ~22 日 县委工作会议召开。县委书记潘道津讲话。县领导马俊健、张正华、高兆顶、杨毅坚、许德智、裴彦贵、邵礼青、朱金南、邹必俊、姜联盟、蚁国红、王俊、郭云等参加会议。潘道津向获中央表彰的全国先进基层党组织运河镇顺丰蔬菜合作社党总支授牌。杨毅坚宣读《关于 2011 年上半年全县工业项目攻坚考核奖励的决定》。

7 月 23 日 县委书记潘道津主持召开县委常委议军会议。县领导马俊健、张正华、杨毅坚、许德智、裴彦贵、邵礼青、朱金南、邹必俊、蚁国红、王俊、郭云等出席。

7 月 23 ~25 日 市委常委、盐城军分区政委宋修明在小尖镇郭庄村驻点调研新农村建设和基层党组织建设工作并召开座谈会。县领导马俊健、邵礼青出席。

7 月 24 ~29 日 县委书记潘道津率领响水县经贸代表团在香港参加由盐城市统一组织的招商活动。县领导邹必俊、武正华、徐莉，沿海经济开发区、响水经济开发区、响水镇、陈家港镇、小尖镇及县商务局有关负责人参加活动。

7 月 25 日 响水县设分会场收听收看省政府全体(扩大)会议。县长马俊健出席分会场会议并对贯彻落实会议精神提要求。许德智、戴翠芳、李运连、王晓静、王建成、顾祝生等县政府领导班子成员及各镇区、县相关部门负责人出席分会场会议。

7 月 27 日 县八届人大常委会第 29 次会议召开。会议审查和批准县政府关于 2010 年度县本级财政决算草案，听取和审议县政府关于 2010 年度县本级财政预算执行和其他财政收支情况的审计报告等，并以投票表决的方式通过相关决议草案。县人大常委会主任张正华，副主任林启俊、沈康生、李银芳、李刚、刘曙明、张孝将出席。县委常委、常务副县长许德智，县政府副调研员、财政局局长王建成及县法院、县检察院负责人列席。

8 月 4 日 县委书记潘道津主持召开中共响水县第九届委员会第二次全体会议，确定响水县出席市第六次党代会代表候选人预备人选，讨论通过中国共产党响水县代表会议日程安排。全会以投票方式表决通过 47 名候选人预备人选建议名单，确定为响水县出席市第六次党代会代表候选人预备人选；并以举手表决的方式通过《中国共产党响水县代表会议日程安排》。马俊健、杨毅坚、许德智、裴彦贵、邵礼青、朱金南、邹必俊、王俊、郭云等县领导出席。县纪委委员列席。

8 月 6 日 全县党员干部思想作风建设动员大会召开。县委书记潘道津讲话，号召全县上下扎实开展“五治五强五提升”主题教育活动。马俊健、杨毅坚、许德智、裴彦贵、邵礼青、朱金南、邹必俊、王俊、郭云等在响水的县四套班子领导，曾担任县级领导职务的老同志及各镇区，县各部门、单位负责人出席。

△ 响水县设分会场收听收看省、市防汛抗台视频会议。县领导潘道津、马俊健、邵礼青、张孝将、李运连、顾祝生及县防汛指挥部成员单位主要负责人出席分会场会议。

8 月 8 日 工商银行响水陈家港支行举行开业庆典仪式。县委书记潘道津、工商银行盐城分行行长薛田江分别致辞并揭牌。县领导马俊健、杨毅坚、邹必俊、张孝将、刘中连、于娟、徐莉、王建成及市、县工行负责人，县相关部门、单位负责人和客户单位代表出席。

8 月 13 日 全县领导干部学习胡锦涛总书记“七一”重要讲话暨思想作风建设报告会召开。县委书记潘道津主持。省委党校党的建设教研室主任、党史党建教研部教授孙铭作专题辅导。张正华、许德智、朱金南、邹必俊、王俊、郭云等在响水的县四套班子领导及各镇区，各部门、单位负责人参加。

△ 江西省军区原副司令员季崇武将军一行在响水考察调研。县委常委、宣传部部长裴彦贵等陪同。

8月15日 省委常委、副省长黄莉新在响水视察"三农"及脱贫攻坚工作，并慰问省委驻响水扶贫工作队和双港镇的两户贫困户。省委副秘书长胥爱贵主持工作汇报会。省委农工办、省扶贫办主任曲福田，省人社厅副厅长、省委驻响水扶贫工作队队长吴可立，省电力公司副总经理黄卫国，市、县领导李驰、陈还堂、潘道津、马俊健、许德智、邵礼青、姜联盟、张孝将、李运连、武继明、成冠尧及省委驻响水扶贫工作队全体队员出席工作汇报会。县委书记潘道津介绍响水"十一五"期间取得的成绩，以及"十二五"时期的工作思路和目标任务。

8月16日 全县工业经济推进会召开。县委书记潘道津到会讲话。县领导马俊健、张正华、邹必俊、郭云、陈骧、徐莉及各镇区，各部门、单位和县121家定报企业、15户重点在建项目负责人出席。

8月22日 县委书记潘道津率响水县党政代表团在新疆伊犁州察布查尔锡伯自治县考察援疆项目建设、看望援疆干部。县领导张正华、张孝将、武正华、于娟、王建成等参加考察活动。潘道津代表响水县向察布查尔县捐赠70万元资金，用于当地的民生建设。

8月23日 市人大代表市直响水组在响水开展"双联系月"活动。副市长朱传耿、市人大常委会原副主任曹桂英参加。县领导马俊健、林启俊、刘曙明、戴翠芳等陪同。

8月24日 县政协八届13次常委会议召开。会议专题讨论《关于把灌河经济带建成城乡统筹发展示范区》的建议案。县政协主席高兆顶，副主席糜世湘、陆从华、陈骧，秘书长缪成及政协常委出席。

8月25日 市委常委、常务副市长陈正邦在响水县调研指导沿海发展重点项目推进工作，专题会办临海高等级公路建设中的困难和问题。副市长丁建奇，县领导马俊健、杨毅坚、许德智、刘中连及市、县相关部门负责人陪同。

8月25～26日 省级机关工委副书记王晓明一行在响水调研领导干部下基层开展"三解三促"活动情况。县长马俊健，市级机关工委书记崔廷成，县领导郭云、徐莉及县相关部门负责人陪同。

8月27日 中国汇源饮用水及饮料生产基地、江苏星久轴承座、大政汽车零配件、公共检测平台、大恒纺织五个项目在响水经济开发区举行集中开工仪式。县领导潘道津、马俊健、张正华、高兆顶、邹必俊、王俊、张孝将、徐莉及县相关部门、单位负责人出席。

8月30日 县委书记潘道津主持召开主题为"坚持以人为本执政为民理念，发扬密切联系群众优良作风"的县委常委专题民主生活会。县领导马俊健、张正华、高兆顶、杨毅坚、许德智、邵礼青、朱金南、邹必俊、王俊、郭云等出席。朱金南通报征求意见情况。市纪委、市委组织部派人参会。

△ 国华港电1号机组168小时满负荷试运成功。国华电力公司副总经理何成江，县领导潘道津、马俊健、杨毅坚、许德智、刘中连及港电公司领导班子和干部职工代表、参建单位负责人等参加。

△ 响水县设分会场收听收看国家和省全民科学素质行动实施工作电视电话会议。县领导马俊健、王建成及县相关部门负责人出席分会场会议。

8月31日 市委书记赵鹏在响水调研指导工作。县委书记潘道津汇报响水县2011

年以来经济社会发展情况。市、县领导戴元湖、朱传耿、马俊健、张正华、高兆顶、杨毅坚、许德智、邵礼青、邹必俊、王俊、郭云及市、县相关部门主要负责人陪同。

9 月 2 日 响水县设分会场收听收看全省推进党建工作创新工程电视电话会议，学习贯彻胡锦涛总书记在庆祝建党 90 周年大会上的重要讲话，推进党建工作创新工程。县领导潘道津、马俊健、杨毅坚、裴彦贵、朱金南、邹必俊、郭云、林启俊、张孝将、于娟及县相关部门、单位主要负责人出席分会场会议。

9 月 5 日 全县创建省文明城市动员大会召开。县委书记潘道津讲话。县长马俊健对创建工作进行全面动员和部署。张正华、高兆顶、杨毅坚、许德智、裴彦贵、邵礼青、朱金南、郭云等在响水的县四套班子领导及各镇区、县各部委办局负责人出席。

9 月 7 日 由省排球运动协会、省体育竞技管理中心和县政府主办，县体育局承办的 2011 年"联化杯"国际女排对抗赛(响水赛区)在县体育馆举行。县委书记潘道津赛前会见双方队员。省人口计生委主任孙燕丽、省排球中心主任刘斌、市人口计生委主任季德荣、市体育局副局长杨君明及县人大常委会主任张正华等在响水的县四套班子领导应邀观看。

9 月 7 ~ 11 日 响水县代表团在全国第十五届厦洽会期间，成功签约总投资 2.5 亿元商贸服务业项目，其中港资 1.5 亿元。县委常委邹必俊率领经济开发区、沿海经济开发区、生态化工园区和商务局负责人参加洽谈。

9 月 8 日 省人口计生委主任孙燕丽一行在响水调研指导计生工作。市人口计生委主任季德荣，县领导潘道津、邵礼青、戴翠芳等陪同。

9 月 13 日 省委组织部副部长、省人社厅厅长谭颖一行在响水调研指导工作。市委常委、组织部部长庄兆林，县领导潘道津、许德智、姜联盟、郭云、张孝将、武继明、成冠尧等陪同。

9 月 14 日 中国共产党响水县代表会议召开。县委书记潘道津主持会议。马俊健、张正华、高兆顶、杨毅坚、许德智、裴彦贵、邵礼青、郭云等县四套班子领导和来自各条战线的 313 名代表参加。按照党内选举有关规定和市委要求，通过投票选举，潘道津、马俊健、杨毅坚等 38 人当选盐城市第六次党代会代表。

9 月 17 日 第八届中国中小城市科学发展评价体系研究成果发布暨高峰论坛在四川省双流县举办。峰会发布《中国中小城市科学发展评价体系研究报告》。响水县跻身"2011 年度中国最具投资潜力中小城市百强县"，位列第 87 位。县委常委、常务副县长许德智代表响水县出席论坛会，并登台领奖。

9 月 19 日 县委书记潘道津主持召开县委常委(扩大)会议，对当前经济工作提要求。马俊健传达全省城乡建设暨生态文明建设工作会议精神。邵礼青传达全市推进社会建设、创新社会管理、加强群众工作会议精神。张正华、高兆顶、杨毅坚、裴彦贵、朱金南、邹必俊、郭云等在响水的县四套班子领导及县相关部门、单位主要负责人出席。

9 月 21 日 县委书记潘道津、县长马俊健率响水县 38 名市党代表出席市第六次党代会。并于当天召开响水县代表团会议，推选出响水县代表团团长、副团长，酝酿大会议程及大会主席团成员、大会秘书长及代表资格审查委员会成员建议名单。

9 月 22 日 中国共产党盐城市第六次代表大会开幕。响水县代表团讨论审议市委书记赵鹏代表中共盐城市第五届委员会作的《推进科学发展　建设美好盐城　为全面建成小康实现新的跨越合力奋斗》报告。县委书记潘道津、县长马俊健分别参加响水县代表团第一、第二小组讨论并讲话。出席市党代会的县领导杨毅坚、裴彦贵、邵礼青、朱金南、郭云、张孝将、徐莉、王建成等分组参加讨论。

△ 以“永远跟党走、再创新辉煌”为主题的响水县第八届文化艺术周开幕式举行。县长马俊健致辞。江西省军区原副司令员季崇武夫妇、中国人民解放军防空兵学院原政委张训彩、省委组织部原副部长孙富忠,县领导高兆顶、裴彦贵、沈康生等应邀观看。

9月23日 江西省军区原副司令员、中国根艺美术学会副主席、中国观赏石协会高级顾问季崇武将军根石艺作品回乡展在县体育馆开展。解放军防空兵学院原政委、中国观赏石协会高级顾问张训彩将军在开展仪式上讲话。县内外领导、嘉宾金川、孙富忠、王清、徐益民、陈建新、王效平、周崇华及马俊健、高兆顶、许德智、裴彦贵、林启俊、沈康生、李银芳、刘曙明、糜世湘等县四套班子领导出席开展仪式。

9月27日 县八届人大常委会第31次会议召开。县人大常委会主任张正华,副主任林启俊、沈康生、李银芳、李刚、刘曙明、张孝将等出席。县政府副调研员顾祝生及县法院、文明办、农办和政府有关部门负责人列席。会议听取和审议县人大常委会关于《江苏省城市市容环境卫生管理条例》的执法检查报告和县政府关于农村财务管理情况的报告。会议听取县政府关于落实县人大常委会《生猪屠宰管理条例》执法检查报告审议意见情况的报告,并举办《社会保险法》法制讲座。

△ 响水县举行首届“十大孝子”及提名奖获得者颁奖晚会。县领导高兆顶、许德智、裴彦贵、刘曙明、戴翠芳、于娟等出席。

9月30日 响水县设分会场收听收看全省保障和改善民生“六大体系建设”推进工作电视电话会议。县领导马俊健、许德智、戴翠芳、李运连、王建成、顾祝生及县相关部门负责人出席分会场会议。

10月1日 县委书记潘道津在县三大园区部分企业和重点在建项目现场开展节日慰问活动,向国庆期间坚守岗位、加班加点的项目建设者、企业和园区干部员工送去节日的问候。县领导杨毅坚、邹必俊、张孝将、糜世湘、徐莉及县相关部门负责人陪同。

△ 县长马俊健慰问国庆期间坚守岗位的一线干部职工,向他们送去节日的祝福。县领导沈康生、刘中连、王晓静、于娟、顾祝生等随同。

10月8日 全县三季度项目工作点评暨冲刺四季度动员大会召开。县委书记潘道津要求全县上下迅速掀起“大干四季度、奋力抓冲刺”的热潮,确保全面完成全年各项目标任务,确保实现“十二五”良好开局。马俊健、张正华、高兆顶、许德智、裴彦贵、朱金南、邹必俊、郭云等在响水的县四套班子领导出席。

10月9日 省委副书记、省长李学勇在响水县考察调研指导经济社会发展工作。李学勇对响水县近年来取得的发展业绩给予高度评价,认为响水干群解放思想、开拓创新、艰苦创业、拼搏争先,经济社会又好又快发展。希望响水县更加积极抢抓沿海开发上升为国家战略的重大机遇,加快发展方式转变和产业转型升级,坚定不移地走新型工业化、城镇化、农业现代化“三化同步”的科学发展之路,充分发挥好空间大、潜力大的后发优势,又好又快地推进沿海开发。省政府秘书长樊金龙及省相关部门主要负责人随同。市、县领导赵鹏、魏国强、陈正邦、戴元湖、潘道津、马俊健、杨毅坚、许德智、邹必俊、张孝将、徐莉、顾祝生等陪同。

10 月 10 日 广西壮族自治区党委常委、广西军区政委李文潮少将在家乡响水考察。县人大常委会主任张正华、县人武部政委陈士林等陪同。

10 月 12 日 县政协八届 14 次常委会议召开。会议专题讨论《关于推进企业科技创新的建议案》。县政协主席高兆顶,副主席糜世湘、陆从华、陈骧、于娟,秘书长缪成及各位常委出席。县经信委、科技局等相关部门负责人应邀列席。

10 月 13 日 全市中心组理论学习巡听工作推进会在响水县召开。市委宣传部副部长蒋东仁,县委常委、宣传部部长裴彦贵及各县(市、区)宣传部门相关负责人出席。

10 月 17 日 省委副书记、组织部部长石泰峰在响水县调研指导工作,对响水的经济社会发展和基层党建工作给予肯定并提出希望。市、县领导赵鹏、魏国强、李驰、戴元湖、庄兆林、潘道津、马俊健、杨毅坚、许德智、张孝将、顾祝生等陪同。

10 月 20 日 由省文化厅主办、省文化馆和市文广新局承办的"美好江苏"——文化民生基层巡演暨盐城市第六届十馆联动"和谐文化到农家"下基层演出队在陈家港中心小学开展演出活动。省文化馆副馆长李平,县委常委、宣传部部长裴彦贵,县政协副主席于娟等参加。

10 月 24 日 全县创新社会管理加强群众工作会议召开。县委书记潘道津到会讲话。县长马俊健作主题报告。县领导张正华、高兆顶、邵礼青、王晓静及各镇区,县相关部门、单位主要负责人出席。

10 月 27 日 响水县城总体规划修编工作汇报会召开。同济大学城市规划设计院编制人员汇报修编工作情况。县领导潘道津、马俊健、张正华、高兆顶、许德智、沈康生、张孝将、刘中连、糜世湘、王建成、顾祝生及县相关部门、单位主要负责人、规划编制人员出席。

△ 县委书记潘道津主持召开县委理论学习中心组专题学习会,重点学习中共十七届六中全会和省委十一届十二次全会精神。马俊健、张正华、高兆顶、许德智、裴彦贵、邵礼青、邹必俊等在响水的县四套班子领导及县相关部门、单位负责人出席。

10 月 28 日 江苏响水农村商业银行股份有限公司创立大会暨第一次股东大会召开。县长马俊健出席并讲话。邹必俊、王晓静、王建成等县领导和省信用联社、盐城银监分局负责人等出席。丁克鹏当选江苏响水农村商业银行股份有限公司董事长,袁强被聘任为行长,王胜海当选为监事长。

11 月 3 日 全县优化经济发展环境暨思想作风建设警示教育大会召开。县长马俊健到会讲话。县领导张正华、高兆顶、杨毅坚、裴彦贵、朱金南等出席。

11 月 5 日 县长马俊健主持召开县长办公会,研究部署当前经济工作和信访稳定工作。县领导许德智、邵礼青、武正华、戴翠芳、李运连、刘中连、王晓静、徐莉、王建成、顾祝生及相关部门负责人出席。

11 月 8 日 市委常委、盐城军分区政委宋修明在响水县检查指导 2011 年冬季征兵工作。县领导马俊健、许德智等陪同。

△ 全国人大代表、市人大常委会副主任马成志带领部分全国、省、市、县人大代表视察县检察院群众工作及预防职务犯罪工作。市检察院检察长唐元高,县领导马俊健、张正华、杨毅坚、邵礼青、李银芳等陪同。

11 月 12 日 县委常委(扩大)会议召开,传达学习省十二次党代会精神。县委书记潘道津主持会议。马俊健、张正华、高兆顶、杨毅坚、许德智、裴彦贵、邵礼青、朱金南、邹必俊、郭云等在响水的县四套班子领导，以及曾担任过县领导职务的老干部代表，各镇区、各部门主要负责人出席。

11 月 15 日　县八届人大常委会第 32 次会议召开。会议传达省、市换届选举工作会议精神，审议并通过相关决定（草案）。县人大常委会主任张正华，副主任林启俊、沈康生、李银芳、李刚、刘曙明、张孝将等出席。县法院县、检察院负责人列席。

11 月 16 日　县长马俊健主持召开全县经济指标分析推进会。会议分析 1 ~ 10 月份指标完成情况，对 11 月份指标进行预测。县领导许德智、王建成及县相关部门主要负责人出席。

11 月 19 日　响水县召开县镇两级人大换届选举工作会议。县委书记、县换届选举领导小组组长潘道津到会讲话。县人大常委会主任、县选举委员会主任张正华部署换届选举工作。县领导高兆顶、许德智、裴彦贵、朱金南、郭云、林启俊、沈康生、李银芳、刘曙明、张孝将及县相关部门、单位负责人出席。

△　响水县举行百名海外博士江苏行 · 响水站——人才引进推介现场会。县委书记潘道津致辞。省人才流动服务中心副主任苏建介绍在响水博士的有关情况。县领导马俊健、许德智、姜联盟、郭云、张孝将、徐莉及在响水的 21 名海外博士出席。

11 月 21 日　省委宣讲团成员、省发改委副主任、党组成员张卫东在响水县宣讲省第十二次党代会精神。县委书记潘道津主持报告会。马俊健、张正华、杨毅坚、许德智、裴彦贵、朱金南、邹必俊、郭云等在响水的县四套班子领导及县相关部门、单位主要负责人出席。

△　全市“三千”（“千人千企千村”服务行动）、“三才”（“聚才育才用才”人才行动）现场推进会在响水举行。市人社局局长周强宁，县领导马俊健、许德智等出席活动。

11 月 24 日　市委书记赵鹏率领出席盐城市新特产业、服务业和沿海发展重点项目推进会的与会人员在响水县观摩重点项目建设发展情况。赵鹏对响水县 2011 年以来加快推进新特产业发展、全力突破服务业、强势推进沿海开发取得的成绩给予肯定。李驰、陈正邦、戴元湖、章大李、丁宇、刘德明、宋修明、庄兆林、张礼祥、陈红红、潘道津、马俊健、高兆顶、杨毅坚、许德智、朱金南、邹必俊、郭云等市、县领导出席活动。

△　县八届人大常委会第 33 次会议召开。会议听取和审议县政府副调研员、县财政局局长王建成关于全县 1 ~ 10 月份财政预算执行情况的报告，审查和批准 2011 年县本级财政预算调整方案；听取和审议县政府对县人大常委会关于 2010 年县本级财政决算和 2011 年上半年财政预算执行情况、全县上半年经济运行情况、县八届人大四次会议代表建议办理情况和《渔业法》执行检查报告等审议意见落实情况及 2010 年县本级财政预算执行和其他财政收支审计问题的整改落实情况的报告。会议讨论通过关于表彰部分人大代表为“创业之星”的决定（草案）。会议进行相关人事任免。县人大常委会主任张正华，副主任林启俊、沈康生、李银芳、李刚、刘曙明、张孝将和人大常委会委员 20 人出席。县政府，县法院、县检察院负责人列席。

11 月 26 日　市委副书记、代市长魏国强，市委副书记李驰带领市直有关部门负责人在响水县调研指导工作。魏国强对响水县经济社会发展所取得的成绩给予肯定。县委书记潘道津介绍响水县经济社会发展情况。马俊健、张正华、高兆顶、杨毅坚、许德智、裴彦贵、邵礼青、朱金南、邹必俊等在响水的县四套班子领导陪同。

11 月 27 日 由国家统计局江苏调查总队副总队长张祖明为组长的省文明城市测评组在响水测评。县委书记潘道津汇报响水县创建省文明城市工作情况。县领导许德智、裴彦贵、沈康生、张孝将、戴翠芳、于娟及县相关部门、单位负责人出席汇报会。

11 月 29 日 由省委宣传部、省文学艺术界联合会主办，省文化交流中心、省京剧院协办的“品高雅艺术，与时代同行——国粹京剧‘走进响水’惠民演出”在灌江国际大酒店举行。省人社厅副厅长吴可立等“五方挂钩”帮扶协调小组各成员单位相关负责人，县领导裴彦贵、邵礼青、姜联盟、武继明、成冠尧等出席。

△ 新疆伊犁哈萨克自治州党委常委、察布查尔锡伯自治县县委书记王奕文率党政代表团在响水参观考察。市人大党组副书记周德祥，县领导潘道津、马俊健、张正华、高兆顶、杨毅坚、许德智等在响水的县四套班子领导出席活动。

△ 响水县召开脱贫攻坚工作汇报会。省人社厅副厅长、省委驻响水扶贫工作队队长吴可立讲话。省经信委副主任周毅彪等“五方挂钩”帮扶协调小组各成员单位相关负责人，县领导邵礼青、姜联盟、武继明、成冠尧等出席。

11 月 30 日 全国人大代表、全国政协委员、海澜集团董事长周建平夫妇一行在响水开展红十字会“博爱助学”工程爱心捐赠活动。县委书记潘道津致辞。江阴供电公司总经理储政伟，县领导邵礼青、姜联盟、张孝将、戴翠芳及县相关部门、单位负责人出席。潘道津与周建平一起为“响水县红十字留守儿童之家——海澜班”揭牌，并向受助留守儿童代表发放学习用品。海澜集团向响水县红十字“博爱助学”工程捐赠人民币 30 万元。

△ 县委书记潘道津主持召开县委常委（扩大）会议。马俊健传达全市新特产业、服务业和沿海发展重点项目推进会和全市农村环境综合整治工作动员大会精神。张正华、高兆顶、杨毅坚、许德智、裴彦贵、朱金南、邹必俊、郭云等在响水的县四套班子领导出席。

12 月 2 日 响水县工商业联合会第五次会员代表大会召开。会议听取并一致通过县工商联四届执委会工作报告，选举产生响水县工商联第五届执委会全部领导成员。市政协副主席、市工商联主席吕拔生到会讲话。县委书记潘道津到会并对今后工商联工作提出要求。邹必俊、郭云、李刚、徐莉等县领导及工商联各界会员代表出席。

12 月 3 日 全县农村环境综合整治动员大会召开。县委书记潘道津讲话。县领导马俊健、张正华、杨毅坚、许德智、裴彦贵、朱金南、邹必俊、郭云等在响水的县四套班子领导及各镇区，县相关部门、单位主要负责人出席会议。各镇、中心社区、经济开发区和生态化工园区向县政府递交《农村环境综合整治工作目标责任状》。

12 月 6 日 县八届人大常委会第 34 次会议召开。县人大常委会主任张正华，副主任沈康生、李银芳、李刚、刘曙明、张孝将和委员共 21 人出席会议。县法院、检察院负责人，县人大常委会各工作委员会副主任列席会议。会议听取《关于提请补选崔潮同志为盐城市第六届人大代表的议案》，补选崔潮为盐城市第六届人大代表。

12 月 9 日 盐城市 0～3 岁儿童早期发展工作交流会在响水召开。省计生委副巡视员洪浩，市计生委主任季德荣，县领导潘道津、邵礼青、戴翠芳及省、市、县条线负责人出席。

△ 市人大常委会副主任、市总工会主席陈卫国一行在响水县调研指导县镇人大换届选举工作。县人大常委会主任张正华、副主任刘曙明及相关部门负责人陪同。

12 月 10 日　县委书记潘道津主持召开县委常委(扩大)会议,传达学习市政协工作会议精神。马俊健、高兆顶、杨毅坚、许德智、裴彦贵、邵礼青、朱金南、邹必俊、郭云等县领导及县相关部门、单位主要负责人出席。

12 月 13 日　县委书记潘道津主持召开 2012 年全县工作思路座谈会。马俊健、张正华、高兆顶、杨毅坚、许德智、裴彦贵、邵礼青、朱金南、邹必俊、郭云等在响水的县四套班子领导及各部门、单位负责人出席。

12 月 14 日　省人大常委、省农科院院长严少华率领省人大代表省直盐城组 10 多人在响水视察沿海开发工作。市人大常委会副主任周古城,县领导潘道津、马俊健、张正华、杨毅坚、许德智、张孝将等陪同。

12 月 15 日　县委书记潘道津主持召开 2012 年全县重点项目、实事工程过堂会。县领导马俊健、杨毅坚、许德智、邵礼青、朱金南、邹必俊、张孝将、戴翠芳、李运连、刘中连、顾祝生及县相关部门、单位主要负责人出席。

12 月 18 日　响水县组织开展公推公选科级优秀年轻干部面试,20 名"两代表、一委员"(人大代表、党代表,政协委员)全程参与监督。县领导郭云、李银芳、于娟出席。

12 月 24 日　响水农村商业银行开业庆典仪式在灌江国际大酒店举行。省信用联社副主任吴瑕、县委书记潘道津分别讲话并为该行开业揭牌。县领导马俊健、邹必俊、张孝将,市工商局、市人行、市银监局,县相关金融单位,各园区、镇(社区),省市属及县直各单位,县重点企业等 300 多人出席。

△　响水县见义勇为基金会成立大会召开。县长马俊健主持会议。市见义勇为基金会副理事长陈乃顺,县领导张正华、裴彦贵、王晓静及各镇区,县相关部门、单位主要负责人出席。

12 月 26 日　省委考察组组长、苏州市政协副主席邱岭梅一行在响水考察经济社会发展情况。县领导潘道津、杨毅坚、许德智、张孝将、徐莉及县相关部门、单位负责人陪同。

△　县委书记潘道津、县长马俊健召集三个园区及县相关部门负责人会办元旦、春节项目开工情况。县领导张孝将、徐莉等出席。

12 月 28 日　县委书记潘道津主持召开 2012 年度主要经济指标计划安排工作会。县领导马俊健、许德智、邵礼青、邹必俊、张孝将、王建成等出席。

12 月 29 日　盐城市政协原主席计高成带领市政协老同志在响水参观考察。县委书记潘道津介绍全县经济社会发展情况。县领导高兆顶、杨毅坚、许德智、张孝将、糜世湘、徐莉等陪同。

△　县委书记潘道津主持召开县委常委(扩大)会议,传达学习全省经济工作会议、市委工作会议等会议精神,讨论县委九届二次全会工作报告、会议方案和响水县《关于进一步加强和改进人民政协工作的意见》。马俊健、张正华、高兆顶、杨毅坚、许德智、裴彦贵、邵礼青、朱金南、邹必俊、郭云等在响水的县四套班子领导及各镇区,县各部门、单位负责人出席。

12 月 31 日　响水县"五治五强五提升"主题教育活动总结大会召开。县委书记潘道津讲话。马俊健、张正华、高兆顶、杨毅坚、邵礼青、朱金南、郭云等县四套班子领导及县相关部门、单位主要负责人出席。

2012 年

1月1日　响水县举行元旦项目集中开工活动,开工项目 17 个,总投资 38.3 亿元。市、县领导李驰、潘道津、马俊健、张正华、高兆顶、许德智、朱金南、邹必俊、郭云、张孝将、武正华、徐莉、顾祝生等为联化科技省级博士后创新实践基地暨联化工业园项目和润生广场项目剪彩奠基。

1月3日　中共响水县委九届二次全会召开。县委书记潘道津作《加快转型发展、奋力进位争先,为早日建成更高水平全面小康新响水而努力奋斗》主题报告和县委常委会工作报告。马俊健、杨毅坚、许德智、裴彦贵、邵礼青、朱金南、邹必俊、郭云等县委领导出席。会议以举手表决的方式,通过中国共产党响水县第九届委员会第二次全体会议决议,同时对县委 2011 年度干部选拔任用工作和新选拔任用的正科职领导干部进行民主评议。28 名县委委员和 6 名候补委员出席。县纪委委员和不是县委委员、候补委员的县人大、县政府、县政协的负责人及县相关部门、单位负责人列席。

△　全县政协工作会议召开。县委书记潘道津、县长马俊健分别讲话。县政协主席高兆顶总结部署工作。张正华、杨毅坚、许德智、裴彦贵、邵礼青、朱金南、邹必俊等在响水的县四套班子领导和部分老同志代表在主席台就座。

1月5日　市委副书记李驰率市检查组在响水县检查 2011 年度党风廉政建设责任制和反腐倡廉工作落实情况。潘道津、马俊健、张正华、高兆顶等在响水的县四套班子领导及市委副秘书长、市委农办主任徐国均,市纪委副书记刘正秀等检查组成员出席工作情况汇报会。

△　市委副书记李驰在响水县检查指导农村环境综合整治工作。县委书记潘道津,县长马俊健,市委副秘书长、市委农办主任徐国均及县领导张孝将、顾祝生等陪同。

1月6日　市委书记赵鹏和冯永农、陈正邦、戴元湖、周德祥等市四套班子领导在响水县开展慰问活动。县领导潘道津、马俊健、张正华、高兆顶、许德智、张孝将、李运连等陪同。

△　省红十字会常务副会长张立明在响水开展"博爱送万家"活动。省红十字会向响水县红十字会捐赠价值 20 万元的慰问物资,向贫困户捐赠慰问品及慰问金。市红十字会会长谷容先,县领导姜联盟、戴翠芳等陪同。

1月7日　县委书记潘道津主持召开县人大、县政府、县政协换届考察二次会议。市考察组组长、市级机关工委书记周俊讲话。县领导马俊健、张正华、高兆顶、杨毅坚、许德智、裴彦贵、朱金南、邹必俊、郭云及县委委员、候补委员等出席。

1月12日　出席市六届人大五次会议的 39 名响水县代表集中审议市政府工作报

告。副市长朱传耿、县委书记潘道津及县领导张正华、许德智、郭云、李运连、田国举等参加审议讨论活动。

1月16日 市委副书记李驰在响水县裕廊化工、大和氯碱等企业调研指导安全生产工作。县领导潘道津、马俊健、邹必俊、张孝将、刘中连、王晓静、徐莉及县相关部门负责人陪同。

△ 响水县设分会场收听收看国家、省住房保障工作电视电话会议。县长马俊健出席。县住建局、监察局、民政局等部门、单位负责人出席分会场会议。

1月17日 响水县召开2012年春节团拜会。县委书记潘道津讲话。张正华、高兆顶等在响水的县四套班子领导和各镇区，县各部门、单位主要负责人及社会各界人士代表出席。

1月18日 县委书记潘道津主持召开县委常委(扩大)会议，传达学习市"两会"和省纪委全会、省宣传工作会议精神，讨论2011年度全县目标任务绩效考核表彰方案。马俊健、张正华、高兆顶等在响水的县四套班子领导及各镇区，县相关部门、单位负责人出席。

△ 全县召开政法工作会议。潘道津到会讲话。马俊健、邵礼青、李银芳、王晓静、糜世湘等县领导出席。各镇区主要负责人递交《2012年度社会管理综合治理暨平安建设、法治建设责任书》。

△ 全县召开城建和交通工作会议。马俊健、张正华、高兆顶、杨毅坚、沈康生、刘中连、糜世湘、顾祝生等县四套班子领导及各镇区、县相关部门主要负责人出席。

1月19日 全县召开党的建设工作会议。县委书记潘道津到会讲话。马俊健、杨毅坚、许德智、裴彦贵、邵礼青、朱金南、邹必俊、郭云等县委领导出席。县委常委向县委书记潘道津递交《2012年党风廉政建设工作责任书》。各镇区负责人递交《2012年党建工作目标责任书》和《2012年党风廉政建设责任书》。

△ 中国共产党响水县第九届纪律检查委员会第二次全体会议召开。县纪委常委会主持会议。全会审议通过县委常委、纪委书记朱金南所作《把握新形势，明确新任务，努力开创反腐倡廉工作新局面》报告。

△ 全县召开水利改革发展暨新一轮绿色响水建设工作会议。县委书记潘道津到会讲话。县领导马俊健、张正华、高兆顶、邵礼青、李刚、李运连、陆从华及县相关部门、单位主要负责人出席。

1月23日 县委书记潘道津一行先后在沿海经济开发区和生态化工园区，慰问春节期间坚守岗位的园区和企业工作人员。县领导杨毅坚、张孝将、徐莉、陈骧及县相关部门负责人随同。

△ 县长马俊健一行慰问春节期间坚守岗位的企业职工、交巡警、环卫工人和城管队员。县领导李运连、刘中连、沈康生、于娟、王建成、顾祝生等随同。

1月29日 响水县设分会场收听收看盐城市2011年度目标任务绩效考核表彰大会。县委书记潘道津出席盐城主会场会议。马俊健、张正华、高兆顶等在响水的县四套班子领导，县各部门、单位主要负责人收听收看大会实况直播。2011年，响水县获县(市、区)综合先进奖及招商引资工作先进集体，新兴产业和特色产业先进集体，城乡统筹发展和新农村建设先进集体,安全生产工作先进集体,工业发展先进县,工业“三百”工程先进集体,财税贡献先进县,沿海开发工作先进县,开放型经济工作先进集体,就业工作先进县,社会保障工作先进集体,脱贫攻坚工程先进县,投融资工作先进集体,文化建设先进集体,党建、“强基工程”优秀奖,“五好班子建设”优秀奖,人口与计划生育工作先进县等 19 个单项奖项。潘道津、马俊健等人被表彰为绩效考核综合先进个人。

△ 响水县举行“2012 年新春服务企业用工 · 帮助群众就业”大型招聘会。县委书记潘道津致辞。县领导马俊健、张正华、高兆顶等及各镇区,县相关部门负责人出席。招聘会组织县内外造船、化工、能源、医药、电子、纺织等行业 110 家用人单位参加,招聘 90 多个工种、6600 多个岗位。

1 月 30 日 全县召开 2011 年度目标任务绩效考核表彰大会。县委书记潘道津讲话。马俊健、杨毅坚、张正华、高兆顶、许德智、邵礼青、朱金南、郭云、李运连、刘中连等县领导及各镇区、县各单位主要负责人,受表彰单位和个人代表出席。

1 月 31 日 市长魏国强在响水调研指导港城建设和沿海开发工作。县领导潘道津、马俊健、杨毅坚、许德智、张孝将及市、县相关部门、单位主要负责人陪同。

2 月 2 日 县委书记潘道津主持召开县委常委(扩大)会议,研究明确县委、县政府班子成员工作分工并部署当前工作。马俊健、张正华、高兆顶、杨毅坚、许德智、邵礼青、王旭东、朱金南、郭云、李运连、刘中连等在响水的县四套班子领导出席。

△ 县八届人大常委会召开第 35 次会议。会议审议通过关于接受林启俊、李银芳辞去县八届人大常委会副主任职务请求的决定并进行相关人事任免。县人大常委会主任张正华,副主任沈康生、李刚、刘曙明、张孝将和委员共 22 人出席。县长马俊健,县委常委、组织部部长郭云,县人大常委会党组副书记裴彦贵,县人民检察院检察长童加舟,县人民法院负责人,县人大常委会各委、室负责人列席。

2 月 4 日 全县召开人口和计划生育工作会议。县委书记潘道津、市人口计生委主任季德荣分别讲话。县领导邵礼青、沈康生、戴翠芳、陈苏红及各镇区(场),县各部门、单位主要负责人出席。

2 月 5 日 新疆察布查尔锡伯自治县县长王春光率党政代表团在响水县参观考察,洽谈交流结对合作、产业援疆等工作。潘道津、马俊健、张正华、高兆顶、杨毅坚等在响水的县四套班子领导出席。

2 月 6 日 响水县设分会场收听收看市实施“千百十工程”(即在全市范围内组织实施千家企业升级、百家企业重组和十家企业上市工程)电视电话动员大会。县委书记潘道津出席分会场会议并讲话。县领导沈康生、张孝将、孙庆树、糜世湘及各镇区,县相关部门、单位、企业负责人出席分会场会议。

2 月 7 日 响水县设分会场收听收看全省深入推进市、县党政领导干部下基层“三解三促”活动电视电话会议。会议动员部署市、县领导干部下基层“三解三促”和领导干部大接访工作。县领导杨毅坚、许德智、王旭东、朱金南、郭云等县四套班子领导出席分会场会议。

2 月 8 日 悦达集团董事局副主席、总裁邵勇一行在响水参观考察。县委书记潘道津介绍响水县经济社会发展情况。双方洽谈合作共建港城工作事宜并达成共识。县领导许德智、王旭东、张孝将及县相关部门、单位负责人陪同。

2月11日 全县召开公安工作会议。县委书记潘道津到会讲话。县领导许德智、李运连、裴彦贵、糜世湘及公安系统中层以上干部出席。

△ 县总工会八届五次全委(扩大)会议召开。会议替补、增选县总工会八届委员会委员、常委、副主席,表彰2011年度工会工作先进集体和个人。县委常委、组织部部长郭云到会讲话。

2月14日 县委书记潘道津主持召开县委常委(扩大)会议,传达学习省、市有关会议精神,研究部署当前工作。马俊健、张正华、高兆顶、杨毅坚、许德智、王旭东、朱金南、郭云、李运连、刘中连等在响水的县四套班子领导出席。

2月15日 响水县与江苏环保产业股份有限公司污水处理项目合作签约仪式在灌江国际大酒店举行。县委书记潘道津致辞。县长马俊健主持签约仪式。中国江苏国际经济技术合作公司副总经理、江苏环保产业股份有限公司董事长李有纯,县领导王旭东、张孝将、顾祝生及县相关部门、单位负责人出席。

2月18日 全县召开工业和开放型经济工作会议。县委书记潘道津到会讲话。马俊健、高兆顶、杨毅坚、许德智、王旭东、朱金南、郭云、李运连、刘中连等在响水的县四套班子领导出席。

△ 全县召开财税、金融、统计、审计、价格工作会议。县委书记潘道津到会讲话。县领导杨毅坚、许德智、张孝将、徐莉、陈骧、王建成等出席。

2月23日 响水县设分会场收听收看中纪委、中组部联合召开的严肃换届纪律、深入整治用人上不正之风工作推进电视电话会议。县领导潘道津、张正华、朱金南、郭云、刘中连、陈骧等出席分会场会议。

2月27日 省档案局副局长齐丽华在县档案局调研指导工作。县长马俊健,市档案局局长徐晓明、副局长赵弘迈,县委常委、纪委书记朱金南,副县长武正华陪同。

3月2日 响水县举行全县"学习雷锋好榜样"志愿者集中行动启动仪式。县委书记潘道津在仪式上讲话,并为志愿者服务队授旗。县领导刘中连、沈康生、张孝将、戴翠芳、于娟及"雷锋车"志愿服务组、文明交通劝导志愿服务组等10个志愿服务组约500名志愿者参加。

△ 响水县举行仪式,欢迎以省人社厅离退休干部处调研员翟荣炎为队长的新一届省委驻响水帮扶工作队。县委书记潘道津介绍响水经济社会发展和脱贫攻坚工作情况。县长马俊健主持欢迎仪式。市委副秘书长徐国均,县领导张正华、邵礼青、张孝将、陆从华、王建成等出席。

△ 市人大常委会原副主任袁世珠和深圳市中科招商创业投资有限公司负责人一行在响水调研指导项目经济工作。县领导潘道津、马俊健、许德智及县经信委、发改委、金融办等负责人陪同。

3月5~9日 县长马俊健率响水县党政代表团在四川考察学习城乡统筹发展经验。县领导李刚、杨荣生、陆从华、顾祝生及县相关镇区、部门、试点村居负责人参加。

3月9日 县八届人大常委会召开第36次会议。县人大常委会主任张正华,党组副书记裴彦贵,副主任沈康生、刘曙明、张孝将和常委会委员共15人出席。县委常委、常务副县长许德智等列席。会议审议通过关于召开响水县第九届人民代表大会第一次会议的决定，讨论县第九届人民代表大会第一次会议相关事项和县人大常委会工作报告等。

3月12日 县委书记潘道津参加市组织的集中植树活动。县领导马俊健、高兆顶、邵礼青、王旭东、朱金南、郭云等参加在响水县南河镇昌盛村集中开展的植树造林活动。

△ 四川省罗江县县委书记罗宗志率党政代表团在响水考察经济社会发展情况。县领导马俊健、徐莉、孙庆树等陪同。

△ 响水县设分会场收听收看全市安全生产工作紧急电视电话会议。县领导马俊健、孙庆树、杨荣生及县相关部门、单位主要负责人出席分会场会议。

△ 县长马俊健主持召开县政府全体(扩大)会议，讨论即将提请县九届人大一次会议审议的《政府工作报告》并部署当前工作。县领导许德智、武正华、戴翠芳、徐莉、孙庆树、杨荣生、王建成、顾祝生及政府组成部门、单位主要负责人出席。裴彦贵、陈骧应邀列席。

3月13~15日 县委书记潘道津在浙江湖州、富阳等地开展招商考察活动。县委副书记、县政协党组书记、沿海经济开发区工委书记杨毅坚和县发改委、环保局、水务局、沿海经济开发区主要负责人陪同。

3月14日 省人口计生委副主任徐东红一行在响水督查指导"两非"整治工作，并察看县二院关爱女孩病房、亚邦药业和县"两非"警示教育中心。市人口计生委主任季德荣、县委常委邵礼青陪同。

3月15日 2012年响水(温州)沿海开发重大项目招商推介会在浙江温州香格里拉大酒店举行。现场签约项目30个，协议总投资85.2亿元。县委书记潘道津致辞。县领导马俊健、杨毅坚、刘中连、裴彦贵、孙庆树、陈苏红及各镇区，县各部门主要负责人，浙江及周边地区工商界人士近百人参加。

3月19日 县委书记潘道津主持召开县委常委(扩大)会议，讨论县"两会"相关工作报告和会议方案并部署当前工作。马俊健、张正华、高兆顶、杨毅坚、许德智、邵礼青、王旭东、朱金南、郭云、李运连、刘中连等在响水的县四套班子领导出席。

3月20日 盐阜大众报报业集团2012年度理论务虚会在响水召开。盐阜大众报社社长、总编辑周爱群及全体中层以上干部出席。县委书记潘道津致辞。县领导刘中连、戴翠芳参加。

3月23日 2012年盐城市第一次综治办主任会议在响水县召开。县长马俊健，市政法委副书记、综治办主任徐龙波，县委常委、政法委书记李运连及各县(市、区)综治办主任出席。

3月25~27日 政协响水县第九届委员会第一次会议召开。县政协主席高兆顶主持开幕式。县委副书记、县政协党组书记杨毅坚致开幕词。县政协副主席陈骧作政协县第八届委员会常务委员会工作报告。县政协副主席陈苏红作政协县八届一次会议以来提案工作情况的报告。大会选举杨毅坚为县政协主席，选举陈骧、陈苏红、陆从华、于娟、武瑾为县政协副主席，同时选举产生政协常务委员。县政协原主席高兆顶到会讲话。常委会议通过县政协第九届委员会专门委员会、委员联络人员名单及各委组负责人名单。政协主席杨毅坚致闭幕词。政协副主席陈骧主持闭幕大会。大会表彰20名"双好"委员和

15件优秀提案；审议通过县政协九届一次会议决议、县政协九届一次会议提案工作报告和提案审查报告的决议。

3月26日 国务院召开第五次廉政工作电视电话会议。省、市随后召开会议，部署贯彻落实工作。响水县设分会场收听收看。县委常委、常务副县长许德智出席分会场会议并讲话。

3月26～28日 响水县第九届人民代表大会第一次会议召开。大会选举潘道津为县第九届人民代表大会常务委员会主任，裴彦贵、李刚、刘曙明、张孝将为县第九届人民代表大会常务委员会副主任；选举马俊健为县人民政府县长，许德智、武正华、戴翠芳、徐莉、孙庆树、杨荣生为县人民政府副县长；选举刘海玉为县人民法院院长，童加舟为县人民检察院检察长。大会选举产生县第九届人民代表大会常务委员会委员和响水县出席市第七届人民代表大会的代表。新当选的县人民政府县长马俊健发表就职讲话。大会通过《关于响水县人民政府工作报告的决议》《关于响水县2011年国民经济社会发展计划执行情况和2012年国民经济社会发展计划的决议》《关于响水县2011年财政预算执行情况和2012年财政预算的决议》《关于响水县人大常委会工作报告的决议》《关于响水县人民法院工作报告的决议》《关于响水县人民检察院工作报告的决议》，通过将《关于加快供水全覆盖，保障饮水安全惠民生的议案》和《关于加强基础建设，全力推进教育现代化进程的议案》列为本次会议议案的决议。

3月29日 县九届人大常委会第一次主任会议召开。会议明确人大常委会主任、副主任工作分工，研究讨论县人大年度工作计划和常委会工作要点。县委书记、县人大常委会主任潘道津主持会议并讲话。县人大常委会副主任裴彦贵、李刚、刘曙明、张孝将出席。人大常委会有关工作机构负责人及工作人员列席。

△ 省档案局局长谢波一行在响水调研。县领导潘道津、杨毅坚、朱金南、张孝将、徐莉等陪同。

3月30日 响水县设分会场收听收看全市开展“三大排查”（排查化解社会矛盾纠纷、排查整治安全环保治安隐患、排查解决基层基础薄弱环节）活动动员电视电话会。许德智、王旭东、朱金南、郭云、李运连、刘中连等在响水的县四套班子领导及县相关部门、单位负责人出席分会场会议。

△ 以中国化工规划院总工程师马天余教授为组长的国家安科院专家组对响水生态化工园区区域性安全评价报告进行审查。通过现场察看、听取汇报和专家讨论，同意该报告通过审查验收。副县长、生态化工园区工委书记徐莉等陪同。

3月31日 富士康科技集团总经理许立威一行在响水考察。县领导马俊健、刘中连及省驻响帮扶工作队队长翟荣炎等陪同。

△ 副市长丁建奇率市农村环境综合整治“家家到”观摩会与会人员在响水观摩。县领导马俊健、邵礼青、顾祝生等陪同。

4月2日 山东晨鸣纸业集团董事长陈洪国一行在响水考察投资。县长马俊健介绍响水经济社会发展情况及沿海经济开发区的产业定位和布局情况。副市长谷家栋，县领导刘中连、孙庆树及市、县相关部门负责人陪同。

4月4日 济南军区副司令员张鹤田中将一行在响水沿海经济开发区考察指导。县领导杨毅坚陪同。

4 月 5 日 县委书记潘道津主持召开县委常委会议，听取县关工委关于 2011 年工作情况和 2012 年工作计划安排的汇报。县领导马俊健、杨毅坚、许德智、王旭东、朱金南、郭云、李运连、刘中连等出席。县委办、政府办、组织部、宣传部、财政局、老干局负责人列席。

4 月 6 日 响水县在灌江国际大酒店举行绿岛小夜曲佛教文化区项目签约仪式。县委书记潘道津在签约仪式前会见盐城市佛教协会会长、射阳县息心寺住持了尘法师。县领导马俊健、许德智、王旭东、张孝将、戴翠芳、于娟及射阳县政协副主席刘锦和等参加活动。

△ 县政协九届一次主席会议召开。县委副书记、县政协主席杨毅坚主持会议。县政协副主席陈骧、陈苏红、陆从华、于娟、武瑾，秘书长缪成等出席。会议讨论《关于加强民主监督，促进科学发展的意见》《关于对招商引资服务项目工作的意见》和《政协相关内部管理制度和有关奖励办法》。

4 月 8 日 市委书记赵鹏调研指导响水县港城建设工作，并对响水县岸线资源利用、沿海经济区产业布局、土地使用等方面工作提出要求。市委常委、常务副市长陈正邦，市政协副主席、悦达集团董事局主席陈云华，县领导潘道津、马俊健、杨毅坚、许德智、王旭东、蚁国红、张孝将及市、县相关部门主要负责人随同。

4 月 10 日 县委书记潘道津主持召开县委常委（扩大）会议，传达学习市委书记赵鹏在悦达集团与响水县共建港城会办会上的讲话精神。县领导许德智、王旭东、朱金南、郭云、刘中连等出席。

4 月 11 日 响水县设分会场收听收看省政府全体（扩大）会议。县领导许德智、徐莉、顾祝生等出席分会场会议。

4 月 13 日 响水县在县堤防管理所举行灌河大桥建设现场指挥部揭牌仪式。省交通工程建设局局长何平主持仪式。省交通工程建设局副局长、灌河大桥建设现场指挥部总指挥赵偲介绍灌河大桥工程情况。省交通运输厅党组书记刘大旺、副市长丁建奇、副县长徐莉及县相关部门负责人等出席。

△ 市人大工作理论研究会名誉会长谷容先、会长张炳贤一行在响水视察指导工作。县委书记、县人大常委会主任潘道津介绍响水县经济社会发展情况。县委常委王旭东介绍绿岛小夜曲项目有关情况。县领导裴彦贵、李刚、刘曙明、张孝将、武正华等陪同。

△ 响水县举行中科招商 · 响水创业投资基金项目签约仪式。县委书记潘道津致辞。市委原副书记袁世珠，县领导徐莉、武正华、张孝将等出席。

4 月 16 日 响水县召开陈家港港城建设推进会。县委书记潘道津、县长马俊健到会讲话。县委常委王旭东传达市委书记赵鹏在悦达集团与响水共建港城会办会上的讲话精神。县领导杨毅坚、许德智、刘曙明、徐莉、杨荣生、于娟、王建成、顾祝生及灌东盐场、县港城建设指挥部成员单位主要负责人出席。

4 月 18 日 全市经信系统经济形势暨夺取双过半工作会议在响水召开。县长马俊健致辞。市经信委主任薛盛堂讲话。市经信委副主任、中小企业局局长汪寿明主持。县领导刘中连、孙庆树及全市各县（市、区）经信系统负责人出席。

4 月 19 日 响水县召开一季度经济形势分析暨项目攻坚点评会。县委书记潘道津到会讲话。马俊健、杨毅坚、邵礼青、王旭东、朱金南、郭云、李运连、刘中连、裴彦贵、陈骧等在响水的县四套班子领导及各镇区，县相关部门、单位负责人出席。

△　中国长江三峡集团总经济师陈文斌一行在响水视察风电场运行和监控管理情况，调研指导风电场建设工作。县领导潘道津、马俊健、张孝将、糜世湘等陪同。

4月20日　省政府副秘书长于利中率省政府调研组在响水调研指导工作。市、县领导曹友琥、潘道津、马俊健、杨毅坚、王旭东、张孝将及相关部门负责人等陪同。

△　全县农业农村暨扶贫开发工作会议召开。县委书记潘道津到会讲话。省委驻响水帮扶工作队领导翟荣炎、张建龙，县领导马俊健、邵礼青、郭云、李刚、杨荣生、刘长洪、陆从华、顾祝生等出席。

4月21日　响水县举行新四军研究会揭牌仪式。中国新四军研究会会长、南京军区原司令员朱文泉上将，县委书记潘道津致辞并为响水县新四军研究会揭牌。盐城军分区司令员杨军、盐城市新四军研究会副会长万维干，以及杨毅坚、许德智、蚁国红、刘中连、裴彦贵、张孝将、戴翠芳、张正华等县领导出席。

4月22日　南京军区原司令员朱文泉上将、省教育厅厅长沈健一行在响水视察指导工作。省教育厅副厅长倪道潜、盐城军分区司令员杨军、市教育局局长常逢生，潘道津、杨毅坚、许德智、邵礼青、王旭东、朱金南、蚁国红、郭云、刘中连、裴彦贵等在响水的县四套班子领导陪同。

4月24日　全县国土资源工作会议召开。县长马俊健到会讲话。县领导刘曙明、徐莉、杨荣生、陆从华及各镇区、县相关部门负责人出席。

4月24~25日　省教育厅副厅长倪道潜一行在响水调研指导教育工作。县领导马俊健、戴翠芳、王建成及相关部门主要负责人陪同。

4月25日　县政协九届二次常委会召开。会议对《政协响水县委员会2012年工作要点》《关于组织县政协委员参与招商引资工作的意见》《关于围绕优化环境服务发展实施民主监督的意见》进行讨论，通报政协九届一次会议以来提案工作情况以及10件重点督办提案、10件热点督办提案，研究确定2012年重点建议案课题。县委副书记、县政协主席杨毅坚，副主席陈骧、陆从华、于娟，秘书长缪成等出席。

4月27日　全市法院系统第五届法学理论与司法实践学术研讨会暨信息宣传工作会议在响水召开。市中级人民法院院长徐清宇到会讲话。县委书记潘道津致欢迎辞。县领导刘曙明、张孝将及各县（市、区）人民法院负责人出席。

5月2日　响水县2012年“五方挂钩”帮扶协调会在南京新纪元大酒店召开。省委组织部副部长、省人社厅厅长谭颖，省人社厅副厅长吴可立，省委农工办、扶贫办副主任诸记录，县领导潘道津、翟荣炎、邵礼青及“五方挂钩”后方单位相关领导出席。

5月4日　省环保厅副厅长于红霞一行在响水调研指导工作。县领导许德智、武正华、徐莉等陪同。

5月8日　省沿海办主任、省发改委副主任梁学忠一行在响水考察海辰农业发展有限公司海参养殖基地建设情况。县领导潘道津、吴红才、刘中连、张孝将及县相关部门负责人陪同。

△　省农业资源开发局副局长张学平一行在响水调研扶贫工作和农业项目开发情

况,并慰问省委驻响水帮扶工作队员。县领导邵礼青、顾祝生等陪同。

△ 响水县举行以"携手促和谐 喜迎十八大"为主题的"5·8"世界红十字纪念日暨第八个"博爱万人捐"活动启动仪式。潘道津、王旭东、朱金南、郭云、李运连、刘中连、裴彦贵等在响水的县四套班子领导参加。

5月9日 市委副书记李驰一行在响水调研指导夺取"双过半"和"三大排查"工作情况。县委书记、县人大常委会主任潘道津汇报工作。县领导许德智、李运连、张孝将、王建成等出席。

△ 县委书记、县人大常委会主任潘道津主持召开会办会,专题会办提升船舶及配套产业、盐化工特色产业、沿海产业发展服务业集聚区和云梯关黄河故道旅游集聚区等发展规划。县领导许德智、王旭东、张孝将、武正华、孙庆树、于娟及相关镇区,县相关部门、单位负责人出席。

△ 江西省军区原副司令员季崇武在响水视察指导新响中项目建设工作。副县长戴翠芳等陪同。

5月10日 神华集团原董事长陈必亭,省政协副主席、党组副书记张九汉及周福元、黄淑萍、杨任远、王德超、葛绍林、陶培荣、何春明、王智新、顾竟成、范玉荣、武登俊等在盐城工作过的部分老领导在响水视察。市、县领导戴元湖、潘道津、许德智、裴彦贵、张孝将、徐莉、陈骧等陪同。

5月12日 响水县举行纪念"5·12"国际护士节100周年颁奖典礼暨文艺演出,表彰全县"十佳护士"和"优秀护士长"。县人大常委会副主任张孝将致辞。县政协副主席陈苏红及县卫生局主要负责人上台颁奖。

5月14日 响水县设分会场收听收看省、市加快推进二轮志书编纂工作电视电话会议。副县长武正华出席分会场会议并讲话。沿海经济区、经济开发区、生态化工园区,各镇、中心社区,县相关单位分管负责人出席分会场会议。

5月16日 省环保厅厅长陈蒙蒙一行在响水调研指导环保工作。市、县领导谷家栋、潘道津、马俊健、武正华、徐莉等陪同。

5月17日 响水县关爱农村留守儿童"小黑板计划"捐赠仪式暨"小饭桌计划"启动仪式在响水举行。团市委书记王娟,市食药监管局局长赵满生,县委常委、组织部部长郭云,副县长戴翠芳等出席。

5月21日 国华陈家港电厂万吨级船舶试航靠泊仪式在国华港电码头举行。神华集团运输管理部副总经理张胜利、神华集团国华电力公司副总经理罗超、神华集团中海航运公司副总经理吴艳、县长马俊健等出席。

5月22日 市委常委、政法委书记丁宇率参加全市社会管理创新现场推进会的全体与会人员在响水观摩。副市长、市公安局局长夏存喜,市政协副主席李长见,县领导马俊健、李运连及各市、县、区分管领导出席活动。

5月22~26日 县委书记、县人大常委会主任潘道津率领响水县经贸考察团在香港开展经贸考察活动。县领导刘中连、张孝将,县三大园区、三个重点镇及工商、商务等部门负责人参加活动。考察团先后考察拜访港企13家,洽谈项目8个,涉及农药化工、固废处理、机电设备、LED、纺织服装、金属冶炼等多个领域。其中生态化工园区与香港新宇实业集团就响水新宇环保科技有限公司股权转让事宜现场签约。

5 月 23 日 由《人民日报》、新华社、中央人民广播电台、《中国报道》杂志社、《光明日报》《新华日报》、江苏广电总台等中央及省级媒体组成的江苏沿海开发三周年新闻采访团在响水采访。省沿海办副主任乔德正率队,县领导马俊健、杨毅坚、戴翠芳及市外宣办副主任高爱军等陪同。

△ 全市“女职工关爱行动”推进会在响水召开。市人大常委会副主任、市总工会主席陈卫国到会讲话。市总工会党组书记仇鼎文主持会议。县委常委、组织部部长郭云致辞。

5 月 24 日 响水县设分会场收听收看国家、省、市先后召开的政府信息公开工作电视电话会议。县领导马俊健、许德智及县相关部门、单位负责人出席分会场会议。

5 月 26 日 县委组织部和县人社局联合举行党员群众人才招聘活动。全县 20 多家用工单位进场招聘,提供就业岗位 760 多个,有 1000 多名党员群众应聘洽谈。县委常委、组织部部长郭云及县相关部门、单位负责人出席。

5 月 28 日 县委书记、县人大常委会主任潘道津主持召开县委常委(扩大)会议。县长马俊健传达市委常委(扩大)会议精神。会议讨论并通过《关于对 2012 年度目标任务绩效实行“双过半”考核和奖励的意见》。县委常委、政法委书记李运连传达全市社会管理创新现场推进会议精神。县四套班子领导按条线分别汇报交流 5 月份工作完成情况及 6 月份重点工作安排。杨毅坚、许德智、邵礼青、王旭东、郭云、刘中连等在响水的县四套班子领导出席。

△ 县九届人大常委会召开第一次会议,任命新一届县人民政府组成部门主要负责人和县人民法院有关人事,成立县九届人大常委会代表资格审查委员会,听取和审议有关工作制度、工作情况报告和执法检查报告。县委书记、县人大常委会主任潘道津主持会议。县长马俊健提请人事任免议案。县人大常委会副主任裴彦贵、李刚、刘曙明、张孝将等出席。副县长戴翠芳代表县政府汇报相关情况。县政府副调研员、县财政局局长王建成,县人民法院院长刘海玉,县人民检察院检察长童加舟及县相关部门、单位主要负责人列席。

5 月 29 日 响水县设分会场收听收看中组部召开的“基层组织建设年”工作推进视频会。县委书记、县人大常委会主任潘道津,县委常委、组织部部长郭云及各镇区、县相关单位负责人出席分会场会议。

6 月 1 日 县九届人大常委会召开第二次会议。县人大常委会副主任、党组副书记裴彦贵,副主任李刚、刘曙明、张孝将等出席。副县长杨荣生及县法院、县检察院负责人列席会议。会议补选盐城市中级人民法院代理院长徐军为盐城市第七届人民代表大会代表。

6 月 2 日 响水县召开加强和改进工商联工作会议。市委常委、县委书记、县人大常委会主任潘道津到会讲话。县长马俊健主持会议。县领导郭云、李刚、孙庆树、陈骧及各镇区,县相关部门、单位和各行业协会商会负责人出席。

△ 响水县召开纪念县关工委成立 20 周年大会。市委常委、县委书记、县人大常委会主任潘道津到会讲话。市关工委主任陆树臻对做好今后工作提出要求。县领导马俊

健、郭云、裴彦贵、戴翠芳、陈骧及各镇区、县各部门分管负责人和各级关工委负责人出席。

△ 副市长朱传耿率市教育局局长常逢生等一行在响水检查高考考务准备工作。副县长戴翠芳汇报相关工作。县长马俊健及相关单位负责人陪同。

6月4日 县长马俊健主持召开县长办公会。会议讨论县政府九届一次全体(扩大)会议暨廉政工作会议报告。县委常委、常务副县长许德智,副县长武正华、徐莉、孙庆树、杨荣生,县政府副调研员顾祝生及县相关部门主要负责人出席。

6月5日 县政府九届一次全体(扩大)会议暨廉政工作会议召开。县长马俊健作工作报告并对做好下一步工作提出要求。县领导许德智、朱金南、武正华、徐莉、杨荣生、王建成及各镇区,县相关部门、单位负责人参加。县政府副县长、副调研员向马俊健递交2012年廉政责任状。

6月7日 副省长何权一行在响水调研指导农村环境综合整治工作。省住房和城乡建设厅厅长周岚,市委常委、市委秘书长戴元湖,县领导马俊健、邵礼青、杨荣生、顾祝生及市、县相关部门、单位主要负责人陪同。

6月9~10日 省财政厅机关党委专职副书记、青工委主任高裕民和省农委工会副主席周国正一行在响水开展"送政策、送技术、送信息"三下乡系列活动。县领导马俊健、邵礼青、李运连、李刚、张孝将、王建成、顾祝生及省委驻响水帮扶工作队队长翟荣炎、副队长潘海等参加。

6月11日 市委常委、县委书记、县人大常委会主任潘道津主持召开县委常委(扩大)会议。会议传达全省对外开放会议、市委常委(扩大)会议及全市深化法治盐城建设大会主要精神。马俊健、杨毅坚、许德智、邵礼青、王旭东、朱金南、郭云、李运连、刘中连等在响水的县四套班子领导出席。

6月13日 响水县举行中国工商银行盐城市分行、江苏响水经济开发区管委会战略合作协议签约仪式暨工商银行"投百亿、访万户、金融服务送上门"活动响水园区专场仪式。市委常委、县委书记、县人大常委会主任潘道津到会讲话。县领导马俊健、许德智、张孝将、王建成及工商银行盐城分行行长薛田江等见证签约。

6月16日 响水县35名市人大代表出席盐城市七届人大一次会议。响水代表团团长、市委常委、县委书记、县人大常委会主任潘道津在代表团驻地主持审议市政府工作报告。市、县领导朱传耿、许德智、郭云、裴彦贵、徐莉及响水代表团全体代表参加审议活动。

6月18日 响水县与悦达集团合作共建陈家港港城签约仪式在悦达集团多功能厅举行。双方约定将共同投资30亿元打造现代化新港城。市委书记赵鹏出席签约仪式并讲话。市委常委、秘书长戴元湖,市委常委、县委书记潘道津,悦达集团董事局主席陈云华,县领导马俊健、许德智、王旭东及悦达集团有关领导参加。

6月21日 市委常委、县委书记、县人大常委会主任潘道津主持召开县委常委(扩大)会议。杨毅坚传达市政协七届一次会议主要精神。裴彦贵传达市七届人大一次会议主要精神。马俊健、许德智、邵礼青、王旭东、朱金南、郭云、刘中连等在响水的县四套班子领导及各镇区,县相关部门、单位负责人出席。

6月22日 市委常委、县委书记、县人大常委会主任潘道津主持召开"双过半"经济指标完成情况汇报会。县领导马俊健、杨毅坚、许德智、邵礼青、王旭东、刘中连、张孝将、徐莉、王建成及县相关部门、单位负责人出席。

6月28日 市检察院党组书记、检察长戴飞在响水检查指导工作。县长马俊健陪同并介绍相关情况。县领导朱金南、李运连、裴彦贵、武瑾及县检察院相关负责人陪同。

6月30日 全县纪念中国共产党成立91周年暨“创先争优”表彰大会召开。市委常委、县委书记、县人大常委会主任潘道津到会讲话。县领导马俊健、杨毅坚、许德智、邵礼青、王旭东、朱金南、郭云、刘中连等出席。

7月2日 市政协主席李驰在响水调研指导工作。市、县领导宋修明、潘道津、马俊健、杨毅坚、邵礼青、张孝将、徐莉等陪同。

△ 市委常委、县委书记、县人大常委会主任潘道津主持召开全县“三大排查”(排查化解社会矛盾纠纷、排查整治安全环保治安隐患、排查解决基层基础薄弱环节)工作情况汇报会。县领导许德智、朱金南、郭云、李运连、张孝将、武正华、孙庆树及“三大排查”领导小组各成员单位负责人出席。

△ 市委常委、县委书记、县人大常委会主任潘道津主持召开县委常委专题民主生活会。马俊健、杨毅坚、许德智、邵礼青、王旭东、朱金南、郭云、李运连、刘中连等县委常委出席。县领导张孝将、陈骧及市委组织部、市纪委,县委组织部相关人员列席。

7月3日 常熟市政协原主席张永泉一行在响水参观考察。市人大常委会副主任周德祥,县领导马俊健、杨毅坚、王旭东、裴彦贵、刘曙明、杨荣生及县政协原主席高兆顶等陪同。

7月5日 全省经信系统综合执法现场会在响水召开。省经信委副主任高清及各市、县经信系统分管负责人出席。县领导许德智、刘中连、孙庆树参加会议。

△ 市委常委、纪委书记刘德民一行在响水检查指导废黄河防汛工作。县领导马俊健、朱金南、顾祝生及相关部门主要负责人陪同。

7月5~6日 省人社厅副厅长吴可立一行在响水调研指导帮扶工作。县领导马俊健、翟荣炎、许德智、邵礼青、潘海等陪同。

7月6日 省财政厅副厅长宋义武一行在响水调研小麦赤霉病受灾理赔情况。县领导许德智、王建成、潘海分别汇报相关情况。

7月10日 盐城军分区司令员杨军率市检查组在响水检查指导防汛工作。市、县领导陆道如、许德智、邵礼青、顾祝生、吴瑜君等陪同。

△ 市委常委、县委书记、县人大常委会主任潘道津主持召开县四套班子会议,传达学习省、市近期相关会议精神,分析当前经济形势,部署近阶段工作。马俊健、杨毅坚、许德智、邵礼青、王旭东、朱金南、郭云、李运连、刘中连等县四套班子领导出席。

7月11日 市委副书记陈正邦在响水调研指导农业农村工作。市委副秘书长、市委农办主任徐国均,市农委主任茆训东及县领导马俊健、杨毅坚、许德智、邵礼青、裴彦贵、陈骧、顾祝生等陪同。

7月12日 市行政服务中心主任王绍前率14名窗口工作人员在响水开展“三服务”(服务企业、服务项目、服务基层)工作。县领导马俊健、许德智、徐莉等陪同。

7月14日 响水县人大正式启动响水人大网(www. xsrd. gov. cn)。县人大常委会副主任、党组副书记裴彦贵,县人大常委会副主任李刚、刘曙明、张孝将参加网站开通仪式。

7 月 17 日 县检察院获“全国检察文化建设示范院”揭牌仪式举行。省检察院党组成员、政治部主任朱斌，市委常委、政法委书记丁宇，市检察院检察长戴飞，县长马俊健，县委常委、政法委书记李运连及全省省辖市检察院政治部主任、响水县政法系统部分干警代表出席。

7 月 19 日 响水县设分会场收听收看省政府全体（扩大）会议。会议对贯彻落实省委全会精神、扎实做好下半年工作作部署。省会后，县长马俊健对贯彻落实会议精神提要求。县领导许德智、徐莉、孙庆树、杨荣生、王建成、顾祝生等出席分会场会议。

7 月 23 日 市委书记赵鹏、市长魏国强率出席全市“家家到”项目观摩活动的全体成员在响水观摩产业发展、港口建设和城乡统筹发展情况。市政协主席李驰等市领导随同。市委常委、县委书记、县人大常委会主任潘道津介绍相关情况。马俊健、杨毅坚、王旭东、郭云、李运连、刘中连、裴彦贵、张孝将、徐莉、孙庆树、杨荣生、陈骧等在响水的县四套班子领导参加。

7 月 25 日 县长马俊健主持召开县委常委（扩大）会议，传达市委工作会议精神，讨论县委工作会议报告和全县目标任务绩效“双过半”考核情况。县领导杨毅坚、邵礼青、王旭东、朱金南、郭云、李运连、裴彦贵等出席。

7 月 26 日 县九届人大常委会召开第三次会议。县人大常委会副主任、党组副书记裴彦贵主持会议。会议根据县政府副县长武正华、县法院院长刘海玉、县检察院副检察长卜训平的提请，进行人事任命。会议听取县政府关于全县“六五”普法规划说明及启动情况报告，作出《关于在全县公民中进一步加强法制宣传教育的决议》；听取和审议县政府关于2011 年度县本级财政预算执行和其他财政收支情况的审计工作报告，审查批准2011 年县本级决算；听取和审议县政府关于全县上半年工业经济和农业农村经济运行及财政预算执行情况的报告；听取和审议县人大常委会关于《环境保护法》执法检查报告和全县宗教工作视察情况报告；听取县政府落实县人大常委会《关于加快城乡供水全覆盖，保障饮用水安全惠民生》《加强基础建设，全力推进教育现代化进程》议案计划安排情况审议意见的报告。会议邀请市人大副秘书长、研究室主任刘连才就“如何做好人大常委会委员”作专题讲座。

7 月 27 日 响水县召开县委工作会议。市委常委、县委书记、县人大常委会主任潘道津到会讲话。县委副书记、县长马俊健主持会议并就贯彻落实会议精神提出要求。县委副书记、县政协主席杨毅坚宣读《关于表彰 2012 年度全县目标任务绩效“双过半”考核的先进集体决定》。会议对全县目标任务绩效“双过半”考核的先进集体进行表彰。县委委员、候补委员，不是县委委员、候补委员的县四套班子领导，县纪委委员，省委驻响水帮扶工作队的全体队员，曾担任过县领导的老同志，各镇区、县各部委办局、县各直属单位，省、市驻响水各单位主要负责人及县 20 家重点企业负责人出席。

△ 市委常委、县委书记、县人大常委会主任潘道津主持召开县委常委议军会议，听取县人武部工作情况汇报，研究驻响水部队提出的相关问题。县委副书记、县长马俊健，县委副书记、县政协主席杨毅坚，县委常委许德智、邵礼青、王旭东、朱金南、蚁国红、郭云、刘中连出席。县领导张孝将、陈骧、王建成及县政府办、人武部、编办、人社局、民政局等部门、单位负责人列席。

△ 市人大常委会副主任谷家栋一行在响水视察响水段临海高等级公路建设情况。市交运局局长管亚光，县人大常委会副主任、党组副书记裴彦贵，副县长徐莉等陪同。

7月31日 全市人口计生半年形势分析暨综合治理出生人口性别比会议在响水召开。市委副书记陈正邦到会讲话。副市长马成志主持会议。市人口计生委主任季德荣通报上半年全市人口计生工作情况。县长马俊健致辞。县委常委邵礼青代表响水县作典型发言。市委副秘书长、市委农办主任徐国均，县领导戴翠芳及各市(县、区)分管负责人出席。

8月1日 全市审计工作座谈会在响水召开。县长马俊健致辞。市审计局局长吴先国、市审计局党组书记刘万平及各县(市、区)审计局主要负责人出席。

△ 东台市政协主席、市委常委、常务副市长崔康率党政代表团在响水观摩响水县沿海工业发展情况。县领导马俊健、杨毅坚、张孝将、孙庆树、于娟等陪同。

8月1~2日 响水县设分会场收听收看市防汛抗台视频会议并召开全县防汛抗台工作会议。市委常委、县委书记潘道津，县长马俊健对响水县防御9号、10号台风工作提要求。县领导邵礼青、张孝将、徐莉、顾祝生及县防汛指挥部成员单位主要负责人出席分会场会议。

8月2日 市委书记赵鹏在响水县检查指导防汛抗台工作。县长马俊健汇报响水县防汛抗台各项措施落实情况。市、县领导潘道津、陈还堂、马俊健及县相关部门负责人陪同。

8月3日 省民政厅副厅长纽学兴一行在响水县核查灾情，并察看沿海经济区、县海珍品公司、陈家港镇和双港镇等地受灾现场。市民政局副局长陈明，县委常委、常务副县长许德智及县政府办、县民政局负责人陪同。

8月3~4日 国家减灾中心副主任范一大一行在响水检查指导救灾工作，进一步核查灾情。省民政厅副厅长凌航、市政府副秘书长乐超等陪同。县委常委、常务副县长许德智汇报工作。

8月8~9日 省政协副主席包国新一行在响水调研指导扶贫开发工作，并慰问省委驻响水扶促工作队全体队员。市政协副主席陈还堂，县领导马俊健、翟荣炎、邵礼青、潘海、刘长洪、陈光胜、陈骧、顾祝生及相关部门负责人、省委驻响水扶促工作队全体队员陪同。

8月9日 市政协副主席孙长春一行在响水走访看望市政协驻响水委员。县委副书记、县政协主席杨毅坚汇报响水县经济社会发展情况。县政协副主席陈骧、陈苏红、武瑾等出席活动。

8月10日 响水县普降大到暴雨，局部地区特大暴雨，气象部门发布暴雨红色预警。灾情发生后，市委常委、县委书记潘道津第一时间赶到灾情第一线指导防汛抗灾工作。县长马俊健紧急召集县相关部门会办防汛排涝工作及灾后自救工作。县防指按照《响水县(城市)突发性强降雨应急排涝预案》规定，启动全县防御强降雨1级响应，要求各镇区、县相关单位按照预案要求，做好防御强降雨的各项准备工作，将低洼区域的群众转移到安全地带。当日，县城总降水量511毫米，镇区普遍降水250毫米以上，小尖镇降水量456毫米，造成全县43.4万人受灾，县城普遍受淹，积水最深处达1.5米，部分镇区及115个村居不同程度受淹。全县农作物受灾面积5万公顷，成灾面积2.76万公顷，绝收面积0.6万公顷；倒损房屋

4196 户 10289 间,其中倒塌房屋 229 户 512 间,直接经济损失 9.62 亿元。

△ 市委书记赵鹏在响水指导防汛抗灾工作。市、县领导陈正邦、潘道津、吴晓丹、陈还堂、马俊健、张孝将、杨荣生、顾祝生随同。

8 月 10～11 日 省水利厅厅长吕振霖一行在响水县视察指导防汛抗灾工作。市委常委、县委书记潘道津,副市长吴晓丹,市政协副主席陈还堂,县领导马俊健、张孝将、顾祝生和市、县水务部门负责人陪同。

8 月 11 日 市委副书记陈正邦在响水县视察防汛抗灾工作。市、县领导潘道津、马俊健、许德智、张孝将、顾祝生及市、县水务部门负责人陪同。

△ 省农委主任吴沛良、市农委主任茆训东在响水县小尖超大基地育苗中心、徐洪村连片玉米田察看灾情,并对响水县灾后生产自救工作提要求。县委常委邵礼青陪同。

△ 省民政厅救灾处处长陈勃、市民政局副局长彭涛一行在响水县检查指导救灾工作。县政府办、县民政局负责人随同。

8 月 12 日 县长马俊健主持召开县委常委(扩大)会议,贯彻落实 8 月 9 日市委常委(扩大)会议精神。杨毅坚、许德智、邵礼青、王旭东、朱金南、郭云、李运连、刘中连等在响水的县四套班子领导出席。

△ 全县召开抗灾自救工作会议。县长马俊健就相关工作提要求。杨毅坚、许德智、邵礼青、王旭东、朱金南、郭云、李运连、刘中连等在响水的县四套班子领导及县相关部门、单位负责人出席。

8 月 14 日 副省长徐鸣一行在响水县视察指导灾后自救工作。市、县领导陈正邦、潘道津、吴晓丹、马俊健、翟荣炎、邵礼青、张孝将、王建成、顾祝生及省、市、县相关部门负责人陪同视察。市委常委、县委书记潘道津,县长马俊健分别介绍响水县防汛抗灾自救工作情况。与会人员观看《响水抗灾自救专题片》。

8 月 15 日 省水利厅副厅长张小马率省“四项排查”工作督查组在响水视察信访稳定工作。市委常委、政法委书记丁宇陪同。县领导马俊健、朱金南、郭云、李运连、裴彦贵、武正华、陈骧及县相关部门、单位负责人陪同。

8 月 16 日 省环保厅副厅长蒋巍率省环保“四项排查”检查组,在响水生态化工园区检查环境风险及环境矛盾纠纷排查工作。副县长武正华、徐莉陪同。

8 月 17 日 响水县召开全县抗御台风和强暴雨灾害总结表彰暨抗灾自救部署大会。市委常委、县委书记潘道津到会讲话。县领导马俊健、杨毅坚、许德智、邵礼青、王旭东、朱金南、郭云、李运连、刘中连、裴彦贵及各镇区,县相关部门、单位负责人出席。

8 月 20 日 连云港市检察院检察长汪跃率连云港各基层检察院检察长和政治处主任一行 48 人在响水县检察院考察学习检察文化建设工作。市检察院检察长戴飞,县领导马俊健、李运连、武瑾等陪同。

8 月 23 日 省政府在响水县举行临海高等级公路灌河大桥开工仪式。副省长史和平为灌河大桥开工揭牌。省政府副秘书长陆志鹏主持开工仪式。省交通运输厅厅长游庆仲、省海事局局长张同斌,市、县领导赵鹏、魏国强、潘道津、王荣、马俊健、杨毅坚、李刚、徐莉及省、市、县相关部门负责人出席。

8 月 30 日 韩培信秘书、省委办公厅老干部处副调研员刘东辉,省工商联经济处处长陆静林及韩培信子女韩建华、韩建琴等韩培信基金会领导在响水调研指导。副县长戴翠芳陪同。

8月31日 联化科技有限公司职工薛新来参展项目“废弃物焦油的利用增值”被第七届海峡两岸职工科技创新成果展评为金奖。

9月3日 江苏国华陈家港电厂一期工程核准庆祝大会在县体育馆举行。市委常委、县委书记潘道津致辞。副市长朱传耿讲话。县长马俊健主持。市、县领导周德祥、杨毅坚、吴红才、许德智、邵礼青、朱金南、郭云、李运连、刘中连、裴彦贵,市委原副书记袁世珠,县四套班子离、退休老干部及市相关部门主要负责人,全县干群代表计2000多人出席。北京国华电力有限公司副总经理耿育和国华港电总经理薛文勇分别致辞。

9月4日 全市基层党组织统一活动日推进会在响水召开。市委组织部副部长、组织员办主任、市委教育实践活动办公室副主任刘海,市委教育实践活动办公室有关人员和各县(市、区)相关负责人出席。

9月7日 中国德力西控股集团执行副总裁陈建明一行在响水考察。市人大常委会副主任谷家栋,县领导马俊健、杨毅坚、吴红才、孙庆树等陪同。

9月8日 省扶贫办副主任诸纪录一行在响水调研指导扶贫开发工作,并视察双港镇兴华、洪南等村高效农业发展情况。扬州大学副校长范健,县领导翟荣炎、邵礼青、潘海、刘长洪、陈光胜、顾祝生及相关部门负责人陪同。

9月10日 响水县举行第28个教师节庆祝表彰大会。县长马俊健到会讲话。县领导杨毅坚、张孝将、戴翠芳、陈苏红及各镇区,各部门、单位主要负责人和全县教师代表、教育工作者400多人出席。

9月12日 江阴市政协主席薛良一行在响水考察观摩。县领导杨毅坚、徐莉、陆从华等陪同。

△ 宿迁市检察院检察长王鹏一行在响水县检察院考察学习检察文化建设工作。市检察院检察长戴飞,县领导许德智、李运连、武瑾等陪同。

9月13日 盐城市工商局局长刘永前率市人大代表响水市直组代表在响水视察沿海开发和项目推进工作情况。县领导马俊健、裴彦贵、武正华等陪同。

9月15日 县委副书记、县长马俊健主持召开县委常委(扩大)会议。县领导杨毅坚、许德智、邵礼青、王旭东、郭云、李运连、裴彦贵及相关部门、单位主要负责人出席。

9月18日 省交通厅副厅长钱国超在响水调研指导临海高等级公路响水段实施情况。市交运局局长管亚光,县委常委王旭东等陪同。

9月19日 县九届人大常委会第五次主任会议召开。县人大常委会副主任、党组副书记裴彦贵,副主任李刚、刘曙明、张孝将等出席。会议听取和讨论县政府关于“食品安全盐阜行”活动情况的调查报告;县人民检察院关于职务犯罪预防与侦查情况的调查报告;县政府关于代表建议、批评和意见办理情况的报告;县政府关于《人口与计划生育法》贯彻实施情况的调查报告及《住房公积金管理条例》贯彻实施情况的视察报告;商讨并确定县九届人大常委会第四次会议议程。

9月20日 县长马俊健会见中国三峡新能源公司党委书记、副总经理钱锁明一行,双方洽谈近海风电场200兆瓦示范项目事宜。县委副书记、县政协主席杨毅坚及县相关单位负责人参加。

△ 江苏响水沿海经济开发区、中国三峡新能源公司、江苏宏铭船舶有限公司合作框架协议签约仪式举行。中国三峡新能源公司党委书记、副总经理钱锁明，中国三峡新能源公司副总经理王武斌，县领导马俊健、杨毅坚等出席。

9 月 22 日 响水县“招才引智”代表团赴上海参加盐城市第二届沿海发展人才峰会。市委常委、县委书记潘道津，县领导马俊健、郭云及县相关单位负责人出席。

△ 中国民族艺术家协会副主席、中国书画艺术研究会江苏分会副主席、香港文化艺术研究院研究员、中国美协会员、响水籍著名国画家胡祝三先生国画作品展在县体育馆举行。县领导刘中连、张孝将、陈苏红及文艺界、新闻界嘉宾等出席。

9 月 22～28 日 响水县举行第九届文化艺术周活动。县领导马俊健、杨毅坚、刘中连、张孝将、陈苏红、顾祝生及市文广局副局长王东成、盐城演艺集团总经理曹利卫等出席相关活动。

9 月 24 日 副市长朱传耿在陈家港生态化工园区大和氯碱调研指导企业运行情况。市旅游局局长童健，县领导马俊健、邵礼青、徐莉和市、县相关部门负责人陪同。

△ 县九届人大常委会第四次会议召开。县人大常委会副主任、党组副书记裴彦贵，县人大常委会副主任李刚、刘曙明、张孝将和人大常委会委员 23 人出席会议。副县长武正华，县检察院、法院负责人及相关部门负责人列席会议。会议听取和审议县政府关于“食品安全盐阜行”活动情况的报告；听取县政府落实县人大常委会药品管理法和农产品质量安全法、农产品质量安全条例执法检查报告，全县中小企业发展及转型升级的审议意见情况的书面汇报；听取和审议县政府关于《人口与计划生育法》贯彻实施情况的报告；听取和审议县人民检察院关于职务犯罪预防与侦查情况的报告；听取并审议县政府关于代表建议、批评和意见办理情况的书面报告，《住房公积金管理条例》贯彻实施情况的视察报告。

9 月 25 日 省水利厅副厅长张小马率省“四项排查”督察组在响水检查指导工作。市委常委、县委书记、县人大常委会主任潘道津介绍情况。县领导杨毅坚、许德智、李运连、张孝将、武正华及县相关部门负责人陪同。

9 月 26～27 日 省经信委副主任周毅彪一行在响水调研指导帮扶工作。县委副书记、省委驻响水帮扶工作队队长翟荣炎介绍情况。县领导邵礼青、刘长洪、陈光胜等陪同。

9 月 27 日 响水县设分会场收听收看全国、省加强和改进最低生活保障工作电视电话会议。县委常委、常务副县长许德智出席分会场会议并就相关工作提要求。

△ 全省化工生产企业专项整治工作会议在响水召开。省化治办主任、省经信委副主任周毅彪到会讲话。县委常委、宣传部部长刘中连，副县长徐莉等出席。

9 月 28 日 县委召开常委（扩大）会议，专题部署中秋、国庆两节期间全县安全、稳定、发展等相关工作。县长马俊健到会讲话。杨毅坚、邵礼青、王旭东、朱金南、刘中连等县四套班子领导及各镇区，各部委办局主要负责人出席。

10 月 10 日 全市玉米生产机械化暨秋季秸秆机械化还田现场会在响水召开。省农机推广站、市农委负责人和全市各县（市）分管领导及镇区农业中心主任等参加会议。县领导马俊健、邵礼青、顾祝生出席。

10 月 11 日 响水县设分会场收听收看省委、省政府召开的全省科技创新大会。马俊健、杨毅坚、许德智、王旭东、朱金南、郭云、李运连、刘中连等在响水的县四套班子领导及县相关部门、单位负责人出席分会场会议。

10月12日 响水县召开领导干部大会。会议宣布省委关于响水县县委主要领导职务调整的决定:马俊健任中共响水县委书记,潘道津不再担任中共响水县委书记。市委副书记陈正邦到会讲话。市委常委、组织部部长庄兆林主持会议。市委常委、秘书长潘道津,县委书记、县长马俊健分别讲话。杨毅坚、吴红才、翟荣炎、许德智、邵礼青、王旭东、朱金南、郭云、李运连、刘中连、裴彦贵等在响水的县四套班子领导,曾担任县处级领导职务的老同志及各镇区,县各部门主要负责人等出席。

△ 全国人大常委会委员、民宗委副主任委员周声涛在响水视察指导工作。县领导马俊健、杨毅坚、裴彦贵、张孝将、顾祝生等陪同。省、市供销合作社领导等随同。

10月16日 市委常委、常务副市长戴元湖一行在响水调研指导工作。县领导马俊健、杨毅坚、许德智、刘中连、裴彦贵、张孝将、孙庆树及市、县相关部门负责人陪同。

10月19日 县委书记、县长马俊健在港城建设指挥部主持召开响水悦达合作共建港城会办会。县领导杨毅坚、许德智、王旭东、唐如海及县相关部门、单位主要负责人出席。

10月22日 市委常委、秘书长潘道津在响水调研指导工作,并召开响水经济社会发展座谈会。马俊健、杨毅坚、许德智、邵礼青、王旭东、朱金南、郭云、李运连、刘中连、裴彦贵等县四套班子领导及县相关部门、单位负责人陪同。

△ 县委书记、县长马俊健率团出席江苏省黄海农场,建场60周年纪念大会。江苏农垦集团副总经理孙宝成致辞。黄海农场党委书记、江苏农垦黄海分公司总经理苏志富作报告。黄海农场场长吴登成主持纪念大会。县委副书记、县政协主席杨毅坚及县相关部门主要负责人出席。

△ 响水县设分会场收听收看省政府全体(扩大)会议。会议回顾总结前三季度全省经济社会发展情况,分析当前经济发展形势,部署第四季度工作。县领导许德智、武正华、戴翠芳、王建成、顾祝生等出席分会场会议。

10月23~27日 全省青少年举重冠军赛在响水举行。全省13个市代表队参加比赛。省体育局举重竞技管理中心主任王国新、副县长戴翠芳等出席开幕式。

10月24日 省残联副理事长张建平、市残联理事长刘品轩一行在响水调研指导残疾人工作。县委常委、常务副县长许德智及县残联负责人陪同。

10月31日 市委书记赵鹏会见神华集团国华电力公司总经理王树民一行。市委常委、常务副市长戴元湖,市委常委、秘书长潘道津,县领导马俊健、杨毅坚、许德智及市、县相关部门主要负责人参加会见。

△ 响水县与盐城移动公司“智慧响水”合作签约仪式在盐城举行。县委书记、县长马俊健与盐城移动公司总经理李宝祥代表双方签订合作协议。江苏移动公司副总经理吴维宏,县领导许德智、王旭东、张孝将、武正华、武瑾及县相关部门、单位负责人出席。

11月2日 县委书记、县长马俊健主持召开县委常委(扩大)会议。会议传达学习省委中心组学习会议精神和市委常委(扩大)会议精神,并对当前和今后一段时间的工作进行研究部署。杨毅坚、许德智、邵礼青、王旭东、朱金南、李运连、裴彦贵等在响水的县四套班子领导及相关镇区、部门和单位主要负责人出席。

△ 响水县举行“9·16”“10·01”命案侦破总结表彰大会。县委书记、县长马俊健到会讲话。县领导杨毅坚、许德智、李运连、裴彦贵、陈骧，市公安局党委委员、政治部主任孙玉东及县公安局部分民警出席。

11 月 3 日 “大和杯”盐城市人大机关第七届乒乓球比赛在响水体育馆举行。市人大常委会原副主任张炳贤，县领导马俊健、杨毅坚、裴彦贵、李刚、刘曙明、张孝将、戴翠芳等出席开幕式。

11 月 6 日 县委书记、县长马俊健主持召开县委常委(扩大)会议，讨论研究关于开展“问计于民、推进发展”人民意见征集活动的实施意见。杨毅坚、许德智、邵礼青、王旭东、朱金南、刘中连、裴彦贵等在响水的县四套班子领导及相关镇区、部门和单位主要负责人出席。

△ 国家科技部火炬中心副局级调研员段俊虎一行在响水调研指导国家火炬计划——响水盐化工特色产业基地建设工作。县领导马俊健、徐莉、孙庆树、赖忠明及市、县相关部门负责人陪同。

△ 省教育厅副厅长倪道潜一行在响水开展党日捐赠活动，捐赠图书 2 万册、电子面板 6 套和 20 万元资金。市教育局局长常逢生、副县长戴翠芳参加活动。

11 月 7 日 全县召开“问计于民、推进发展”人民意见征集活动动员大会。县委书记、县长马俊健到会讲话。杨毅坚、许德智、邵礼青、王旭东、朱金南、刘中连、裴彦贵等在响水的县四套班子领导及各镇区，各部门、单位的主要负责人出席。

△ 响水县举行“灌河清风”迎接“十八大”廉政文艺晚会。县委书记、县长马俊健，市纪委副书记刘正秀及县领导杨毅坚、许德智、朱金南、裴彦贵、张孝将、戴翠芳、陆从华、王建成等观看演出。

11 月 8 日 响水县设分会场收听收看中国共产党第十八次代表大会开幕式。县领导马俊健、杨毅坚、王旭东、朱金南、刘中连、裴彦贵等在响水的县四套班子领导到场观看。

△ 省财政厅副厅长徐宁一行在响水调研指导扶贫开发工作。县领导马俊健、邵礼青、潘海、刘长洪、陈光胜、王建成等陪同。

11 月 9 日 副市长周绍泉在响水调研指导利用外资工作。县委书记、县长马俊健，市商务局局长陈卫红，县领导刘中连、孙庆树及市、县相关部门负责人陪同。

△ 盐城市“小微企业融资直通车”响水之旅在灌江国际大酒店举行。县 9 家金融机构共向 37 家企业授信 6.85 亿元，向 27 家企业发放贷款 6.36 亿元。副市长周绍泉，市政协副主席吕拔生，县领导马俊健、许德智、刘中连、裴彦贵、张孝将、孙庆树、赖忠民、陆从华，以及市、县各金融机构，各镇区、相关企业主要负责人出席。

11 月 10 日 共青团响水县第九次代表大会开幕。县委书记、县长马俊健，团市委书记王娟分别讲话。县领导杨毅坚、许德智、邵礼青、王旭东、朱金南、郭云、刘中连、裴彦贵等出席。

11 月 11 日 县委书记、县长马俊健会见宁波市社会科学院党组书记、院长黄志明一行。县委常委、宣传部部长刘中连及相关镇区负责人参加会见。

11 月 13 日 副市长陈友慧一行在响水调研指导科技工作。县委书记、县长马俊健介绍响水经济社会发展情况。副县长孙庆树、赖忠民及县经信委、科技局、农商行等单位负责人陪同。

△ 响水县召开“问计于民、推进发展”人民意见征集活动老同志座谈会。县领导马俊健、杨毅坚、郭云及张玉宽、于海波、王万金、张正华、高兆顶、华传宝、蔺盛冬等部分离、退休老同志代表参加。

11月14日 由县人大引资的国信集团江苏省新能源开发有限公司30万千瓦风电场项目签约仪式在灌江国际大酒店举行。县委书记、县长马俊健致辞并签约。县委副书记、政协主席杨毅坚主持仪式。国信集团江苏省新能源开发有限公司总经理郭磊，副总经理张军、胡红，黄海农场党委书记苏志富、场长吴登成，县领导裴彦贵、张孝将、孙庆树及县相关部门负责人出席。

△ 省水利厅副厅长张小马在响水调研指导水利工作。县领导马俊健、李刚、陆从华、顾祝生及市、县相关部门负责人陪同。

11月19日 响水县召开传达学习中共十八大精神大会。县委书记、县长马俊健到会讲话。杨毅坚、许德智、邵礼青、王旭东、朱金南、郭云、李运连、刘中连、裴彦贵等在响水的县四套班子领导及县相关部门、单位主要负责人出席。

△ 县委理论中心组召开中共十八大精神专题学习会。县委书记、县长马俊健主持会议。杨毅坚、许德智、邵礼青、王旭东、朱金南、郭云、李运连、刘中连、裴彦贵等县四套班子领导及市委十八大精神学习贯彻巡听组领导出席。

11月20日 县委书记、县长马俊健主持召开“问计于民、推进发展”人民意见征集活动企业家座谈会。县领导朱金南、刘中连、李刚及响水县三大园区的部分企业家代表出席。

△ 美国南加州华人联合总会荣誉会长程远在响水考察经济社会发展状况。县委书记、县长马俊健，市外办副调研员周晓晴，副县长孙庆树等陪同。

△ 盐城供电公司总经理张绍宾率公司全体领导班子成员在响水就220千伏中部、北部电网加强工程，220千伏德丰变建设，以及德龙增加24万千瓦负荷等问题进行现场会办。县领导马俊健、杨毅坚、孙庆树，县经信委、发改委、供电公司及部分重点企业负责人出席。

11月20~21日 全市人大研究室主任座谈会在响水召开。市人大常委会秘书长倪崇彦，市人大常委会副秘书长、研究室主任刘连才，全市各县（市、区）人大常委会分管主任及研究室主任等出席。县委书记、县长马俊健看望全体与会人员。

11月23日 响水县召开县九届人大常委会第8次主任会议。县人大常委会副主任、党组副书记裴彦贵主持会议。副主任李刚、张孝将等出席。会议听取相关人事任免情况的汇报；听取关于校车安全管理情况的调研报告的汇报；听取关于职务犯罪预防与侦查审议意见的落实情况的汇报；听取关于全县上半年农业、农村经济运行审议意见的落实情况的汇报；听取《环境保护法》执法检查报告审议意见的落实情况和《江苏省通榆河水污染防治条例》法制讲座安排情况的汇报；听取2012年县本级财政预算调整的审查意见，以及关于全县上半年工业经济运行审议意见，关于2011年县本级财政决算和2012年上半年财政预算执行审议意见的落实情况，关于2011年财政预算执行和其他财政收支审计报告审议意见的落实情况的汇报；讨论县九届人大常委会第6次会议有关事项。

11 月 24 日 响水县举行全县中共十八大精神专题报告会。市委党校常务副校长朱志和解读中共十八大精神。县领导刘中连、李刚、杨荣生、陈骧及各镇区,县相关部门、单位负责人出席。

11 月 27 日 江苏省军区后勤部部长孙进一行在响水检查指导年度人武工作。市委常委、盐城军分区政委宋修明,县委书记、县长马俊健等陪同。

△ 县委书记、县长马俊健主持召开 2013 年工作思路座谈会。县领导刘中连、张孝将、顾祝生,以及发改委、经信委、沿海经济开发区、生态化工园区、经济开发区、响水镇、小尖镇等镇区、部门和单位负责人出席。

△ 响水县举行"响水好人"王庆勇追悼会。县领导马俊健、刘中连、张孝将、戴翠芳、陈苏红及王庆勇的亲属等参加。

11 月 28 日 响水县召开县九届人大常委会第六次会议。县人大常委会副主任、党组副书记裴彦贵,县人大常委会副主任李刚、张孝将和人大常委会委员 23 人出席会议。县领导戴翠芳、王建成等列席。会议传达中共十八大精神,要求各位组成人员认真学习贯彻,结合全县"问计于民 推进发展"人民意见征集活动。会议听取县人民政府副县长戴翠芳关于人事任免的议案;听取县政府副调研员、县财政局局长王建成所作《关于 2012 年财政预算调整草案的情况汇报》,决定批准 2012 年县本级财政预算调整方案;听取和审议县人民政府关于校车安全管理工作情况的汇报;听取县政府落实县人大常委会关于上半年经济运行,2011 年县本级财政决算和 2012 年上半年财政预算执行、2011 年财政预算执行和其他财政收支的审计报告,环境保护法执法检查报告审议意见情况的报告;听取县人民检察院相关报告。

11 月 29 日 县委书记、县长马俊健主持召开县委常委(扩大)会议。马俊健传达省委十二届四次全会精神,并总结全县 11 月份工作。许德智、邵礼青、王旭东、裴彦贵等县四套班子领导和相关部门、单位主要负责人出席。

△ 市老促会理事长储金泉一行在响水调研指导工作。县领导马俊健、郭云、刘中连等陪同。县老促会理事长于海波介绍响水县老促会工作开展情况。

12 月 6 日 省发展体育基金会秘书长陈小君等一行在响水县业余体育学校开展"革命老区体校体育助训项目"暨江苏省"奥运未来之星计划"资助活动,向响水县业余体校捐赠助训资金 10 万元。副县长戴翠芳及相关部门负责人参加活动。

12 月 7 日 市委书记赵鹏,市长魏国强率领出席市重点项目观摩会的人员在响水观摩重点项目建设情况。马俊健、杨毅坚、许德智、邵礼青、刘中连、裴彦贵、张孝将、孙庆树、陈骧等县四套班子领导参加活动。

12 月 9 日 全省出生人口性别比综合治理工作推进会在响水召开。国家人口计生委宣教司出生人口性别比综治办主任罗迈,省政府副秘书长杨根平,省人口计生委主任孙燕丽,市委副书记陈正邦,副市长马成志,县领导马俊健、许德智、戴翠芳等出席。

12 月 10 日 响水县召开县科学技术协会第六次代表大会。县委书记、县长马俊健出席开幕式并讲话。市科协主席徐瀚文致辞。县领导杨毅坚、翟荣炎、邵礼青、王旭东、朱金南、郭云、李运连、刘中连等出席开幕式。大会选举产生县科协新一届领导班子,范广伟当选为县科协第六届委员会主席。

12月17日 响水县设分会场收听收看盐城市生态文明建设工程推进大会。县委书记、县长马俊健出席盐城主会场会议。杨毅坚、邵礼青、王旭东、郭云、刘中连、裴彦贵等在响水的县四套班子领导及各镇区,县相关部门、单位负责人出席分会场会议。

12月19日 市委常委、秘书长潘道津率市党风廉政建设责任制和惩防体系建设工作检查组在响水视察指导工作。县领导马俊健、杨毅坚、许德智、邵礼青、王旭东、朱金南、李运连、裴彦贵等出席。

12月20日 县九届人大常委会召开第九次主任会议。县人大常委会副主任、党组副书记裴彦贵,县人大常委会副主任李刚、刘曙明、张孝将等出席。会议听取和讨论县九届人大二次会议相关事项,县人大常委会2013年重点工作思路,县人大常委会各工作委员会委员名单,2013年县本级财政预算草案和医疗卫生系统部门预算草案的初步审查报告,以及2013年国民经济和社会发展计划草案的初步审查报告。会议对"两争一创"(争当优秀人大代表,争提优秀代表议案和建议,创建先进人大代表小组)活动评优,《对县政府组成部门、两院工作评议制度》等进行讨论。

12月21日 市政协副主席陈还堂一行在响水县视察指导基层卫生服务机构建设工作。县领导杨毅坚、戴翠芳、陈骧、陈苏红等陪同。

12月25~26日 县委书记、县长马俊健主持召开县委工作报告征求意见座谈会。县领导邵礼青、王旭东、刘中连、张孝将、孙庆树、王建成、顾祝生及部分老干部代表、人大代表、政协委员、企业家代表,各镇区、各部门主要负责人出席。

12月27日 县九届人大常委会召开第七次会议。县人大常委会副主任、党组副书记裴彦贵主持会议。副主任李刚、刘曙明、张孝将及常委共25人出席。副县长戴翠芳,县人民法院、县检察院负责人,县政府相关部门主要负责人及部分县人大代表列席会议。会议补选马俊健为盐城市九届人大代表,任命31人为县人大常委会工作委员会委员。书面听取县政府对县九届人大一次会议代表建议、批评和意见处理办法,全县宗教管理工作的审议意见落实情况的汇报并进行满意度测评。会议就2012年全县人大代表"两争一创"活动评优结果进行投票表决,听取县政府关于县九届人大一次会议1号、2号议案办理情况的报告,讨论通过《关于完善县人大常委会组成人员联系人大代表制度的意见》《关于对县政府组成部门和"两院"开展工作评议的试行办法》。

12月28日 县委书记、县长马俊健主持召开县委常委(扩大)会议。会议传达全省经济工作会议、市委六届二次全会、全市生态文明建设工程推进会议精神,并对2013年全县主要经济指标安排情况和县委九届三次全会方案及主题报告内容进行讨论研究。杨毅坚、许德智、邵礼青、王旭东、朱金南、郭云、李运连、刘中连等在响水的县四套班子领导及县相关部门、单位主要负责人出席。

12月29日 响水县召开中共响水县委九届三次全会。县委领导马俊健、杨毅坚、许德智、邵礼青、王旭东、朱金南、郭云、李运连、刘中连出席会议。马俊健作《沿海发展开新篇 争当灌河第一县》的主题报告。全委会通过《中国共产党响水县第九届委员会第三次全体会议决议》。25名县委委员和5名候补委员出席。县纪委委员和不是县委委员、候补委员的县人大、县政府、县政协负责人及县相关部门、单位负责人列席。各镇区,各部门、单位设分会场收听收看大会实况。

2013 年

1 月 4 日 县委书记、县长马俊健主持召开全县重大项目推进会。县领导杨毅坚、张孝将、赖忠明及相关部门负责人出席。

1 月 5 日 高邮市市长方桂林一行在响水县德龙、国华和绿岛小夜曲等项目现场考察。县领导许德智、朱金南陪同。

1 月 7～10 日 盐城市召开七届人大二次会议。响水代表团团长、县委书记、县长马俊健及县领导许德智、郭云、裴彦贵、徐莉等代表参加盐城市七届人大二次会议。响水马俊健、邵金芬、樊小彬、刘露当选为省十二届人大代表。

1 月 8 日 省红十字会在黄圩镇开展“博爱送万家”活动，向响水县红十字会捐赠价值 20 万元的生活用品。省红十字会常务副会长张立明、市红十字会会长谷容先分别讲话。副县长戴翠芳主持捐赠活动。

1 月 9 日 省发改委副主任、省沿海办主任梁学忠率省沿海开发五年推进计划督查组在响水督查沿海开发重大项目推进情况。县委副书记、县政协主席杨毅坚介绍相关情况。市发改委副主任韦向东，副县长孙庆树、赖忠民及县相关部门、单位负责人陪同。

1 月 10 日 省教育厅副厅长倪道潜一行在响水县实验小学、实验初中、响水中学和博爱小学慰问贫困师生。市教育局副局长徐国良、副县长戴翠芳等陪同。

1 月 11 日 县委书记、县长马俊健主持召开县委常委(扩大)会议。会议对《响水县委关于改进工作作风、密切联系群众的十项规定》和列入市“八大类”重点项目进行讨论。县委副书记、县政协主席杨毅坚，县委常委、常务副县长许德智分别传达学习市政协七届二次会议和市七届人大二次会议精神；县委宣传部负责人领学中共十八大有关内容。王旭东、朱金南、郭云、李运连、刘中连、裴彦贵等在响水的县四套班子领导出席。

1 月 12 日 响水县设分会场收听收看全省农村工作电视电话会议。县委书记、县长马俊健对贯彻落实会议精神提要求。县领导杨荣生、顾祝生及各镇区、县相关单位主要负责人出席分会场会议。

1 月 16 日 县委书记、县长马俊健主持召开全县“开门红”工作推进会议。县领导许德智、邵礼青、王旭东、李运连、刘中连、张孝将、孙庆树、王建成及各镇区、县相关部门负责人出席。

1 月 18 日 县委书记、县长马俊健主持召开党政联席会议，部署经济指标开门红、社会稳定、促进园区发展等工作。县领导许德智、邵礼青、王旭东、朱金南、郭云、李运连、刘中连、裴彦贵等出席。

1 月 19 日 市委副书记、市长魏国强在响水县开展节前慰问活动。市人大常委会副主任、市总工会主席陈卫国,县领导马俊健、许德智、裴彦贵随同。

1月23日 全县召开农业农村暨扶贫开发工作会议。县委副书记、省委驻响水帮扶工作队队长翟荣炎对相关工作提要求。县领导邵礼青、李刚、刘长洪、陆从华、顾祝生及各镇区,县相关部门、单位负责人出席。

1月25日 副市长陈友慧带领省科技服务沿海发展挂职干部盐城团在响水调研指导沿海开发工作。县领导许德智、郭云、赖忠民等陪同。

1月27日 沿海经济开发区产业规划、总体规划、控制性详细规划初步设计审查会议在灌江国际大酒店举行。县委书记、县长马俊健到会讲话。南京大学城市规划设计研究院淮海分院院长张健,县领导杨毅坚、王旭东、刘中连、刘曙明、张孝将、孙庆树、赖忠民、于娟及规划专家组成员,县相关部门、单位负责人出席。

1月29日 县人民医院增列为南通大学"教学点"揭牌仪式在县人民医院举行。县委书记、县长马俊健与南通大学副校长程纯为教学医院揭牌。南通大学医学院院长金国华,县领导裴彦贵、戴翠芳、陈骧、陈苏红及相关部门负责人出席。

1月30日 县委书记、县长马俊健主持召开县委常委(扩大)会议。会议传达学习省"两会"及中央和省、市委关于厉行勤俭节约坚决反对铺张浪费的通知精神,研究春节慰问方案,会办月度重点工作。杨毅坚、许德智、邵礼青、王旭东、郭云、李运连、刘中连、裴彦贵等在响水的县四套班子领导出席。

1月31日 江苏公安边防总队副总队长沈在平一行在响水调研指导陈家港港口对外开放事宜。县领导杨毅坚、赖忠民、于娟及市公安边防支队队长申亚村等陪同。

△ 省开发局副局长张春艳一行在响水开展节前慰问活动。县委副书记、省委驻响水帮扶工作队队长翟荣炎,副县长、省委驻响水帮扶工作队副队长陈光胜等陪同。

2月1日 县委书记、县长马俊健会见市交通银行行长王晓松一行,并交流深化金融合作等事宜。县领导张孝将、孙庆树、王建成参加。

△ 县委书记、县长马俊健在双港镇兴华村走访慰问部分建国前老党员、老复员军人和困难群众。县领导裴彦贵、张孝将参加慰问。

2月2日 县委宣传部举办响水第三届春节联欢晚会。县领导刘中连、张孝将、杨荣生、陈苏红等出席观看。

2月6日 县委书记、县长马俊健主持召开县委常委(扩大)会议。会议通报县四套班子领导在挂钩联系镇区、企业及开展慰问工作情况;讨论研究2012年目标任务绩效考核结果,以及表彰大会方案和贯彻落实《中共响水县委关于改进工作作风、密切联系群众的十项规定》的具体办法。杨毅坚、许德智、邵礼青、王旭东、朱金南、郭云、李运连、刘中连、裴彦贵等在响水的县四套班子领导及县相关部门负责人出席。

2月7日 响水县举行各界人士迎新春、话发展座谈会。县委书记、县长马俊健到会讲话。杨毅坚、许德智、邵礼青、王旭东、朱金南、郭云、李运连、刘中连、裴彦贵等在响水的县四套班子领导参加。

2月10日 县委书记、县长马俊健在县城自来水公司、供电公司、荣生电子等企业及交巡警、环卫工人、城管队员值班处看望慰问一线劳动者。县领导杨毅坚、邵礼青、裴彦贵、陈骧、顾祝生及县相关部门负责人随同。

2 月 16 日 全县召开 2012 年度目标任务绩效考核表彰大会。县委书记、县长马俊健主持会议。杨毅坚、翟荣炎、许德智、邵礼青、王旭东、朱金南、郭云、李运连、刘中连、裴彦贵等县四套班子全体领导及各镇区,县各部门、单位主要负责人,受表彰的先进集体和先进个人代表出席。

△ 响水县设分会场收听收看盐城市 2012 年度目标任务绩效考核表彰大会。县委书记、县长马俊健出席盐城主会场会议。县领导翟荣炎、许德智、邵礼青、王旭东、朱金南、郭云、裴彦贵及县相关部门、单位主要负责人出席分会场会议。

2 月 17 日 响水县举办 2013 年新春服务企业引才用工、帮助群众创业就业"牵手行动"大型招聘会。马俊健、杨毅坚、翟荣炎、许德智、裴彦贵等县领导现场指导。

2 月 19 日 响水县设分会场收听收看全省机关作风建设视频会。县委书记、县长马俊健在省会后对相关工作提要求。杨毅坚、许德智、邵礼青、王旭东、朱金南、郭云、李运连、裴彦贵等在响水的县四套班子领导及各镇区,县各部门、单位主要负责人出席分会场会议。

2 月 22 日 县委书记、县长马俊健主持召开县委常委(扩大)会议,传达习近平总书记重要讲话精神,讨论县"两会"有关工作报告及会议方案,听取县关工委工作汇报,会办月度工作。县领导杨毅坚、许德智、邵礼青、王旭东、朱金南、郭云、李运连、刘中连、裴彦贵及县相关部门、单位负责人出席。

2 月 25 ~ 26 日 政协响水县第九届委员会第二次会议召开。县委书记、县长马俊健讲话。县委副书记、县政协主席杨毅坚作政协工作报告。县政协副主席陈骧宣读县政协关于表彰"招商选资"贡献奖和"双好"委员、优秀提案的决定,并作提案审查情况报告。

2 月 26 ~ 27 日 响水县九届人民代表大会第二次会议召开。县长马俊健代表县人民政府向大会作政府工作报告,县人大常委会副主任、党组副书记裴彦贵向大会作人大常委会工作报告,县人民法院院长刘海玉作县人民法院工作报告,县人民检察院检察长童加舟作县人民检察院工作报告。大会对 2012 年度"两争一创"活动,先进人大代表小组、优秀县人大代表和优秀代表议案、建议进行表彰。大会表决并通过关于《响水县人民政府工作报告》的决议,关于响水县 2012 年国民经济、社会发展计划执行情况和 2013 年国民经济、社会发展计划的决议,关于响水县 2012 年预算执行情况和 2013 年预算的决议,关于《响水县人大常委会工作报告》的决议,关于《响水县人民法院工作报告》的决议,关于《响水县人民检察院工作报告》的决议。

3 月 1 日 江苏永大镍业在沿海经济开发区奠基开工。县委书记、县长马俊健致辞。县领导杨毅坚、刘中连、李刚、孙庆树、于娟及市工商局副局长季鹏飞等出席。

3 月 6 日 市委副书记陈正邦在响水调研指导农业农村工作。县领导马俊健、邵礼青、杨荣生及市、县相关部门负责人随同。

△ 省信用合作联社副主任、副市长陈友慧在响水检查指导农村商业银行工作。

3 月 7 日 副市长朱传耿一行在响水调研指导环保工作。县委书记、县长马俊健,市环保局局长吴雨晴,副县长武正华及市、县相关部门负责人陪同。

△ 副市长、市公安局局长夏存喜在响水调研指导公安工作。县委书记、县长马俊健陪同。

3 月 8 日　市经信委主任薛盛堂召集响水、滨海、阜宁、射阳 4 县经信部门负责人，在响水生态化工园区召开全市工业经济运行分片座谈会。县委书记、县长马俊健介绍响水工业经济发展情况。副县长孙庆树等出席。

△　县妇联召开庆祝“三八”国际劳动妇女节成立 103 周年大会。县委常委、组织部部长郭云到会讲话。

3 月 9 日　省残联副理事长单加海在响水调研残疾人工作。市残联理事长刘品轩，县委常委、常务副县长许德智陪同。

3 月 12 日　市委书记朱克江在响水调研指导工作。市委常委、秘书长潘道津等随同。县委书记、县长马俊健汇报工作。杨毅坚、吴红才、翟荣炎、许德智、邵礼青、王旭东、朱金南、郭云、刘中连、裴彦贵等在响水的县四套班子领导陪同。

3 月 15 日　县委书记、县长马俊健主持召开县委常委（扩大）会议，学习贯彻 3 月 12 日市委书记朱克江在响水调研时的重要讲话精神，并对贯彻落实市委朱书记讲话精神提要求。杨毅坚、许德智、邵礼青、王旭东、朱金南、郭云、刘中连、裴彦贵等在响水的县四套班子领导及各镇区，县各部门、单位主要负责人出席。

3 月 16 日　扬州大学副校长范健一行在响水视察指导帮扶工作。县委副书记、省委驻响水帮扶工作队队长翟荣炎介绍情况。副县长杨荣生、潘海、陈光胜等陪同。

3 月 21 日　全县召开生态文明建设工程暨省级卫生县城创建推进会。县委书记、县长马俊健到会讲话。杨毅坚、许德智、邵礼青、王旭东、朱金南、郭云、李运连、刘中连、裴彦贵等县四套班子领导及各镇区，县相关部门、单位主要负责人出席。

△　县委、县政府召开全县“问计于民、推进发展”人民意见征集活动总结暨民主评议大会。县委书记、县长马俊健到会讲话。杨毅坚、许德智、邵礼青、王旭东、朱金南、郭云、李运连、刘中连、裴彦贵等县四套班子领导及各镇区，县相关部门、单位和部分重点企业主要负责人出席。

△　全县召开武装工作会议。县委书记、县长、县人武部党委第一书记马俊健到会讲话。县委常委、常务副县长许德智主持会议。县人武部政委吴瑜君作工作报告。各镇区主要负责人、人武部部长等出席。

△　全县召开政法工作会议。县委书记、县长马俊健到会讲话。县领导杨毅坚、许德智、邵礼青、王旭东、朱金南、郭云、李运连、刘中连、裴彦贵及各镇区，县相关部门、单位主要负责人出席。

3 月 22 日　县九届人大常委会召开第 11 次主任会议。县人大常委会副主任、党组副书记裴彦贵主持会议。副主任李刚、刘曙明、张孝将等出席会议。会议听取和讨论县政府关于全面建成小康社会情况的报告，县人大常委会关于《中华人民共和国种子法》贯彻实施情况的执法检查报告，县政府落实县人大常委会关于全县贯彻执行人口与计划生育法工作审议意见情况的报告。

3 月 23 日　响水县召开港城启动区控制性详规中期成果汇报会。县委书记、县长马俊健出席并对港城启动区控制性详规的制定提要求。县领导杨毅坚、许德智、王旭东、唐如军、顾祝生及相关部门负责人出席。

3 月 25 日　县九届人大常委会召开第九次会议。县人大常委会副主任、党组副书记裴彦贵,副主任李刚、张孝将及常委会委员共 20 人出席会议。县政府副县长徐莉,县法院、县检察院负责人,县政府相关部门主要负责人及部分县人大代表列席会议。张孝将主持会议。会议听取和审议县政府关于全面建成小康社会情况的报告,县人大常委会关于《中华人民共和国种子法》贯彻实施情况的执法检查报告;听取县政府落实县人大常委会关于全县贯彻执行人口与计划生育法工作审议意见情况的报告,并进行满意度测评。会议听取相关部门工作情况汇报并举办《中华人民共和国义务教育法》法制讲座。

3 月 26 日 副省长缪瑞林在响水专题调研加快苏北发展工作。副市长朱传耿,县领导马俊健、杨毅坚、孙庆树、顾祝生等随同。

△ 响水县设分会场收听收看国务院召开的第一次廉政工作电视电话会议。会议全面部署 2013 年政府机关廉政建设和反腐败工作。县委常委、常务副县长许德智,县委常委、纪委书记朱金南及县直各单位主要负责人出席分会场会议。

3 月 28 日 县委书记、县长马俊健主持召开县委常委(扩大)会议。会议传达学习近期省、市召开的重要会议精神,交流贯彻落实市委书记朱克江在响水调研时重要讲话精神的体会,并会办月度工作。杨毅坚、许德智、王旭东、朱金南、郭云、李运连、刘中连等在响水的县四套班子领导及各镇区,县相关部门、单位负责人出席。

4 月 1 日 响水县设分会场收听收看全市基层党组织"保持纯洁性、深化'评定升'"教育实践活动部署电视电话会议。会后,马俊健对贯彻落实会议精神提要求。县领导杨毅坚、郭云及各镇区,县相关部门、单位负责人出席分会场会议。

△ 响水县设分会场收听收看市纪委六届三次全会第二次会议。马俊健、杨毅坚、许德智、邵礼青、王旭东、郭云、李运连等在响水的县四套班子领导及各镇区,县各部门、单位主要负责人出席分会场会议。

4 月 2 日 盐城市海关关长张玉泉带班子成员在响水调研指导工作。县委副书记、县政协主席杨毅坚介绍响水县经济社会发展情况及口岸建设情况。县领导张孝将、徐莉及县相关部门、单位负责人陪同。

△ 省电力公司工会主席黄志高一行在响水调研指导扶贫开发工作。县领导翟荣炎、李运连、刘长洪、陈光胜和县相关部门负责人陪同。黄志高代表省电力公司向响水县捐赠 700 万元帮扶资金。

4 月 3 日 县纪委九届三次全会召开。县委书记、县长马俊健到会讲话。县委副书记、县政协主席杨毅坚主持会议。县委常委、纪委书记朱金南代表县纪委常委会作工作报告。邵礼青、王旭东、郭云、李运连等在响水的县四套班子领导出席。

△ 副市长朱传耿,市教育局局长常逢生一行在响水调研指导教育现代化创建工作。县委常委、常务副县长许德智,副县长徐莉陪同。

4 月 8 日 省环保厅厅长陈蒙蒙率省生态文明建设工程调研考核组在响水检查指导生态文明建设工作。副市长朱传耿,市环保局局长吴雨晴及县领导杨毅坚、朱金南、武正华等陪同。

△ 盐城工学院、安徽大学技术转移中心响水分中心揭牌仪式在灌江国际大酒店举行。盐城工学院党委书记姚冠新,安徽大学电子学院副院长赵文吉,县领导许德智、赖忠民及县相关部门、企业负责人出席仪式。

4月12日 全县召开结对帮扶低收入农户工作会议。县委常委、政法委书记李运连到会讲话。副县长杨荣生主持会议并对贯彻落实会议精神提要求。

△ 副市长吴晓丹一行在响水调研指导绿化造林工作。县领导杨荣生、顾祝生陪同。

4月15日 全县召开禽流感防控工作现场会。县委书记、县长马俊健到会讲话。县领导许德智、武正华、戴翠芳、杨荣生及各镇区、县相关部门负责人出席。

△ 响水县设分会场收听收看省、市先后召开的廉政工作电视电话会。县委常委、常务副县长许德智出席响水分会场会议并讲话。

4月17日 响水县设分会场收听收看省、市先后召开的人感染H7N9禽流感预防电视电话会议。县领导许德智、武正华、戴翠芳、杨荣生及县相关部门、单位负责人出席分会场会议。

△ 省地方志办副主任蔡金良一行在响水调研地方志工作及全县经济社会发展情况。县委常委、纪委书记朱金南,副县长武正华及县委党史办负责人等陪同。

4月18日 响水县设分会场收听收看国务院召开的全国可移动文物普查电视电话会议。副县长戴翠芳等出席。

4月22日 县委书记、县长马俊健主持召开县委常委会,研究会办全县重点项目、实事工程,服务企业、服务项目,以及"三重"工作、项目攻坚、利用外资、财政金融等事项。县领导杨毅坚、许德智、邵礼青、王旭东、朱金南、郭云、李运连、刘中连、孙庆树及县相关部门负责人出席。

4月23日 响水县2013年"五方挂钩"帮扶协调会在南京召开。省委组织部副部长、省人社厅厅长谭颖,副厅长胡大洋,省委农工办、扶贫办副主任诸纪录,县领导马俊健、翟荣炎、李运连及省委驻响水帮扶工作队后方单位负责人出席。

4月25日 响水县设分会场收听收看省政府全体(扩大)会议。县委书记、县长马俊健对贯彻落实会议精神和做好全县二季度工作提要求。县领导武正华、戴翠芳、孙庆树、杨荣生、赖忠明、王建成及县相关部门负责人出席分会场会议。

4月26日 县委书记、县长马俊健率全县党政代表团在连云港市赣榆县、连云新区、灌云区、灌南县参观考察沿海开发、新特产业发展、城市和新农村建设等方面的情况。连云港市委副秘书长、市委办公室主要领导陪同,相关县、区的主要领导介绍各自经济社会发展情况。杨毅坚、许德智、邵礼青、王旭东、朱金南、郭云、李运连、刘中连、裴彦贵等县四套班子领导及各镇区,县相关部门、单位负责人参加考察。

△ 省农业资源开发局局长唐铁飞在响水考察2012年响水滩涂垦区配套项目和万亩海参产业园区。市农业资源开发局局长糜海,县委常委、政法委书记李运连等陪同。

4月27日 全县召开财税金融工作会议。县委书记、县长马俊健到会讲话。县领导杨毅坚、许德智、裴彦贵、孙庆树、陈骧及各镇区、县相关部门负责人出席。

5月2日 副省长史和平一行在响水察看临海高等级公路响水段建设情况。县委书记、县长马俊健介绍临海高等级公路响水段进展情况。市长魏国强,省交运厅厅长游庆仲,省沿海办主任梁学忠,副市长王荣,县领导杨毅坚、邵礼青、徐莉等陪同。

5月3日 市委副书记陈正邦率市委农办、市气象局负责人在响水调研指导农业工作,对小麦赤霉病防治提出要求。县领导杨毅坚、李运连、杨荣生等陪同。

5 月 6 ~7 日 省教育厅副厅长倪道潜一行在响水开展“三解三促”活动。副县长徐莉等陪同。

5 月 7 日 市政协副主席陈还堂、吕拔生一行在响水调研指导中小企业科技创新工作。县领导杨毅坚、赖忠民、陈骧、于娟等陪同。

5 月 8 日 县委书记、县长马俊健会见宜兴市人大常委会副主任王华良一行，双方磋商江苏大明科技有限公司上市事宜。县领导李刚、孙庆树及县相关单位负责人陪同。

△ 响水县开展纪念红十字日暨第 9 个“博爱万人捐”活动启动仪式。马俊健、杨毅坚、许德智、邵礼青、王旭东、朱金南、郭云、李运连等在响水的县四套班子领导参加活动。

5 月 10 日 省水利厅总工程师叶健一行在响水调研指导水利现代化建设和水利基础设施建设工作。县委书记、县长马俊健致辞。市政府副秘书长乐超，市水务局局长罗利民及县领导李运连、杨荣生等陪同。

5 月 11 日 全县召开人才工作会议。县委书记、县长马俊健到会讲话。县领导杨毅坚、许德智及各镇区、县相关部门主要负责人出席。

5 月 13 日 响水县设分会场收听收看盐城市机关作风建设电视电话推进大会。县委书记、县长马俊健在市会结束后提要求。杨毅坚、许德智、邵礼青、王旭东、朱金南、郭云、刘中连、裴彦贵等县四套班子领导及县相关部门、单位负责人出席分会场会议。

5 月 16 日 响水县残疾人联合会第三次代表大会召开。县委书记、县长马俊健，市残疾人联合会理事长刘品轩及县领导杨毅坚、许德智、裴彦贵等出席开幕仪式。县残联主要负责人代表第二届主席团向大会作工作报告。大会选举产生县残联第三届主席团委员，选举出席市残联第五次代表大会代表。

5 月 17 日 响水县在南京成功签约投资超 10 亿元的年产 500 万吨一次还原铁项目。县领导马俊健、杨毅坚及投资客商代表等出席签约仪式。

5 月 21 日 省级机关工委书记王立平一行在响水调研指导扶贫开发工作，并开展“三解三促”活动。县委书记、县长马俊健介绍响水县经济社会发展情况和扶贫开发工作情况。县委副书记、省委驻响水帮扶工作队队长翟荣炎汇报 2012 年度帮扶工作情况。市级机关工委书记周俊及县领导李运连、杨荣生、潘海、刘长洪、陈光胜等参加活动。

△ 县委书记、县长马俊健会见新西兰钢铁公司副总裁德里克·格雷汉姆及公司矿业部总经理约翰雷蒙德·西泽林顿。县领导杨毅坚、孙庆树、于娟及县相关部门、企业负责人陪同。

△ 县委书记、县长马俊健会见中国联合水泥集团有限公司总经理张金栋一行。县领导许德智、郭云、孙庆树及县相关单位负责人陪同。

△ 响水县召开城东新区设计答疑会。县委书记、县长马俊健就城东新区规划编制提要求。县领导邵礼青、顾祝生出席会议。江苏省城市规划设计研究院、杭州市城市规划设计研究院、南京博来城市规划设计研究有限公司等国内知名设计单位负责人应邀出席会议。

5 月 22 日 盐城供电公司总经理张绍宾一行在响水调研服务工作。县领导马俊健、杨毅坚等陪同。

5 月 23 日 县委书记、县长马俊健会见台湾乐德开发投资集团百亿电子有限公司总经理沈东仪等台湾客商。县领导杨毅坚、孙庆树参加会见。

△ 县人大常委会第 12 次主任会议召开。县人大常委会副主任、党组副书记裴彦贵主持会议。副主任李刚、刘曙明、张孝将等出席。会议听取《中华人民共和国道路交通安全法》贯彻实施情况的执法检查汇报，关于全县中小企业发展暨转型升级审议意见落实情况的汇报，关于举办《中华人民共和国审计法》制度讲座相关情况的汇报，关于统筹城乡发展试点镇、村建设情况的汇报，关于新农合资金筹集、使用、管理情况的汇报，关于校车安全管理工作审议意见落实情况的汇报，关于县人大常委会进一步完善县人大代表联系人民群众的办法及相关人事任免等。会议讨论县九届人大常委会第十次会议有关事项。

5 月 27 日 县委书记、县长马俊健主持召开县委常委会。会议专题研究会办国华港电、港城建设等全县重大事项。县委副书记杨毅坚，县委常委许德智、邵礼青、王旭东、朱金南、郭云、李运连、刘中连出席会议。县领导裴彦贵、张孝将、于娟、顾祝生及县相关部门负责人列席会议。

5 月 29 日 副市长马成志在挂钩企业裕廊化工公司调研。县领导马俊健、孙庆树、赖忠明及相关部门、单位负责人陪同。

△ 县九届人大常委会召开第 10 次会议。县人大常委会副主任、党组副书记裴彦贵，县人大常委会副主任李刚、刘曙明、张孝将等出席会议。副县长徐莉列席会议。会议讨论并通过县人大常委会关于进一步完善县人大代表联系人民群众的办法草案，听取并审议县政府关于统筹城乡发展试点镇、村建设情况的报告和县政府关于新农合资金筹集、使用、管理情况的报告，听取县政府对县人大常委会关于全县中小企业发展暨转型升级情况，校车安全管理工作的审议意见落实情况的报告。

5 月 30 日 县委书记、县长马俊健会见常州市天宁区区长宋建伟一行，就扶贫开发工作和加强两地合作进行会谈。县领导杨毅坚、翟荣炎、杨荣生、陈光胜及省委驻响水帮扶工作队全体队员出席。

5 月 31 日 省国土资源厅副厅长王译萱率省国土资源厅原厅长杨任远等老同志一行在响水参观考察。县领导马俊健、邵礼青、顾祝生及省、市、县相关部门负责人陪同。

△ 响水县在县第二中学举行庆祝“六一”国际儿童节文艺汇演活动。县领导马俊健、王旭东、张孝将、徐莉、陈苏红等出席。

6 月 4 日 全县召开县四套班子全体成员会议。会议宣布省委关于响水县政府主要负责人职务调整决定：提名崔爱国为响水县县长候选人，马俊健不再担任响水县县长职务。县委书记马俊健主持会议并讲话。崔爱国讲话。市委常委、组织部部长庄兆林到会讲话。市委组织部常务副部长尹金来宣读省委决定。杨毅坚、吴红才、翟荣炎、许德智、邵礼青、王旭东、朱金南、郭云、李运连、刘中连、裴彦贵等县四套班子全体领导出席。

6 月 5 日 省经信委副主任、省电监办专员顾瑜芳一行在响水调研有序用电工作情况。县领导杨毅坚、邵礼青、孙庆树及市、县相关部门负责人陪同。

△ 省人社厅机关党委副书记吴君才一行 5 人在响水县张集中心社区杨回村开展“三解三促”驻点调研活动。县委副书记、省委驻响水帮扶工作队队长翟荣炎，副县长、省委驻响水帮扶工作队副队长陈光胜等陪同。

6 月 6 日 市委书记朱克江、市长魏国强率出席全市沿海发展重点项目汇报会全体人员在响水观摩荣鑫伟业、富星纸业等沿海发展重点项目,并听取响水县沿海发展相关情况汇报。县领导马俊健、崔爱国、杨毅坚、许德智、刘中连、孙庆树等陪同。

6 月 7 日 县九届人大常委会第 11 次会议召开。会议同意接受马俊健辞去县人民政府县长职务,并全票通过决定任命崔爱国为响水县人民政府代理县长。县人大常委会副主任、党组副书记裴彦贵主持会议。县人大常委会副主任李刚、刘曙明、张孝将及县九届人大常委会委员出席。县委常委、组织部部长郭云等列席。

△ 市统计局局长秦军一行在响水调研指导全面建设小康社会工作。县领导马俊健、崔爱国、许德智及县相关部门负责人陪同。

6 月 9 日 县委书记马俊健主持召开县委常委(扩大)会议。会议传达学习全市沿海发展重大项目汇报会和全市经济形势分析会精神,并对当前工作作出部署。崔爱国、杨毅坚、许德智、邵礼青、王旭东、朱金南、郭云、李运连、刘中连等在响水的县四套班子领导出席。

6 月 12 日 县委书记马俊健主持召开全县经济工作座谈会,听取县相关经济主管部门"双过半"工作情况汇报,并对全县冲刺"双过半"工作提要求。县领导刘中连、王建成及相关部门主要负责人出席。

6 月 13 日 全县召开经济形势分析会。县委书记马俊健到会讲话。崔爱国、杨毅坚、许德智、邵礼青、王旭东、朱金南、郭云、李运连、刘中连等在响水的县四套班子领导,各镇区,县相关部门、单位主要负责人出席。

6 月 14 日 市委副书记陈正邦在响水检查指导"三夏"工作。县委书记马俊健介绍响水县"三夏"工作开展情况。县领导崔爱国、李运连、杨荣生及市、县相关部门负责人陪同。

6 月 18 日 市消防支队政委季智洲、支队长李仁斌在响水县调研指导消防工作。县领导马俊健、孙庆树及县相关部门负责人陪同。

6 月 19 日 县委书记马俊健主持会办民生幸福工程三年行动计划编制工作。县领导崔爱国、杨毅坚、许德智、邵礼青、李运连、杨荣生及县相关部门负责人出席。

6 月 20 日 民生银行盐城分行行长王睿华一行在响水考察调研金融合作有关事项。县领导马俊健、崔爱国、孙庆树及县相关部门负责人陪同。

6 月 21 日 市委常委、市委秘书长潘道津在响水县开展"七一"慰问活动。县领导马俊健、崔爱国及市、县相关部门负责人随同。

6 月 21 ~22 日 国家发改委中国投资协会新兴产业中心国际合作办主任董宏伟、副主任柴欣一行在响水考察调研。县领导马俊健、崔爱国、孙庆树及相关部门负责人陪同。

6 月 27 日 县委书记马俊健主持召开县委常委(扩大)会议。会议传达省、市有关会议精神,并对月度工作进行会办。崔爱国、杨毅坚、许德智、邵礼青、王旭东、朱金南、郭云、李运连、刘中连等在响水的县四套班子领导出席。

6 月 28 日 县政协九届五次常委会召开,专题协商讨论关于加强响水县人口和计划生育工作的建议案。县政协主席杨毅坚主持会议。副主席陈骧、陈苏红、陆从华、于娟、武瑾,秘书长缪成等参加。

△ 响水县设分会场收听收看国务院2013年全国医改工作电视电话会议。县领导许德智、戴翠芳及县相关部门负责人出席分会场会议。

6月30日 全县召开基层党建工作座谈会。县委书记马俊健到会讲话。县领导杨毅坚、郭云、刘中连及县相关镇区、部门主要负责人出席。

7月1日 全县庆祝中国共产党成立92周年大会召开。县委书记马俊健讲话。县领导崔爱国、杨毅坚、翟荣炎、许德智、邵礼青、王旭东、朱金南、郭云、李运连、刘中连等出席。

△ 响水县设分会场收听收看省委召开的党的群众路线教育实践活动电视电话会议。马俊健、崔爱国、许德智、邵礼青、王旭东、朱金南、郭云等在响水的县四套班子领导出席分会场会议。

△ 全县召开产业转型升级座谈会。县委书记马俊健到会讲话。县领导崔爱国、杨毅坚、刘中连、孙庆树、赖忠民及县三大园区、相关经济主管部门主要负责人出席。

7月3日 市长魏国强在响水调研转型升级工程推进工作。县委书记马俊健汇报工作。市政府秘书长何素成,县领导崔爱国、杨毅坚、许德智、邵礼青、王旭东、刘中连、裴彦贵、孙庆树、杨荣生、顾祝生及市、县相关部门主要负责人陪同。

△ 省盐业公司有限责任公司副总经理、江苏井神盐化工股份有限公司董事长伏运景一行在响水考察经济社会发展情况。县人大常委会副主任、党组副书记裴彦贵陪同并介绍响水相关情况。

7月6日 响水县召开沿海经济开发区产业规划、概念性规划、控制性详细规划专家评审会。代县长崔爱国主持会议。县领导杨毅坚、邵礼青、王旭东、刘中连、张孝将、孙庆树、陈骧、顾祝生等出席。

7月8日 全县召开招商选资和财税工作汇报会。县委书记马俊健到会讲话。县领导崔爱国、杨毅坚、许德智、郭云、刘中连、孙庆树出席。

7月10日 响水县成功签约总投资5.5亿元的高清洁动力燃料生产基地项目。县委书记马俊健会见投资客商姜运忠一行。县委常委、宣传部部长刘中连等参加会见。

7月11日 市委常委、纪委书记刘德民一行在响水检查指导废黄河防汛工作。县委书记马俊健介绍响水防汛工作相关情况。代县长崔爱国,市水务局局长罗利民,县委常委、纪委书记朱金南及县相关部门主要负责人陪同。

△ 市政协副主席陈还堂一行在响水走访驻响水的市七届政协委员,调研响水县经济社会发展情况。县委书记马俊健介绍响水县相关工作情况。县领导崔爱国、杨毅坚、陈苏红、于娟等陪同。

7月13日 全县召开人口计生工作半年形势分析暨创建迎评工作会议。县委书记马俊健到会讲话。市人口计生委主任季德荣,县领导崔爱国、王旭东、戴翠芳及各镇区、县相关部门负责人出席。

7月17日 响水县突降暴雨,造成县城大面积积水。灾情发生后,县委、县政府立即启动应急预案。代县长崔爱国在一线察看、指导防汛排涝工作。县领导邵礼青、顾祝生随同。

7月18日 市委六届三次全会在盐城召开。县委书记马俊健主持市委六届三次全会响水组讨论,集中学习市委书记朱克江、市长魏国强所作报告。市、县领导周德祥、朱传耿、陈还堂、崔爱国、杨毅坚、王旭东、刘中连、孙庆树、顾祝生等参加分组讨论。

7 月 19 日 县委书记马俊健主持召开县委常委(扩大)会议,专题传达学习市委六届三次全会精神。杨毅坚、许德智、邵礼青、王旭东、朱金南、郭云、李运连、裴彦贵等在响水的县四套班子领导及县相关部门负责人出席。

7 月 22 日 中国共产党响水县第九届委员会第四次全体会议召开。县委书记马俊健代表县委常委会作《坚决打胜开新篇争第一开局之战,为全面建设高水平小康社会而努力奋斗》的报告。县领导崔爱国、杨毅坚、翟荣炎、许德智、邵礼青、王旭东、朱金南、郭云、李运连、刘中连等出席。

△ 县政府与中国民生银行盐城分行举行政、银、企合作签约仪式。代县长崔爱国致辞,并与该行行长王睿华签订合作协议。县委常委、宣传部部长刘中连主持签约仪式。

7 月 25 日 市委副书记陈正邦一行在响水调研指导扶贫开发工作。县领导崔爱国、翟荣炎、李运连、杨荣生等陪同。

△ 代县长崔爱国主持召开县政府常务会议。县领导许德智、刘中连、武正华、戴翠芳、徐莉、杨荣生、王建成、顾祝生等出席会议。县政协副主席陈苏红列席会议。会议讨论并原则同意"向低保家庭中重度残疾人发放重残补贴金""调整全县最低工作标准"等 5 个关系民生的议题。会议讨论并原则同意通过县政府九届二次全体(扩大)会议报告。

△ 县九届人大常委会第 12 次会议召开。县人大常委会副主任、党组副书记裴彦贵主持会议。县人大常委会副主任李刚、刘曙明、张孝将出席会议。县委常委、组织部部长郭云,副县长徐莉、赖忠民列席会议。会议传达学习市委六届三次、县委九届四次全会精神。会议同意刘海玉辞去响水县人民法院院长、审判委员会委员、审判员职务,童加舟辞去响水县人民检察院检察长、检察委员会委员、检察员职务;任命谭斌为响水县人民法院代理院长,陈宏成为响水县人民检察院代理检察长;同时对县政府相关组成部门的人事进行投票任免。会议听取审议县政府关于县九届人大二次会议代表建议、批评和意见办理情况的报告,县人大常委会执法检查组关于《江苏省通榆河水污染防治条例》贯彻实施情况的执法检查报告,县政府关于 2012 年度县本级预算执行和其他财政收支情况的审计工作报告,县政府关于全县上半年经济运行和财政预算执行情况的报告。会议审查批准 2012 年县本级财政决算,讨论通过关于《响水县教育发展现状分析及建议》的调查报告。

7 月 26 日 县政府召开九届二次全体(扩大)会议,学习贯彻省委十二届五次全会、省政府全体(扩大)会议和市委六届三次全会精神,落实县委九届四次全会部署。代县长崔爱国讲话。县领导许德智、刘中连、武正华、戴翠芳、徐莉、杨荣生、王建成、顾祝生出席。

△ 响水县设分会场收听收看省政府全体会议。县领导崔爱国、许德智、刘中连、武正华、戴翠芳、徐莉、杨荣生、王建成、顾祝生及县相关部门、单位负责人出席分会场会议。

7 月 29 日 盐城沿海发展央企投资合作洽谈会在北京举行。洽谈会签订战略合作协议 5 个,项目合作协议 24 个,总投资 523.2 亿元。县委书记马俊健代表响水县与部分央企签订投资合作协议。国务院国有资产监督管理委员会副主任邵宁、市委书记朱克江、市长魏国强等领导见证签约。

△ 省人口计生委主任王元慧一行在响水调研指导人口计生基层基础工作。代县长

崔爱国介绍相关工作情况。市人口计生委主任季德荣，县领导王旭东、戴翠芳陪同。

△ 省扶贫办副主任朱子华一行在响水调研指导扶贫开发工作。县领导崔爱国、翟荣炎、李运连、杨荣生、潘海及市、县扶贫办负责人陪同。

7月30日 六套中心社区、双港镇、大有镇等地遭受龙卷风和强台风袭击，农作物及树木倒伏，受损严重。县委书记马俊健要求县相关部门负责人深入受灾现场，迅速落实补救措施，确保将群众损失降到最低。代县长崔爱国在受灾现场指导抗灾自救。县委常委、常务副县长许德智及县民政局、农办、农委等单位负责人随同。

7月31日 县委书记马俊健主持召开县委常委(扩大)会议。崔爱国、杨毅坚、许德智、邵礼青、王旭东、朱金南、郭云、李运连、刘中连、吴瑜君等在响水的县四套班子领导及县相关部门、单位负责人出席。

△ 县委理论学习中心组召开学习习近平总书记重要讲话精神专题会议。县委书记马俊健主持会议。崔爱国、杨毅坚、许德智、邵礼青、王旭东、朱金南、郭云、李运连、刘中连、吴瑜君等在响水的县四套班子领导及县相关部门负责人参加。市委宣传部副部长陈斌一行巡听中心组专题学习。

△ 全县召开县委常委议军会议。县委书记、县人武部党委第一书记马俊健主持会议。县委常委、县人武部政委吴瑜君汇报工作。县领导崔爱国、杨毅坚、许德智、邵礼青、王旭东、朱金南、郭云、李运连、刘中连等出席。

8月1日 县委书记马俊健一行在县人武部、消防大队、武警中队和边防大队，看望慰问驻响水部队官兵。县领导崔爱国、杨毅坚、许德智、吴瑜君、裴彦贵等参加慰问。

8月3日 全县召开二季度“家家到”项目点评会。县委书记马俊健到会讲话。崔爱国、杨毅坚、许德智、王旭东、朱金南、郭云、李运连、刘中连、吴瑜君、裴彦贵等在响水的县四套班子领导及各镇区，县相关部门、单位主要负责人出席。

8月5日 副市长、市公安局局长夏存喜一行在响水生态化工园区调研指导消防安全工作。代县长崔爱国和县公安、消防等部门负责人陪同。

8月6日 响水生态化工园区、江苏梦兰集团合作项目签约仪式在常熟市虞山镇梦兰村举行。县领导马俊健、杨毅坚及县相关单位主要负责人出席。

△ 省委组织部副部长、省人社厅厅长谭颖在响水调研指导扶贫开发工作，并看望省委驻响水帮扶工作队队员。省人社厅副巡视员郁桂萍随同。代县长崔爱国介绍相关情况。市人社局局长肖汝宏及县领导翟荣炎、李运连、杨荣生、潘海、陈光胜等陪同。

8月16日 市委书记朱克江在响水调研指导防旱抗旱、病虫害防治、扶贫开发工作。市、县领导陈正邦、潘道津、吴晓丹、马俊健、崔爱国、杨毅坚、李运连、杨荣生、顾祝生等陪同。

8月22日 省农业资源开发局局长唐铁飞在响水调研农业综合开发、苏北灌溉总渠以北地区扶贫开发工作。县领导马俊健、崔爱国、杨荣生及市、县相关部门负责人陪同。

△ 省通信管理局局长苏少林一行在响水调研指导综治和平安建设工作。县领导马俊健、李运连、孙庆树及县相关部门负责人陪同。

△ 副市长陈友慧在响水县南河镇昌盛村调研指导村级集体经济增收工作。代县长崔爱国介绍相关工作情况。副县长赖忠民及县相关单位负责人陪同。

8 月 26 日 县委书记马俊健主持召开响水县在日本、韩国、中国台湾地区招商工作总结会议。县领导李运连、刘中连、孙庆树及县相关镇区、部门负责人出席。

8 月 27 日 全县召开县城环境综合整治暨创卫工作推进会议。代县长崔爱国到会讲话。县领导许德智、邵礼青、刘中连、戴翠芳、杨荣生、顾祝生及各镇区，县各部门、单位负责人出席。

8 月 27～28 日 市委书记朱克江在北京洽谈对接陈家港电厂二期项目工作。县委书记马俊健随同。

8 月 29 日 响水县设分会场收听收看第三次全国经济普查电视电话会议。县委常委、常务副县长许德智及县相关部门、单位负责人出席分会场会议。

8 月 30 日 县人大召开人大工作理论研究会第三届理事会第四次会议暨 2013 年年会。县人大常委会副主任、党组副书记裴彦贵主持会议。县人大工作理论研究会会长张正华等出席会议。市人大常委会副秘书长、研究室主任刘连才等应邀出席会议。

△ 省水利工程建设局局长朱海生一行在响水检查海堤工程建设和达标情况。县领导李运连、杨荣生陪同。

8 月 31 日 盐城市第三届沿海发展人才峰会在上海举行。县领导马俊健、郭云出席。

9 月 3 日 县委书记马俊健主持召开县委常委(扩大)会议。会议传达上级有关会议精神，汇报交流赴日本、韩国及中国台湾地区招商选资情况，会办对月度工作。县领导崔爱国、杨毅坚、许德智、王旭东、朱金南、郭云、李运连、刘中连、吴瑜君、裴彦贵等出席。

9 月 4 日 省委党史工办副主任吴雪晴一行在响水征求关于省委党史工办领导班子及成员在工作作风尤其是“四风”方面的意见和建议，调研响水县党史工作情况。市委党史工办主任徐城生，县委常委、纪委书记朱金南等陪同。

9 月 5 日 省委副书记石泰峰在响水调研扶贫开发工作。省委副秘书长胥爱贵，市委副书记陈正邦，县领导马俊健、崔爱国、翟荣炎、李运连、杨荣生、潘海等陪同。

9 月 7 日 响水县设分会场收听收看全省领导干部警示教育电视电话会议。县委书记马俊健出席分会场会议并讲话。崔爱国、杨毅坚、许德智、邵礼青、朱金南、李运连、刘中连、裴彦贵等在响水的县四套班子领导及县相关部门、单位主要负责人参加分会场会议。

9 月 9 日 响水县设分会场收听收看全市全民创业大会现场直播实况并召开全县全民创业大会。县委书记马俊健到会讲话。杨毅坚、邵礼青、王旭东、朱金南、李运连、刘中连、裴彦贵等在响水的县四套班子领导，各镇区、县相关部门主要负责人，各村居支部书记、主任，部分企业家代表出席。

9 月 9～10 日 县委书记马俊健会见广东温氏食品集团股份有限公司副总裁陈峰一行。双方举行投资 5 亿元、年出栏 50 万头现代化生猪养殖项目签约仪式。县领导崔爱国、李运连、李刚、杨荣生、陆从华及县相关部门、单位负责人出席。

9 月 10 日 全县召开第 29 个教师节庆祝表彰大会，对教育工作先进集体、优秀校长、优秀教师进行表彰奖励。县委书记马俊健到会讲话。县领导崔爱国、杨毅坚、王旭东、裴彦贵、徐莉及各镇区、县相关部门主要负责人出席。

9 月 11 日 市委常委、政法委书记丁宇在响水调研指导工作，并对天合光能地面光伏电站项目进行现场会办。县委书记马俊健，县委副书记、县政协主席杨毅坚，银宝集团董事长张国山及市直有关部门负责人陪同。

9月13日 全县召开村级“四有一责”(有持续稳定的集体收入、有功能齐全的活动阵地、有先进适用的信息网络、有群众拥护的双强带头人、强化村党组织领导责任)建设暨渠北片区扶贫开发、黄河故道地区农业综合开发工作会议。代县长崔爱国到会讲话。县领导李运连、杨荣生等出席。

9月14日 全县召开全面小康社会建设验收准备工作汇报会。县委书记马俊健到会讲话。许德智、邵礼青、王旭东、朱金南、李运连、刘中连等县四套班子领导出席。

9月17日 县委书记马俊健在沿海经济开发区主持召开响水(宁波)招商推介活动准备情况汇报会。县委副书记、县政协主席杨毅坚，副县长孙庆树及各镇区主要负责人出席。

9月18日 县委书记马俊健主持召开2014年绿化工作会办会。县领导崔爱国、邵礼青、王旭东、李运连、徐莉、杨荣生、顾祝生等参加。

9月23日 省民政厅副厅长章大李率督查组在响水检查指导最低生活保障政策落实情况。副市长陈友慧，县领导马俊健、许德智、赖忠民及市、县相关部门负责人陪同。

△ 响水县举行以“畅想灌河 幸福响水”为主题的县第十届文化艺术周开幕式暨“灌河情”四市五县文化联谊演出。县委书记马俊健致辞。市文联主席王效平，中国知识产权文化大使、著名书法家周崇华，县领导刘中连、张孝将、戴翠芳、陈苏红等出席。

△ 县九届人大常委会召开第15次主任会议。县人大常委会副主任、党组副书记裴彦贵主持会议。县人大常委会副主任李刚、刘曙明、张孝将出席会议。会议听取并讨论《中华人民共和国科学技术进步法》贯彻实施情况的执法检查报告，全县招商选资和项目推进情况、县人民检察院侦查监督工作情况的调查报告及相关汇报等。

△ 响水县“农商行”杯第五届灌河情四市五县书画作品展开展仪式在县体育馆举行。县委常委、宣传部部长刘中连致辞。县领导张孝将、戴翠芳、陈苏红等出席。

9月25日 2013响水(宁波)沿海发展重大产业项目招商推介会在浙江宁波举行，现场签约项目29个，协议总投资85.18亿元。县委书记马俊健致辞。县领导杨毅坚、裴彦贵、孙庆树及各镇区、县各部门主要负责人，浙江及周边地区工商界人士100多人参加推介会。

9月27日 全县召开安全生产工作会议。代县长崔爱国出席会议并对国庆期间及今后一个阶段安全生产工作进行部署。县委常委、宣传部部长刘中连通报省、市明查暗访响水县安全生产问题整改情况和安全生产大检查工作开展情况。

△ 第十五届江苏农业国际合作洽谈会在盐城市国际会展中心开幕。响水县在洽谈会上设立专门展区，展示响水县品牌农产品，并现场签约农业项目5个，协议总投资近10亿元。县领导崔爱国、李运连、杨荣生等出席洽谈会。

9月28日 南京军区原司令员朱文泉上将一行在响水视察指导工作。县委书记马俊健汇报响水县经济社会发展情况。盐城军分区司令员杨军，省滩涂开发局原局长王清，县领导崔爱国、刘曙明、陈骧、顾祝生等陪同。

△ 江苏教育出版社副总编、报刊社社长游建华一行在响水开展送文化、送物资、送

知识“三下乡”活动。县委副书记、省委驻响水帮扶工作队队长翟荣炎，副县长徐莉，省委驻响水帮扶工作队副队长、副县长刘长洪等出席。

△ 南京军区原司令员朱文泉上将在南河镇昌盛希望小学看望慰问母校师生。盐城军分区司令员杨军，县领导马俊健、崔爱国、王旭东、吴瑜君等陪同。

△ 江苏科技大学等四所高校领导和专家学者在响水考察调研。县领导刘中连、赖忠民、孙丹兵等陪同。

9 月 29 日 全县举行项目集中开工活动。全县共有 18 个项目开工，总投资 38.55 亿元。马俊健、崔爱国、杨毅坚等在响水的县四套班子领导参加方正医化、欧丽华纺织、环保工业园、晨丰机械、通和电子、华都不夜城、温氏生猪养殖等 8 个项目开工奠基。

9 月 30 日 县委书记马俊健主持召开县委常委（扩大）会议，听取县四套班子领导关于招商选资工作情况汇报，并对做好下阶段工作提出要求。崔爱国、杨毅坚、许德智、邵礼青、王旭东、朱金南、郭云、李运连、刘中连、吴瑜君、裴彦贵等在响水的县四套班子领导及县相关部门、单位负责人出席。

10 月 8 日 市委书记朱克江在响水调研指导扶贫开发工作。县委书记马俊健汇报相关情况。市、县领导陈正邦、潘道津、吴晓丹、崔爱国、李运连、杨荣生及市、县相关部门负责人随同。

10 月 10 日 响水县设分会场收听收看省委学习贯彻习近平总书记系列重要讲话精神电视电话会议。县委书记马俊健出席分会场会议并讲话。崔爱国、杨毅坚、邵礼青、王旭东、朱金南、郭云、李运连、刘中连、吴瑜君、裴彦贵等在响水的县四套班子领导及各镇区，县相关部门、单位主要负责人出席分会场会议。

△ 省统计局副局长夏心旻、市统计局局长秦军一行在响水检查指导第三次全国经济普查工作。县领导崔爱国、许德智及县相关部门、单位负责人陪同。

10 月 11 日 全县召开全面建设小康社会推进大会。县委书记马俊健讲话。崔爱国、杨毅坚、吴红才、许德智、邵礼青、王旭东、朱金南、郭云、李运连、刘中连、吴瑜君、裴彦贵等县四套班子领导及各镇区，县各部门、单位负责人出席。

△ 县委书记马俊健主持召开全县教育工作座谈会，研究推进全县教育和响水中学发展工作。崔爱国、杨毅坚、吴红才、许德智、邵礼青、王旭东、朱金南、李运连、刘中连、吴瑜君、裴彦贵等县四套班子领导及县相关部门、单位负责人出席。

10 月 15 日 省委常委、省纪委书记弘强在响水视察指导工作。县委书记马俊健汇报相关情况。市委常委、纪委书记刘德民，县领导杨毅坚、朱金南、顾祝生等陪同。

10 月 16 日 市人大常委会副主任、党组副书记周德祥，副市长、市公安局局长夏存喜在响水调研指导工作。县委书记马俊健汇报情况。县领导崔爱国、裴彦贵、孙庆树等陪同。

10 月 18 日 县委书记马俊健主持召开县委中心组学习会，学习贯彻习近平总书记系列重要讲话精神。县领导崔爱国、杨毅坚、邵礼青、王旭东、朱金南、李运连、刘中连等出席。

10 月 19 日 响水生态化工园区与江苏怡达化学股份有限公司在江阴签订年产 20 万吨环氧丙烷项目。县领导崔爱国、李刚和生态化工园区负责人及客商代表出席仪式。

10 月 22 日 响水中银富登村镇银行开业庆典暨爱心捐赠仪式举行。县委常委、常务副县长许德智出席。

10 月 25 日 响水县设分会场收听收看省政府全体(扩大)电视电话会议。县领导崔爱国、许德智、刘中连、武正华、戴翠芳、徐莉、孙庆树、杨荣生、赖忠民、王建成、顾祝生及各镇区,县相关部门、单位负责人出席分会场会议。

10 月 29 日 县委书记马俊健主持召开县委常委会,专题研究第十届村(居)民委员会换届选举工作。崔爱国、杨毅坚、许德智、邵礼青、王旭东、朱金南、郭云、李运连、刘中连、吴瑜君等出席。县领导裴彦贵、刘曙明及各镇区,县相关部门主要负责人列席。

△ 代县长崔爱国主持召开县政府常务会议,研究建立城镇居民基本医疗保险筹资机制及提高筹资标准等民生问题,并对政府月度工作进行部署。县领导许德智、刘中连、武正华、戴翠芳、徐莉、杨荣生、孙丹兵、王建成、顾祝生等出席。

10 月 30 日 县委书记马俊健主持召开县委常委(扩大)会议。会议传达省、市有关会议精神,汇报交流全面建设小康社会推进工作情况,并对月度工作进行会办。县领导崔爱国、杨毅坚、许德智、邵礼青、王旭东、郭云、李运连、刘中连、吴瑜君、裴彦贵等出席。

△ 镇江市政府副秘书长沈宝来一行在响水参观考察。县委书记马俊健介绍响水县经济社会发展情况。县领导邵礼青、赖忠民、顾祝生及县相关部门负责人陪同。

△ 全县举行首届村干部新农村建设研修班结业典礼。省人社厅副巡视员胡大洋、扬州大学副校长范健分别讲话。县领导崔爱国、杨毅坚、翟荣炎、郭云、潘海、刘长洪、陈光胜等出席。

10 月 31 日 全县举行首届人大代表论坛。县领导崔爱国、李运连、裴彦贵、李刚、武正华等出席。

11 月 1 日 响水县设分会场收听收看国务院召开的地方政府职能转变和机构改革工作电视电话会议。县领导崔爱国、许德智、郭云及县相关部门、单位负责人出席分会场会议。

11 月 5 日 副市长马成志在响水调研指导科技创新工作。县领导崔爱国、赖忠民、孙丹兵及市、县相关部门负责人陪同。

11 月 6 日 市委副书记陈正邦在响水调研指导农业农村工作。县委常委、政法委书记李运连汇报相关工作。副县长杨荣生及市、县相关部门负责人陪同。

11 月 9 日 全县召开创建省“双拥”模范县工作情况汇报会。盐城军分区政治部主任、市双拥办副主任魏瑞明,市民政局副局长刘一华率市“双拥”创建工作考评组在响水检查创建工作。县领导许德智、吴瑜君等陪同。

11 月 10 日 全县秸秆禁烧工作推进会召开。代县长崔爱国到会讲话。县领导朱金南、李运连、武正华、杨荣生及各镇区,县相关部门、单位负责人出席。

11 月 13 日 省红十字会会长吴瑞林,中国书法家协会副主席、省文联副主席言恭达一行在响水调研指导红十字博爱助学工作,对公益慈善资金的使用情况进行回访。代县长崔爱国、县政协副主席陈苏红、市红十字会常务副会长乔静及县相关部门、单位负责人陪同。

11 月 14 日 市政协副主席陈还堂一行在响水调研挂钩服务重点项目进展情况。县领导崔爱国、孙庆树、杨荣生及县相关部门负责人陪同。

11 月 14～15 日 常州市钟楼区副区长何海平一行在响水捐赠 50 万元帮扶资金，并在老舍中心社区东吴村党群服务中心、养羊基地和帮扶项目现场考察。县领导翟荣炎、李运连、杨荣生、潘海、刘长洪、陈光胜等出席捐赠仪式。

11 月 15 日 响水县设分会场收听收看省、市先后召开的精神文明建设先进单位表彰电视电话会议。县领导张孝将、戴翠芳、陈苏红及县相关部门、单位负责人出席分会场会议。

11 月 16 日 县委常委（扩大）会议召开。县委书记马俊健传达习近平在中共十八届三中全会上的工作报告和市委常委（扩大）会议精神。代县长崔爱国传达习近平《关于全面深化改革若干重大问题的决定（讨论稿）的说明》、习近平在中共十八届三中全会第二次全体会议上的讲话及省委书记罗志军在省委常委（扩大）会议上的讲话精神。杨毅坚、许德智、邵礼青、王旭东、朱金南、郭云、吴瑜君、裴彦贵等在响水的县四套班子领导，曾担任县处级领导的部分老同志及各镇区、县相关部门主要负责人出席。

11 月 17 日 市委书记朱克江在响水视察临海高等级公路响水段工程建设情况。县委书记马俊健汇报相关工作情况。市、县领导王荣、崔爱国、邵礼青及县相关部门负责人陪同。

11 月 19 日 省委第一巡视组召开巡视响水县工作动员会。县委书记马俊健到会讲话。省委第一巡视组组长杭天珑，市委副书记陈正邦，省委第一巡视组副组长王登玉及崔爱国、杨毅坚、邵礼青、王旭东、朱金南、郭云、李运连、刘中连、吴瑜君、裴彦贵等在响水的县四套班子领导出席。与会人员对县委、县政府党组领导班子，县委常委、县政府党组成员和县人大、县政协党组主要负责人进行民主测评。

11 月 22 日 县九届人大常委会召开第 16 次主任会议。县人大常委会副主任、党组副书记裴彦贵主持会议。县人大常委会副主任刘曙明、张孝将等出席会议。会议听取审议 2013 年县本级财政预算调整情况；关于县九届一次会议“加强基础建设，全力推进教育现代化进程”议案和“加快城乡供水全覆盖，保障饮用水安全惠民生”议案的办理情况等。听取并讨论 2012 年县本级财政决算和 2013 年上半年预算执行情况；新农合资金筹集、使用、管理情况；全县统筹城乡发展试点镇、村建设情况；代表建议、批评和意见办理情况的审议意见的落实情况；相关人事任免等。

11 月 26 日 县委书记马俊健会见农业银行盐城市分行行长沈江一行，交流深化金融合作等事宜。县委常委、宣传部部长刘中连及县相关部门负责人参加会见。

11 月 27 日 县政协九届六次常委会召开。县政协主席杨毅坚，副主席陈骧、陈苏红、于娟、武瑾，秘书长缪成出席。会议专题讨论《关于推进沿海发展开新篇的建议案》。

11 月 28 日 代县长崔爱国主持召开县政府常务会议，学习贯彻中共十八届三中全会和省委十二届六次全会精神。会议讨论并原则通过《创建区域教育基本现代化工作实施方案》《教育基本现代化创建考核奖惩办法》《关于加快学前教育改革发展的意见》《关于进一步加强中小学教师队伍建设的意见》，研究解决加快响中发展面临的具体问题。会议讨论并原则通过《响水县港口岸线管理办法》《加快推进城乡客运统筹发展的意见》。县领导许德智、武正华、戴翠芳、徐莉、孙庆树、杨荣生、赖忠民、王建成、顾祝生出席会议，张孝将、于娟列席会议。

11月29日 全县创建省级卫生县城推进工作会议召开。县委书记马俊健到会讲话。县领导许德智、邵礼青、刘中连、戴翠芳、顾祝生及县相关部门、单位负责人出席。

△ 县委书记马俊健主持召开全县经济形势分析会。县委常委、常务副县长许德智，县相关部门、单位主要负责人出席。

△ 县委书记马俊健主持召开黄海路改造方案汇报会。县领导邵礼青、顾祝生及相关专家、部门负责人出席。

11月30日 县委书记马俊健主持召开县委常委(扩大)会议。会议传达省、市有关会议精神，并对月度工作进行会办。县领导崔爱国、杨毅坚、许德智、邵礼青、王旭东、朱金南、郭云、李运连、刘中连等出席。

12月6日 市委六届四次全会在盐城召开。市委全会响水组集中讨论学习市委书记朱克江所作的报告。市委副书记、市长魏国强，县委书记马俊健，市、县领导陈红红、徐超、孙庆树及各镇区党工委书记等参加讨论。

12月9日 县委书记马俊健主持召开2014年工作思路研讨会。县委副书记、县政协主席杨毅坚及县相关镇区，部门、单位主要负责人出席。

12月11日 市委书记朱克江率出席全市重大项目观摩活动的与会人员在响水观摩。市四套班子相关领导及各县(市、区)、市直有关部门主要负责人参加观摩活动。县委书记马俊健汇报相关工作。县领导崔爱国、邵礼青、刘中连、顾祝生等陪同。

△ 省委宣讲团成员、省委党校经济学部教授孙月平在响水作报告，阐释和解读中共十八届三中全会精神。崔爱国、邵礼青、朱金南、郭云、李运连、裴彦贵等在响水的县四套班子领导及县相关部门、单位负责人出席。

△ 响水县与中粮肉食(江苏)有限公司举行发展生态生猪产业化项目签约仪式。代县长崔爱国致辞。县领导李运连、杨荣生等出席。

12月16日 全县召开教育基本现代化创建工作动员大会。县委书记马俊健到会讲话。县四套班子全体领导，曾担任县处级职务的老干部代表，县法院、检察院主要负责人，各镇区党政主要负责人、分管负责人，县各部委办局、县各直属单位，省、市属驻响水各单位主要负责人，全县教育系统各单位主要负责人出席。

△ 响水县召开城东新区规划设计老干部座谈会，通报城市建设工作情况，听取老干部对城市建设和发展的意见与建议。县领导马俊健、邵礼青、顾祝生及部分曾担任县处级职务的老同志出席。

12月18日 县委书记马俊健会见中国工商银行江苏省分行行长黄纪宪一行，双方洽谈加强合作有关事项。代县长崔爱国，工行盐城分行行长薛田江，县领导吴红才、刘中连及县相关部门负责人参加会见。

12月23日 代县长崔爱国召开县政府2014年工作思路座谈会，分别征求县人大、县政协对县政府2014年工作的意见和建议。县委副书记、县政协主席杨毅坚，县人大常委会副主任、党组副书记裴彦贵，县人大常委会副主任李刚、张孝将，县政协副主席陈骧、陈苏红、陆从华、于娟、武瑾等参加座谈。

12月24日 县委书记马俊健率队走访驻宁高校，分别与南京林业大学党委书记封超年、南京财经大学党委书记陈章龙，就开展校地合作、人才培养、产学研合作等事项进行座谈交流。县领导郭云、赖忠民、孙丹兵及县相关园区、单位负责人参加活动。

△ 通榆河北延送水工程竣工验收会在响水县召开。省水利厅厅长李亚平到会讲话。代县长崔爱国致辞。市政府副秘书长嵇红梅，市水利局局长罗利民，县领导李运连、杨荣生及省发改委、财政厅、国土厅、环保厅、盐城市、连云港市等相关部门、单位负责人出席。

12 月 26 日 代县长崔爱国主持召开县政府 2014 年工作思路座谈会。会议研究讨论 2014 年民生实事工程，听取有关部门和镇区对 2014 年工作的谋划，对 2014 年民生实事工程编排、2014 年工作的谋划并对当前工作提要求。县领导许德智、顾祝生出席会议。

△ 市人大常委会副主任谷家栋率出席市人大环境资源城乡建设座谈会的与会人员在响水县生态化工园区观摩环保项目。代县长崔爱国介绍情况。县领导刘曙明、武正华等陪同。

△ 工商联五届五次常委会召开。代县长崔爱国到会讲话。县人大常委会副主任、县工商联主席李刚及部分企业家代表出席。

12 月 27 日 代县长崔爱国召开座谈会，就 2014 年政府工作思路和举措，征求部分老干部的意见和建议。县委常委、组织部部长郭云主持会议。

△ 响水县设分会场收听收看省、市先后召开的第三次经济普查电视电话会议。县委常委、宣传部部长刘中连及县相关部门负责人出席分会场会议。

12 月 28 日 县委书记马俊健主持召开县委常委（扩大）会议。会议传达学习省、市有关会议精神，研究县委九届五次全会相关事项，会办月度重点工作。崔爱国、杨毅坚、许德智、邵礼青、王旭东、朱金南、郭云、李运连、刘中连、裴彦贵等在响水的县四套班子领导出席。

12 月 30 日 市委常委、宣传部部长陈红红率市党风廉政建设责任制和惩防体系建设工作检查组在响水检查考核。县委书记马俊健汇报相关工作。杨毅坚、许德智、邵礼青、王旭东、朱金南、郭云、李运连等在响水的党政班子领导参加。

12 月 31 日 中国共产党响水县第九届委员会第五次全体会议召开。全会听取和讨论县委书记马俊健所作的县委常委会工作报告。县委副书记、代县长崔爱国主持会议，县委副书记杨毅坚、吴红才、翟荣炎，县委常委许德智、邵礼青、王旭东、朱金南、郭云、李运连、刘中连等出席会议。与会人员围绕县委常委会工作报告《中共响水县委关于全面深化改革的实施意见》进行分组讨论。全会表决通过《中国共产党响水县第九届委员会第五次全体会议决议》及《中共响水县委关于全面深化改革的实施意见》。县委委员、候补委员出席会议。县纪委委员、县有关方面负责人，20 家重点企业主要负责人，各村居党组织书记列席会议。

2014 年

1 月 2 日 代县长崔爱国主持召开县政府常务会议。会议听取《政府工作报告(讨论稿)》《关于响水县 2013 年国民经济社会发展计划执行情况和 2014 年国民经济社会发展计划草案的报告(征求意见稿)》《关于响水县 2013 年财政预算执行情况和 2014 年财政预算草案的报告(征求意见稿)》。会议讨论并初步确定 2014 年全县“八大类”重点工程、县政府为民办实事项目。会议讨论并原则通过《关于开展整治散葬坟墓 改善农村环境活动的实施方案》。县领导许德智、武正华、戴翠芳、徐莉、孙庆树、杨荣生、赖忠民、孙丹兵、王建成、顾祝生出席会议,张孝将、于娟列席会议。

1 月 3 日 响水县举行项目集中开工仪式,共开工 7 个项目,总投资 125 亿元。马俊健、崔爱国、杨毅坚、王旭东、朱金南、郭云、李运连等在响水的县四套班子领导及各镇区,县相关部门、单位主要负责人出席。

△ 响水县启动“大爱响水 情暖万家”慈善救助行动。县委书记马俊健致辞。崔爱国、杨毅坚、许德智、邵礼青、朱金南、郭云、李运连等在响水的县四套班子领导出席启动仪式。

1 月 4 日 县委书记马俊健主持召开县委常委(扩大)会议,研究讨论“两会”有关事项。崔爱国、杨毅坚、许德智、王旭东、朱金南、郭云、李运连、刘中连、裴彦贵等在响水的县四套班子领导出席。

△ 响水县召开党风廉政建设工作会议。县委书记马俊健到会讲话。县委常委、纪委书记朱金南作工作报告。崔爱国、杨毅坚、许德智、王旭东、郭云、李运连、刘中连、裴彦贵等在响水的县四套班子领导出席。

1 月 5 日 市委书记朱克江在响水县走访慰问部分城乡低保户、特困企业、困难职工和经济薄弱村。市政协主席李驰,市人大常委会副主任周德祥,副市长朱传耿,县领导马俊健、崔爱国、许德智、邵礼青、顾祝生及市、县相关部门负责人参加慰问。

1 月 6 日 响水县举行欢送 2012 ~ 2013 年度省委驻响水帮扶工作队座谈会。县委副书记、代县长崔爱国,县委副书记、省委驻响水帮扶工作队队长翟荣炎分别致辞。县及省委驻响水帮扶工作队领导邵礼青、郭云、杨荣生、潘海、刘长洪、陈光胜、张建龙及全体工作队队员出席。

1 月 7 ~ 8 日 中国人民政治协商会议响水县第九届委员会第三次会议召开。县委书记马俊健到会讲话。县委副书记、县政协主席杨毅坚向大会作政协常委会工作报告。受县九届政协常委会的委托,县政协副主席陈骧向大会报告县政协九届二次会议以来提案工作情况。大会审议通过县政协九届三次会议决议,对 20 名“三好”委员和 10 件优秀提案进行表彰。崔爱国、许德智、邵礼青、王旭东、朱金南、郭云、李运连、刘中连、裴彦贵等在响水的县四套班子领导及曾担任县处级领导职务的老干部出席大会。驻响水的市政协委员列席大会。

1 月 8～10 日 响水县第九届人民代表大会第三次会议召开。崔爱国代表县人民政府向大会作工作报告。县人大常委会副主任裴彦贵向大会作人大常委会工作报告。马俊健当选为县第九届人民代表大会常务委员会主任,崔爱国当选为县人民政府县长,谭斌当选为县人民法院院长,陈宏成当选为县人民检察院检察长。大会通过《关于响水县人民政府工作报告的决议》《关于响水县 2013 年国民经济社会发展计划执行情况和 2014 年国民经济社会发展计划的决议》《关于响水县 2013 年财政预算执行情况和 2014 年财政预算的决议》《关于响水县人大常委会工作报告的决议》《关于响水县人民法院工作报告的决议》《关于响水县人民检察院工作报告的决议》。大会对 2013 年度"两争一创"活动,先进县人大代表小组,优秀县人大代表和优秀代表建议进行表彰。

1 月 9 日 响水县设分会场收听收看全省农村工作视频会议。县委书记马俊健,代县长崔爱国,县委常委、政法委书记李运连及各镇区,县相关部门、单位负责人出席分会场会议。

1 月 13 日 出席盐城市第七届人民代表大会第三次会议的响水县代表团 41 名人大代表集中审议市政府工作报告。副市长朱传耿参加响水县代表团的审议讨论。响水代表团团长、县委书记、县人大常委会主任马俊健主持审议活动。县领导许德智、裴彦贵、徐莉等参加审议活动。

△ 县四套班子领导在盐城军分区慰问部队官兵。市委常委、盐城军分区政委宋修明,盐城军分区司令员杨军,县领导马俊健、崔爱国、许德智、吴瑜君、张孝将等参加慰问。

1 月 14 日 2014 响水(无锡新区)产业招商推介会在无锡举行。县长崔爱国介绍响水产业发展情况。无锡市市委常委、新区党工委书记许刚到会讲话。无锡新区党工委副书记李建秋介绍无锡新区产业园发展概况。副县长孙庆树主持推介会。

1 月 15 日 南京海关副关长冯忠明一行在响水捐赠价值近 30 万元的帮扶物资。县长崔爱国致辞。盐城海关关长张玉泉及县领导翟荣炎、李运连、杨荣生等出席捐赠仪式。

△ 响水县设分会场收听收看全国和省、市安全生产视频会议。视频会后,响水县召开安全生产工作会议。县长崔爱国到会讲话。县委常委、宣传部部长刘中连及各镇区,县相关部门、单位负责人出席分会场会议。

1 月 17 日 县委书记、县人大常委会主任马俊健主持召开县委常委(扩大)会议,传达学习市委常委(扩大)会议精神,并对当前工作提要求。县领导崔爱国、杨毅坚、许德智、邵礼青、朱金南、郭云、李运连、裴彦贵等出席。

1 月 21 日 县长崔爱国主持召开县长办公会,传达学习习近平总书记关于安全生产工作的重要讲话精神,并对春节前后工作提要求。县领导许德智、武正华、戴翠芳、徐莉、孙庆树、杨荣生、赖忠民、王建成、顾祝生出席。

1 月 22 日 市委常委、宣传部部长陈红红在响水检查指导安全生产工作。县长崔爱国,县委常委、宣传部部长刘中连,副县长孙庆树及县相关部门负责人陪同。

△ 市委、市政府"三下乡"慰问团在响水县运河镇敬老院开展送文化、送科技、送卫

生"三下乡"及节前慰问活动。市委常委、宣传部部长陈红红,县长崔爱国,县委常委、宣传部部长刘中连及市、县相关部门、单位负责人参加活动。

1月23日 王亚运(男,1991年8月出生,响水县响水镇人,中共党员,2008年12月入伍至陆军第12集团军炮兵旅1营2连服役。2014年1月13日,王亚运参加学院组织的"信息化条件下联合登岛作战特种作战与侦察行动"现地实兵综合演习,在执行武装泅渡任务中牺牲。)烈士骨灰安葬仪式在县烈士陵园举行。中国人民解放军特种作战学院教导员岳博,县委常委、常务副县长许德智,县委常委、县人武部政委吴瑜君及王亚运烈士的亲属和生前好友参加安葬仪式。

1月24日 响水县设分会场收听收看全省党的群众路线教育实践活动第一批总结暨第二批部署视频会议。马俊健、崔爱国、许德智、邵礼青、王旭东、朱金南、郭云、李运连、刘中连、裴彦贵等在响水的县四套班子领导及各镇区,县相关部门、单位主要负责人出席。

1月26日 县四套班子领导开展春节集中慰问活动。县领导马俊健、崔爱国、许德智、裴彦贵、陈骧等参加慰问。

1月27日 县委书记、县人大常委会主任马俊健听取响水县春节期间城乡群众文化活动安排汇报并对相关工作提要求。县委常委、宣传部部长刘中连,副县长戴翠芳及县相关镇区、部门负责人出席。

△ 响水县召开绿色响水建设工作会议。县长崔爱国到会讲话。县领导邵礼青、杨荣生、顾祝生出席。

1月28日 县委、县政府举行2014年春节团拜会。县委书记、县人大常委会主任马俊健致辞。县长崔爱国主持。县领导杨毅坚、许德智、邵礼青、王旭东、朱金南、郭云、李运连、刘中连、吴瑜君、裴彦贵,县法院院长、检察院检察长,各镇区,县委各部委办,县各委办局,省、市属驻响水单位主要负责人,劳模代表、农民代表、知识分子代表、企业家代表、驻响水部队代表及台侨属代表等各界人士出席。

1月31日 县委书记、县人大常委会主任马俊健走访看望节日期间坚守岗位的广大职工。县领导杨毅坚、刘中连、田国举、孙庆树及县相关部门主要负责人参加。

△ 县长崔爱国在县交巡警值班处、供电公司、人民医院、环卫工人工作点、自来水公司、国税局、地税局,看望慰问坚守岗位的一线劳动者。县领导许德智、李运连、顾祝生参加慰问。

2月7日 盐城市召开2013年度综合考核总结大会。响水县获综合先进奖(排名全市第三),在全市涉及县(市、区)11个奖项中,响水县及相关镇区获10个单项先进。

△ 响水县举行2014年新春服务企业引才用工大型招聘会。县领导马俊健、崔爱国、杨毅坚、许德智、刘中连、裴彦贵等参加活动。

2月8日 响水县召开2013年度综合考核总结大会。县委书记、县人大常委会主任马俊健到会讲话。县长崔爱国主持会议。杨毅坚、许德智、邵礼青、王旭东、朱金南、郭云、李运连、刘中连、裴彦贵等在响水的县四套班子领导及各镇区,县各部门、单位主要负责人出席。会议表彰全县2013年度综合考核先进集体和个人。

2月11日 响水县设分会场收听收看全市第二批党的群众路线教育实践活动动员大会。县领导马俊健、崔爱国、朱金南、郭云、刘中连出席主会场会议。杨毅坚、许德智、邵礼青、王旭东、吴瑜君、裴彦贵等在响水的县四套班子领导及各镇区，县各部门、单位主要负责人出席分会场会议。

△ 响水县设分会场收听收看国务院第二次廉政工作视频会议。县长崔爱国出席分会场会议并对全县政府系统廉政建设和反腐败工作提要求。县委常委、纪委书记朱金南及各镇区，县各部门、单位负责人出席分会场会议。

2 月 12 日 县长崔爱国主持召开县政府常务会议。会议听取政府工作报告主要目标任务分解落实方案，部署县政府 2014 年为民办实事项目及全县“八大类”工程项目。县领导许德智、武正华、田国举、徐莉、孙庆树、杨荣生、赖忠民、孙丹兵、王建成、顾祝生出席会议。县人大常委会副主任李刚、县政协副主席陈骧列席会议。

△ 县长崔爱国会见中国银行盐城分行行长祁斌一行，交流深化金融合作等有关事宜。县委常委、常务副县长许德智及县相关部门、单位负责人参加会见。

2 月 13 日 县委书记、县人大常委会主任马俊健主持召开县委常委(扩大)会议，传达学习全市第二批党的群众路线教育实践活动动员会议精神，部署响水县党的群众路线教育实践活动有关工作。崔爱国、杨毅坚、许德智、邵礼青、王旭东、朱金南、郭云、李运连、刘中连、吴瑜君、裴彦贵等在响水的县四套班子领导出席。

2 月 14 日 响水县设分会场收听收看市纪委六届四次全会视频会议。马俊健、崔爱国、杨毅坚、许德智、邵礼青、王旭东、郭云、李运连、刘中连、吴瑜君、裴彦贵等县四套班子领导出席分会场会议。

2 月 15 日 响水县召开创建省级卫生县城总结表彰暨农村环境综合整治“百日会战”动员大会。县委书记、县人大常委会主任马俊健到会讲话。县长崔爱国作动员部署。杨毅坚、许德智、邵礼青、王旭东、朱金南、郭云、李运连、刘中连、裴彦贵等县四套班子领导及各镇区，县各部门、单位负责人出席。

2 月 18 日 中共响水县第九届纪律检查委员会第四次全体会议召开。县委书记、县人大常委会主任马俊健到会讲话。县委常委、纪委书记朱金南主持会议并代表县纪委常委会向大会作工作报告。崔爱国、杨毅坚、许德智、邵礼青、王旭东、李运连、吴瑜君、裴彦贵等县四套班子领导出席。

△ 全县城乡建设暨国土资源管理工作会议召开。县委书记、县人大常委会主任马俊健到会讲话。县长崔爱国主持会议。杨毅坚、许德智、邵礼青、王旭东、李运连、吴瑜君、裴彦贵等县四套班子领导出席。

2 月 19 日 台州市政府副秘书长郭斯嘉一行在响水县生态化工园区考察。副县长田国举及相关部门负责人陪同。

2 月 20 日 盐城供电公司总经理张绍宾在响水开展调研服务工作。县委书记、县人大常委会主任马俊健，县委副书记、县政协主席杨毅坚等陪同。

△ 县委书记、县人大常委会主任马俊健会见昆山农村商业银行行长张哲清一行，洽谈加强合作事项。副县长田国举等参加会见。

2 月 22 日 响水县举行中国(上海)自由贸易试验区金融形势报告会。县委书记、县人大常委会主任马俊健主持报告会。上海洋山港自贸区常务副总经理李建国，上海响水经济社会发展咨询委员会、上海响水商会相关领导，崔爱国、杨毅坚、许德智、王旭东、朱金南、郭云、李运连、刘中连、裴彦贵等在响水的县四套班子领导，县各部委办局、各镇区及全体规模以上企业主要负责人出席。

2月24日 全县政法信访工作会议召开。县委书记、县人大常委会主任马俊健到会讲话。县委常委、常务副县长许德智，县委常委、政法委书记李运连作工作报告。县领导杨毅坚、邵礼青、王旭东、朱金南、郭云、刘中连、吴瑜君、刘曙明、于娟等出席。

2月25日 全县农业农村暨扶贫开发工作会议召开。县委书记、县人大常委会主任马俊健到会讲话。县长崔爱国作工作报告。县委常委、政法委书记李运连主持会议。副县长杨荣生宣读表彰决定。县领导杨毅坚、曹炳泰、许德智、邵礼青、王旭东、朱金南、刘中连、吴瑜君等出席。

△ 全县招商选资暨转型发展推进大会召开。县委书记、县人大常委会主任马俊健到会讲话。县长崔爱国主持会议。杨毅坚、许德智、邵礼青、王旭东、朱金南、郭云、李运连、刘中连、吴瑜君、裴彦贵等在响水的县四套班子领导出席。

△ 全县财税审计金融工作会议召开。县委书记、县人大常委会主任马俊健到会讲话。县长崔爱国作工作报告。县领导许德智、刘中连、田国举、陈骧等出席会议。

△ 响水县召开连盐铁路响水段征地拆迁动员会议。县长崔爱国到会讲话。县领导邵礼青、徐莉、孙庆树等出席。

2月26日 县委召开全县党的群众路线教育实践活动动员会议。市委常委、宣传部部长陈红红到会讲话。县委书记、县委党的群众路线教育实践活动领导小组组长马俊健主持会议并作动员部署。市委督导组组长俞途讲话。省委督导组成员衡德贵，县领导崔爱国、杨毅坚、邵礼青、王旭东、朱金南、郭云、李运连、刘中连、吴瑜君及各镇区，县相关单位负责人出席会议。各镇区主要负责人向县委递交《响水县党组织书记抓群众路线教育实践活动责任书》。

△ 县长崔爱国会见中国人民银行盐城市中心支行行长陆宇生一行。副县长田国举及县相关部门、单位负责人参加会见。

3月2日 县委书记、县人大常委会主任马俊健主持召开全面建设小康社会座谈会。县领导许德智、郭云及各镇区，县相关部门负责人出席。

3月4日 县长崔爱国主持召开农村环境综合整治“百日会战”领导小组会议。县领导邵礼青、杨荣生、顾祝生及农村环境综合整治“百日会战”领导小组成员单位负责人出席。

△ 省水利厅巡视员张小马率省小型农田水利重点县建设验收组在响水验收小型农田水利重点项目。副县长杨荣生及县相关单位负责人陪同。

3月5日 县委、县政府在上海举办2014响水(上海)新兴产业项目招商推介会。县委书记、县人大常委会主任马俊健致辞。县领导杨毅坚、刘中连、裴彦贵、孙庆树及三大园区、各镇区，县相关部门主要负责人参加推介会。现场签约项目25个，协议投资47亿元。

△ 响水县召开庆祝“三八”国际劳动妇女节104周年暨巾帼创业推进会。县委常委、组织部部长郭云到会讲话。

3月7日 响水县举行农村环境综合整治“百日会战”家家到现场观摩活动。县长崔爱国参加活动并提要求。县委常委邵礼青及各镇区，县相关部门、单位主要负责人参加观摩。

3 月 8 日 县委书记、县人大常委会主任马俊健带领县环保局、生态化工园区主要负责人在北京会见参加“两会”的全国人大代表、梦兰集团董事长钱月宝,波司登集团董事长高德康一行。

3 月 10 日 市委书记、市人大常委会主任朱克江率县委书记、县人大常委会主任马俊健及市、县有关领导在北京拜访中国建筑材料集团有限公司董事长、中国国药集团董事长宋志平一行。市委副秘书长、市委办主任陈健翔,市委副秘书长、北京联络处主任吴富平,市发改委主任郭玉生,副县长孙庆树及中建材集团相关负责人参加。

3 月 11 日 县长崔爱国主持召开经济工作专题会议。副县长田国举及县相关部门负责人出席。

3 月 12 日 县委书记、县人大常委会主任马俊健,县长崔爱国等在响水的县四套班子领导参加全县植树造林活动。

3 月 13 日 县委书记、县人大常委会主任马俊健会办研究港城、县城建设相关工作。县领导崔爱国、邵礼青、王旭东、顾祝生及县相关部门负责人参加。

3 月 18 日 县长崔爱国现场会办县城绿化工作。县领导邵礼青、顾祝生及县规划城管局、住建局、财政局、水务局、响水镇等单位主要负责人参加会办。

△ 县长崔爱国现场会办县城防洪工程。县领导邵礼青、顾祝生及县住建局、水务局等单位主要负责人参加会办。

3 月 20 日 县委召开常委(扩大)会议,研究部署党的群众路线教育实践活动工作。县委书记、县人大常委会主任马俊健到会讲话。崔爱国、杨毅坚、许德智、邵礼青、王旭东、朱金南、郭云、李运连、刘中连、裴彦贵等在响水的县四套班子领导出席。

△ 响水县召开全县经济形势分析会。县委书记、县人大常委会主任马俊健到会讲话。崔爱国、杨毅坚、许德智、邵礼青、王旭东、朱金南、郭云、李运连、刘中连、裴彦贵等在响水的县四套班子领导出席。

3 月 23 日 副省长傅自应在响水调研园区建设、企业发展、口岸升级等情况。省政府副秘书长方伟、商务部驻南京特派员办事处特派员周若军、省商务厅纪检组长姜昕等参加调研。副市长周绍泉,县领导崔爱国、刘中连、张孝将、田国举等陪同。

3 月 25 日 市委常委、宣传部部长陈红红在响水调研指导党的群众路线教育实践活动,为全县党员干部作《群众路线是我们党的生命线——在服务群众中努力解决“四风”问题》的专题党课。县长崔爱国主持。市委督导组组长俞途、副组长祁国良及许德智、邵礼青、王旭东、朱金南、郭云、李运连、刘中连、裴彦贵等在响水的县四套班子领导参加。

3 月 28 日 响水县召开服务企业“家家到”问题交办会。县长崔爱国到会讲话。县委常委、宣传部部长刘中连主持会议。县政府副调研员顾祝生,县相关部门及全体金融单位主要负责人参加。

3 月 31 日 响水县设分会场收听收看全市领导干部“510”警示教育视频会议。县委书记、县人大常委会主任马俊健出席分会场会议并讲话。市委督导组组长俞途,县领导杨毅坚、邵礼青、王旭东、朱金南、郭云、李运连、刘中连、吴瑜君、裴彦贵等出席。

△ 2014 年响水县“五方挂钩”帮扶协调小组成员会议在南京召开。省人社厅副厅

长陈励阳到会讲话。县长崔爱国介绍响水县经济社会发展及扶贫开发工作情况。省人社厅副巡视员胡大洋主持。省财政厅副厅长黄晓平、省级机关工委副书记卓卫、省气象局局长翟武金、省公安厅党委委员孙学顺、省电力公司党委委员黄志高,县委副书记、省委驻响水帮扶工作队队长曹炳泰,副县长杨荣生,省委驻响水帮扶工作队副队长朱维国、王红生、李胜华、雷旸及“五方挂钩”后方单位相关领导出席。

4月1日 响水县编排的大型廉政话剧——《一梦醒来是早晨》上演。县委书记、县人大常委会主任马俊健致辞。市委督导组组长俞途,市纪委常委王加林,市委督导组副组长祁国良,邵礼青、王旭东、朱金南、郭云、李运连、刘中连、裴彦贵等在响水的县四套班子领导及全县各级领导干部观看演出。

4月2日 县委书记、县人大常委会主任马俊健主持召开县委常委(扩大)会议。崔爱国、杨毅坚、邵礼青、王旭东、朱金南、郭云、李运连、刘中连、吴瑜君、裴彦贵等在响水的县四套班子领导出席。

△ 县长崔爱国主持召开县政府常务会议。会议研究讨论并原则通过关于下达2014年国民经济和社会发展预期目标和2014年响水县“八大类”重点工程项目任务,《关于加快推进“小升规、个转企”的实施意见》和《关于进一步推进中小企业创业园建设的意见》等文件。县领导武正华、戴翠芳、田国举、徐莉、孙庆树、杨荣生、赖忠民、孙丹兵、王建成、顾祝生出席会议。县人大常委会副主任裴彦贵、县政协副主席陈骧列席会议。

4月2~3日 省科协党组书记、副主席陈惠娟一行在响水调研指导科协工作。县长崔爱国介绍情况。市科协主席徐瀚文,副县长孙庆树、赖忠民及县相关部门负责人陪同。

4月3日 县委书记、县人大常委会主任马俊健主持召开县九届人大常委会第16次会议。县人大常委会副主任、党组副书记裴彦贵,副主任刘曙明、张孝将及19名委员出席会议。县委常委、组织部部长郭云,副县长武正华,县检察院检察长陈宏成等列席会议。会议决定任命邵礼青、田国举、吴从法、朱维国、王红生、李胜华为县人民政府副县长,免去许德智、潘海、刘长洪、陈光胜县人民政府副县长职务。会议通过其他人事任免事项。会议审议通过代表资格审查委员会关于许德智等3人代表资格终止的报告;听取审议县政府关于全县社会养老服务体系建设和全民创业情况的报告;讨论通过响水县人大常委会关于加强县本级预算审查监督的暂行规定(草案)、响水县人大常委会关于加强审计监督管理的暂行规定(草案);听取县政府落实县人大常委会关于科技进步法执法检查报告审议意见情况的报告、县人民检察院落实县人大常委会关于侦查监督工作审议意见情况的报告,并进行满意度测评。

△ 县委书记、县人大常委会主任马俊健主持召开县委中心组学习(扩大)会议。市委党校党委书记、常务副校长朱志和作专题辅导报告。市委督导组组长俞途,县四套班子领导及各镇区,县各部委办局主要负责人参加。

△ 县四套班子党员领导在县烈士陵园重温入党誓词。市委督导组组长俞途,县领导马俊健、崔爱国、王旭东、朱金南、郭云、李运连、刘中连、吴瑜君、裴彦贵,市委督导组成员及县各部委办局党员负责人等参加。

4月4日 响水县设分会场收听收看全国县级公立医院综合改革视频会议。县长崔爱国,县委常委、常务副县长邵礼青,副县长戴翠芳及县相关部门、单位负责人出席分会场会议。

4 月 10 日 县委书记、县人大常委会主任马俊健会见中国第一重型机械股份公司副总裁孙敏一行。县委副书记、县政协主席杨毅坚陪同。

4 月 11 日 经济开发区热电及高端纺织产业园项目举行签约仪式。县委书记、县人大常委会主任马俊健,英奇国际电力有限公司总经理洪祖春,副县长、经济开发区工委书记孙庆树及县相关部门负责人等出席。

△ 省发改委主任陈震宁率出席省渠北地区扶贫开发帮扶工作联席会议全体人员在响水观摩张集中心社区连万家莲藕专业合作社基地项目。副市长吴晓丹,县领导马俊健、崔爱国、李运连、杨荣生等陪同。

4 月 12～13 日 南京军区原司令员朱文泉上将一行在响水视察指导工作并召开响水地区新四军史料征集座谈会。县委书记、县人大常委会主任马俊健汇报响水经济社会发展情况。市委常委、盐城军分区政委宋修明,盐城军分区副司令员陈中华,县领导崔爱国、刘中连、吴瑜君及新四军老战士、新四军研究会相关人员出席。

4 月 13 日 县委书记、县人大常委会主任马俊健会见广东温氏食品集团江苏分公司总经理严树芬一行,交流加快推进现代化生猪养殖项目建设。县领导李运连、杨荣生及县相关镇区、部门负责人参加。

4 月 14～15 日 县长崔爱国率县经信委、生态化工园区等部门、单位负责人在常州学习考察、招商选资。崔爱国与常州市委常委、科教城党工委书记徐光辉,金坛市市长狄志强,溧阳市市长蒋锋围绕合作发展问题进行交流。

4 月 15 日 盐城地税局局长苏延法一行在响水调研指导地税工作。县委书记、县人大常委会主任马俊健介绍响水经济社会发展情况。县委常委、常务副县长邵礼青及县相关部门负责人参加。

△ 省公安厅党委委员、机关党委书记孙学顺一行在响水调研指导帮扶工作。县委书记、县人大常委会主任马俊健介绍响水经济社会发展情况。县领导曹炳泰、邵礼青、朱维国、王红生、李胜华等陪同。

4 月 16 日 响水县举行县人民政府与南京财经大学校地战略合作签约仪式。南京财经大学党委书记陈章龙,南京财经大学副校长王开田,县领导马俊健、杨毅坚、邵礼青、田国举、赖忠民、孙丹兵及科技镇长团全体成员参加。

△ 市人大常委会原副主任、市老促会理事长储金泉在响水调研指导工作。县委书记、县人大常委会主任马俊健汇报响水经济社会发展情况。县领导王旭东、徐莉等陪同。

4 月 16～17 日 县长崔爱国带队在上海开展招商选资和招才引智活动,与华东师范大学党委副书记、副校长任友群,上海晨兴国际控股集团董事长王晨等进行会商,达成推进政产学研等合作意向。副县长、经济开发区工委书记孙庆树等参加活动。

4 月 17 日 省委驻盐城督导组副组长、省监察厅副厅长程裕松一行在响水检查指导党的群众路线教育实践活动。县委书记、县人大常委会主任马俊健汇报响水经济社会发展和党的群众路线教育实践活动开展情况。市委督导组组长俞途,县委副书记、县政协主席杨毅坚,市委督导组副组长祁国良及县领导朱金南、郭云等陪同。

4 月 22 日 市关工委主任陆树臻一行在响水调研关心下一代工作。县委书记、县人大常委会主任马俊健介绍响水经济社会发展情况。副县长赖忠民等陪同。

△　响水县召开全县四月份招商选资汇报会。县委书记、县人大常委会主任马俊健到会讲话。崔爱国、王旭东、朱金南、郭云、李运连、刘中连、吴瑜君、孙庆树等在响水的县四套班子领导及各镇区，县相关部门主要负责人出席。

4 月 25 日　响水县设分会场收听收看省政府全体（扩大）视频会议。县领导崔爱国、邵礼青、王建成、顾祝生及各镇区，县相关部门、单位负责人出席分会场会议。

△　全市人大财经工作座谈会在响水召开。市人大常委会副主任曹友琥到会讲话。县长崔爱国致辞。市人大财经委主任王琼，县人大常委会副主任张孝将及各县（市、区）人大常委会分管主任出席。

△　建设创新型国家战略推进委员会顾问、中国人民解放军总装备部原副部长、中国载人航天原常务副总指挥胡世祥在响水调研科技创新、生态文明建设等工作。创推委顾问、十届全国人大副秘书长姜云宝，创推委副主席、科技部原秘书长石定环等参加调研。副市长马成志，县长崔爱国、副县长武正华等陪同。

4 月 26 日　县长崔爱国会见南通台州商会会长厉和明、宁波商会会长仇国祥、温州商会副会长夏邦林一行，洽谈合作开发绿岛小夜曲等项目。县领导邵礼青、裴彦贵及县相关部门、单位负责人出席座谈会。

4 月 28 日　响水县在常州举办 2014 响水（常州）新特产业项目招商推介会。县长崔爱国致辞。常州市纪委副书记、监察局局长周效华，江苏理工学院副院长施步洲，常州市钟楼区副区长何海平，常州大学和常州市纺织工业协会、医药行业协会、电子信息产业协会负责人等 70 多名嘉宾、客商出席推介会。县领导刘中连、张孝将、于娟及各镇区，县相关部门主要负责人参加。

4 月 30 日　县委书记、县人大常委会主任马俊健主持召开县委常委（扩大）会议，传达有关会议精神，汇报交流 4 月份重点工作，研究部署 5 月份工作。崔爱国、杨毅坚、邵礼青、王旭东、朱金南、郭云、李运连、刘中连、吴瑜君、孙庆树、裴彦贵等在响水的县四套班子领导出席。

△　县委书记、县人大常委会主任马俊健主持召开党的群众路线教育实践活动推进会。市委督导组组长俞途，县委副书记、县长崔爱国，市委督导组副组长祁国良，杨毅坚、邵礼青、王旭东、朱金南、郭云、李运连、刘中连、吴瑜君、孙庆树、裴彦贵等在响水的县四套班子领导出席。

△　县政府常务会议召开。县长崔爱国主持会议。会议研究相关民生议题和文件，部署 5 月份工作。会议决定，自 2014 年 1 月 1 日起，提高企业退休人员基本养老金水平。会议讨论并原则通过《关于建立农村环境整治长效管理机制的方案》和《响水县培植财税优化财政收入结构三年行动计划》等文件。县领导邵礼青、武正华、戴翠芳、田国举、徐莉、杨荣生、王建成、顾祝生出席会议，县人大常委会副主任张孝将、县政协副主席陈骧列席会议，县人武部部长王洪亮及县相关部门负责人参加会议。

5 月 4 日　响水县举行纪念“五四”运动 95 周年表彰大会。县委书记、县人大常委会主任马俊健到会讲话。县领导崔爱国、杨毅坚、郭云、裴彦贵等出席。

△　全县镇区青年干部座谈会召开。县委书记、县人大常委会主任马俊健到会讲话。

县委常委、组织部部长郭云主持座谈会。

5 月 6 日 响水县设分会场收听收看中央、省、市先后召开的党的群众路线教育实践活动视频会议。县委书记、县人大常委会主任马俊健,市委督导组组长俞途,县委副书记、县长崔爱国,市委督导组副组长祁国良及杨毅坚、邵礼青、王旭东、朱金南、郭云、李运连、刘中连、吴瑜君、孙庆树、裴彦贵等在响水的县四套班子领导出席分会场会议。

△ 响水县举行项目集中开工、集中观摩活动。县委书记、县人大常委会主任马俊健出席并讲话。杨毅坚、邵礼青、王旭东、朱金南、郭云、李运连、刘中连、吴瑜君、孙庆树、裴彦贵等在响水的县四套班子领导出席。

△ 县政府与兴业银行盐城分行举行政、银、企战略合作签约仪式。县长崔爱国致辞。副县长田国举主持签约仪式,并代表县政府与兴业银行盐城分行签订战略合作协议。兴业银行盐城分行行长徐新松、副行长徐军,县领导吴从法及三大园区,县相关部门、单位负责人和部分企业家出席。

5 月 7 日 县委书记、县人大常委会主任马俊健主持召开县委中心组学习会。杨毅坚、邵礼青、王旭东、朱金南、郭云、李运连、刘中连、吴瑜君、孙庆树、裴彦贵等县委中心组成员参加。

△ 省农业资源开发局副局长黄非率出席省黄河故道农业综合开发现场推进会全体人员在响水观摩张集连万家莲藕合作社基地项目。县长崔爱国、市农业资源开发局局长许德智、副县长杨荣生及县相关部门、单位负责人陪同。

△ 省财政厅副厅长黄晓平一行在响水调研指导帮扶工作。县领导崔爱国、曹炳泰、朱维国、王红生及县相关部门负责人陪同。

5 月 8 日 市委副书记陈正邦在响水视察指导临海高等级公路绿化工作。县长崔爱国及县相关部门主要负责人陪同。

△ 南京海关政治部副主任姚兴一行在响水捐赠现金、物资计 42.7 万元。县委副书记、省委驻响水帮扶工作队队长曹炳泰出席捐赠仪式并讲话。副县长杨荣生主持仪式。副县长、省委驻响水帮扶工作队副队长王红生等出席。

5 月 10 日 响水县在上海开展招商推介活动。活动期间,县长崔爱国会见上海杨浦区原区委书记陈安杰,上海新沪商实业集团有限公司副董事长孙贴成,上海江苏商会常务副会长、上海盐城商会会长戴春明,上海市政府合作交流办公室负责人等嘉宾和客商。推介会上,崔爱国介绍响水县近年来经济社会发展情况。县委常委、经济开发区工委书记孙庆树介绍开发区相关情况。

△ 县长崔爱国一行在常熟拜访江苏梦兰集团董事长钱月宝、总经理钱雪元和波司登集团副总裁王文洪,座谈加快推进响水石化产业园项目。县委常委、经济开发区工委书记孙庆树及生态化工园区主要负责人参加座谈。

5 月 12 日 市委书记、市人大常委会主任朱克江,市长魏国强率出席全市沿海重大项目推进工作会议全体人员在响水观摩星海城市广场、隆亨纸业、盈达气体等沿海发展重大项目,并听取响水县沿海发展相关情况汇报。县委书记、县人大常委会主任马俊健汇报响水经济社会发展及“项目推进年”“载体建设年”活动推进等情况。县领导崔爱国、杨毅坚、王旭东、刘中连、田国举等陪同。

5月12～13日 省级机关工委书记王立平一行在响水调研指导帮扶工作。县领导杨毅坚、曹炳泰、郭云、李运连、朱维国、王红生、李胜华等陪同。

5月13日 省政府研究室副巡视员沈和一行在响水调研增进民生幸福工程推进情况。县领导邵礼青、赖忠民、陈骧及县相关部门、单位主要负责人陪同。

5月14日 县委书记、县人大常委会主任马俊健主持召开县委常委(扩大)会议,传达全市沿海重大项目推进工作会议精神。崔爱国、杨毅坚、邵礼青、王旭东、朱金南、郭云、李运连、刘中连、吴瑜君、孙庆树等在响水的县四套班子领导出席。

△ 响水县与省农垦农业发展股份有限公司签定农业战略合作协议。省农垦集团副总经理、省农垦农业发展股份有限公司总裁胡兆辉,县委书记、县人大常委会主任马俊健分别致辞。县领导崔爱国、李运连、杨荣生,黄海农场党委书记苏志富及相关镇区,县相关部门主要负责人参加。

△ 响水县与灌东公司举行土地置换签约仪式。县长崔爱国出席仪式并讲话。县委副书记、县政协主席杨毅坚主持签约仪式。市国资委副主任徐兆军,黄海经济区建设指挥部办公室副主任杨亚成,县委副书记、灌东公司董事长吴红才,县政府副调研员顾祝生等参加。

△ 县政协九届八次常委会议召开。县委副书记、县政协主席杨毅坚主持会议。县政协副主席陈骧、陈苏红、陆从华、于娟、武瑾,秘书长缪成等出席。会议传达学习全国政协会议精神,协商通过两个重点建议案,征求各位常委对政协机关党的群众路线教育实践活动意见,通过县九届政协委员免去人员名单等。

5月15～16日 省委宣传部副部长、省委外宣办主任、省政府新闻办主任司锦泉在响水调研指导宣传思想文化工作。县委书记、县人大常委会主任马俊健介绍响水经济社会发展及宣传思想文化工作开展情况。县领导杨毅坚、王旭东、刘中连及县相关部门负责人陪同。

5月16日 县委书记、县人大常委会主任马俊健主持召开县委中心组学习会。市委督导组组长俞途,县委中心组成员崔爱国、杨毅坚、王旭东、朱金南、郭云、刘中连等出席。

△ 响水县举行"厚德盐城"先进典型事迹报告会。县委书记、县人大常委会主任马俊健出席报告会并讲话。市委督导组组长俞途,县委副书记、县长崔爱国,市委宣传部副部长薛万昌及杨毅坚、王旭东、朱金南、郭云、刘中连等在响水的县四套班子领导出席。

5月17日 响水县举行中山生物科技新型高效农药项目开工仪式。县委书记、县人大常委会主任马俊健致辞。县领导崔爱国、刘中连、田国举及县相关部门负责人出席。

△ 东华大学纺织学院专家团一行在响水考察了解纺织业发展情况,并签署合作协议。县领导郭云、田国举、孙丹兵及县相关部门、单位负责人陪同。

5月20日 县人大常委会第20次主任会议召开。县人大常委会副主任、党组副书记裴彦贵主持会议。县人大常委会副主任李刚、刘曙明、张孝将等出席。会议听取相关人事任免、全县农产品质量建设情况的调研报告、县人大常委会执法检查组关于《中华人民共和国防洪法》贯彻实施情况的执法检查报告及县政府对县人大常委会关于招商选资和项目推进情况的审议意见落实情况的报告,举办《中华人民共和国城市规划法》法制讲座准备情况。会议讨论县九届人大常委会第17次会议有关事项。

5 月 20～21 日 省发改委副主任赵芝明在响水开展“三解三促”活动。副县长田国举及市、县相关部门负责人陪同。

5 月 21 日 县九届人大常委会召开第 17 次会议。县委书记、县人大常委会主任马俊健主持会议。县人大常委会副主任、党组副书记裴彦贵,副主任李刚、刘曙明、张孝将出席会议。县委常委、组织部部长郭云,副县长杨荣生,县人民法院院长谭斌、县人民检察院负责人等列席会议。会议通过相关人事任免事项;听取和审议县政府关于全县农产品质量建设情况的报告;听取和审议县人大常委会执法检查组关于《中华人民共和国防洪法》贯彻实施情况的执法检查报告;听取县政府对县人大常委会关于招商选资和项目推进情况的审议意见落实情况的报告,并进行满意度测评。

△ 华夏银行盐城分行行长徐桂林一行在响水考察洽谈,交流开展政银企战略合作事宜,达成合作意向。县长崔爱国介绍响水经济社会发展情况。县交运、水务、东城公司、城投公司和经济开发区、生态化工园区等部门、单位负责人参加洽谈。华夏银行盐城分行副行长张正龙等参加会见。

5 月 22 日 响水县举行盐城市金融超市进响水活动,现场达成融资合作意向 24.5 亿元。县长崔爱国出席活动并致辞。人民银行盐城市支行行长陆宇生介绍市金融超市活动情况。市银监局局长曹彤宣布金融超市开市。县领导田国举、吴从法,市经信委副主任颜开建及市、县相关部门、金融机构和部分企业负责人参加。

5 月 23 日 全县防汛防旱工作会议召开。县委书记、县人大常委会主任马俊健对做好 2014 年防汛防旱工作作出批示。县长崔爱国到会讲话。县领导李运连、杨荣生、顾祝生,县人武部部长王洪亮及各镇区、县防指各成员单位负责人出席。

△ 县委书记、县人大常委会主任马俊健在浙江宁波再生金属资源加工园区开展招商活动。县委副书记、县政协主席杨毅坚及相关园区负责人参加。

△ 省党史工办主任崔广怀一行在响水开展“三解三促”活动。市党史工办主任徐城生,县领导崔爱国、郭云、武正华及县相关部门负责人陪同。

5 月 27 日 县委书记、县人大常委会主任马俊健主持召开县委常委会,研究部署党的群众路线教育实践活动有关工作。县委常委、组织部部长郭云传达市教育实践活动推进会议精神。县领导崔爱国、王旭东、朱金南、吴瑜君、孙庆树等出席。

△ 省教育考试院党委书记林伟一行在响水检查指导 2014 年高考准备工作。县长崔爱国,市教育局党委副书记、副局长崔成富,县委常委王旭东及市、县相关部门、单位负责人陪同。

△ 响水县设分会场收听收看全国节俭养德全民节约行动视频会议。县委常委、宣传部部长刘中连及县相关部门、单位负责人出席分会场会议。

5 月 28 日 县委召开党的群众路线教育实践活动推进会。县委书记、县人大常委会主任马俊健到会讲话。县委副书记、县政协主席杨毅坚主持会议。县委常委、纪委书记朱金南通报有关情况。市委督导组组长俞途,市委督导组副组长祁国良及县领导郭云、李运连、刘中连、孙庆树等参加。

△ 响水县召开秸秆综合利用和禁烧工作会议。县委书记、县人大常委会主任马俊健到会讲话。崔爱国、杨毅坚、吴红才、王旭东、朱金南、李运连、刘中连、吴瑜君、孙庆树等

在响水的县四套班子领导出席。

5月29日 省检验检疫局副局长郭喜良、徐肖坚一行在响水考察调研口岸检验检疫工作。县委书记、县人大常委会主任马俊健介绍响水经济社会发展和口岸建设情况。县领导杨毅坚、张孝将等陪同。

△ 市委常委、宣传部部长陈红红在响水调研指导党的群众路线教育实践活动开展情况。县委书记、县人大常委会主任马俊健，县委常委、组织部部长郭云陪同。

5月29～30日 县长崔爱国在北京拜访中海油气电集团总经理罗伟中、中国长江三峡集团总经理王琳。崔爱国介绍响水经济社会发展情况。中海油气电集团战略规划部总经理芦卫军、政务经理杜春辉，中国长江三峡集团公司副总经理毕亚雄及响水生态化工园区主要负责人参加会谈。

5月30日 响水县召开"双过半"形势分析会。县委书记、县人大常委会主任马俊健到会讲话。县领导杨毅坚、王旭东、刘中连、孙庆树、田国举等出席。

△ 连盐铁路盐城段建设推进会在响水召开。副市长王荣到会讲话。县委书记、县人大常委会主任马俊健致辞。副县长戴翠芳及市直相关部门、连盐铁路盐城段沿线各县区分管负责人出席。

△ 县长崔爱国在中国盐业总公司拜会公司董事长、党委书记茆庆国，交流推进中国盐业总公司与响水合作事宜。响水生态化工园区主要负责人参加会谈。

5月30～31日 华东理工大学专家团一行在响水参观考察。县委常委、组织部部长郭云，副县长孙丹兵及县相关部门、单位负责人陪同。

6月3日 县委书记、县人大常委会主任马俊健主持召开县委常委(扩大)会议。崔爱国、杨毅坚等县四套班子领导交流汇报招商选资、服务企业、推进项目和化解信访积案等工作情况。王旭东、朱金南、郭云、刘中连、吴瑜君、孙庆树等在响水的县四套班子领导出席。

△ 响水县设分会场收听收看全省民营经济发展表彰视频会议。县领导马俊健、崔爱国、杨毅坚、王旭东、郭云、李运连、刘中连、孙庆树等出席分会场会议。

6月4日 省建设工程招标办主任何平一行在响水考察指导公共资源交易中心类别核定工作。县委常委、纪委书记朱金南，市建设工程招标办主任张继红等陪同。

6月6日 市统计局局长秦军一行在响水调研指导工作。县委书记、县人大常委会主任马俊健，副县长田国举及县相关部门负责人陪同。

6月7日 县委书记马俊健主持召开县委常委(扩大)会议，听取市委督导组组长俞途代表市委督导组所作的情况通报。县委副书记崔爱国、杨毅坚，县委常委邵礼青、王旭东、朱金南、郭云、李运连、刘中连、吴瑜君、孙庆树出席。县人大、县政府、县政协领导列席会议。

6月9日 响水县召开港城规划情况汇报会议。县委书记、县人大常委会主任马俊健到会讲话。县领导崔爱国、杨毅坚、王旭东、裴彦贵及县相关部门负责人出席。

6月10日 省电力公司工会主席黄志高在响水调研指导扶贫开发工作。县委书记、县人大常委会主任马俊健介绍响水经济社会发展和扶贫开发工作情况。县委副书记、省委驻响水帮扶工作队队长曹炳泰主持座谈会并汇报省委驻响水帮扶工作队有关情况。市供电公司总经理张绍宾,县领导朱维国、王红生、李胜华及县相关部门负责人参加调研。

△ 县政府常务会议召开。县长崔爱国主持会议。会议讨论并原则通过《关于支持江苏响水经济开发区又快又好发展的政策意见》。县领导邵礼青、武正华、戴翠芳、田国举、杨荣生、赖忠民、孙丹兵、吴从法、王建成、顾视生出席会议。县人大常委会副主任张孝将、县政协副主席陈骧列席会议。县人武部部长王洪亮及县相关部门负责人参加会议。

△ 县政府党组会议召开,县长、县政府党组书记崔爱国主持会议。研究部署县政府党组群众路线教育实践活动查摆问题、开展批评环节工作,讨论县政府党组对照检查材料。县委常委、常务副县长邵礼青等县政府全体党组成员出席会议。副县长戴翠芳、吴从法列席会议。

6 月 12 日 县委书记、县人大常委会主任马俊健主持召开县委常委会议,传达学习市会有关精神,研究部署党的群众路线教育实践活动相关工作。县领导崔爱国、杨毅坚、邵礼青、王旭东、朱金南、郭云、李运连、刘中连、吴瑜君、孙庆树、裴彦贵等出席会议。

△ 省水利厅副厅长陆桂华一行在响水调研饮用水源地保护等工作。副市长吴晓丹,县委书记、县人大常委会主任马俊健,县委常委、政法委书记李运连及市、县相关部门负责人陪同。

△ 省财政厅副厅长宋义武在响水考察云梯关旅游景区项目。县长崔爱国,市财政局副局长孙其录,副县长、省委驻响水帮扶工作队副队长朱维国及县相关部门、单位负责人陪同。

△ 响水县设分会场收听收看全国整治违法排污企业保障群众健康环保专项行动视频会议。县长崔爱国、副县长武正华及县相关部门、单位负责人出席分会场会议。

6 月 13 日 市经信委主任苏冬一行在响水调研指导大企业培育工作。县长崔爱国介绍响水大企业培育情况。市经信委副主任陆达成,副县长田国举及县相关部门、单位负责人陪同。

6 月 14 日 响水县召开科学抢种和秸秆禁烧工作会议。县长崔爱国到会讲话。副县长杨荣生主持会议。各镇区,县相关部门、单位负责人参加会议。

6 月 15 日 县委书记、县人大常委会主任马俊健主持召开农业重点工作会办会。县领导李运连、杨荣生及县相关部门负责人出席。

6 月 16 日 响水县举行"安全生产咨询日"活动。县长崔爱国出席并讲话。副县长田国举主持活动。

6 月 17 日 响水县召开反恐、矛盾纠纷排查化解工作会议。县委常委、政法委书记李运连到会讲话。

6 月 24 日 中国农业银行上海审计局局长黄小平一行在响水调研考察。副市长陈友慧,县委书记、县人大常委会主任马俊健及市、县相关部门负责人陪同。

△ 县委书记马俊健主持召开镇区党政、部分部门正职座谈会,征求县委常委班子对照检查材料的意见和建议,并对落实党风廉政建设主体责任、加强作风建设进行集体谈话。县委副书记杨毅坚通报县委常委班子对照检查材料主要内容。市委督导组组长俞途,市委督导组副组长祁国良及县委常委朱金南、郭云、孙庆树等出席。

△ 县长崔爱国会见广东温氏食品集团常务副总裁严居然一行,交流加快推进 50 万

头现代化生猪养殖项目。县委常委、政法委书记李运连，广东温氏食品集团副总裁陈峰，江苏分公司总经理严树芬等陪同。

△　市卫生局局长徐杰一行在响水调研指导医疗卫生工作。县长崔爱国介绍有关情况。市卫生局副局长陈少颖，副县长戴翠芳陪同。

6月26日　县委书记马俊健主持召开老干部、老同志教育实践活动座谈会。县委副书记、县长崔爱国，县委常委、组织部部长郭云参加会议。曾担任县处级领导职务的于海波、王万金、张正华、沈康生等老干部、老同志及县相关部门负责人出席座谈会。

△　县长崔爱国主持召开座谈会，征求对县政府党组对照检查材料的意见和建议，进一步查摆“四风”方面突出问题。县委常委、常务副县长邵礼青通报县政府党组对照检查材料主要内容。各镇区，县相关部门、部分村居负责人及部分人大代表、政协委员参加座谈会。

△　全县社会综合治税工作会议召开。县长崔爱国到会讲话。县委常委、常务副县长邵礼青主持会议。县领导刘曙明、于娟及各镇区，县相关部门、单位负责人出席会议。

6月27日　全县夏季安全生产工作推进会议召开。县委书记、县人大常委会主任马俊健到会讲话。县长崔爱国主持会议。副县长田国举及县相关部门负责人出席。

6月28日　全县纪检监察工作会议召开。县委书记、县人大常委会主任马俊健到会讲话。县委常委、纪委书记朱金南及各镇区、部门纪检书记、纪检组长出席。

6月30日　县委书记、县人大常委会主任马俊健主持召开县委常委(扩大)会议，传达省、市有关会议精神，研究2014年综合考核意见并会办月度工作。崔爱国、杨毅坚、王旭东、朱金南、郭云、李运连、刘中连、孙庆树、裴彦贵等在响水的县四套班子领导出席。

7月1日　县长崔爱国主持召开县长办公会。县领导邵礼青、戴翠芳、田国举、杨荣生、赖忠民、孙丹兵、吴从法、顾祝生出席。

△　县长、县政府党组书记崔爱国主持召开县政府党组会议，讨论修改完善县政府党组对照检查材料，并对开展谈心谈话等工作提要求。全体县政府党组成员出席会议，副县长戴翠芳、吴从法列席会议。

7月2日　县医院增列为东南大学医学院教学医院揭牌仪式在响水举行。东南大学医学院院长滕皋军、东南大学教务处副处长沈孝兵，副县长戴翠芳、县政协副主席陈苏红及县卫生局负责人等参加揭牌仪式。

7月7日　响水县召开镇区中心幼儿园建设推进会。县长崔爱国到会讲话。县领导刘曙明、徐莉、陈苏红等出席。

7月8日　县长崔爱国会见中国联合水泥集团有限公司副总经理、淮海运营管理区董事长冯耀银一行，洽谈响水中联水泥加快发展项目。县委常委、经济开发区工委书记孙庆树等参加。

7月9日　省委党的群众路线教育实践活动督导组组长、省人大常委会民族宗教侨务委员会主任邵军一行在响水调研指导经济社会发展和教育实践活动有关工作情况。市委常委、宣传部部长陈红红，县委书记、县人大常委会主任马俊健，市委督导组组长俞途，县领导崔爱国、杨毅坚、王旭东、郭云、刘中连、顾祝生等陪同。

7月10日　县委常委会召开党的群众路线教育实践活动专题民主生活会。县委书记马俊健代表县委常委会作对照检查并进行自我批评，崔爱国、杨毅坚、邵礼青、王旭东、朱金南、郭云、李运连、刘中连、吴瑜君、孙庆树等作自我批评，并相互开展批评。省委督导组组长邵军，市委常委、宣传部部长陈红红，市委组织部副部长、市委教育实践活动办公室副主任刘海，市委督导组组长俞途指导民主生活会。县领导裴彦贵列席会议。

△ 省环保厅副厅长柏仇勇一行在响水检查指导淮河流域治污工程。副县长杨荣生陪同。

7 月 14 日 县政府党组召开党的群众路线教育实践活动专题民主生活会。县长崔爱国代表县政府党组作对照检查，并进行自我剖析。邵礼青、武正华、田国举、徐莉、杨荣生、赖忠民、孙丹兵、王建成、顾祝生、桑良举、张瀚、汪海洪等党组成员作对照检查，并接受党组其他成员的批评。市委督导组组长俞途全程参加专题民主生活会。

△ 县长崔爱国会见广西力沃投资有限公司总经理吴龙清一行，洽谈合作建设响水县经济开发区电子信息产业园等事宜。县委常委、经济开发区工委书记孙庆树等参加会谈。

7 月 15 日 县政协党组召开党的群众路线教育实践活动专题民主生活会。县委副书记、县政协主席、党组书记杨毅坚主持会议并代表县政协党组作对照检查。党组成员分别开展批评与自我批评。市委督导组副组长祁国良到会讲话。市委督导组施东明，县政协副主席陈骧、于娟，秘书长缪成出席会议。县政协党外副主席陈苏红、陆从华、武瑾及县委组织部相关负责人列席会议。

7 月 16 日 县长崔爱国会见市银监局局长曹彤一行，洽谈进一步完善金融服务、助推地方经济社会发展事宜。

7 月 18 日 县人大常委会党组召开专题民主生活会。县委书记、县人大常委会主任、党组书记马俊健主持会议并带头作自我对照检查。县人大常委会副主任、党组副书记裴彦贵代表县人大常委会党组作对照检查。裴彦贵、刘曙明、张孝将、宋永标等其他党组成员开展批评和自我批评。市委督导组组长俞途指导专题民主生活会并作点评。市委督导组有关成员参加会议。县人大常委会副主任李刚列席会议。

7 月 21 日 响水县召开党的群众路线教育实践活动专题民主生活会情况通报会。县委书记马俊健主持并通报县委常委会专题民主生活会情况。市委督导组组长俞途到会讲话。县长崔爱国通报县政府党组专题民主生活会情况。县四套班子全体领导，其他副处级以上领导，县法院院长、检察院检察长，正县级老同志和近 5 年退出领导岗位的副县级老同志，县级机关部门、单位主要负责人，镇、中心社区、园区党政正职，省、市属驻响水有关单位主要负责人，在本县工作的县以上党代表，部分人大代表、政协委员及普通党员、群众代表等参加。

△ 响水县设分会场收听收看省政府全体(扩大)视频会议。县长崔爱国出席分会场会议并讲话。县领导邵礼青、武正华、戴翠芳、田国举、徐莉、杨荣生、赖忠明、孙丹兵、王建成、顾祝生出席分会场会议。

7 月 23 日 县人大常委会第 21 次主任会议召开。县人大常委会副主任、党组副书记裴彦贵主持会议。县人大常委会副主任李刚、刘曙明等出席。县人大常委会各委办室主要负责人，县审计局主要负责人列席会议。会议听取讨论 2013 年县本级财政预算执行和其他财政收支情况的审计工作报告,2013 年县本级财政决算的审查报告,2014 年上半年经济运行和财政预算执行情况的调查报告;《中华人民共和国城乡规划法》执法检查报告;县九届人大常委会第三次会议代表建议办理情况的调查报告。会议讨论举办《中华人民共和国食品安全法》法制讲座准备情况和县九届人大常委会第 18 次会议的有关事项。

7 月 28 日 县委书记、县人大常委会主任马俊健主持召开县人大常委会党组党的群众路线教育实践活动专题民主生活会情况通报会。市委督导组组长俞途出席并讲话。县人大常委会副主任、党组副书记裴彦贵通报情况。会议对县人大党组和党组成员进行民主评议。市委督导组有关成员,县人大常委会副主任李刚、刘曙明,县人大常委会委员,县人大常委会机关全体人员,各镇人大主席或副主席,各中心社区人大代表工作负责人,县人大常委会机关离退休老干部代表,部分省、市、县人大代表和党员、群众代表参加通报会。

△ 阜宁县委书记顾云岭、县长徐华明率阜宁县党政代表团在响水考察产业发展、园区经济、工业项目建设等工作情况。县领导马俊健、崔爱国、杨毅坚、刘中连、裴彦贵、田国举等陪同。

△ 县长崔爱国会见江苏现代服务业研究院院长张为付一行,洽谈响水县现代服务业发展规划等事宜。县领导徐莉、孙丹兵、顾祝生参加。

7 月 30 日 县委书记、县人大常委会主任马俊健主持召开县委常委(扩大)会议,传达学习省、市有关会议精神,讨论县委九届六次全会有关内容并会办月度工作。会议原则通过县委九届六次全会会议方案和报告的主要内容,《响水县深化经济体制改革工作要点(讨论稿)》《关于加快民营经济发展的实施意见(讨论稿)》《关于推出鼓励民间投资项目的实施方案(讨论稿)》等文件及村居干部绩效考核办法。崔爱国、杨毅坚、邵礼青、王旭东、朱金南、郭云、李运连、刘中连、吴瑜君、孙庆树、裴彦贵等在响水的县四套班子领导及县相关部门、单位负责人出席。

△ 县委书记、县人大常委会主任、县人武部第一书记马俊健主持召开县委常委议军会议。会议讨论并通过人武部提交的国防后备力量建设有关事项。县领导崔爱国、邵礼青、王旭东、朱金南、郭云、李运连、刘中连、吴瑜君、裴彦贵等出席。

△ 县委书记、县人大常委会主任马俊健组织出席市委六届五次全会的响水组人员讨论学习市委书记朱克江所作报告。市委常委、宣传部部长陈红红出席并讲话。县领导崔爱国、杨毅坚、邵礼青、孙庆树及各镇区党工委书记等参加。

△ 县九届人大常委会第 18 次会议召开。县人大常委会副主任、党组副书记裴彦贵主持会议。县人大常委会副主任李刚、刘曙明、张孝将及县人大常委会委员出席会议。副县长田国举,县法院、检察院及部分政府组成部门负责人列席会议。会议听取审议 2013 年县本级预算执行和其他财政收支情况的审计工作报告;审查批准 2013 年县本级财政决算;听取审议县政府关于2014 年上半年经济运行和财政预算执行情况的报告,《中华人民共和国城市规划法》执法检查报告,县政府关于县九届人大三次会议代表建议办理情况的报告。会议举办《中华人民共和国食品安全法》法制讲座。

7 月 31 日 中国共产党响水县第九届委员会第六次全体会议召开。县委常委会主持会议。县委书记马俊健代表县委常委会讲话。崔爱国、杨毅坚、曹炳泰、邵礼青、王旭东、朱金南、李运连、刘中连、吴瑜君、孙庆树及县委委员、县委候补委员出席会议。县纪委委员、县相关部门负责人、20 家重点企业主要负责人及各村居党组织书记列席会议。会议表决通过《中国共产党响水县第九届委员会第六次全体会议决议》。

△ 响水县设分会场收听收看省政府职能转变和机构改革工作视频会议。县长崔爱国出席分会场会议并讲话。县委常委、常务副县长邵礼青及县相关部门、单位负责人出席分会场会议。

8 月 1 日 县委书记、县人大常委会主任马俊健,县长崔爱国,县委副书记、县政协主席杨毅坚等县四套班子领导在县人武部、公安消防大队及海军、空军等驻响水部队开展慰问活动。县领导邵礼青、吴瑜君、裴彦贵等参加。

△ 县长崔爱国会见中国三峡新能源公司副总经理王敦春一行,洽谈加快海上风电、海工装备基地建设和扩大合作等相关事宜。县委副书记、县政协主席杨毅坚对进一步加强合作提出意见和建议。响水长江风电负责人介绍企业生产运营和重点项目推进情况。县相关部门负责人参加。

8 月 4 日 响水县设分会场收听收看全省第二批党的群众路线教育实践活动推进会视频会议。视频会后,县委书记、县人大常委会主任马俊健对全县教育实践活动、信访稳定和安全环保工作提要求。县领导崔爱国、杨毅坚、邵礼青、王旭东、朱金南、郭云、刘中连、吴瑜君、孙庆树、裴彦贵等出席分会场会议。

8 月 5 日 副市长朱传耿一行在响水调研指导义务教育发展基本均衡县创建工作。县委书记、县人大常委会主任马俊健,市教育局局长殷勇,县长崔爱国,副县长徐莉及市、县相关部门负责人陪同。

△ 县长崔爱国主持召开县政府常务会议。会议研究讨论县政府党组教育实践活动建立十项制度、十项专项整改方案和《创建全国义务教育发展基本均衡县工作实施方案》《加强教育闲置资产处置管理的意见》等相关议题。县领导邵礼青、武正华、戴翠芳、田国举、徐莉、杨荣生、赖忠民、孙丹兵、顾祝生出席会议。县人大常委会副主任张孝将、县政协副主席陈骥列席会议。

8 月 7 日 县委书记、县人大常委会主任马俊健主持召开县委常委(扩大)会议,传达学习、贯彻落实市委书记朱克江在响水检查指导工作时的讲话精神。崔爱国、杨毅坚、邵礼青、王旭东、朱金南、郭云、刘中连、吴瑜君、孙庆树、裴彦贵等在响水的县四套班子领导及各镇区,县相关部门主要负责人出席。

△ 响水县召开义务教育发展基本均衡县创建工作推进会。县委书记、县人大常委会主任马俊健作指示。县长崔爱国对创建工作提要求。县委常委王旭东主持会议。副县长徐莉部署创建工作。县领导张孝将、陈苏红及各镇区,县相关部门、单位负责人出席。

8 月 11 日 市政协原主席、市慈善总会会长冯永农一行在响水调研指导经济社会发展和慈善工作情况。县委书记、县人大常委会主任马俊健陪同。县委副书记、县政协主席杨毅坚介绍相关项目情况。县委常委、常务副县长邵礼青汇报响水县慈善工作开展情况。

8 月 12 日 副市长张京麒一行在响水检查指导工作。县委书记、县人大常委会主任马俊健介绍全县经济社会发展及环保安全工作情况。县领导孙庆树、武正华等陪同。

8月13日 省民政厅副厅长钮学兴一行在响水检查指导民政系统安全工作。市民政局局长谷红彬,副县长武正华及县相关部门负责人参加。

8月14日 省委常委、副省长徐鸣一行在响水调研指导扶贫开发工作,并慰问省委驻响水帮扶工作队队员。县委书记、县人大常委会主任马俊健汇报全县经济社会发展和扶贫开发工作情况。县委副书记、省委驻响水帮扶工作队队长曹炳泰等汇报有关工作情况。省政府副秘书长杨根平、省扶贫办副主任朱子华及市、县领导王荣平、陈正邦、吴晓丹、崔爱国等参加。

8月20日 县长崔爱国主持召开服务项目"家家到"问题交办会。县领导武正华、顾祝生分别提要求,县经信委通报服务项目"家家到"相关情况,县相关部门和三大园区负责人参加。

△ 首艘中国籍国际航行船舶"浙海516"散货船载运红土镍矿45700吨停靠陈家港宏海港务码头,标志着陈家港港已迈进一类开放口岸行列。

8月22日 响水县设分会场收听收看全市基层信访工作视频会议。视频会后,县委书记、县人大常委会主任马俊健对贯彻落实市会精神提要求。县领导崔爱国、杨毅坚、邵礼青、王旭东、朱金南、郭云、孙庆树及各镇区,县相关部门、单位主要负责人出席分会场会议。

8月25日 县委召开全县党的群众路线教育实践活动推进会。县委书记、县人大常委会主任马俊健到会讲话。县委副书记、县政协主席杨毅坚主持会议。市委督导组组长俞途,县领导朱金南、郭云、刘中连、孙庆树等出席。

8月27日 市人大常委会副主任谷家栋率执法检查组在响水检查《通榆河水污染防治条例》贯彻实施情况。县长崔爱国,县人大常委会副主任刘曙明,副县长武正华及县相关部门、单位负责人陪同。

8月30日 县委书记、县人大常委会主任马俊健,县委常委、组织部部长郭云,副县长赖忠民、孙丹兵出席在上海举行的盐城市第四届沿海发展人才峰会。峰会期间,响水县签约引进中国工程院院士钱逸泰、国家"千人计划"专家谢贺新等高层次人才25名,签订校企合作协议6个,并获盐城市第二届高层次人才创业大赛组织奖。

9月3日 县委书记、县人大常委会主任马俊健主持召开县委常委(扩大)会议,总结8月份工作,明确9月份工作任务。马俊健对统筹抓好经济体制改革、秋收秋超、民生实事及加强中秋、国庆"两节"值班值守等工作提要求。崔爱国、杨毅坚、邵礼青、王旭东、朱金南、郭云、刘中连、吴瑜君、孙庆树、裴彦贵等在响水的县四套班子领导出席。

△ 响水县设分会场收听收看市委深入推进作风建设持之以恒纠正"四风"视频会议。视频会后,县委书记、县人大常委会主任马俊健提要求。崔爱国、杨毅坚、邵礼青、王旭东、朱金南、郭云、刘中连、吴瑜君、孙庆树、裴彦贵等在响水的县四套班子领导出席分会场会议。

9月4日 省人大农委主任张京霞一行在响水县调研《江苏省农村扶贫开发条例(草案)》立法工作。市人大常委会副主任、党组副书记周德祥,县领导裴彦贵、李刚、杨荣生等陪同。

△ 市人大常委会副主任、党组副书记周德祥在响水会办挂钩经济薄弱村七套中心

社区三汾村帮扶工作。县人大常委会副主任、党组副书记裴彦贵,副县长杨荣生及县扶促办、七套中心社区、三汾村等相关负责人参加。

9 月 9 日 县长崔爱国主持召开县政府常务会议。会议讨论并研究 2014 年新农合县级配套缺口资金和县看守所、刑拘所、武警中队搬迁所需经费等问题。县领导邵礼青、武正华、田国举、杨荣生、王建成、顾祝生出席会议并交流月度工作。

△ 县长崔爱国主持召开全县服务项目“家家到”问题会办会。县领导武正华、田国举、顾祝生及三大园区、县相关部门负责人参加。

△ 响水县小尖镇跳进冰河勇救三人的农妇汪凤玲一家获“盐城市最美标兵家庭”称号,这是响水县唯一获此荣誉家庭。

9 月 10 日 县委书记、县人大常委会主任马俊健会见江苏银行盐城分行行长陆松圣一行,双方交流深化金融合作等事宜。副县长田国举参加。

△ 县委书记、县人大常委会主任马俊健主持召开民生工作推进会。县委常委、常务副县长邵礼青及县相关部门负责人出席。

△ 响水县召开第 30 个教师节庆祝表彰大会。县委书记、县人大常委会主任马俊健到会讲话。县长崔爱国主持会议。县委副书记、县政协主席杨毅坚宣读表彰决定。县领导王旭东、裴彦贵、徐莉及各镇区,县各部门、单位主要负责人出席。会议对先进集体和先进个人予以表彰。

9 月 11 日 响水县召开镇区中小企业创业园建设推进会。县长崔爱国到会讲话。县委常委、宣传部部长刘中连主持会议。副县长田国举、县政府副调研员顾祝生等出席。

9 月 15 日 县长崔爱国现场督查镇区中心幼儿园建设及义务教育均衡县创建工作。县领导孙庆树、徐莉及县相关部门主要负责人陪同。

9 月 16 日 响水县首届“新型职业农民”培训班举行开班仪式。省人社厅副巡视员胡大洋,扬州大学副校长刘祖汉,县委副书记、省委驻响水帮扶工作队队长曹炳泰,副县长杨荣生等出席开班仪式。

△ 响水县举行纪念人民代表大会制度建立 60 周年电视知识竞赛。县人大常委会副主任、党组副书记裴彦贵观看比赛并为获奖代表队颁发荣誉证书。

9 月 17 日 响水县设分会场收听收看全省领导干部警示教育视频会议。县委书记、县人大常委会主任马俊健出席分会场会议并提要求。崔爱国、邵礼青、王旭东、朱金南、刘中连、孙庆树、裴彦贵等在响水的县四套班子领导出席分会场会议。

9 月 22 日 响水县召开纪念人民代表大会成立 60 周年座谈会,深入贯彻习近平总书记在庆祝全国人民代表大会成立 60 周年大会上的重要讲话精神。县委书记、县人大常委会主任马俊健,县委副书记、县长崔爱国分别讲话。县人大常委会副主任、党组副书记裴彦贵主持会议。县人民法院院长谭斌,县人民检察院检察长陈宏成,响水镇人大副主席张树栋,市、县人大代表张志胜作交流发言。县委副书记、县政协主席杨毅坚及在响水的县委常委,县人大常委会副主任,县政协负责人,曾担任县人大常委会领导职务的部分老同志,县人大、县政府有关部门负责人及各镇区人大工作负责人,部分县人大代表等参加座谈会。

9 月 23 日 响水县举行以“中国梦·我心中的梦”为主题的县第 11 届文化艺术周开

幕式暨"灌河情"四市六县区文化联谊文艺演出。县委书记、县人大常委会主任马俊健致辞并宣布艺术周开幕。县领导刘中连、张孝将、戴翠芳、陈苏红等出席。

9月24日 县九届人大常委会第22次主任会议召开。县人大常委会副主任、党组副书记裴彦贵主持会议。县人大常委会副主任李刚、刘曙明出席会议。县人大各委办室、县法院负责人列席会议。会议讨论"六五"普法规划实施及江苏法治县创建工作、通榆河饮用水源保护情况调研报告,2014年民生实事工程资金安排使用情况的调研报告,《中华人民共和国食品安全法》执法检查报告,关于编制2015年全县国有资本经营预算的相关情况,县政府对县人大常委会关于全县农产品质量建设情况报告的审议意见,《中华人民共和国防洪法》贯彻实施情况执法检查报告的审议意见落实情况;相关人事任免和举办《中华人民共和国土地管理法》法制讲座情况。会议确定县九届人大常委会第19次会议会议议程。

9月25日 县委书记、县人大常委会主任马俊健主持召开全县经济形势座谈会。县领导邵礼青、刘中连、田国举及县相关部门、单位负责人出席。

9月26日 县委书记、县人大常委会主任马俊健主持召开全县教育实践活动整改工作会议。市委督导组组长俞途,县委副书记、县长崔爱国,县委副书记、县政协主席杨毅坚,市委督导组副组长祁国良及在响水的县四套班子领导,各镇区、县相关部门主要负责人出席。

△ 第16届江苏农业国际合作洽谈会在盐城开幕。县长崔爱国、副县长杨荣生,县农办、农委、开发局、商务局和部分涉农企业代表参加开幕式。

9月27日 县长崔爱国检查指导国庆节前安全环保工作。县委副书记、县政协主席杨毅坚,副县长田国举陪同。

9月28日 县长崔爱国主持召开"三重"项目和"三百"工程推进会。副县长田国举及县相关部门、单位负责人出席。

△ 响水县举行第十一届文化艺术周闭幕式暨第二届"十大孝子"颁奖典礼。县长崔爱国致辞,并为"十大孝子"颁奖。县领导刘中连、李刚、戴翠芳、陈苏红等出席。

△ 县委常委、常务副县长邵礼青会见北京亿部文化有限公司副总经理黄海泉。黄海泉系响水籍人士,此次回家乡向县图书馆捐赠10万元图书。

9月29日 县九届人大常委会第19次会议召开。县人大常委会副主任、党组副书记裴彦贵,副主任刘曙明等出席会议。县人大常委会副主任李刚主持会议。副县长戴翠芳,县法院、检察院相关领导及县部分人大代表等列席会议。会议传达学习习近平总书记在庆祝全国人大成立60周年大会上的重要讲话精神和省、市、县委纪念全国人大成立60周年座谈会精神;票决通过相关人事任免;听取审议《中华人民共和国食品安全法》执法检查报告;听取县政府对县人大常委会关于全县农产品质量建设情况报告的审议意见及《中华人民共和国防洪法》贯彻实施情况执法检查报告的审议意见落实情况,并进行满意度测评。会议举办《中华人民共和国土地管理法》法制讲座。

△ 县长崔爱国主持召开县政府常务会议,研究相关议题和文件,部署四季度工作。会议讨论研究行政审批事项清理结果的报告,讨论并原则通过《关于今年秋播结构调整的意见》《关于大力推进联耕联种工作的通知》等文件。县领导邵礼青、戴翠芳、田国举、

徐莉、杨荣生、王建成、顾祝生出席会议。县人大常委会副主任李刚、县政协副主席陈骧列席会议。

9 月 30 日 在中国确定的首个烈士纪念日,响水县在县烈士陵园举行公祭仪式。县长崔爱国宣读祭文。县委副书记、县政协主席杨毅坚主持。邵礼青、王旭东、朱金南、郭云、李运连、刘中连、孙庆树、裴彦贵等在响水的县四套班子领导及县相关部门、单位负责人出席。县委、县人大常委会、县政府、县政协及驻响水部队分别向烈士敬献花圈。参加公祭人员向烈士敬献鲜花,并向纪念碑行鞠躬礼,少先队员献唱《我们是共产主义接班人》。

△ 全县秋播农业结构调整暨联耕联种现场推进会在大有镇召开。县委书记、县人大常委会主任马俊健作出批示。县长崔爱国对秋播农业结构调整和联耕联种工作提要求。县委常委、政法委书记李运连主持会议。副县长杨荣生等参加。

△ 市人大常委会副主任肖紫英率部分市人大代表视察响水新型农村合作医疗实施情况。县人大常委会副主任、党组副书记裴彦贵,副县长戴翠芳及县相关部门、单位负责人陪同。

10 月 1 日 县委书记马俊健慰问国庆期间坚守岗位的一线干部职工。县领导邵礼青、杨荣生、顾祝生等陪同。

10 月 3 日 县长崔爱国在三大园区慰问国庆期间坚守岗位的干部职工,检查指导园区当前工作。县委副书记、县政协主席杨毅坚,副县长田国举等陪同。

10 月 8 日 响水县设分会场收听收看中央党的群众路线教育实践活动总结大会。中央和省会后,县委书记马俊健对贯彻落实会议精神提要求。崔爱国、杨毅坚、邵礼青、王旭东、朱金南、郭云、李运连、刘中连、孙庆树、裴彦贵等在响水的县四套班子领导出席分会场会议。

10 月 10 日 县委书记马俊健主持召开县委常委会,专门听取 2014 年以来县四套班子领导招商选资工作情况汇报。县委副书记、县长崔爱国到会讲话。杨毅坚、邵礼青、王旭东、朱金南、郭云、李运连、刘中连、吴瑜君、孙庆树等在响水的县四套班子领导出席。

△ 2014 年响水县第一期科级干部轮训班举行开班仪式。培训班邀请市纪委副书记肖力、市委宣传部副部长叶茂楼、市委党校常务副校长朱志和、市统计局总统计师朱杰等领导授课。县领导杨毅坚、朱金南、郭云、刘中连等参加开班仪式。

10 月 10 ~ 11 日 曾担任响水县县委领导的王清、陈家宝、陶培荣、徐恒菊、朱洪春等在响水视察调研。县委书记马俊健介绍响水经济社会发展情况。县领导崔爱国、杨毅坚、邵礼青、刘中连、孙庆树、裴彦贵、顾祝生等陪同。

10 月 11 日 县委书记马俊健主持召开全县经济形势分析会。崔爱国、杨毅坚、邵礼青、王旭东、朱金南、郭云、李运连、刘中连、孙庆树、裴彦贵等在响水的县四套班子领导及各镇区,县相关部门、单位主要负责人出席。

△ 全市安监局局长座谈会在响水召开。市安监局局长洪家宁到会讲话。副县长田国举致辞。各县(市、区)安监局局长交流发言。

10 月 12 日 响水县设分会场收听收看全省党的群众路线教育实践活动总结大会。崔爱国、王旭东、朱金南、郭云、李运连、裴彦贵等在响水的县四套班子领导出席分会场会议。

△ 县长崔爱国主持召开全县秋季秸秆综合利用和禁烧工作座谈会。县领导李运连、田国举及县相关部门、单位负责人参加。

△ 县政协九届九次常委会议召开。会议传达学习习近平总书记在庆祝中国人民政治协商会议成立65周年大会上的讲话精神,听取讨论《关于增强效益意识、提高选资质量的建议案》(征求意见稿)。县委副书记、县政协主席杨毅坚,县政协副主席陈骧、陈苏红、陆从华、于娟、武瑾及秘书长缪成等出席。

10月13日 常州市钟楼区副区长何海平一行在响水调研扶贫开发工作,并捐赠50万元帮扶资金。县委副书记、省委驻响水帮扶工作队队长曹炳泰出席捐赠仪式并讲话。副县长杨荣生主持捐赠仪式。副县长、省委驻响水帮扶工作队副队长朱维国、王红生、李胜华等陪同。

10月14日 县长崔爱国会见瑞典客商乔治·马查多一行,洽谈相关项目投资事宜。副县长田国举及经济开发区负责人参加会见。

10月15日 市委副书记、代市长王荣平在响水调研指导沿海开发、秸秆综合利用和禁烧工作。县长崔爱国汇报响水县工作情况。市政府秘书长何素成、副县长田国举陪同。

10月17日 省人社厅组织医疗专家组在响水县张集中心社区杨回村免费义诊。县委副书记、省委驻响水帮扶工作队队长曹炳泰及帮扶工作队队员陪同。活动后,省人社厅专家组看望慰问部分农村老党员和五保户,并送上慰问金。

△ 响水县举行首届"行知互动剧场"优秀节目展演暨第三届"美德少年"颁奖典礼。十名"美德少年标兵"和百名"美德少年"受表彰。县委常委、宣传部部长刘中连,副县长徐莉出席典礼。

10月20日 南京军区第一集团军军长冯文平少将在响水考察。县委书记马俊健介绍响水县经济社会发展情况。县领导杨毅坚、邵礼青、张孝将等陪同。

△ 全县秋季秸秆综合利用和禁烧工作会议召开。县委书记马俊健到会讲话。县长崔爱国作工作部署。县领导李运连、李刚、田国举、杨荣生、武瑾等出席。

△ 响水县志愿者协会第一届会员代表大会召开。副县长戴翠芳主持会议。会议选举产生第一届理事会、常务理事会、名誉会长、会长、副会长、秘书长,并审议通过相关章程和办法。县委常委、宣传部部长刘中连当选为名誉会长。县委宣传部副部长、文明办主任张耀金当选为会长。

△ 团省委、省文明办等单位联合举办的第四届"我们身边的好青年"海选活动揭榜。响水县双港镇友爱村党支部副书记于议入选"江苏好青年百人榜"。

10月21日 长江三峡实业有限公司党委书记江长清一行在响水考察海水稻种植项目。县委常委、政法委书记李运连出席会议并讲话。

△ 市委督查室主任赵国峰在响水检查通榆河水面漂浮物打捞清理情况。副县长杨荣生及县相关部门、单位负责人陪同。

10月22日 县委书记马俊健主持召开县委常委会,交流整改落实及长效制度建设情况,讨论全县党的群众路线教育实践活动总结大会的总结报告。会议研究通过全县学习型党组织创建工作先进集体、学习型领导干部和学习型党员考核名单。县领导崔爱国、杨毅坚、邵礼青、王旭东、朱金南、郭云、李运连、刘中连、孙庆树等出席。

△ 县委书记马俊健主持召开县委中心组学习会。崔爱国、杨毅坚、邵礼青、王旭东、朱金南、郭云、李运连、刘中连、孙庆树等县委中心组成员出席会议。市委巡听组参加会议。

△ 县委书记马俊健会见中国建材集团公司副总经理马建国一行。县委常委、经济开发区工委书记孙庆树等陪同。

△ 县长崔爱国会见福建客商,洽谈数控机床等产业项目投资事宜。县委常委、经济开发区工委书记孙庆树,县人大常委会副主任张孝将等陪同。

10 月 23 日 全县党的群众路线教育实践活动总结大会召开。县委书记马俊健主持会议。市委督导组组长俞途到会讲话。县委副书记、县长崔爱国,市委督导组副组长祁国良,县委副书记、县政协主席杨毅坚及在响水的县四套班子领导出席。

△ 县委书记马俊健主持召开县直部门招商选资情况汇报会。县领导王旭东、刘中连、孙庆树、戴翠芳及县相关部门、单位主要负责人出席。

△ 响水县召开敬老院建设管理工作会议。会议通报敬老院建设相关工作情况。县委常委、常务副县长邵礼青到会讲话。各镇区,县相关部门主要负责人出席。

10 月 23 ~ 24 日 县长崔爱国在省交通厅、教育厅走访对接,汇报响水县相关工作情况。副县长徐莉及县交通、教育等部门负责人随同。

10 月 25 日 县委书记马俊健主持召开中共十八届四中全会精神学习会并对贯彻落实全会精神提要求。县委常委、宣传部部长刘中连领学《人民日报》关于《实现依法治国的历史跨越》的社论。与会人员集中观看中共十八届四中全会实况录像。杨毅坚、邵礼青、王旭东、朱金南、郭云、李运连、孙庆树等在响水的县四套班子领导出席。

△ 响水县举行招商选资发布会。县委书记马俊健到会讲话。杨毅坚、邵礼青、王旭东、朱金南、郭云、李运连、刘中连、孙庆树等在响水的县四套班子领导出席会议。副县长田国举主持会议。

△ 响水县召开创建省级创业型城市动员会,研究部署和全面启动创建省级创业型城市工作。县委常委、常务副县长邵礼青到会讲话。

10 月 28 日 响水县召开创建省文明城市冲刺迎评会议。县委书记马俊健到会讲话。县长崔爱国主持会议。杨毅坚、朱金南、郭云、吴瑜君、孙庆树、裴彦贵等县四套班子领导出席。部分创建责任单位主要负责人向马俊健递交责任状。县委常委、宣传部部长刘中连对创建工作作部署。

△ 县委书记马俊健会见美国先正达公司全球采购与生产总裁汤姆·格雷等美国客商,交流加强合作等事宜。副县长杨荣生陪同。

△ 省委农办主任诸纪录一行在响水调研指导扶贫开发工作。市委副秘书长、市委农办主任徐国均,县领导曹炳泰、李运连、朱维国、王红生等陪同。

10 月 29 日 县长崔爱国主持召开县政府常务会议,学习贯彻中共十八届四中全会精神,研究讨论相关民生议题,研究部署当前主要工作。县领导邵礼青、戴翠芳、田国举、徐莉、杨荣生、孙丹兵、王建成、顾祝生出席会议。县人大常委会副主任刘曙明、县政协副主席陈骧列席会议。

10 月 30 日 响水县第二届人大代表论坛举行。本次论坛主题为“推进依法治县，弘扬法治精神”。县长崔爱国出席论坛并讲话。县人大常委会副主任、党组副书记裴彦贵主持论坛。县领导李刚、李运连、刘曙明、张孝将出席活动。

△ 省综治成员单位卫生和计划生育委员会副主任黄祖瑚一行在响水调研指导综治平安建设工作。县委常委、政法委书记李运连汇报响水县经济社会发展和综治平安建设情况。

10 月 31 日 县长崔爱国主持召开全县教育“双创”工作专题会办会。县领导邵礼青、徐莉及各镇区，县相关部门负责人出席。

11 月 4 日 响水县设分会场收听收看省委中心组集中学习贯彻中共十八届四中全会精神视频会议。县委副书记、县长崔爱国出席分会场会议并讲话。朱金南、李运连、刘中连、孙庆树等在响水的县四套班子领导及县相关部门、单位负责人出席。

△ 省交通运输厅副厅长梅正荣在响水督查“六打六治”打非治违专项行动开展情况。县委常委、常务副县长邵礼青及县相关部门、单位负责人陪同。

△ 省教育厅副厅长苏春海一行在响水视察指导教育“双创”工作。副市长朱传耿，市教育局局长殷勇，副县长徐莉等陪同。

11 月 6 日 省气象局副局长刘聪一行在响水调研帮扶工作。县委副书记、省委驻响水帮扶工作队队长曹炳泰汇报工作。县领导李运连、朱维国、王红生、李胜华等陪同。

11 月 9 日 市委书记、市人大常委会主任朱克江在响水部分镇村居调研。市委常委、政法委书记丁宇，县领导崔爱国、杨毅坚、郭云、李运连、孙庆树及市、县相关部门负责人陪同。

11 月 11 日 响水县双南干渠灌区节水配套改造工程通过省水利厅、省财政厅、省开发局组成的联合验收组验收。县委常委、政法委书记李运连陪同并介绍工程相关情况。

11 月 12 日 全县服务培植规模以上工业企业推进会召开。县长崔爱国到会讲话。县委常委、宣传部部长刘中连主持会议。副县长田国举宣读《加快推进规上工业企业发展的实施意见》。县经信委主要负责人宣读部门和镇区服务培植规上工业企业名单。县人行、人社局发言。

11 月 13 日 全县服务业发展规划编制工作汇报会召开。县长崔爱国到会讲话。副县长徐莉主持会议。南京财经大学相关专家汇报规划编制成果。县政府副调研员顾祝生及县相关部门、镇区负责人对规划内容提出意见和建议。

11 月 14 日 县长崔爱国会见在响水考察洽谈投资项目的印度尼西亚科拿威县县长凯利塞服一行。县委副书记、县政协主席杨毅坚及一重集团、德龙镍业主要负责人陪同。

11 月 16 日 台湾丰研创投有限公司董事长江永发一行在响水考察绿岛小夜曲及相关项目投资事宜。上海振兴响水咨询委员会主任顾继虎，县人大常委会副主任、党组副书记裴彦贵，副主任李刚及县相关部门负责人陪同。

11 月 17 日 县委书记、县人大常委会主任马俊健主持召开县委常委(扩大)会议。县委副书记、县长崔爱国传达省委十二届八次全会精神和市委书记朱克江在响水视察时的讲话精神。县委常委、经济开发区工委书记孙庆树汇报现代工业产业园情况。县领导王旭东、朱金南、郭云、李运连、刘中连、吴瑜君、裴彦贵及相关镇区，县相关部门、单位主要负责人出席。

△ 县委书记、县人大常委会主任马俊健主持召开县委中心组学习会。县委常委、宣传部部长刘中连对中共十八届四中全会精神进行解读。县领导崔爱国、王旭东、朱金南、郭云、李运连、吴瑜君、孙庆树、裴彦贵等出席。

△ 县委书记、县人大常委会主任马俊健主持召开全县重点工作汇报交流会。县领导杨毅坚、邵礼青、刘中连、孙庆树、田国举及县相关部门负责人出席。

△ 响水县设分会场收听收看全国进一步推进户籍制度改革工作视频会议。县委常委、常务副县长邵礼青及县相关部门、单位负责人出席分会场会议。

11 月 18 日 响水县举行项目集中开工活动,开工项目 22 个,总投资 101.52 亿元,其中亿元以上项目 16 个,超 10 亿元项目 3 个。县委书记、县人大常委会主任马俊健,县长崔爱国分别在海上风电暨集控中心项目和中粮家佳康项目开工仪式上致辞。杨毅坚、王旭东、朱金南、郭云、李运连、刘中连、吴瑜君、孙庆树、裴彦贵等在响水的县四套班子领导及各镇区,县相关部门、单位主要负责人出席。

△ 投资 40 亿元的现代工业产业园项目落户响水。县领导马俊健、崔爱国、杨毅坚、刘中连、孙庆树、裴彦贵、田国举、陈骧、顾祝生等参加签约仪式。副县长田国举代表县人民政府作为见证方与广西力沃投资有限公司、响水经济开区管委会负责人共同签约。

11 月 24 日 县九届人大常委会第 23 次主任会议召开。县人大常委会副主任、党组副书记裴彦贵,副主任刘曙明、张孝将等出席会议。会议听取并讨论关于全县经济体制改革推进情况的调研报告,2014 年县本级财政预算调整情况的审查报告,县政府对县人大常委会关于全县上半年经济运行情况、2013 年县本级财政决算和 2014 年上半年财政预算执行审议意见落实情况;关于"加快城乡供水全覆盖,保障饮用水安全惠民生"和"加快基础建设,全力推进教育现代化进程"议案的办理情况;关于《城乡规划法》贯彻实施情况执法检查报告;县政府对县人大常委会关于县九届人大三次会议代表建议、批评和意见办理情况的审议意见落实情况,以及相关人事任免的汇报等。会议讨论县九届人大常委会第 20 次会议相关情况。县审计局、安监局汇报 2013 年财政预算执行和其他财政收支审计报告的整改落实情况、全县安全生产工作情况。

11 月 26 日 省人社厅副厅长刘小群一行在响水检查指导事业单位公开招聘工作。市人社局局长王娟,县领导崔爱国、曹炳泰、郭云及县相关部门负责人陪同。

△ 响水县举行首届青年创新创业大赛颁奖典礼。团市委副书记夏威,县委常委、经济开发区工委书记孙庆树为获奖创业青年颁发奖章并致辞。县农商行为获奖青年授信 680 万元。

11 月 27 日 市委组织部副部长张玉春带领市观摩团在响水观摩高层次人才创业项目暨园区"双招双引"工程。县领导马俊健、郭云、孙庆树等陪同。

11 月 28 日 省长李学勇在响水调研考察沿海开发工作。县委书记、县人大常委会主任马俊健汇报响水县沿海开发情况。市委书记、市人大常委会主任朱克江,县委副书记、县长崔爱国,县委副书记、县政协主席杨毅坚等陪同。

12 月 1 日 县九届人大常委会召开第 20 次会议。县委书记、县人大常委会主任马俊健主持会议。县人大常委会副主任、党组副书记裴彦贵,县人大常委会副主任刘曙明、张孝将出席。县委常委、组织部部长郭云，副县长徐莉，县人民法院院长谭斌，县人民检察院检察长陈宏成等列席会议。会议听取和审议县政府关于"加快城乡供水全覆盖，保障饮用水安全惠民生"和"加快基础建设，全力推进教育现代化进程"议案办理情况的报告；听取和审议县政府关于全县经济体制改革推进情况的报告；听取和审议县政府落实县人大常委会关于全县上半年经济运行情况，2013 年县本级财政决算和 2014 年上半年财政预算执行情况，2013 年财政预算执行和其他财政收支的审计报告，县九届人大三次会议代表建议、批评和意见办理情况，城乡规划法执法检查报告等审议意见情况的报告，并进行满意度测评。会议决定免去赖忠民县人民政府副县长职务，决定任命张善荣为县人民政府副县长。会议举办《中华人民共和国预算法》法制讲座。

12 月 2 日 县长崔爱国主持召开全县农村环境综合整治工作座谈会。县政府副调研员顾祝生及县相关部门、单位负责人参加。

12 月 3 日 县委书记、县人大常委会主任马俊健主持召开县委常委(扩大)会议，传达省长李学勇在响水调研时的讲话精神，会办月度工作，讨论依法治县有关文件。崔爱国、杨毅坚、邵礼青、王旭东、朱金南、郭云、李运连、刘中连、吴瑜君、孙庆树、裴彦贵等在响水的县四套班子领导出席。

△ 副市长马成志在响水调研指导科技型中小企业培育工作。县委书记、县人大常委会主任马俊健，县长崔爱国，副县长孙丹兵及市、县相关部门负责人陪同。响水县部分企业家代表汇报企业科技创新工作相关情况。

12 月 4 日 响水县设分会场收听收看全省人大工作视频会议。视频会后，县委书记、县人大常委会主任马俊健对贯彻落实会议精神提要求。县人大常委会副主任、党组副书记裴彦贵，县人大常委会副主任李刚、刘曙明，副县长张善荣等出席分会场会议。

12 月 6 日 县长崔爱国主持召开全县创建省文明城市迎评冲刺会议。县委常委、宣传部部长刘中连通报市文明委模拟测评反馈意见，并对文明城市创建迎查工作提要求。县领导邵礼青、戴翠芳及县相关部门、单位负责人出席。县公安局、响水镇等 18 家重点责任单位作表态发言。

12 月 9 日 县关工委全委(扩大)会议召开。县关工委主任张正华主持会议。县关工委副主任、县人大常委会副主任张孝将，县关工委副主任、副县长徐莉分别讲话。县关工委秘书长张昌平作工作报告。

12 月 10 日 省环保厅副厅长于红霞一行在响水调研指导环保工作。县委书记、县人大常委会主任马俊健介绍响水县相关情况。副县长田国举汇报响水县环保工作情况。市、县相关部门负责人陪同。

△ 市委常委、常务副市长戴元湖，副市长周绍泉带领出席全市"深入推进全民创业、加快镇村经济发展"现场会(北片区)与会人员在响水集中观摩黄圩镇黄南创业园。县长崔爱国介绍相关工作情况。市直相关部门及滨海、阜宁、射阳、建湖等县主要负责人参加观摩。

12 月 10～11 日 市委联合督查组组长、市纪委常委王加林率队在响水督查中央和省委巡视组反馈意见整改落实情况。县委书记、县人大常委会主任马俊健介绍有关情况。县领导杨毅坚、朱金南、郭云等参加。

12 月 12 日 响水县召开“项目推进年”“载体建设年”、全民创业工作汇报会。县长崔爱国到会讲话。县委常委、常务副县长邵礼青主持会议。县领导刘中连、徐莉、杨荣生、张善荣出席。

△ 县长崔爱国主持召开全县经济形势分析会。县委常委、常务副县长邵礼青对相关工作提要求。县发改委、经信委、统计局等部门主要负责人汇报当前经济工作。

△ 全县首届新型职业农民培训班开班。扬州大学农学院高辉博士为学员开设《标准化生产与质量论证》讲座。

12 月 16 日 全县农村环境综合整治攻坚战动员大会召开。县委副书记、县长崔爱国到会讲话。县委常委、常务副县长邵礼青主持会议,并对散坟整治工作提要求。县领导李运连、杨荣生、顾祝生分别部署农村河道整治、绿色响水建设、农村环境综合整治工作。县领导李刚、张善荣、武瑾出席。各镇区递交农村环境综合整治、绿色响水建设、河道整治、散坟整治责任状。小尖镇、陈家港镇、运河镇、张集中心社区发言。

12 月 17 日 县委书记、县人大常委会主任马俊健主持召开县委中心组学习会,传达学习习近平总书记在江苏视察时的重要讲话精神及省委书记罗志军、市委书记朱克江对贯彻落实习总书记重要讲话精神的要求,并对做好当前工作作部署。县领导崔爱国、邵礼青、王旭东、郭云、刘中连、吴瑜君、孙庆树、裴彦贵等出席。

△ 响水县举行欢送李海龙赴北京空军总医院捐献造血干细胞仪式。县委常委、组织部部长郭云出席仪式并讲话。

12 月 18 日 副市长王荣一行在响水调研指导城建和城乡环境综合整治工作。县委书记、县人大常委会主任马俊健,县政府副调研员顾祝生及市、县相关部门负责人陪同。

△ 市中级人民法院在响水召开驻响水省、市人大代表,政协委员法院工作座谈会。县人大常委会副主任刘曙明主持会议。市中院党组成员、纪检组长李士俊,县法院院长谭斌分别介绍 2014 年全市法院及响水法院工作情况。驻响水省、市人大代表,政协委员围绕市、县两级法院工作提出意见和建议。

12 月 20 日 响水县召开义务教育均衡发展推进会。县长崔爱国到会讲话。副县长徐莉主持会议。副县长张善荣及相关镇区,县相关部门主要负责人参加会议。

12 月 23 日 江苏首艘内河双燃料动力(柴油和 LNG)船“江苏河海(货)1”在盐城市勤丰船业有限公司下水。

12 月 25 日 县委书记、县人大常委会主任马俊健主持召开县委常委(扩大)会议,传达学习省委十二届九次全会精神,并对谋划 2015 年工作及安排元旦值班值守等工作提要求。县委副书记、县长崔爱国传达省委十二届九次全会精神。杨毅坚、邵礼青、王旭东、朱金南、郭云、李运连、刘中连、孙庆树、裴彦贵等在响水的县四套班子领导出席。

12 月 29 日 县委专题听取各镇区和县直部门、单位党委(党组)书记抓党建工作述职。县委书记、县人大常委会主任马俊健主持会议。县领导崔爱国、杨毅坚、王旭东、李运连、刘中连、吴瑜君、孙庆树及各镇区,县相关部门主要负责人出席会议。与会代表现场评议基层党组织书记抓基层党建工作履职情况。

12 月 30 日 县长崔爱国主持召开县政府常务会议。会议讨论并原则通过调整全县最低工资标准,调整响水县 2015 年度城镇居民基本医疗保险缴费标准和困难企业、困难职工解困慰问金筹集等事项。会议明确，响水县月最低工资标准由1100元调至1270元，非全日制用工每小时最低工资标准由9.5元调至11元，从2014年11月1日起执行。会议讨论并原则通过《响水县困难群众托底救助实施办法》。会议讨论通过关于县城地面水厂借资款偿还、《关于加强全县司法所建设的实施办法》等议题。县领导邵礼青、戴翠芳、田国举、徐莉、杨荣生、张善荣、孙丹兵、王建成、顾祝生出席会议。县人大常委会副主任、党组副书记裴彦贵，县政协副主席、党组副书记陈骧列席会议。

△ 全县安全生产工作会议召开。县长崔爱国到会讲话。副县长田国举主持会议。

12月31日 县委书记、县人大常委会主任马俊健召集出席市委六届六次全会响水组成员，集中讨论学习市委书记朱克江所作的《以习近平总书记重要讲话精神为指引 奋力推动盐城经济社会发展迈上新台阶》工作报告，市委副书记、代市长王荣平在市委六届六次全会上的讲话。县领导崔爱国、孙庆树、张善荣及市直相关部门负责人，各镇区党工委书记等参加讨论。

2015 年

1 月 1 日 县长崔爱国在三大园区部分企业,慰问节日期间坚守岗位的企业员工和园区干部职工。县委副书记、县政协主席杨毅坚,县领导孙庆树、田国举及县相关部门负责人随同。

1 月 4 日 全县农村环境综合整治现场会召开。县长崔爱国到会讲话。县委常委、政法委书记李运连主持会议。副县长杨荣生通报全县农村河道整治工作情况。县政府副调研员顾祝生通报全县农村环境综合整治工作情况。各镇区主要负责人作表态发言。

1 月 5 日 响水县召开县四套班子会议。市委常委、组织部长庄兆林主持会议,宣布省、市委关于响水县县委主要领导职务调整决定:马俊健不再担任中共响水县委书记职务、提名不再担任响水县人大常委会主任职务,崔爱国主持响水县全面工作。马俊健、崔爱国、杨毅坚等县四套班子领导及副处级干部出席。

△ 神华国华陈家港电厂二期工程初步可行性研究报告评审会在盐城召开。市委常委、常务副市长戴元湖致辞。县委副书记、县长崔爱国讲话。华东电网有限公司、神华集团、国华电力公司及省、市、县相关部门负责人出席。

1 月 8 日 县委副书记、县长崔爱国主持召开全县 2015 年工作讨论会。杨毅坚、王旭东、朱金南、郭云、李运连、刘中连、孙庆树、裴彦贵等在响水的县四套班子领导及各镇区、县相关部门、单位主要负责人出席。

1 月 9 日 响水县设分会场收听收看全市安全生产视频会议。视频会后,县委常委、常务副县长邵礼青对贯彻落实会议精神提要求。副县长田国举部署全县 2015 年安全生产工作。县相关单位及企业负责人出席分会场会议。

1 月 10 日 县委副书记、县长崔爱国会见南通江海电容器股份有限公司董事长陈卫东一行。县委常委、经济开发区工委书记孙庆树等参加。

△ 全县农村环境综合整治现场会召开。县委副书记、县长崔爱国到会讲话。县委常委、政法委书记李运连主持会议。县领导孙庆树、杨荣生、张善荣、顾祝生及各镇区、县相关部门负责人参加。

1 月 12 日 县委副书记、县长崔爱国主持会办 2015 年民生实事和“八大类”重点工程。县委常委、常务副县长邵礼青及县相关部门负责人参加。

△ 响水县设分会场收听收看全省农村工作暨推进现代农业建设迈上新台阶部署视频会议。视频会后,县委副书记、县长崔爱国对贯彻落实会议精神提要求。县领导杨荣生、张善荣及各镇区、县相关部门主要负责人出席分会场会议。

1 月 13 日 县九届人大常委会第 21 次会议召开。会议补选崔爱国为市七届人大代表。县人大常委会副主任、党组副书记裴彦贵主持会议。县人大常委会副主任李刚、刘曙明、张孝将及人大常委会委员21人出席会议。副县长田国举,县法院、检察院主要负责人,县人大办、经信委、财政局、水务局、民政局、工商局等单位负责人,部分镇区人大副主席、人大代表工作负责人及部分县人大代表列席会议。会议审议通过县人大常委会代表资格审查委员会关于樊小彬、周青青代表资格终止的报告;听取县政府对县人大常委会关于全县养老服务体系建设情况和全民创业工作情况审议意见落实情况的报告,并进行满意度测评;开展"两争一创"活动评优,通过相关表彰决定;讨论全县城乡联网供水一体化情况的调查报告。会议进行相关人事任免等事项。

1月15日 县委副书记、县长崔爱国主持召开县委常委(扩大)会议,讨论研究县委九届七次全会方案、全会报告及2015年全县指标安排等事项。杨毅坚、邵礼青、王旭东、朱金南、郭云、李运连、刘中连、孙庆树、裴彦贵等在响水的县四套班子领导及各镇区、县相关部门主要负责人出席。

1月17日 中国共产党响水县第九届委员会第七次全体会议召开。县委常委会主持会议。县委副书记、县长崔爱国代表县委常委会对贯彻落实习近平总书记视察江苏重要讲话精神和省委十二届九次全会、市委六届六次全会精神、做好全县2015年各项工作,作题为《建设新响水 发展上台阶 奋力实现响水发展北抬头》工作报告。县委常委、委员、县委候补委员出席会议。县纪委委员、县各部委办局、部分重点企业主要负责人和各村居党组织书记列席会议。

1月20日 盐城市第七届人民代表大会第四次会议召开。市委书记朱克江主持会议。代市长王荣平代表市人民政府向大会作工作报告。出席市七届人大四次会议的响水县代表团34名人大代表集中审议市政府工作报告。副市长朱传耿出席响水县代表团审议讨论,副市长张京麟列席会议。响水代表团团长、县委副书记、县长崔爱国主持审议活动。郭云、裴彦贵、徐莉、张善荣等代表参加审议讨论活动并分别发言。

△ 江苏省第五届紫金山文学奖在南京颁奖。响水籍作家邓洪卫作品《初恋》获短篇小说奖。响水籍作家姜桦作品《纪念日》获诗歌奖。

1月24日 县委副书记、县长崔爱国主持召开县委常委(扩大)会议,传达学习市"两会"、省纪委全会精神,并对做好当前工作提要求。杨毅坚、朱金南、裴彦贵分别传达政协市七届四次会议、省纪委十二届五次全会、市七届人大四次会议精神。邵礼青、王旭东、郭云、李运连、刘中连、孙庆树等在响水的县四套班子领导出席。

1月28日 市委常委、政法委书记丁宇在响水检查指导干部下访工作。县委副书记、县长崔爱国介绍相关工作情况。县领导邵礼青、郭云、孙庆树及市、县相关部门负责人陪同。

1月30日 县委副书记、县长崔爱国率响水县党政代表团在盐城市亭湖区考察学习。亭湖区委副书记、区政协党组书记吕锦,区委常委、政法委书记祁新桐,区委常委、环保科技城党工委书记张利华等陪同。县领导杨毅坚、刘中连、孙庆树、田国举、徐莉及相关园区、县相关部门负责人参加考察学习。

2月2日 县委副书记、县长崔爱国专题会办全县"项目载体突破年"工作。县领导邵礼青、郭云、刘中连、田国举、徐莉及县相关部门主要负责人出席。

2月5日 响水县设分会场收听收看市纪委六届五次全会视频会议。市会后，县委副书记、县长崔爱国对贯彻落实会议精神提要求。县领导杨毅坚、王旭东、郭云、刘中连、孙庆树、裴彦贵等出席分会场会议。

△ 县委副书记、县长崔爱国专题会办秸秆禁烧工作。县领导邵礼青、杨荣生、顾祝生及各镇区、县相关部门负责人出席。

2月6日 市委常委、宣传部部长陈红红在响水检查指导节前安全生产工作。副县长田国举及县相关部门负责人陪同。

△ 2015年盐城市暨响水县文化科技卫生"三下乡"活动启动仪式在响水举行。市委常委、宣传部长陈红红，县委常委、宣传部长刘中连等市、县领导参加。

2月9日 响水县设分会场收听收看国务院第三次廉政工作视频会议。视频会后，县委副书记、县长崔爱国对贯彻落实会议精神提要求。县委常委、常务副县长邵礼青及各镇区，县各部门、单位负责人出席分会场会议。

2月11日 省委书记罗志军在响水调研指导工作并看望慰问生活困难群众、博爱小学留守儿童和劳动模范。省委常委、秘书长樊金龙，市委书记朱克江，市长王荣平等陪同。县委副书记、县长崔爱国汇报响水县走访慰问困难群众和当前工作等情况。

△ 市委书记、市人大常委会主任朱克江在响水走访慰问优抚对象、低保户、老党员、困难企业和经济薄弱镇村。市、县领导李驰、周德祥、朱传耿、崔爱国、杨毅坚、邵礼青、裴彦贵及市、县相关部门负责人陪同。

△ 省委组织部副部长、省人社厅厅长谭颖在响水开展慰问活动。县委副书记、省委驻响水帮扶工作队队长曹炳泰，副县长杨荣生、张善荣等陪同。

2月12日 县委副书记、县长崔爱国主持召开县委常委（扩大）会议，学习贯彻落实省委书记罗志军视察响水时重要讲话精神。县领导杨毅坚、邵礼青、王旭东、朱金南、郭云、李运连、刘中连、吴瑜君、孙庆树、裴彦贵等出席。

△ 响水县设分会场收听收看全市农村工作视频会议。县委副书记、县长崔爱国出席主会场会议并发言。县领导曹炳泰、杨荣生、朱维国、王红生、李胜华出席分会场会议。响水县南河镇军正农机专业合作社、江苏桂花鸭养殖有限公司、陈家港镇金穗家庭农场、响水浅水藕协会、南河镇获市表彰。

△ 响水县设分会场收听收看全省深入实施创新驱动发展战略暨建设苏南国家自主创新示范区视频会议。邵礼青、王旭东、朱金南、李运连、刘中连、吴瑜君、孙庆树等在响水的县四套班子领导出席分会场会议。

△ 在中国出版协会主办、年鉴工作委员会承办的第五届年鉴编纂出版质量评比中，《响水年鉴（2013）》获综合三等奖，框架设计二等奖，条目编写三等奖，装帧设计二等奖。

2月13日 县委副书记、县长崔爱国在双港镇慰问生活困难群众、低保户和建国前老党员。

2月15日 响水县设分会场收听收看省政府第三次廉政工作视频会议。县委副书记、县长崔爱国，县委常委、常务副县长邵礼青及县相关部门、单位负责人出席分会场会议。

2月16日 中共响水县第九届纪律检查委员会第五次全体会议召开。县委副书记、县长崔爱国到会讲话。县委常委、纪委书记朱金南主持会议并代表县纪委常委会向大会作工作报告。杨毅坚、邵礼青、王旭东、郭云、刘中连、孙庆树、裴彦贵等县四套班子领导及各镇区,县各部门、单位主要负责人出席。县委常委和镇区党工委书记向崔爱国递交党风廉政建设责任书。县民政局、国税局、响水镇主要负责人作大会发言。

△ 县委、县政府举行2015年春节团拜会。县委副书记、县长崔爱国致辞。县政协主席杨毅坚主持会议。老同志代表王万金、镇区负责人代表王鲁文、企业家代表陆建焕、劳模代表纪冬平及知识分子代表臧伟新发言。县四套班子领导,县法院院长,县检察院检察长,各镇区,县各部门、单位主要负责人,劳模代表,农民代表,知识分子代表,企业家代表,驻响水部队代表及台侨属代表等各界人士出席。

△ 响水县举行老干部迎新春座谈会。县委副书记、县长崔爱国致辞。县领导杨毅坚、邵礼青、郭云、裴彦贵及曾担任过县四套班子领导的老干部等出席。

2月17日 响水县召开鼓励回乡创业动员大会。县委副书记、县长崔爱国到会讲话。县领导杨毅坚、朱金南、李运连、刘中连、孙庆树、裴彦贵、杨荣生等出席会议。会议对回乡创业十佳标兵进行表彰。县委常委、常务副县长邵礼青主持会议。副县长田国举宣读回乡创业十佳标兵的表彰决定。十佳标兵代表黄海进、有意向回乡创业代表庄会松作会议发言。黄圩镇、县政务办负责人作表态发言。

2月18日 县委副书记、县长崔爱国慰问县自来水公司、供电公司、交警值班点和荣生电子等单位和企业的干部职工。县领导杨毅坚、刘中连、孙庆树、裴彦贵、田国举及县相关部门负责人参加。

2月24日 响水县2015年新春服务返乡就业创业暨引才用工大型招聘会举行。县领导崔爱国、杨毅坚、邵礼青、裴彦贵、田国举等出席。

2月25日 县委副书记、县长崔爱国主持召开县委常委会,研究讨论全县2014年度综合考核总结大会、全县作风建设推进会议、全县"项目载体突破年"推进大会等相关事宜。县领导杨毅坚、邵礼青、朱金南、郭云、刘中连、孙庆树、裴彦贵及县相关部门负责人出席会议。会议讨论并原则通过《全县2014年度目标任务绩效考核表彰决定》《关于加强招商引资工作的意见》《关于进一步规范和改进行政审批服务工作的实施意见》等文件。

△ 响水县设分会场收听收看全市"作风建设深化年"动员视频会议。县委副书记、县长崔爱国出席盐城主会场会议。杨毅坚、邵礼青、王旭东、朱金南、郭云、刘中连、孙庆树、裴彦贵等县四套班子领导及各镇区、县相关部门、单位主要负责人出席分会场会议。

2月26日 县委、县政府召开2014年度综合考核总结大会,对先进集体和先进个人进行集中表彰。县委副书记、县长崔爱国到会讲话。县政协主席杨毅坚宣读《关于印发2014年度全县综合考核结果的通知》。县委常委、常务副县长邵礼青主持会议。朱金南、郭云、李运连、刘中连、孙庆树、裴彦贵等在响水的县四套班子领导及各镇区、县相关部门、单位主要负责人,受表彰的先进集体和先进个人代表出席。

△ 县委、县政府召开全县"作风建设深化年"动员大会。县委副书记、县长崔爱国到会讲话。县委常委、常务副县长邵礼青宣读表彰决定。县委常委、纪委书记朱金南主持会议。与会人员集中观看《正风肃纪、服务发展》正反典型专题片。会议印发《关于进一步改进机关作风、服务经济发展的八个严禁(征求意见稿)》。杨毅坚、郭云、李运连、刘中

连、孙庆树、裴彦贵等在响水的县四套班子领导及各镇区党政负责人、人大主席，县各部门、单位及重点科室主要负责人出席。

△ 响水县设分会场收听收看全省机关作风建设视频会议。县领导崔爱国、杨毅坚、邵礼青、朱金南、郭云、刘中连、孙庆树、裴彦贵及县相关部门、单位负责人出席分会场会议。

2月27日 响水县设分会场收听收看全省推动民生建设迈上新台阶暨综合医改试点工作视频会议。省会后，县委副书记、县长崔爱国对贯彻落实会议精神提要求。县领导杨毅坚、邵礼青、朱金南、郭云、李运连、刘中连、孙庆树等出席。

2月28日 县委、县政府召开全县农村工作会议。县委副书记、县长崔爱国到会讲话。县委常委、政法委书记李运连主持会议。副县长杨荣生宣读《关于表彰2014年度农业农村工作先进单位的决定》。南河镇、陈家港镇、大有镇、张集中心社区杨回村作交流发言。会议以电视直播形式召开，各镇区设分会场。县领导曹炳泰、李刚、张善荣、陆从华及各镇区、县各部门主要负责人出席主会场会议。

△ 全县"项目载体突破年"推进大会召开。县委副书记、县长崔爱国到会讲话。县政协主席杨毅坚主持会议。县领导朱金南、郭云、李运连、刘中连、孙庆树、裴彦贵、田国举及各镇区，县相关部门、单位主要负责人出席。会上，三大园区和12个镇区负责人作交流发言。会议印发《关于加强招商引资工作的意见》《2015年招商引资工作考核办法》《关于进一步规范和改进行政审批服务工作的实施意见》等文件征求意见稿。

3月1日 县政协九届十次常委会议召开。县政协主席杨毅坚主持会议。副主席陈骧、陈苏红、陆从华、于娟、武瑾，秘书长缪成等出席。会议讨论通过政协响水县九届委员会常务委员会工作报告、提案工作情况报告；协商通过召开县政协九届委员会第四次会议的决定及会议的议程、日程，各讨论组名单，提案审查委员会名单，提案截止时间的决定，大会秘书处及办事机构人员名单，各专门委员会、委员联络组人员名单；协商通过"三好委员"、优秀提案表彰名单。会议讨论并通过调整部分政协委员的决定。

3月3日 全县人口和计划生育工作会议召开。县委副书记、县长崔爱国到会讲话。县领导王旭东、张孝将、戴翠芳、张善荣、武瑾等出席。

3月4日 县委副书记、县长崔爱国主持召开县委常委（扩大）会议。县领导杨毅坚、邵礼青、王旭东、朱金南、郭云、刘中连、孙庆树、裴彦贵等在响水的县四套班子领导出席会议。会议讨论并原则通过县"两会"会议方案及有关工作报告，全县"八大类"项目、20件民生实事工程，2015年财政预算安排，村居干部绩效考核办法，镇村经济发展、新产业经济和园区经济发展、工业经济提质增效的实施意见等。

3月5日 "文明响水"志愿服务行动暨"助力微梦天天行"活动启动。县委常委、宣传部部长刘中连，县人大常委会副主任李刚，副县长戴翠芳等出席。

3月5~6日 中国人民政治协商会议响水县第九届委员会第四次会议召开。县委副书记、县长崔爱国在开幕式上讲话。县政协主席杨毅坚主持开幕式并作政协响水县第九届委员会常务委员会工作报告。副主席陈骧作县政协九届三次会议以来提案工作报告。会议通过《中国人民政治协商会议响水县第九届委员会第四次会议决议》。表彰"三好委员"和优秀提案。

3月6日 县九届人大四次会议召开大会预备会议。崔爱国、杨毅坚、王旭东、朱金南、郭云、刘中连、吴瑜君、孙庆树、裴彦贵、李刚、刘曙明、张孝将等大会主席团成员出席。县人大常委会副主任、党组副书记裴彦贵主持并作大会筹备工作报告。会议以举手表决的方式,通过大会议程(草案);选举大会主席团和秘书长;通过国民经济、社会发展计划与财政预算审查委员会名单。会议宣布主席团第一次会议通过的有关事项。

3月6~7日 响水县第九届人民代表大会第四次会议召开。县委副书记、县长崔爱国作政府工作报告。县人大常委会副主任、党组副书记裴彦贵主持开幕式。裴彦贵向大会作县人大常委会工作报告。县人民法院院长谭斌作县人民法院工作报告。县人民检察院检察长陈宏成作县人民检察院工作报告。大会通过《关于响水县人民政府工作报告的决议》《关于响水县2014年国民经济社会发展计划执行情况和2015年国民经济社会发展计划的决议》《关于响水县2014年财政预算执行情况和2015年财政预算的决议》《关于响水县人大常委会工作报告的决议》《关于响水县人民法院工作报告的决议》《关于响水县人民检察院工作报告的决议》。表彰2014年度"两争一创"活动,先进县人大代表小组,优秀县人大代表和优秀代表建议。

3月10日 副市长周绍泉在响水调研指导工业经济首季"开门红"和项目建设工作。县委副书记、县长崔爱国汇报相关情况。县领导杨毅坚、孙庆树、田国举及市、县相关部门负责人陪同。

△ 灌云县政协副主席王宽磊率部分驻灌云市政协委员、县政协常委及各专委会负责人一行,在响水县考察沿海经济发展情况。县政协领导杨毅坚、陈苏红、陆从华、于娟、武瑾等陪同。

3月11日 崔爱国、杨毅坚、王旭东、朱金南、郭云、刘中连、孙庆树等在响水的县四套班子领导,在沿海万亩生态林场,与机关干部、基层群众一起参加义务植树活动。

3月13日 响水县召开云梯关旅游景区总体规划汇报会。县领导崔爱国、朱金南、裴彦贵、徐莉、于娟、顾祝生及相关镇区、部门主要负责人出席会议。县委常委、常务副县长邵礼青主持汇报会。

3月16日 市长王荣平在响水专题调研临海高等级公路经济带规划建设工作。副市长周绍泉,县委副书记、县长崔爱国及市、县相关部门负责人陪同。县委常委王旭东汇报港城规划建设情况。副县长徐莉汇报临海高等级公路响水段项目规划情况。

3月17日 县委副书记、县长崔爱国会见欧尚(中国)投资有限公司投资和发展总经理李文德一行。县领导裴彦贵、徐莉、顾祝生等陪同。

3月18日 县委副书记、县长崔爱国赴南通拜访江海电容器股份有限公司董事长陈卫东。双方就加快推进荣生电子二期工程建设进行会谈。县委常委、经济开发区工委书记孙庆树参加会谈。

3月23日 县委副书记、县长崔爱国主持召开全县经济形势分析会。县发改委、经信委、商务局、统计局等单位分别围绕2015年以来全县经济运行情况作汇报交流。县领导邵礼青、刘中连、田国举及县相关部门、单位主要负责人出席。

3月24日 响水县召开服务企业发展座谈会。县委副书记、县长崔爱国到会讲话。县委常委、常务副县长邵礼青主持会议。县委常委、宣传部部长刘中连宣读《关于明确县直部门挂钩服务规上工业企业的通知》。县三大园区,人社、人行、供电、环保等单位负责人作会议发言。

3 月 27 日 全县扶贫开发攻坚年动员会议召开。县委副书记、县长崔爱国到会讲话。县委副书记、省委驻响水帮扶工作队队长曹炳泰通报 2014 年省委驻响水帮扶工作队工作情况。县委常委、组织部部长郭云主持会议并宣读表彰决定和县委驻各镇区帮扶工作队队长单位及队长名单。县委常委、政法委书记李运连总结部署响水县扶贫开发工作。县领导李刚、朱维国、王红生、李胜华、张善荣、陆从华,省委驻响水帮扶工作队全体成员,各镇区及县直部门、单位负责人出席。

3 月 28 日 江苏勤丰船业有限公司举行 200 艘 LNG 船舶开工仪式。县委副书记、县长崔爱国致辞。县政协主席、沿海经济开发区工委书记杨毅坚主持仪式。省地方海事局局长方建华、江苏省造船工程学会理事长童小田、上海绿动水上运输有限公司董事长韩烽火,县领导裴彦贵、田国举及上海和江苏相关造船运输行业领导出席活动。

3 月 31 日 响水县召开新《安全生产法》宣传贯彻专题大会。市安监局专家重点阐述新安法十大亮点内容。副县长田国举对新《安全生产法》责任落实提要求。各镇区分管领导和安全员、安委会成员单位分管领导、规模以上企业负责人和安监局全体成员出席。

4 月 1 日 2015 年响水县"五方挂钩"帮扶协调小组成员会议在南京召开。省委组织部副部长、省人社厅厅长谭颖到会讲话。省人社厅副巡视员胡大洋主持会议。省委农工办副巡视员单干银对做好帮扶工作提要求。县委副书记、县长崔爱国汇报响水县相关情况。县委副书记、省委驻响水帮扶工作队队长曹炳泰通报帮扶工作队 2014 年工作开展情况和今后工作思路。副县长杨荣生及省委驻响水帮扶工作队后方单位负责人出席。

4 月 3 日 响水县召开领导干部大会。市委常委、组织部部长庄兆林到会讲话。市委组织部副部长华林泰宣读省委关于响水县委、县政府主要负责人调整决定:崔爱国任中共响水县委书记,不再担任响水县人民政府县长职务,提名单永红为响水县人民政府县长候选人。崔爱国主持会议。单永红讲话。

4 月 7 日 县九届人大常委会第 23 次会议召开。会议同意接受崔爱国辞去县人民政府县长职务,全票通过决定任命单永红为响水县人民政府代理县长。县人大常委会副主任、党组副书记裴彦贵主持会议。会议审议通过有关决议、听取审议相关报告、举办安全生产法制讲座。县人大常委会副主任李刚、刘曙明、张孝将及县九届人大常委会委员出席会议。县领导郭云、田国举等列席会议。

4 月 8 日 县委书记崔爱国主持召开县委常委(扩大)会议。县委常委、组织部部长郭云传达市委党的建设工作领导小组(扩大)会议、全市人才工作领导小组(扩大)会议精神。副县长戴翠芳传达全市基层医疗卫生机构基础设施标准化建设工作会议精神。关工委主要负责人汇报关工委有关工作。单永红、杨毅坚、邵礼青、王旭东、朱金南、李运连、刘中连、孙庆树、裴彦贵等在响水的县四套班子领导出席。

△ 省地方志办公室副主任蔡金良在响水调研二轮修志工作。副县长田国举汇报《响水县志(1988~2008)》编纂情况。市地方志办公室副主任刘必利等陪同。

4 月 9 日 响水县"580"(我帮您)党员志愿服务工作推进会召开。县委常委、组织部部长郭云到会讲话。全县“580”党员志愿者成员单位党务负责人和党员志愿者参加会议。

△ 2015年全国门球大联动江苏省启动仪式暨第六届江苏省县区门球比赛在响水举行。省社会体育管理中心副主任张晃新、省门球运动协会副会长王强、市体育局副局长陈如俊、县委常委王旭东等出席开幕式。

4月10日 县委书记崔爱国会见江苏银行原董事长、上海江苏商会会长黄志伟,江苏银行盐城分行行长张建军一行,双方就开展银企战略合作进行交流,并达成合作意向。

4月13日 县委书记崔爱国在上海拜访中国第二军医大学第一附属医院长海医院院长张从昕,会谈响水县与上海长海医院开展战略合作事宜,并达成合作意向。县卫生部门负责人参加。

△ 县委书记崔爱国在上海拜访浦东新区区长孙继伟,金桥经济技术开发区管委会党委副书记、常务副主任沈能,达成响水县与上海金桥经济技术开发区战略合作意向。上海金桥出口加工区开发股份有限公司总裁、党委书记沈荣,金桥经济技术开发区管委会副主任马进,县委常委、经济开发区工委书记孙庆树等参加。

4月15日 县委书记崔爱国会见荣鑫伟业董事长张建华一行,商谈中荣巨鑫新型建材项目。县领导杨毅坚、刘中连参加会见。

△ 响水县召开力沃创客城发展规划汇报会。县委书记崔爱国到会讲话。县领导单永红、邵礼青、刘中连、孙庆树、裴彦贵、田国举、于娟、顾祝生,华洋创融董事长、总经理、力沃创客城合伙人于浩天,力沃创客城创始人、董事长吴龙清及县相关部门负责人出席。

4月17日 县委、县政府在上海举办2015响水(上海)春季招商推介会,现场签约项目24个,协议投资69.2亿元。县委书记崔爱国致辞。浦东新区、上海金桥经济技术开发区管委会、江苏省人民政府驻上海办事处等20多名嘉宾,上海及周边地区60多名客商出席推介会。县领导杨毅坚、邵礼青、刘中连、孙庆树、刘曙明、张善荣及三大园区、各镇区,县相关部门主要负责人参加。

4月20日 市委常委、宣传部部长陈红红在运河镇正茂村党代表工作室参加党代表活动日活动。县委书记崔爱国介绍响水县相关情况。县领导郭云、刘中连等陪同。

△ 市人大常委会副主任、党组副书记周德祥在七套中心社区三汾村,与市党代表结对进驻党代表工作室开展活动。县委副书记、代县长单永红,县人大常委会副主任、党组副书记裴彦贵,市党代表、江苏裕廊化工有限公司董事长杨国强,市党代表、县法院行政庭庭长黄永玲等参加活动。

4月23日 市政协副主席、党组副书记李长见,市政协副主席、市委统战部部长尹金来带领市政协调研组在响水开展厚实镇村经济土壤专题调研。县委书记崔爱国介绍相关工作情况。县领导杨毅坚、杨荣生、陈骧、陆从华等陪同。

△ 响水县市场监督管理局成立大会召开。县委常委、常务副县长邵礼青到会讲话。县委常委、组织部部长郭云宣读县委关于县市场监督管理局人事安排。

4月24日 县委副书记、代县长单永红主持召开城乡供水一体化工作座谈会。副县长杨荣生、张善荣参加座谈。县水务局主要负责人汇报城乡供水一体化有关具体工作和建议方案。陈家港镇、大有镇、南河镇、黄圩镇、响水镇等主要负责人发言。

△ 县政协九届 11 次常委会议召开。县政协主席杨毅坚，副主席陈骧、陈苏红、陆从华、于娟、武瑾，秘书长缪成出席会议。会议协商通过《政协响水县委员会 2015 年工作要点》、两个重点建议案、10 件重点提案。会议安排园区经济建设、镇村经济发展等专题辅导内容。

4 月 25～29 日 县委书记崔爱国率团在台湾开展经贸合作交流活动。崔爱国一行拜访台湾茂腾针织公司总经理林资富，双方洽谈建设响水茂腾项目事项；赴嘉义市拜访勇宗企业股份有限公司 CEO 陈怡岳、合晟科技有限公司董事长张宏荣；会见嘉义市议长萧淑丽和部分议员；与台湾工业总会监事会召集人、工信集团总裁潘俊荣，台湾工业总会常务理事何语就加强合作交流进行会谈；拜访润泰集团创新国际股份有限公司董事长简沧圳。县政协主席、沿海经济开发区工委书记杨毅坚，副县长田国举及经济开发区、商务局等单位负责人参加经贸合作交流活动。县经济开发区与台湾安威机具股份有限公司成功签约总投资 2 亿元精密刀具制造项目。

4 月 27 日 县委副书记、代县长单永红检查临海高等级公路响水段沿线环境整治提升工作。灌东投资公司董事长吴红才，县委常委、常务副县长邵礼青及黄海农场、银宝集团，相关镇区，县相关单位负责人参加。

4 月 28 日 响水县市场监督管理局举行揭牌仪式。县委常委、常务副县长邵礼青代表县政府授印。

△ 全国劳动模范响水县电信公司维装部主任薛志明出席 2015 年庆祝“五一”国际劳动节暨表彰全国劳动模范和先进工作者会议。薛志明是响水县建县以来第 6 位全国劳动模范。

4 月 29 日 响水县设分会场收听收看国务院 2015 年深化医药卫生体制改革工作视频议。国务院视频会后，江苏省召开会议，对贯彻落实全国深化医药卫生体制改革工作最新部署提要求。县委副书记、代县长单永红，副县长戴翠芳等出席分会场会议。

△ 市人大常委会副主任曹友琥带领市人大常委会执法检查组，在响水检查《中华人民共和国安全生产法》和《江苏省安全生产条例》贯彻实施情况。县领导邵礼青、裴彦贵、张孝将及县相关部门负责人陪同。

5 月 4 日 响水县举行第二届“十大杰出青年”颁奖典礼。县委常委、组织部部长郭云讲话。团市委副书记郝瑞耀致辞。县领导裴彦贵、戴翠芳、武瑾等参加活动。

5 月 5 日 县委书记崔爱国主持召开县委常委（扩大）会议。会议通报台湾招商和部门服务企业解决问题情况，听取县四套班子领导招商引资情况汇报，并对当前工作进行部署。杨毅坚、邵礼青、王旭东、朱金南、郭云、李运连、裴彦贵等在响水的县四套班子领导出席。

5 月 6 日 省国税局党组书记、局长胡道新一行在响水调研指导工作。县委书记崔爱国及市、县国税部门主要负责人陪同。

5 月 8 日 响水县举行纪念“5·8”世界红十字日暨“人道万人捐”启动仪式。县委书记崔爱国，县委副书记、代县长单永红，县政协主席杨毅坚等在响水的县四套班子领导出席捐赠仪式。

5 月 9 日 县委书记崔爱国会见上海中通置业（集团）有限公司董事长孙贴成、君澜酒店集团总裁王建平、红星美凯龙家具集团股份有限公司总经理周仲伟,就推进项目建设进行交流。县领导邵礼青、顾祝生等参加。

5月11日 响水县开展领导干部"守纪律、讲规矩"党纪政纪知识测试。在响水的县四套班子领导,各镇区,三大园区,县各部委办局,直属单位,省、市属驻响水各单位正科职干部参加测试。

5月12日 县委书记、县委党建工作领导小组组长崔爱国主持召开镇区党委履行党风廉政建设主体责任情况汇报会。县领导杨毅坚、邵礼青、王旭东、朱金南、郭云、李运连、孙庆树、张善荣等出席。

△ 县委书记、县委党建工作领导小组组长崔爱国主持召开县委党建工作领导小组(扩大)会议。县领导杨毅坚、邵礼青、朱金南、郭云、孙庆树、张善荣及县委党建工作领导小组成员等出席会议。会议听取《2015年县委党建工作领导小组工作要点》(讨论稿)、《镇区党(工)委党建工作责任清单》(讨论稿)起草情况的说明。各镇区党(工)委书记签订并递交基层党建工作目标责任书。

5月13日 县委书记崔爱国会见市供电公司总经理刘华伟一行。县政协主席、沿海经济开发区工委书记杨毅坚及县供电部门主要负责人参加。

5月14日 全县防汛防旱工作会议召开。县委书记崔爱国作批示。县委副书记、代县长单永红到会讲话。县委常委、政法委书记李运连主持会议。县领导顾祝生,县人武部部长王洪亮,各镇区,县各相关部门负责人出席会议。各镇区,县防指各成员单位向县政府递交责任状。县水务局、气象局通报有关情况。陈家港镇、经济开发区,县住建局作交流发言。

5月16日 新疆察布查尔县代表团在响水举行招商引资推介会。县委副书记、代县长单永红致辞。察布查尔县人大常委会主任关桂珍代表察布查尔县委、县政府向响水县赠送纯手工刺绣的《锡伯族西迁伊犁戍边路线图》。响水县人大常委会副主任、党组副书记裴彦贵主持推介会。察布查尔县委常委、副县长、盐城援疆工作组副组长金明介绍相关情况。市县相关部门、单位和20家企业负责人参加推介会。

5月19日 县委书记崔爱国主持召开县委常委(扩大)会议,讨论研究响水县开展"三严三实"专题教育实施方案和2015年全县目标任务综合考核实施意见等。单永红、邵礼青、朱金南、郭云、孙庆树等在响水的县四套班子领导出席会议。会议原则同意关于在县处级以上领导干部中开展"三严三实"专题教育的实施方案和2015年全县目标任务综合考核实施意见。

△ 响水县设分会场收听收看市委书记朱克江《弘扬"铁军精神",践行"三严三实",做忠诚干净担当的共产党人》专题党课;朱克江代表市委常委会作全市开展"三严三实"专题教育动员部署。县委书记崔爱国在会后讲话。单永红、邵礼青、朱金南、郭云、孙庆树等在响水的县四套班子领导在分会场听取专题党课。

△ 省电力公司党委委员、工会主席黄志高一行在响水调研扶贫开发工作。县委副书记、代县长单永红介绍响水经济社会发展和扶贫开发工作情况。县委副书记、省委驻响水帮扶工作队队长曹炳泰汇报2015年帮扶项目落实情况。县委常委、政法委书记李运连主持会议。副县长、省委驻响水帮扶工作队副队长朱维国、王红生、李胜华等参加汇报会。

5 月 20 日 县委书记崔爱国围绕学习“三严三实”、践行“三严三实”,为全县党员领导干部开设专题党课,并代表县委常委会作全县开展“三严三实”专题教育动员部署。杨毅坚、邵礼青、朱金南、郭云、李运连、孙庆树等在响水的县四套班子领导,县法院院长、县检察院检察长,县各部委办局及直属单位主要负责人,省、市属驻响水有关单位主要负责人,各镇党委书记、各中心社区工委书记、生态化工园区工委书记听取专题党课。

5 月 21 日 常州市钟楼区副区长何海平一行在响水调研扶贫开发工作。县委副书记、省委驻响水帮扶工作队队长曹炳泰介绍情况。副县长、省委驻响水帮扶工作队副队长朱维国、王红生、李胜华等陪同。

5 月 23 日 县委副书记、代县长单永红会见中荣巨鑫新型建材有限公司总经理张建华一行,就在响水投资新型建材项目进行交流。县政协主席、沿海经济开发区工委书记杨毅坚参加。

5 月 24 日 县委书记崔爱国在上海拜访上海电气环保集团总裁顾治强,就加强秸秆发电等环保产业合作进行洽谈,达成合作意向。县委常委、经济开发区工委书记孙庆树,上海电气环保事业部市场总监姚宏参加。

△ 县委书记崔爱国在上海题桥公司会见该公司董事长潘玉明、台湾茂腾针织公司总经理林资富,听取两家公司在响水投资项目推进情况,洽谈加快推进响水题桥高端纺织服装产业园、响水茂腾项目建设事宜。县委常委、经济开发区工委书记孙庆树等参加。

5 月 25 ~ 27 日 2015 年中国盐城(首尔)经贸合作说明会在韩国首尔举行。县委书记崔爱国率团在韩国开展经贸交流活动。在韩期间,崔爱国一行会见韩国 SHIW00 代表理事李京男、韩国大昌电动汽车株式会社社长文仁洙、韩国 D. P 公司代表理事申玄敦、和纳民公司代表理事李相烨、韩国 LTC 公司会长韩南圭等,就机械电子、石油化工、新能源造船、环保新材料、电动汽车电池等领域的项目合作进行交流。崔爱国拜会国会议员和商会组织,就委托招商代理和推进双方缔结友好城市工作达成意见。响水县经济开发区与韩国台加株式会社成功签约环保新材料项目。市委书记、市人大常委会主任朱克江,副市长周绍泉,县委书记崔爱国,县委常委、经济开发区工委书记孙庆树及相关镇区、部门负责人参加签约仪式。生态化工园区、陈家港镇、县商务局等单位负责人参加交流活动。

5 月 26 日 县九届人大常委会第 27 次主任会议召开。县人大常委会副主任、党组副书记裴彦贵主持会议。副主任李刚、刘曙明、张孝将等出席。县人大常委会委办室主要负责人,县委组织部、县法院负责人列席。会议分别听取相关人事任免,县人大常委会执法检查组关于《中华人民共和国安全生产法》《江苏省安全生产条例》执法检查情况和县政府关于企业科技创新等情况介绍。会议传达学习全省人大规范性文件备案审查工作会议精神,并作出具体部署。会议传达学习市、县委关于开展“三严三实”专题教育的精神,讨论通过县九届人大常委会第 24 次会议有关事项。

5 月 27 日 响水县召开美德基金会第一届理事会第一次会议。会议选举高兆顶为响水县美德基金会第一届理事会理事长,并选举产生第一届理事会副理事长、秘书长、监事长,审议通过《响水县美德基金会章程(草案)》《响水县美德基金会常设办事机构》等。

5 月 28 日 副市长朱传耿一行在响水检查指导义务教育发展基本均衡县创建工作。县委副书记、代县长单永红,副县长徐莉及市、县相关部门负责人陪同。

5月28～30日 县委书记崔爱国率团在德国开展经贸交流活动。市委书记、市人大常委会主任朱克江,中国驻慕尼黑总领事朱万金,副市长周绍泉,多伐利亚州经贸合作司副司长瑞格尔等领导和嘉宾致辞。响水县生态化工园区和德国斯图加特联工技术有限公司签订高性能复合新材料项目意向协议。县委常委、经济开发区工委书记孙庆树及响水县生态化工园区、陈家港镇、县商务局负责人参加交流活动。

6月2日 国家督学、宁夏回族自治区人民政府教育督导室专职副主任衡鸣带领国家教育督导组,对响水县创建"全国义务教育发展基本均衡县"进行督导检查。县委书记崔爱国介绍响水县创建"全国义务教育发展基本均衡县"情况和近年来经济社会发展情况。省教育厅副厅长苏春海、副市长朱传耿,县领导单永红、徐莉、张善荣及省、市、县相关部门负责人陪同。

6月4日 县委书记崔爱国主持召开县委常委(扩大)会议,传达学习市委书记朱克江在响水县开展"三解三促一加强"活动座谈会上的重要讲话精神,并对贯彻市委书记朱克江重要讲话精神进行部署。县委副书记、代县长单永红传达全省贯彻落实"一带一路"国家战略、大力拓展对内对外开放新空间工作会议精神。杨毅坚、邵礼青、朱金南、郭云、孙庆树、裴彦贵等在响水的县四套班子领导出席。各镇区汇报2015年新签约项目和签约项目开工建设情况。书面传达全省沿海发展工作座谈会等4个省、市会议精神。

6月6日 全县夏季秸秆综合利用和禁烧暨安全生产工作会议召开。县委书记崔爱国对秸秆综合利用和禁烧工作作出批示。县委副书记、代县长单永红到会提要求。县委常委、政法委书记李运连主持会议。副县长杨荣生通报2014年全县秋季秸秆禁烧工作考核结果。县领导李刚、张善荣、陆从华及各镇区,县相关部门负责人参加会议。各镇区向县政府递交秸秆综合利用和禁烧工作目标责任状。县环保局、农委、小尖镇、六套中心社区作会议交流发言。

6月9日 县委副书记、代县长单永红主持召开响水港建设座谈会。县发改委、交运局、国土局、开发局、城投公司、国资办、农发行等部门、单位负责人发言。县人大常委会副主任、口岸办主任张孝将对港口规划、建设工作提要求。

6月10日 市委常委、纪委书记刘德民在响水视察指导废黄河防汛防旱工作。县委副书记、代县长单永红及阜宁、滨海县政府负责人陪同。

6月12日 县委副书记、代县长单永红主持召开县政府常务会议,研究讨论响水县被征地农民社会保障实施办法;审议并原则通过响水县2015年创新驱动行动方案;研究部署全县基层医疗卫生机构基础设施标准化建设工作;研究决定提高全县离任村干部生活补贴标准。县领导戴翠芳、徐莉、杨荣生、张善荣、王建成、顾祝生等出席会议。县人大常委会副主任张孝将,县政协副主席、党组副书记陈骧列席会议。

△ 县委副书记、县政府党组书记、代县长单永红为政府系统党员领导干部上专题党课,并对县政府党组开展"三严三实"专题教育作部署。县政府党组成员徐莉、杨荣生、张善荣、王建成、顾祝生、桑良举、朱从国、张瀚、汪海洪,副县长戴翠芳及县相关单位负责人听取专题党课。

6月16日 响水县设分会场收听收看全市镇村经济发展工作视频会议。县委书记崔爱国,县委副书记、代县长单永红及各镇区主要负责人出席主会场会议。邵礼青、朱金南、郭云、李运连、孙庆树、裴彦贵等在响水的县四套班子领导及县相关部门主要负责人出席分会场会议。

△ 县人大常委会党组开设“三严三实”专题党课。受县委书记、县人大常委会党组书记崔爱国委托，县人大常委会副主任、党组副书记裴彦贵为县人大机关全体党员干部上专题党课，并对县人大常委会党组开展“三严三实”专题教育活动作部署。县人大常委会党组成员刘曙明、张孝将、宋永标，县人大常委会副主任李刚及县人大常委会各委办室全体党员干部听取专题党课。

6 月 17 日 “响水好人”徐志华(因车祸不幸离世，其子主动捐献徐志华的肝、肺、肾等器官)追悼会举行。县人大常委会副主任张孝将出席。受中国红十字会总会和中国人体器官捐献管理中心委托，县红十字会会长蔡丽萍向徐志华家属颁发荣誉证书。

6 月 18 日 县委书记崔爱国主持召开县委常委(扩大)会议，传达学习近期召开的市委常委(扩大)会议等会议精神，并对贯彻落实市会精神进行部署。县委副书记、代县长单永红传达学习全市工业经济转型升级推进大会精神，副县长戴翠芳传达学习全市文化建设迈上新台阶工作会议精神。杨毅坚、邵礼青、朱金南、李运连、孙庆树、裴彦贵等在响水的县四套班子领导出席。

△ 县委书记崔爱国会见美国技源科技有限公司董事会主席、首席执行官周京石一行，洽谈项目合作事宜。县生态化工园区等部门主要负责人参加。

6 月 19 日 市委常委、宣传部部长陈红红在响水县运河镇正茂村开展“三解三促一加强”活动。县委书记崔爱国，县委副书记、代县长单永红，县委常委、组织部部长郭云等陪同。

6 月 23 日 县委书记崔爱国会见上海龙头(集团)股份有限公司副总经理、董事会秘书陈峰，上海三枪(集团)有限公司副总经理李天剑一行，洽谈项目投资事宜。县委常委、经济开发区工委书记孙庆树等陪同。

6 月 24 日 出席盐城市第七届人民代表大会第五次会议的响水县代表团 30 名人大代表集中学习市委书记朱克江重要讲话精神，审议市第七届人民代表大会财政经济委员会和法制委员会人选建议名单。响水代表团团长、县委书记崔爱国主持审议活动。郭云、裴彦贵、徐莉等县领导参加。

6 月 24～25 日 省水利厅在响水开展《江苏省农田水利条例》立法调研。副县长杨荣生汇报响水县农田水利工作情况，并对《江苏省农田水利条例》立法工作提出建议。

6 月 25 日 无锡地税局局长丁源率团在响水开展新农村建设帮扶活动。县委副书记、常务副县长邵礼青等陪同。

△ 市委党史工办主任茆贵鸣一行在响水调研党史、地方志工作。副县长张善荣陪同。

6 月 27 日 国家评审组在响水召开全国基层中医药工作先进单位评审会。评审组观看响水县中医药工作电视片。副县长戴翠芳介绍响水县中医药网络建设、服务能力提升、普及宣传、广泛运用等工作情况。

6 月 29 日 县委书记崔爱国主持召开云梯关旅游景区总体规划评审会。县领导单永红、杨毅坚、裴彦贵、徐莉、张善荣、顾祝生及县相关部门、单位主要负责人出席。

△ 响水县设分会场收听收看省、市征兵工作视频会议。县委副书记、代县长单永红，县委常委、县人武部部长王洪亮，县人武部政委顾建明出席分会场会议。

6月30日 县委召开“七一”表彰座谈会，庆祝中国共产党成立94周年，表彰一批先进基层党组织和优秀共产党员、优秀党务工作者。县委书记崔爱国到会讲话。县委副书记、代县长单永红主持会议。县委副书记、常务副县长邵礼青宣读县委表彰决定。县领导杨毅坚、朱金南、郭云、李运连、孙庆树、王洪亮、裴彦贵及党建工作领导小组成员，镇区负责人，受表彰的先进集体和个人代表等出席。

7月3日 县委书记崔爱国主持召开县委常委（扩大）会议，传达有关会议精神，讨论《盐城市“515”人才引进响水县三年行动计划》和《关于加强全县司法所建设的实施办法》，通报部门服务企业情况，并对当前工作进行部署。会议书面传达学习全省推进基础教育改革发展暨总结义务教育基本均衡督导认定工作会议、市七届人大五次会议、全市农业保险工作会议等精神。单永红、杨毅坚、邵礼青、朱金南、郭云、李运连、孙庆树、王洪亮、裴彦贵等在响水的县四套班子领导出席。

△ 全县征兵工作会议召开。县委副书记、常务副县长邵礼青，县委常委、县人武部部长王洪亮等出席。

7月4日 全县农村土地承包经营权确权登记颁证工作动员大会召开。县委副书记、代县长单永红到会讲话。县委常委、政法委书记李运连作工作部署。副县长杨荣生主持会议。大有镇、老舍中心社区四烈村作交流发言。

7月7日 市委书记、市人大常委会主任朱克江在响水调研。副市长王荣，县委书记崔爱国，县委副书记、代县长单永红，县政协主席杨毅坚，县委常委、经济开发区工委书记孙庆树等市、县领导陪同。

△ 响水县举行“家家到”项目集中开工观摩推进活动。县委书记崔爱国出席活动并讲话。单永红、杨毅坚、邵礼青、朱金南、郭云、李运连、刘中连、孙庆树、裴彦贵等在响水的县四套班子领导及各镇区，县相关部门、单位主要负责人出席。

7月11日 全县义务教育均衡创建总结表彰暨教育基本现代化创建迎检工作会议召开。县委书记崔爱国作批示。县委副书记、代县长单永红到会讲话。县人大常委会副主任刘曙明，副县长徐莉等出席。会议表彰义务教育均衡创建先进集体和先进个人代表。陈家港镇、运河镇、县教育局、职教中心等单位作交流发言。

△ 响水县设分会场收听收看省、市防御第9号台风“灿鸿”工作视频会议。会后，响水县召开会议部署防御台风工作。县委副书记、代县长单永红到会讲话。副县长杨荣生，市防台督查指导组及各镇区，县防指各成员单位负责人出席。

7月13日 省水利厅党组副书记、副厅长陶长生一行在响水察看黄河故道工程进展情况。副县长杨荣生等陪同。

7月14日 县委书记崔爱国主持召开座谈会，研究响水县贯彻落实全面从严治党要求的具体举措。县领导朱金南、郭云、刘中连及各镇区，县相关部门、单位主要负责人出席。

△ 江苏茂腾针织有限公司在县经济开发区举行奠基仪式。县委副书记、代县长单永红出席仪式并讲话。县领导杨毅坚、刘中连、张孝将等出席。县委常委、县经济开发区

工委书记孙庆树主持奠基仪式。上海茂腾针织有限公司董事长林资源介绍企业和项目相关情况。

7 月 15 日 响水县作家吴万群创作的长篇小说《潮涌灌江》获江苏省作协 2015 年度重点扶持 30 部文学作品项目创作座谈会举行。县人大常委会副主任、县工商联主席李刚出席并讲话。县部分作家、企业家代表 30 多人参加。

7 月 17 日 县委书记崔爱国召集市委六届七次全会响水组集中讨论学习市委书记朱克江所作工作报告。市委常委、宣传部部长陈红红出席并讲话。县领导单永红、郭云、孙庆树、裴彦贵、徐莉、杨荣生、张善荣及市直相关部门负责人,各镇区党工委书记等参加讨论。

△ 扬州大学农学院在响水县小尖镇郭庄村举行“科技惠农,青春筑梦”博硕团暑期社会实践揭牌仪式。农学院博士生党支部与郭庄村党支部签署共建协议。副县长、省委驻响水帮扶工作队副队长李胜华主持仪式。

7 月 18 日 县委书记崔爱国主持召开学习贯彻落实市委六届七次全会精神座谈会。县领导刘中连、杨荣生、张善荣、顾祝生及县相关部门主要负责人出席。

7 月 20 日 县委书记崔爱国主持召开县委常委(扩大)会议,传达学习市委六届七次全会精神,听取县委九届八次全会筹备工作情况和有关文件起草情况汇报,讨论县委九届八次全会报告和《关于推动全面从严治党迈上新台阶的实施意见》《响水县“为官不为”专项整治实施意见》《关于对机关工作人员作风不实和领导干部为官不为实行问责的暂行办法(试行)的通知》等文件。单永红、杨毅坚、邵礼青、朱金南、郭云、刘中连、孙庆树、裴彦贵等在响水的县四套班子领导出席。

7 月 21 日 响水县召开县卫生与计生委成立大会。县委副书记、常务副县长邵礼青到会讲话。县委常委、组织部部长郭云宣读县委关于响水县卫生和计生委人事任命的决定。

7 月 22 日 响水县设分会场收听收看省政府全体(扩大)会议。县领导单永红、邵礼青、戴翠芳、杨荣生、顾祝生及县相关部门主要负责人出席分会场会议。

7 月 23 日 中国共产党响水县第九届委员会第八次全体会议召开。县委常委会主持会议。县委书记崔爱国代表县委常委会作工作报告并讲话。会议审议《中共响水县委关于推动全面从严治党迈上新台阶实施意见》《关于推动担当作为防治为官不为的暂行办法》等文件,表决通过《中国共产党响水县第九届委员会第八次全体会议决议》。县委副书记、代县长单永红,县委副书记曹炳泰、邵礼青,县委常委朱金南、郭云、李运连、刘中连、孙庆树、王洪亮及县委委员、县委候补委员出席会议。县纪委委员、县各有关方面负责人、20 家重点企业主要负责人、20 名县党代表和各村居党组织书记列席会议。

△ 全市工业经济稳增长促转型推进会在响水召开。副市长周绍泉到会讲话。县领导崔爱国、单永红、杨毅坚、刘中连及各县(市、区)相关负责人出席会议。市政府副秘书长朱金明主持会议。市经信委主任苏冬通报 2015 年以来全市产业发展相关情况。县委常委、宣传部部长刘中连代表响水县作交流发言。

△ 全县城乡环境整治攻坚战动员大会召开。县委书记崔爱国到会讲话。县委副书记、代县长单永红作动员部署。市住建局副局长李爱进到会讲话。县委副书记、常务副县

长邵礼青主持会议。县领导朱金南、孙庆树、裴彦贵及县相关部门、单位主要负责人出席会议。县规划城管局、响水镇、陈家港镇、六套中心社区作大会发言。会议印发《响水县城乡环境整治攻坚战实施方案》等文件。

7月23~24日 国务院扶贫办开发指导司产业开发处张洪波一行在响水调研资产收益扶贫工作情况。省扶贫办副主任朱子华，市委农办（扶贫办）副主任栾峰，县委副书记、省委驻响水帮扶工作队队长曹炳泰，县领导李运连、杨荣生等陪同。

7月24日 县九届人大常委会第29次主任会议召开。县人大常委会副主任、党组副书记裴彦贵，副主任李刚、刘曙明、张孝将等出席。会议听取县审计局关于2014年县本级财政预算执行和其他财政收支的审计工作报告，县人大常委会办公室关于县政府为民办实事工程建设情况，财经委关于2014年县本级财政决算审查情况和2015年上半年工业经济运行和财政预算执行的调研情况，农村委关于2015年上半年农业农村经济运行情况的调研情况，环资委关于组织开展城乡供水一体化建设推进情况专题询问的各项准备工作情况和关于全县小区物业管理情况的调研报告，科教文卫委关于县政府对县人大常委会《关于加强基础建设，全力推进教育基本现代化进程》议案办理情况的审议意见落实情况；相关人事任免议案等。会议讨论县九届人大常委会第26次会议有关事项。

7月28日 市政协七届36次主席会议在响水召开。会议专题协商"挖掘古淮河口文史资源，彰显盐城历史文化新亮点"课题，围绕加快云梯关旅游景区建设建言献策。市政协主席李驰，副主席李长见、陈还堂、蒋婉求、孙长春、尹金来，秘书长张洪达等出席。县委书记崔爱国，县委副书记、代县长单永红，县政协主席杨毅坚，副主席陈骧、陈苏红等陪同。与会市政协副主席分别对加快云梯关旅游景区开发建设提出意见和建议。

△ 响水县设分会场收听收看全市防汛防台工作视频会议。县委副书记、代县长单永红对响水县防汛防台工作提要求。县领导李运连、王洪亮、杨荣生、顾祝生及县防指各成员单位负责人出席分会场会议。

7月29日 县九届人大常委会召开第26次会议，会议分两阶段举行。县人大常委会副主任、党组副书记裴彦贵，副主任李刚、刘曙明、张孝将及委员21人出席会议。县委副书记、代县长单永红，县委常委、组织部部长郭云，副县长张善荣，县检察院检察长陈宏成及相关部门主要负责人列席会议。第一阶段会议由张孝将主持。会议根据代县长单永红等提请，经过审议和无记名投票，决定任命桑良举为县人民政府副县长；决定免去田国举、徐莉、杨荣生县人民政府副县长职务等人事任免事项。会议听取审议2014年县本级预算执行和其他财政收支的审计工作报告、县政府关于2015年上半年经济运行和财政预算执行情况的报告、县政府为民办实事工程建设情况的报告；审查批准2014年县本级财政决算；听取县政府对人大常委会《关于加强基础建设，全力推进教育基本现代化进程》议案办理情况的审议意见落实情况的报告，并进行满意度测评；通过议案办理情况的审议意见落实情况的报告。第二阶段会议由裴彦贵主持，对城乡供水一体化推进情况进行专题询问。张善荣及县水务、卫计委、环保等部门主要负责人，回答各位代表问题。

△ 县委书记、县人武部党委第一书记崔爱国主持召开县委常委议军议警会议。县委副书记、代县长单永红，县委副书记、常务副县长邵礼青，县委常委朱金南、郭云、李运连、刘中连、孙庆树、王洪亮、徐莉、杨荣生出席会议。县政协主席杨毅坚及县有关部门主

要负责人列席会议。会议听取并审议县人武部、国防后备力量建设情况和县武警中队、县消防大队部队建设情况的报告，原则同意提请会议审议的议题，并慰问县人武部和县武警中队、县消防大队。

7 月 31 日 县委副书记、代县长单永红主持召开县政府常务会议，贯彻落实县委九届八次全会精神，部署下半年工作。会议讨论并原则通过行政权力事项清单、内资企业固定资产投资项目管理负面清单和财政专项资金管理清单。县领导邵礼青、徐莉、杨荣生、戴翠芳、张善荣、桑良举、王建成、顾祝生出席会议。县人大常委会副主任张孝将、县政协副主席陈骧列席会议。

△ 市政府副秘书长、市水利局局长嵇红梅一行在响水调研黄河故道治理工程情况，并在响水县召开工程推进会。县委常委杨荣生及县水务等部门负责人陪同。

8 月 4 日 全市大气污染防治联席会议第六次会议在响水召开。副市长张京麒，县委书记崔爱国，市环保局局长周俊，县领导孙庆树、张善荣及各县(市、区)相关负责人出席。崔爱国介绍响水县经济社会发展和大气污染防治情况。周俊传达全省大气污染防治联席会议精神，通报上半年全市环境空气质量状况和大气污染防治工作。副县长张善荣作交流发言。

△ 副市长周绍泉在响水县德龙镍业有限公司现场会办协调企业项目用地事宜。县委副书记、代县长单永红，县政协主席、沿海经济开发区工委书记杨毅坚及市有关部门负责人陪同。

8 月 6 日 县委、县政府在昆山举行 2015 响水(昆山)夏季招商推介会。县委书记崔爱国致辞。昆山台湾同胞投资企业协会、彩晶光电科技(昆山)有限公司、昆山铨铼科技有限公司、台湾金洲海洋集团昆山大峰纤维制品有限公司等 60 多名企业代表出席推介会。县委常委、宣传部部长刘中连介绍响水产业发展情况。县委常委、经济开发区工委书记孙庆树主持推介会和签约仪式。县领导裴彦贵、桑良举及三大园区、各镇、中心社区，县有关部门主要负责人参加推介会。

8 月 10 日 响水县卫生和计划生育委员会举行揭牌仪式。县委副书记、常务副县长邵礼青出席仪式并授印。

8 月 12 日 响水县召开城乡供水一体化及农村土地承包经营权确权登记颁证两项工作推进会。县委常委、政法委书记李运连，县委常委杨荣生及各镇区，县相关部门负责人出席。

8 月 13 日 省沿海办副主任乔德正一行在响水召开灌河开发利用座谈会。县委副书记、常务副县长邵礼青介绍响水县灌河开发过程中港口服务功能、临港产业、产城联动情况。灌河沿岸各县区主要负责人陪同。

8 月 15 日 响水县设分会场收听收看国家、省安全生产视频会议。视频会后，响水县召开会议，部署安全生产工作。县委副书记、代县长单永红到会讲话。副县长张善荣及各镇区，县相关部门负责人出席。

8 月 17 日 南京师范大学本科生党员骨干“先锋党校”第三期培训班、响水县基层挂职锻炼成果汇报会召开。县委书记崔爱国出席并致辞。县委常委、组织部部长郭云和南师大学生工作处处长贲国栋为“南京师范大学学生党员实践育人基地”揭牌。“先锋三期”学员汇报挂职情况，挂职乡镇相关负责人对挂职活动进行点评。南师大校党委副书记王建，县相关部门、单位负责人出席。

8月18日　响水县设分会场收听收看全国性行业协会商会与行政机关脱钩视频会议。县委副书记、常务副县长邵礼青出席分会场会议并提要求。

8月19日　省水利厅巡视员陆桂华一行在响水检查验收通榆河水源地达标建设情况。县委副书记、常务副县长邵礼青介绍响水县水源地隔离防护、污染源整治、生态修复保护、水质在线监测及联网、应急保障体系的建设情况。县水务局、环保局等部门负责人陪同。

8月20日　市委书记、市人大常委会主任朱克江在江苏响水生态化工园区检查安全生产工作。市委常委、秘书长潘道津，副市长夏存喜、周绍泉，县委书记崔爱国、副县长张善荣等市、县领导陪同。

△　县委书记崔爱国主持召开推进北京环卫集团与隆亨纸业合作交流会。北京环卫集团党委书记、董事长母秉杰，总经理何亮，县领导杨毅坚、张善荣及县相关部门、单位主要负责人出席。

△　省政协副主席、党组副书记何权在响水调研指导扶贫开发工作，并看望慰问省委驻响水帮扶工作队队员。省人社厅副厅长朱从明、省扶贫办副主任朱子华，市委副书记戴元湖，县领导单永红、李运连、陈骧及省委驻响水帮扶工作队全体队员参加活动。县委副书记、省委驻响水帮扶工作队队长曹炳泰汇报有关情况。

△　省妇联、中国移动江苏省分公司联合主办，中国移动响水分公司承办的“江苏省女性大讲堂”巡回活动总第59期——“相约七夕·一路有你”在响水县举办。县委常委、组织部部长郭云，副县长戴翠芳参加。活动邀请中央音乐学院副院长、博士生导师周海宏作《走进音乐的世界》专题讲座。

8月21日　响水县召开云梯关旅游景区总体规划专家评审会。副市长张京麒出席并讲话。县委书记崔爱国主持会议。县领导邵礼青、郭云、徐莉、裴彦贵、张孝将、张善荣、陈苏红及县相关部门、单位主要负责人出席。南京大学、河海大学及省规划院、林科院、市旅游局等专家，对响水县云梯关旅游景区总体规划进行评议，形成专家评审意见并原则通过。

△　国家开发银行江苏分行行长茆君才一行在响水考察。市委副书记戴元湖，县委副书记、代县长单永红，县政协主席、沿海经济开发区工委书记杨毅坚等陪同考察。

8月22日　全县安全生产工作会议召开。县委书记崔爱国到会讲话。县委副书记、代县长单永红主持会议。杨毅坚、邵礼青、朱金南、郭云、李运连、刘中连、孙庆树、徐莉、杨荣生、裴彦贵等在响水的县四套班子领导出席会议。副县长张善荣通报响水县2015年安全生产情况。江苏响水生态化工园区、县安监局作大会发言。

8月25日　省、市文明办在响水拍摄“十佳美德少年标兵”周叶苗电视专题片。县委常委、宣传部部长刘中连及县相关部门负责人陪同。

8月26日　省纪委副书记、监察厅厅长江里程一行在响水调研党风廉政建设工作。市委常委、纪委书记刘德民，县领导崔爱国、孙庆树及县相关部门、单位负责人陪同调研。县委常委、纪委书记朱金南汇报响水县党风廉政建设情况。与会镇、村、部门、单位负责人座谈抵制“四风”和腐败问题。

8 月 27 日　县委书记崔爱国会见上海电气(集团)总公司监事会主席周国雄一行,交流加快推进秸秆综合利用项目。县委副书记、代县长单永红主持座谈会,并代表县政府与上海电气环保集团签订秸秆综合利用合作协议。县领导孙庆树、杨荣生及县相关部门、单位主要负责人出席。

△　县委书记崔爱国主持召开城东新城概念性规划方案汇报会。县领导单永红、邵礼青、孙庆树、顾祝生及县相关部门、单位,省规院和市规划局专家,规划设计单位和力沃公司负责人出席。

8 月 31 日　县委书记崔爱国主持召开县委常委(扩大)会议并对当前工作提要求。县委副书记、代县长单永红传达全市“项目载体突破年”推进会议精神。副县长戴翠芳传达全市基层医疗卫生机构基础设施标准化建设工作现场会精神,书面传达全市义务教育均衡发展总结暨教育现代化建设工作推进会等会议精神。杨毅坚、邵礼青、朱金南、郭云、刘中连、孙庆树、徐莉、裴彦贵等在响水的县四套班子领导出席。

△　县委书记崔爱国主持召开县委中心组学习会议。县领导单永红、杨毅坚、邵礼青、朱金南、郭云、刘中连、孙庆树、徐莉、裴彦贵等县委中心组成员,各镇区党工委书记及县相关单位负责人等出席会议。县委副书记、常务副县长邵礼青,县委常委、组织部部长郭云,县委常委、经济开发区工委书记孙庆树分别结合学习体会和工作实际进行交流发言。

9 月 1 日　县委副书记、代县长单永红主持召开县长办公会,讨论研究《关于加快推进城东新区建设的实施意见》,部署 9 月份政府工作。县领导邵礼青、徐莉、戴翠芳、张善荣、桑良举、顾祝生及县相关部门负责人出席。

9 月 2 日　响水县设分会场收听收看全省简政放权放管结合优化服务转变职能视频会议。县委副书记、代县长单永红,县委副书记、常务副县长邵礼青及县相关部门负责人出席分会场会议。

9 月 6 日　中国盐城·第五届沿海发展人才峰会“敞开心扉,广纳英才”主题活动在上海举行。县委书记崔爱国,县委常委、组织部部长郭云,科技镇长团团长顾红,有关镇区、县直单位和企业负责人等出席。

9 月 7 日　响水县召开县商务服务中心规划方案及一期施工图设计评标会。县委副书记、常务副县长邵礼青介绍项目基本情况,5 家投标单位汇报各自设计方案。县领导孙庆树、顾祝生及县相关部门、单位主要负责人出席。

9 月 8 日　县委书记崔爱国会见韩国大佳国际贸易公司会长金正元一行,洽谈交流合作事项。县领导孙庆树、裴彦贵、张善荣、桑良举及县相关部门、单位负责人等参加。

△　县人大常委会党组召开“严以修身”主题交流研讨会。县人大常委会副主任、党组副书记裴彦贵到会讲话。县人大常委会副主任、党组成员刘曙明、张孝将出席。县人大常委会副主任李刚及县人大常委会各委办室全体党员干部列席。

9 月 9 日　响水县召开第 31 个教师节庆祝大会。县委书记崔爱国到会讲话。县委副书记、常务副县长邵礼青主持会议。县委常委徐莉宣读表彰决定。县领导杨毅坚、张孝将、陈苏红等出席。大会对先进集体和先进个人进行表彰。优秀校长代表、优秀教育工作者代表作大会发言。

△ 县委书记崔爱国会见国信集团江苏省新能源开发有限公司董事长郭磊一行，洽谈新能源开发利用等合作事项。县领导裴彦贵、李刚、桑良举及县相关部门、单位负责人陪同。

9月11日 第十七届江苏农业国际合作洽谈会在盐城开幕。县委书记崔爱国，县领导李运连、杨荣生、张善荣等出席开幕式及中国盐城现代农业合作说明会、盐城农产品电子商务论坛暨合作洽谈会、盐城休闲观光农业暨乡村旅游专场推介会等活动。

9月15日 响水县人大常委会举办《中华人民共和国治安管理处罚法》法制讲座。县人大常委会副主任、党组副书记裴彦贵，副主任李刚、刘曙明、张孝将等出席。

9月16日 中国三峡集团董事长、党组书记卢纯一行在响水调研。县委书记崔爱国介绍相关情况。县领导杨毅坚、邵礼青及市、县相关部门、单位负责人等陪同。

△ 响水县召开选派优秀机关干部到村任第一书记工作会议。县委常委、组织部部长郭云及各镇区组织委员出席。

9月17日 响水县召开农村环境整治工作冲刺会。县委书记崔爱国到会讲话。县委副书记、常务副县长邵礼青主持会议。县领导张善荣、顾祝生及县相关部门、单位负责人出席。黄圩镇、张集中心社区、小尖镇作表态发言。

9月21日 响水县举办法治社会建设专题讲座。县委书记崔爱国主持讲座。省依法治省领导小组办公室专职副主任沈国新主讲。县领导李运连、刘曙明、武瑾及各镇区，县相关部门、单位主要负责人出席。

9月22～29日 响水县开展第12届文化艺术周活动。本届艺术周举办四市六县（区）文化联谊晚会、江苏省书法名家精品展、纪念抗战胜利70周年红色经典主题晚会、“灌河放歌”响水县第三届电视歌手大赛等系列活动。22日，举行“谱写中国梦·放歌新响水”为主题的开幕式暨四市六县（区）文化联谊活动。县委书记崔爱国致辞。人民网江苏视窗总编辑王峥嵘，县领导刘中连、刘曙明、戴翠芳、陈苏红等出席活动。29日，举行第十二届文化艺术周闭幕式暨颁奖晚会。县领导崔爱国、刘中连、张孝将、张善荣、陈苏红等为获艺术周“组织奖”“优秀节目奖”“优秀演员奖”的先进集体和个人颁奖。

9月23日 省文联，省、市书法家协会，响水县联合主办的“苏风墨韵”——省书法名家精品巡回展在响水县举行。中国书法家协会理事、省书法家协会秘书长王卫军及灌南、灌云、滨海、东海、沭阳等县书法家参加。县委常委、宣传部部长刘中连出席仪式并讲话。县领导张孝将、戴翠芳、武瑾等出席开幕式。

9月24日 省人社厅副巡视员李刚在响水调研扶贫工作并慰问省委驻响水帮扶工作队队员。县委副书记、省委驻响水帮扶工作队队长曹炳泰，县委常委、政法委书记李运连及县相关部门、单位负责人陪同。

△ 响水县九届人大常委会召开第30次主任会议。县人大常委会副主任、党组副书记裴彦贵，县人大常委会副主任李刚、张孝将出席会议。会议听取关于《中华人民共和国治安管理处罚法》贯彻落实情况汇报，《中华人民共和国安全生产法》《江苏省安全生产条例》贯彻实施情况执法检查报告审议意见的落实情况汇报，现代农业经营主体培育情况汇报，推进基层医疗卫生体系建设情况汇报，《中华人民共和国体育法》《江苏省全面健身

条例》贯彻实施情况执法检查报告审议意见的落实情况汇报，县城小区物业管理情况的调研报告，县九届人大四次会议代表建议、批评和意见的办理情况汇报。会议讨论响水县贯彻全省县乡人大工作和建设座谈会精神的建议和县九届人大常委会第 27 次会议的相关事项。

9 月 25 日 响水县九届人大常委会召开第 27 次会议。县人大常委会副主任、党组副书记裴彦贵，县人大常委会副主任李刚、刘曙明、张孝将出席会议。副县长戴翠芳及县相关部门负责人列席会议。会议听取并审议关于县九届人大四次会议代表建议、批评和意见办理的情况报告，关于《中华人民共和国治安管理处罚法》贯彻实施情况的执法检查报告，关于现代农业经营主体培育情况的报告，关于推进基层医疗卫生体系建设情况的报告。会议听取关于县城小区物业管理情况的调研报告；关于《中华人民共和国安全生产法》《江苏省安全生产条例》贯彻实施情况执法检查报告的审议意见落实情况的报告，并进行满意度测评。

9 月 28 日 响水县设分会场收听收看全省领导干部警示教育视频会议。县委书记崔爱国出席分会场会议并讲话。杨毅坚、邵礼青、郭云、李运连、刘中连、孙庆树、徐莉、杨荣生、谢伟、裴彦贵等在响水的县四套班子领导出席分会场会议。

△ 响水县举行小戏之乡·响水淮海戏专场晚会。县委常委、宣传部部长刘中连，县政协副主席陈苏红及中国戏剧家协会党组成员、副秘书长周光等出席。

9 月 29 日 县委书记崔爱国检查指导国庆假日期间安全生产工作。县领导张善荣及县安委会相关成员单位负责人陪同。

△ 响水县举行“厚德响水”先进事迹报告会，宣讲中国好人楚海霞、汪凤玲、李海龙及部分省、市道德模范的先进事迹。县委常委、宣传部部长刘中连到会讲话。

9 月 30 日 县委书记崔爱国主持县委中心组“三严三实”专题教育第二专题学习交流会。县领导单永红、杨毅坚、邵礼青、郭云、刘中连、孙庆树、徐莉、杨荣生、谢伟、裴彦贵等县委中心组成员，各镇区党工委书记及县相关单位负责人等出席会议。会议传达《中央纪委转发〈中共河南省委关于新乡市委原书记李庆贵落实党风廉政建设主体责任和新乡市纪委落实监督责任不到位问题的通报〉的通报》精神。

△ 县委书记崔爱国主持召开县委常委(扩大)会议。县委副书记、代县长单永红传达全市工业经济稳增长动员大会、秋播农业结构调整现场推进会议精神。县统计局、经信委、发改委、各镇区作会议发言。杨毅坚、邵礼青、郭云、刘中连、孙庆树、徐莉、杨荣生、谢伟、裴彦贵等在响水的县四套班子领导出席。

10 月 9 日 县人大常委会党组召开“三严三实”专题教育会议。受县委书记、县人大常委会党组书记崔爱国委托，县人大常委会副主任、党组副书记裴彦贵主持会议并带头交流发言。县人大常委会党组成员、副主任刘曙明、张孝将作学习体会交流发言。县人大常委会副主任李刚，各委、办、室负责人列席。

10 月 15 日 响水县召开秋季秸秆综合利用和禁烧专题工作会议。县委书记崔爱国到会讲话。县委副书记、常务副县长邵礼青主持会议，并传达市委书记朱克江、市长王荣平重要批示精神。县委常委杨荣生宣读 2015 年夏季秸秆禁烧考核结果。各镇区递交责任状，县环保局、农委、经济开发区、六套、老舍作会议发言。县领导李刚、陆从华及县相关部门、单位负责人出席。

△ 全县开展全国扶贫日“村村到、户户访”活动动员部署会议召开。县委书记崔爱国到会讲话。县委副书记、省委驻响水帮扶工作队队长曹炳泰对2015年扶贫日活动提要求。县委副书记、常务副县长邵礼青主持会议。县委常委杨荣生对开展扶贫日活动作动员部署。县领导王红生等出席。

△ 全县镇区人大工作座谈会召开。县人大常委会副主任、党组副书记裴彦贵到会讲话。会议传达中央和省委《关于加强县乡人大工作和建设的若干意见》,并对各镇区近期人大工作作部署。

10月16日 县委书记崔爱国主持召开全县重大项目推进座谈会。县领导邵礼青、孙庆树、杨荣生、张善荣、桑良举及县相关部门主要负责人出席。

△ 全县科级干部轮训班开班。县委书记崔爱国出席开班仪式并讲话。县委副书记、常务副县长邵礼青主持仪式。县领导郭云、刘中连等出席。此次轮训班分两期进行,每期集中2天对200多名科级干部进行轮训。

△ 省农委主任吴沛良一行在响水调研农业生产工作。县委书记崔爱国,市农委主任乐超,县委常委杨荣生等陪同。

10月17日 振兴盐城北京咨询委员会副主任张有民一行在响水参观考察。县委书记崔爱国介绍相关工作情况。县领导邵礼青、孙庆树、杨荣生、桑良举等陪同。

10月19日 县委书记崔爱国主持召开经济形势分析会。会议贯彻落实10月19日下午市委朱书记重要指示精神,分析当前经济形势,研究部署下一阶段经济工作。县领导邵礼青、杨荣生、张善荣及县相关部门主要负责人出席。

△ 响水县设分会场收听收看全省秋粮收购及秋收秋种工作视频会议。县委常委杨荣生及县农委、发改委等相关部门负责人出席分会场会议。

10月20日 响水县设分会场收听收看全省践行“三严三实”先进典型巡回报告团在盐城宣讲电视直播。崔爱国、杨毅坚、邵礼青、郭云、刘中连、孙庆树、徐莉、杨荣生、谢伟、裴彦贵等在响水的县四套班子领导出席分会场会议。

△ 县人大工作理论研究会第四届理事会第一次会议暨2015年年会召开。县人大常委会副主任、党组副书记裴彦贵主持会议。县人大工作理论研究会全体理事出席会议。会议审议通过《响水县人大理论研究会章程》修改草案和第四届理事会候选人名单;选举张正华为第四届理事会会长,裴彦贵、丁茂林、林启俊、李迎芳、沈康生为副会长。裴彦贵、张正华分别讲话。

10月27日 市长王荣平在响水县镇区中小企业创业园、工业企业、农业龙头企业和高效农业项目现场,调研加快发展镇村经济工作。市、县领导周绍泉、崔爱国、邵礼青及有关部门负责人陪同。

10月28日 县委书记崔爱国在陈家港镇会办港城建设相关问题并对陈家港镇工业经济指标完成情况、秸秆禁烧、信访维稳等相关工作提要求。县委副书记、常务副县长邵礼青及县相关部门、单位主要负责人随同。

△ 省教育厅副厅长倪道潜一行在响水开展“扶贫日”活动。县委常委徐莉陪同。

△ 黄圩镇中小企业园推介会暨江苏盛百佳金属制品有限公司举行开业典礼。副县

长桑良举出席。

10 月 29 日 响水县人大常委会举办第三届人大代表论坛。县委副书记、常务副县长邵礼青出席论坛并讲话。县人大常委会副主任、党组副书记裴彦贵主持论坛。原县人大代表、县老干部王万金,县领导徐莉、李刚、张孝将、桑良举,部分省、市、县、镇人大代表,县法院、检察院负责人,县政府组成部门主要负责人,各镇人大副主席,各中心社区、经济开发区、生态化工园区人大代表工作负责人出席。

10 月 31 日 县四套班子领导集体参观市"尚德昭廉"教育馆,观看警示教育专题片。县领导崔爱国、杨毅坚、邵礼青、郭云、李运连、刘中连、孙庆树、王洪亮、徐莉、杨荣生、谢伟、裴彦贵等出席。

11 月 2 日 县委书记崔爱国主持召开县委常委(扩大)会议。会议听取建立领导干部挂钩重大项目制度相关情况汇报,杨毅坚、郭云、孙庆树、徐莉、杨荣生、裴彦贵等县四套班子领导交流挂钩服务企业情况。会议传达学习中共十八届五中全会精神,并书面传达苏北发展协调小组第十次会议、全市重大项目汇报会等会议精神。邵礼青、李运连、谢伟等在响水的县四套班子领导出席。

11 月 4 日 响水县政协九届 12 次常委会议召开。县政协主席杨毅坚主持会议并讲话。副主席陈骧、陈苏红、陆从华、于娟、武瑾,秘书长缪成出席。会议学习中共十八届五中全会精神及"三严三实"相关内容,协商通过《关于进一步加强服务企业的建议》《关于推进现代保险服务业发展的建议》两个建议案。

△ 响水县红十字博爱小学五(1)班周叶苗同学在"全国优秀少先队员、优秀少先队辅导员、优秀少先队集体"评选中,获"全国优秀少先队员"称号。

11 月 5 日 市委常委、宣传部部长陈红红在响水调研指导工作。县委书记崔爱国介绍相关工作情况。县委常委、宣传部部长刘中连及市、县相关部门负责人陪同。

11 月 6 日 响水县人大常委会党组召开会议,传达学习中共十八届五中全会精神,研究讨论 2016 年人大工作思路。会议讨论《响水县人大志》(初稿),举办《中华人民共和国大气污染防治法》知识讲座。县人大常委会副主任、党组副书记裴彦贵主持会议。副主任李刚、刘曙明、张孝将等出席。

11 月 8 日 响水近海风电场最大单桩在山东省蓬莱大金海洋重工建成并通过检测验收。

11 月 9 日 县委书记崔爱国会见市中级人民法院代院长王世华一行,交流新形势下法院工作。县委副书记、代县长单永红及县相关部门、单位负责人参加会见。

△ 市食安委组织开展的"食品安全盐阜行"活动走进响水。市食药监、工商、动物卫生监督等部门有关人员组成督查组检查指导响水县食品安全工作。副县长戴翠芳等陪同。

11 月 10 日 2015 年中国盐城沿海湿地国际公路自行车赛盐城站比赛收官。国家体育总局自行车击剑运动管理中心党委书记王宣庆,市委常委、常务副市长庄兆林,副市长马成志、夏存喜,县委副书记、代县长单永红等出席颁奖典礼,并为本站比赛前三名和各单项获奖选手颁奖。

△ 响水县九届人大常委会召开第 31 次主任会议。县人大常委会副主任、党组副书

记裴彦贵主持会议。副主任李刚、刘曙明、张孝将等出席。会议听取和讨论关于将响水县城乡供水一体化工程项目贷款本息纳入2016~2023年度财政预算的议案并决定提请县人大常委会审查批准;听取并讨论关于县法院、检察院司法公开情况的调查报告,关于2015年县本级公共财政预算调整方案(草案),关于2015年县本级预算调整方案的审查情况,关于全县上半年农业农村经济运行情况审议意见的落实情况;听取并讨论关于经济体制改革推进情况审议意见的落实情况,关于全县上半年工业经济运行、2014年县本级财政决算和2015年上半年财政预算执行情况的审议意见落实情况,关于2014年财政预算执行和其他财政收支审计报告的审议意见落实情况,关于全县企业科技创新工作的审议意见落实情况,关于城乡供水一体化建设推进情况的审议意见落实情况,并决定提请县人大常委会进行满意度测评;听取和讨论关于部分市人大代表向县人大常委会述职并进行评议相关工作情况及相关人事任免等。会议讨论县九届人大常委会第28次会议有关事宜。

11月13日 响水县九届人大常委会召开第28次会议。县委书记崔爱国出席会议并讲话。县人大常委会副主任、党组副书记裴彦贵主持会议。副主任李刚、刘曙明、张孝将及18名委员出席会议。县领导单永红、郭云、李运连、顾红,县法院院长、县检察院检察长,县相关部门主要负责人及部分市人大代表等列席会议。经县人大常委会审议和无记名投票,会议通过决定任命李运连、顾红为县人民政府副县长;决定免去邵礼青县人民政府副县长职务、免去王正祥县人民检察院检察员职务。会议对部分市人大代表向县人大常委会所作的述职进行评议;听取和审议县法院、检察院关于司法公开情况的报告;审查批准2015年县本级财政预算调整方案;审查批准县政府《关于将响水县城乡供水一体化工程项目贷款本息纳入2016~2023年度财政预算的议案》;听取县政府关于2014年度县本级预算执行和其他财政收支审计工作报告整改落实情况的报告。会议听取县政府对县人大常委会关于全县上半年经济运行情况、2014年县本级财政决算和2015年上半年财政预算执行、2014年度县本级预算执行和其他财政收支审计工作及全县企业科技创新情况、城乡供水一体化建设推进情况、全县经济体制改革推进情况等报告的审议意见落实情况的报告,并进行满意度测评。

11月17日 县委书记崔爱国主持召开谋划"十三五"发展研讨会。县领导邵礼青、刘中连、孙庆树、杨荣生、顾祝生及县相关部门、单位主要负责人出席。

11月19日 以省公安厅交巡警总队总队长李明杰为组长的省安委会第一督查组在响水督查安全生产大检查情况。县委副书记、代县长单永红介绍响水县开展安全生产大检查相关情况。市安监局局长洪家宁,县委常委、宣传部部长刘中连及市、县相关部门负责人陪同。

11月20日 省财政厅副厅长宋义武一行在响水调研指导扶贫开发工作。县领导曹炳泰、邵礼青、张善荣、朱维国、王红生等陪同。

△ 省文明办副主任葛莱一行在响水督查基层宣传思想文化工作。市委宣传部副部长薛万昌,县委常委、宣传部部长刘中连汇报工作。

11月23日 县委书记崔爱国会见中农联控股有限公司总经理刘伟一行,洽谈投资建设农产品批发大市场事宜。县委副书记、代县长单永红,县委副书记邵礼青,中农批电商建设开发有限公司拓展总监王剑锋等参加。

11 月 24 日 市地税局党组书记、局长苏延法一行在德龙镍业、国华港电两个重点企业调研走访。县委常委、常务副县长李运连，县委常委、沿海经济开发区工委书记孙庆树及县相关部门、单位负责人陪同。

△ 响水县淮海剧团参演的淮海戏《贴春联》在 2015“中华颂”第六届全国小戏小品大展中获全国小戏小品大展金奖、优秀编剧、优秀导演、优秀演员、优秀舞美设计、优秀音乐创作等奖项。

11 月 25 日 市委常委、组织部部长尹卫东在响水调研指导工作。县委书记崔爱国介绍相关工作情况。县领导单永红、郭云、孙庆树等陪同。

11 月 28 日 县委书记崔爱国在上海与张江(集团)有限公司、张江高科技园区党委书记、总裁陈干锦进行会谈，达成两地合作协议。

12 月 1 日 县委书记崔爱国主持召开县委常委(扩大)会议。县委副书记、代县长单永红传达省委十二届十一次全会精神。杨毅坚、邵礼青、郭云、李运连、刘中连、孙庆树、杨荣生、谢伟等在响水的县四套班子领导出席。会议讨论并原则通过《响水县党风廉政建设责任追究实施办法(试行)》《响水县纪检监察机关实施党风廉政建设“一案双查”的办法(试行)》两个文件，听取县直部门挂钩服务企业情况汇报。

△ 县委书记崔爱国主持召开县委中心组学习会。单永红、杨毅坚、邵礼青、郭云、李运连、刘中连、孙庆树、杨荣生、谢伟等县委中心组成员出席。县委常委、纪委书记谢伟领学《中国共产党廉洁自律准则》和《中国共产党纪律处分条例》。

12 月 3 日 省委宣讲团在响水宣讲中共十八届五中全会和省委十二届十一次全会精神。省委宣讲团成员、省民政厅厅长侯学元作宣讲报告。县委副书记邵礼青主持报告会。杨毅坚、郭云、李运连、刘中连、孙庆树、徐莉、杨荣生、谢伟、俞全胜等在响水的县四套班子成员，曾担任过县处级领导职务的部分老同志，县各有关方面负责人等参加报告会。

△ 新疆生产建设兵团第 11 师党委常委、纪委书记孙浣涛率考察组在响水调研考察沿海经济发展形势。县领导孙庆树、谢伟、桑良举等陪同。

12 月 4 日 县委书记崔爱国召集市委六届八次全会响水组成员集中讨论市委书记朱克江所作工作报告、关于全市国民经济和社会发展第十三个五年规划建议(讨论稿)和中国共产党盐城市第六届委员会第八次全体会议决议(草案)。市政协副主席孙长春出席并讲话。县领导单永红、杨毅坚、郭云、张善荣、桑良举、王建成及市、县相关部门负责人，各镇区党工委书记等参加讨论。

12 月 5 日 县委书记崔爱国主持召开“十三五”规划《建议》研讨会。县领导李运连、杨荣生、张善荣、顾祝生及县相关部门、单位主要负责人出席。

12 月 7 日 县委、县政府在上海举行 2015 响水(上海)沿海新产业招商推介会。推介活动现场签约项目 24 个，协议投资 60.98 亿元。县委书记崔爱国致辞。县委常委、宣传部部长刘中连主持推介会和签约仪式。副县长桑良举推介响水产业发展情况。县三大园区、各镇、中心社区及县相关部门主要负责人参加。上海市生产性服务企业促进会、上海张江集团、上海电器集团、上海技源集团等 60 多名企业代表出席。推介会期间，崔爱国会见上海市生产性服务企业促进会常务副会长、上海汇展投资控股集团董事长黄庆元，上海张江集团副总经济师楼琦,上海技源集团董事会主席、首席执行官周京石等嘉宾,洽谈加强战略合作事项。

12月8日 县委书记崔爱国率团参加2015盐城(上海)跨国公司投资合作说明会。副县长桑良举,县三大园区及县相关部门负责人出席。康城投资(中国)有限公司与响水县签订大润发购物中心城市综合体项目合作协议。活动期间,崔爱国与杜邦中国集团有限公司、美国陶氏益农公司、意大利飒派传动有限公司、德国瓦隆公司、上海华诺有限公司、盈德投资(上海)有限公司等大型跨国公司,交流新材料、电动汽车配件等领域的项目合作事项。

△ 响水县召开盐城港响水港区小蟒牛作业区控制性详规初步成果汇报会。县委副书记邵礼青主持会议。县领导孙庆树、徐莉、张孝将及省交通规划设计院,县相关部门、单位负责人出席。省交通规划设计院汇报交流《盐城港响水港区小蟒牛作业区控制性详细规划》。

12月9日 市委副书记戴元湖在响水调研指导农业农村工作。县领导崔爱国、张善荣及市、县相关部门主要负责人陪同。县委常委、常务副县长李运连汇报响水县农业农村工作开展情况。

△ 县委副书记、代县长单永红率团参加盐城(上海)产业创新经贸合作说明会。副县长桑良举、县三大园区及县相关部门负责人出席。响水县与上海洁联环保科技有限公司签订镍铁矿渣制备无机纤维新材料项目合作协议。活动期间,单永红与上海洁联环保科技有限公司、上海长江投资股份有限公司、上海电气环保集团等多家公司,交流环保新材料、港口物流仓储、资源综合利用等领域的项目合作事项。

12月10日 市人大常委会原主任沙金茂,市政协原主席计高成、冯永农等曾担任市四套班子领导职务的离退休老干部一行在响水参观考察。县委书记崔爱国介绍响水县经济社会发展情况。县领导单永红、杨毅坚、邵礼青、郭云、孙庆树、李刚等陪同。

12月12日 县委书记崔爱国主持召开扶贫工作会议。县领导邵礼青、李运连、刘中连、杨荣生、张善荣及县相关部门、单位主要负责人出席。

12月13日 市委副书记戴元湖在响水检查指导扶贫开发工作。县委书记崔爱国介绍相关工作情况。县领导邵礼青、刘中连、杨荣生及市、县相关部门、单位负责人陪同。

12月14日 响水县设分会场收听收看全省扶贫开发工作视频会议。县委书记崔爱国出席主会场会议。县委副书记、代县长单永红,县委副书记、省委驻响水帮扶工作队队长曹炳泰等出席分会场会议。

12月17日 县委书记崔爱国主持召开"十三五"规划《建议》征求意见座谈会。县领导邵礼青、李运连,县部分老干部、党代表、人大代表、政协委员及部分镇区、县直部门主要负责人出席。

12月18日 《人民日报》、新华社、《经济日报》、中央人民广播电台、中央电视台、中国新闻社、《农民日报》等7家中央主流媒体及《新华日报》、江苏人民广播电台、江苏电视台、中国江苏网等省、市主流媒体在响水采访精准扶贫工作。市委副书记戴元湖,县领导崔爱国、邵礼青、刘中连、李胜华及县相关部门、单位负责人陪同。

12月24日 县委书记崔爱国在省人社厅、财政厅汇报响水经济社会发展情况。省委组织部副部长、省人社厅厅长谭颖，省财政厅厅长刘捍东会见崔爱国一行。县委副书记、省委驻响水帮扶工作队队长曹炳泰，县委副书记邵礼青，副县长、省委驻响水帮扶工作队副队长朱维国等随同。

12 月 25 日 响水县九届人大常委会召开第 32 次主任会议。县人大常委会副主任、党组副书记裴彦贵主持会议。副主任张孝将等出席。会议听取人事任免相关情况报告；县九届人大四次会议代表建议办理情况报告的审议意见落实情况报告；2015 年国民经济、社会发展计划执行情况和 2016 年国民经济、社会发展计划（草案）以及“十三五”规划纲要（草案）；2015 年财政预算执行情况和 2016 年财政预算草案以及部门预算草案；县政府落实县人大常委会关于 2015 年为民办实事工程审议意见情况的报告；关于接受张志胜辞去职务请求的决定（草案）；市、县人大代表补选方案；2015 年“两争一创”活动评选方案。会议讨论县九届人大常委会第 29 次会议和县第九届人民代表大会第五次会议相关事项。

12 月 26 日 响水县政协九届 13 次常委会议召开。县政协主席杨毅坚主持会议。副主席陈骧、陈苏红、陆从华、于娟、武瑾，秘书长缪成等出席。会议协商通过召开政协响水县第九届委员会第五次会议的决定和议程；讨论通过政协响水县第九届委员会常务委员会工作报告和关于九届四次会议以来提案工作情况的报告；协商通过调整部分委员的决定，九届五次会议日程和讨论组名单、提案审查委员会名单和提案截止时间的决定、大会秘书处及办事机构人员名单和委组人员名单及“三好委员”、优秀提案名单。

12 月 28 日 盐城援疆工作组联合新疆察布查尔锡伯县文广局在响水开展“箭乡文化盐城行”交流暨慰问活动。县委常委、宣传部部长刘中连，副县长戴翠芳，县政协副主席陈苏红等出席。

12 月 29 日 县委书记崔爱国主持召开县委常委（扩大）会议，并对做好县委九届九次全会，县人大、县政协九届五次全会等相关会议准备工作提要求。县委副书记、代县长单永红传达全省经济工作会议和市委工作会议精神。县委副书记邵礼青传达省、市扶贫开发工作会议精神及响水县贯彻落实建议。杨毅坚、郭云、李运连、刘中连、孙庆树、徐莉、杨荣生、谢伟、裴彦贵等在响水的县四套班子领导出席。

△ 响水县九届人大常委会召开第 29 次会议。县委书记崔爱国到会讲话。县人大常委会副主任、党组副书记裴彦贵主持会议。副主任李刚、张孝将及 16 名委员出席。县领导单永红、郭云、张瀚、曹亚及县法院院长，县检察院负责人，县相关部门主要负责人等列席。根据县委副书记、代县长单永红提请，经县人大常委会审议和无记名投票，会议全票通过决定任命张瀚、曹亚为县人民政府副县长。会议通过关于接受张志胜辞去县人大常委会委员和市县人大代表职务请求的决定草案；审议并通过关于召开响水县第九届人民代表大会第五次会议的决定；讨论县九届人民代表大会第五次会议相关事项、县人大常委会工作报告及关于设立响水县第九届人民代表大会财政经济委员会、法制委员会的相关事项；评选 2015 年度优秀县人大代表、先进县人大代表小组、优秀人大代表建议，并作出表彰决定。会议初步审查县政府关于响水县国民经济和社会发展第十三个五年规划纲要，关于 2015 年国民经济、社会发展计划执行情况和 2016 年国民经济、社会发展计划草案，关于 2015 年财政预算执行情况和 2016 年财政预算草案；听取县政府对县人大常委会

关于2015年为民办实事工程建设情况、县九届人大四次会议代表建议办理情况报告的审议意见落实情况的报告,并进行满意度测评。

△ 县委书记崔爱国主持县委中心组“三严三实”专题教育第三专题学习会。单永红、杨毅坚、邵礼青、郭云、孙庆树、徐莉、谢伟、裴彦贵等县委中心组成员,各镇区党工委书记及县相关单位负责人等出席。李运连、刘中连、杨荣生分别结合学习体会和工作实际作交流发言。

△ 响水县举行欢送2014~2015年度省委驻响水帮扶工作队座谈会。县委书记崔爱国,县委副书记、省委帮扶工作队队长曹炳泰分别致辞。县领导单永红、杨毅坚、邵礼青、郭云、李运连、裴彦贵、朱维国、王红生、李胜华、雷旸及全体工作队队员出席。

12月30日 响水县举行县城城东新区和港城重点项目集中开工观摩活动。崔爱国、单永红、杨毅坚、邵礼青、郭云、李运连、刘中连、孙庆树、徐莉、杨荣生、谢伟、裴彦贵等在响水的县四套班子领导,各镇区,县相关部门、单位主要负责人出席。

△ 响水开放大学、响水中专举行新校名揭牌仪式。市教育工委副书记邹必俊、市开放大学校长杨怀祥、县政协副主席武瑾等出席。经省人民政府批准,盐城市广播电视大学响水分校更名为响水开放大学;经省教育厅评估,江苏省响水职业教育中心校被认定为四星级中等职业学校,并更名为江苏省响水中等专业学校。

12月31日 中国共产党响水县第九届委员会第九次全体会议召开。县委常委会主持会议。县委书记崔爱国代表县委常委会作《抢抓新机遇,谋求新跨越,奋力实现“十三五”发展良好开局》工作报告。单永红、曹炳泰、邵礼青、郭云、李运连、刘中连、孙庆树、王洪亮、徐莉、杨荣生、谢伟在主席台就座。县委委员、县委候补委员出席。县纪委委员、县各有关方面负责人、20家重点企业主要负责人、20名县党代表和各村居党组织书记列席。

△ 县委副书记、代县长单永红主持召开县政府常务会议,贯彻落实县委九届九次全会精神。会议听取《政府工作报告》等有关材料的起草情况汇报;讨论并原则通过县卫计委、教育局、交运局和公积金管理中心提交的相关文件。县领导李运连、徐莉、杨荣生、李刚、戴翠芳、张善荣、桑良举、张瀚、曹亚、陈骧、王建成、顾祝生及各镇区,县相关部门单位、负责人参加。

△ 《响水年鉴(2015)》在省地方志办组织开展的全省综合年鉴框架设计和条目质量评比活动中,整体框架获二等奖,条目“南河镇”获综述性条目三等奖。

2016年

1月4日 县委书记崔爱国主持召开县委常委(扩大)会议,讨论县"两会"有关材料并提要求。县领导单永红、杨毅坚、郭云、李运连、刘中连、孙庆树、王洪亮、徐莉、杨荣生、谢伟、裴彦贵等出席。会议原则通过《政府工作报告》、"十三五"规划纲要(草案)、《人大工作报告》《政协工作报告》《法院工作报告》《检察院工作报告》等。

△ 响水县召开中共十八届五中全会和省、市、县委全会精神宣讲动员会。县委常委、宣传部部长刘中连及县委宣讲团全体成员出席。

1月5日 县委书记崔爱国主持召开全县新一轮沿海开发座谈会。县领导单永红、邵礼青、孙庆树、张孝将、张善荣及县相关部门、单位主要负责人参加座谈。

1月5~7日 政协响水县第九届委员会第五次会议召开。183名县政协委员出席。县委书记崔爱国在会上发表讲话。县政协主席杨毅坚主持会议并作政协响水县第九届委员会常务委员会工作报告。裴彦贵当选县政协主席。会议表彰"三好"委员和优秀提案,通过《中国人民政治协商会议响水县第九届委员会第五次会议决议》。

1月6~8日 响水县第九届人民代表大会第五次会议召开。209名人大代表出席。代县长单永红代表响水县人民政府向大会作政府工作报告。县人大常委会副主任裴彦贵向大会作县人大常委会工作报告。县人民法院院长谭斌作县人民法院工作报告。县人民检察院检察长陈宏成作县人民检察院工作报告。单永红当选县人民政府县长。杨毅坚当选县第九届人大常委会主任。大会通过财政经济、法制两个专门委员会人员名单,《响水县国民经济、社会发展第十三个五年规划纲要》等7项决议。会议表彰先进县人大代表小组,优秀县人大代表和优秀代表建议。

1月7日 响水县设分会场收听收看全国计划生育工作视频会议。县领导单永红、徐莉、戴翠芳等出席分会场会议。

1月8日 市委常委、宣传部部长陈红红在响水检查考核2015年度落实党风廉政建设责任制工作。县委书记崔爱国汇报相关工作情况。县领导单永红、杨毅坚、裴彦贵、邵礼青、郭云、刘中连、孙庆树、王洪亮、杨荣生、谢伟等出席。

1月11日 响水县召开响水港小蟒牛作业区控制性详规专家评审会。县长单永红主持会议。县领导孙庆树、徐莉、张孝将及县相关部门、单位主要负责人出席。

1月13~16日 盐城市第七届人民代表大会第六次会议在盐城召开。崔爱国、单永红、杨毅坚、裴彦贵、郭云、徐莉、张善荣、桑良举等30名市人大代表出席。

1月20日 县长单永红主持召开沿海开发联席会议。县委副书记邵礼青,县委常委、沿海经济开发区工委书记孙庆树及相关镇区,县相关部门负责人出席。

△ 副市长张京麒一行在响水调研指导环境保护工作。县长单永红，县委常委、沿海经济开发区工委书记孙庆树，副县长戴翠芳及县相关部门负责人陪同。

△ 县人大常委会第33次主任会议召开。县人大常委会主任杨毅坚主持会议。副主任李刚、张孝将等出席，县人大常委会委办主要负责人列席。会议研究讨论常委会主任相关分工、常委会2016年工作要点。

1月21日 县委书记崔爱国主持召开县委常委会，专题听取各镇区党（工）委书记抓基层党建和履行党风廉政建设主体责任述职情况。县领导单永红、邵礼青、郭云、李运连、孙庆树、徐莉、杨荣生、谢伟及各镇区党（工）委书记出席。各镇区纪委书记、组织委员及部分县党代表、人大代表、政协委员和群众代表列席。

△ 市长王荣平在响水走访慰问老党员、优抚对象、困难群众、困难企业和经济薄弱镇村。市政协副主席、市总工会主席沈洪清，县领导崔爱国、单永红、李运连、杨荣生及市、县相关部门负责人参加。

1月24日 响水出现最低气温-14.2℃，历史记载仅次于1969年2月6日-17℃。

1月25日 响水县召开新一轮扶贫开发建档立卡部署暨培训工作会议。县委副书记邵礼青到会讲话。县政府副调研员顾祝生主持会议。县相关部门、单位分管负责人出席。

1月26日 响水县召开城东新城市民服务中心人才公寓及企业总部大厦项目内部结构设计座谈会。县委副书记邵礼青到会讲话。副县长桑良举主持会议。县规划城管局负责人作项目规划情况汇报。县相关园区、企业及金融部门负责人参加。

1月27日 县委常委会召开"三严三实"专题民主生活会。县委书记崔爱国主持会议。崔爱国代表县委常委班子作对照检查及个人对照检查发言，随后，单永红、邵礼青、郭云、李运连、刘中连、孙庆树、徐莉、杨荣生、谢伟等常委逐一进行对照检查。邵礼青通报2014年度县委常委班子专题民主生活会整改措施落实情况。谢伟通报专题民主生活会征求意见情况。各位常委如实报告个人重大事项。县政协主席裴彦贵列席会议。市委组织部丁纪军、市纪委何国东到会指导。

△ 响水县与中国农业发展银行盐城市分行在响水签订战略合作协议。县长单永红、市农发行行长姜加强出席并致辞。县委常委、常务副县长李运连主持签约仪式，并和市农发行副行长肖葆华代表双方签约。

1月28日 响水县召开当前重点工作暨安全生产工作会议。县委书记崔爱国作重要批示。县长单永红到会讲话。县委常委、常务副县长李运连主持会议。县领导李刚、张善荣、陈骧等出席会议。各镇区递交2016年安全生产目标管理责任书。

1月29日 县委书记崔爱国主持召开县委常委（扩大）会议。县委副书记、县长单永红传达市"两会"精神。县人大常委会主任杨毅坚传达省"两会"精神。裴彦贵、邵礼青、孙庆树、徐莉、杨荣生等在响水的县四套班子领导出席。

△ 县委书记崔爱国在陈家港镇走访慰问城乡优抚对象、低保户、困难群众和建国前老党员。县领导孙庆树及县相关部门、单位主要负责人参加慰问。

△ 响水县召开驻城机关、企事业单位绿化建设工作推进会。县委副书记邵礼青到会讲话。副县长桑良举主持会议并宣读县委书记崔爱国、县长单永红关于城市绿化工作

批示。县规划城管局解读驻城各单位 2016 年绿化建设工作要求。

1 月 30 日 县长单永红在双港镇兴华村走访慰问优抚对象、特困党员、低保户、困难群众和建国前老党员。

2 月 1 日 市委书记、市人大常委会主任朱克江在响水看望慰问基层干部群众，调研指导精准扶贫、精准脱贫和困难保障兜底、镇村经济发展、基层组织建设等工作。市委副书记戴元湖，县领导崔爱国、单永红、邵礼青、郭云、顾祝生等陪同。

2 月 2 日 县委书记崔爱国、县长单永红、县人大常委会主任杨毅坚、县政协主席裴彦贵等县四套班子领导走访慰问县人武部干部职工、环卫工人、贫困残疾人、困难企业和困难职工。县领导李运连、王洪亮及县相关部门、单位负责人参加。

△ 县委书记崔爱国走访慰问“中国好人”李海龙和周仁甫。县人大常委会主任杨毅坚，县委常委、宣传部部长刘中连，县美德基金会理事长高兆顶等参加。

2 月 3 日 县委书记崔爱国主持召开镇区党工委书记座谈会。会议讨论镇村经济发展、农业结构调整及精准扶贫等议题。县领导邵礼青、杨荣生、张善荣、顾祝生及各镇区，县相关部门主要负责人出席。

△ 响水县召开 2016 年服务全民创业工作会议。会议贯彻落实市委、市政府有关会议和文件精神，研究部署 2016 年全民创业和全民参保登记工作。县委常委、常务副县长李运连，副县长桑良举出席。

△ 响水县召开春雷行动食品药品安全专项整治工作会议。会议宣读县委书记崔爱国、县长单永红关于食品药品安全工作批示。副县长戴翠芳及各镇区分管负责人、县食安委成员单位负责人出席。

2 月 4 日 省民政厅副厅长章大李一行在响水走访慰问。县委书记崔爱国介绍响水扶贫开发和全县民政工作情况。县委常委、常务副县长李运连及市、县相关部门负责人陪同。

△ 县委书记崔爱国主持召开在外创业人士、回乡创业典型新春座谈会。县领导单永红、李运连、桑良举及县相关部门、单位负责人出席。

2 月 5 日 县委、县政府举行 2016 年春节团拜会。县委书记崔爱国致辞。县长单永红主持。杨毅坚、裴彦贵、邵礼青、郭云、李运连、刘中连、孙庆树、杨荣生等县四套班子领导及各有关方面负责人和各界人士代表等出席。老同志代表高兆顶、镇区负责人代表薛凤林、企业家代表沈烨、返乡创业代表尹议分别发言。

△ 响水县举行老干部迎新春座谈会。县委书记崔爱国致辞。县领导单永红、杨毅坚、裴彦贵、邵礼青、郭云、李运连等出席。

2 月 7 日 县委书记崔爱国、县长单永红、县人大常委会主任杨毅坚、县政协主席裴彦贵等县四套班子领导，在环卫、供水、交警、供电等窗口单位、服务行业和加班企业，看望慰问春节期间坚守岗位的一线干部职工。县领导邵礼青、李运连等参加。

2 月 13 日 县委书记崔爱国主持召开县委常委会。会议通过《关于实施“十三五”脱贫致富奔小康工程的意见（讨论稿）》《关于加快推进风清气正厚德和谐新响水建设实施意见》《关于推动全县文化建设迈上新台阶的意见》《关于表彰 2015 年度响水县“十大最美人物”的决定》等文件。会议研究通过召开相关会议及 2015 年度全县综合考核先进集体和先进个人名单。单永红、杨毅坚、裴彦贵、邵礼青、郭云、李运连、刘中连、孙庆树、徐莉、杨荣生等县领导出席。

△ 响水县举行2016年新春服务返乡就业创业暨引才用工大型招聘会。招聘会现场62家企业提供4100个就业岗位,5000多名求职者应聘,近2000人与招聘单位达成用工意向。县领导崔爱国、单永红、杨毅坚、裴彦贵、李运连、桑良举等在现场察看。

2月14日 县委、县政府召开2015年度综合考核总结表彰大会。县委书记崔爱国到会讲话。县长单永红主持会议。县委副书记邵礼青宣读《关于印发2015年度全县综合考核结果的通知》。杨毅坚、裴彦贵、郭云、李运连、刘中连、孙庆树、徐莉、杨荣生、谢伟等在响水的县四套班子领导出席。会议表彰先进集体和先进个人。南河镇、张集中心社区、经信委主要负责人作大会发言。

△ 市委书记、市人大常委会主任朱克江在响水调研沿海发展工作。市领导庄兆林、潘道津、王荣、李逸浩,县领导崔爱国、单永红、李运连、孙庆树、桑良举等陪同。

2月15日 响水县设分会场收听收看全省机关作风建设视频会议。县领导崔爱国、单永红、杨毅坚、裴彦贵、邵礼青、郭云、李运连、刘中连、孙庆树、徐莉、杨荣生、谢伟及县相关部门、单位负责人出席分会场会议。

△ 响水县设分会场收听收看中共盐城市第六届纪律检查委员会第六次全体会议。市委书记、市人大常委会主任朱克江到会讲话。市委副书记、市长王荣平宣读市委、市政府《关于表彰2015年度全市“十佳勤政标兵”和“十佳服务明星”的决定》。县领导崔爱国、单永红、杨毅坚、裴彦贵、邵礼青、郭云、李运连、刘中连、孙庆树、徐莉、杨荣生及县相关部门、单位负责人出席分会场会议。

2月20日 全县农村工作暨绿色响水建设会议召开。县委书记崔爱国到会讲话。县长单永红主持会议。县委副书记邵礼青宣读《2015年度全县村居奖励考核结果的通报》和《表彰2015年度全县“优秀项目书记”的决定》。县领导郭云、李刚、陆从华、顾祝生,各镇、中心社区党政主要负责人、分管负责人,三大园区管委会主任、分管负责人,黄海农场、灌东投资公司负责人,县委农村工作领导小组成员单位及县有关部门主要负责人,各村居党组织书记出席会议。各镇区、相关单位签订《2016年度绿色响水建设工作责任书》。县农委、运河镇、黄圩镇云梯关村作会议发言。

2月22日 中国共产党响水县第九届纪律检查委员会第六次全体会议召开。县委书记崔爱国到会讲话并接受各县委常委的党风廉政建设责任书。县委副书记、县长单永红通报当前作风方面的问题。县委常委、纪委书记谢伟主持会议并作《工作报告》。杨毅坚、裴彦贵、邵礼青、郭云、李运连、刘中连、孙庆树、徐莉、杨荣生等县四套班子领导,县法院院长,县检察院检察长,县纪委委员,县各镇区,县委各部委办,县各委办局,县各直属单位,省、市属驻响水各单位主要负责人等出席。

2月23日 响水县召开推动文化建设迈上新台阶、加快厚德和谐新响水建设工作会议。县委书记崔爱国到会讲话。县委副书记邵礼青主持会议。县委常委、宣传部部长刘中连宣读县文明委《关于表彰2015年度响水县“十大最美人物”的决定》。裴彦贵、郭云、李运连、孙庆树、徐莉、杨荣生、谢伟等在响水的县四套班子领导出席。会议对4位响水的“中国好人”、2015年度响水县“十大最美人物”进行颁奖,并举行响水县美德基金会授牌仪式。受表彰代表吉旺、吴晓东、张微作会议发言。会议印发《关于推动全县文化建设迈上新台阶的意见》《关于加快推进风清气正厚德和谐新响水建设的实施意见》等文件。

△ 响水县召开教育体育工作会议。县委常委、政法委书记徐莉，副县长曹亚到会讲话。会议传达县委书记崔爱国、县长单永红关于全县教育体育工作的批示精神，回顾总结“十二五”及 2015 年全县教育体育工作，安排部署 2016 年及“十三五”时期教育体育工作，表彰奖励 2015 年度全县教育工作先进集体和先进个人。

△ 响水县设分会场收听收看全省生态文明建设大会。县委书记崔爱国出席分会场会议并讲话，要求贯彻落实省会精神，加快推进生态绿色新响水建设。县领导刘中连、戴翠芳及县相关部门、单位负责人出席分会场会议。

2 月 29 日 响水县市民服务中心开工建设。县委副书记邵礼青致辞。县委常委、经济开发区工委书记杨荣生，副县长桑良举出席开工仪式。

△ 全县政法工作会议召开。县委常委、政法委书记徐莉到会讲话。副县长张瀚主持会议并宣读县委书记崔爱国对政法工作的批示。响水镇、双港镇及县公安局等单位作交流发言。

3 月 1 日 县委书记崔爱国主持召开县委常委(扩大)会议。县领导杨毅坚、裴彦贵、邵礼青、郭云、李运连、孙庆树、杨荣生等在响水的县四套班子领导出席。县委常委、政法委书记徐莉传达全市政法和信访工作会议精神。会议书面传达全省组织部部长会议、全市文化广电新闻出版工作会议精神。

△ 全县脱贫致富奔小康工作动员大会召开。会议学习贯彻习近平总书记关于扶贫开发重要讲话精神，部署响水县“十三五”和 2016 年扶贫开发工作。县委书记崔爱国出席会议并讲话。县长单永红主持会议。县委副书记邵礼青宣读表彰决定。省委驻响水帮扶工作队队长李海峰讲话。县委常委、组织部部长郭云宣读县委驻各镇区帮扶工作队队长单位、队长名单和经济薄弱村第一书记名单。杨毅坚、裴彦贵、孙庆树、王洪亮、杨荣生等在响水的县四套班子领导、省委驻响水帮扶工作队全体队员及县各部委办局主要负责人出席。会议对 2015 年扶贫开发工作先进单位和先进个人进行颁奖，张集中心社区、卫生计生委、结对企业江苏亚邦爱普森药业有限公司作大会发言。

△ 响水县举行欢迎新一届省委帮扶工作队在响水开展帮扶工作座谈会。县委书记崔爱国致辞并介绍响水经济社会发展情况。市委副秘书长徐国均代表市委、市政府对新一届省委帮扶工作队进驻响水表示欢迎和感谢，并介绍盐城扶贫开发工作相关情况。县长单永红主持座谈会。县委常委、组织部部长郭云宣读省委驻响水帮扶工作队队员挂职决定。县领导杨毅坚、裴彦贵、邵礼青、杨荣生、顾祝生，省委驻响水帮扶工作队队长李海峰及省委帮扶工作队全体队员，各镇区主要负责人出席。

△ 响水县设分会场收听收看全省推进“先照后证”改革(注册企业或公司时，先颁发营业执照，再续办其他各种法定证书的工商注册改革机制)后加强事中事后监管工作视频会议。县委常委、常务副县长李运连等出席分会场会议。

3 月 2 日 省供销合作总社理事会主任黄宝荣一行在响水调研为农服务、社有企业发展等工作。县委书记崔爱国介绍响水县经济社会发展和相关工作情况。县委副书记邵礼青及市、县相关部门、单位负责人陪同。

3月3日 全县财税金融审计工作会议召开。会议总结2015年财税金融审计工作，明确2016年财税金融审计各项目标任务。县委书记崔爱国作批示。县长单永红到会讲话。县委常委、常务副县长李运连主持会议。副县长顾红等出席。

3月4日 全县政务服务工作会议召开。县委常委、常务副县长李运连到会讲话。会议总结2015年政务服务工作，部署2016年工作，表彰县公安局、地税局等6个红旗窗口及郝中秀等8名服务标兵。

3月7日 全县“两城”（县城、港城）建设会战动员会议召开。县委书记崔爱国出席会议并讲话。县长单永红动员部署“两城”建设工作。县委副书记邵礼青主持会议。县领导孙庆树、杨荣生、桑良举、张瀚、陈骧及相关镇区，县有关部门、单位负责人出席会议。经济开发区、陈家港镇、县规划城管局、城投公司作会议发言。

3月7~8日 县政协主席裴彦贵率考察团赴东台市、阜宁县考察旅游景区建设运行工作。县政协副主席陈骧、于娟，秘书长缪成和部分政协委员参加。东台市委书记、市长陈卫红，市政协主席鲍宇，阜宁县政协主席仇学善等陪同。

3月10日 “全省最美志愿者”——吉旺新闻发布会在盐城举行。市委宣传部副部长薛万昌，县委常委、宣传部部长刘中连参加发布会。发布会现场宣读《中共江苏省委宣传部、江苏省精神文明办公室关于授予吉旺“最美志愿者”荣誉称号的通报》，播放反映吉旺先进事迹视频短片。响水县“中国好人”李海龙为吉旺颁发“全省最美志愿者”荣誉证书。

3月11日 崔爱国、单永红、杨毅坚、裴彦贵、邵礼青、李运连、刘中连、孙庆树、杨荣生等在响水的县四套班子领导，在县沿海万亩生态林场与机关干部、基层群众一起参加义务植树活动。

△ 响水县设分会场收听收看全省征兵工作视频会议。县长单永红，县委常委、常务副县长李运连，县人武部政委顾建明等出席分会场会议。

3月17~18日 省司法厅副厅长张亦军、市司法局局长李从洋在响水调研指导司法行政工作。县领导单永红、李运连、徐莉、李刚等陪同。

3月18日 全县关心下一代工作会议召开。会议学习贯彻习近平总书记对关心下一代工作的重要指示，传达省、市委关心下一代工作会议精神，总结2015年工作，部署2016年任务。县关工委主任张正华作工作报告。县委常委、组织部部长郭云到会讲话。县人大常委会副主任张孝将主持。县政协副主席陆从华出席。

△ 市统计局局长秦军一行在响水调研2016年一季度经济形势及工业生产和投资情况。县委书记崔爱国参加座谈。县委常委、常务副县长李运连介绍相关工作情况。县相关部门、单位，部分企业代表参加。

3月22日 县九届人大常委会第34次主任会议召开。县人大常委会主任杨毅坚主持会议。副主任李刚、张孝将等出席。会议分别听取相关人事任免，县水务局负责人汇报县人民政府《关于将灌河治理工程（响水境内）项目贷款本息纳入2016~2020年度县财政预算的议案》相关情况，“一府两院”落实县人大常委会审议意见情况，县人大常委会执法检查组关于《中华人民共和国禁毒法》贯彻实施情况的报告；讨论通过主任督办重点建议的方案、县九届人大常委会第32次会议有关事项。

△ 省编办主任俞军一行在响水调研扶贫开发工作，视察指导双港镇腰庄村。县长单永红介绍相关情况。省委驻响水帮扶工作队队长李海峰，县领导顾祝生等陪同。

3 月 23 日 市关工委主任陆树臻在响水调研指导工作。县委常委、组织部部长郭云，县委常委、沿海经济开发区工委书记孙庆树，县关工委主任张正华等陪同。

△ 市老促会理事长储金泉一行在响水调研扶贫开发暨老促会工作。县政府副调研员顾祝生介绍响水县扶贫开发工作相关情况。

3 月 24 日 响水县设分会场收听收看全省教育工作视频会议。县领导崔爱国、郭云、李运连、刘中连、孙庆树、徐莉、杨荣生、谢伟、戴翠芳、张瀚、顾红、王建成、顾祝生及县相关部门、单位负责人出席分会场会议。

3 月 25 日 县政协召开第九届委员会第 16 次常委会。县政协主席裴彦贵主持会议。副主席陈骧、陈苏红、陆从华、于娟，秘书长缪成出席。会议传达学习全国“两会”精神，协商讨论并通过《关于加快推进云梯关旅游度假区建设的建议》《关于加强政协响水县委员会智库建设的意见》《县政协 2016 年重点提案》。

3 月 26 日 县长单永红主持召开县政府常务会议，研究讨论相关文件和议题，学习贯彻全国“两会”精神，部署当前工作。县领导李运连、张孝将、张善荣、桑良举、张瀚、曹亚、顾红、陈骧、王建成出席。会议听取《县政府 2016 年为民办实事项目》和《2016 年全县八大类重点工程项目》编排情况。会议讨论通过《灌江控股集团有限公司组建方案》《响水县机关事业单位差旅费管理办法》。会上，县政府分管领导签订 2016 年安全生产责任书和党风廉政建设责任书。

3 月 28 日 县政协举行门户网站（www. xszhengxie. cn）开通仪式。县政协主席裴彦贵点击开通并讲话。副主席陈骧、秘书长缪成，各专委会及机关工作人员出席仪式。

△ 江苏省响水中学发展基金会联谊会在南京举行联谊活动。南京军区原司令员朱文泉、省农业资源开发局原局长王清等知名校友出席。县委常委、常务副县长李运连出席并讲话。副县长曹亚参加活动。会议评议通过基金会名誉理事长、理事会和监事会成员建议名单，通报基金会筹备情况，现场收到捐款 365 万元。响水中学发展基金会募集资金主要用于引进骨干教师、奖励成绩突出的教师及进行学术活动。

3 月 29 日 省高级人民法院党组书记、院长许前飞一行在响水县人民法院调研指导工作。盐城市中级人民法院党组书记、院长王世华随同。县委书记崔爱国，县长单永红，县委常委、政法委书记徐莉陪同。县人民法院院长谭斌汇报县人民法院工作开展情况。县人民法院全体班子成员、中层负责人和干警代表参加座谈。

△ 市长王荣平在响水调研镇区工业园区发展和重大项目建设情况。县委书记崔爱国介绍响水县镇村经济发展和重大项目建设情况。副市长周绍泉，县领导单永红、孙庆树、张善荣及市、县相关部门、单位负责人陪同。

3 月 30 日 县委书记崔爱国会见中国二十冶集团广东分公司党委书记冷绪中一行。双方洽谈投资建设创客城事宜。县委副书记邵礼青，县委常委、经济开发区党工委书记杨荣生等参加。

△ 县政协召开智库成立座谈会。县政协在现任市、县政协委员和全县 1000 多名高层次人才中遴选 43 名优秀人才，成立政协智库。县政协主席裴彦贵为智库成员颁发聘书

并讲话。副主席陈骧、陆从华、于娟,秘书长缪成及部分政协委员、智库全体成员参加。

3月31日 响水县召开推进云梯关旅游度假区建设专题协商会议。县委书记崔爱国要求科学谋划云梯关旅游度假区建设新思路,举全县之力、聚全县之智,全力推进旅游度假区建设。县政协主席裴彦贵主持会议。县领导邵礼青、李运连、陈骧、陈苏红、陆从华、于娟等出席。与会部分政协委员对加快推进云梯关旅游度假区建设提出建议和意见。

△ 全县人大代表建议、政协委员提案办理工作会议召开。县委常委、常务副县长李运连,县人大常委会副主任张孝将,县政协副主席陈骧出席。会议介绍2015年代表建议、委员提案办理工作情况。

△ 全县武装工作会议召开。县委常委、常务副县长李运连对做好新形势下党管武装工作,加强全县国防后备力量建设提出意见。县人武部负责人总结部署全县武装工作。

△ 全县青少年"学党史、学国史"主题教育活动动员大会召开。县关工委主任张正华作动员报告。会议作"学党史、学国史"主题教育辅导报告。

4月1日 县委书记崔爱国会见日本和円商事株式会社社长本多敏行一行。双方洽谈加强项目合作事项,达成相关项目合作意向。县领导孙庆树、杨荣生,上海和元实业有限公司总经理陈锋等参加。会前,本多敏行一行在南河万亩高效农业示范园区、德龙镍业、京环隆亨纸业、创达新材料等地考察。

△ 响水县设分会场收听收看省政府第四次廉政工作视频会议。县长单永红及县相关部门、单位负责人出席分会场会议。

4月5日 县委书记崔爱国主持召开县委常委(扩大)会议。会议听取县关工委有关情况汇报;讨论研究相关实施方案;通报县四套班子领导,县法院院长、检察院检察长和部门服务企业情况;听取三大园区、各镇区招商选资情况汇报。单永红、杨毅坚、裴彦贵、邵礼青、郭云、李运连、刘中连、孙庆树、王洪亮、徐莉、杨荣生、谢伟等县四套班子领导出席。

△ 响水县召开环委会暨生态化工园区环境专项整治工作会议。县长单永红到会讲话。副县长戴翠芳及各镇区、环委会成员单位主要负责人参加会议。

△ 响水县召开"十三五"配电网规划评审会。县长单永红到会讲话。副县长张善荣主持会议。编制单位南京北洋电力咨询有限公司解读《响水县"十三五"配电网发展规划》。部分镇区、县有关部门主要负责人及市供电公司专家等参加会议。

4月7日 响水县召开云梯关旅游经济区项目政策对接工作会议。县委常委、常务副县长李运连到会讲话。县城投公司和12个部门、单位汇报有关情况。

4月8日 市政协副主席王锦胜一行在响水调研指导精准扶贫开发工作。县委书记崔爱国介绍相关工作情况。县领导裴彦贵、孙庆树、陆从华、顾祝生及市、县相关部门、单位负责人陪同。

△ 响水县召开全面建成小康社会进程监测工作推进会议。县委常委、常务副县长李运连到会讲话。县统计局介绍省升级版全面小康指标体系及2014年响水县全面建成小康社会综合得分和指标完成情况。

4月10~16日 南京军区原司令员朱文泉上将在响水调研指导工作。县委书记崔爱国汇报响水县经济社会发展情况。市委常委、盐城军分区政委宋修明,省滩涂开发局原局长王清,县领导单永红、邵礼青、李运连、刘中连、王洪亮、徐莉、曹亚等陪同。在响水期间，朱文泉上将召开多个座谈会，听取响水经济社会发展、双拥工作、文化大繁荣大发展、教育发展、云梯关规划建设和响水革命史等情况；在老舍恩覃村、陈家港镇“三进三出”战斗现场、六套善友村、三岱战斗现场、云梯关、县部分重点企业和重点项目现场进行调研。

4 月 12 日 响水县召开镇领导班子换届工作会议。县委书记崔爱国到会讲话。县委副书记邵礼青主持会议。县委常委、组织部部长郭云作工作部署。会议对各镇区组织委员、组织干事进行业务辅导。

4 月 14 日 省财政厅厅长刘捍东一行在响水调研指导工作。县委书记崔爱国介绍相关工作情况。副市长李逸浩、市财政局局长肖汝宏，县长单永红、省委驻响水帮扶工作队队长李海峰及县相关部门、单位负责人陪同。

4 月 14～15 日 香港中华工商总会行政总裁兼秘书长陈峰一行在响水考察三大园区及部分镇区。县人大常委会主任杨毅坚介绍响水经济社会发展情况及营商环境。县人大常委会副主任李刚等陪同。

4 月 15 日 江苏京环隆亨纸业有限公司举行开机典礼。县长单永红致辞。北京市市政市容委副主任李如刚、北京环卫集团总经理张农科，县领导杨毅坚、孙庆树、张善荣等出席。

△ 县政协召开推动三港联动专题调研情况通报会。县政协主席裴彦贵，副主席陈骧、陈苏红、陆从华、于娟，秘书长缪成等出席。会议听取陈家港镇、沿海经济开发区、县交运局情况汇报。

△ 省口岸办主任徐斌在响水调研指导港口建设和德龙码头建设工作。市口岸办主任朱杰陪同。县人大常委会副主任、县口岸办主任张孝将，副县长桑良举介绍响水有关情况。

4 月 16 日 县委书记崔爱国主持召开供给侧结构性改革会办会。县委常委、常务副县长李运连及县相关部门、单位主要负责人出席。

4 月 19 日 全县加快推进风清气正、厚德和谐新响水建设工作推进会召开。县委常委、宣传部部长刘中连到会讲话。

4 月 20 日 响水县召开返乡创业联谊会成立大会。县委书记崔爱国到会并向创业联谊会授牌。县委常委、常务副县长李运连主持会议。县领导桑良举及县相关部门、单位负责人出席。会议通过相关章程和选举办法，选举费红军为响水县返乡创业联谊会会长。

4 月 21 日 响水县与中国农业发展银行盐城分行政银合作推进会召开。县长单永红、市农发行行长姜加强出席会议并讲话。副县长桑良举主持会议。

△ 市政协副主席吕拔生一行在响水调研乡村旅游业发展情况。县政协主席裴彦贵、副县长顾红、县政协副主席陈苏红等陪同。

4 月 23～24 日 省淮剧团编排的大型原创现代淮剧《小镇》在响水展演。县直机关单位干部、职工及中学生近 2000 人观看演出。

4 月 24 日 县第 22 届文甫奖学金颁奖仪式举行。文甫奖学基金会主任委员、台湾台中商专教授殷大庆，副主任委员、县人大常委会副主任张孝将出席并讲话。

4 月 25 日 县长单永红主持召开全县安全生产工作会议，传达省委书记罗志军、省长石泰峰重要批示精神，通报靖江德桥仓储公司“4·22”火灾事故情况。各镇区、县安委会成员单位主要负责人出席。

△ 响水县召开2016年民兵整组点验大会。盐城军分区参谋长张建中,县人武部政委顾建明,部分镇区人武干事、民兵参加会议。大会宣布人员编组情况、干部任职命令及民兵活动制度等。

4月26日 响水县在北京举行江苏华旭药业有限公司与中国医药工业有限公司战略合作协议签约仪式。市委常委、常务副市长庄兆林,中国医药工业有限公司党委书记、副总经理李春生致辞。县委书记崔爱国介绍响水发展情况。中国医药工业投资总监马珂与江苏华旭药业有限公司总经理卢标签订战略合作协议。中国医药工业有限公司党委副书记、纪委书记、副总经理王喆,副县长张善荣及市、县相关部门负责人出席。

△ 江苏省教育书法家协会、言恭达文化基金会、江苏省人民出版社等单位主办的国学进校园、书法进课堂、提升校园文化品位、提升师生人文素养"双进双提"活动启动暨"灌河书院"揭牌仪式在响水举行。县长单永红致辞。全国政协委员、东南大学中国书法研究院院长言恭达,省教育厅党组副书记、副厅长丁晓昌出席活动并讲话。江苏人民出版社总经理徐海,县人大常委会主任杨毅坚、县政协主席裴彦贵等出席。副县长曹亚主持会议。单永红与言恭达共同为"灌河书院"揭牌,并为言恭达、徐海颁发"灌河书院"名誉院长聘书。

△ 响水县设分会场收听收看省政府全体会议。县领导单永红、李运连、桑良举、张瀚、顾红、曹亚、王建成、顾祝生及县相关部门、单位负责人出席分会场会议。

4月27日 响水县设分会场收听收看全国医改工作视频会议。县长单永红,副县长曹亚及县相关部门、单位负责人出席分会场会议。

△ 县政协主席裴彦贵率考察团在赣榆考察港口建设工作。县政协副主席陈骧、秘书长缪成等参加。赣榆区政协主席杨淑之,区委常委、常务副区长邵泽勇等陪同。

4月28日 县委书记崔爱国主持召开县委常委(扩大)会议。县长单永红传达省、市加快推进供给侧结构性改革工作会议精神。县委常委、组织部部长郭云传达省"两学一做"学习教育工作座谈会精神。会议签订严明换届纪律承诺书,研究部署5月份工作。杨毅坚、裴彦贵、邵礼青、郭云、李运连、刘中连、孙庆树、杨荣生等在响水的县四套班子领导出席。

△ 省人大常委会副主任赵鹏一行在响水调研沿海开发战略实施情况。县委书记崔爱国介绍相关工作。市人大常委会副主任、党组副书记周德祥,县领导单永红、杨毅坚、孙庆树及市、县相关部门、单位主要负责人陪同。

△ 县人大常委会主任杨毅坚主持召开县人大常委会主任(扩大)会议。会议传达学习省、市人大召开的条线工作座谈会精神。县人大常委会副主任李刚、张孝将出席。

△ 市委副秘书长、市委农办主任徐国均一行在响水调研云梯关旅游经济区项目情况。县委常委、常务副县长李运连陪同。

4月29日 全县国土资源工作会议召开。县委书记崔爱国作批示。县长单永红到会讲话。县委副书记邵礼青主持会议。县领导李刚、桑良举、陆从华出席。各镇区递交2016年国土资源管理目标责任书。县国土局、经济开发区、运河镇、六套中心社区作大会发言。

5 月 1 日 响水县营改增“五一零点开票”启动仪式在县国税局办税服务厅举行。副县长张善荣及县相关部门负责人出席仪式。

5 月 3 日 市长王荣平在响水检查安全生产工作。县委书记崔爱国介绍响水县安全生产工作情况。县长单永红、副县长张善荣及市、县相关部门主要负责人陪同。

△ 县长单永红主持召开专题会议,研究响水县供给侧结构性改革有关工作和“三去一降一补”实施意见。县领导邵礼青、李运连、张善荣、顾祝生及县相关部门负责人出席。县政府办、发改委、住建局等单位分别发言。

5 月 4 日 省公安厅副厅长张兰青率省公安厅、消防总队、安监局等部门组成的省安委办第二巡查组在响水巡查安全生产工作。县委书记崔爱国介绍响水县经济社会发展和全县安全生产情况。副县长张善荣、张瀚及市、县相关部门负责人陪同。

△ 市委常委、政法委书记张礼祥一行在响水调研指导政法信访工作。县委书记崔爱国主持。县委常委、政法委书记徐莉汇报全县政法信访工作开展情况。副县长、县公安局局长张瀚及市、县相关部门主要负责人陪同。

△ 响水县召开纪念五四运动 97 周年暨促进青年创业创新创优大会。县人大常委会副主任李刚、副县长曹亚、县政协副主席于娟出席。大会表彰创业好青年、优秀团干及优秀团员。汪志勇、林向东、封雨被聘为响水县青年创业导师。

5 月 6 日 县长单永红在德龙公司会见中国检验认证集团菲律宾有限公司总经理王桂程一行。单永红介绍响水沿海开放开发情况。中国检验认证集团江苏有限公司总经理何贤伟,市国检局局长赵建,县领导孙庆树、张孝将、桑良举等参加会谈。

△ 响水县召开“十三五”扶贫开发项目申报与管理工作大会。县委副书记邵礼青、省委驻响水帮扶工作队队长李海峰分别讲话。县政府副调研员顾祝生主持会议。各镇区、村居相关负责人出席。

5 月 7 日 副市长邹毅实一行在响水江苏旭强新能源科技有限公司、黄圩镇古云梯关遗址、黄河故道湿地等视察调研。县委书记崔爱国介绍云梯关历史和云梯关旅游经济区开发建设情况。县委常委、常务副县长李运连汇报云梯关旅游经济项目基本情况及工作打算。县领导单永红、顾红及市、县相关部门主要负责人陪同。

△ 响水县红十字会为“中国好人”周仁甫举行遗体器官捐献登记签字仪式。周仁甫儿子周巍、女儿周友云等在现场见证登记签订仪式。

5 月 9 日 县委书记崔爱国主持召开常委会,讨论研究响水县推进供给侧结构性改革 1 +5 文件和《全县实施“十三五”脱贫致富奔小康工程政策意见》,研究部署当前工作。县领导单永红、杨毅坚、裴彦贵、邵礼青、郭云、李运连、刘中连、孙庆树、王洪亮、徐莉、杨荣生、谢伟出席。会议原则同意关于供给侧结构性改革相关实施意见和《全县实施“十三五”脱贫致富奔小康工作政策意见》。

△ 响水县设分会场收听收看国务院召开的全国推进简政放权放管结合优化服务改革视频会议。县领导单永红、李运连、戴翠芳、张善荣、桑良举、张瀚、顾红、曹亚、王建成、顾祝生等出席分会场会议。

5 月 9 ~ 10 日 省督学、江苏第二师范学院党委书记李洪天率督导组在响水开展县级政府教育工作督导考核。副县长曹亚等陪同。

5月10日 全县农村留守儿童摸底排查工作会议召开。县委常委、常务副县长李运连到会讲话。

△ 响水县设分会场收听收看2016年全国普通高校招生考试安全工作部际联席视频会议。会后,江苏省对全省高考安全工作进行部署。县委常委、政法委书记徐莉及县招委会成员单位相关负责人出席分会场会议。

5月11日 省财政厅副巡视员沈益锋率调研组在响水调研指导工作。省委驻响水帮扶工作队队长李海峰,县委常委、常务副县长李运连及县相关单位负责人出席。

5月12日 市志愿服务工作现场会在响水举行。省文明办志愿者工作指导处处长李良慧,市委宣传部副部长、市社科联主席薛万昌出席会议。县委常委、宣传部部长刘中连介绍响水县基本情况和社会组织孵化园推进情况。

5月13日 响水县召开防汛防旱工作会议。县领导邵礼青、王洪亮、桑良举、顾祝生出席。桑良举宣读县委书记崔爱国关于防汛防旱重要批示。各镇区、县防汛防旱指挥部成员单位递交责任状。

5月16日 县经济开发区在上海周浦镇举办承接产业转移投资说明会。县委常委、经济开发区工委书记杨荣生致辞。副县长张善荣主持会议。60多家企业代表与响水县有关单位负责人交流招商相关政策、用地等事宜。

5月17日 响水县设分会场收听收看全市"510"警示教育视频会议。市委书记朱克江作"明高线、知底线"主题党课讲话。县委书记崔爱国出席分会场会议,并就贯彻落实市会精神提出要求。杨毅坚、裴彦贵、邵礼青、郭云、李运连、刘中连、孙庆树、徐莉、谢伟等在响水的县四套班子领导出席分会场会议。

△ 响水县召开"两学一做"学习教育工作座谈会。县委书记崔爱国到会讲话。杨毅坚、裴彦贵、邵礼青、郭云、李运连、刘中连、孙庆树、徐莉、谢伟等在响水的县四套班子领导出席。会议印发《关于在全县共产党员中开展"学党章党规、学系列讲话,做合格党员"学习教育的实施方案》的通知。

5月18日 全县2016年高考中考安全保障工作会议召开。副县长曹亚到会讲话。响水镇、经济开发区,县保密局、监察局等县招委会成员单位相关负责人出席。

5月20日 县政协举办"三港联动"专家讲座。邀请省港口局高级专家陆崇俭作专题讲座。县政协主席裴彦贵,副主席陈骧、陆从华、于娟,秘书长缪成及全体常委、部分委员和政协智库成员等出席。

5月23日 县九届人大常委会第36次主任会议召开。县人大常委会主任杨毅坚主持会议。副主任李刚、张孝将等出席。会议听取全县城乡供水一体化建设及运行情况报告,《关于提请将政府投资项目回购资金纳入财政预算的议案》等3个议案情况报告;听取关于《工会法》贯彻实施情况、全县林果业发展情况调研报告、县政府落实县人大常委会关于《治安管理处罚法》执法检查报告的审议意见情况,关于部分驻响水市人大代表向县人大常委会述职并进行评议相关准备工作情况,相关人事任免情况等县九届人大常委会第33次会议有关事宜。

5月25日 县九届人大常委会第33次会议召开。县人大常委会主任杨毅坚主持会议。县人大常委会副主任李刚、张孝将及全体委员出席。副县长顾红,县法院院长,县检察院检察长及县相关部门、单位负责人,部分市、县人大代表列席会议。会议通过相关人事任免决定;组织部分驻响水市人大代表向县人大常委会述职并进行评议;听取和审议县政府《关于提请将政府投资项目回购资金纳入财政预算的议案》《关于提请将江苏省棚户区(危旧房)江苏银行改造基金工程一期项目响水县项目购买棚改服务费用列入财政预算的议案》等报告,并作出决定;听取和审议县政府关于城乡供水一体化建设及运行情况的报告;听取县政府对县人大常委会关于《中华人民共和国治安管理处罚法》执法检查报告审议意见落实情况的报告,并进行满意度测评。

5月26日 响水县召开禁毒工作会议。县委常委、政法委书记、县禁毒委主任徐莉,副县长、县公安局局长张瀚等参加会议。

5月27日 2016年响水县"五方挂钩"帮扶协调小组成员会议在南京召开。省财政厅厅长刘捍东、省扶贫办主任张旻、18家"五方挂钩"帮扶后方单位领导到会讲话。省财政厅副厅长李建平主持会议。县委书记崔爱国介绍响水县经济社会发展情况和扶贫开发工作情况。省委驻响水帮扶工作队队长李海峰通报2016年帮扶工作计划。县委副书记邵礼青及县扶贫办、财政局主要负责人出席。

△ 江苏省红十字示范学校授牌暨关爱留守儿童志愿服务队成立授旗仪式在县实验小学举行。副县长曹亚出席并讲话。

5月28日 县政协书画院成立座谈会召开。县政协主席裴彦贵向与会的书画院荣誉院长胡祝三及书画院院长、副院长等颁发聘书。县政协副主席陈苏红主持会议。秘书长缪成,相关委室负责人及县政协书画院全体成员参加会议。会议通过县政协书画院《章程》、书画院组成人员名单。

6月1~2日 省档案局副局长赵深一行在响水张集中心社区、县档案局和云梯关旅游经济区调研指导工作。县委常委、常务副县长李运连,县人大常委会副主任李刚等陪同。

6月2日 县委书记崔爱国主持召开县委常委(扩大)会议,传达学习有关会议精神,讨论县委常委会"两学一做"学习教育工作方案,研究部署6月份工作。县长单永红传达全省苏北发展工作会议和省加快推进沿海地区发展工作会议精神。会议原则通过县委常委会"两学一做"学习教育工作方案,书面传达全国政法队伍建设工作会议、省市禁毒工作会议、全市2016年高考中考招生考试安全工作会议及全市夏季秸秆综合利用和禁烧工作会议精神。杨毅坚、邵礼青、郭云、李运连、孙庆树、徐莉、杨荣生等在响水的县四套班子领导出席。

6月3日 省国土资源厅厅长李侃桢一行在响水南河现代高效农业示范园、双港镇兴华村、荣鑫伟业、荣生电子等走访调研。县委书记崔爱国介绍响水县经济社会发展及国土资源管理工作情况。县领导单永红、杨荣生、桑良举及市、县相关部门主要负责人陪同。

△ 响水县召开夏季秸秆综合利用和禁烧工作会议。县委书记崔爱国、县长单永红分别作批示。县委副书记邵礼青讲话。副县长戴翠芳主持会议。县政府副调研员顾祝生宣读相关批示,通报2015年度秸秆综合利用和禁烧工作考核结果。县领导李刚、陆从华等出席。县环保局、农委等5家单位作大会发言。各镇区签订秸秆综合利用和禁烧工作责任状。

6月4日　县委书记崔爱国专题会办云梯关旅游经济区工作,要求相关镇区和职能部门全力以赴,打造国家级5A级景区、国家级旅游度假区、国家级森林公园。县长单永红,县委常委、常务副县长李运连及县相关部门单位主要负责人出席。

6月4~5日　2016年盐城市中小学生乒乓球比赛在响水举行。各县(市、区)、市直代表队、教练及运动员约200人参加。

6月6日　县委、县政府召开全县加快推进供给侧结构性改革工作会议。县委书记崔爱国到会讲话。县长单永红作工作部署。县委副书记邵礼青主持会议。县领导杨毅坚、裴彦贵、李运连、孙庆树、徐莉、杨荣生、谢伟等出席会议。各镇区递交脱贫致富奔小康工作责任书。

△　响水县举行工业经济区揭牌仪式暨三大园区项目集中观摩活动。县委书记崔爱国、县长单永红为响水工业经济区揭牌。

△　县长单永红率相关部门负责人在响水中学察看标准化考场、考生宿舍、食堂、配电室、视频监控室、播音室,了解考场环境、食宿安排、食品安全、电力保障、听力设备等考前准备工作落实情况。副县长张瀚、曹亚陪同。

6月7日　市人大常委会副主任肖紫英一行在响水县黄圩镇云梯关旅游经济区、南河镇现代农业示范园及国华陈家港电厂等地调研。县委书记崔爱国,县人大常委会主任杨毅坚、副主任张孝将等陪同。

6月12日　县委常委、常务副县长李运连主持召开云梯关旅游经济区土地房屋拆迁工作会办会。县政协副主席陆从华出席。

6月13日　县委书记崔爱国会见深圳前海泽为石油化工有限公司董事长殷力、裕廊集团公司董事长孙骁一行,听取双方战略合作重组情况汇报。崔爱国提出双方加快推进战略合作意见。县领导刘中连、张善荣及生态化工园区主要负责人参加。

△　县政协召开促进三港联动加快沿海开发专题协商会议。县长单永红到会讲话。县政协主席裴彦贵主持会议。县领导邵礼青、孙庆树、桑良举、陈骧、陈苏红、陆从华、于娟等出席。

△　县政协召开九届十七次常委会议。县政协主席裴彦贵主持会议。县政协副主席陈骧、陈苏红、陆从华、于娟,秘书长缪成,政协各委办室负责人及全体政协常委出席。会议通过有关人事任免事项。会议决定增补邵建华、李卫东、陈树华为政协响水县第九届委员会委员;通过《关于推进三港联动,加快沿海发展的建议案》。

6月14日　农发行江苏省分行行长丁伟一行在响水调研夏粮收购、信贷项目建设等工作,参观响水港中心港区、港城中学、城东新区等农发行重点支持建设项目。县委副书记邵礼青陪同。

△　响水县举办以“血液连接你我”为主题的纪念第13个世界献血者日活动。副县长曹亚出席并看望“全国无偿献血奉献奖金奖”获得者、造血干细胞捐献工作先进个人、无偿献血志愿服务先进个人及正在献血的无偿献血志愿者和医务工作者。县红十字会志愿者现场宣传造血干细胞捐献相关知识,并为群众义诊。

6月15日　县人大常委会召开服务企业工作座谈会。县人大常委会主任杨毅坚,副主任李刚、张孝将,长江风电、京环隆亨、荣鑫伟业、亿利燃气等部分县人大常委会领导挂钩服务及县人大机关招引的企业负责人出席会议。县人大常委会副主任李刚主持会议。

△ 响水县镇村政务服务平台联网试点工作会议召开。县委常委、常务副县长李运连到会讲话。县政务办、优化办、编办、经济开发区、响水镇、小尖镇等主要领导,便民服务中心主任及部分联网村的支部书记出席。

6 月 16 日 省农发行副行长袁文华一行在响水调研扶贫开发工作并察看云梯关旅游经济区。县长单永红介绍响水县经济社会发展情况。市农发行行长姜加强,县委副书记、省委驻响水帮扶工作队队长李海峰等陪同。

6 月 18 日 县委书记崔爱国走访结对帮扶户,并专题会办陈家港镇 2016 年度帮扶项目。县委常委、响水工业经济区党工委书记孙庆树主持会办会。

△ 县委书记崔爱国结合学习习近平总书记系列重要讲话和党章党规,为陈家港镇全体党员干部上《做"四讲四有"的合格党员,为建成全面小康新响水而努力奋斗》专题党课。县委常委、响水工业经济区党工委书记孙庆树主持。

6 月 21 日 响水县召开第十次党代表大会代表选举工作会议。县委常委、组织部部长夏红霞到会讲话。会议对县第十次党代会代表选举工作作说明。与会人员观看警示教育片《镜鉴》。

6 月 22 日 县委书记崔爱国在苏州吴中实业股份有限公司考察,与公司董事长赵唯一、总经理姚建林交流战略合作事宜。崔爱国介绍响水县相关情况。赵唯一介绍公司基本情况。县领导刘中连、张善荣等陪同。

△ 县委、县政府在苏州举办 2016 响水(苏州)夏季招商推介会暨项目集中签约活动。活动现场签约项目 20 个,计划投资 52.31 亿元。县委书记崔爱国致辞。苏州市工商联(总工会)、苏州吴江区台湾同胞投资企业协会、江苏吴中集团有限公司等 60 多名嘉宾、企业代表出席推介会。县委常委、宣传部部长刘中连主持。南通凯利诺新材料有限公司总经理郁平、江苏双宏新材料有限公司董事长项云浒等客商代表发言。县领导李刚、张善荣、于娟及三大园区、各镇区,县相关部门主要负责人参加。

△ 市人大常委会副主任、党组副书记周德祥在响水开展"三解三促一加强"和挂钩帮扶经济薄弱村活动。县人大常委会主任杨毅坚,县委常委、工业经济区党工委书记孙庆树陪同。

6 月 23 日 省住建厅巡视员王翔一行在响水调研指导创建"省级园林城市"工作,参观响水县东鸣湖景区、响水中学校园、御景豪庭小区、县检察院等。县委副书记邵礼青、副县长桑良举等陪同。

6 月 24 日 县委书记崔爱国主持召开会议,传达市委相关工作会议精神,部署当前防灾救灾工作。县领导邵礼青、李运连、夏红霞、张善荣、张瀚及县相关部门主要负责人出席。

△ 全县机关干部职工为"6·23"强冰雹和龙卷风灾害阜宁、射阳受灾群众捐款。崔爱国、单永红、邵礼青等在响水的县四套班子领导参加捐赠活动。现场捐款 4.94 万元,全部用于灾区救助。

△ 响水县设分会场收听收看全省政协工作会议。崔爱国、杨毅坚、裴彦贵、邵礼青、李运连、刘中连、孙庆树、杨荣生、谢伟、夏红霞等在响水的县四套班子领导出席分会场

会议。

6 月 25 日 县委常委、常务副县长李运连率队在阜宁县捐款 153.37 万元。其中县委、县政府 50 万元,全县干群和企业捐款 103.37 万元。

6 月 27 日 省外事办主任费少云一行在响水调研扶贫开发工作,察看七套中心社区党群活动中心和省外事办帮扶项目建设现场,并走访慰问贫困户。县委书记崔爱国介绍相关工作情况。县委副书记邵礼青,县委副书记、省委驻响水帮扶工作队队长李海峰等陪同。

△ 全县集中开展安全环保执法专项行动部署会召开。县委书记崔爱国到会讲话。县长单永红作开展安全环保执法专项行动部署。副县长张善荣主持会议。县领导李刚、戴翠芳、陆从华及各镇区,县相关部门、单位主要负责人出席。县安监局、环保局、检察院、生态化工园区和工业经济区作会议发言。

6 月 28 日 县委书记崔爱国,县委副书记、县长单永红分别在陈家港镇、双港镇走访慰问部分建国前老党员和生活困难党员。县领导孙庆树、顾祝生等陪同。

△ 县人大常委会主任杨毅坚,县委常委、经济开发区工委书记杨荣生在响水镇五河村和城南居委会走访慰问建国前老党员和生活困难党员。

6 月 29 日 县委书记崔爱国主持召开县委常委(扩大)会议,传达有关会议精神,研究部署当前工作。县长单永红传达全市加快园区经济发展工作会议精神。县委常委、纪委书记谢伟传达中纪委通报精神。会议书面传达全省党校工作会议和全市计划生育工作会议精神。杨毅坚、裴彦贵、邵礼青、李运连、刘中连、孙庆树、徐莉、杨荣生、夏红霞等在响水的县四套班子领导出席。与会人员集中观看中组部关于换届工作的警示教育片。

7 月 1 日 县委召开庆祝纪念中国共产党成立 95 周年大会。县委书记崔爱国到会讲话。县委副书记、县长单永红主持会议。县委副书记邵礼青宣读表彰决定。杨毅坚、裴彦贵、李运连、刘中连、孙庆树、徐莉、谢伟、夏红霞等在响水的县四套班子领导出席。大会表彰先进基层党组织、优秀共产党员、优秀党务工作者和优秀村居书记代表。

△ 市委常委、政法委书记张礼祥在响水检查指导防汛抗灾工作。县委书记崔爱国介绍相关工作情况。单永红、邵礼青、徐莉及县相关部门、单位主要负责人陪同检查。

△ 县委书记崔爱国主持召开全县防汛抗灾紧急会议,传达贯彻市委防汛抗灾紧急会议精神,落实市委书记朱克江重要指示。单永红、杨毅坚、裴彦贵、邵礼青、李运连、刘中连、孙庆树、徐莉、谢伟、夏红霞等在响水的县四套班子领导出席。

7 月 2 日 市政协副主席马成志一行在响水检查指导防汛抗灾工作。县委书记崔爱国介绍响水县贯彻落实市委书记朱克江重要讲话精神及防汛抗灾工作情况。县政协主席裴彦贵、县政府副调研员顾祝生及市、县相关部门、单位负责人陪同。

7 月 5 日 县委书记崔爱国主持召开专题会议,学习贯彻习近平总书记“七一”重要讲话精神,研究部署当前工作。各镇区主要负责人出席。

△ 县长单永红主持召开城乡供水一体化运行体制座谈会。县领导顾祝生参加座谈。南河、小尖、运河、黄圩等镇区负责人,县水务公司及县城水厂、陈家港水厂、运河水厂负责人汇报相关工作情况。

7 月 8 日 全市人大环资委主任会议在响水召开。市人大常委会副主任谷家栋到会讲话。县委书记崔爱国致辞。市人大环资委主任杨柳主持会议。单永红、杨毅坚、李刚及各县(市、区)人大常委会分管负责人、环资委主要负责人等出席。会议听取市人大环资委 2016 年上半年工作情况汇报;听取各县(市、区)人大环资委《关于加快推进“清洁乡村”行动的议案》办理情况汇报;听取市建设局《盐城市扬尘污染防治管理条例(草案)(征求意见稿)》的起草情况汇报,并提出修改建议。

△ 县委书记崔爱国会见国家发改委稽查办原副主任张永强、中国投资协会项目投融资专委会副会长刘剑雄和北京国信集团股份有限公司副总裁朱建元。县领导孙庆树、杨荣生参加会见。张永强一行在响水荣生电子、亚邦药业、荣鑫伟业考察。

△ 响水县设分会场收听收看省、市防御第 1 号台风“尼伯特”视频会议。视频会后,响水县召开会议贯彻落实,全面部署防御台风各项工作。县长单永红到会讲话。县领导顾祝生及县防指各成员单位负责人出席。

7 月 12 日 省委驻响水帮扶工作队和县委党校联合举办的响水县创业致富带头人培训班开班。县委副书记、县委党校校长邵礼青,县委副书记、省委驻响水帮扶工作队队长李海峰参加开班仪式。扬州大学农学院教授焦库华等为学员讲解畜禽防疫防治等知识。省委驻响水帮扶工作队挂钩帮扶的 22 个省定经济薄弱村第一书记和村干部代表,低收入农户代表 100 多名参加培训。

7 月 15 日 县委书记崔爱国主持召开县委常委(扩大)会议。杨毅坚、邵礼青、李运连、刘中连、杨荣生、谢伟、夏红霞、顾建明等在响水的县四套班子领导出席。离退休老同志代表、部分县党代表和人大代表、政协委员应邀参加会议。会议听取并讨论县第十次党代会报告和县纪委工作报告起草情况和主要内容。

△ 中国共产党响水县第九届委员会第十次全体会议召开。县委书记崔爱国主持会议并讲话。县委委员、候补委员出席会议,县纪委委员列席会议。会议通报县第十次党代会筹备情况,决定县第十次党代会于 7 月 18 日至 20 日召开。会议讨论通过县第十届县委委员、候补委员、县纪委委员候选人建议名单、县第十次党代会主席团成员等各类人员建议名单。

7 月 19 ~ 20 日 中国共产党响水县第十次代表大会召开。县委书记崔爱国作《践行新理念、建设新响水,为全面建成小康社会而努力奋斗》工作报告。县委常委、纪委书记谢伟代表中共响水县第九届纪律检查委员会向大会作《全面从严治党、聚焦主业主责,推动全县纪律检查工作迈上新台阶》工作报告。县委副书记、县长单永红主持开幕大会。县委书记崔爱国主持闭幕大会。大会选举中共响水县第十届委员会委员 31 名、候补委员 6 名,选举中共响水县纪律检查委员会委员 15 名。大会通过《关于中共响水县第九届委员会工作报告的决议》和《关于中共响水县纪律检查委员会工作报告的决议》。

7 月 20 日 响水县召开县委十届一次全体会议。崔爱国主持会议,并对加强县委领导班子自身建设提要求。会议讨论通过《中共响水县第十届委员会第一次全体会议选举办法》,选举产生中共响水县第十届委员会常务委员会委员和书记、副书记,讨论通过中共响水县纪律检查委员会第一次会议关于县纪委常委和书记、副书记的选举结果。县委委员、候补委员出席会议。县纪委委员列席会议。

7 月 22 日 响水县举办践行“五大发展理念”专题讲座。省公务员局培训和监督处处长姚莉,县委常委、组织部部长夏红霞出席活动。

7月25日 县委书记崔爱国主持召开县委常委(扩大)会议。县领导单永红、孙庆树、杨荣生、谢伟、戴翠芳、张瀚等出席。

△ 响水县设分会场收听收看省政府全体会议。单永红、戴翠芳、张善荣、桑良举、张瀚、顾红、曹亚、陈骧等出席分会场会议。

△ 县政府全体(扩大)会议召开。会议贯彻县第十次党代会精神,总结2016年上半年工作,分析当前形势,部署2016年下半年任务。县长单永红到会讲话。县委常委、常务副县长李运连主持会议。县领导戴翠芳、张善荣、桑良举、张瀚、顾红、曹亚、顾祝生及县相关部门、镇区主要负责人出席。

7月26日 县领导崔爱国、单永红、杨毅坚、裴彦贵、孙庆树、徐莉、杨荣生、夏红霞、张孝将、张善荣及县相关部门负责人,各镇区党工委书记等出席市委六届九次全会并集中讨论学习市委六届九次全会报告。市委常委、宣传部部长陈红红,市政协副主席沈洪清出席响水组讨论并讲话。

△ 省武警总队副政委温冰率队在响水县黄圩镇开展结对帮扶活动并举行扶贫帮困仪式。县委副书记邵礼青介绍响水县经济社会及扶贫开发工作情况。县委副书记、省委驻响水帮扶工作队队长李海峰汇报2016年响水县帮扶项目安排情况。省扶贫办副主任朱子华出席活动。省武警总队机关干部代表与8名贫困学生结成助学对子,并赠送助学礼包。省武警总队与黄圩镇云梯关村签订扶贫帮困协议并向云梯关村捐赠40万元帮扶资金。

△ 无锡地税局局长丁源一行在响水开展新农村建设帮扶活动,并向大有镇淮河村捐赠新农村建设帮扶基金30万元。县委常委、市委驻响水下访工作组组长俞全胜,县政协副主席陆从华等陪同。

7月27日 响水县与上海电气集团举行生物发电项目签约仪式。县委书记崔爱国、上海电气(集团)总公司监事会主席周国雄致辞。县委副书记邵礼青与上海电气环保集团总裁顾治强分别代表双方进行项目签约。县领导顾祝生主持签约仪式。

△ 全市"双十佳"代表先进事迹报告会在响水举行。县领导杨毅坚、裴彦贵、邵礼青、刘中连、孙庆树、徐莉、杨荣生、谢伟、夏红霞等出席。

7月29日 县委书记崔爱国、县长单永红、县人大常委会主任杨毅坚、县政协主席裴彦贵等县四套班子领导在县人武部开展集中慰问活动。县领导李运连、顾建明、张翰等参加慰问。单永红代表县委、县政府向驻响水部队发放慰问金。

△ 县九届人大常委会第34次会议召开。县人大常委会主任杨毅坚对镇区人大工作提要求。副主任李刚主持会议。副主任张孝将及16位委员出席会议。县领导孙庆树、杨荣生、桑良举、顾祝生,县法院、县检察院及县相关部门负责人,各镇人大主席列席会议。会议听取和审议县政府《关于提请审议将灌河口5万吨级航道整治工程项目资金列入财政预算的议案》《关于将响水县华辰新农村建设发展有限公司兑付方正东亚方兴136号集合资金信托计划回购款列入县财政年度预算的议案》的报告并作出决定;听取和审议县政府关于全县农产品质量建设、全县文化设施建设和文化产业发展情况的报告;听取和审议县政府关于全县园区项目建设情况的报告、2015年财政预算执行情况和其他财政收

支的审计工作报告、2016 年上半年经济运行和财政预算执行情况的报告以及县九届人大五次会议代表建议、批评和意见办理情况的报告；审查批准 2015 年县本级财政决算；听取县政府对县人大常委会关于全县城乡供水一体化建设及运行情况报告的审议意见落实情况的报告，测评表决通过审议意见落实情况的报告；会议通过有关人事任免议案；举办《中华人民共和国食品安全法》法制讲座。

△ 市国投公司董事长戴同彬一行在响水专题调研云梯关旅游经济区建设工作。县委常委、常务副县长李运连介绍相关工作情况。

7 月 30 日 县委、县政府召开全县环境整治动员大会。县委书记崔爱国到会讲话。县长单永红主持会议。县领导邵礼青、刘中连、孙庆树、杨荣生、谢伟、夏红霞、张瀚及各镇区，县相关部门主要负责人出席。

7 月 31 日 灌河治理工程港城地区拆迁工作动员会议在陈家港镇召开。县委副书记邵礼青到会讲话。副县长桑良举主持会议。副县长、县公安局局长张瀚及县相关部门、单位主要负责人，灌河堤拆迁项目全体工作人员出席。

后　记

《辉煌的历程——响水县大事记(1966～2016)》是根据县委、县政府部署安排,由县委党史工作办公室、县地方志编纂委员会办公室精心编纂而成。

编纂过程中,查阅大量档案、书报资料,在征集整理、丰富资料基础上,组织人员,集中力量,逐年编写。初稿完成后,经逐条核实、考订、修正,去粗存精,形成送审稿送县四套班子领导和部分在响水原老领导审阅,广泛征求意见,修改补充完善。数易其稿,始得成书。

县委、县政府主要领导对《辉煌的历程——响水县大事记(1966～2016)》征编工作高度重视。县委书记崔爱国多次过问编纂进度,亲自审阅、审定书稿并为本书作序。

本书征编过程中,得到县新闻信息中心、县档案局和县统计局等单位大力支持,并得到省、市有关部门领导和专家指导。在此,谨对所有为本书编纂出版给予支持的单位和个人及南京四彩印刷有限公司表示衷心感谢!

因时间和编者水平所限,错误疏漏之处难免,敬请读者批评指正。

编者

2016年8月